# AI를 움직이는

# 수학 이야기

## AI를 움직이는 수학 이야기

실생활 예제로 배우는 기술 속 수학의 비밀

**초판 1쇄 발행** 2025년 12월 23일

**지은이** 후루시마 도오루 / **옮긴이** 하승민 / **펴낸이** 임백준
**펴낸곳** 한빛미디어 / **주소** 서울시 서대문구 연희로2길62 콘텐츠2부
**전화** 02-325-5544 / **팩스** 02-336-7124
**등록** 1999년 6월 24일 제2017-000058호 / **ISBN** 979-11-7579-003-2 93000

**총괄** 이복연 / **책임편집** 박지영 / **기획 · 편집** 정지수
**베타리더** 강찬석, 변수영, 이문환, 이원, 임수민, 홍상의, 홍준용
**디자인** 표지 윤혜원 내지 박정우 / **전산편집** 이경숙
**영업마케팅** 송경석, 김형진, 장경환, 조유미, 한종진, 이행은, 고광일, 성화정, 김한솔, 전차은 / **제작** 박성우, 김정우

한빛미디어는 한빛앤(주)의 IT 출판 브랜드입니다.

이 책에 대한 의견이나 오탈자 및 잘못된 내용은 출판사 홈페이지나 아래 이메일로 알려주십시오.
파본은 구매처에서 교환하실 수 있습니다. 책값은 뒤표지에 표시되어 있습니다.

**한빛미디어 홈페이지 www.hanbit.co.kr / 이메일 ask@hanbit.co.kr**

# AI를 움직이는 수학 이야기

후루시마 도오루 지음

하승민 옮김

한빛미디어

지은이 **후루시마 도오루** 古嶋 十潤

주식회사 cross-X 대표 이사. 교토 대학교 법학부를 졸업한 후, 컨설팅 회사와 IT 관련 기업을 거쳐 주식회사 cross-X를 창업했습니다. 컨설팅 회사 재직 시절에는 파트너로서 데이터·AI 전략 프로젝트를 총괄했고, IT 기업에서는 집행임원과 본부장으로 활동하며 경영·사업 관리, 도쿄 증권 거래소 마더스 시장 상장, 자금 조달 등의 경험을 쌓았습니다. 지금은 cross-X에서 대기업의 DX(디지털 전환) 추진 자문과 DX 인재 육성 지원 등을 담당하고 있습니다.

옮긴이 **하승민** h.physics77@gmail.com

일본 리쓰메이칸 대학교 물리학과를 졸업하고, 동 대학원에서 이학(물리학) 석사 학위를 받았습니다. 이론 물리학을 전공했으며 8년 차 AI 리서치 엔지니어입니다. 옮긴 책으로는 『머신러닝 시스템 디자인 패턴』(위키북스, 2021), 『차근차근 실습하며 배우는 파이토치 딥러닝 프로그래밍』(위키북스, 2022), 『제미나이 인공지능 프로그래밍』(길벗, 2025), 『개발자를 위한 생성형 AI 활용 가이드』(길벗, 2025)가 있습니다.

인공지능 관련 업무를 수행하는 데 수학적 소양이 반드시 필요한가에 대해서는 개개인의 의견이 다르겠지만, 근간을 이루는 기술을 깊이 이해할수록 학습자 스스로 수학적 소양에 대한 필요성을 느끼게 됩니다. 특히 다양한 분야에 적용되는 인공지능 기술의 성능을 개선하기 위해서는, 그 원리를 구성하는 수학에 대한 이해 없이는 안 될 만큼 중요성이 더욱 커지고 있습니다.

이 책은 흔히 인공지능 전문서에서 다루는 코드 기반 설명이 아니라, 수식과 증명을 토대로 대표적인 알고리즘의 핵심 이론을 설명합니다. 처음에는 다소 어렵게 느껴질 수 있으나, 책에서 소개된 다양한 주제에 활용되는 수학적 이론을 직접 따라가며 읽다 보면 어느덧 그 근간 기술의 원리를 자연스럽게 이해하고 있을 것입니다.

**강찬석**, LG전자 소프트웨어 엔지니어(AI 스페셜리스트)

베타리딩을 하면서 막연하게 느껴졌던 AI 추론과 GPS 계산이 실제로 어떤 수식과 과정으로 표현되는지 감을 잡을 수 있었습니다. 많은 사람이 'AI는 블랙박스'라고 말하지만, 완전히 설명 불가능한 영역만은 아니라는 점도 새롭게 깨달았습니다. 필요하다면 수학적으로 풀어 이해할 수 있다는 사실이 오히려 큰 용기가 되었습니다.

수학이 이렇게 현실의 기술 문제를 직접적으로 다루는 데 활용된다는 것을 이제야 알게 되어, 학창 시절 행렬이나 미적분을 더 열심히 배웠다면 어땠을까 하는 아쉬움도 듭니다. 그래도 이 책을 여러 번 읽다 보면, 앞으로는 논문도 어느 정도 이해할 수 있지 않을까 조심스러운 기대를 품게 되었습니다.

**변수영**, 카카오 소프트웨어 개발자

이 책은 우리가 매일 사용하는 검색, 추천, 이미지 인식, 생성형 AI, 음성 분석, GPS 같은 기술의 '보이지 않는 기반'으로서 수학이 어떻게 작동하는지 친절하고 체계적으로 보여 주는 안내서입니다. 실제 기술과 서비스를 출발점으로 삼아, 벡터 · 행렬 · 확률 · 통계 같은 개념이 왜 핵심이 되는지 '서비스 → 수학적 모델 → 구현'의 흐름 속에서 자연스럽게 설명합니다. 원서를 읽은 많은 독자가 수학이 학교 수업을 넘어 실제 기술의 언어라는 감각을 되찾았으며, 수학이 낯설거나 어려웠던 사람들에게도 용기와 통찰을 주었다는 평가가 이어지고 있습니다. 또한 수학에 익숙하지 않은 사람이라도 쉽게 시작할 수 있도록 구성되어 있어, '수학 = 먼 이론'이 아니라 '수학 = 현실을 움직이는 도구'라는 인식을 새롭게 심어 줍니다.

이 책은 단순히 공식을 외우는 것이 아니라, AI 시대에 필요한 기초 체력인 수학적 사고력, 논리적 모델 이해력, 문제 해결 방식을 단단히 다지는 교본입니다. 앞으로 새로운 기술이나 도구가 나오더라도, 그 안에 숨어 있는 원리를 빠르게 파악하고 비판적으로 활용할 수 있는 튼튼한 토대가 되어 줄 것입니다. 만약 지금 AI · 데이터 · 서비스 개발에 관심이 있거나, 단순한 도구 사용을 넘어 '원리를 이해하고, 스스로 설계하며, 사고력을 키우고 싶은 분'이라면, 이 책은 매우 뜻깊은 출발점이 될 것입니다.

**이문환**, LG CNS AI Professional

『AI를 움직이는 수학 이야기』라는 제목만 보고 AI에 활용되는 수학만 다룰 것이라 예상했다가 깜짝 놀랐습니다. 비교적 이해하기 쉬운 기본 데이터 처리에 사용되는 수학부터 이미지/음성, GPS 위성 측정에 활용되는 수학, 나아가 상대성 이론까지 아우르는 수학 책이라니요. 수학 전문가는 아니지만 수학을 즐기는 엔지니어로서, 심심할 때마다 꺼내 여러 번 곱씹어 볼 수 있는 알찬 책이 이렇게 번역되어 무척 기쁩니다. 쉽지 않은 분야이기에 설명이 아무리 친절해도 어렵게 느껴질 수 있지만, 정말 성실하게 설명해 주는 책입니다. AI뿐만 아니라 우리가 마주치는 각종 데이터들이 필수로 거치는 아름다운 수학 원리를 알고 싶은 분들께 강력히 추천드립니다.

**이원**, TDK | SoftEye Staff Engineer

AI를 연구하거나 머신러닝 모델을 개발하는 분이라면 반드시 짚고 넘어가야 할 수학적 기반을 명쾌하고 실용적으로 정리한 책입니다. 복잡한 이론을 직관적으로 풀어내는 설명력이 돋보이며, 실제 프로젝트에서 해당 공식들이 어떻게 활용되는지 구체적으로 보여 줍니다. 이론적 깊이와 실무 적용력을 함께 갖춘 드문 책입니다.

**임수민**, (주)베리워즈 플랫폼 개발 팀 이사

AI의 작동 방식을 기본적인 수학 개념을 사용해 설명한 책입니다. 직장인이 된 이후 이렇게 많은 공식을 본 것은 처음이지만, 초중반의 내용은 학창 시절의 기억을 되살리고 AI의 도움을 받으면 충분히 이해 가능한 수준입니다. 하지만 너무 쉽게만 생각하지는 말기 바랍니다. AI 전문가가 되기 위해 시간을 들인다면 충분히 극복할 수 있는, 도전적이면서도 의미 있는 내용들이 담겨 있습니다.

**홍상의**, 프리랜서

인공지능을 이루고 있는 근간의 모든 것은 수학입니다. AI 모델은 미분, 적분, 선형 대수, 코사인 유사도, 행렬 같은 수학 개념을 기반으로 만들어지고 코드로 구현됩니다. 이 책은 이러한 개념을 상세히 설명하며 AI에서 어떻게 사용되는지를 명확하게 보여 줍니다. CNN, 트랜스포머 등의 기본적인 동작 원리를 파악하고 이를 통해 더 좋은 모델을 만들고 싶은 분들께 좋은 참고서가 될 것입니다.

**홍준용**, 한국산업은행 AI 플랫폼 팀

AI 시대에 필요한 수학적 소양을 다시금 생각해 보게 하는 책입니다. AI를 비롯한 최신 기술을 프로그램으로 구현하는 능력을 키우는 것도 매우 중요하지만, 그 기저에 어떤 수학적 원리와 사고가 있는지 구체적인 사례를 통해 되짚어 본다는 점에서 기술 중심으로 풀어낸 기존 입문서들과 분명하게 차별됩니다.

이 책을 옮기며 가장 크게 공감한 부분은 저자가 '사고력을 키우지 않는 지식은 소비에 지나지 않는다'라고 단언한 대목이었습니다. 구체적인 지표를 조사해 본 것은 아니지만, 이는 단지 일본 사회에만 국한된 이야기는 아닐 것입니다. AI와 데이터 분석, 디지털 인재의 중요성이 강조되는 사회의 흐름 속에서 정작 깊이 있는 수학에 기반한 학습은 가볍게 여겨지고 있는 것은 아닐까요? '어떻게 구현할 것인가'에는 익숙해도 '왜 그렇게 되는가'라는 질문은 점차 소홀해지고 있는 세상인 것 같습니다.

이 책에서는 정보 검색, 추천 시스템, 이미지 분류, 자연어 처리, 음성 인식, 위성의 위치 측정 등 다양한 사례를 다룹니다. 흥미로운 점은 사례마다 어떤 수학적 개념이 핵심으로 작동하는지를 직접적으로 연결해 설명하고 있다는 것입니다. 특히 후반부에서는 음성 인식에서 푸리에 해석이 어떻게 활용되는지, 위성의 위치 측정에서 특수 및 일반 상대성 이론이 어떤 역할을 하는지까지 다루며 물리학의 영역으로도 확장됩니다. 후반부에 등장하는 이러한 내용은 AI와 직접적인 관련성은 다소 떨어지지만, 앞으로 새로운 기술들과 공존하게 될 고도화된 공학 시스템을 이해하는 데에도 분명 의미가 있습니다.

책에서 다루는 수학적 개념은 고등학교 수준에서 출발해 대학 학부 이후의 지식까지 이어집니다. 따라서 독자가 모든 내용을 한 번에 완벽히 이해하기는 쉽지 않을 수 있습니다. 그러나 중요한 것은 책을 읽자마자 무언가를 구현할 수 있는 효율성이 아니라, **수학적 사고력**을 키우는 데 있습니다. 당장의 이해보다는 반복적이고 점진적인 접근이 결국 수학적 사고력을 형성하는 데 크게 기여할 것입니다.

이 책을 번역하며 저자가 의도한 학습의 난이도와 깊이를 유지하는 것을 중요하게 생각했습니다. 다만 한국 독자에게 생소할 수 있는 용어나 개념은 역주를 통해 추가적인 맥락을 보완했습니다.

AI 시대가 빠르게 다가왔지만, 그 핵심은 여전히 기초 과학에 있다고 믿습니다. 특히 선형 대수, 확률론, 해석학 등의 기초를 갖춘 사람이 새로운 기술을 마주했을 때 이를 쉽게 이해하고 받아들이는 능력이 있다고 생각합니다. 단기적 성과보다 장기적인 사고력과 수학적 이해를 중시하는 독자에게 이 책이 유용한 길잡이가 되기를 바라며, 수학이 **기초**라는 인식이 더욱 널리 퍼지고 많은 학습자가 '보이는 기술'의 뒤편을 들여다보는 경험을 하기를 기대합니다.

**하승민**

### 이 책에 대하여

수학적 사고력을 스스로 기를 수 있도록 안내하는 실용적인 입문서입니다. 이 책은 다음과 같은 특징을 가집니다.

- 우리의 삶을 지탱하는 기술과 수학의 접점을 설명하기 위해, 대학 학부 수준의 수학적 기법을 다른 참고 자료 없이도 스스로 이해할 수 있도록 자세히 설명합니다.
- 스마트폰으로 매일 사용하는 주요 기능과 서비스의 기반이 되는 수학 기초를 배우면서, 폭넓은 수학적 사고력을 기를 수 있습니다.
- 이 책을 읽고 나면 다른 이공계 전문 서적에 도전할 수 있는 탄탄한 기본기를 갖출 수 있습니다.

이 책에서는 **정보 검색**, **상품 추천**, **이미지 분류**, **문장 생성**, **음성 분석**, **위성의 위치 측정**에 관한 주제를 한 권으로 담았습니다. 각 주제에 필요한 기초적이면서도 중요한 수학적 기법을 초보자도 쉽게 이해할 수 있도록 그림과 수식을 풍부하게 담았고, 친절하고 상세하게 풀어서 설명했습니다. 이 책은 폭넓은 분야를 한 권에 담았다는 점이 큰 특징이지만, 단순히 '좋은 점만 골라 담은' 얕은 시도를 의도한 것은 아닙니다. 먼저, 이 책을 집필하게 된 배경은 다음과 같습니다.

실생활에서 수학적 기법이 필요한 대표적인 예는 AI입니다. 필자의 저서 『DXの実務(DX 실무)』(英治出版, 2022)에서도 AI뿐만 아니라 그 기반이 되는 데이터를 활용하는 방법을 전하기 위해, 수학적 내용을 보다 심화된 수준까지 풀어냈습니다. 수학적 기법을 일정 수준 이상 이해하지 못하면 AI나 데이터 활용을 업무에 적용하기 어렵고, 그 가능성 자체를 가늠하기도 힘듭니다. 현대 사회가 고도화된 것 역시 수학을 기반으로 발전해 온 과학 기술 덕분입니다.

우리는 지금 **제4차 산업혁명** 시대에 살고 있습니다.[1] 제4차 산업혁명의 핵심은 말할 것도 없

1 자세한 내용은 다음 링크를 참고하세요. https://www5.cao.go.jp/keizai3/2016/0117nk/n16_2_1.html

이 AI와 데이터의 활용이며, 그 근본 원리는 **수학**입니다. 앞으로의 변화를 이끌어갈 기술은 수학을 기반으로 하며, 이는 피할 수 없는 현실입니다. 대표적인 예로 2022년 11월 오픈AI[OpenAI]가 공개한 챗GPT[ChatGPT]는 범용적인 서비스로 등장해 지금까지도 우리 업무와 삶에 큰 영향을 주고 있습니다.

과거를 되돌아보면 불과 10년 남짓한 시간 동안 ILSVRC[Imagenet Large Scale Visual Recognition Challenge]에서 AI가 이미지를 인식하는 성능이 사람을 능가했고, AI 분야에서 가장 유명한 논문인 'Attention Is All You Need'[2]에서 소개한 트랜스포머[Transformer] 구조가 본격적으로 활용되며 다양한 AI 기술이 등장했습니다. 챗GPT 같은 서비스에서 첨단 AI를 구동하는 **대규모 언어 모델**[large language model](LLM)은 트랜스포머 구조를 기반으로 계속 진화하고 있으며, 모델의 출력 정확도와 실행 가능한 처리의 폭은 나날이 확장되고 있습니다. 이렇게 인류 역사상 유례없는 변화를 만들어 내고 있는 원동력 중 하나가 바로 '수학'입니다.

한편, 일본의 비즈니스/교육 현장에서는 이른바 'STEM' 분야의 역량이 매우 낮은 수준에 머물고 있습니다. STEM이란 science(과학), technology(기술), engineering(공학), mathematics(수학)의 앞 글자를 딴 약어이지만, 최근에는 art(예술)를 포함해 STEAM이라 부르기도 합니다. 이 분야의 중요성이 갈수록 커지고 있음에도 불구하고, 일본 내에서는 이를 뒷받침할 교육이나 역량 강화가 좀처럼 이뤄지지 않고 있습니다. 경제산업성[3]은 2022년 5월 〈미래 인재 비전〉 보고서[4]를 통해 국가의 미래를 책임질 인재 육성과 관련한 구조적 과제를 다각도로 제시했습니다. 보고서 40쪽에 쓰여진 '기업은 사람에 투자하지 않고, 개인도

---

2 https://arxiv.org/abs/1706.03762

3 옮긴이_ 일본의 중앙 행정 기관 중 하나로 한국의 산업통상자원부, 중소벤처기업부, 기획재정부 등에 해당합니다.

4 자세한 내용은 다음 링크를 참고하세요.
https://www.meti.go.jp/press/2022/05/20220531001/20220531001-1.pdf

배우지 않는다'라는 부분은 특히 뼈아픈 메시지로 다가옵니다. 48쪽에서는 도쿄 증권 거래소 프라임 시장 상장 기업과 GAMMA(구 GAFAM)의 시가총액을 비교했으며, 단 다섯 기업의 시가총액이 일본 프라임 상장 기업 전체의 시가총액을 넘어서는 결과를 보여 주었습니다. 이는 STEAM 인재 교육의 투자를 더 이상 방치해서는 안 되는 심각한 상황을 보여 주는 자료입니다.

앞으로의 국제 경쟁력은 틀림없이 국가와 기업, 조직의 수학적 기초 역량에 크게 좌우될 것입니다. 그러나 일본에서는 여전히 이공계 기피 현상이 개선될 기미조차 보이지 않습니다. 스위스의 국제경영개발원 IMD[5]가 발표한 '세계 디지털 경쟁력 순위'에 따르면 일본의 종합 순위는 2023년 기준 전체 64개국 중 32위로 하락했으며, 2017년 조사를 시작한 이후 가장 낮은 순위를 기록했습니다.[6] 또한 OECD(경제협력개발기구) 데이터에 따르면 일본의 자연과학, 수학, 통계학 분야의 졸업생 수는 2018년에 약 3만 명으로 미국의 10분의 1 수준에 불과합니다.[7] 이처럼 일본 내에서 수학적 사고력이 낮아지고 있음을 보여 주는 지표는 셀 수 없이 많습니다.

이러한 현상은 무엇이 원인이 되어 나타난 것일까요? 최근 실무 현장에서는 디지털 트랜스포메이션digital transformation(DX)을 실현하기 위해 디지털 인재와 DX 인재에 대한 교육과 투자가 필요하다는 목소리가 커지며 다양한 시도가 이루어지고 있습니다. 그 배경에는 AI와 데이터 활용 능력이 요구된다는 사실이 있으며, 이를 위해서는 수학적 사고력이 반드시 기반이 되어야 합니다.

---

5 https://www.imd.org

6 https://www.nikkei.com/article/DGXZQOUC288470Y3A121C2000000

7 https://www.nikkei.com/article/DGXZQOJE228460S2A420C2000000

하지만 이 분야를 지원해 온 입장에서 저는 강한 의문을 가지고 있습니다. 과연 교육을 '하는 쪽'과 '받는 쪽' 모두가 AI와 데이터 활용 능력에 필요한 수학적 사고력이 무엇인지 정확히 이해하고 있을까요? 그만큼 중요하다고 여겨지는 수학적 사고력을 다루는 교육 콘텐츠들을 보면, '익혀야 할 내용을 알기 쉽게 가르치는 것'이 아니라 '설명하기 쉬운 내용을 알기 쉽게 가르치는 것'에 치중하는 경우가 많습니다. 바꿔 말하면, 학습자가 스트레스를 덜 받는 비교적 부담이 적은 주제만 제공하고 있는 것은 아닌가 하는 의문이 듭니다. 그렇다면 이러한 교육 방식과 투자가 과연 어떤 의미가 있을까요? 바로 이 질문이 제가 이 책을 집필하게 된 출발점이기도 합니다.

앞서 언급한 〈미래 인재 비전〉 보고서의 51쪽에서는 인재 전략을 경영 전략과 연계하는 것이 인재 관리의 가장 큰 과제라고 지적하고 있습니다. 그러나 필자는 제4차 산업혁명에서 살아남기 위해 반드시 필요한 수학적 사고력이 인재의 요건으로 구체화되지 않고 있다는 점이 문제라고 생각합니다. 수학적 사고력을 고려한 구체적인 인재 요건 없이는 인사 전략과 경영 전략이 연계된 DX 인재 육성은 어렵습니다.

AI를 포함한 수많은 기술은 수학적 기법을 기반으로 구현됩니다. 따라서 수학적 관점에서 능동적으로 사고하고 이를 구체화할 수 있는 소양을 반드시 갖춰야 합니다. 그러나 현실적으로는 최신 기술을 이해하고 검토하기 위해 최소한 대학 교양 수준의 수학적 이해가 필요하며, 그렇지 않으면 실마리를 잡는 것조차 어렵습니다. 많은 실무 현장에서는 구체적인 이해 없이 막연히 업무를 진행하거나 필요한 부분을 전문가에게 전적으로 맡겨 버리는 것이 현실입니다.

우리의 삶을 뒷받침하는 수많은 기술이 수학적 기법을 바탕으로 고도화되어 있다는 사실은, 오늘날 우리가 고도로 발달한 문명사회에 살고 있음을 보여 줍니다. 그렇다면 문명사회의 혜택을 누리는 구성원으로서 수학적 기법을 스스로 이해하는 방법을 배워야 하지 않을까요?

### 이 책의 특징

스스로 이해하는 방법이 중요하다고 해도, 수학적 사고력을 기른다는 것은 상당한 끈기와 노력이 필요합니다. AI와 같은 첨단 기술을 이해하기 위해서는 **미분**, **적분**, **삼각 함수**, **지수 함수**, **행렬**, **벡터**와 같은 기초 이론을 기반으로, 더 나아가 **딥러닝**, **푸리에 해석**, **미분 방정식** 등 응용 이론을 배워야만 합니다. 그러나 특히 기초 이론을 배우는 단계에서는 내용이 매우 추상적이기 때문에 이론이 어디에 쓰이는지 전혀 감을 잡지 못한 채 학습의 어려움을 견뎌야 할 수도 있습니다. 요즘에는 특히 AI와 관련된 콘텐츠에서 '쉽게 이해할 수 있다'는 점을 강조하고, 먼저 간단한 수학부터 시작하자는 자료가 많이 나오고 있습니다. 실제로 처음부터 전문적인 내용을 이해하기는 어려우므로 우선 수학에 대한 부담감을 줄이고, 수학이 AI와 실제 사회에서 어떻게 연결되는지 배우는 것이 중요합니다.

하지만 저는 이러한 흐름에 강한 문제의식을 제기하고자 합니다. 쉽게 이해할 수 있는 지식이나 단순한 사고방식만을 익힌다고 해서, 실무에서 가치를 창출할 수 있는 수준의 수학적 능력을 기를 수는 없습니다. 단순히 지적 호기심을 채우는 '소비'적인 정보 수집만으로는 제4차 산업혁명의 중심에서 살아남거나 기업의 미래를 결정짓는 DX 인재, 디지털 인재를 육성하기는 어렵습니다. 그렇기 때문에 이제는 '소비'에서 벗어나 STEAM 인재를 기르기 위한 본격적인 '투자'로 전환해야 합니다.

앞서 언급한 일본 사회의 과제와 그 해결 과정에서 마주하게 되는 어려움을 생각하며 기초 이론을 넘어서 응용 수준의 수학을 실질적으로 배울 수 있는 방법을 제시하기 위해 이 책을 집필했습니다. 이 책에서 '다루는 내용'과 '다루지 않는 내용'을 [표 0-1]에 정리했습니다.

**표 0-1** 이 책에서 다루는/다루지 않는 내용

| | |
|---|---|
| 다루는 내용 | • 정보 검색, 상품 추천, 이미지 분류, 문장 생성, 음성 분석, 위성의 위치 측정 등 여러 분야에서 활용되는 수학적 기법을 다룹니다. 중·고등학교 수준의 기초부터 대학 초급 수준의 응용까지 다른 전문 서적 없이도 스스로 이해할 수 있도록 자세히 설명합니다.<br>• 단순히 공식이나 수학적 모델을 소개하는 것에 그치지 않고, 실제로 활용할 때 주의해야 할 점이나 심화 주제도 함께 다루어 독자의 시야를 넓힐 수 있도록 구성했습니다. |
| 다루지 않는 내용 | • 지나치게 엄밀한 수학적 정의나 조건은 본문에서 생략하되, 필요한 경우에는 주석으로 보완했습니다.<br>• AI와 데이터를 실제로 구동하기 위한 각종 프로그래밍 설명이나 코드는 포함하지 않았습니다.<br>• 수학적 사고를 프로그래밍으로 옮기는 방법론에 대한 논의 역시 여기서는 다루지 않습니다. |

표에 정리한 것처럼 이 책은 수학을 '기술'로 구현하는 데 필요한 프로그래밍이나 오픈 소스 관련 도구, 소프트웨어 개발에 관한 설명은 제외했습니다. 또한 이 책은 입문자를 대상으로 한 책이므로 지나치게 엄밀한 정의나 조건을 제시하며 설명하면 이해하기 어렵다고 판단했습니다. 따라서 수학적으로 엄밀한 정의나 조건에 대한 설명은 적절히 생략하거나, 필요한 경우 주석 등으로 보완하는 수준으로만 다루었습니다.

이 책을 읽으면 우리가 일상적으로 사용하는 서비스에 수학적 사고가 실제로 어떻게 쓰이는지와 어떤 수준의 이해가 필요한지를 직접 체감할 수 있습니다. 또한 입문자를 대상으로 한 만큼 각 장의 구성을 특별히 신경 썼습니다. [그림 0-1]의 오른쪽 부분처럼 각 장의 주제를 중심으로 설명을 이어가고, 수학적 기법의 이해가 꼭 필요한 부분이 나오면 해당 시점에서 공식이나 상세한 설명이 등장하도록 구성했습니다.

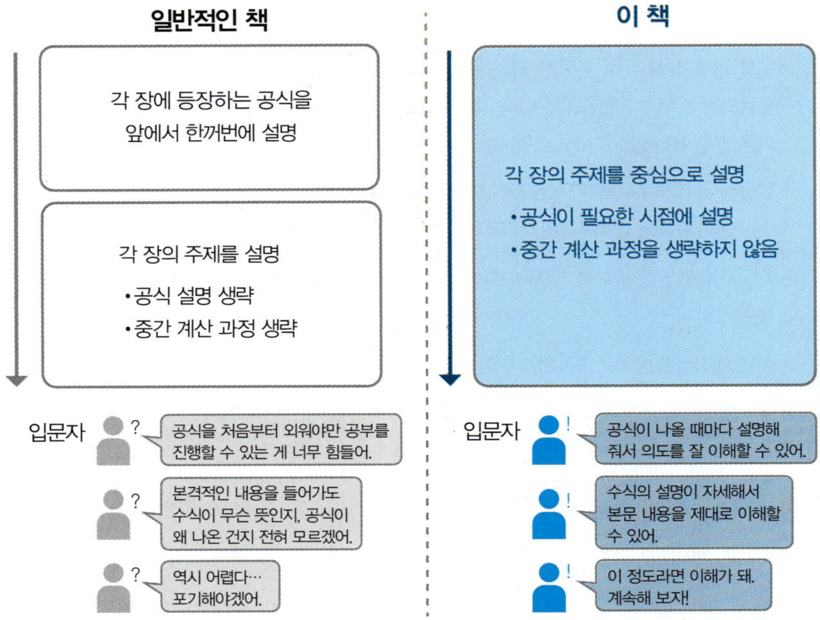


**그림 0-1** 일반적인 책과 이 책의 설명 방법

일반적인 책이나 전문 서적은 [그림 0−1]의 왼쪽처럼 각 장의 서두에서 '필요한 공식을 한 번에' 소개한 다음 본문에서는 이미 소개한 공식을 전제로 설명을 이어가는 것이 대부분입니다. 또는 독자가 기초 수학은 이미 알고 있다고 가정하고 설명하기도 합니다. 그 결과, 수식이 등장할 때도 해당 수식이 필요한 이유나 중간 계산 과정을 생략해서 '왜 이런 계산 결과가 나오는지' 또는 '왜 이런 수학적 기법이 등장했는지' 이해할 수 없는 상태에서 다음으로 넘어가는 경우가 많습니다. 이와 같은 구성은 기존의 주입식 교육으로 구성된 교과서와 비슷해 입문자의 진입 장벽을 높이고, 수학에 대한 부담감도 심어 주게 됩니다. 반면 이 책은 각 장의 주제를 일관된 흐름 속에서 차근차근 설명합니다. 필요할 때마다 공식과 수학적 기법이 등장하고, 계산 과정의 중간식은 최대한 생략하지 않으며, 오히려 너무 자세할 정도로 꼼꼼하게 설명합니다. 이 책에서 다루는 수학적 기법이 결코 쉽지는 않지만, 혼자서도 이해할 수 있도록 최대한 도와준다는 점이 이 책의 가장 큰 특징입니다.

이 책은 최근 중요성이 커지고 있는 직장인을 위한 재교육(배움의 재시작)의 교재로도 활용할 수 있습니다. 또한 고등학생과 대학생에게는 '실제 사회에서 수학이 어떻게 활용되는가'라는 질문에 답을 주는 선행 학습 교재로도 의미가 있습니다. 대상 독자는 다음과 같습니다.

**고등학생, 대학생**

- 수업에서 배운 수학이 어디에 쓰이는지 몰라서 동기 부여가 될 만한 힌트를 얻고 싶은 분
- 훗날 AI 분야에서 활약하기 위해 어떤 것을 배워야 하는지 구체적으로 알고 싶은 분
- AI 분야에서 일하고 싶지만, 실제로 어느 정도의 수학 실력이 필요한지 알고 싶은 분

**직장인**

- 수학이 중요하다는 것은 알지만, 무엇을 어느 수준까지 이해해야 하는지 알고 싶은 분
- AI에 관련된 수학적 기법을 어느 정도 배우고 이해했다는 성취감과 경험을 얻고 싶은 분
- 일상에서 접하는 기술 속에 수학이 어떻게 작동하는지 구체적인 사례를 통해 그 필요성을 이해하며 다시 배우고 싶은 분

이 책은 우리의 삶을 지탱하는 기술을 수학적으로 풀어냈습니다. 설명이 매우 자세한 만큼 이해의 문턱은 높지만, 그 대신 한 걸음씩 산을 오르듯 점차 시야가 넓어지고, 지금까지 보이지 않던 경치를 새롭게 마주하는 보람 있는 경험을 할 수 있습니다. 단순한 사고만으로는 절대 도달할 수 없는 세계가 있다는 것을 확신합니다.

이 책이 여러분의 수학적 사고력을 높이고 새로운 배움과 커리어 발전으로 이어지는 데 도움이 되기를 진심으로 바랍니다.

다행히 이 책을 집필하면서 많은 분의 도움을 받을 수 있었습니다. 미즈키 히로키 씨, 하야시 아츠시 씨는 400쪽이 넘는 분량에도 처음부터 기꺼이 도와주었고, 전체 수식과 오탈자까지 꼼꼼하게 확인해 주었습니다. 또한 갑작스러운 부탁에도 다나하시 켄타로 씨와 이와미 히로아키 씨는 감수자로 참여해 폭넓은 시각에서 살펴보며 수많은 개선점을 제시해 주었습니다.

기술평론사의 다카미 씨는 기획 초기부터 제 콘셉트에 공감해 주었고, 담당하던 다른 책들의 출간을 미루면서까지 꾸준히 소통을 이어갔습니다. 표지 디자인과 제목, 레이아웃, 이미지 구상, 교정과 감수까지 세심하게 원고를 확인하고 개선해 주신 덕분에 전반적인 품질을 높일 수 있었습니다. 다카미 씨와의 만남이 없었다면 이 책은 세상에 나올 수 없었을 것입니다.

타무라 유키 씨는 감수 단계부터 최종 교정까지 늘 함께하며, 큰 틀의 구성부터 세세한 수식까지 철저히 확인해 주었습니다. 또한 책의 품질 향상과 관련된 모든 요청에 성실하게 대응해 주셨습니다. 타무라 씨의 도움이 없었다면 책을 완성할 수 없었을 것이라 확신합니다.

평소 함께했던 동료들과 프로젝트, 매일 진행된 논의 속에서 얻은 풍부한 깨달음과 배움이 없었다면 이 책을 구상할 수 없었을 것입니다. 수학적 사고력을 기르자는 콘셉트로 책을 집필했지만, 수학적 사고력만으로 일이 잘 풀리지 않는 것은 사실입니다. 많은 뛰어난 분들의 발상과 실행을 가까이서 보고 배우며 매일 성장할 수 있었기에, 이 책의 콘셉트가 제 안에서 온전히 자리 잡을 수 있었다고 확신합니다.

집필이라는 창작 활동에 국한되지 않고, 무엇인가에 도전한다는 것의 진정한 가치는 성공이나 실패라는 좁은 틀에 갇히지 않습니다. 좋은 분들과 시간을 함께하며 소중한 인연이 생기는 것, 그 자체가 의미 있는 일이라고 믿습니다. 이 책을 집필하며 맺은 모든 인연에 감사드리며, 여기서 글을 마무리합니다.

**후루시마 도오루**

# CONTENTS



## CHAPTER 01 정보 검색에 활용되는 수학

## CHAPTER 02 상품 추천을 가능하게 하는 수학

## CHAPTER 05 음성 분석을 위한 수학

## CHAPTER 06 위치 측정에 활용되는 수학

## APPENDIX 1 상대성 이론의 수학적 기초

1 장

# 정보 검색에 활용되는 수학

**Keyword**

TF-IDF / 재현율 / 정밀도 / 자연어 처리 / 색인어 / 문서 / 랭킹 / 검색 증강 생성(RAG) / 벡터 검색 / 청크 / 비율 / 반비례 / 합의 기호 Σ / 벡터 / 행렬 / 로그

## 1.1 들어가며

현대 사회는 정보로 넘쳐나며, 그 양은 날마다 증가하고 있습니다. 뉴스 기사, SNS 게시물과 대화 기록, 스트리밍되는 동영상과 음악 등 우리 주변에는 다양한 형태로 정보가 생성됩니다. 이렇게 날마다 쏟아지고, 전 세계로 확산되는 방대한 정보 속에서 나에게 꼭 필요한 정보를 찾아내려면 매우 복잡하고 고도화된 정보 처리 기술이 필요합니다. 따라서 효율적으로 정보를 검색하는 기술은 현대 사회에서 매우 중요합니다.

이 장에서는 **정보 검색**을 구현하는 데 필요한 수학적 모델에 초점을 맞추고, 그 원리를 깊이 이해해 봅니다. 그중에서도 연관성이 높은 정보를 효율적으로 검색하는 데 널리 사용되는 **TF-IDF** term frequency–inverse document frequency 모델에 대해 자세히 설명합니다. 이 모델을 활용하면 키워드와 높은 연관성을 가진 웹 페이지를 효과적으로 검색할 수 있습니다.

또한 검색 결과의 품질을 평가하는 데 중요한 지표인 **재현율** recall과 **정밀도** precision에 관해서도 설명합니다. 재현율은 검색된 정보 전체 중에서 연관된 정보가 얼마나 포함되었는지를 나타내며, 정밀도는 검색 결과에 표시된 정보 중에서 **실제로 연관성이 있는 정보**가 얼마나 포함되었는지를 나타냅니다. 재현율과 정밀도는 검색 성능을 평가하는 것뿐만 아니라, AI의 정확도를 평가할 때도 폭넓게 활용됩니다.

이러한 수학적 모델을 학습해 두면 정보 검색 기술에 관한 기본적인 사고방식은 물론, 기초가 되는 수학적 사고력도 기를 수 있습니다. 한마디로, 날마다 증가하는 방대한 정보 속에서 목적에 맞는 가치 있는 정보를 찾아내기 위한 **수학적 사고력**을 습득할 수 있습니다.

이번 장에서는 입문자를 위해 정보 검색의 기본이 되는 수학적 모델을 설명합니다. 따라서 여기서는 정보 검색 기술의 전체적인 개요나 세부 내용을 모두 다루지는 않습니다. 전문가의 관점에서 봤을 때, 이번 장은 정보 검색information retrieval(IR)이라 불리는 정보 공학 분야에서 극히 일부만 설명합니다. 다루는 내용과 설명의 깊이가 그리 깊지 않아 추가적인 확장이나 상세한 논의가 필요하다고 생각할 수 있습니다. 그러나 이번 장은 정보 검색의 이해를 위한 첫걸음이라 생각해 주세요. 기초 모델과 개념을 접하며 수학적 사고력을 기르는 것이 이번 장의 목표입니다. 또한 2장 이후의 내용을 학습하기 위한 워밍업이기도 합니다. 먼저 이번 장을 읽으며 수학적 사고의 흥미로움과 그 응용 범위를 실감할 수 있기를 바랍니다.

## 1.2 웹 검색을 위한 수학적 모델의 기초

우리는 매일 스마트폰이나 PC를 사용해 정보를 검색합니다. 궁금한 단어나 찾고 싶은 내용, 관련된 키워드를 입력하면 인터넷을 통해 언제든 원하는 정보에 접근할 수 있습니다. 대표적으로 **구글링**googling이라는 표현으로 익숙한 구글 검색 서비스가 있습니다.

하지만 잘 생각해 보면 이 서비스는 정말 신기합니다. 어떻게 구글 검색과 같은 웹 검색은 키워드를 입력하기만 해도 사용자가 원하는 정보를 표시하는 것일까요? 이 책은 이 질문을 출발점으로 삼아, 우리가 매일 이용하는 웹 검색에 관해 수학적으로 탐구해 나갑니다. 덧붙여 유튜브의 동영상 검색이나 구글 지도의 장소 검색 등 정보를 검색하는 방식은 다양한 분야에서 활용되지만, 이 책은 이해하기 쉽도록 **웹 검색**만을 주제로 다루고 있다는 점에 유의하세요.

웹 검색을 서비스하려면 검색 실행을 위한 **계산 처리**와 **검색 결과 평가**라는 두 가지 과정이 필요합니다.

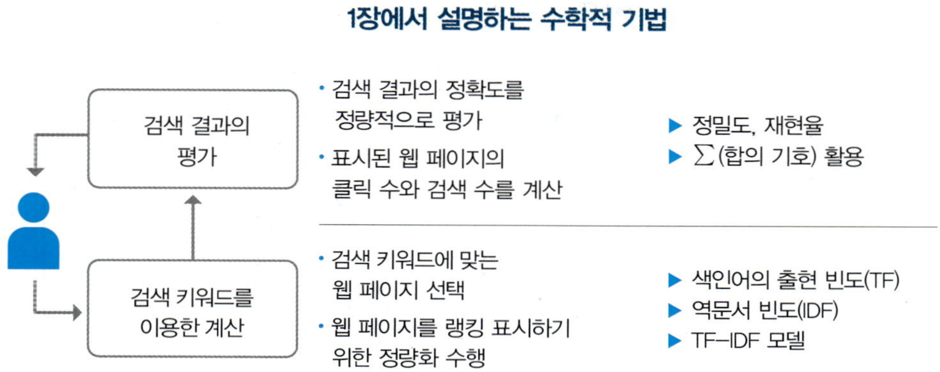


**그림 1-1** 이번 장에서 설명하는 수학적 기법의 개요입니다. 실제 검색 시스템에서는 다양한 계산을 처리해서 검색 결과를 최적화하지만, 이 책에서는 개념 이해를 돕기 위해 기본적인 방법을 설명하는 데 초점을 맞춥니다.

사용자가 웹 검색을 실행하면 **검색 키워드를 이용한 계산**이 실행됩니다.[1] 이 처리는 검색 키워드를 받아들이고, 여기에 적합한 웹 페이지를 선택하는 일련의 과정입니다. 이때, 검색 키워드와 각 웹 페이지가 일치하는 정도를 정량화해서 **순위(랭킹)**를 매깁니다. 물론 순위 결정을 위한 계산만 있는 것은 아니지만, 이번 장에서는 이 부분을 중심으로 설명합니다.

다음으로 **검색 결과의 평가**가 이뤄집니다. 여기서는 화면에 표시된 검색 결과와 사용자가 이용 중인 검색 서비스의 상황을 분석해서 검색의 정확도를 다양한 관점에서 정량적으로 평가하고, 정확도를 개선하는 방법을 알아봅니다. 실제로 이 과정에서 매우 다양한 방법이 활용되지만, 이 장에서는 비교적 이해하기 쉬운 방법 위주로 설명합니다.

이번 장은 **검색 키워드를 이용한 계산**과 **검색 결과의 평가**라는 두 가지 과정을 수학적으로 수행하는 방법을 이해하는 것이 목표입니다. 개념을 쉽게 이해하기 위해 앞서 설명한 흐름과는 반대로 **검색 결과의 평가** 과정부터 살펴본 뒤에 **검색 키워드를 이용한 계산** 과정을 살펴봅니다.

1 엄밀히 말하면, 웹 검색의 정확도를 높이기 위해 검색 키워드 자체에 관한 처리도 함께 이뤄집니다.

## 1.3 정밀도와 재현율: 검색 결과의 좋고 나쁨 평가하기

먼저 **검색 결과의 평가** 과정을 살펴봅니다. 검색 결과의 내용이 근본적으로 좋은지를 수학적으로 판단하기 위해 **비율**을 사용합니다. 비율의 개념을 응용한 재현율(*R*: Recall)과 정밀도(*P*: Precision) 개념도 소개합니다. 참고로 [그림 1-2]의 오른쪽 하단에 쓰여진 것처럼, 일반적으로 검색 분야에서 웹 페이지를 **문서**라 표현하므로 여기서도 문서로 표현합니다.

**기초가 되는 수학적 기법**

$$\text{비율} = \frac{\text{비교하는 양}}{\text{기준이 되는 양}}$$

**정보 공학적 접근 방식**

$$\text{재현율}(R) = \frac{\text{적합하면서 표시된 문서의 수}}{\text{적합한 문서의 수}}$$

$$\text{정밀도}(P) = \frac{\text{적합하면서 표시된 문서의 수}}{\text{표시된 문서의 수}}$$

문서: 웹 페이지를 의미함
적합: 검색 의도에 부합하는 것
표시: 검색 결과 화면에 표시되는 것

**그림 1-2** 설명 방식

구글 검색과 같은 검색 엔진을 사용하면, 검색 결과 화면에는 많은 문서의 링크가 **랭킹** 형식으로 위에서부터 순서대로 정렬됩니다. 하지만 자세히 보면, 화면에 나열된 문서가 모두 사용자가 읽고 싶다고 생각한 문서는 아닙니다. 검색 의도에서 벗어난 문서나 전혀 관계없는 문서가 포함되어 있을 수 있습니다. 즉, 검색 결과에는 **적합한 결과**와 **빗나간 결과**가 존재합니다. 우리 모두 한 번쯤 경험한 적이 있을 것입니다. 따라서 웹 검색 서비스는 최대한 사용자의 **의도**에 맞는 문서만을 결과로 표시하고자 합니다. 의도에 맞는다면 적합이고, 맞지 않는다면 빗나감이므로, 가능하면 적합한 문서만 표시하려고 하는 것은 당연합니다. 만약 빗나간 검색 결과를 많이 제공하면, 검색 서비스의 이용자는 줄어들 것입니다. 하지만 그렇다고 해서 적합한 문서만 표시하는 것이 목표라면 서비스 제공자 입장에서 피할 수 없는 두 가지 문제가 발생합니다.

첫 번째 문제는 검색 결과로 나온 모든 문서가 항상 의도에 적합한 '완벽한 검색 서비스'를 구축하는 것은 현재의 기술로 불가능하다는 점입니다. 제한된 키워드만으로 사용자 의도와 일치하는 문서만을 나열하기란 근본적으로 실현할 수 없는 일입니다. 두 번째 문제는 검색 결과를 표시하는 화면 크기는 물리적으로 제한되기 때문에, 표시할 수 있는 문서의 개수에는 한계가 있다는 점입니다. 즉, 문서는 검색 결과에 **표시된 문서**와 **표시되지 않은 문서** 두 가지 유형으로 나뉩니다.

이 내용을 정리하면 [그림 1-3]과 같이 표현할 수 있습니다. 적합/빗나감을 **적합/부적합**이라는 표현으로 바꿔서 검색 의도에 대해 '적합/부적합'을 하나의 축으로, 화면상에서의 '표시/미표시'를 또 다른 축으로 설정해서 표를 만들면, 모든 문서를 $A$, $B$, $C$, $D$ 중 하나의 범주로 분류할 수 있습니다.[2]

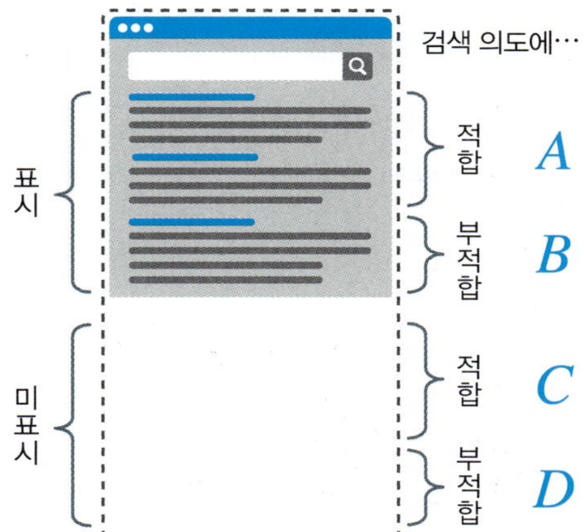


| | 표시 | 미표시 |
|---|---|---|
| 적합 | $A$ | $C$ |
| 부적합 | $B$ | $D$ |

**그림 1-3** 네 영역으로 분류한 웹 페이지(문서). 이 분류를 활용해 검색 정확도를 정량적으로 평가합니다.

이 시점에서 분석을 더 진행하기 전에 기본적인 수학적 기법을 확인해 보겠습니다. 여기서 주목해야 할 점은 평가의 중심이 되는 $A$(적합&표시)에 해당하는 문서입니다. 즉, 화면에 표

2 머신러닝 등의 분야에서는 이러한 형식으로 정리된 표를 혼동 행렬(confusion matrix)이라고도 하며, $A \to$ 진양성(TP: true positive), $B \to$ 위양성(FP: false positive), $C \to$ 위음성(FN: false negative), $D \to$ 진음성(TN: true negative)으로 표기합니다.

시된 문서 중에서 $A$에 해당하는 문서의 비율이 얼마나 높은지가 검색 결과의 품질 평가와 직결됩니다. 이 비율을 수식으로 나타내면 다음과 같습니다.

$$\text{비율} = \frac{\text{비교하는 양}}{\text{기준이 되는 양}}$$

비율의 개념을 적용하면, $A$를 **비교하는 양**으로 설정한 후, 무엇을 **기준이 되는 양**으로 평가할지를 결정하면 검색 결과를 평가할 수 있습니다. 매우 기초적인 수학적 사고방식이지만, 이 책 전체를 통틀어 매우 중요한 개념입니다.

이제 이 비율의 개념을 웹 검색 관점으로 좀 더 구체적으로 생각해 보겠습니다. A를 평가하는 방법은 두 가지가 있습니다. 첫 번째 방법은 '적합한 문서 중에서 얼마나 많은 문서가 화면에 표시되었는가?'를 정량화하는 것입니다. 이 비율은 검색 분야뿐만 아니라 더 넓은 머신러닝 분야에서도 **재현율**이라고 부르며, $\boldsymbol{R}$로 표현합니다. 웹 검색 서비스의 데이터 서버에는 화면에 표시된 문서 외에도 검색자의 의도에 적합한 문서($C$)가 존재할 수 있습니다. 이때, 의도에 적합한 전체 문서($A$+$C$) 중에서 얼마나 많은 문서가 화면에 표시되었는지를 평가하는 것이 재현율입니다.

또 다른 방법은 '화면에 표시된 문서 중에서 얼마나 많은 문서가 적합한가?'를 정량화하는 것입니다. 이 비율은 검색 분야뿐만 아니라 머신러닝 분야에서도 **정밀도**라고 부르며, $\boldsymbol{P}$로 표현합니다. 검색 결과 화면에는 사용자 의도에 적합한 문서($A$)뿐만 아니라, 적합하지 않은 문서($B$)도 포함될 수 있습니다. 따라서 화면에 표시된 전체 문서($A$+$B$) 중에서 적합한 문서가 차지하는 비율을 평가하는 것이 정밀도입니다.[3] 이 내용을 정리하면 [그림 1-4]와 같습니다. $R$과 $P$는 모두 값이 클수록 더 좋은 검색 결과로 평가됩니다.

3 옮긴이_ 혼동 행렬의 표기법에 따르면 $R = \frac{TP}{TP+FN}$, $P = \frac{TP}{TP+FP}$ 로 표기할 수 있습니다.

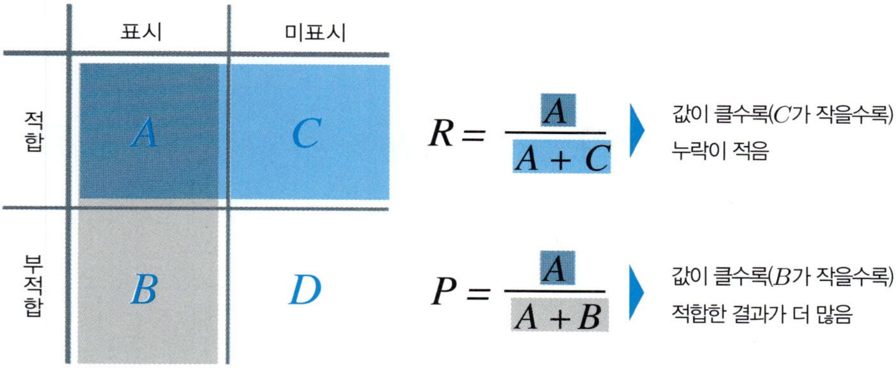


**그림 1-4** 재현율과 정밀도를 비율로 산출합니다(두 개념은 분모가 다르므로 유의).

여기서 중요한 점은 평가의 관점에 따라 분모를 어떻게 설정할 것인지입니다. 분모의 설계 방식에 따라 계산 결과의 해석이 완전히 달라질 수 있으므로 주의해야 합니다. 비율의 형태를 보면, 그 계산이 어떤 의도를 가지고 있는지 이해하는 것이 중요합니다.

이제 실젯값을 대입해 재현율 $R$과 정밀도 $P$를 계산해 봅시다. 위 그림에서 $A$, $B$, $C$에 해당하는 문서의 수를 $A = 10$, $B = 15$, $C = 10$으로 설정하면, $R$과 $P$의 계산 결과는 다음과 같습니다.

$$R = \frac{A}{A + C} = \frac{10}{10 + 10} = \frac{10}{20} = \frac{1}{2} = 0.5$$

$$P = \frac{A}{A + B} = \frac{10}{10 + 15} = \frac{10}{25} = \frac{2}{5} = 0.4$$

재현율 $R$과 정밀도 $P$를 모두 높이면 검색 결과의 정확도가 향상됩니다. 그렇다면 재현율과 정밀도를 높이려면 어떻게 해야 할까요? 수식을 보면 그 방법을 쉽게 이해할 수 있습니다. 한 가지 방법은 분모를 줄이는 것입니다. 재현율 $R$을 높이려면 $C$를, 정밀도 $P$를 높이려면 $B$를 줄여야 합니다.

그러나 여기서 신중하게 생각할 필요가 있습니다. 과연 현실 세계에서 그런 일이 쉽게 일어날까요? 만약 재현율 $R$을 높이기 위해 $C$ 값을, 정밀도 $P$를 높이기 위해 $B$ 값을 동시에 줄이는 것이 정말 가능하다면, 우리가 매일 사용하는 검색 서비스의 검색 결과는 이미 완벽한 상태여야 할 것입니다.[4]

현실적으로 한 번 생각해 보겠습니다. 먼저, $R = \frac{A}{A+C}$ 를 높이기 위해 $C$를 줄이면, 현실적으로 어떤 일이 발생할까요? [그림 1-5]에서 살펴보겠습니다.

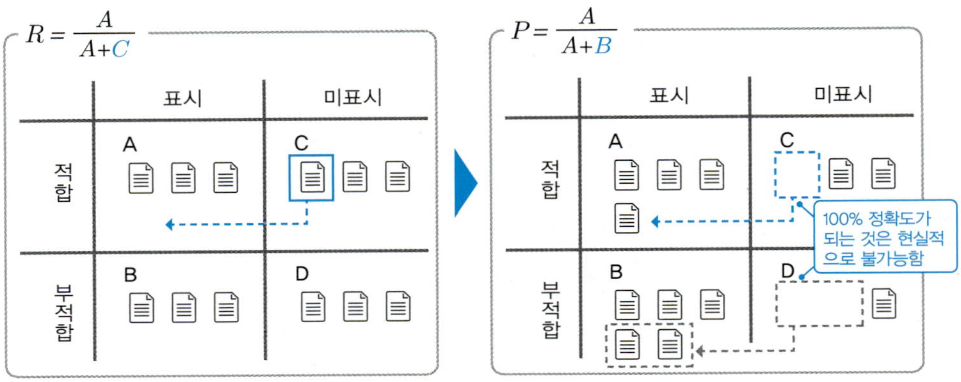


**그림 1-5** (왼쪽) $C$를 줄여 $A$를 늘리면 재현율 $R$이 개선됩니다. (오른쪽) 그러나 $C$를 구별하는 과정에서 $D$를 잘못 표시하면 정밀도 $P$는 낮아집니다.

먼저 [그림 1-5]의 왼쪽 그림을 살펴봅시다. 적합하지만 표시되지 않는 상태인 문서 $C$ 중에서 원래 $A$로 분류되어야 할 문서를 찾아낼 수 있다면 $C$를 줄일 수 있습니다. 이 과정을 파란색 선과 화살표로 나타냈습니다.

다음으로 오른쪽 그림을 살펴보겠습니다. 애초에 사용자의 의도를 완벽하게 이해하는 것은 불가능하기 때문에 $C$의 문서를 찾아 $A$로 추가하는 과정에서 $D$(부적합해 표시하지 않는 문서)가 실수로 선택될 가능성이 있습니다. 그 결과 $B$(부적합하지만 표시된 문서)에 포함되는 경우가 발생합니다. 이 현상을 완전히 피하는 것은 불가능하므로 재현율 $R$을 개선하기 위해서 정밀도 $P$가 낮아지는 문제가 발생합니다.

4 구글 검색에서는 웹 검색을 구현하기 위한 수학적 모델의 고도화는 물론, 2019년에는 구글이 독자적으로 개발한 자연어 처리 기술인 BERT를 웹 검색에 도입해서 검색 결과의 정확도를 지속적으로 향상합니다. 자세한 내용은 다음 링크를 참고하세요.
https://blog.google/products/search/how-ai-powers-great-search-results

한편, $P = \frac{A}{A+B}$ 를 높이기 위해 $B$를 줄이면, 현실에서는 어떤 일이 일어날까요? 이를 [그림 1-6]에서 살펴보겠습니다.

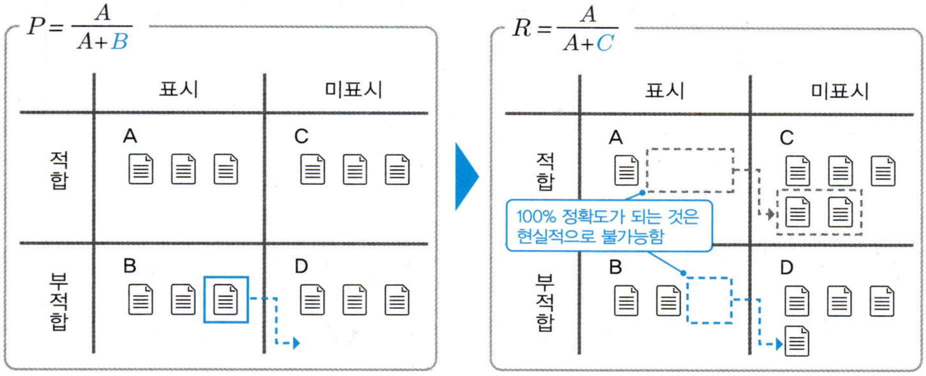


**그림 1-6** (왼쪽) $B$의 문서를 $D$로 옮기면 정밀도 $P$는 개선됩니다. (오른쪽) 그러나 판별 과정에서 $A$의 문서를 표시하지 않으면 재현율 $R$이 낮아집니다.

[그림 1-6]의 왼쪽 그림에서 $B$를 줄이려면, $B$의 문서를 표시하지 않기 위해 $D$로 옮기면 되지만, 오른쪽 그림처럼 이 과정에서 실수로 $A$(적합하고 표시된 문서)까지 $C$로 이동시키는 경우가 발생할 수 있습니다. 이처럼 100% 정확한 처리가 불가능한 이상, 정밀도 $P$를 개선하려면 재현율 $R$이 낮아지는 현상은 피할 수 없습니다.

지금까지의 논의를 통해 재현율 $R$을 개선하면 정밀도 $P$는 낮아지고, 정밀도 $P$를 개선하면 재현율 $R$이 낮아지는 것을 알 수 있습니다. 이러한 관계를 **트레이드오프**tradeoff라고 합니다. 재현율 $R$과 정밀도 $P$는 개념적으로 이해하기 쉽고, 범용적인 유용한 수학적 모델입니다. 그러나 실제 서비스를 운영할 때는 이 둘의 균형을 맞추는 것이 중요하며, 다른 지표들을 함께 살펴보며 검색 정확도를 평가하고 개선해야 합니다.[5]

이처럼 추상적인 모델링과 실제 적용을 통한 검증을 반복적으로 고려하는 것은 수학적 모델을 탐구할 때 반드시 필요합니다. 그렇지 않으면 수학적 모델은 현실과 동떨어진 이론에 그치고 말 것입니다.

---

5 예를 들어 재현율과 정밀도의 조화 평균인 F 스코어(F-score)를 사용해 정확도를 평가할 수도 있습니다.

## 1.4 합의 기호 Σ: 사용자 행동의 평균값을 수학적 모델로 표현하기

여기까지 재현율 $R$과 정밀도 $P$를 활용해서 검색 결과의 좋고 나쁨을 평가하는 방법을 수학적으로 알아봤습니다. 이 방법 외에도 검색 결과의 정확도를 평가하는 방법은 다양합니다. 이번 절에서는 합의 기호 Σ(시그마sigma)를 사용한 계산 방법을 살펴봅니다. 합의 기호를 사용해서 사용자의 검색과 관련된 행동의 평균값을 계산해 봅시다.

**기초가 되는 수학적 기법**

합의 기호: $\sum_{k=1}^{n} x_k$

**정보 공학적 접근 방식**

사용자 한 명당 행동의 평균값 = $\frac{1}{N}\sum_{k=1}^{N} x_k$

[ $N$ : 사용자 수 $x_k$ : $k$ 번째 사용자의 총 행동 수 ]

그림 1-7 설명 방식

사용자의 행동 데이터를 활용해서 검색 결과의 정확도를 평가하는 방법으로 사용자의 검색 횟수와 클릭 수를 계산하는 방법이 있습니다. 그림으로 살펴보면 [그림 1-8]과 같습니다.

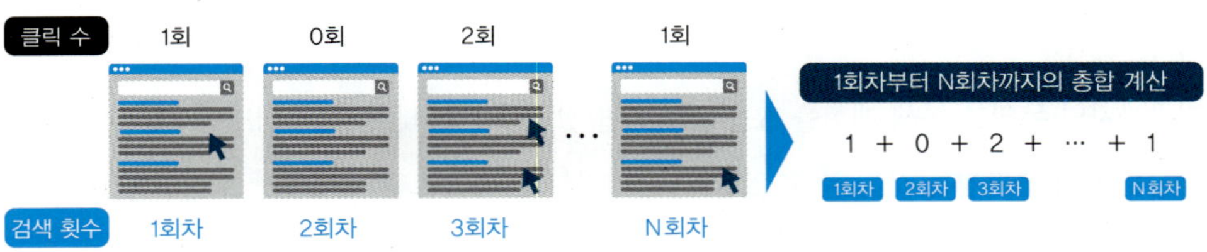


그림 1-8 검색 횟수마다 클릭 수를 기록

[그림 1-8]의 내용을 수학적으로 생각해 보겠습니다. $N$은 자연수이며 1회부터 $N$회까지의 클릭 수를 **합**의 형태로 나타낸다고 가정합니다. 각 클릭 수를 $c_1, c_2, \cdots, c_N$이라 하면, 이들의 총합은 $c_1 + c_2 + \cdots + c_N$입니다. 여기서 $c_1$이나 $c_2$와 같은 개별 요소를 **항**이라고 합니다. 항이란, 식에서 +(더하기) 또는 −(빼기) 기호로 구분된 숫자나 문자의 묶음이라고 생각하

면 됩니다. 첫 번째 클릭 수를 제1항, 두 번째 클릭 수를 제2항, $N$번째 클릭 수를 제$N$항이라 합니다.

이렇게 $N$번의 검색을 거쳐 나온 총 클릭 수를 수식으로 표현할 때, 모든 항을 일일이 덧셈 기호로 나열하면 번거롭고 복잡합니다. 따라서 합의 기호 Σ를 사용해 식 (1-1)처럼 간단하게 표현합니다. 이러한 표기법은 AI 분야에서도 자주 등장하며, 고등학교 수학 과정의 **수열** 단원에서 배운 내용과도 연결되는 개념입니다.

$$c_1 + c_2 + \cdots + c_N = \sum_{k=1}^{N} c_k \qquad (1\text{-}1)$$

이 내용을 [그림 1-9]에서 자세히 알아보겠습니다.

$$c_1 + c_2 + \cdots + c_N = \sum_{k=1}^{N} c_k$$

$\sum_{k=1}^{N} c_k$ : 첫 번째 항이 $c_1$임을 나타냄

$\sum_{k=1}^{N} c_k$ : 마지막 항이 $c_N$임을 나타냄

$\sum_{k=1}^{N} c_k$ : 1부터 $N$에 대한 일반항을 나타냄

**그림 1-9** 합의 기호는 초항부터 마지막 항까지의 총합을 일반항으로 나타냅니다.

이 표현을 사용하면, 검색 1회당 평균 클릭 수도 간단하게 나타낼 수 있습니다. $\sum_{k=1}^{N} c_k$의 값을 검색 횟수 $N$으로 나누면 **평균값**을 계산할 수 있습니다. 구체적인 수치를 계산하려면 제1항부터 제$N$항까지의 클릭 수를 모두 알아야 하지만, 검색 1회당 평균 클릭 수를 구하는 수학적 모델을 표현하려면 식 (1-2)만으로도 충분히 설명할 수 있습니다.

$$\frac{1}{N} \sum_{k=1}^{N} c_k \qquad (1\text{-}2)$$

여기서는 총 클릭 수를 나타내는 식 (1-1)과 평균 클릭 수를 나타내는 식 (1-2)를 구하는 계산식을 **일반화**했습니다. 이처럼 일반화를 통해 특정 예시(여기서는 평균 클릭 수 계산)뿐만 아니라 더욱 다양한 경우에 수학적 모델을 활용할 수 있습니다. 앞 절에서 다룬 재현율 $R$과 정밀도 $P$ 또한 검색 결과의 적절성을 여러 상황에서 평가하기 위해 일반화된 수학적 모델의 예시라고 할 수 있습니다.

이제 구체적인 사례를 생각해 보겠습니다. 식 (1-1)과 (1-2)의 예시는 검색하는 사용자가 한 명일 경우를 가정하고 있습니다. 그러나 실제로 검색 서비스는 여러 사용자가 이용합니다. 따라서 검색 서비스를 제공하는 입장에서는 사용자별 클릭 수를 계산해야 합니다. 예를 들어 4명의 사용자가 웹 검색을 이용하는 상황이라고 가정해 봅시다(그림 1-10). 4명의 각 사용자는 $u_1$, $u_2$, $u_3$, $u_4$로 표기합니다. 각 사용자가 몇 번 검색하고, 각 검색에서 몇 개의 문서를 클릭했는지를 측정합니다. 당연히 사용자마다 검색 횟수도 다르고, 클릭한 문서 수도 다릅니다.

| | 검색 횟수별 클릭 수 | | | | 총 검색 횟수 | 총 클릭 수 |
|---|---|---|---|---|---|---|
| | 1회차 | 2회차 | 3회차 | 4회차 | | |
| $u_1$ | 1 | 0 | 검색 없음 | 검색 없음 | 2 $= n_1$ | 1 $= c_1$ |
| $u_2$ | 3 | 1 | 2 | 1 | 4 $= n_2$ | 7 $= c_2$ |
| $u_3$ | 2 | 4 | 2 | 3 | 4 $= n_3$ | 11 $= c_3$ |
| $u_4$ | 1 | 2 | 1 | 검색 없음 | 3 $= n_4$ | 4 $= c_4$ |

**그림 1-10** 4명의 사용자에 대해 검색 횟수 합계와 클릭 수 합계를 기록한 표

[그림 1-10]에서는 4명의 사용자의 총 검색 횟수를 $n_1$, $n_2$, $n_3$, $n_4$로 나타내고, 총 클릭 수를 $c_1$, $c_2$, $c_3$, $c_4$로 표기했습니다. 예를 들어 사용자 $u_1$은 1회차 검색 결과에서 한 개의 문서를 클릭하고, 2회차 검색 결과에서는 아무 문서도 클릭하지 않았습니다. 이후에는 검색 자체를 수행하지 않았으므로, '검색 없음'으로 표기됩니다. 결과적으로 $u_1$은 모두 두 번 검색을 실행해서, 한 개의 문서를 클릭한 것입니다.

[그림 1-10]에 나온 전체 사용자의 평균 검색 횟수와 평균 클릭 수는 Σ 기호를 사용해서 간단하게 표현할 수 있습니다. 식 (1-2)를 사용하면 모든 검색 횟수와 클릭 수를 더한 후, 사용자 수로 나누어 계산할 수 있습니다. 이처럼 Σ를 활용하면, 사용자 한 명당 평균 행동 값을 매우 간단한 수학적 모델로 표현할 수 있습니다.

$$\text{평균 검색 횟수:}\ \frac{1}{4}\sum_{k=1}^{4} n_k = \frac{1}{4}(n_1 + n_2 + n_3 + n_4)$$
$$= \frac{1}{4}(2 + 4 + 4 + 3)$$
$$= 3.25$$

$$\text{평균 클릭 수}\ :\ \frac{1}{4}\sum_{k=1}^{4} c_k = \frac{1}{4}(c_1 + c_2 + c_3 + c_4)$$
$$= \frac{1}{4}(1 + 7 + 11 + 4)$$
$$= 5.75$$

여기까지 검색 결과 평가의 평가 방법으로 정밀도, 재현율, 평균값을 표현하는 수학적 모델을 알아봤습니다. 특히 비율과 합의 기호 Σ를 활용한 개념은 앞으로도 여러 번 등장합니다.

## 1.5 벡터화: 색인어를 수치화하기

이제 웹 검색의 핵심이라 할 수 있는 '검색 키워드를 사용한 계산 처리'를 본격적으로 파헤쳐 봅시다. 우리의 구체적인 목표는 각 문서를 사용자의 검색 의도에 맞춰 **순위를 매겨 표시하는 수학적 모델**을 만드는 것입니다.

구글 검색과 같은 서비스는 검색 키워드를 입력해 검색을 실행합니다. 예를 들어 오키나와로 여행을 가고 싶어 관련된 정보를 검색하는 경우, 사용자는 '오키나와 여행'과 같은 단어를 검색합니다. 그러면 [그림 1-11]과 같이 '오키나와 여행' 키워드와 관련된 웹 페이지 링크가 결과로 표시됩니다.

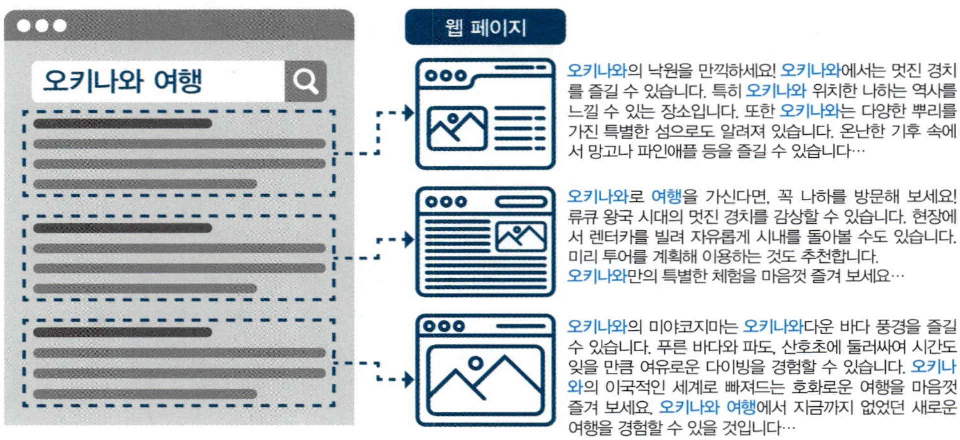


**그림 1-11** 검색 키워드를 검색하면, 관련 문서의 링크가 랭킹 형식으로 표시됩니다.

이러한 검색 결과를 구현하려면 웹 페이지 내 정보(여기서는 주로 텍스트 데이터)를 **수치 데이터**로 변환해야 합니다.[6] 수치 데이터가 웹 검색을 구현하는 데 필요한 계산 처리에 더 적합하기 때문입니다. 예를 들어 오키나와 여행과 관련된 정보를 찾으려 해도, '오키나와 여행'은 단순한 **문자열**일 뿐입니다. 문서 안에 '오키나와 여행'이라는 단어가 포함되었는지 판단하려면, 문서 내 문자 정보를 어떤 형태로든 수치 데이터로 변환해야 합니다. 이러한 변환은 웹

6 단순한 문자열 일치 방식의 기본적인 검색도 가능하지만, 검색 결과의 연관성과 랭킹의 정확도를 높이려면 텍스트 데이터를 수치 데이터로 변환하고, 수학적 방법을 적용할 필요가 있습니다.

검색의 정확도를 높이는 데 반드시 필요한 과정입니다.

검색 키워드와 문서를 수치로 표현할 수 있다면, 다양한 수학적 기법을 적용할 수 있습니다. 이렇게 문자열 등의 데이터를 수치 데이터로 변환하는 처리 과정을 **벡터화**라고 합니다.[7]

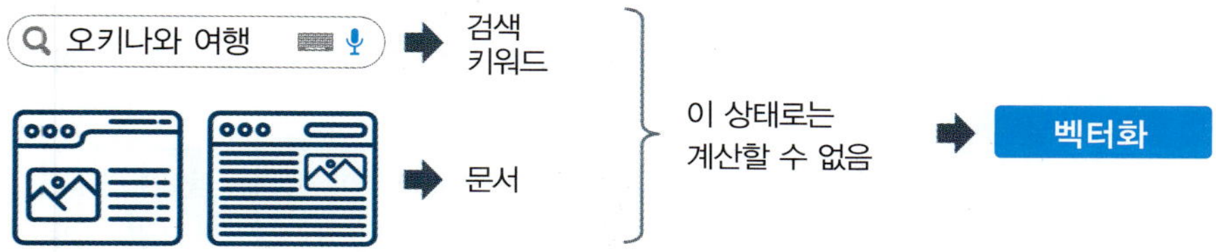


**그림 1-12** 검색 키워드와 웹 페이지(문서)를 벡터화하면 다양한 수학적 기법을 적용할 수 있습니다. 특히 랭킹을 구현하는 수학적 모델에는 반드시 필요한 처리 과정입니다.

**Column**

### 자연어 처리에 사용되는 벡터화 기법

문자열을 수치로 변환하는 작업은 언뜻 보면 간단해 보이지만, 이를 위해서는 매우 많은 단계가 필요합니다. 이 책의 주요 관심사는 수학적 모델을 알기 쉽게 설명하는 것이지만, 참고를 위해 검색 키워드나 문서의 텍스트 데이터를 어떻게 수치 데이터로 변환하는지, 그 흐름을 개략적으로 설명합니다. 더욱 자세한 내용은 전문 서적을 참고하기 바랍니다.

여기에서는 문서의 텍스트 데이터를 수치 데이터로 변환, 즉 벡터화하는 과정을 설명합니다. 이 과정에서 텍스트 데이터는 다양한 방법의 **전처리**를 거칩니다. 주요 방법으로는 **클렌징**cleansing, **단어 분할**, **정규화** 등이 있습니다. 이 일련의 과정에 단어 벡터화를 추가하면 사람이 일상적으로 사용하는 자연어를 컴퓨터가 이해하고 다룰 수 있게 됩니다. 이러한 기술을 **자연어 처리**natural language processing(NLP)라고 부릅니다. 각 단계에서 구체적으로 어떤 작업을 하는지 [표 1-1]에서 소개합니다. 단, [표 1-1]의 설명은 자연어 처리의 맥락에서 서술된 것임을 유념해 주세요.

7 다른 표현으로 부호화, 인코딩 등이 있지만, 이 책에서는 벡터화를 사용합니다.

**표 1-1** 자연어 처리 방법

<table>
<tr><th>방법</th><th>구체적인 작업 내용</th></tr>
<tr><td>클렌징</td><td>웹상의 데이터에는 불필요한 노이즈가 포함되어 있기 때문에, 분석 전에 이를 제거(클렌징)합니다. 노이즈의 예로는 자바스크립트 코드나 HTML 태그 등이 있습니다.</td></tr>
<tr><td>단어 분할</td><td>문장을 의미 있는 최소 단위인 단어로 분리합니다. 일본어처럼 단어 간의 경계가 명확하지 않은 언어에서는 특히 중요한 과정입니다.[8] 이 과정을 형태소 분석이라 부르며, 단어에 동사, 명사, 형용사 등의 품사 정보가 부여됩니다.</td></tr>
<tr><td>정규화</td><td>텍스트 데이터에서 표현의 일관성을 유지하는 과정입니다. 이 과정에는 동일한 의미의 단어나 표기 변형을 같은 형식으로 통일하는 작업이 포함됩니다. 예를 들어 고양이와 야옹이처럼 다르게 표기된 단어를 하나로, 또는 Web과 web처럼 대소문자 표기 차이를 통일해 데이터의 일관성을 높이고 분석 정확도를 개선합니다.</td></tr>
<tr><td>단어 벡터화</td><td>텍스트 데이터 내의 단어를 수치로 변환하는 과정입니다. 이 방법에는 단어의 출현을 0과 1로 표현하는 원-핫 인코딩one-hot encoding과 같은 단순한 방식부터, 단어 임베딩처럼 단어 간의 의미적 관계를 반영한 복잡한 표현까지 다양한 방법이 있습니다. 이를 통해 여러 가지 분석 기법을 적용할 수 있습니다. 참고로 원-핫 인코딩 개념을 그림으로 나타내면 다음과 같습니다.
<table>
<tr><th>고객 ID</th><th>상품</th></tr>
<tr><td>0001</td><td>코트</td></tr>
<tr><td>0002</td><td>데님</td></tr>
<tr><td>0003</td><td>코트</td></tr>
<tr><td>...</td><td>...</td></tr>
</table>
<table>
<tr><th>고객 ID</th><th>상품</th><th>코트</th><th>데님</th></tr>
<tr><td>0001</td><td>코트</td><td>1</td><td>0</td></tr>
<tr><td>0002</td><td>데님</td><td>0</td><td>1</td></tr>
<tr><td>0003</td><td>코트</td><td>1</td><td>0</td></tr>
<tr><td>...</td><td>...</td><td>...</td><td>...</td></tr>
</table>
그림 1-13 원-핫 인코딩</td></tr>
</table>

위 내용을 그림으로 표현하면 [그림 1-14]와 같습니다. 이후 절부터는 텍스트 데이터를 벡터화한 것을 전제로 설명을 이어가겠습니다.

8 옮긴이_ 일본어는 띄어쓰기를 사용하지 않기 때문에 단어를 분할하기 위한 목적이 크지만, 한국어는 띄어쓰기로 단어가 구분되어 있기 때문에 한 단어 안에 어떤 문법적 요소가 포함되어 있는가에 형태소 분석의 초점이 맞춰져 있습니다.

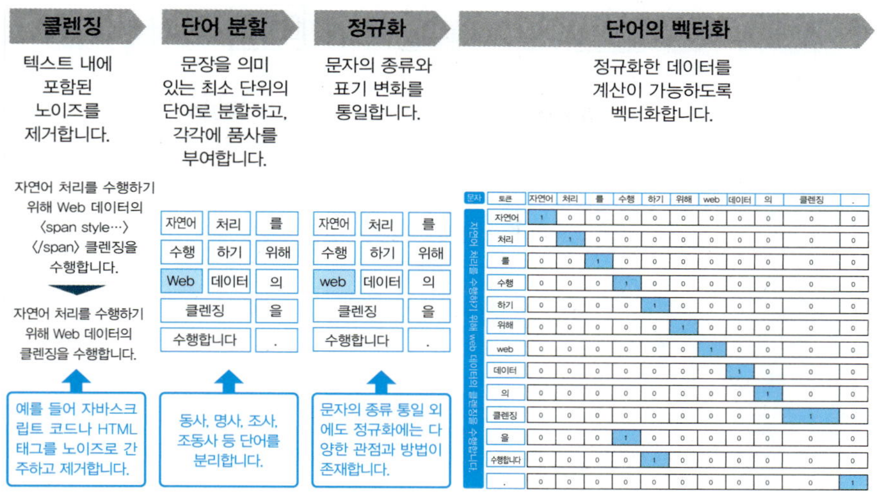


**그림 1-14** 자연어 처리를 위한 전제 조건인 데이터 전처리의 기본적인 과정입니다. 이 과정을 통해 텍스트 데이터를 벡터화하고, 다양한 수학적 모델에 적용할 수 있습니다.

이제 각 단어를 벡터화한 수치 데이터를 사용해 검색을 수학적으로 구현하는 방법을 살펴보겠습니다. 검색 분야에서는 웹 페이지를 **문서**, 문서 내의 개별 단어를 **색인어**라고 부릅니다. 색인어를 벡터화하면 인터넷상의 다양한 문서에서 각 색인어가 몇 번 등장하는지 계산할 수 있습니다. 예를 들어 각 문서에 포함된 색인어 개수를 표 형태로 정리하면 [그림 1-15]와 같습니다.

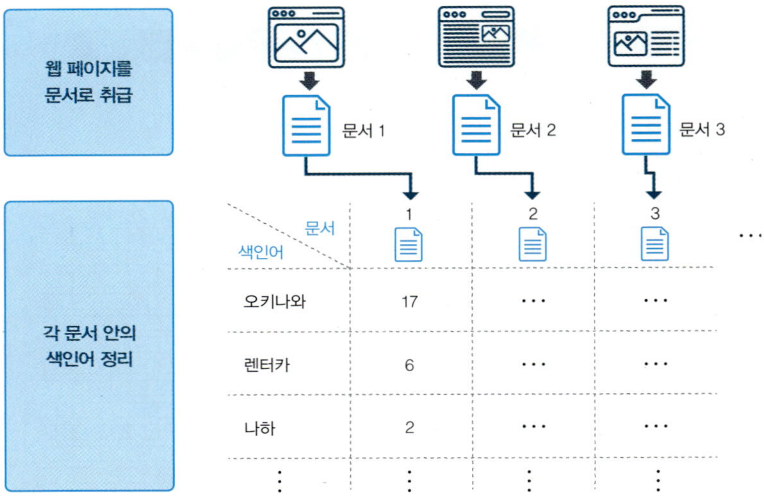


**그림 1-15** 벡터화된 데이터를 사용해 문서마다 색인어 수를 계산합니다.

이러한 정량화 과정을 거치면, 각 문서에서 특정 색인어가 몇 번 등장하는지 한눈에 파악할 수 있습니다. 이 색인어의 출현 빈도를 TF term frequency라고 합니다. TF 값이 클수록 해당 문서에서 중요한 단어일 가능성이 높다고 해석할 수 있습니다. 다시 말해 TF는 색인어의 중요도를 나타내는 하나의 지표입니다.[9]

계산된 TF 값을 활용하면 다양한 분석이 가능합니다. 예를 들어 '오키나와'와 '렌터카'의 TF 값이 높은 문서는 오키나와 여행자를 위한 렌터카 서비스에 대한 문서일 가능성이 큽니다. 또한 '오키나와'와 '다이빙'의 TF 값이 높은 문서는 오키나와 여행자를 위한 다이빙 관련 서비스 소개 문서일 가능성이 높습니다. 이처럼 TF 값이 큰 색인어를 통해 문서의 특징을 파악할 수 있습니다.

9 [그림 1-15]의 표를 역 인덱스(inverted index)라고도 합니다. 이 인덱스는 특정 단어가 어떤 문서에 포함되어 있는지 빠르게 찾을 수 있도록 도와줍니다. 역 인덱스에서는 단어 목록을 기반으로 해당 단어가 등장하는 문서 목록과 출현 위치 또는 빈도 정보를 정리합니다. 예를 들어 '오키나와'라는 단어가 문서 1, 문서 3, 문서 5에서 등장한다면, 이 목록을 미리 정리해 두는 것이 역 인덱스입니다. 이 구조를 사용하면 '오키나와' 단어가 포함된 문서를 찾기 위해 모든 문서를 직접 검사할 필요가 없으므로 검색 속도를 크게 향상할 수 있습니다.

Lesson

### 벡터와 행렬

각 문서에서 단어의 출현 빈도를 표 형태로 정리했지만, 이를 **벡터**와 **행렬**을 이용해 표현해 보겠습니다. 이해하기 쉽도록 '오키나와'와 '렌터카' 두 개의 단어(색인어)와 문서 1, 문서 2, 문서 3까지 세 종류의 문서만 고려합니다. 특히 문서는 $d_1$, $d_2$, $d_3$으로 간단하게 표기합니다. 예를 들어 $d_1$(문서 1)에서 '오키나와'가 세 번, '렌터카'가 한 번 등장한다면, $d_1$은 다음과 같은 벡터로 표현할 수 있습니다.

$$d_1 = \begin{pmatrix} 3 \\ 1 \end{pmatrix}$$

이 표현은 열(세로) 방향으로 수치가 정렬되어 있는 벡터이므로 **열 벡터**라고 부릅니다. 마찬가지로 $d_2 = \left(\begin{smallmatrix} 0 \\ 2 \end{smallmatrix}\right), d_3 = \left(\begin{smallmatrix} 1 \\ 0 \end{smallmatrix}\right)$ 라고 할 때, $d_1$, $d_2$, $d_3$을 다시 하나의 벡터 $D = (d_1, d_2, d_3)$처럼 나타내면 식 (1-3)과 같은 **행렬**이 됩니다.

$$D = (d_1, d_2, d_3) = \begin{pmatrix} 3 & 0 & 1 \\ 1 & 2 & 0 \end{pmatrix} \qquad (1\text{-}3)$$

여기서 $D = (d_1, d_2, d_3)$처럼 행(가로) 방향으로 정렬되어 있는 벡터를 **행 벡터**라고 합니다. 여기까지의 내용을 [그림 1-16]에서 다시 한번 정리합니다. [그림 1-16]은 각 색인어가 문서마다 몇 번 등장하는지를 열 벡터로 나타내고, 열 벡터를 가로로 이어 붙여 행렬 형식으로 변환하는 과정을 나타냅니다.

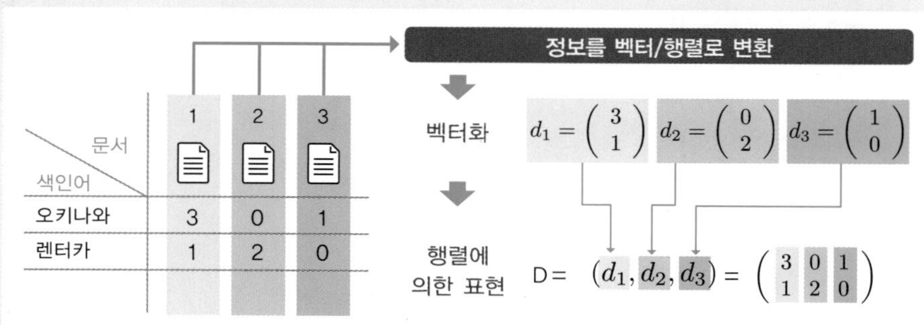


그림 1-16 각 문서에 포함된 색인어의 개수를 계산해서 행렬 형식으로 변환합니다.

이쯤에서 벡터와 행렬을 표기하는 일반적인 방법에 대해 간단히 설명합니다. 이 표기 방법은 다음 장 이후로 자주 등장합니다. 예를 들어 문서 $d_j$(여기서 $j$는 문서의 번호를 나타냄)를 열 벡터로 표현하면 식 (1-4)와 같은 형태가 됩니다. 성분의 $1 \sim m$까지의 숫자는 열 벡터에서 해당 요소가 몇 번째인지를 나타내며, $m$은 문서 내에 포함된 서로 다른 색인어의 개수를 의미합니다.

$$\boldsymbol{d}_j = \begin{pmatrix} d_{1,j} \\ d_{2,j} \\ \vdots \\ d_{m,j} \end{pmatrix} \qquad (1\text{-}4)$$

이 열 벡터 $d_j$를 가로로 배열하면 식 (1-5)와 같이 일반적인 행렬을 만들 수 있습니다. 각 문서에서 사용되는 색인어의 개수가 $m$개이고, 문서의 총 개수가 $n$개라면, 행렬 $D$는 세로로 $m$행, 가로로 $n$열의 $m \times n$ 행렬이 됩니다.

$$D = (\boldsymbol{d}_1,\ \boldsymbol{d}_2, \cdots, \boldsymbol{d}_n) = \begin{pmatrix} d_{1,1} & d_{1,2} & \cdots & d_{1,n} \\ d_{2,1} & d_{2,2} & \cdots & d_{2,n} \\ \vdots & \vdots & \ddots & \vdots \\ d_{m,1} & d_{m,2} & \cdots & d_{m,n} \end{pmatrix} \qquad (1\text{-}5)$$

이전에 표기한 식 (1-3)의 예시는 색인어의 개수가 2개, 문서의 개수가 3개인 $2 \times 3$ 행렬이라는 뜻입니다. 이러한 일반적인 행렬의 표기 방법은 다음 장 이후부터 자주 등장하므로 미리 익혀 놓기를 추천합니다.

## 1.6 비례와 로그: 색인어의 등장 빈도를 수학적 모델로 표현하기

색인어와 문서 간의 관계를 수치로 표현하면, 각 문서에서 색인어의 중요도를 비교할 수 있습니다. 이번 절에서는 TF를 계산하기 위해 로그를 활용하는 수학적 모델을 소개합니다.

| 기초가 되는 수학적 기법 | 정보 공학적 접근 방식 |
|---|---|
| **로그 함수:** $y = \log_a x$ | $\text{TF} = \log(tf(t, d) + 1)$ |

[ $t$ : 색인어　$d$ : 문서
$tf(t, d)$ : 문서 $d$ 안의 색인어 $t$ 의 개수를 출력하는 함수 ]

그림 1-17 설명 방식

'Lesson: 벡터와 행렬'의 [그림 1-16]에서 설명한 색인어와 문서의 표를 바탕으로 색인어를 $t$, 첫 번째 색인어(오키나와)를 $t_1$으로 정의합니다. 이때, 문서 $d_1$에서 색인어 $t_1$의 출현 빈도 TF는 다음과 같이 표현할 수 있습니다. 여기서 $t$는 term의 앞 글자를 딴 표기 방식입니다.

$$\text{TF} = tf\,(t_1, d_1) = 3$$

여기서 $tf(t_1, d_1)$은 색인어 $t_1$과 문서 $d_1$이 주어졌을 때 TF를 출력하는 **함수**입니다. 다시 말해 두 개의 변수 $t_1$, $d_1$을 갖는 **이변수 함수**입니다.

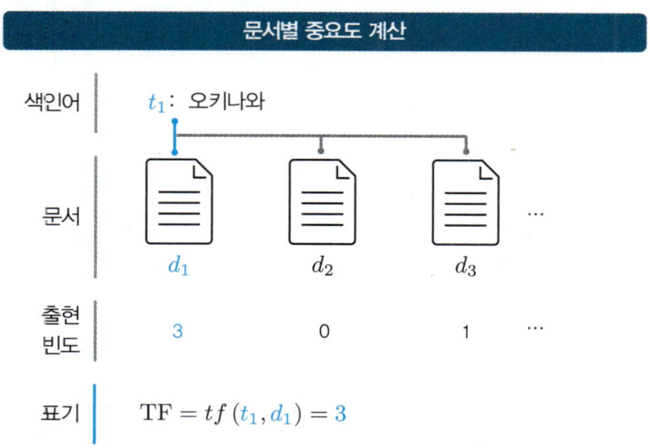


그림 1-18 색인어와 문서를 변수로 갖는 이변수 함수 $\text{TF} = tf(t, d)$로 TF를 구합니다.

여기서 문서 $d_1$의 TF를 그래프로 그려보겠습니다(그림 1-19).

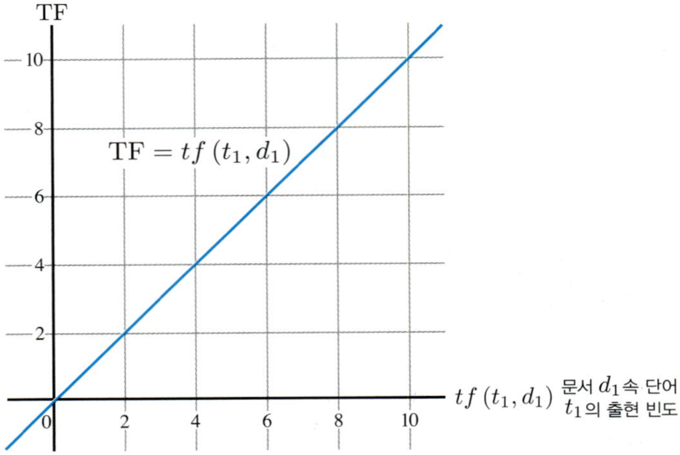


**그림 1-19** 이변수 함수 $\mathrm{TF} = tf(t, d)$의 그래프. 색인어의 출현 빈도에 따라 TF는 단조 증가[10]하며 그래프에서 0 이상의 범위를 사용하게 됩니다.

TF는 단어 $t_1$의 출현 횟수에 따라 증가하는 함수입니다. 예컨대 $t_1 = 1$이면 $\mathrm{TF} = 1$, $t_1 = 10$이면 $\mathrm{TF} = 10$과 같이 **비례**하는 관계입니다. 하지만 검색 엔진 서비스 입장에서는 이 방식이 문제가 될 수 있습니다. 예를 들어 어떤 문서에 '오키나와'라는 색인어가 많이 포함되어 있다고 해서 항상 중요한 문서라고 할 수는 없습니다. 문서 작성자가 검색 결과에 더욱 많이 노출시키기 위해 '오키나와' 키워드를 반복적으로 넣었을 가능성도 있습니다. 이처럼 TF 값을 그대로 활용해서 색인어의 출현 빈도를 평가하는 것은 실무에서 문제가 될 수 있습니다.

이 문제를 해결하기 위해 색인어의 출현 빈도가 일정 수준을 넘어서면 TF 값의 증가율이 완만해지도록 수학적 모델을 조정하는 방법이 있습니다. 이때 가장 효과적인 방법이 **로그**를 사용하는 것입니다. 로그를 사용해서 TF를 식 (1-6)의 형태로 변환합니다.

$$\mathrm{TF} = \log\left(tf(t, d) + 1\right) \qquad (1\text{-}6)$$

10 옮긴이_ 단조 증가란 입력값이 증가함에 따라 함숫값이 감소하지 않는 경우를 의미합니다. 정확한 수학적 정의는 정의역 $D$에 속하는 임의의 원소 $x_1, x_2 \in D$에 대해 $x_1 < x_2$이면 항상 $f(x_1) \leq f(x_2)$가 성립하는 성질을 말합니다.

식 (1-6)의 우변은 실제로 수학적 모델로 활용할 때 조금 더 설명이 필요한 부분입니다. 특히 로그 함수의 대표적인 성질, log 0은 계산할 수 없다는 점에 유의해야 합니다('Lesson: 로그의 성질'에서 자세히 설명합니다). 예를 들어 $tf(t, d) = 0$, 즉 문서 $d$에서 단어 $t$가 한 번도 등장하지 않은 경우에는 로그 안에 +1이 없다면 log 안이 0이 되므로 더 이상 계산이 되지 않습니다. 이런 상황을 방지하기 위해 $\log(tf(t, d) + 1)$처럼 로그 함수 안에 1을 더해서 TF를 정의합니다. 이렇게 하면 $tf(t, d) = 0$일 때도 $\log(tf(t, d) + 1) = \log(0 + 1) = \log 1 = 0$처럼 로그 값이 정의되므로 계산상의 문제는 발생하지 않습니다.

식 (1-6) 역시 그래프로 표현할 수 있습니다. 이를 시각화하기 위해, 로그의 **밑**을 10으로 설정해 그래프를 그리면 [그림 1-20]과 같습니다. 그래프를 보면 색인어의 출현 빈도를 나타내는 TF 값(세로축)이 로그 변환을 통해 점차 완만해지는 것을 확인할 수 있습니다.

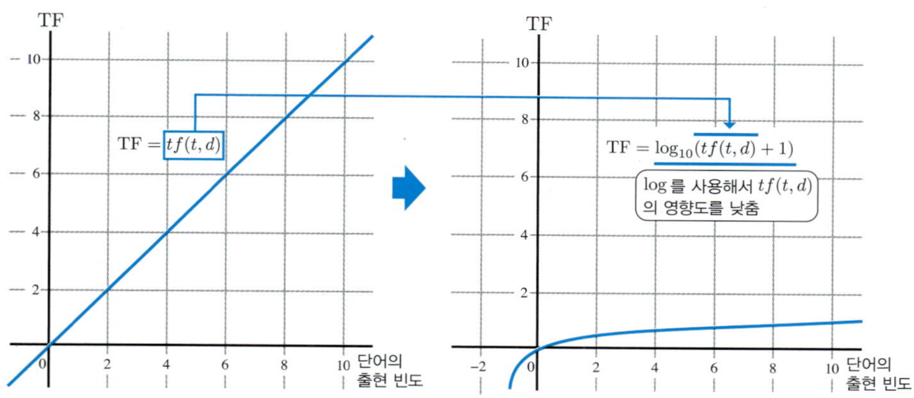


**그림 1-20** (왼쪽) 색인어의 출현 횟수가 많아질수록, TF 값이 계속해서 증가하는 문제가 발생합니다. (오른쪽) 로그 변환을 통해 색인어의 출현 빈도의 영향을 완화하도록 TF를 다시 설계했습니다. 그래프에서 0 이상의 범위를 사용합니다.

이처럼 수학적 모델에서 로그의 성질은 매우 중요합니다. TF를 수학적 모델로 표현하는 방법에는 여러 가지 패턴이 존재하지만, 이 책에서는 식 (1-6)을 기반으로 설명합니다.[11]

11 이외에 TF를 계산하는 방법은 다음 링크를 참조하시기 바랍니다. https://ko.wikipedia.org/wiki/Tf-idf

Lesson

## 로그의 성질

AI 분야에서 로그는 매우 중요한 수학적 개념입니다. 하지만 학창 시절의 필자는 '로그가 도대체 어디에 쓰이는 걸까?'하고 의문을 품곤 했습니다. 실제로 로그가 어떤 방식으로 활용되는지를 직접 경험해 보지 않으면, 그 개념을 이해하기가 쉽지 않습니다. 교육 과정에서도 이러한 활용 사례를 다루지 않기 때문에 당시의 필자처럼 수학을 배우는 목적 자체를 이해하기 어려웠을지도 모릅니다.

우선, 로그란 무엇인지부터 살펴봅니다. 예를 들어 $y = a^x$와 같은 지수 함수가 있습니다. 여기서 $a$는 0보다 크며 1이 아닙니다. **지수**란 우변 $a$의 위에 위치한 $x$를 의미하며, $x$의 값이 변하면 $y$ 값도 함께 변합니다. 로그는 이 지수 함수를 통해 다음과 같이 정의됩니다.[12]

$$x = \log_a y$$

로그의 정의를 설명했으니 이제 구체적인 수치를 대입하며 살펴보겠습니다. 예를 들어 $y = 3^x$이라는 지수 함수가 있을 때, $x = 2$라면 $y = 3^2 = 3 \times 3 = 9$가 됩니다. 그렇다면 $x = \log_a y$에 $x = 2$, $a = 3$, $y = 9$를 대입하면 $2 = \log_3 9$가 성립합니다. 로그 함수 $x = \log_a y$에서 $a$를 **밑**, $y$를 **진수**라고 합니다. 여기에서 중요한 개념으로, 로그가 성립하기 위해서는 다음과 같은 조건이 필요합니다.

- **밑의 조건**: $a > 0$ 그리고 $a \neq 1$
- **진수의 조건**: $y > 0$

앞 절의 식 (1-6)은 결국 진수의 조건이었습니다. 여기서는 지수 함수와 대응시키기 위한 형태로 로그를 정의했기 때문에 $x = \log_a y$로 표기했지만, 실제로는 $y = \log_a x$로 표기하는 것이 일반적입니다. 이 경우 당연히 진수의 조건은 $x > 0$이 됩니다.

다음으로 계산 예시를 통해 로그의 중요한 성질을 설명하면서 공식을 정리하겠습니다. 예를 들어 $\log_{10} 100$과 같은 로그 값을 계산할 때는 다음과 같은 처리 과정을 따릅니다. 이때, $\because$ 기호는 '왜냐하면'이라는 뜻입니다.

---

12 다시 말해 로그는 지수 함수의 역함수입니다. 여기서 역함수에 대한 자세한 설명은 생략하며 더 자세한 내용은 수학 참고서 등을 참고해 주세요.

$$\begin{aligned}\log_{10} 100 &= \log_{10} 10^2 \\ &= 2\log_{10} 10 \quad \because \log_a b^m = m\log_a b \\ &= 2 \qquad\qquad\quad \because \log_a a = 1\end{aligned}$$

특히, $\log_a b^m = m \log_a b$는 자주 등장하는 공식이므로 숙지하기 바랍니다.

다음으로 $y = \log_a x$는 $a > 1$일 때, [그림 1-21]처럼 진수 $x$가 증가할수록 점진적으로 증가하는 양상을 보입니다. 여기서는 그래프를 쉽게 그리기 위해 $a = 10$으로 정했습니다. 이처럼 로그 함수의 성질은 TF의 중요도를 계산할 때 매우 유용합니다.

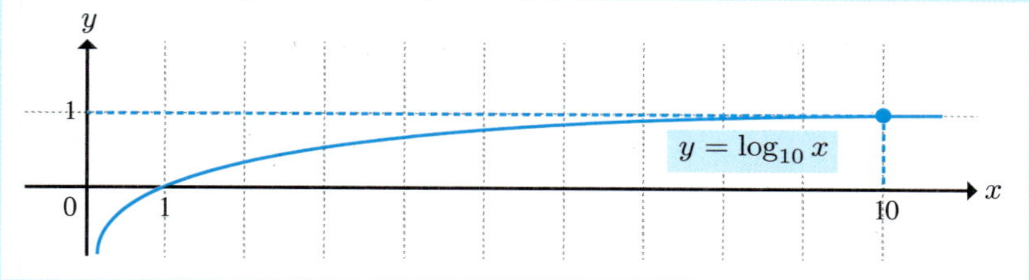


**그림 1-21** $y = \log_a x$의 그래프. $x = 1$일 때 $y = 0$, $x = 10$일 때 $y = 1$이 됩니다.

이외에도 로그에는 유용한 성질이 있습니다. 예를 들어 AI 분야에서는 로그 우도 함수likelihood function라는 개념이 자주 등장합니다. 이 개념을 수식으로 표현할 때, 식 (1-7)의 공식이 유용합니다(단, $m > 0$, $n > 0$). 3장 '이미지 분류에 활용되는 수학'에서 이 개념을 조금 더 자세히 살펴봅니다.

$$\log_a mn = \log_a m + \log_a n \qquad (1\text{-}7)$$

여기까지 살펴본 로그의 개념 이외에도 벡터나 삼각 함수 등 고등학교 교과 과정에서 배운 수학은 AI를 이해하는 데 매우 큰 도움이 됩니다. 학창 시절에 배운 수학적 기초 지식이 우리가 살아가는 세상을 얼마나 편리하고 풍요롭게 만드는지 이 책을 통해 체감하길 바랍니다.

## 1.7 반비례와 로그: 색인어의 희귀도를 수학적 모델로 표현하기

지금 우리의 목표는 검색 키워드를 활용한 계산 처리의 정확도를 높이는 것입니다. 즉, 사용자의 검색 의도에 따라 검색 결과로 표시되는 문서의 랭킹 정확도를 향상시키는 것이 목적입니다. 이 목적에 맞춰 생각해 보면, 색인어의 출현 빈도(TF)는 문서의 랭킹을 결정하는 데 유용할 것으로 보입니다. 그렇다면 랭킹을 결정하는 데 TF 이외에도 유용한 수치가 있을까요? 이번 절에서는 **반비례** 관계를 활용한 수학적 접근법을 설명합니다. 그리고 이 반비례 관계를 응용한 **역문서 빈도**inverse document frequency (IDF)에 대해서도 다룹니다.

| 기초가 되는 수학적 기법 | 정보 공학적 접근 방식 |
|---|---|
| 반비례: $y = \frac{a}{x}$ | $\mathrm{IDF}(N, N_t) = \log\left(\frac{N}{N_t}\right)$ <br> [ $N$ : 문서의 수 $N_t$ : 색인어 $t$가 포함된 문서의 수 ] |

그림 1-22 설명 방식

정보를 검색할 때 검색 키워드(색인어) 자체가 세상에 새롭게 등장한 단어이거나 전문 용어인 경우, 또는 희귀한 경우가 있습니다. 이때 사용자에게 해당 키워드를 포함하는 문서가 다른 문서보다 더 중요한 의미를 가질 수 있습니다. 예를 들어 웹 검색 서비스의 데이터베이스에 1,000개의 문서 $d_1 \sim d_{1,000}$이 저장되어 있다고 가정해 봅시다. 그중에서 '색인어 $t_2$: 렌터카'가 포함된 문서는 전체 문서 중 10개뿐이라면, 다음과 같은 방식으로 '색인어 $t_2$: 렌터카'의 **희귀도**를 계산할 수 있습니다.

$$\frac{\text{문서 전체 수}}{\text{'색인어 } t_2\text{: 렌터카'가 등장한 문서의 수}} = \frac{1000}{10} = 100$$

여기에서 만약 '색인어 $t_2$: 렌터카'가 포함된 문서의 개수가 100개라면, $\frac{1000}{100} = 10$이 되므로 결과는 작아집니다. 다시 말해 '색인어 $t_2$: 렌터카'의 희귀도는 낮아졌다는 의미입니다.

이처럼 분모의 값을 **변수**로 취하면, 분모가 커질수록 희귀도는 작아지고, 반대로 분모가 작아질수록 희귀도는 커집니다. 이러한 관계를 **반비례**라고 합니다. 그래프로 한 번 확인해 보겠습니다. 지금 문서의 총 개수는 1,000개이고, 분모를 $N_t$로 정의합니다. $N_t$는 색인어 $t$에 따라 달라지는 변수로, 자연수로 가정합니다. 예를 들어 '색인어 $t_2$: 렌터카'의 경우, $N_{t_2} = 10$이 됩니다. 이를 그래프로 나타내면 [그림 1-23]과 같은 반비례 그래프가 됩니다. 이때 분자(전체 문서 개수)는 1,000으로 변함없습니다.

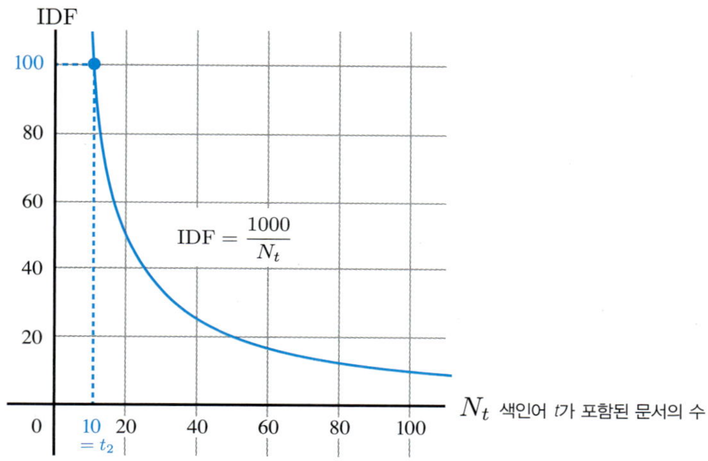


**그림 1-23** 역문서 빈도(IDF)는 반비례 그래프로 나타낼 수 있습니다. 분자는 전체 문서의 개수입니다. 분모인 색인어 $t$가 포함된 문서의 수 $N_t$가 적을수록 IDF 값은 커지며, 이는 해당 색인어의 중요도가 높다고 볼 수 있습니다.

이 계산을 통해 얻어진 값은 검색 분야에서 **역문서 빈도**라고 부릅니다. 이는 색인어의 희귀도를 나타내는 대표적인 접근 방식입니다. 초·중학교 교육 과정에서 배웠던 반비례 그래프 역시 활용 방식에 따라 훌륭한 수학적 모델이 될 수 있습니다.

이 모델을 수식화하기 위해, TF와 마찬가지로 이변수 함수인 $\text{IDF}(N, N_t)$를 고려하면, 식(1-8)과 같은 수학적 모델을 만들 수 있습니다. 여기서 $N$은 전체 문서의 개수이며, 앞선 예시에서 $N = 1000$이었습니다.

$$\text{IDF}(N, N_t) = \frac{N}{N_t} \qquad (1\text{-}8)$$

여기까지 IDF에 대해 설명한 내용을 그림으로 나타내면 다음과 같습니다.

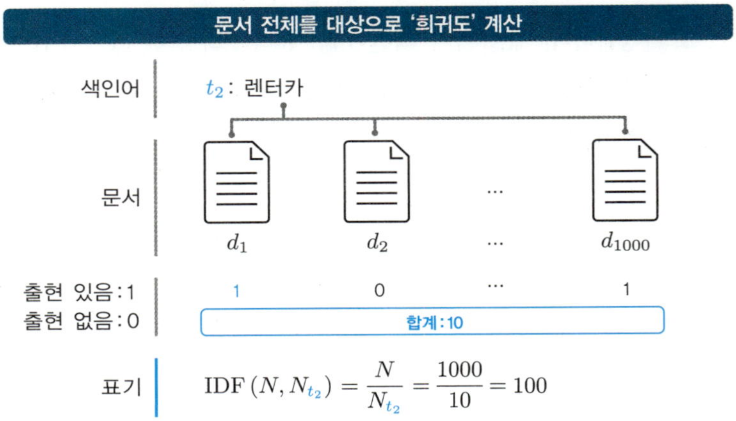


그림 1-24 색인어가 나타나는 문서의 수가 적을수록 계산 결괏값이 커지도록 IDF를 설계합니다.

TF와 마찬가지로 IDF를 실제로 사용하는 상황을 가정해 봅시다. 위 예시에서는 $N = 1000$으로 설정했지만, 실제 웹 검색 서비스의 데이터베이스에 저장된 문서 수는 이보다 훨씬 큽니다. 예컨대 $N = 100000$, $N_{t_2} = 10$이라고 하면, IDF의 계산 결과는 다음과 같습니다.

$$\mathrm{IDF}(100000, 10) = \frac{100000}{10} = 10000$$

계산 결과가 지나치게 커지면 실제 운영에서 문제가 발생할 수 있습니다. 따라서 TF와 마찬가지로 여기서도 로그 함수를 통해 식 (1–8)을 식 (1–9)와 같이 변형해서 계산 결과가 과도하게 커지지 않도록 조정합니다.

$$\mathrm{IDF}(N, N_t) = \log\left(\frac{N}{N_t}\right) \qquad (1\text{-}9)$$

이렇게 하면, $N = 100000$, $N_{t_2} = 10$이라고 했을 때의 결괏값은 다음과 같이 매우 작아집니다. 로그의 밑은 10으로 설정했습니다.

$$\mathrm{IDF}(100000, 10) = \log_{10}\left(\frac{100000}{10}\right) = \log_{10} 10000 = \log_{10} 10^4 = 4$$

이후부터 로그를 사용한 IDF를 모델로 채택합니다. IDF를 수학적 모델로 표현하는 방법에는 이외에도 다양한 방법이 있습니다.[13]

## 1.8 TF–IDF 모델: 문서의 랭킹을 수학적 모델로 표현하기

지금까지 도출한 TF와 IDF를 활용해서 문서의 랭킹을 계산하는 수학적 모델을 만들어 보겠습니다. 이번 절에서는 문서 랭킹을 계산하는 대표적인 수학적 모델인 TF–IDF 모델을 도출해 봅니다.

| 정보 공학적 접근 방식 | 응용 |
| --- | --- |
| $\mathrm{TF} = \log(tf(t,d) + 1)$<br>$\mathrm{IDF}\,(N, N_t) = \log\left(\frac{N}{N_t}\right)$ | $\mathrm{TF\text{-}IDF} = \log(tf(t,d) + 1) \cdot \log\left(\frac{N}{N_t}\right)$ |

그림 1-25 설명 방식

TF–IDF 모델을 예제를 통해 생각해 봅시다. 쉬운 이해를 위해 색인어를 $t_1$~$t_6$으로 제한하고, TF–IDF 모델을 사용해 평가할 문서를 $d_1$~$d_3$까지 세 개로 제한해서 계산합니다.

우선 문서 1($d_1$) 내의 색인어 $t_1$~$t_6$에 대해 각각의 TF를 계산합니다. 여기서는 [그림 1–26]의 결과를 가정해 설명하며 로그의 밑은 10으로 설정합니다. 그 결과, 색인어 $t_1$~$t_6$에 대해 다음과 같은 표가 생성됩니다.

13 다음 링크를 참고하세요. https://ko.wikipedia.org/wiki/Tf-idf

문서 1

오키나와의 낙원을 만끽하세요! 오키나와에서는 멋진 경치를 즐길 수 있습니다. 특히 유명한 곳은 나하입니다. 오키나와 본섬에 위치한 나하는 역사를 느낄 수 있는 장소입니다. 또한 오키나와는 다양한 과일이 있는 열대 섬으로도 알려져 있습니다. 온난한 기후 속에서 망고나 파인애플 등을 즐길 수 있습니다…

| | 색인어 | $tf(t_n, d_1)$ | $\mathrm{TF} = \log_{10}(tf(t_n, d_1) + 1)$ |
|---|---|---|---|
| $t_1$ | 오키나와 | 17 | 1.255 |
| $t_2$ | 렌터카 | 6 | 0.845 |
| $t_3$ | 나하 | 2 | 0.477 |
| $t_4$ | 미야코지마 | 5 | 0.778 |
| $t_5$ | 다이빙 | 2 | 0.477 |
| $t_6$ | 망고 | 1 | 0.301 |

**그림 1-26** 문서 1($d_1$)에 기재된 색인어 중에서 오른쪽의 표에 한해 검토를 진행합니다. 여기서는 $t_1$~$t_6$에 대해 $tf(t_1, d_1)$을 계산해서 TF를 산출합니다.

다음으로 문서 1($d_1$) 내의 색인어 $t_1$~$t_6$까지 각 IDF를 계산합니다. [그림 1-27]의 예시에서는 모든 문서 수를 1,000으로 설정합니다. 그리고 색인어 $t_1$~$t_6$이 등장하는 문서 수 $N_{t_1}$~$N_{t_6}$의 값은 [그림 1-27]의 오른쪽 표에서 $N_t$열에 표기된 숫자로 가정합니다. 이 값을 바탕으로 $\frac{N}{N_t}$과 $\log_{10}\left(\frac{N}{N_t}\right)$을 계산한 결과를 [그림 1-27]에 정리했습니다.

문서 1

오키나와의 낙원을 만끽하세요! 오키나와에서는 멋진 경치를 즐길 수 있습니다. 특히 유명한 곳은 나하입니다. 오키나와 본섬에 위치한 나하는 역사를 느낄 수 있는 장소입니다…

문서 2

오키나와로 관광을 떠난다면, 꼭 나하를 방문하세요! 류큐 열도의 멋진 경치를 감상할 수 있습니다. 그리고 나하에서 렌터카를 빌려…

문서 3

오키나와에서도 미야코지마는 오키나와다운 바다의 혜택을 최대한 즐길 수 있습니다. 청량한 바다에서 놀고, 산호초를 만지며, 시간을 잊을 정도로 멋진 다이빙을 체험할 수 있습니다…

…

| | 색인어 | $N_t$ | $\frac{N}{N_t}$ | $\mathrm{IDF} = \log_{10}\left(\frac{N}{N_t}\right)$ |
|---|---|---|---|---|
| $t_1$ | 오키나와 | 100 | 10 | 1.00 |
| $t_2$ | 나하 | 50 | 20 | 1.30 |
| $t_3$ | 렌터카 | 80 | 12.5 | 1.10 |
| $t_4$ | 미야코지마 | 25 | 40 | 1.60 |
| $t_5$ | 다이빙 | 10 | 100 | 2.00 |
| $t_6$ | 망고 | 20 | 50 | 1.70 |

**그림 1-27** 문서 전체($N = 1000$)에 대해 색인어가 등장하는 문서 수($N_t$)를 계산해서 색인어마다 IDF를 계산합니다.

앞선 계산 결과를 사용해 각 색인어의 중요도를 계산하려면 어떻게 해야 할까요? 답은 TF(식 (1-6))와 IDF(식 (1-9))를 곱하는 것입니다. 색인어의 출현 빈도를 문서의 중요도로 생각하고, 여기에 색인어의 희귀도를 곱해서 랭킹에 활용할 점수를 계산합니다. 이 점수가 높을수록 문서는 상위에 랭크됩니다. 이 모델이 **TF-IDF 모델**[14]이며, 검색 분야에서 가장 널리 알려진 수학적 모델입니다. 우변의 $\cdot$은 곱셈($\times$)을 나타내는 기호로, 앞으로 자주 등장하는 표기법입니다.

$$\text{TF-IDF} = \log\left(tf(t,d)+1\right)\cdot\log\left(\frac{N}{N_t}\right) \quad (1\text{-}10)$$

지금까지 두 개의 표로부터 TF, IDF에 관한 값들을 정리해서 문서 $d_1$에 관한 TF-IDF를 계산하면 [그림 1-28]처럼 정리할 수 있습니다.

| | 색인어 | TF ($d_1$) | IDF ($d_1$) | TF-IDF ($d_1$) |
|---|---|---|---|---|
| $t_1$ | 오키나와 | 1.255 | 1.00 | 1.255 |
| $t_2$ | 나하 | 0.845 | 1.30 | 1.099 |
| $t_3$ | 렌터카 | 0.477 | 1.10 | 0.525 |
| $t_4$ | 미야코지마 | 0.778 | 1.60 | 1.245 |
| $t_5$ | 다이빙 | 0.477 | 2.00 | 0.954 |
| $t_6$ | 망고 | 0.301 | 1.70 | 0.512 |

**그림 1-28** 문서 $d_1$에 대해 각 색인어마다 TF-IDF를 계산해서 정리한 표입니다. 이 점수를 바탕으로 랭킹이 매겨집니다.

14 TF-IDF 모델에는 다양한 변형이 존재합니다. 이 책에서는 비교적 간단한 모델을 소개하는 데 그치지만, 다른 변형 모델에서도 기본적인 개념은 변하지 않으므로 이 책을 통해 얻은 이해를 바탕으로 다른 전문서도 참고하기를 권장합니다.

마찬가지로 다른 문서에 대해 이와 같은 계산을 한 결과를 [그림 1-29]에서 확인할 수 있습니다. 문서 $d_2$, $d_3$의 표는 가상의 값으로 작성되었습니다.

| | 색인어 | $d_1$ TF | $d_1$ IDF | $d_1$ TF-IDF | $d_2$ TF | $d_2$ IDF | $d_2$ TF-IDF | $d_3$ TF | $d_3$ IDF | $d_3$ TF-IDF |
|---|---|---|---|---|---|---|---|---|---|---|
| $t_1$ | **오키나와** | 1.255 | 1.00 | **1.255** | 1.345 | 1.00 | **1.345** | 1.134 | 1.00 | **1.134** |
| $t_2$ | 나하 | 0.845 | 1.30 | 1.099 | 1.231 | 1.30 | 1.600 | 1.657 | 1.30 | 2.154 |
| $t_3$ | 렌터카 | 0.477 | 1.10 | 0.525 | 0.687 | 1.10 | 0.756 | 0.987 | 1.10 | 1.086 |
| $t_4$ | 미야코지마 | 0.778 | 1.60 | 1.245 | 0.912 | 1.60 | 1.459 | 0.783 | 1.60 | 1.253 |
| $t_5$ | **다이빙** | 0.477 | 2.00 | **0.954** | 0.634 | 2.00 | **1.268** | 1.768 | 2.00 | **3.536** |
| $t_6$ | 망고 | 0.301 | 1.70 | 0.512 | 0.211 | 1.70 | 0.359 | 1.123 | 1.70 | 1.909 |

**그림 1-29** 문서 $d_1 \sim d_3$에서 각 색인어의 TF-IDF 값을 계산한 결과를 정리한 표입니다.

위의 표를 활용하면 사용자 검색 키워드, 즉 색인어를 기준으로 문서별 순위를 정량적으로 비교할 수 있습니다. 예를 들어 사용자가 '오키나와 다이빙'이라는 키워드를 입력했다면, 문서 $d_1$, $d_2$, $d_3$의 '색인어 $t_1$: 오키나와'와 '색인어 $t_5$: 다이빙'의 TF-IDF 값을 더합니다. 결괏값이 클수록 우선적으로 표시되도록 검색 결과를 지정할 수 있습니다. 이때 TF-IDF 계산 결과는 다음과 같습니다.

$$d_1 = 1.255 + 0.954 = 2.209$$
$$d_2 = 1.345 + 1.268 = 2.613$$
$$d_3 = 1.134 + 3.536 = 4.670$$

계산 결과에 따르면, 검색 결과에서 표시되는 문서는 $d_3 \rightarrow d_2 \rightarrow d_1$순으로 결정됩니다. 이 접근 방식 외에도, 표의 계산 결과를 활용해 다양한 방법으로 순위를 매길 수 있습니다.

## 1.9 이 장의 핵심 내용

이번 장에서는 웹 검색의 정확도를 평가하는 정밀도, 재현율, 웹 페이지에 순위를 부여하는 기초적인 수학적 모델인 TF-IDF 모델을 도출하면서, 수학적 사고력의 기초를 설명했습니다. 애초에 웹 검색과 관련된 기술은 **정보 검색**이라는 확립된 분야에서 지속적으로 연구하고 있는 기술적인 주제입니다. 예를 들어 이 장에서 설명한 정밀도와 재현율을 이용한 평가 방법은 **오프라인 평가**라고 불리는 방법이며, 검색 키워드에 대해 관련성이 높은 문서가 얼마나 상위에 위치하는지를 검증해서 검색 시스템의 정확도를 평가합니다. 한편, 사용자의 클릭 수를 이용하는 등, 사용자 기반의 검색 서비스 이용 데이터를 바탕으로 검색 시스템의 정확도를 평가하는 방법을 **온라인 평가**라고 합니다. 이 장에서는 오프라인 평가와 온라인 평가 중에서도 대표적인 방법만을 소개했습니다. 이외에도 다양한 방법이 제안되고 있으며, 실제로 실무에서도 꾸준히 연구되는 주제입니다. 이 장에서 설명한 TF-IDF 모델은 **BM25**라고 불리는 모델로 발전하여 널리 활용되고 있습니다. 또한 TF-IDF 모델이나 BM25 등으로 계산한 값에 더해, 검색 서비스 이용자의 과거 검색 이력 등을 **특징값**으로 사용해 예측 모델을 **학습**시키는 방식으로 랭킹의 정확도를 높이는 머신러닝 활용법도 활발히 연구되고 있습니다.

또한 이 장에서 다루지는 않았지만, 검색 결과의 정확도를 높이기 위해 검색 키워드 자체에 대한 다양한 처리도 이뤄지고 있습니다. 검색 서비스 사용자가 입력하는 검색 키워드가 반드시 사용자의 의도를 정확히 반영한 것은 아니기 때문에, 사용자의 의도를 예측해서 그 의도에 맞는 검색 키워드로 변환하는 처리도 필요합니다. 참고로 이 장에서는 검색 키워드라고 표기했지만, 정보 검색 분야에서는 검색 키워드를 일반적으로 **검색 쿼리**라고 부릅니다.

여기까지의 보충 설명도 정보 검색 분야의 극히 일부에 불과하며, 이 분야는 끝이 없다고 말해도 될 정도로 폭넓고 깊은 영역입니다. 관심이 생겼다면 다른 전문서도 참고해 보기를 추천합니다. 그리고 앞서 살짝 언급한 특징값이나 학습 같은 키워드는 AI를 구현하기 위한 수학적 이해에 반드시 필요한 요소이며, 이에 관해서는 3장 이후에 더욱 자세히 살펴봅니다.

이번 장을 통해 어려운 내용을 완전히 이해하지는 못했더라도, TF-IDF 모델의 도출 과정을 살펴보면서 웹 검색 결과가 표시되는 방식을 이전보다 조금 더 직관적으로 이해할 수 있었을 것입니다. 이 장에서는 웹 검색과 같은 텍스트 데이터를 중심으로 다루었지만, 사실 이미지나 동영상을 검색할 때도 기본적인 원리는 매우 유사합니다. 이번 장에서 살펴본 것처럼 앞으로의 장에서도 일상적으로 사용되는 다양한 기술을 수학적으로 해석해 봅니다. 이러한 과정을 통해 여러 기술들을 더욱 친숙하게 느끼길 바랍니다. 또한 다양한 기술과 시스템을 수학적으로 탐구하는 방법과 새로운 접근법을 많이 발견할 수 있을 것입니다. 각 장을 읽으면서 색다른 시각으로 세상을 바라보는 방법을 익혀 보길 바랍니다.

**Column**

### 한걸음 더: 검색 증강 생성(RAG)

이번 장에서는 검색 키워드를 중심으로 각 문서의 순위를 정량적으로 계산하는 방법을 소개했습니다. 최근 주목받고 있는 방법으로는 **벡터 검색**과 **시맨틱 검색**이 있습니다. 이전부터 연구되어 온 기술이지만, 최근 생성형 AI 활용의 확산과 함께 **검색 증강 생성**retrieval-augmented generation(RAG) 방식이 등장하면서 더욱 주목받고 있습니다.

검색 증강 생성의 핵심 개념은 질문 문장과 문서 자체의 '의미'를 정량화해서 둘 사이의 **유사도**를 계산하고, 이를 통해 사용자의 의도에 가장 부합하는 문서를 데이터베이스에서 찾아낼 수 있도록 하는 것입니다. 여기서 시맨틱semantic이란 단어가 등장하며, '의미' 또는 '의도'를 뜻합니다. 시맨틱 검색은 질문이나 검색 키워드의 의미를 정량적으로 분석한 후, 벡터 검색과 결합해 검색 정확도를 높이는 방법입니다. 이러한 검색 기술의 핵심이 되는 수학적 기법이 바로 **임베딩**embedding이며, 이는 질문 문장과 문서를 여러 개의 수치로 이루어진 벡터로 변환하는 과정입니다.

검색 증강 생성의 접근 방식을 참고하여, [그림 1-30]을 보면서 벡터 검색의 개념을 간단히 살펴보겠습니다.

[그림 1-30]의 ①번 부분을 살펴보면, 검색 증강 생성을 구현하기 위해서는 검색 대상의 문서를 데이터베이스에 저장할 때 임베딩을 수행해야 합니다. 임베딩에 대한 자세한 내용은 2장과 4장에서 다루므로 여기서는 간략하게 알아봅니다. 임베딩은 쉽게 말해 문서의 텍스트

정보를 '숫자의 배열'로 변환하는 과정입니다. 이 장에서는 이 과정을 벡터화라고 표현했으며, 여기서는 임베딩과 벡터화를 같은 표현으로 사용해 설명합니다.

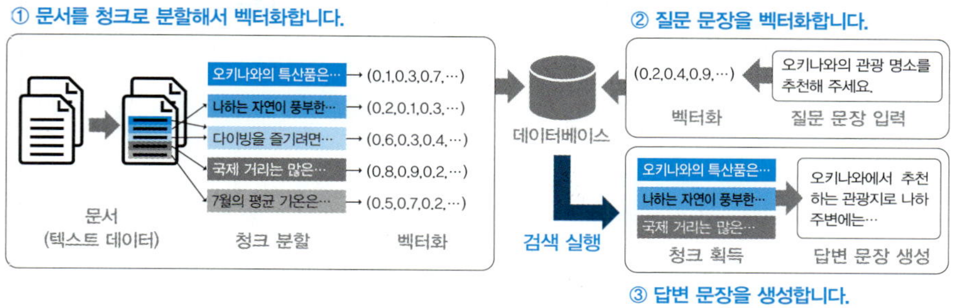


**그림 1-30** 검색 증강 생성의 개요를 간단하게 나타냈습니다. 문서와 질문을 벡터로 변환해 검색을 수행한 뒤, 검색된 청크를 활용해 답변을 생성합니다.

임베딩을 수행하기 전에 문서를 **청크**chunk라고 하는 단위로 나눕니다. 청크는 미리 정해진 문자 수(실제로는 토큰token 단위를 기준으로 합니다)로 문서를 분할한 것입니다. 이 개념을 쉽게 이해할 수 있도록 [그림 1-31]의 예시를 통해 살펴보겠습니다.

**[210자 문장]**
오키나와는 일본의 아름다운 섬들로, 푸르고 투명한 바다, 하얀 모래사장, 독자적인 문화가 매력적입니다. 세계 유산인 슈리성과 다양한 관광지가 가득합니다. 오키나와 요리와 섬 노래를 경험하며, 비일상(非日常)의 치유를 느낄 수 있습니다. 남국의 자연과 따뜻한 환대로 방문객들을 매료시키고 있습니다. 아름다운 석양을 감상할 수 있는 해변도 많아, 최고의 경험을 즐길 수 있습니다.

**110자 단위로 청크 분할(청크 중첩: 없음)**

**[110자로 된 청크 1]**
오키나와는 일본의 아름다운 섬들로, 푸르고 투명한 바다, 하얀 모래사장, 독자적인 문화가 매력적입니다. 세계 유산인 슈리성과 다양한 관광지가 가득합니다. 오키나와 요리와 섬 노래를 경험하며, 비

**[110자로 된 청크 2]**
일상의 치유를 느낄 수 있습니다. 남국의 자연과 따뜻한 환대로 방문객들을 매료시키고 있습니다. 아름다운 석양을 감상할 수 있는 해변도 많아, 최고의 경험을 즐길 수 있습니다.

**150자 단위로 청크 분할(청크 중첩: 50)**

**[150자로 된 청크 1]**
오키나와는 일본의 아름다운 섬들로, 푸르고 투명한 바다, 하얀 모래사장, 독자적인 문화가 매력적입니다. 세계 유산인 슈리성과 다양한 관광지가 가득합니다. 오키나와 요리와 섬 노래를 경험하며, 비일상의 치유를 느낄 수 있습니다. 남국의 자연과 따뜻한 환대

**[150자로 된 청크 2]**
관광지가 가득합니다. 오키나와 요리와 섬 노래를 경험하며, 비일상의 치유를 느낄 수 있습니다. 남국의 자연과 따뜻한 환대로 방문객들을 매료시키고 있습니다. 아름다운 석양을 감상할 수 있는 해변도 많아, 최고의 경험을 즐길 수 있습니다.

**그림 1-31** 문서를 청크로 분할하는 과정입니다.

210자의 문서를 두 개의 청크로 분할할 때, [그림 1-31]의 왼쪽 하단에서는 110자씩 두 개의 청크로 나눴습니다. 반면, 오른쪽 하단에서는 150자씩 두 개의 청크로 분할하면서 50자를 중첩overlap하도록 설정했습니다. 중복된 부분은 파란색으로 강조되어 있으며, 이는 단순한 예시일 뿐입니다. 청크를 분할하는 방식은 출력 결과의 정확도에 영향을 미치기 때문에 지속적으로 연구되고 있으며, 각 청크 단위로 임베딩을 수행하는 과정은 [그림 1-30]의 ① 번과 같습니다.

이어지는 ②번에서는 검색 증강 생성을 사용하는 경우, 사용자는 검색 키워드가 아닌 질문 문장을 입력한다는 점에 주목하세요. 검색 증강 생성에서는 질문 문장 전체를 벡터화해 검색하는 방식이 자주 활용됩니다. 이 벡터화된 질문 문장과 벡터화된 데이터베이스 내 문서(청크)로, 예를 들어 **코사인 유사도**cosine similarity[15]와 같은 지표를 이용해 질문 문장과 가장 유사한 청크를 데이터베이스에서 찾아 답변으로 출력합니다. 마지막으로 ③번에서는 검색된 청크를 대규모 언어 모델large language model(LLM)이 해석해서 최종 답변을 얻어냅니다. 이처럼 질문 문장을 기반으로 검색하고 LLM이 답변을 생성하는 일련의 과정이 검색 증강 생성의 간단한 흐름입니다.

지금까지 설명한 내용에 임베딩, 토큰, 코사인 유사도와 같은 생소한 용어들이 등장하기 시작했습니다. 이 개념들은 이어지는 내용들을 이해하는 데 매우 중요한 역할을 합니다. 특히, 코사인 유사도는 높은 범용성을 가진 수학적 기법이며, 다음 장의 '상품 추천을 가능하게 하는 수학'에서 중요한 역할을 합니다.

수학적으로 사고하는 법을 훈련하면 흩어져 있던 개념들이 서로 연결되는 순간을 경험할 수 있습니다. 이 책은 '마침내 개념들이 연결되었다'는 느낌을 받을 수 있도록 다양한 내용을 적재적소에 배치했습니다. 이어지는 장에서도 스스로 수학적 사고력을 키울 수 있도록 세심하게 설명할 예정이므로, 부담 없이 즐겁게 읽어 나가길 바랍니다.

15 옮긴이_ 자세한 내용은 다음 장에서 설명합니다.

**2** 장

# 상품 추천을 가능하게 하는 수학

**Keyword**

협업 필터링 / 행렬 인수 분해 / 최소 제곱법 / 경사 하강법 / 평가 행렬 / 코사인 유사도 / 지시 함수 / 손실 함수 / 내적 / 삼각 함수 / 벡터 / 미분 / 편미분 / 행렬

## 2.1 들어가며

최근 우리의 생활은 **추천 서비스**로 가득 차 있습니다. 온라인 쇼핑 화면에서 추천 상품이 표시되는 모습은 이미 익숙합니다. 아마존과 같은 온라인 쇼핑 사이트나 유튜브로 대표되는 동영상 스트리밍 서비스에서도 개인의 관심 영역에 맞춘 영상을 표시해 주고, SNS에서는 좋아할 만한 게시물을 보여 주는 등 추천은 우리 주변의 여기저기에서 활용됩니다. 뉴스 앱이나 부동산 정보를 제공하는 앱에서도 추천이 활발하게 사용될 정도로 응용할 수 있는 범위 또한 매우 넓습니다.

이번 장에서는 추천을 구현하기 위해 알아야 할 기본적인 수학적 기법을 설명합니다. 추천 시스템의 수학적 모델은 방대한 데이터를 처리해야 하기 때문에 중요합니다. 구체적으로는 **협업 필터링**과 **행렬 인수 분해**matrix factorization(MF)라고 부르는 수학적 기법을 중심으로, 어떻게 수학적 모델이 우리의 관심사를 이해해서 구매 가능성이 높은 상품이나 콘텐츠를 추천하는지를 설명하는 것이 목표입니다.

추천이 활용되는 여러 사례 중에서도 가장 이해하기 쉬운 '상품 추천'을 주제로 설명합니다. 추천에 필요한 기본적인 수학적 원리는 상품이 아니더라도 동일하게 적용되기 때문에, 이번 장의 내용을 이해하면 다른 추천 시스템에 관해서도 수학적으로 분석할 수 있게 될 것입니다.

그렇다면 추천 기술의 가치는 어디에서 찾을 수 있을까요? 추천은 우리가 원하는 것을 예측하고 더 나은 선택지를 제공함으로써 방대한 정보 속에서 일일이 찾아야 하는 수고를 크게 덜어줍니다. 또 다른 관점에서 보면, 추천이라는 개념을 통해 '흥미'나 '선호도'처럼 인간의 본성 그 자체를 수학적으로 탐구할 수 있게 되었다고도 할 수 있습니다. 따라서 추천 기술은 단순한 기업의 판촉 수단을 넘어, 그 이상의 의미와 가치를 지닌 기술로 바라보아야 합니다.

이번 장에서 알아볼 협업 필터링과 행렬 인수 분해는 추천 시스템을 이해하기 위한 기본적인 개념이지만, 모든 추천 시스템에서 사용되는 것은 아닙니다. 실제 추천 시스템 설계와 구현에서는 다른 접근 방식을 사용하는 것이 더 일반적일 수 있습니다. 그러나 이 책의 목적은 추천 시스템을 구현하기 위한 수학적 모델의 기초를 이해하고, 수학적 사고력을 기르는 것에 있습니다. 이번 장에서는 다양하고 범용적인 수학적 기법이 등장합니다. 이를 이해하는 과정을 통해 수학적 사고력을 기르면서 지금까지 보지 못했던 새로운 관점을 얻고, 더 발전된 주제에 도전하는 동기를 마련할 수 있을 것입니다.

## 2.2 평가 행렬: 상품 평가를 수학적으로 표현하기

이해하기 쉽도록 사용자에게 상품을 추천하는 전자 상거래 사이트를 예시로 설명하겠습니다. 전자 상거래 사이트에는 방대한 상품이 있고, 매일 수많은 사용자가 모입니다.

이때 사용자에게 표시되는 상품 수가 너무 많으면, 원하는 상품을 찾기가 어렵습니다. 추천 시스템은 상품의 판매량이나 조회 수를 늘리기 위한 수단으로 비즈니스에서 활용되는 경우가 많지만, 추천의 본질적인 목적은 사용자의 서비스 이용 경험을 향상하는 것입니다. 자칫 이 목적을 잘못 이해하면 추천 전략은 성공하기 어렵습니다. 따라서 사용자의 경험을 향상하기 위해서는 **사용자가 원하는 상품을 추천하는 것**이 무엇보다 중요합니다. 판매자 측에서 판매하고 싶은 상품만을 전자 상거래 사이트에 나열하게 된다면 사용자는 자연스럽게 떠나게 될 것입니다.

그림 2-1 전자 상거래 사이트에는 방대한 상품이 등록되어 있고, 매일 많은 사용자가 상품을 찾기 위해 접근합니다.

사용자가 원하는 상품을 표시하려면 어떤 방법을 사용해야 할까요? 다시 말해 어떤 수학적 모델을 활용해야 상품에 대한 사용자의 필요성을 예측할 수 있을까요? 여기서는 **벡터**와 **행렬**을 사용한 수학적인 방법으로 **평가 행렬**을 만드는 작업을 통해 분석해 보겠습니다.

**기초가 되는 수학적 기법** | **정보 공학적 접근 방식**

**벡터:**

$$r = \begin{pmatrix} r_1 \\ r_2 \\ \vdots \\ r_n \end{pmatrix}, r' = (r_1, r_2, \cdots, r_n)$$

**행렬:**

$$\boldsymbol{r} = \begin{pmatrix} r_{1,1} & r_{1,2} & \cdots & r_{1,n} \\ r_{2,1} & r_{2,2} & \cdots & r_{2,n} \\ \vdots & \vdots & \ddots & \vdots \\ r_{m,1} & r_{m,2} & \cdots & r_{m,n} \end{pmatrix}$$

**평가 행렬:**

$$\boldsymbol{R} = \begin{pmatrix} r_{1,1} & r_{1,2} & \cdots & r_{1,I} \\ r_{2,1} & r_{2,2} & \cdots & r_{2,I} \\ \vdots & \vdots & \ddots & \vdots \\ r_{U,1} & r_{U,2} & \cdots & r_{U,I} \end{pmatrix}$$

[ $U$ : 사용자 수, $I$ : 상품 수 ]

그림 2-2 설명 방식

먼저, 수학적 모델에 활용할 데이터를 생각해 보겠습니다. 각 상품에 대한 사용자의 만족도 점수가 **평가 데이터**로 활용하기에 적절해 보입니다. 예를 들어 아마존의 상품 평가처럼 사용자가 상품에 1부터 5까지의 평가 점수를 매기고, 그 평가 데이터를 기반으로 추천할 상품을 결정하는 방식이 있을 수 있습니다. 실제 전자 상거래 사이트에서는 사용자의 **구매 데이터**나 사용자가 어떤 상품을 보았는지에 대한 **조회 데이터**까지도 추천 시스템에 활용되지만, 여기서는 이해를 돕기 위해 상품의 평가 데이터만을 활용해서 사용자에게 추천할 상품을 결정하는 수학적 모델을 알아봅니다.

각 사용자가 상품을 평가한 결과는 [그림 2-3]처럼 표로 정리할 수 있습니다. 평가 데이터는 1부터 5까지 5단계로 나뉘며, 숫자가 클수록 높은 평가를 받은 상품입니다.

| | 상품 1 | 상품 2 | 상품 3 | 상품 4 | ⋯ |
|---|---|---|---|---|---|
| 사용자 1 | 2 | 3 | – | 5 | ⋯ |
| 사용자 2 | 2 | 5 | – | 5 | ⋯ |
| 사용자 3 | – | 3 | 4 | 4 | ⋯ |
| 사용자 4 | 4 | 2 | 3 | – | ⋯ |
| ⋮ | ⋮ | ⋮ | ⋮ | ⋮ | ⋱ |

**그림 2-3** 각 사용자가 상품에 부여한 평가값은 표 형식으로 정리할 수 있습니다.

이제부터 위와 같은 표 형식의 데이터를 수학적 모델을 사용해서 표현하고 분석할 예정이므로 이를 위한 수학적 기법을 알고 있어야 합니다. 1장에서 소개한 **벡터**에 관해 다시 한번 설명하겠습니다. 다음과 같은 식에서 왼쪽의 식은 열 방향(세로)으로 숫자가 나열되어 있으므로 **열 벡터**, 오른쪽의 식은 행 방향(가로)으로 숫자가 나열되어 있으므로 **행 벡터**라고 합니다. 또한 $r'$의 오른쪽 위에 있는 $'$ 기호(프라임prime)는 **전치**transpose를 나타내며, 행과 열의 방향을 바꾸는 연산을 의미합니다. 전치 기호에는 $T$ 등의 다른 표기법도 있습니다. 이렇게 전치 연산이 적용된 벡터를 **전치 벡터**라고 합니다.

$$r = \begin{pmatrix} r_1 \\ r_2 \\ \vdots \\ r_n \end{pmatrix}, \quad r' = (r_1,\ r_2, \cdots, r_n)$$

벡터의 성질이나 기하학적인 의미를 설명하기에 앞서, 위의 표기법에 관해 조금 더 구체적으로 살펴보겠습니다. 앞서 [그림 2-3]의 표로 정리된 평가값에 대해, 사용자user 1~4를 $u_1$, $u_2$, $u_3$, $u_4$로, 상품item 1~4를 $i_1$, $i_2$, $i_3$, $i_4$로 나타내고, 평가값을 벡터로 표현하면 다음과 같은 행 벡터와 열 벡터가 됩니다. 표 안의 숫자와 다음 식을 비교하며 대응 관계를 확인해 보세요.

$$R_{u_1} = (2,3,0,5,\cdots),\ \ R_{u_2} = (2,5,0,5,\cdots), R_{u_3} = (0,3,4,4,\cdots),\ \ R_{u_4} = (4,2,3,0,\cdots)$$

$$R_{i_1} = \begin{pmatrix} 2 \\ 2 \\ 0 \\ 4 \\ \vdots \end{pmatrix}, \quad R_{i_2} = \begin{pmatrix} 3 \\ 5 \\ 3 \\ 2 \\ \vdots \end{pmatrix}, \quad R_{i_3} = \begin{pmatrix} 0 \\ 0 \\ 4 \\ 3 \\ \vdots \end{pmatrix}, \quad R_{i_4} = \begin{pmatrix} 5 \\ 5 \\ 4 \\ 0 \\ \vdots \end{pmatrix}$$

여기서 $R$은 평가rating의 머리글자로, 사용자와 상품의 **평가값**을 행 벡터나 열 벡터로 나타냅니다. 0은 미평가, 즉 **결손값**을 의미합니다. 일반적으로 사용자가 모든 상품을 평가해야 할 의무는 없기 때문에, [그림 2-3]과 같은 표를 만들면 실제로는 결손값이 많이 생깁니다. 그러나 상품의 평가값이 아무것도 없는 상태로 남아 있으면 여러모로 불편하므로, 여기서는 결손값을 0으로 정의해서 표기합니다.

이 벡터를 활용하면, 이번 장의 핵심 개념인 **평가 행렬**을 만들 수 있습니다. 앞서 정리한 행 벡터 $R_{u_1} \sim R_{u_4}$를 열 방향(세로)으로 정렬하면, 평가값을 하나로 모은 **행렬**로 표현할 수 있습니다. 이를 평가 행렬이라고 부르며, $\boldsymbol{R}$로 표기합니다.

$$
\boldsymbol{R} = \begin{pmatrix} R_{u_1} \\ R_{u_2} \\ R_{u_3} \\ R_{u_4} \\ \vdots \end{pmatrix} = \begin{pmatrix} 2 & 3 & 0 & 5 & \cdots \\ 2 & 5 & 0 & 5 & \cdots \\ 0 & 3 & 4 & 4 & \cdots \\ 4 & 2 & 3 & 0 & \cdots \\ \vdots & \vdots & \vdots & \vdots & \ddots \end{pmatrix}
$$

사용자와 상품의 수는 보통 매우 많고, 이 값을 모두 표기하는 것은 어렵기 때문에 표기하는 방법을 정해야 합니다. 우선, 사용자 1이 상품 1에 대해 평가한 값을 $r_{1,1}$로 표기하기로 규칙을 정합니다. 그러면 평가 행렬 $\boldsymbol{R}$은 식 (2-1)과 같이 표현할 수 있습니다.

$$
\boldsymbol{R} = \begin{pmatrix} r_{1,1} & r_{1,2} & r_{1,3} & r_{1,4} & \cdots \\ r_{2,1} & r_{2,2} & r_{2,3} & r_{2,4} & \cdots \\ r_{3,1} & r_{3,2} & r_{3,3} & r_{3,4} & \cdots \\ r_{4,1} & r_{4,2} & r_{4,3} & r_{4,4} & \cdots \\ \vdots & \vdots & \vdots & \vdots & \ddots \end{pmatrix} \qquad (2\text{-}1)
$$

| | 상품 1 | 상품 2 | 상품 3 | 상품 4 | … |
|---|---|---|---|---|---|
| 사용자 1 | 2 | 3 | – | 5 | … |
| 사용자 2 | 2 | 5 | – | 5 | … |
| 사용자 3 | – | 3 | 4 | 4 | … |
| 사용자 4 | 4 | 2 | 3 | – | … |
| ⋮ | ⋮ | ⋮ | ⋮ | ⋮ | ⋱ |

➡

| | 상품 1 | 상품 2 | 상품 3 | 상품 4 | … |
|---|---|---|---|---|---|
| 사용자 1 | $r_{1,1}$ | $r_{1,2}$ | $r_{1,3}$ | $r_{1,4}$ | … |
| 사용자 2 | $r_{2,1}$ | $r_{2,2}$ | $r_{2,3}$ | $r_{2,4}$ | … |
| 사용자 3 | $r_{3,1}$ | $r_{3,2}$ | $r_{3,3}$ | $r_{3,4}$ | … |
| 사용자 4 | $r_{4,1}$ | $r_{4,2}$ | $r_{4,3}$ | $r_{4,4}$ | … |
| ⋮ | ⋮ | ⋮ | ⋮ | ⋮ | ⋱ |

**그림 2-4** 수학적 모델에 데이터를 적용하기 위해 평가값 $r$의 표기 규칙을 설정합니다.

또한 전체 사용자의 수를 $U$, 전체 상품의 수를 $I$라고 하면, 평가 행렬 $\boldsymbol{R}$은 식 (2-2)와 같이 표현할 수 있습니다. 표기의 규칙성을 직접 파악해 보세요.

$$
\boldsymbol{R} = \begin{pmatrix} r_{1,1} & r_{1,2} & \cdots & r_{1,I} \\ r_{2,1} & r_{2,2} & \cdots & r_{2,I} \\ \vdots & \vdots & \ddots & \vdots \\ r_{U,1} & r_{U,2} & \cdots & r_{U,I} \end{pmatrix} \qquad (2\text{-}2)
$$

## 2.3 협업 필터링과 행렬 인수 분해: 평가값을 예측하는 수학적 모델

이제, 평가 행렬을 활용해서 추천을 구현할 때 필요한 수학적 모델을 생각해 보겠습니다. 여러분의 이해를 돕기 위해 다음과 같은 전제를 두고 설명을 이어가겠습니다.

- 사용자는 구매한 모든 상품에 대해 평가값을 부여합니다.
- 사용자가 구매하지 않은 상품에는 평가값을 부여하지 않습니다.
- 사용자에게 추천할 상품은 해당 사용자가 아직 구매하지 않은 상품(평가값이 결손된 상품)으로 제한합니다.

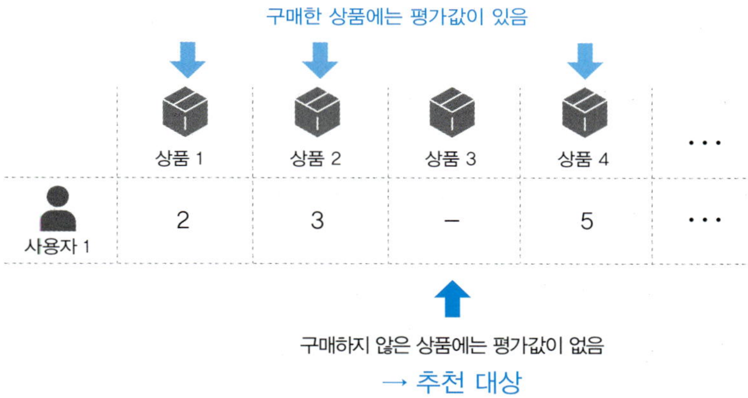


**그림 2-5** 평가값을 예측하는 수학적 모델을 살펴보기 전에 몇 가지 전제를 설정합니다.

결손된 상품의 평가값을 예측하는 것은 특정 사용자가 아직 구매하지 않은 상품을 만약 구매한다면, 얼마나 높은 평가를 내릴 것인지 추정하는 것과 같습니다. 따라서 예측값은 해당 상품을 추천할지 여부를 판단하는 유효한 기준이 됩니다. 예를 들어 다음 평가 행렬을 확인해 봅시다.

$$\boldsymbol{R} = \begin{pmatrix} 2 & 3 & 0 & 5 \\ 2 & 5 & 0 & 5 \\ 0 & 3 & 4 & 4 \\ 4 & 2 & 3 & 0 \end{pmatrix}$$

행렬의 $r_{1,3}$(파란색 부분)이 결손되어 있습니다. 이는 앞서 제시한 조건에 따라, $u_1$이 $i_3$을 구매하지 않았음을 나타냅니다. 만약 $r_{1,3}$ 값을 추정할 수 있다면, $i_3$을 추천할지를 결정하는 참고 지표가 됩니다. 만약 평가값이 $r_{1,3}=4$로 높게 예측된다면, $i_3$을 $u_1$에게 추천해야 합니다. 하지만 $r_{1,3}=2$처럼 낮은 평가값이 예측된다면, $i_3$을 $u_1$에게 추천하지 않는 것이 좋습니다.

이런 식으로 결손된 평가값을 예측하는 수학적 모델을 설계하는 것이 이번 장의 주요 목표입니다. 예측값을 계산하는 방법으로는 다음 세 가지 접근법을 소개합니다. 하나씩 자세히 살펴보겠습니다.

**① 사용자를 기준으로 예측값 계산**[1]

각 상품의 평가가 비슷한 사용자를 선택하고, 해당 사용자의 평가값을 사용해서 예측값을 계산합니다.

**② 상품을 기준으로 예측값 계산**[2]

각 사용자의 평가가 비슷한 상품을 선택하고, 해당 상품의 평가값을 사용해서 예측값을 계산합니다.

**③ 행렬 인수 분해**

평가 행렬을 분해해서 나온 **잠재 요인 행렬**을 예측값으로 사용합니다. 단, 이 책에서 다루는 행렬 인수 분해는 음수가 아닌 값을 전제로 계산합니다.

①번과 ②번은 **협업 필터링** 기법에 해당하며, 예측할 때 사용하는 기준(축)이 다릅니다. ③번은 협업 필터링과는 다른 방법으로, 평가 행렬을 잠재 요인 행렬로 분해해서 결손값을 추정하는 접근법입니다. 이 개념을 그림으로 나타내면 다음과 같습니다.

1 사용자 기반 협업 필터링을 의미합니다.

2 상품 기반 협업 필터링을 의미합니다.

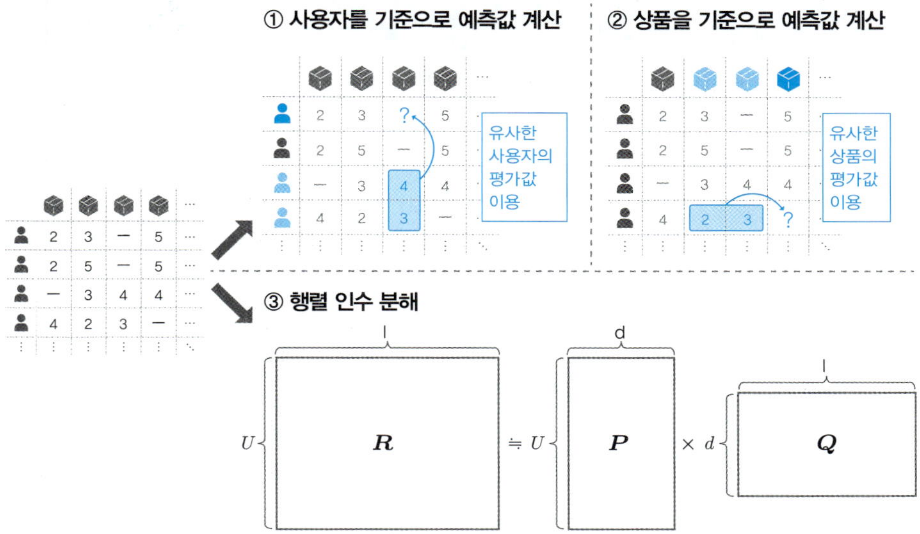


그림 2-6 평가 행렬에서 결손값을 예측하는 기본적인 방법의 개요입니다. ①~③번에 관해서는 이후에 더 자세히 설명합니다.

**Column**

### 콘텐츠 기반 필터링

협업 필터링과 자주 비교되는 기법으로는 콘텐츠 기반 필터링이 대표적입니다. 여기서는 두 기법의 수학적인 차이가 아니라 방법론적 차이에 관해 정리합니다.

표 2-1 협업 필터링과 콘텐츠 기반 필터링 비교

| | 협업 필터링 | 콘텐츠 기반 필터링 |
|---|---|---|
| 추천 방법 | 다른 사용자의 상품 구매 이력이나 평가 데이터를 활용한 추천 | 상품의 특징을 활용한 추천 |
| 활용 데이터 | 구매 이력, 조회 이력, 상품 평가값 등 | 상품명, 상품 카테고리, 상품 설명 등 |
| 장점 | 다른 사용자의 평가를 기반으로 추천이 이뤄지므로, 추천된 상품을 새롭게 느낄 가능성이 있습니다. 전자 상거래 사이트가 새로운 경험을 제공하는 효과가 있으며, 사용자가 전자 상거래 사이트를 방문할 때마다 | 협업 필터링과 달리, 상품 데이터만 있으면 평가 데이터가 없어도 추천이 가능합니다. 따라서 서비스 이용자가 적더라도 상품 데이터만 있으면 추천 시스템을 운영할 수 있습니다. |

| | 협업 필터링 | 콘텐츠 기반 필터링 |
|---|---|---|
| | 새로운 상품이 추천되므로 서비스 재이용 가능성을 높일 수 있습니다. | |
| 단점 | **콜드 스타트**cold start 문제, 즉 다른 사용자의 평가가 일정량 쌓이기 전까지 추천 시스템을 가동하기 어렵습니다. 따라서 서비스 초기에 운영이 어려울 수 있습니다. | 추천된 상품이 사용자가 구매한 상품과 비슷한 것, 이미 알고 있는 것 위주로 편향되기 쉽습니다. 그 결과, 새로운 발견이 있는 추천을 제공하기 어렵습니다. |

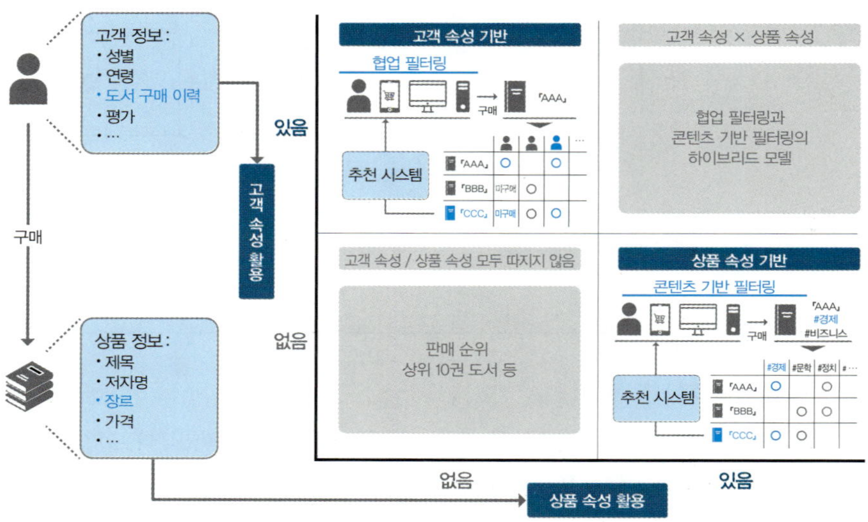


**그림 2-7** 추천 시스템의 수학적 모델에는 고객 속성 활용과 상품 속성 활용 방식을 활용하는 두 가지 접근법이 있습니다. 어떤 방법을 채택하고 조합할지는 서비스의 목적에 따라 판단합니다.

추천 시스템에서 활용하는 기법은 사용자 수, 상품의 특성, 상품의 다양성 등에 따라 적절히 사용하면 훌륭한 효과를 발휘합니다. 그러나 이 기법을 사용하지 않더라도, 단순히 매출을 높이는 것이 목적이라면 '최근 일주일간 매출 상위 10개'를 규칙 기반으로 표시하는 방식도 고려할 수 있습니다. 또한, 전자 상거래 사이트 방문 시마다 무작위로 다른 상품을 노출하고 싶다면 무작위로 상품을 표시하는 방식으로 해결할 수 있습니다. 더 나아가 '미성년자에게는 주류 관련 상품을 절대로 추천하지 않는다'와 같은 기준을 설정해서 추천 결과 자체를 제어하는 것도 중요합니다. 어떤 기술을 도입하든, **어떤 가치와 사용자 경험을 실현하고 싶은지**가 핵심입니다. 즉, 목적과 필요에 따라 적절한 기술을 선택해야 합니다.

## 2.4 내적의 정리와 코사인 유사도: 사용자 간 유사도로 예측값 추정하기

먼저 ①번, 사용자를 기준으로 한 예측값 계산에 대해 알아봅니다. 이 방법에서는 각 상품의 평가가 비슷한 사용자를 선택하고, 해당 사용자의 평가값을 활용해 예측값을 계산합니다. 이때, 각 상품의 평가가 비슷한 사용자를 선택하는 과정을 구현하기 위해 어떤 수학적 모델을 사용할 것인지가 중요합니다. 이번 절에서는 **코사인 유사도**라는 기법을 사용합니다. 이 기법을 통해 사용자 간 평가의 유사도를 정량화합니다. 코사인 유사도의 기초가 되는 수학적 개념으로, **내적의 정리**와 **벡터의 크기**를 구하는 방법도 설명합니다.

| 기초가 되는 수학적 기법 | 정보 공학적 접근 방식 |
|---|---|
| **내적의 정리:** $\vec{a} \cdot \vec{b} = \|\vec{a}\|\|\vec{b}\| \cos\theta$ | **코사인 유사도:** $\cos(a, b) = \frac{\sum_{k=1}^{n} a_k b_k}{\sqrt{\sum_{k=1}^{n} a_k^2}\sqrt{\sum_{k=1}^{n} b_k^2}}$ |
| **벡터의 크기(피타고라스 정리):** $\|\vec{a}\| = \sqrt{a_1^2 + a_2^2 + a_3^2 + \cdots + a_n^2} = \sqrt{\sum_{k=1}^{n} a_k^2}$ | |

그림 2-8 설명 방식

코사인 유사도를 사용해서 얻은 값을 기반으로, 유사하다고 판단한 사용자의 평가값을 활용해서 결손된 평가값을 예측하는 과정은 [그림 2-9]와 같습니다.

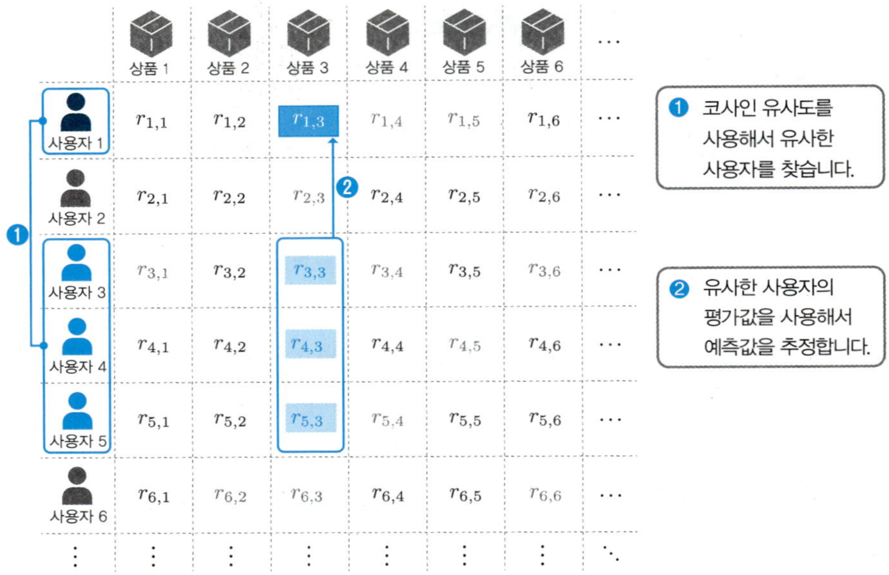


**그림 2-9** 연한 회색의 $r$은 결손값입니다. 이 결손값에 대해 ❶ → ❷ 단계를 거쳐 예측값을 계산합니다.

예를 들어 사용자가 6명, 상품이 2개만 있는 상황을 가정해 봅시다. 6명의 사용자가 2개의 상품을 평가해서 다음과 같은 평가 행렬이 정의되었습니다. 평가값은 1부터 5까지 5단계로 이뤄져 있고, 0은 결손값을 나타냅니다.

$$\mathbf{R} = \begin{pmatrix} 2 & 3 \\ 2 & 5 \\ 0 & 3 \\ 4 & 2 \\ 4 & 4 \\ 3 & 0 \end{pmatrix}$$

이 평가 행렬을 더욱 이해하기 쉽게 **좌표 공간**을 사용해서 표현하면, [그림 2-10]과 같이 시각화할 수 있습니다. 가로축은 상품 1에 대한 평가값, 세로축은 상품 2에 대한 평가값을 나타냅니다.

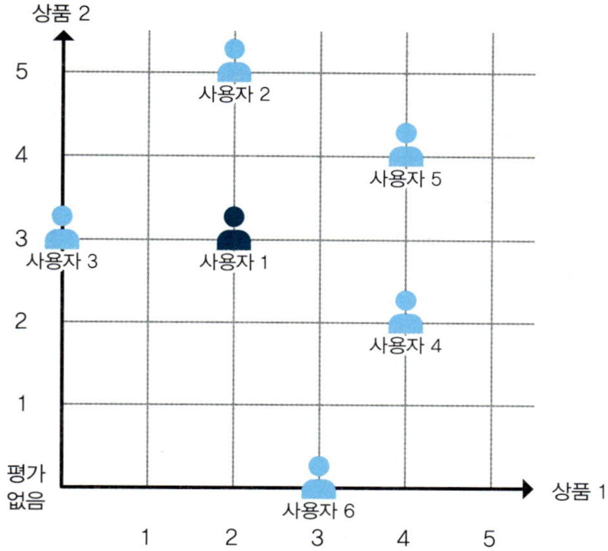


**그림 2-10** 가로축을 상품 1, 세로축을 상품 2의 평가값으로 하는 좌표 공간을 정의해서 각 사용자의 평가값을 플롯하면 사용자 간 유사도를 시각적으로 파악할 수 있습니다.

지금까지의 정리를 바탕으로 이제부터 수학적인 관점에서 내용을 깊이 이해해 보겠습니다. 여기서 목표는 '사용자 1과 유사한 사용자를 식별하는 것'이며, 이를 위해 코사인 유사도를 활용해서 유사한 사용자를 찾습니다. 또한, 이해를 돕기 위해 사용자 1, 사용자 2, 사용자 4를 분석 대상으로 정하고, 각 사용자를 **벡터**[3]로 표현하면 다음과 같습니다. 여기서 → 기호는 벡터를 나타냅니다.

$$\vec{u}_1 = (2, 3), \quad \vec{u}_2 = (2, 5), \quad \vec{u}_4 = (4, 2)$$

이 벡터는 [그림 2-11]과 같이 시각화할 수 있습니다.

3 크기와 방향을 가진 물리량입니다. 벡터에 관해 자세히 설명하면 너무 길어지기 때문에, 지금은 [그림 2-11]에 있는 벡터의 시각적인 이미지에 익숙해지는 것을 권장합니다.

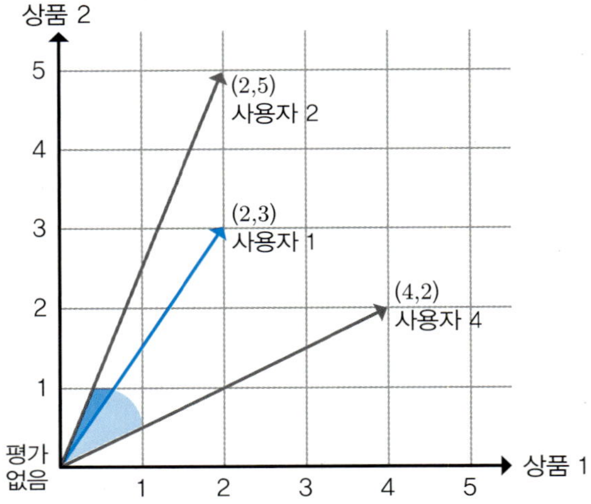


**그림 2-11** 평가값을 기반으로 사용자 1, 사용자 2, 사용자 4를 벡터로 표현합니다. 사용자 1과 유사한 사람은 사용자 2인가요, 사용자 4인가요?

이처럼 사용자를 벡터로 시각화하면, 사용자 1과 유사한 사람은 사용자 2라고 할 수 있습니다. 그 이유는 사용자 1과 사용자 2를 나타내는 벡터의 방향이 유사하며, 또한 이들이 이루는 각도가 사용자 1과 사용자 4가 이루는 각도보다 작기 때문입니다(그림 2-12).

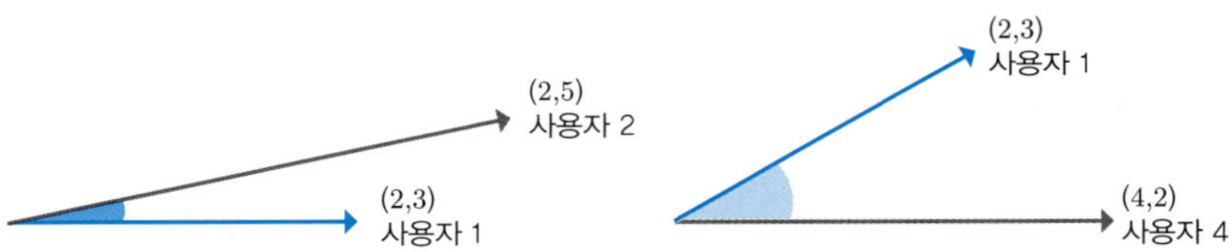


**그림 2-12** 사용자 1과 사용자 2, 사용자 1과 사용자 4 벡터의 각도를 눈으로 보면 직관적으로 구분할 수 있지만, 사실은 정확한 값이 필요합니다.

여기에서 주의해야 할 점은, 각도가 '크다', '작다'라는 평가를 어디까지나 우리의 눈으로 보고 판단하고 있다는 것입니다. 추천 시스템에서 사용자 수와 상품 수는 매우 많기 때문에, 모든 각도를 사람이 눈으로 보고 유사도를 평가하는 것은 현실적으로 불가능합니다. 게다가 이 판단은 컴퓨터가 실행해야 하므로 수치로도 판단할 수 있어야 합니다.

따라서 벡터 사이의 각도를 **정량화**해야 합니다. 이때 유용한 수학적 기법이 고등학교 수학 과정에서 배운 **내적의 정리**입니다. 지금 두 개의 벡터 $\vec{a}, \vec{b}$가 존재하며, 이 두 벡터가 이루는 각도가 $\theta$(일반적으로 각도는 $\theta$(세타theta)로 표기합니다.), $\vec{a}, \vec{b}$ 각 벡터의 크기는 $|\vec{a}|, |\vec{b}|$ 라고 했을 때, 두 벡터의 모습을 도식화한 것이 [그림 2-13]입니다.

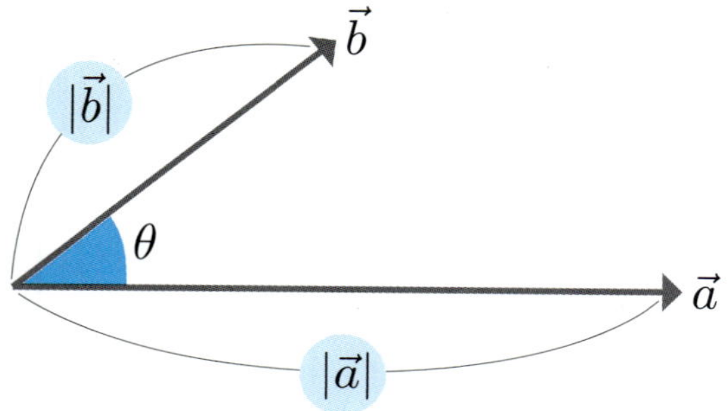


**그림 2-13** 내적의 정리를 이해하기 위해 두 벡터 $\vec{a}, \vec{b}$를 정의합니다.

**내적**[4]은 식 (2-3)과 같이 정의됩니다.

$$\vec{a} \cdot \vec{b} = |\vec{a}||\vec{b}|\cos\theta \qquad (2\text{-}3)$$

이처럼 내적의 정의를 이용하면 각도 $\theta$를 변수로 갖는 $\cos\theta$를 표현할 수 있습니다. 이때, $\theta$의 값은 두 벡터가 이루는 각도의 크기입니다. 따라서 식 (2-3)의 양변을 $|\vec{a}||\vec{b}|$로 나누면, 식 (2-4)와 같은 형태가 되므로, $\cos\theta$ 값을 계산할 수 있게 됩니다.

$$\cos\theta = \frac{\vec{a} \cdot \vec{b}}{|\vec{a}||\vec{b}|} \qquad (2\text{-}4)$$

$\cos\theta$에 대한 자세한 설명은 나중에 다룰 예정이므로, 먼저 식 (2-4)에 구체적인 수치를 대입해서 계산해 보겠습니다. 각 사용자의 벡터를 다시 한번 식 (2-5)로 정리합니다.

4 내적은 코사인 정리를 사용하면 유도할 수 있지만, 증명 과정이 복잡합니다. 내적과 같은 다양한 분야에서 자주 등장하는 공식이나 정의, 개념은 암기하는 것이 훨씬 효율적입니다. 하지만 이러한 공식이나 정의를 자주 활용할 경우에는 조금 더 깊은 이해가 필요하므로, 이후 'Lesson: 내적의 기하학적 해석'을 통해 내적의 기하학적 의미에 대해 자세하게 설명합니다.

$$\vec{u}_1 = (2,3), \quad \vec{u}_2 = (2,5), \quad \vec{u}_4 = (4,2) \qquad (2\text{-}5)$$

먼저, 분자의 $\vec{a} \cdot \vec{b}$ (내적)의 계산 방법을 설명합니다. 두 개의 벡터 $\vec{a} = (a_1, a_2)$, $\vec{b} = (b_1, b_2)$ 에 대해, 이 내적은 식 (2-6)과 같이 계산합니다. 이는 식 (2-3)과 동일하며, 식 (2-6) 또한 내적의 또 다른 정의입니다.

$$\vec{a} \cdot \vec{b} = a_1 b_1 + a_2 b_2 \qquad (2\text{-}6)$$

식 (2-6)을 바탕으로 각 내적을 계산하면 다음과 같습니다.

$$\vec{u}_1 \cdot \vec{u}_2 = 2 \times 2 + 3 \times 5 = 19$$

$$\vec{u}_1 \cdot \vec{u}_4 = 2 \times 4 + 3 \times 2 = 14$$

이어서, 분모의 $|\vec{a}|\,|\vec{b}|$에 관해 설명합니다. $|\;|$는 **벡터의 크기**(노름norm), 즉 벡터의 길이를 나타냅니다. 이 계산은 **피타고라스의 정리**를 사용합니다. 예를 들어 $\vec{u}_1$ 의 크기(노름)는 다음과 같이 계산합니다.

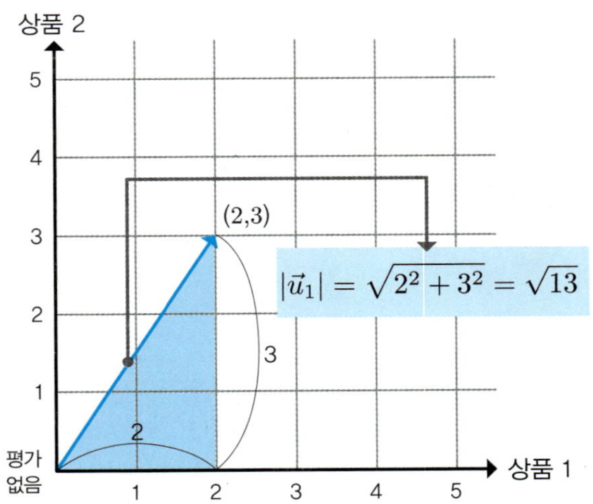


**그림 2-14** 사용자 1의 벡터 크기 $|\vec{u}_1|$은 피타고라스의 정리로 계산할 수 있습니다.

동일하게 식 (2−5)의 각 사용자의 벡터 크기(노름)는 다음과 같습니다.

$$|\overrightarrow{u}_2| = \sqrt{2^2 + 5^2} = \sqrt{29}$$
$$|\overrightarrow{u}_4| = \sqrt{4^2 + 2^2} = \sqrt{20} \quad ( = 2\sqrt{5} \ )$$

이제 필요한 준비는 모두 완료되었습니다. 여기까지 계산한 결과를 사용해서 사용자 1과 사용자 2의 **코사인 유사도**를 $\cos(u_1, u_2)$로 표기하고, $\cos\theta$로 치환합니다. 사용자 1과 사용자 4에 대해서도 동일하며, 식 (2−4)를 이용해서 계산하면 다음과 같은 결과를 얻습니다.

$$\cos(u_1, u_2) = \frac{\overrightarrow{u}_1 \cdot \overrightarrow{u}_2}{|\overrightarrow{u}_1||\overrightarrow{u}_2|} = \frac{19}{\sqrt{13} \times \sqrt{29}} \fallingdotseq 0.978$$
$$\cos(u_1, u_4) = \frac{\overrightarrow{u}_1 \cdot \overrightarrow{u}_4}{|\overrightarrow{u}_1||\overrightarrow{u}_4|} = \frac{14}{\sqrt{13} \times \sqrt{20}} \fallingdotseq 0.868$$

계산 결과에 따르면 사용자 4보다 사용자 2가 사용자 1과의 코사인 유사도가 더 크다는 것을 알 수 있습니다. 만약 코사인 유사도가 클수록 더 유사하다고 판단한다면, 이는 시각적 판단과도 일치합니다. 즉, 각도가 작을수록 코사인 유사도가 커진다는 의미입니다(그림 2−15). 덧붙여, 이 책에서는 벡터의 크기(노름)를 | |로 표기하고 있지만, 일반적으로는 || || 기호를 더 많이 사용합니다. 이후에도 설명의 편의를 위해 | | 기호를 사용하므로 이 점에 유의하세요.

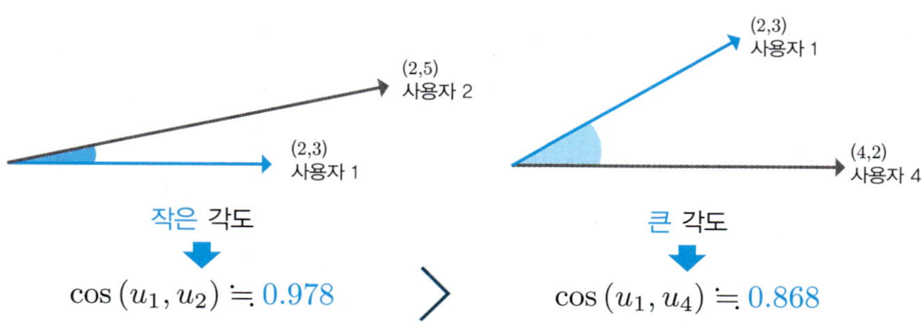


**그림 2-15** 코사인 유사도를 계산하면 결괏값이 클수록 각도가 작아진다는 것을 알 수 있습니다. 이 점을 명확히 이해하기 위해서는 $\cos\theta$를 정확하게 이해할 필요가 있습니다.

## 2.5 삼각 함수: 코사인 유사도 이해하기

지금까지 내용을 정리하면 다음과 같습니다.

- 사용자 간의 평가 유사도를 구하기 위해 **코사인 유사도**를 적용했습니다.
- 코사인 유사도를 계산하기 위해 각 사용자의 평가를 **벡터**로 다뤘습니다.
- **벡터의 내적**, **크기(노름)**를 계산한 다음 코사인 유사도를 계산했습니다.
- 코사인 유사도 계산 결과, $\cos(u_1,\ u_2)$ 값이 $\cos(u_1,\ u_4)$ 보다 더 컸습니다.

여기서 한 가지 의문점이 생깁니다. 코사인 유사도 계산 결과가 클수록 각도가 작아지는데, 이를 더 유사하다고 평가할 수 있을까요? 지금까지의 논의가 정말로 타당한지는 확신할 수 없습니다. 왜냐하면 코사인 유사도의 핵심이 되는 $\cos\,\theta$에 대해 현재로서는 거의 자세히 다루지 않았기 때문입니다. 그렇다면 왜 이렇게 우회적으로 설명하는 것일까요? 이는 잠시 보류해 두었던 $\cos\,\theta$, 즉 삼각 함수의 개념이 추천 시스템뿐만 아니라 AI를 이해하는 데에도 매우 중요하기 때문입니다.

삼각 함수는 고등학교 수학 과정에서도 등장합니다. 삼각 함수는 몰라도 된다고 주장하는 분들이 가끔 있지만, 수학적 사고력을 단련하고 싶다면 삼각 함수는 반드시 알아야 하는 개념입니다. 그럼 이제부터 삼각 함수에 대해 제대로 살펴보겠습니다.

$\cos\,\theta$란 도대체 무엇일까요? $\cos\,\theta$를 정의하는 방법은 여러 가지가 있지만, 여기서는 **단위원**을 활용한 정의를 소개합니다. 단위원이란 원점을 중심으로 반지름이 1인 원을 의미합니다. 이 단위원 위의 한 점 $P$를 잡고, 원점 $O$를 중심으로 $x$축의 양의 방향에서 반시계 방향으로 임의의 실수만큼 회전시킨 선분 $OP$에 대해, 점 $P$의 $x$ 좌표를 cos로 정의합니다. $P$의 $y$ 좌표는 $\sin\,\theta$로 정의됩니다. 선분 $OP$는 $\theta$ 값에 따라 움직이므로 **반지름 벡터**라고 부릅니다.

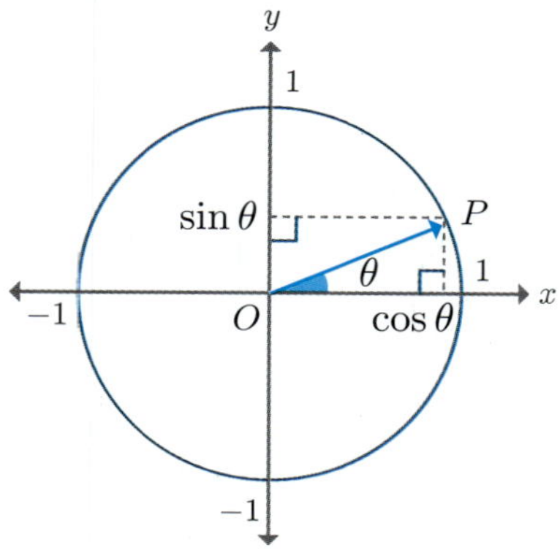


**그림 2-16** 반지름 1인 단위원 위에 점 $P$를 잡고, $P$의 $x$ 좌표를 $\cos\theta$로, $y$ 좌표는 $\sin\theta$로 정의합니다.

그러므로 $0 < \theta < 180°$일 때, 값이 커질수록 $\cos\theta$의 값이 작아지는 모습을 [그림 2-17]에서 확인할 수 있습니다. 또한 $\cos\theta$ 값의 범위가 $-1 \le \cos\theta \le 1$이라는 것도 알 수 있습니다.

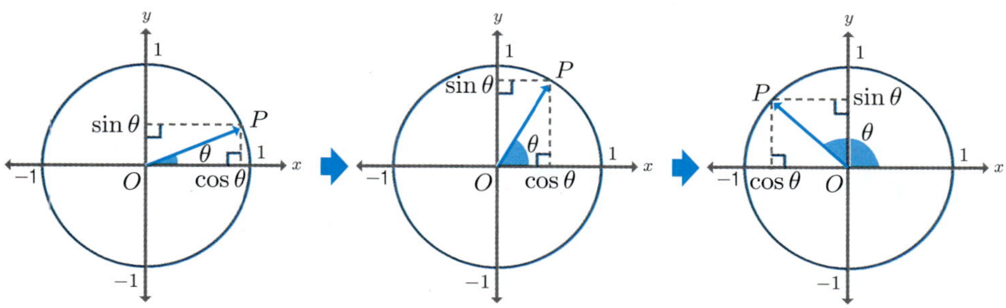

**그림 2-17** $0 < \theta < 180°$일 때, 각도가 커질수록 $\cos\theta$의 값은 작아집니다.

여기까지 수학적인 관점을 바탕으로 $\vec{a}\cdot\vec{b} = |\vec{a}||\vec{b}|\cos\theta$ 에서 $\cos\theta = \frac{\vec{a}\cdot\vec{b}}{|\vec{a}||\vec{b}|}$ 로 식을 변형한 이유를 명확히 이해할 수 있습니다. 식 (2-4)는 다음의 **부등식**이 항상 성립합니다.

$$-1 \le \frac{\vec{a}\cdot\vec{b}}{|\vec{a}||\vec{b}|} \le 1 \qquad (2\text{-}7)$$

따라서 $\frac{\vec{a}\cdot\vec{b}}{|\vec{a}||\vec{b}|}$ 의 계산 결과가 1에 가까울수록, 두 벡터가 이루는 각 $\theta$가 작아지고, 두 벡터는 유사하다고 말할 수 있는 것입니다.

Lesson

### 내적의 기하학적 해석

지금까지 cos $\theta$를 바탕으로 코사인 유사도의 값 범위와 크기 관계에 대한 개념을 정리했습니다. 이 책에서 삼각 함수에 대한 이해는 매우 중요하기 때문에, 이에 관해서도 상세하게 설명했습니다.

이번 레슨에서는 내적에 대한 기하학적인 해석에 관해 추가로 설명합니다. 내적의 기하학적인 해석은 이번 장뿐만 아니라, 벡터를 다루는 모든 분야에 걸쳐 매우 중요합니다. 식 (2-3)에서 설명한 대로 내적은 다음과 같이 정의합니다.

$$\vec{a} \cdot \vec{b} = |\vec{a}|\,|\vec{b}|\cos\theta \qquad (2\text{-}3)$$

식의 우변 $|\vec{b}|\cos\theta$ 부분을 기하학적으로 생각해 보겠습니다. 선분 $OA$, $OB$에 대해, 벡터 $\vec{a}$, $\vec{b}$가 이루는 각을 $\theta$라 하고, 점 $B$에서 선분 $OA$에 내린 수선의 발을 $B'$로 나타내면, $OB$를 빗변으로 하는 직각삼각형을 그릴 수 있습니다.

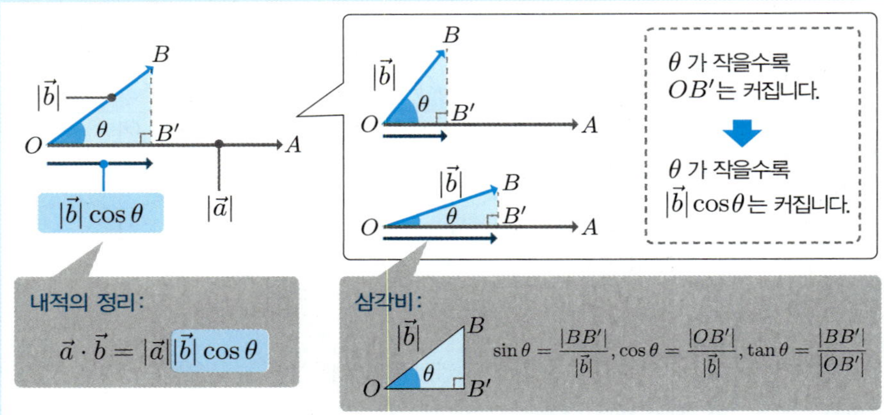


**그림 2-18** 내적의 정리를 기하학적으로 해석하면, $|\vec{b}|\cos\theta$는 벡터 $\vec{b}$를 벡터 $\vec{a}$에 수직으로 투영한 정사영 벡터라고 할 수 있습니다.

앞서 단위원을 이용해서 cos $\theta$를 정의했지만, 삼각비의 관점에서도 cos $\theta$를 정의할 수 있습니다. 삼각비의 공식을 사용하면 $\frac{|OB'|}{|\vec{b}|} = \cos\theta$이므로, $|OB'| = |\vec{b}|\cos\theta$로 표현할 수 있습니다. 참고로 $|\vec{b}|\cos\theta$는 벡터 $\vec{b}$를 벡터 $\vec{a}$에 수직으로 **투영**한 벡터로 생각할 수 있으며,

이것을 **정사영 벡터**라고 합니다. 또한 삼각비의 공식에 따라 $\frac{|BB'|}{|\vec{b}|} = \sin\theta$, $\frac{|BB'|}{|OB'|} = \tan\theta$가 성립합니다.

이와 같이 생각하면 [그림 2-18]의 오른쪽에서 나타낸 것처럼 $\theta$의 값이 변함에 따라 $|\vec{b}|\cos\theta$의 길이가 변하는 것을 알 수 있습니다. 즉, $\theta$가 클수록 $|\vec{b}|\cos\theta$는 짧아지고, $\theta$가 작을수록 $|\vec{b}|\cos\theta$는 길어집니다. 이번 장의 취지에 맞춰 생각하면, $|\vec{b}|\cos\theta$가 클수록 벡터 $\vec{a}$와 $\vec{b}$의 유사도는 높다고 할 수 있습니다.

삼각 함수와 같은 기초적인 개념은 활용성이 높아 다양한 분야에서 응용됩니다. 특히, 5장에서 살펴볼 **푸리에 해석**을 설명할 때도 삼각 함수의 개념이 핵심이 되어 수많은 정리와 모델을 도출합니다.

## 2.6 다차원 확장: 코사인 유사도를 여러 상품에 적용하기

여기까지 코사인 유사도를 이용해서 사용자 간 선호도의 유사성을 정량화하는 데 성공했습니다. 그러나 잘 생각해 보면 적어도 다음 두 가지 문제는 여전히 고민해야 할 지점입니다.

**① 두 개의 상품만을 평가하고 있다는 점**

**② 벡터의 근접성에만 초점이 맞춰져 있다는 점**

이런 내용을 인식하고, 수학적으로 해결책을 도출하는 것이 수학적 사고의 힘입니다. 두 문제점을 생각하며 순차적으로 대응책을 모색해 보겠습니다. 먼저 첫 번째 문제는 식 (2-5)에서 나타난 대로 세 명의 사용자가 두 가지 유형의 상품만 평가했다는 점입니다. 우선, 식 (2-5)를 다시 확인해 보겠습니다.

$$\vec{u}_1 = (2,3), \quad \vec{u}_2 = (2,5), \quad \vec{u}_4 = (4,2) \qquad (2\text{-}5)$$

전자 상거래 사이트는 매우 많은 상품을 보유하고 있으므로 상품 수가 세 개 이상일 경우에도 코사인 유사도를 사용해 유사도를 계산할 수 있어야 합니다. 코사인 유사도 식 (2−4) $\cos\theta = \frac{\vec{a}\cdot\vec{b}}{|\vec{a}||\vec{b}|}$ 에서, 앞선 예시에서는 분자 $\vec{a}\cdot\vec{b}$ 를 상품이 두 종류인 경우에 해당하는 벡터 $\vec{a}=(a_1, a_2)$, $\vec{b}=(b_1, b_2)$ 로 설정해서 $\vec{a}\cdot\vec{b}=a_1b_1+a_2b_2$ 로 계산했습니다. 이제 이 계산 방식을 세 개 이상의 상품에도 적용할 수 있도록 확장해야 합니다. 사실, 이 공식은 상품 수가 세 종류, 네 종류로 증가해도 벡터의 성질을 활용하면 쉽게 확장할 수 있습니다. 예를 들어 상품 수가 세 개라면, 벡터를 $\vec{a}=(a_1, a_2, a_3)$, $\vec{b}=(b_1, b_2, b_3)$ 로 정의하고, 다음과 같이 계산할 수 있습니다.

$$\vec{a}\cdot\vec{b}=a_1b_1+a_2b_2+a_3b_3$$

상품 수가 $n$개($n$은 자연수)인 경우에도 $\vec{a}=(a_1, a_2, a_3, \cdots, a_n)$, $\vec{b}=(b_1, b_2, b_3, \cdots, b_n)$으로 정의하면 식 (2−8)과 같이 계산할 수 있습니다.

$$\vec{a}\cdot\vec{b}=a_1b_1+a_2b_2+a_3b_3+\cdots+a_nb_n \qquad \text{(2-8)}$$

벡터의 성질 덕분에 상품 수가 증가해도 쉽게 대응할 수 있습니다. 합의 기호 Σ를 사용해 식 (2−8)을 다음과 같이 간단히 표현할 수 있습니다. 1장의 설명을 떠올려 보세요.

$$\vec{a}\cdot\vec{b}=\sum_{k=1}^{n} a_kb_k \qquad \text{(2-9)}$$

다음으로 식 (2−4)에서 우변의 분모 $|\vec{a}||\vec{b}|$는 상품이 두 개인 경우에 대해 피타고라스 정리를 사용해서 계산했습니다. 이는 $\vec{a}=(a_1, a_2)$ 로 생각하면, 식 (2−10)의 계산을 한 것과 같습니다.

$$|\vec{a}|=\sqrt{a_1^2+a_2^2} \qquad \text{(2-10)}$$

이처럼 벡터의 성분이 두 개, 즉 2차원이면 이해하기 쉽지만, 성분이 세 개 또는 네 개로 증가하고, 더 나아가 $n$개, 즉 $n$차원으로 확장되면 더 이상 벡터를 시각적으로 이해할 수 없게 됩니다.

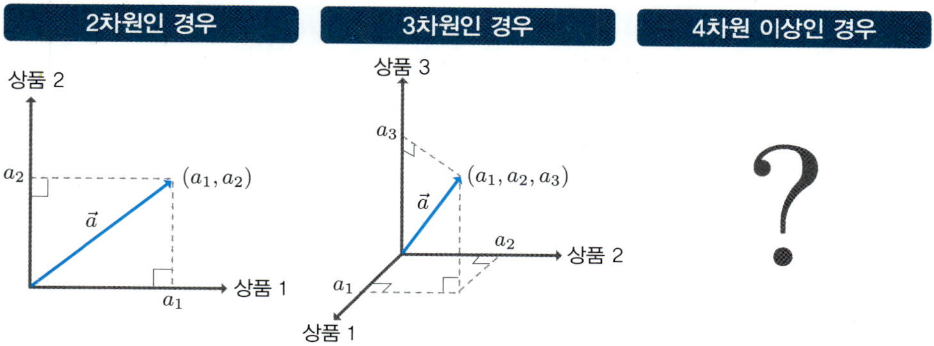


그림 2-19 4차원 이상의 벡터의 크기(노름)는 시각적으로 이해할 수 없습니다.

하지만 3차원 이상의 벡터라도 그 크기(노름)를 간단하게 계산할 수 있습니다. 예를 들어 3차원의 경우, [그림 2-20]과 같이 원점을 $O$로 하는 삼각형 $OA'A$를 고려하면, $OA'=\sqrt{a_1^2+a_2^2}$, $A'A=a_3$ 이므로, 벡터 $\vec{a}$ 의 노름(크기)은 그림에서 나타낸 것처럼, 피타고라스의 정리로부터 $|\vec{a}|=\sqrt{a_1^2+a_2^2+a_3^2}$ 으로 계산할 수 있습니다.

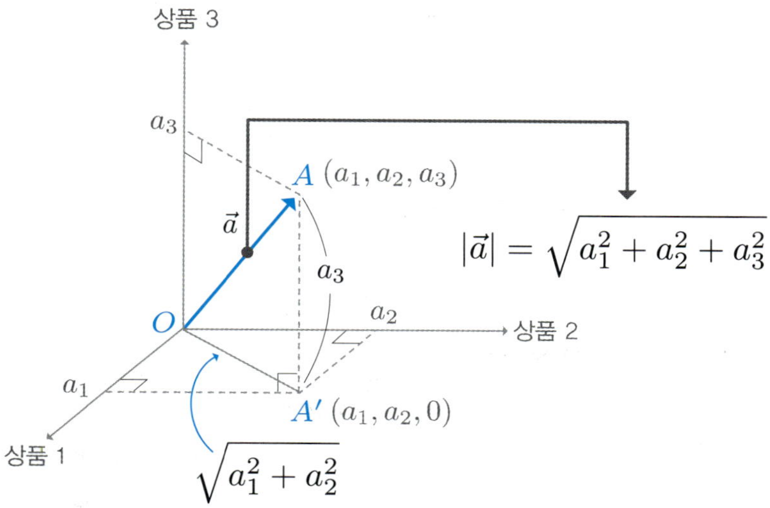


그림 2-20 피타고라스의 정리를 적용하면, 3차원 이상의 벡터의 크기(노름)도 계산할 수 있습니다.

마찬가지로 원점을 시작점(벡터가 뻗어 나가는 시작점)으로 하는 $n$차원 벡터 $\vec{a} = (a_1, a_2, a_3, \cdots, a_n)$의 노름은 식 (2-11)과 같이 표현할 수 있습니다.

$$|\vec{a}| = \sqrt{a_1^2 + a_2^2 + a_3^2 + \cdots + a_n^2} \qquad (2\text{-}11)$$

식 (2-11)은 Σ를 사용해서 간단하게 표기할 수 있습니다.

$$|\vec{a}| = \sqrt{\sum_{k=1}^{n} a_k^2} \qquad (2\text{-}12)$$

여기까지 $n$개의 상품에 대한 평가값을 두 개의 $n$차원 벡터 $\vec{a} = (a_1, a_2, a_3, \cdots, a_n)$, $\vec{b} = (b_1, b_2, b_3, \cdots, b_n)$으로 표현함으로써, 코사인 유사도를 식 (2-9), 식 (2-12)를 사용해 식 (2-13)과 같이 나타낼 수 있습니다. 이로써 상품이 세 개 이상일 경우에도 코사인 유사도를 사용할 수 있게 되었습니다.[5]

$$\cos(a, b) = \frac{\vec{a} \cdot \vec{b}}{|\vec{a}||\vec{b}|} = \frac{\sum_{k=1}^{n} a_k b_k}{\sqrt{\sum_{k=1}^{n} a_k^2}\sqrt{\sum_{k=1}^{n} b_k^2}} \qquad (2\text{-}13)$$

## 2.7 중심화: 코사인 유사도 응용하기

이번에는 두 번째 문제 '벡터의 근접성에만 초점이 맞추어져 있다'는 점을 해결해 봅시다. 예를 들어 상품 1부터 5까지의 평가가 반대로 되어 있는 두 사용자의 평가값 벡터 $\vec{u}_A = (1, 2, 3, 4, 5)$, $\vec{u}_B = (5, 4, 3, 2, 1)$의 코사인 유사도를 계산해 보겠습니다. 여기서 기대하는 계산 결과는 평가가 서로 정반대이므로 코사인 유사도가 낮게 계산되어야 한다는 점입니다. 먼저, 식 (2-8)과 식 (2-11)을 사용해서 $\vec{u}_A \cdot \vec{u}_B$, $|\vec{u}_A|$, $|\vec{u}_B|$를 모두 계산해

5 식 (2-13)은 당연히 $n=1$, 2인 경우에도 사용 가능합니다.

보겠습니다.

$$\begin{aligned} \vec{u}_A \cdot \vec{u}_B &= 1\times5+2\times4+3\times3+4\times2+5\times1=35 \\ |\vec{u}_A| &= \sqrt{1^2+2^2+3^2+4^2+5^2}=\sqrt{55} \\ |\vec{u}_B| &= \sqrt{5^2+4^2+3^2+2^2+1^2}=\sqrt{55} \end{aligned}$$

따라서 코사인 유사도는 식 (2-13)을 사용해 다음과 같이 계산할 수 있습니다.

$$\cos(u_A, u_B) = \frac{35}{\sqrt{55}\times\sqrt{55}} = \frac{35}{55} \fallingdotseq 0.636$$

그러나 위의 계산 결과만 놓고 생각하면 과연 의도에 맞는 수치인지는 확실하지 않습니다. 코사인 유사도 값의 범위는 식 (2-7)에서 보았듯이 $-1 \leq \frac{\vec{a}\cdot\vec{b}}{|\vec{a}||\vec{b}|} \leq 1$ 입니다. 즉, 이번 계산 결과인 0.636은 최댓값 1에 가깝기 때문에 높은 값이라고 볼 수는 있지만, 다른 계산 결과도 함께 고려해서 상대적으로 판단해야 합니다. 또한 평가가 반대인 사용자 간의 유사도는 수치적으로 낮아야 수학적으로는 적절할 것입니다.

따라서 사용자의 벡터를 완만하게 조정해야 합니다. 앞선 예제에서 상품 1과 상품 5의 평가값은 5와 1로 차이가 크기 때문에 계산 결과에도 큰 영향을 미칠 것입니다. 구체적으로 평가값의 차이를 완화하기 위해서는 각 사용자와 상품에 대한 평가의 **평균값**을 계산한 다음, 평가값에서 평균값을 빼야 합니다. 다시 말해 $u_A$, $u_B$의 평가값 평균은 모두 3이며, 이 값을 각 사용자의 평가값에서 뺍니다. 그러면 각 사용자의 평가값 평균은 0이 됩니다. 이와 같은 처리 방식을 **중심화**mean-centering라고 하며, 중심화 처리를 시각적으로 표현하면 [그림 2-21]과 같습니다. 그림의 오른쪽에서는 위, 아래로 반대인 평가도 나타나기 때문에 중심화 처리를 통해 벡터의 방향이 반영되었다고 볼 수 있습니다. 이것이 두 번째 분석의 핵심입니다.

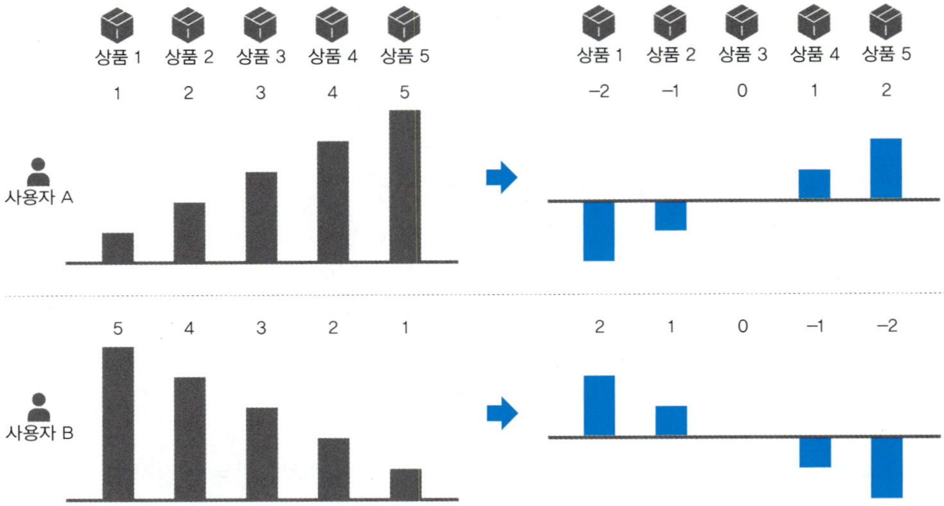


**그림 2-21** 사용자마다 평가값의 평균을 계산하고, 각 평가값에서 평균값을 차감합니다.

이 경우에 해당하는 $\vec{u}_A \cdot \vec{u}_B$, $|\vec{u}_A|$, $|\vec{u}_B|$를 모두 계산해 보겠습니다. 식 (2-8)과 식 (2-11)을 사용합니다.

$$\vec{u}_A \cdot \vec{u}_B = 2 \times (-2) + 1 \times (-1) + 0 \times 0 + (-1) \times 1 + (-2) \times 2 = -10$$
$$|\vec{u}_A| = \sqrt{2^2 + 1^2 + 0^2 + (-1)^2 + (-2)^2} = \sqrt{10}$$
$$|\vec{u}_B| = \sqrt{(-2)^2 + (-1)^2 + 0^2 + 1^2 + 2^2} = \sqrt{10}$$

따라서 코사인 유사도는 식 (2-13)을 사용해 다음과 같이 계산됩니다.

$$\cos(u_A, u_B) = \frac{-10}{\sqrt{10} \times \sqrt{10}} = \frac{-10}{10} = -1$$

계산 결과가 $-1 \leq \frac{\vec{a} \cdot \vec{b}}{|\vec{a}||\vec{b}|} \leq 1$의 범위에서 최솟값이 되었습니다. 두 사용자의 평가가 정반대이므로 이 계산 결과는 타당하다고 할 수 있습니다.

위의 결과를 바탕으로 코사인 유사도를 구하는 방식을 개선해 봅시다. 두 개의 $n$차원 벡터 $\vec{a}=(a_1, a_2, a_3, \cdots, a_n)$, $\vec{b}=(b_1, b_2, b_3, \cdots, b_n)$의 코사인 유사도는 식 (2−13)처럼 정의할 수 있습니다.

$$\cos(a,b)=\frac{\vec{a}\cdot\vec{b}}{|\vec{a}||\vec{b}|}=\frac{\sum_{k=1}^{n}a_k b_k}{\sqrt{\sum_{k=1}^{n}a_k^2}\sqrt{\sum_{k=1}^{n}b_k^2}} \tag{2-13}$$

이제 각 성분에서 평균값을 빼야 하기 때문에, 개선된 모델은 식 (2−14)처럼 표현할 수 있습니다. $\bar{a}$, $\bar{b}$는 벡터 $\vec{a}$, $\vec{b}$의 평균 평가값을 나타내며, $\vec{a}$, $\vec{b}$의 문자 위에 붙어 있는 ¯(바bar)는 평균값을 나타내는 기호입니다.

$$\cos(a,b)=\frac{\sum_{k=1}^{n}(a_k-\bar{a})(b_k-\bar{b})}{\sqrt{\sum_{k=1}^{n}(a_k-\bar{a})^2}\sqrt{\sum_{k=1}^{n}(b_k-\bar{b})^2}} \tag{2-14}$$

이어지는 내용부터는 식 (2−14)를 코사인 유사도로 사용합니다.[6]

## 2.8 지시 함수: 코사인 유사도 계산하기

여태까지 긴 논의를 거쳤으니 이 시점에서 이번 장의 목표를 다시 한번 되새겨 보겠습니다. 현재 우리의 목표는 코사인 유사도를 사용해서 사용자 간 유사도를 정량화하는 것입니다. 그 이유는 유사하다고 판단한 사용자의 평가값을 통해 상품의 결손값을 예측하고, 그 예측값을 이용해 상품을 추천하기 위함입니다. 이 내용을 [그림 2−22]를 통해 다시 살펴보겠습니다.

6 평가값이 모두 같다면 분모가 0이 되지만, 이와 같이 특수한 상황은 제외합니다.

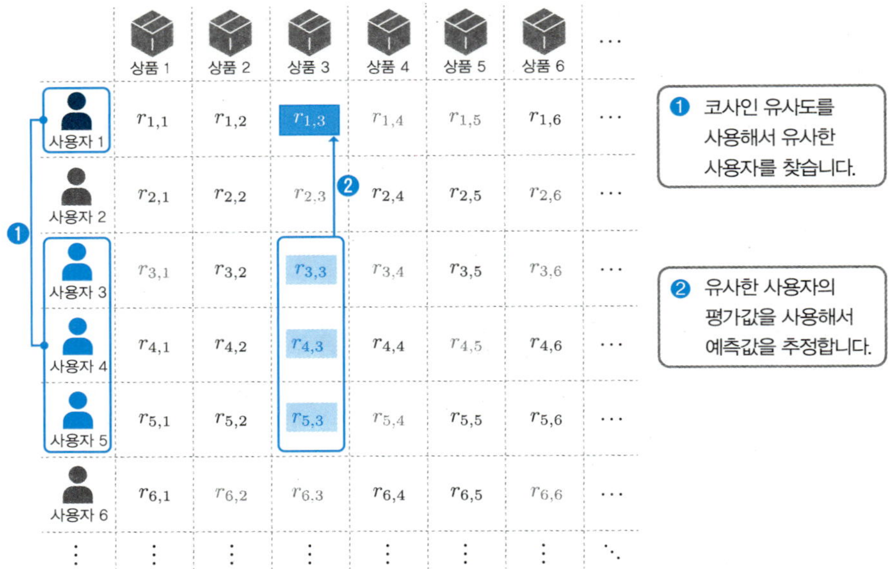


**그림 2-22** 연한 회색의 $r$은 결손값입니다. 이 결손값에 대해 ❶ → ❷ 단계를 거쳐 예측값을 계산합니다.

여기서 사용자 간 유사도는 [그림 2-23]처럼 표로 정리할 수 있습니다.

| | 사용자 1 | 사용자 2 | 사용자 3 | 사용자 4 | ⋯ |
|---|---|---|---|---|---|
| 사용자 1 | $\cos(u_1, u_1)$ | $\cos(u_1, u_2)$ | $\cos(u_1, u_3)$ | $\cos(u_1, u_4)$ | ⋯ |
| 사용자 2 | $\cos(u_2, u_1)$ | $\cos(u_2, u_2)$ | $\cos(u_2, u_3)$ | $\cos(u_2, u_4)$ | ⋯ |
| 사용자 3 | $\cos(u_3, u_1)$ | $\cos(u_3, u_2)$ | $\cos(u_3, u_3)$ | $\cos(u_3, u_4)$ | ⋯ |
| 사용자 4 | $\cos(u_4, u_1)$ | $\cos(u_4, u_2)$ | $\cos(u_4, u_3)$ | $\cos(u_4, u_4)$ | ⋯ |
| ⋮ | ⋮ | ⋮ | ⋮ | ⋮ | ⋱ |

**그림 2-23** 사용자 간 유사도는 표로 정리할 수 있습니다.

표에 쓰여진 코사인 유사도를 모두 계산하면, 예를 들어 사용자 1과 코사인 유사도가 높은 다른 사용자의 평가값을 활용해서 사용자 1이 평가하지 않은 상품의 평가값을 예측할 수 있습니다. 이해를 돕기 위해 사용자와 상품의 수를 모두 4로 고정합니다. 사용자 1~4가 상품 1~4에 부여한 평가값은 [그림 2-24]와 같고, 이 값으로부터 코사인 유사도를 계산해 보겠습니다. 숫자가 기입되지 않은 부분(−)은 결손값입니다.

| | 상품 1 | 상품 2 | 상품 3 | 상품 4 |
|---|---|---|---|---|
| 사용자 1 | 2<br>$r_{1,1}$ | 3<br>$r_{1,2}$ | —<br>$r_{1,3}$ | 5<br>$r_{1,4}$ |
| 사용자 2 | 2<br>$r_{2,1}$ | 5<br>$r_{2,2}$ | —<br>$r_{2,3}$ | 5<br>$r_{2,4}$ |
| 사용자 3 | —<br>$r_{3,1}$ | 3<br>$r_{3,2}$ | 4<br>$r_{3,3}$ | 4<br>$r_{3,4}$ |
| 사용자 4 | 4<br>$r_{4,1}$ | 2<br>$r_{4,2}$ | 3<br>$r_{4,3}$ | —<br>$r_{4,4}$ |

**그림 2-24** 4명의 사용자가 4개의 상품에 부여한 평가값입니다.

이 표를 평가 행렬 $\boldsymbol{R}$로 나타내면 다음과 같습니다. 결손값은 0으로 표기합니다.

$$\boldsymbol{R} = \begin{pmatrix} 2 & 3 & 0 & 5 \\ 2 & 5 & 0 & 5 \\ 0 & 3 & 4 & 4 \\ 4 & 2 & 3 & 0 \end{pmatrix}$$

사용자 1과 사용자 2에 대해 식 (2−14)와 아래 두 조건에 유의하며 코사인 유사도를 계산합니다.

1 식 (2−14)를 적용하려면 평균값을 계산해야 하지만, 계산 시 평가값이 없는 상품은 대상에서 제외하고 평균값을 계산합니다. 지금과 같이 사용자 1과 사용자 2가 상품 3을 평가하지 않았다면, 상품 3은 평균값 계산에서 제외합니다.

2 평가의 유사도를 계산하려면 당연히 사용자 1과 사용자 2가 모두 평가한 상품이 계산의 대상이 됩니다. 여기서는 사용자 1과 사용자 2가 제공한 상품 1, 상품 2, 상품 4에 대한 평가값을 사용해서 코사인 유사도 $\cos(u_1, u_2)$를 계산합니다.

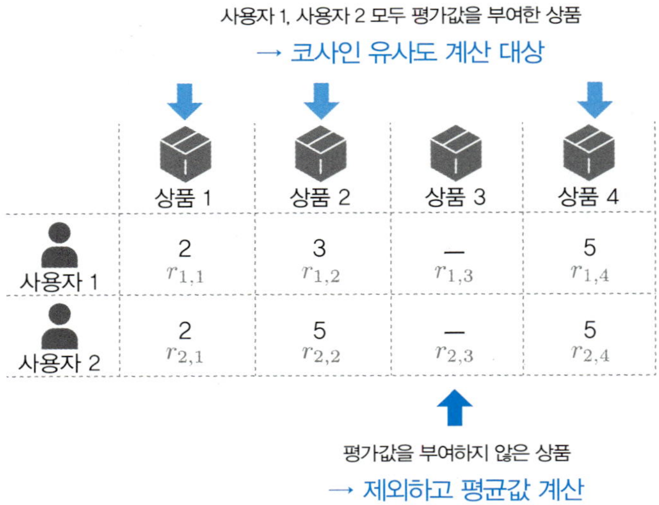


**그림 2-25** 코사인 유사도를 계산하기 위한 전제를 정리하고 시각화합니다.

두 조건을 앞서 도출한 코사인 유사도에 반영합니다. 먼저 조건 1에 따라 사용자 1과 사용자 2의 평균 평가값을 계산하면 다음과 같습니다.

$$\overline{u}_1 = \frac{r_{1,1} + r_{1,2} + r_{1,4}}{3} = \frac{2+3+5}{3} \fallingdotseq 3.333$$

$$\overline{u}_2 = \frac{r_{2,1} + r_{2,2} + r_{2,4}}{3} = \frac{2+5+5}{3} = 4.000$$

그리고 조건 2에 따라 $\cos(u_1, u_2)$를 계산합니다. 조건 1에서 '평가값이 부여된 요소만을 계산 대상으로 한다'는 제약을 설정하고 있지만, 코사인 유사도에서 사용한 $\Sigma$는 이와 같은 조건을 자동으로 반영하지 않기 때문에 추가로 수정이 필요합니다.

조건 2를 만족시키기 위해 식 (2-15)에서 정의한 **지시 함수** $\delta_{u,i}$를 도입합니다.[7] $\delta$는 델타delta

---

7 엄밀히 말하자면, 평가된 상품의 집합을 정의해서 지시 함수의 기준을 설정하는 등의 방법을 사용해야 합니다. 그러나 이 책에서는 구체적인 방법에 관한 설명은 생략합니다.

라고 읽고 $u$는 사용자를 나타내는 행, $i$는 상품을 나타내는 열을 의미합니다.

$$\delta_{u,i} = \begin{cases} 1 & (r_{u,i} \text{ 가 평가 행렬에 포함되어 있음}) \\ 0 & (r_{u,i} \text{ 가 평가 행렬에서 결손되어 있음}) \end{cases} \quad (2\text{-}15)$$

얼핏 어려워 보일 수 있는 함수지만, 결코 복잡하지 않습니다. 표기 방식에 관한 이해는 단지 익숙함의 문제일 뿐 전혀 어렵지 않습니다. 평가 행렬 $\boldsymbol{R}$을 예로 들어 살펴보겠습니다. 사용자 1의 상품 2에 대한 평가값, 즉 $r_{1,2}$는 평가 행렬에서 3으로 기록되어 있으므로, $r_{1,2}$는 평가 헝렬에 포함됩니다. 따라서 식 (2−15)의 정의에 따르면, $\delta_{1,2}=1$이 됩니다. 반면 사용자 2의 상품 3에 대한 평가값인 $r_{2,3}$은 평가 행렬에서 0으로 기록되어 있으며, 이는 결손값을 의미합니다. 따라서 $\delta_{2,3}$은 0입니다. 이 내용을 모두 문장으로 설명하면 번거롭기 때문에 지시 함수 $\delta_{u,i}$를 사용하는 것이 편리합니다. 수학에서는 이렇게 긴 설명을 간결하게 표현하기 위해 기호나 표기법을 많이 사용합니다. 수학적 사고력을 기르기 위해서는 기호와 표기법을 이해하고 익숙하게 사용할 수 있어야 합니다.

이제 다시 지시 함수와 코사인 유사도로 돌아가 생각해 보겠습니다. 위 내용을 바탕으로 지시 함수의 식 (2−15)를 식 (2−14)에 적용하면, $\cos(u_1, u_2)$에 대한 새로운 식을 도출할 수 있습니다. 식 (2−14)와의 차이를 직접 비교해 보세요.

$$\cos(u_1, u_2) = \frac{\sum_{i=1}^{4} \delta_{1,i}(r_{1,i} - \overline{u}_1)\,\delta_{2,i}(r_{2,i} - \overline{u}_2)}{\sqrt{\sum_{i=1}^{4} \delta_{1,i}(r_{1,i} - \overline{u}_1)^2}\sqrt{\sum_{i=1}^{4} \delta_{2,i}(r_{2,i} - \overline{u}_2)^2}}$$

이로 인해 결손된 부분을 제외한 성분에 대해서만 $\Sigma$ 계산을 수행할 수 있습니다. 정확한 계산 과정은 다음과 같습니다. 이해를 돕기 위해 일부러 $\Sigma$를 다시 합의 형태로 풀어서 분자와 분모로 나눠 상세하게 설명하고 있기 때문에 지시 함수가 어떻게 작용하는지 쉽게 확인할 수 있습니다.

$$
\begin{aligned}
(\text{분자}) &= \sum_{i=1}^{4} \delta_{1,i}\,(r_{1,i}-\overline{u}_1)\,\delta_{2,i}\,(r_{2,i}-\overline{u}_2)\\
&=\delta_{1,1}\,(r_{1,1}-\overline{u}_1)\,\delta_{2,1}\,(r_{2,1}-\overline{u}_2)+\delta_{1,2}\,(r_{1,2}-\overline{u}_1)\,\delta_{2,2}\,(r_{2,2}-\overline{u}_2)\\
&\quad+\delta_{1,3}\,(r_{1,3}-\overline{u}_1)\,\delta_{2,3}\,(r_{2,3}-\overline{u}_2)+\delta_{1,4}\,(r_{1,4}-\overline{u}_1)\,\delta_{2,4}\,(r_{2,4}-\overline{u}_2)\\
&=1\cdot(r_{1,1}-\overline{u}_1)\times 1\cdot(r_{2,1}-\overline{u}_2)+1\cdot(r_{1,2}-\overline{u}_1)\times 1\cdot(r_{2,2}-\overline{u}_2)\\
&\quad+0\cdot(r_{1,3}-\overline{u}_1)\times 0\cdot(r_{2,3}-\overline{u}_2)+1\cdot(r_{1,4}-\overline{u}_1)\times 1\cdot(r_{2,4}-\overline{u}_2)\\
&=(r_{1,1}-\overline{u}_1)\,(r_{2,1}-\overline{u}_2)+(r_{1,2}-\overline{u}_1)\,(r_{2,2}-\overline{u}_2)+(r_{1,4}-\overline{u}_1)\,(r_{2,4}-\overline{u}_2)\\
&\fallingdotseq(2-3.333)\times(2-4.000)+(3-3.333)\times(5-4.000)+(5-3.333)\times(5-4.000)\\
&=(-1.333)\times(-2.000)+(-0.333)\times 1.000+1.667\times 1.000=4
\end{aligned}
$$

$$
\begin{aligned}
(\text{분모 왼쪽의 }\sqrt{\ }) &=\sqrt{\sum_{i=1}^{4}\delta_{1,i}\,(r_{1,i}-\overline{u}_1)^2}\\
&=\sqrt{\delta_{1,1}\,(r_{1,1}-\overline{u}_1)^2+\delta_{1,2}\,(r_{1,2}-\overline{u}_1)^2+\delta_{1,3}\,(r_{1,3}-\overline{u}_1)^2+\delta_{1,4}\,(r_{1,4}-\overline{u}_1)^2}\\
&=\sqrt{1\cdot(r_{1,1}-\overline{u}_1)^2+1\cdot(r_{1,2}-\overline{u}_1)^2+0\cdot(r_{1,3}-\overline{u}_1)^2+1\cdot(r_{1,4}-\overline{u}_1)^2}\\
&=\sqrt{(r_{1,1}-\overline{u}_1)^2+(r_{1,2}-\overline{u}_1)^2+(r_{1,4}-\overline{u}_1)^2}\\
&=\sqrt{(2-3.333)^2+(3-3.333)^2+(5-3.333)^2}\\
&=\sqrt{(-1.333)^2+(-0.333)^2+(1.667)^2}\fallingdotseq 2.160
\end{aligned}
$$

$$
\begin{aligned}
(\text{분모 오른쪽의 }\sqrt{\ }) &=\sqrt{\sum_{i=1}^{4}\delta_{2,i}\,(r_{2,i}-\overline{u}_2)^2}\\
&=\sqrt{\delta_{2,1}\,(r_{2,1}-\overline{u}_2)^2+\delta_{2,2}\,(r_{2,2}-\overline{u}_2)^2+\delta_{2,3}\,(r_{2,3}-\overline{u}_2)^2+\delta_{2,4}\,(r_{2,4}-\overline{u}_2)^2}\\
&=\sqrt{1\cdot(r_{2,1}-\overline{u}_2)^2+1\cdot(r_{2,2}-\overline{u}_2)^2+0\cdot(r_{2,3}-\overline{u}_2)^2+1\cdot(r_{2,4}-\overline{u}_2)^2}\\
&=\sqrt{(r_{2,1}-\overline{u}_2)^2+(r_{2,2}-\overline{u}_2)^2+(r_{2,4}-\overline{u}_2)^2}\\
&=\sqrt{(2-4.000)^2+(5-4.000)^2+(5-4.000)^2}\\
&=\sqrt{(-2.000)^2+(1.000)^2+(1.000)^2}\fallingdotseq 2.449
\end{aligned}
$$

위의 계산 과정을 정리하면 $\cos(u_1,\ u_2)$는 결국 다음과 같습니다.

$$
\cos(u_1,u_2)=\frac{\sum_{i=1}^{4}\delta_{1,i}\,(r_{1,i}-\overline{u}_1)\,\delta_{2,i}\,(r_{2,i}-\overline{u}_2)}{\sqrt{\sum_{i=1}^{4}\delta_{1,i}\,(r_{1,i}-\overline{u}_1)^2}\sqrt{\sum_{i=1}^{4}\delta_{2,i}\,(r_{2,i}-\overline{u}_2)^2}}\fallingdotseq\frac{4}{2.160\times 2.449}=0.756
$$

또 하나의 계산 예시를 확인해 보겠습니다. 사용자 1과 사용자 3에 대한 코사인 유사도를 계산합니다. 먼저, 사용자 1과 사용자 3의 평균 평가값은 각각 다음과 같습니다.

$$\overline{u}_1 = \frac{r_{1,1} + r_{1,2} + r_{1,4}}{3} = \frac{2+3+5}{3} \fallingdotseq 3.333$$

$$\overline{u}_3 = \frac{r_{3,2} + r_{3,3} + r_{3,4}}{3} = \frac{3+4+4}{3} \fallingdotseq 3.667$$

이 결과를 이용해서 $\cos(u_1, u_3)$을 계산합니다. 공통으로 평가된 항목은 상품 2와 상품 4 두 개이므로, 이를 기준으로 코사인 유사도를 계산합니다. 식 (2-14)와 식 (2-15)에 따라 계산은 다음과 같습니다.

$$\begin{aligned}
\cos(u_1, u_3) &= \frac{\sum_{i=1}^{4} \delta_{1,i}(r_{1,i} - \overline{u}_1)\delta_{3,i}(r_{3,i} - \overline{u}_3)}{\sqrt{\sum_{i=1}^{4} \delta_{1,i}(r_{1,i} - \overline{u}_1)^2}\sqrt{\sum_{i=1}^{4} \delta_{3,i}(r_{3,i} - \overline{u}_3)^2}} \\
&= \frac{(3 - 3.333) \times (3 - 3.667) + (5 - 3.333) \times (4 - 3.667)}{\sqrt{(3 - 3.333)^2 + (5 - 3.333)^2}\sqrt{(3 - 3.667)^2 + (4 - 3.667)^2}} \\
&= \frac{(-0.333) \times (-0.667) + 1.667 \times 0.333}{\sqrt{(-0.333)^2 + (1.667)^2}\sqrt{(-0.667)^2 + (0.333)^2}} \\
&\fallingdotseq 0.614
\end{aligned}$$

모든 조합에 대해 위와 같은 계산을 하면, 이전의 코사인 유사도 계산 결과가 [그림 2-26]의 표와 같이 완성됩니다.

| | 사용자 1 | 사용자 2 | 사용자 3 | 사용자 4 |
|---|---|---|---|---|
| 사용자 1 | 1.000<br>$\cos(u_1, u_1)$ | 0.756<br>$\cos(u_1, u_2)$ | 0.614<br>$\cos(u_1, u_3)$ | −0.514<br>$\cos(u_1, u_4)$ |
| 사용자 2 | 0.756<br>$\cos(u_2, u_1)$ | 1.000<br>$\cos(u_2, u_2)$ | −0.316<br>$\cos(u_2, u_3)$ | −0.949<br>$\cos(u_2, u_4)$ |
| 사용자 3 | 0.614<br>$\cos(u_3, u_1)$ | −0.316<br>$\cos(u_3, u_2)$ | 1.000<br>$\cos(u_3, u_3)$ | 0.894<br>$\cos(u_3, u_4)$ |
| 사용자 4 | −0.514<br>$\cos(u_4, u_1)$ | −0.949<br>$\cos(u_4, u_2)$ | 0.894<br>$\cos(u_4, u_3)$ | 1.000<br>$\cos(u_4, u_4)$ |

**그림 2-26** 표로 정리한 사용자 간 유사도 계산 결과

표를 보면, 왼쪽 위에서부터 대각선 방향으로 같은 사용자 간의 유사도를 계산하고 있기 때문에, 당연하게도 최댓값인 1.000이 나열되어 있습니다. 이 1.000의 대각선 정렬을 무시하고 왼쪽에서 오른쪽으로 읽으면 각 사용자 간의 유사도를 정량적으로 확인할 수 있습니다.

## 2.9 결손값을 예측하는 수학적 모델의 설계와 실행

지금까지의 계산 결과를 바탕으로 이제부터 결손값을 예측해 보겠습니다. 여기서 예측 대상이 되는 결손값을 $r_{3,1}$이라 합니다. [그림 2-26]의 표에서 얻은 계산 결과를 기반으로, 사용자 3과 유사한 순서대로 다른 사용자들을 정렬하면, $\cos(u_3, u_4) > \cos(u_3, u_1) > \cos(u_3, u_2)$이므로, 사용자 3과 가장 유사한 사용자는 사용자 4, 사용자 1 순이라고 가정합니다.[8] 이제 사용자 4와 사용자 1이 상품 1에 대해 평가한 값을 사용해서 결손값 $r_{3,1}$을 추정합니다.

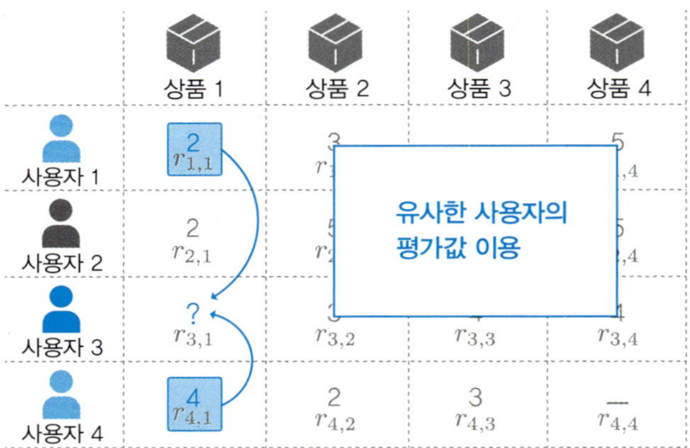


그림 2-27 유사도가 높은 사용자의 평가값을 이용해 결손값을 추정합니다.

이 계산을 위해, 사용자 1, 사용자 3, 사용자 4에 관해 알고 있는 정보를 [그림 2-28]처럼 표로 정리합니다.

8 실제로는 임계값을 설정하는 등의 기준을 마련해서 객관적으로 판단해야 합니다.

| | 상품 1 | 상품 1~4의 평균 평가값 | 평균값 차감 후 상품 1의 평가값 | 사용자 3과의 코사인 유사도 |
|---|---|---|---|---|
| 사용자 1 | 2 $r_{1,1}$ | 3.333 $\overline{u}_1$ | −1.333 $r_{1,1} - \overline{u}_1$ | 0.614 $\cos(u_3, u_1)$ |
| 사용자 3 | ? $r_{3,1}$ | 3.667 $\overline{u}_3$ | — | — |
| 사용자 4 | 4 $r_{4,1}$ | 3.000 $\overline{u}_4$ | 1.000 $r_{4,1} - \overline{u}_4$ | 0.894 $\cos(u_3, u_4)$ |

**그림 2-28** 결손값의 추정을 위해 사용되는 수치를 표로 정리합니다.

[그림 2-28]의 값들에 관해 간단하게 설명합니다. 사용자 3의 평균 평가값 $\overline{u}_3$ 은 3.667입니다. 한편, 사용자 1과 사용자 4가 상품 1에 대해 부여한 평가값 $r_{1,1}$, $r_{4,1}$은 각각 2와 4지만, 상품 1~4에 대한 평균 평가값 $\overline{u}_1 = 3.333$, $\overline{u}_4 = 3.000$ 을 빼면, −1.333과 1.000으로 계산됩니다. 또한, 사용자 3과의 코사인 유사도 $\cos(u_3, u_1)$, $\cos(u_3, u_4)$는 이전에 계산된 표에서와 같이 0.614, 그리고 0.894입니다.

이제 이 값을 사용해서 사용자 3이 상품 1에 부여할 평가값 $r_{3,1}$을 계산합니다. 예를 들어 다음과 같은 수식을 사용할 수 있습니다. 수식의 의미를 잘 이해하며 살펴보기 바랍니다. 참고로 $r_{3,1}$은 추정된 값이라는 사실을 구분하기 위해 $\hat{r}_{3,1}$ 로 표기합니다. 기호 ^(햇[hat])은 예측값을 나타내는 기호로도 사용되며, 이 책에서도 동일한 표기를 따릅니다.

$$\begin{aligned}
\hat{r}_{3,1} &= \overline{u}_3 + \underbrace{\underbrace{(r_{1,1} - \overline{u}_1)}_{\text{평균값과의 차이}} \times \underbrace{\cos(u_3, u_1)}_{u_3\text{과의 유사도}}}_{\text{가중치 적용 후 평가값을 } \overline{u}_3 \text{에 더함}} + \underbrace{\underbrace{(r_{4,1} - \overline{u}_4)}_{\text{평균값과의 차이}} \times \underbrace{\cos(u_3, u_4)}_{u_3\text{과의 유사도}}}_{\text{가중치 적용 후 평가값을 } \overline{u}_3 \text{에 더함}} \\
&= 3.667 + (-1.333) \times 0.614 + (1.000) \times 0.894 \\
&= 3.743
\end{aligned}$$

위 수식의 구성 방식에 관해 조금 더 알아보겠습니다. $\hat{r}_{3,1}$ 을 구할 때 기본 개념은 '사용자 3이 각 상품에 대해 어느 정도의 평가를 부여하는지'를 나타내는 평균 평가값 $\overline{u}_3$을 활용하는 것이 적절하다고 가정합니다. 또한 코사인 유사도 $\cos(u_3, u_1)$, $\cos(u_3, u_4)$는 사용자 1과 사용자 4가 상품 1에 대해 부여한 평가값 $r_{1,1}$, $r_{4,1}$에서 각자의 평균 평가값 $\overline{u}_1$, $\overline{u}_4$를 뺀 $(r_{1,1} - \overline{u}_1)$, $(r_{4,1} - \overline{u}_4)$를 가중치로 사용합니다. 즉, 사용자 3에 대한 유사도의 강약을 고려해 $(r_{1,1} - \overline{u}_1)$, $(r_{4,1} - \overline{u}_4)$를 곱해줌으로써 $\hat{r}_{3,1}$을 계산할 때의 영향을 조정합니다.

이와 같은 계산을 거쳐 3.743을 결과로 얻었습니다. 사용자 3은 상품 2에 3, 상품 3과 상품 4에 4의 평가값을 부여했으므로, 3.743이라는 값은 사용자 3에게 평균적인 평가값으로 해석될 가능성이 큽니다. 따라서 상품 1을 적극적으로 추천할 필요는 없으며, 설령 추천하더라도 구매될 가능성이 높지는 않을 것이라고 예상할 수 있습니다.

다만 이 계산 방식은 하나의 예시일 뿐이며, 반드시 이 방식으로만 평가값을 추정할 필요는 없습니다. 어떤 방식으로 설계해야 목적에 맞는 수학적 모델이 될지, 항상 고찰과 검증을 반복해야 합니다. 수학적인 사고력을 기르기 위해서는 이러한 자세를 꾸준히 유지하는 것이 중요합니다.

## 2.10 상품 간 유사도로 예측값 추정하기

이번에는 ②번, 상품을 기준으로 예측값을 계산하는 방식을 살펴봅니다. 이전 절까지는 사용자별 평가 방식을 바탕으로 사용자 간의 유사도를 계산하고, 그 유사도를 사용해 결손된 평가값을 예측했습니다. 이번 절에서는 유사도를 계산하는 다른 방법으로, 상품 간의 유사도를 활용하는 방법을 설명합니다. 이번에도 사용자 간 유사도를 고려한 접근 방식과 거의 동일합니다.

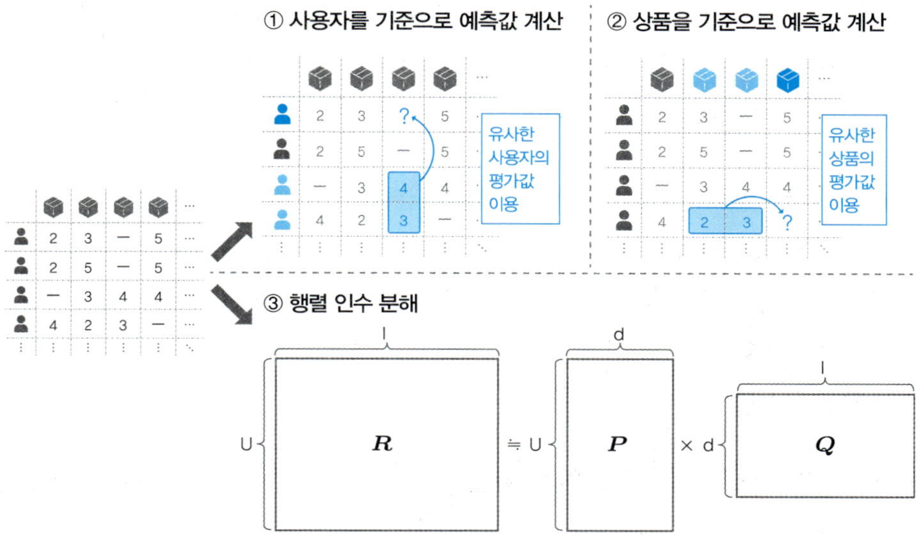


**그림 2-29** 평가 행렬에서 결손값을 예측하는 기본적인 방법의 개요입니다. 이번 절에서는 ②번에 관해 설명합니다.

이전 절에서 사용자를 기준으로 계산한 예측값은 각 사용자가 상품에 대해 충분하게 평가값을 부여하고 있다는 것을 전제로 합니다. 따라서 사용자의 평가값이 거의 기록되지 않은 상태라면 예측값을 계산하기가 어렵습니다.

또한 전자 상거래 사이트에서 다루는 상품 수와 방문하는 사용자 수를 비교하면 대부분 사용자 수가 훨씬 많습니다. 이 경우, 사용자 간 유사도와 상품 간 유사도를 비교하면 사용자 간 유사도를 계산하는 부담이 더욱 커집니다. 간단한 예시로 사용자가 10명, 상품이 8개라면 사용자 간 코사인 유사도 계산은 조합으로 ${}_{10}C_2 = \frac{10\times9}{2\times1} = 45$ 가지 경우가 발생합니다. 반면, 상품 간 코사인 유사도 계산은 ${}_{8}C_2 = \frac{8\times7}{2\times1} = 28$ 가지 경우가 발생합니다. 즉, 사용자 수와 상품 수가 2 정도밖에 차이가 나지 않더라도, 조합 방식에 따라 계산량은 몇 배 이상 달라질 수도 있습니다. 코사인 유사도는 프로그래밍을 통해 쉽게 계산할 수 있지만, 계산량이 너무 커지면 추천 서비스에 장애를 초래할 가능성이 있습니다.

게다가 새롭게 방문한 사용자는 어떻게 대응할 것인지도 생각해 봐야 할 문제입니다. 당연히 전자 상거래 사이트를 최초로 방문한 사용자는 상품을 평가한 적이 없으므로 유사한 사용자가 누구인지 초기에는 판단할 수 없습니다.[9] 이럴 경우에는 상품 간의 유사도를 사전에 계산해 놓는 것이 유용합니다. 예를 들어 새로 방문한 사용자가 열람한 상품과 유사도가 높은 상품을 추천하는 방식을 적용할 수 있습니다.

이 관점에서 실제 전자 상거래 사이트에서 협업 필터링을 통해 결손값을 예측할 때는 사용자 기반보다는 상품 기반으로 예측값을 계산하는 방식이 실무에서 자주 활용됩니다. 그러나 이 경우에도 각 상품에 대한 평가값이 충분히 존재하지 않는다면 협업 필터링을 이용한 추천을 실행하기 어렵습니다. 이 점에 대해서는 앞서 언급된 'Column: 콘텐츠 기반 필터링'을 참고하기 바랍니다.

이제 상품 기반의 코사인 유사도를 계산해 보겠습니다. 각 상품 간 유사도는 사용자 간 유사도를 계산했던 방식과 동일하게 [그림 2-30]의 표로 정리할 수 있습니다.

| | 상품 1 | 상품 2 | 상품 3 | 상품 4 | $\cdots$ |
|---|---|---|---|---|---|
| 상품 1 | $\cos(i_1, i_1)$ | $\cos(i_1, i_2)$ | $\cos(i_1, i_3)$ | $\cos(i_1, i_4)$ | $\cdots$ |
| 상품 2 | $\cos(i_2, i_1)$ | $\cos(i_2, i_2)$ | $\cos(i_2, i_3)$ | $\cos(i_2, i_4)$ | $\cdots$ |
| 상품 3 | $\cos(i_3, i_1)$ | $\cos(i_3, i_2)$ | $\cos(i_3, i_3)$ | $\cos(i_3, i_4)$ | $\cdots$ |
| 상품 4 | $\cos(i_4, i_1)$ | $\cos(i_4, i_2)$ | $\cos(i_4, i_3)$ | $\cos(i_4, i_4)$ | $\cdots$ |
| $\vdots$ | $\vdots$ | $\vdots$ | $\vdots$ | $\vdots$ | $\ddots$ |

**그림 2-30** 각 상품 간의 유사도는 표로 정리할 수 있습니다.

9 출시된 지 얼마 되지 않은 전자 상거래 사이트에서는 어떻게 추천을 구현할 것인지에 대한 문제도 있습니다. 서비스가 막 시작된 전자 상거래 사이트에서는 당연히 각 상품에 대한 평가가 거의 없는 상태입니다. 이런 경우, 사용자 기반이든 상품 기반이든 평가값을 예측하기란 어렵습니다. 이러한 상황에서는 콘텐츠 기반 필터링이 유효할 수 있습니다. 자세한 내용은 앞쪽의 'Column: 콘텐츠 기반 필터링'을 참고하세요.

여기서 다시 한번 **평가 행렬**을 살펴보겠습니다. 이번 예제에서는 상품 4에 해당하는 $r_{4,4}$가 결측값이므로, $r_{4,4}$의 예측값 $\hat{r}_{4,4}$를 상품 기준으로 계산하는 것이 목표입니다. 수치는 이전 예제와 동일합니다.

$$\boldsymbol{R} = \begin{pmatrix} 2 & 3 & 0 & 5 \\ 2 & 5 & 0 & 5 \\ 0 & 3 & 4 & 4 \\ 4 & 2 & 3 & 0 \end{pmatrix}$$

각 상품은 $i_1$, $i_2$, $i_3$, $i_4$로 표기합니다. 따라서 $r_{4,4}$의 대상이 되는 상품 4는 $i_4$입니다. 각 평가값을 열 벡터로 나타내면 다음과 같습니다.

$$i_1 = \begin{pmatrix} 2 \\ 2 \\ 0 \\ 4 \end{pmatrix}, \quad i_2 = \begin{pmatrix} 3 \\ 5 \\ 3 \\ 2 \end{pmatrix}, \quad i_3 = \begin{pmatrix} 0 \\ 0 \\ 4 \\ 3 \end{pmatrix}, \quad i_4 = \begin{pmatrix} 5 \\ 5 \\ 4 \\ 0 \end{pmatrix}$$

그러면 $i_4$와 다른 상품의 코사인 유사도는 각각 $\cos(i_1, i_4)$, $\cos(i_2, i_4)$, $\cos(i_3, i_4)$로 표기할 수 있습니다. $\hat{r}_{4,4}$를 계산하기 위해서는 우선 코사인 유사도를 구해야 합니다.

먼저 $\cos(i_1, i_4)$를 살펴보겠습니다. 평가 행렬 $\boldsymbol{R}$에 따르면, $i_1$, $i_4$에 대해 공통으로 평가를 부여한 사용자는 사용자 1과 사용자 2입니다. 사용자 3은 상품 1에 평가를 부여하지 않았으며, 사용자 4는 상품 4에 평가를 부여하지 않았으므로, $\cos(i_1, i_4)$를 계산할 때 이들을 제외해야 합니다.

이를 반영하기 위해 평가값이 주어진 요소만 계산 대상으로 설정하도록 **지시 함수** $\delta_{u,i}$를 다음과 같이 정의합니다.[10] 이 접근 방식도 식 (2-15)와 동일합니다.

10 수학적으로 엄밀한 고찰을 할 경우, 평가된 상품의 '집합'을 정의하는 등의 방식으로 지시 함수의 기준을 설정할 필요가 있지만, 이 책에서는 설명을 생략합니다.

$$\delta_{u,i} = \begin{cases} 1 & (r_{u,i} \text{가 평가 행렬에 포함되어 있음}) \\ 0 & (r_{u,i} \text{가 평가 행렬에서 결손되어 있음}) \end{cases}$$

추가로 계산을 준비하기 위해 사용자 1과 사용자 2가 상품에 부여한 평가의 평균값을 계산하면 $\overline{u}_1 = \frac{2+3+5}{3} = 3.333$, $\overline{u}_2 = \frac{2+5+5}{3} = 4.000$ 이 됩니다. 이 값을 바탕으로 식 (2–14)와 식 (2–15)를 사용해 계산합니다. 사용자 기준으로 고려했던 방식과 수식의 어떤 부분이 다른지 주의 깊게 비교해 보세요.

$$\begin{aligned} \cos(i_1, i_4) &= \frac{\sum_{u=1}^{4} \delta_{u,1}(r_{u,1} - \overline{u}_u)\delta_{u,4}(r_{u,4} - \overline{u}_u)}{\sqrt{\sum_{u=1}^{4} \delta_{u,1}(r_{u,1} - \overline{u}_u)^2}\sqrt{\sum_{u=1}^{4} \delta_{u,4}(r_{u,4} - \overline{u}_u)^2}} \\ &= \frac{(2-3.333) \times (5-3.333) + (2-4.000) \times (5-4.000)}{\sqrt{(2-3.333)^2 + (2-4.000)^2}\sqrt{(5-3.333)^2 + (5-4.000)^2}} \\ &= \frac{(-1.333) \times (1.667) + (-2.000) \times 1.000}{\sqrt{(-1.333)^2 + (-2.000)^2}\sqrt{(1.667)^2 + (1.000)^2}} \\ &\fallingdotseq -0.904 \end{aligned}$$

따라서 $\cos(i_1, i_4) = -0.904$임을 확인할 수 있습니다. 같은 방식으로 계산하면 $\cos(i_2, i_4) = 0.090$, $\cos(i_3, i_4) = 1.000$이 됩니다. 결괏값을 비교하면 $\cos(i_1, i_4) < \cos(i_2, i_4) < \cos(i_3, i_4)$이므로, 상품 중에서 상품 4와 가장 유사한 두 상품은 상품 2와 상품 3인 것을 알 수 있습니다. 여기서 $\cos(i_3, i_4) = 1.000$ 결괏값이 코사인 유사도의 최댓값과 같아 다소 어색해 보일 수 있습니다. 하지만 상품 3과 상품 4 모두 사용자 3만이 평가를 했고, 그 평가값이 동일하기 때문에 이와 같은 결과가 나왔습니다.[11]

11 [그림 2–10]처럼 좌표 공간에서 생각해 보면 쉽게 이해할 수 있습니다.

그림 2-31 유사도가 높은 상품의 평가값을 사용해 결손값을 추정합니다.

이제 결손된 $r_{4,4}$의 평가값을 예측값 $\hat{r}_{4,4}$로 구해 보겠습니다. 유사한 상품은 상품 2와 상품 3으로 결정되었으므로 참조할 평가값은 사용자 4의 평가값으로 제한할 수 있습니다. 예측값 $\hat{r}_{4.4}$를 구할 때는 이 방식이 더 적절합니다. 세부적으로 보면 이전 절에서 사용자 기반으로 고려했던 경우와는 다르며, 사용자 4의 평균 평가값을 추가로 계산하는 과정은 필요하지 않습니다.

사용자 4의 상품 2, 상품 3에 대한 평가값에 코사인 유사도 $\cos(i_2, i_4) = 0.090$, $\cos(i_3, i_4) = 1.000$을 가중치로 사용하면 $\hat{r}_{4,4}$를 계산할 수 있습니다. 다만 이 방법은 수학적 모델 설계의 한 예시에 불과하다는 점에 유의하기 바랍니다.

| | 상품 2 | 상품 3 | 상품 4 |
|---|---|---|---|
| 사용자 4 | 2<br>$r_{4,2}$ | 3<br>$r_{4,3}$ | ?<br>$r_{4,4}$ |
| 상품 4와의 코사인 유사도 | 0.090<br>$\cos(i_2, i_4)$ | 1.000<br>$\cos(i_3, i_4)$ | — |

그림 2-32 결손값의 추정을 위해 사용하는 수치를 표로 정리했습니다.

$$\hat{r}_{4,4} = \underbrace{\cos(i_2, i_4)}_{i_2\text{와 } i_4\text{의 유사도}} \times r_{4,2} + \underbrace{\cos(i_3, i_4)}_{i_3\text{과 } i_4\text{의 유사도}} \times r_{4,3} = 0.090 \times 2 + 1.000 \times 3 = 3.180$$

계산 결괏값인 3.180으로 사용자 4의 평가를 예측해 보자면, 사용자 4에게 있어서 상품 4가 그다지 좋지도 나쁘지도 않은 평가를 받을 수 있다고 해석할 수 있습니다. 만약 그렇다면 상품 4를 적극적으로 추천할 필요는 없습니다.

## 2.11 세렌디피티: 사용자의 시선에서 수학적 모델 다시 바라보기

지금까지 사용자와 상품, 두 관점을 기준으로 평가값을 예측하는 수학적 모델을 설명했습니다. 여기서 다시 한번 추천에 필요한 수학적 모델을 정리해 봅시다. 추천의 목적을 생각한다면 평가값을 예측하는 수학적 모델로는 어떤 방법을 선택하는 것이 좋을까요?

전자 상거래 사이트를 고려할 때 중요한 관점 중 하나로 **세렌디피티**serendipity라는 개념이 있습니다. 이 단어는 '새로움'이라는 의미로 사용되는 개념입니다. 예를 들어 전자 상거래 사이트를 방문할 때마다 매번 같은 상품만 추천된다면, 사용자는 쉽게 질려버려 그 전자 상거래 사이트를 더 이상 사용하지 않게 될 가능성이 높습니다. 이와 같은 문제는 상품을 기준으로 추천을 운영할 때 자주 발생하는 현상입니다. 비슷한 상품만 추천할 경우, 사용자가 이미 해당 상품을 소유하고 있다면 추천된 상품에 대한 관심이 낮을 가능성이 큽니다.

한편 사용자를 기준으로 추천을 수행하면 '자신과 유사한 취향을 가진 사용자가 어떤 상품을 평가했는가?'라는 관점으로부터 추천이 이뤄집니다. 따라서 '자신은 관심이 없었지만, 취향이 비슷한 다른 사용자가 관심을 가진 상품'이 표시됩니다. 이를 통해 상품 기준으로는 추천되지 않았던 새로운 상품을 발견할 가능성이 높아지면서 사용자의 전자 상거래 사이트 사용 경험, 즉 UXuser experience가 향상됩니다. 그러나 이 방법이 반드시 세렌디피티를 창출한다고는 단정할 수 없습니다. 왜냐하면 자신과 취향이 유사한 사용자는 결국 비슷한 상품을 선호할 가능성이 있기 때문입니다. 이에 따라 이미 관심도가 낮아진 상품만 추천되는 현상도 발생할 수 있습니다. 즉, 상품 기준과 사용자 기준 중 어느 접근 방식으로 결손값을 예측하더라도, 세런디피티라는 관점에서 보면 우수한 추천을 달성하지 못할 가능성은 여전히 존재합니다.

그렇다면 세런디피티라는 관점을 고려했을 때, 어떤 수학적 모델을 사용해서 평가값을 예측하는 것이 바람직할까요? 이 문제를 해결하기 위해, 다음 절에서 더욱 고도화된 수학적 모델을 알아보겠습니다.

## 2.12 행렬 인수 분해: 문제 해결을 위해 수학적 모델 변경하기

이번에는 ③번 행렬 인수 분해를 사용해서 평가값을 추정하는 수학적 모델을 알아봅니다. 준비 단계로 **잔차 행렬**을 먼저 도출합니다. 잔차 행렬을 도출하기 위해서는 **행렬의 덧셈**, **뺄셈**, **곱셈** 연산 대한 이해가 필요합니다.

**기초가 되는 수학적 기법**

**행렬의 덧셈:**

$$A + B = \begin{pmatrix} a_{1,1} & a_{1,2} \\ a_{2,1} & a_{2,2} \end{pmatrix} + \begin{pmatrix} b_{1,1} & b_{1,2} \\ b_{2,1} & b_{2,2} \end{pmatrix} = \begin{pmatrix} a_{1,1}+b_{1,1} & a_{1,2}+b_{1,2} \\ a_{2,1}+b_{2,1} & a_{2,2}+b_{2,2} \end{pmatrix}$$

**행렬의 뺄셈:**

$$A - B = \begin{pmatrix} a_{1,1} & a_{1,2} \\ a_{2,1} & a_{2,2} \end{pmatrix} - \begin{pmatrix} b_{1,1} & b_{1,2} \\ b_{2,1} & b_{2,2} \end{pmatrix} = \begin{pmatrix} a_{1,1}-b_{1,1} & a_{1,2}-b_{1,2} \\ a_{2,1}-b_{2,1} & a_{2,2}-b_{2,2} \end{pmatrix}$$

**행렬의 곱셈:**

$$AB = \begin{pmatrix} a_{1,1} & a_{1,2} \\ a_{2,1} & a_{2,2} \end{pmatrix} \begin{pmatrix} b_{1,1} & b_{1,2} \\ b_{2,1} & b_{2,2} \end{pmatrix} = \begin{pmatrix} a_{1,1}b_{1,1}+a_{1,2}b_{2,1} & a_{1,1}b_{1,2}+a_{1,2}b_{2,2} \\ a_{2,1}b_{1,1}+a_{2,2}b_{2,1} & a_{2,1}b_{1,2}+a_{2,2}b_{2,2} \end{pmatrix}$$

**정보 공학적 접근 방식**

**잔차 행렬:**

$$\boldsymbol{E} = \boldsymbol{R} - \widehat{\boldsymbol{R}} = \boldsymbol{R} - \boldsymbol{PQ} = \begin{pmatrix} r_{1,1}-(p_{1,1}q_{1,1}+p_{1,2}q_{2,1}) & \cdots & \cdots & r_{1,4}-(p_{1,1}q_{1,4}+p_{1,2}q_{2,4}) \\ \vdots & \cdots & \cdots & \vdots \\ \vdots & \cdots & \ddots & \vdots \\ r_{4,1}-(p_{4,1}q_{1,1}+p_{4,2}q_{2,1}) & \cdots & \cdots & r_{4,4}-(p_{4,1}q_{1,4}+p_{4,2}q_{2,4}) \end{pmatrix}$$

$\boldsymbol{R}$ : 평가 행렬(4×4 행렬로 설정)
$\boldsymbol{P}$ : 사용자 요인 행렬(4×2 행렬로 설정)
$\widehat{\boldsymbol{R}}$ : 평가 행렬의 예측값
$\boldsymbol{Q}$ : 상품 요인 행렬(2×4 행렬로 설정)

**그림 2-33** 설명 방식

사용자 수를 $U$, 상품 수를 $I$로 설정한 평가 행렬 $\boldsymbol{R}$(식 (2-2))을 다시 한번 떠올려 봅시다.

$$\boldsymbol{R} = \begin{pmatrix} r_{1,1} & r_{1,2} & \cdots & r_{1,I} \\ r_{2,1} & r_{2,2} & \cdots & r_{2,I} \\ \vdots & \vdots & \ddots & \vdots \\ r_{U,1} & r_{U,2} & \cdots & r_{U,I} \end{pmatrix} \tag{2-2}$$

실제로 추천 시스템에서 평가 행렬 $\boldsymbol{R}$을 활용해 추천을 구현하려고 하면, 이 평가 행렬은 어떤 상태가 되어 있을까요? 예를 들어 사용자 기준으로 생각하면, 평가를 자주 남기는 사용자와 거의 남기지 않는 사용자 등 평가 패턴에 편차가 생깁니다. 결과적으로 평가가 부여된 상품이 적고, 평가 행렬에는 결측값이 다수 포함되어 **희소**sparse해지기 마련입니다. 실제 전자 상거래 사이트에서는 이처럼 평가 행렬이 **희소 행렬**이 되는 경우가 대부분입니다.

한편 상품 기준에서 생각하면, 인기 상품에는 높은 평가가 부여되기 쉬우며, 반대로 품질이 낮은 상품에는 낮은 평가가 부여되는 경향이 있습니다. 특정 상품에만 평가 데이터가 집중되면, 추천의 정확도를 개선하기가 어려운 문제가 발생할 수 있습니다.

이러한 평가 행렬이 가지는 실무적인 문제를 해결하기 위해 수학적 모델로써 **잠재 요인 모델**이 종종 활용됩니다. 잠재 요인 모델에서는 사용자와 상품 간의 관계를 몇 가지 **잠재 요인**latent factor을 기반으로 표현합니다. 잠재 요인이란 사용자의 숨겨진 관심사나 상품의 숨겨진 특성을 반영하는 요소이며, 상품의 가격이나 카테고리 등 구체적인 의미를 지닐 수도 있지만, 때로는 데이터에서 추출된 추상적인 특징(해석이 어려운 의미론적 요소)을 나타낼 수도 있습니다.

이와 같은 점에서 잠재 요인 모델 중에서도 실무에서 자주 활용되는 방법으로 **행렬 인수 분해**가 있습니다. 행렬 인수 분해를 사용하면 원래의 행렬 정보를 유지하면서도 낮은 순위rank로 변환할 수 있습니다. 낮은 순위라는 개념은 선형 대수를 통해 엄밀하게 정의해야 하지만, 여기서는 '원래의 행렬보다 더 작은 차원의 행렬' 정도의 의미로 이해하면 충분합니다.

전자 상거래 사이트 예제에 적용하면, 행렬 인수 분해 접근법에서는 사용자와 상품의 각 **잠재적 특징**을 나타내는 행렬을 정의하고, 이를 활용해 평가 행렬을 **사용자 요인 행렬**과 **상품 요인 행렬**의 곱으로 분해합니다.[12] 이 개념을 그림으로 나타내면 다음과 같습니다.

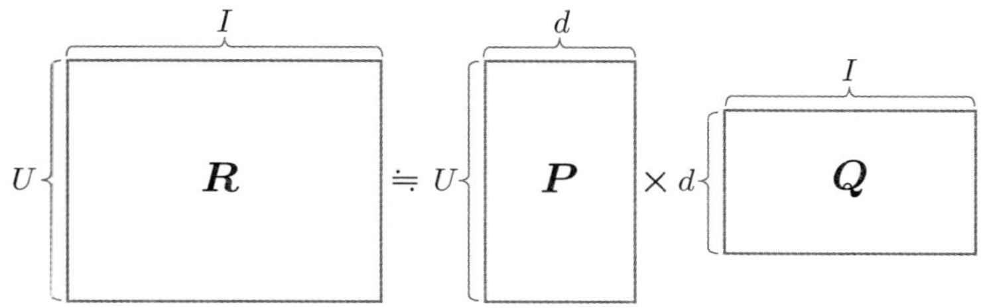


**그림 2-34** 평가 행렬 $R$을 사용자 요인 행렬 $P$와 상품 요인 행렬 $Q$로 분해합니다. 행렬 $P$, $Q$는 원래의 평가 행렬 $R$보다 낮은 순위 행렬로 설정합니다.

[그림 2-34]에 $d$라는 표기가 있는데, 이는 앞서 설명한 잠재 요인의 수를 나타냅니다. 예를 들어 $d = 2$라면, 잠재 요인의 수가 두 개라는 뜻입니다. 행렬 인수 분해 접근법을 활용하면 잠재 요인에 기반한 평가값을 예측할 수 있으며, 사용자의 관심과 잠재적으로 연관된 새로운 상품을 추천할 수 있습니다. 이 책에서는 평가 행렬의 각 성분이 0 이상, 즉 **음수가 아닌 값**을 가정하고, 평가 행렬을 행렬 인수 분해하기 위한 접근 방식을 논의합니다. 이와 같은 행렬 인수 분해 방법을 특별하게 **비음수 행렬 인수 분해**라고 부릅니다.[13]

앞선 설명에서 다룬 사용자 또는 상품 기반의 방식은 유사한 사용자나 상품을 바탕으로 추천을 수행하기 때문에 사용자 입장에서 신규성(세런디피티)이 다소 떨어질 수 있습니다. 반면 행렬 인수 분해 방식은 위에서 설명한 잠재 요인에 기반한 결손값을 예측하므로 예상치 못한 상품을 추천할 가능성이 높으며 사용자의 경험에 새로움을 더할 수 있을 것으로 기대합니다. 물론 이 방법이 세런디피티를 반드시 보장하는 것은 아니지만, 세런디피티를 높이는 하나의 접근법으로 충분히 활용할 수 있습니다.[14]

---

12 이 과정을 거치면 평가 행렬의 희소 상태를 해소할 수 있습니다. 또한 데이터 중복을 제거하고, 결손값 추정의 계산 효율을 향상할 수 있습니다.

13 실제로는 경사 하강법 등 다른 접근법을 사용하는 경우도 많습니다. 방법론은 다양할 수 있음을 염두에 두어야 합니다.

14 당연히 실제 서비스에서 모델을 운영하기 위해서는 지속적인 사용자 테스트와 반복적인 검증 과정이 반드시 필요합니다.

본격적인 수학적 모델을 논의하기에 앞서 직관적인 접근 방식을 생각해 보겠습니다. 5명의 사용자와 4개의 상품을 가정하고 다음과 같은 평가 행렬이 있습니다. 여기서 0은 결손값을 의미합니다.

$$\boldsymbol{R} = \begin{pmatrix} 5 & 3 & 0 & 1 \\ 4 & 0 & 3 & 2 \\ 0 & 5 & 5 & 5 \\ 1 & 2 & 3 & 4 \\ 1 & 0 & 0 & 5 \end{pmatrix}$$

파란 글씨로 강조된 사용자 1의 상품 3에 대한 평점 $r_{1,3}$을 예측해 봅시다. 평가 행렬을 보면, 사용자 1과 유사한 사람은 직관적으로 사용자 2라고 생각됩니다. 왜냐하면 상품 1에 대한 평점이 모두 높고, 상품 4에 대한 평점이 모두 낮기 때문입니다. 따라서 사용자 2의 상품 3에 대한 평점을 활용해 $\hat{r}_{1,3}$ 을 예측해 보면, $r_{2,3} = 3$으로 그다지 좋지도 나쁘지도 않은 평점입니다. $\hat{r}_{1,3}$ 으로 사용자 1에게 상품 3을 추천해야 할지 고민이 되는 점수네요.

이와 같은 고민과 다른 결손값에 대한 계산까지 포함해서 한 번에 해결하는 것이 바로 행렬 인수 분해입니다. 구체적인 내용은 뒤에서 설명할 예정이며 여기서는 가볍게 살펴보겠습니다. 사용자의 잠재 요인 행렬 $\boldsymbol{P}$, 상품의 잠재 요인 행렬 $\boldsymbol{Q}$가 다음과 같이 계산되었다고 가정합니다.

$$\boldsymbol{P} = \begin{pmatrix} 0.3 & 2.0 \\ 0.7 & 1.5 \\ 1.9 & 1.9 \\ 1.6 & 0.1 \\ 2.0 & 0.1 \end{pmatrix}, \quad \boldsymbol{Q} = \begin{pmatrix} 0.4 & 1.2 & 1.7 & 2.5 \\ 2.4 & 1.4 & 1.0 & 0.2 \end{pmatrix}$$

그러면 $\boldsymbol{PQ}$는 다음과 같이 계산됩니다. 행렬의 곱셈을 계산하는 방법은 'Lesson: 행렬의 곱셈'을 참조해 주세요.

$$
\boldsymbol{R} = \begin{pmatrix} 5 & 3 & 0 & 1 \\ 4 & 0 & 3 & 2 \\ 0 & 5 & 5 & 5 \\ 1 & 2 & 3 & 4 \\ 1 & 0 & 0 & 5 \end{pmatrix}, \quad \boldsymbol{PQ} = \begin{pmatrix} 4.92 & 3.16 & 2.51 & 1.15 \\ 3.88 & 2.94 & 2.69 & 2.05 \\ 5.32 & 4.94 & 5.13 & 5.13 \\ 0.88 & 2.06 & 2.82 & 4.02 \\ 1.04 & 2.54 & 3.50 & 5.02 \end{pmatrix}
$$

평가 행렬 $\boldsymbol{R}$과 앞서 계산한 결과를 비교해 봅시다.

$$
\boldsymbol{R} = \begin{pmatrix} 5 & 3 & 0 & 1 \\ 4 & 0 & 3 & 2 \\ 0 & 5 & 5 & 5 \\ 1 & 2 & 3 & 4 \\ 1 & 0 & 0 & 5 \end{pmatrix}, \quad \boldsymbol{PQ} = \begin{pmatrix} 4.92 & 3.16 & 2.51 & 1.15 \\ 3.88 & 2.94 & 2.69 & 2.05 \\ 5.32 & 4.94 & 5.13 & 5.13 \\ 0.88 & 2.06 & 2.82 & 4.02 \\ 1.04 & 2.54 & 3.50 & 5.02 \end{pmatrix}
$$

결손된 부분이 모두 계산된 것은 물론이고, $\boldsymbol{R}$에 이미 평가값이 있었던 부분과 $\boldsymbol{PQ}$의 계산 결괏값은 매우 비슷합니다. 이것이 행렬 인수 분해의 큰 특징입니다.

또한 결손값의 예측 결과로 $\hat{r}_{1,3} = 2.51$ 을 얻었습니다. 따라서 추천을 하지 않는 편이 좋다는 판단을 내릴 수 있습니다.

**Lesson**

**행렬의 곱셈**

행렬의 곱셈을 계산하는 방법을 설명하기 위해 $2 \times 3$ 행렬과 $3 \times 2$ 행렬의 곱셈 과정을 살펴보겠습니다. 먼저, 아래의 계산식을 확인해 주세요.

2×3 행렬 3×2 행렬 2×2 행렬

$$
\begin{pmatrix} 1 & 2 & 1 \\ 3 & 1 & 2 \end{pmatrix} \begin{pmatrix} 2 & 3 \\ 1 & 2 \\ 2 & 1 \end{pmatrix} \quad \begin{pmatrix} 1 \times 2 + 2 \times 1 + 1 \times 2 & 1 \times 3 + 2 \times 2 + 1 \times 1 \\ 3 \times 2 + 1 \times 1 + 2 \times 2 & 3 \times 3 + 1 \times 2 + 2 \times 1 \end{pmatrix} \quad \begin{pmatrix} 6 & 8 \\ 11 & 13 \end{pmatrix}
$$

그림 2-35 행렬 간의 곱셈 결과에는 규칙성이 있습니다.

계산 과정을 설명하기에 앞서 강조하고 싶은 점은 행렬의 곱셈에서는 행렬의 **형태**가 중요하다는 것입니다. 위의 계산은 2×3 행렬과 3×2 행렬을 곱해서 나온 결과가 2×2 행렬이라는 것을 보여 줍니다. 이 규칙성은 말로 장황하게 설명하기보다 [그림 2-36]에 나오는 세 가지 패턴을 보면 빠르게 이해할 수 있습니다. 행렬의 곱셈에서는 인접한 차원 수가 같은 경우에만 계산이 가능합니다.

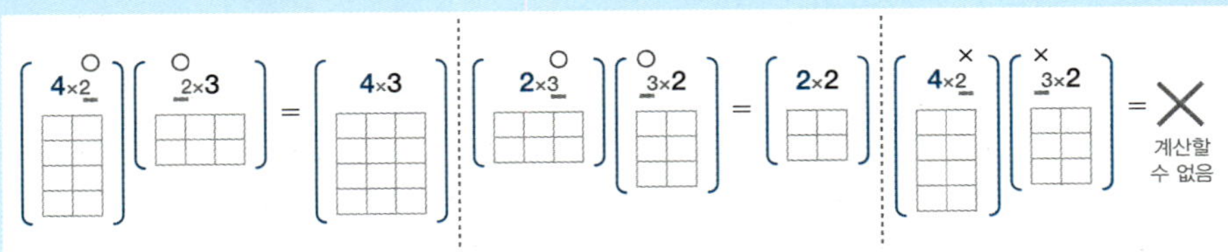


**그림 2-36** 행렬 곱셈이 가능한 경우와 불가능한 경우

규칙성을 이해했으니 구체적인 계산 과정을 살펴보겠습니다. 다만 전문 서적처럼 계산의 규칙성을 일반화해서 설명하기보다는, 대응 관계를 명시하는 것이 더욱 이해하기 쉬우므로 [그림 2-37]처럼 계산 과정을 그림으로 나타냈습니다. 이번 레슨에서는 계산에 **익숙해지는 것**이 중요하므로 그림으로 나타낸 계산 규칙을 하나씩 이해한 다음, 다른 예제에 도전해 보기를 추천합니다.

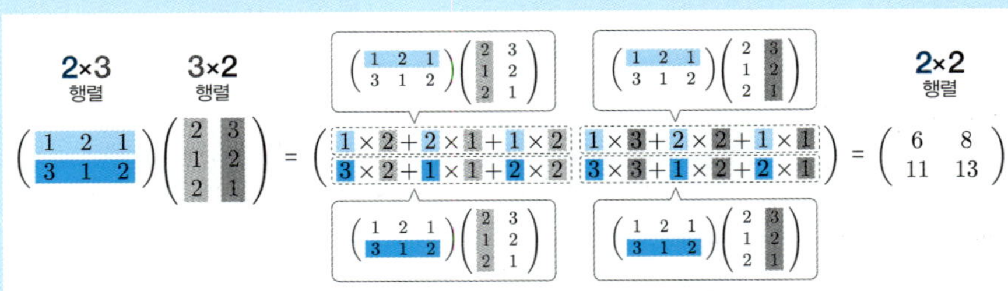


**그림 2-37** 행렬 곱셈의 요소별 계산 규칙

## 2.13 잔차 행렬과 오차: 평가값 추정을 최적화 문제로 재해석하기

이제부터는 구체적인 수학적 모델을 설명합니다. 여기서도 사용자 기준과 상품 기준에서 살펴본 평가 행렬을 사용합니다.

$$\boldsymbol{R} = \begin{pmatrix} 2 & 3 & 0 & 5 \\ 2 & 5 & 0 & 5 \\ 0 & 3 & 4 & 4 \\ 4 & 2 & 3 & 0 \end{pmatrix} \qquad (2\text{-}16)$$

설명에 앞서 평가 행렬인 식 (2−16)을 일반화하면 식 (2−17)과 같이 표현할 수 있습니다. $\boldsymbol{R}$은 $4 \times 4$ 행렬입니다.

$$\boldsymbol{R} = \begin{pmatrix} r_{1,1} & r_{1,2} & r_{1,3} & r_{1,4} \\ r_{2,1} & r_{2,2} & r_{2,3} & r_{2,4} \\ r_{3,1} & r_{3,2} & r_{3,3} & r_{3,4} \\ r_{4,1} & r_{4,2} & r_{4,3} & r_{4,4} \end{pmatrix} \qquad (2\text{-}17)$$

사용자와 상품의 잠재 요인 행렬은 식 (2−18)과 같이 표현합니다. $\boldsymbol{P}$는 $4 \times 2$ 행렬이며, $\boldsymbol{Q}$는 $2 \times 4$ 행렬입니다. 잠재 요인 행렬의 형태에 대해서는 'Column: 하이퍼파라미터'에서 더 자세히 설명합니다.

$$\boldsymbol{P} = \begin{pmatrix} p_{1,1} & p_{1,2} \\ p_{2,1} & p_{2,2} \\ p_{3,1} & p_{3,2} \\ p_{4,1} & p_{4,2} \end{pmatrix}, \quad \boldsymbol{Q} = \begin{pmatrix} q_{1,1} & q_{1,2} & q_{1,3} & q_{1,4} \\ q_{2,1} & q_{2,2} & q_{2,3} & q_{2,4} \end{pmatrix} \qquad (2\text{-}18)$$

목표는 $\boldsymbol{R} = \boldsymbol{PQ}$가 성립하는 잠재 요인 행렬 $\boldsymbol{P}$, $\boldsymbol{Q}$를 찾는 것입니다. 구체적으로는 식 (2−19)가 성립해야 합니다.

$$\begin{pmatrix} r_{1,1} & r_{1,2} & r_{1,3} & r_{1,4} \\ r_{2,1} & r_{2,2} & r_{2,3} & r_{2,4} \\ r_{3,1} & r_{3,2} & r_{3,3} & r_{3,4} \\ r_{4,1} & r_{4,2} & r_{4,3} & r_{4,4} \end{pmatrix} \fallingdotseq \begin{pmatrix} p_{1,1} & p_{1,2} \\ p_{2,1} & p_{2,2} \\ p_{3,1} & p_{3,2} \\ p_{4,1} & p_{4,2} \end{pmatrix} \begin{pmatrix} q_{1,1} & q_{1,2} & q_{1,3} & q_{1,4} \\ q_{2,1} & q_{2,2} & q_{2,3} & q_{2,4} \end{pmatrix}$$

$$= \begin{pmatrix} p_{1,1}q_{1,1} + p_{1,2}q_{2,1} & p_{1,1}q_{1,2} + p_{1,2}q_{2,2} & p_{1,1}q_{1,3} + p_{1,2}q_{2,3} & p_{1,1}q_{1,4} + p_{1,2}q_{2,4} \\ p_{2,1}q_{1,1} + p_{2,2}q_{2,1} & p_{2,1}q_{1,2} + p_{2,2}q_{2,2} & p_{2,1}q_{1,3} + p_{2,2}q_{2,3} & p_{2,1}q_{1,4} + p_{2,2}q_{2,4} \\ p_{3,1}q_{1,1} + p_{3,2}q_{2,1} & p_{3,1}q_{1,2} + p_{3,2}q_{2,2} & p_{3,1}q_{1,3} + p_{3,2}q_{2,3} & p_{3,1}q_{1,4} + p_{3,2}q_{2,4} \\ p_{4,1}q_{1,1} + p_{4,2}q_{2,1} & p_{4,1}q_{1,2} + p_{4,2}q_{2,2} & p_{4,1}q_{1,3} + p_{4,2}q_{2,3} & p_{4,1}q_{1,4} + p_{4,2}q_{2,4} \end{pmatrix} \tag{2-19}$$

복잡해 보이지만, 글자가 많을 뿐 접근법은 매우 단순합니다. 이들이 같은 값을 가진다는 것은, 예를 들어 $\boldsymbol{R}$의 1행 1열의 성분 $r_{1,1}$과 $\boldsymbol{PQ}$의 1행 1열의 성분 $p_{1,1}q_{1,1} + p_{1,2}q_{2,1}$이 같은 값을 갖는다는 것을 의미하며 다음 식이 성립합니다.

$$r_{1,1} \fallingdotseq p_{1,1}q_{1,1} + p_{1,2}q_{2,1}$$

이제 좌변에서 우변을 빼면 다음 수식이 성립합니다.

$$r_{1,1} - (p_{1,1}q_{1,1} + p_{1,2}q_{2,1}) \fallingdotseq 0$$

즉, $\boldsymbol{R} = \boldsymbol{PQ}$라는 것은 식 (2-20)과 같이 이 관계가 모든 성분에서 성립한다는 의미입니다.

$$\boldsymbol{R} - \boldsymbol{PQ} \fallingdotseq \begin{pmatrix} r_{1,1} & r_{1,2} & r_{1,3} & r_{1,4} \\ r_{2,1} & r_{2,2} & r_{2,3} & r_{2,4} \\ r_{3,1} & r_{3,2} & r_{3,3} & r_{3,4} \\ r_{4,1} & r_{4,2} & r_{4,3} & r_{4,4} \end{pmatrix}$$

$$- \begin{pmatrix} p_{1,1}q_{1,1} + p_{1,2}q_{2,1} & p_{1,1}q_{1,2} + p_{1,2}q_{2,2} & p_{1,1}q_{1,3} + p_{1,2}q_{2,3} & p_{1,1}q_{1,4} + p_{1,2}q_{2,4} \\ p_{2,1}q_{1,1} + p_{2,2}q_{2,1} & p_{2,1}q_{1,2} + p_{2,2}q_{2,2} & p_{2,1}q_{1,3} + p_{2,2}q_{2,3} & p_{2,1}q_{1,4} + p_{2,2}q_{2,4} \\ p_{3,1}q_{1,1} + p_{3,2}q_{2,1} & p_{3,1}q_{1,2} + p_{3,2}q_{2,2} & p_{3,1}q_{1,3} + p_{3,2}q_{2,3} & p_{3,1}q_{1,4} + p_{3,2}q_{2,4} \\ p_{4,1}q_{1,1} + p_{4,2}q_{2,1} & p_{4,1}q_{1,2} + p_{4,2}q_{2,2} & p_{4,1}q_{1,3} + p_{4,2}q_{2,3} & p_{4,1}q_{1,4} + p_{4,2}q_{2,4} \end{pmatrix}$$

$$= \begin{pmatrix} r_{1,1} - (p_{1,1}q_{1,1} + p_{1,2}q_{2,1}) & \cdots & \cdots & r_{1,4} - (p_{1,1}q_{1,4} + p_{1,2}q_{2,4}) \\ \vdots & \cdots & \cdots & \vdots \\ \vdots & \cdots & \ddots & \vdots \\ r_{4,1} - (p_{4,1}q_{1,1} + p_{4,2}q_{2,1}) & \cdots & \cdots & r_{4,4} - (p_{4,1}q_{1,4} + p_{4,2}q_{2,4}) \end{pmatrix}$$

$$
= \begin{pmatrix} 0 & \cdots & \cdots & 0 \\ \vdots & \cdots & \cdots & \vdots \\ \vdots & \cdots & \ddots & \vdots \\ 0 & \cdots & \cdots & 0 \end{pmatrix} \qquad (2\text{-}20)
$$

하지만 정말로 이와 같은 계산 결과를 만족하는 행렬 $\boldsymbol{P}$, $\boldsymbol{Q}$를 계산하는 것이 가능할까요? 실제로 행렬 $\boldsymbol{P}$, $\boldsymbol{Q}$는 어디까지나 예측의 대상이며, $\boldsymbol{R} = \boldsymbol{PQ}$를 만족하는 행렬 $\boldsymbol{P}$, $\boldsymbol{Q}$를 해석적으로 구하는 것은 일반적으로 어렵습니다. 따라서 위 설명에서처럼 $\boldsymbol{R} \fallingdotseq \boldsymbol{PQ}$와 같이 ≒ 기호를 사용해서 수식을 표현하고 있는 것입니다. 여기서 $\boldsymbol{R}$을 예측한 값을 $\hat{\boldsymbol{R}}(= \boldsymbol{PQ})$로 표기합니다. $\hat{\boldsymbol{R}}$은 $\boldsymbol{R}$의 근삿값이며, 당연히 $\boldsymbol{R}$과 $\hat{\boldsymbol{R}}$ 사이에는 오차가 존재합니다. 이 오차를 $\boldsymbol{E}$라고 하면, 식 (2−21)이 성립합니다.

$$
\boldsymbol{R} - \hat{\boldsymbol{R}} = \boldsymbol{E} \qquad (2\text{-}21)
$$

여기서 $\boldsymbol{E}$를 **잔차 행렬**이라고 합니다. 구체적으로 성분을 표시하면 다음과 같습니다.

$$
\boldsymbol{R} - \hat{\boldsymbol{R}} = \begin{pmatrix} r_{1,1} & r_{1,2} & r_{1,3} & r_{1,4} \\ r_{2,1} & r_{2,2} & r_{2,3} & r_{2,4} \\ r_{3,1} & r_{3,2} & r_{3,3} & r_{3,4} \\ r_{4,1} & r_{4,2} & r_{4,3} & r_{4,4} \end{pmatrix}
$$

$$
- \begin{pmatrix} p_{1,1}q_{1,1} + p_{1,2}q_{2,1} & p_{1,1}q_{1,2} + p_{1,2}q_{2,2} & p_{1,1}q_{1,3} + p_{1,2}q_{2,3} & p_{1,1}q_{1,4} + p_{1,2}q_{2,4} \\ p_{2,1}q_{1,1} + p_{2,2}q_{2,1} & p_{2,1}q_{1,2} + p_{2,2}q_{2,2} & p_{2,1}q_{1,3} + p_{2,2}q_{2,3} & p_{2,1}q_{1,4} + p_{2,2}q_{2,4} \\ p_{3,1}q_{1,1} + p_{3,2}q_{2,1} & p_{3,1}q_{1,2} + p_{3,2}q_{2,2} & p_{3,1}q_{1,3} + p_{3,2}q_{2,3} & p_{3,1}q_{1,4} + p_{3,2}q_{2,4} \\ p_{4,1}q_{1,1} + p_{4,2}q_{2,1} & p_{4,1}q_{1,2} + p_{4,2}q_{2,2} & p_{4,1}q_{1,3} + p_{4,2}q_{2,3} & p_{4,1}q_{1,4} + p_{4,2}q_{2,4} \end{pmatrix}
$$

$$
= \begin{pmatrix} r_{1,1} - (p_{1,1}q_{1,1} + p_{1,2}q_{2,1}) & r_{1,2} - (p_{1,1}q_{1,2} + p_{1,2}q_{2,2}) \\ r_{2,1} - (p_{2,1}q_{1,1} + p_{2,2}q_{2,1}) & r_{2,2} - (p_{2,1}q_{1,2} + p_{2,2}q_{2,2}) \\ r_{3,1} - (p_{3,1}q_{1,1} + p_{3,2}q_{2,1}) & r_{3,2} - (p_{3,1}q_{1,2} + p_{3,2}q_{2,2}) \\ r_{4,1} - (p_{4,1}q_{1,1} + p_{4,2}q_{2,1}) & r_{4,2} - (p_{4,1}q_{1,2} + p_{4,2}q_{2,2}) \end{pmatrix.
$$

$$
\begin{matrix} r_{1,3} - (p_{1,1}q_{1,3} + p_{1,2}q_{2,3}) & r_{1,4} - (p_{1,1}q_{1,4} + p_{1,2}q_{2,4}) \\ r_{2,3} - (p_{2,1}q_{1,3} + p_{2,2}q_{2,3}) & r_{2,4} - (p_{2,1}q_{1,4} + p_{2,2}q_{2,4}) \\ r_{3,3} - (p_{3,1}q_{1,3} + p_{3,2}q_{2,3}) & r_{3,4} - (p_{3,1}q_{1,4} + p_{3,2}q_{2,4}) \\ r_{4,3} - (p_{4,1}q_{1,3} + p_{4,2}q_{2,3}) & r_{4,4} - (p_{4,1}q_{1,4} + p_{4,2}q_{2,4}) \end{matrix} \Bigg)
$$

$$
= \boldsymbol{E}
$$

다시 말해 잔차 행렬 $\boldsymbol{E}$가 최소가 되도록 하는 $\hat{\boldsymbol{R}}(= \boldsymbol{PQ})$를 구하면 됩니다.

이 개념은 매우 중요하므로 다시 한번 정리해 봅시다. 우리의 목표는 $\boldsymbol{R} = \boldsymbol{PQ}$를 만족하는 잠재 요인 행렬 $\boldsymbol{P}$, $\boldsymbol{Q}$를 구하는 것이었습니다. 그리고 잠재 요인 행렬 $\boldsymbol{P}$, $\boldsymbol{Q}$를 구하는 것은 잔차 행렬 $\boldsymbol{E}$를 최소화하는 것과 같습니다. 따라서 잠재 요인 행렬을 구하는 방법은 결국 **최적화 문제**로 귀결되고, 최적화는 AI 분야에서 자주 사용되는 방법 중 하나입니다.

## 2.14 손실 함수: 최적화 문제 풀기

최적화 문제를 해결하는 방법은 다양하지만, 이 장에서는 기본적이면서도 근본적인 사고방식을 배울 수 있는 **경사 하강법**gradient descent에 집중해서 설명합니다.[15] 본격적인 설명에 들어가기 앞서 **손실 함수** 개념을 소개합니다. 손실 함수를 수학적 모델로 표현할 때도 합의 기호 Σ를 사용하면 간편합니다.

**기초가 되는 수학적 기법** → **정보 공학적 접근 방식**

**합의 기호:**

$$a_1b_1 + a_2b_2 + \cdots + a_nb_n = \sum_{k=1}^{n} a_kb_k$$

**손실 함수의 설계:**

$$L = \sum_{u=1}^{4}\sum_{i=1}^{4}\left\{r_{u,i} - \left(\sum_{d=1}^{2} p_{u,d}q_{d,i}\right)\right\}^2$$

$r_{u,i}$ : 평가 행렬 $\boldsymbol{R}$의 $u$행 $i$열 원소
$p_{u,d}$ : 사용자 요인 행렬 $\boldsymbol{P}$의 $u$행 $d$열 원소
$q_{d,i}$ : 상품 요인 행렬 $\boldsymbol{Q}$의 $u$행 $i$열 원소

그림 2-38 설명 방식

앞서 잔차 행렬을 $\boldsymbol{R} - \hat{\boldsymbol{R}} = \boldsymbol{E}$ 수식으로 표현했는데, 이것을 최소화한다는 것은 $\boldsymbol{E}$의 모든 성분의 합을 최대한 0에 가깝게 만든다는 의미입니다. 이전에 구한 잔차 행렬 $\boldsymbol{E}$의 성분들을 다시 한번 자세히 확인해 보겠습니다.

15 경사 하강법을 적용하려면 함수가 볼록 함수여야 한다는 전제가 있지만, 이 책에서는 이 부분에 관한 엄밀한 검증은 생략합니다. 따라서 경사 하강법을 적용하는 함수는 볼록 함수로 간주합니다.

$$
\boldsymbol{E} = \begin{pmatrix} r_{1,1} - (p_{1,1}q_{1,1} + p_{1,2}q_{2,1}) & r_{1,2} - (p_{1,1}q_{1,2} + p_{1,2}q_{2,2}) \\ r_{2,1} - (p_{2,1}q_{1,1} + p_{2,2}q_{2,1}) & r_{2,2} - (p_{2,1}q_{1,2} + p_{2,2}q_{2,2}) \\ r_{3,1} - (p_{3,1}q_{1,1} + p_{3,2}q_{2,1}) & r_{3,2} - (p_{3,1}q_{1,2} + p_{3,2}q_{2,2}) \\ r_{4,1} - (p_{4,1}q_{1,1} + p_{4,2}q_{2,1}) & r_{4,2} - (p_{4,1}q_{1,2} + p_{4,2}q_{2,2}) \end{matrix}
$$

$$
\begin{matrix} r_{1,3} - (p_{1,1}q_{1,3} + p_{1,2}q_{2,3}) & r_{1,4} - (p_{1,1}q_{1,4} + p_{1,2}q_{2,4}) \\ r_{2,3} - (p_{2,1}q_{1,3} + p_{2,2}q_{2,3}) & r_{2,4} - (p_{2,1}q_{1,4} + p_{2,2}q_{2,4}) \\ r_{3,3} - (p_{3,1}q_{1,3} + p_{3,2}q_{2,3}) & r_{3,4} - (p_{3,1}q_{1,4} + p_{3,2}q_{2,4}) \\ r_{4,3} - (p_{4,1}q_{1,3} + p_{4,2}q_{2,3}) & r_{4,4} - (p_{4,1}q_{1,4} + p_{4,2}q_{2,4}) \end{pmatrix} \tag{2-22}
$$

잔차 행렬의 모든 요소의 합을 0으로 만든다는 점을 더욱 쉽게 이해할 수 있도록 모든 성분의 합을 수식으로 나타내면 다음과 같습니다.

$$
\begin{aligned} L = &\{r_{1,1} - (p_{1,1}q_{1,1} + p_{1,2}q_{2,1})\} + \cdots + \{r_{1,4} - (p_{1,1}q_{1,4} + p_{1,2}q_{2,4})\} + \cdots \\ &+ \{r_{4,1} - (p_{4,1}q_{1,1} + p_{4,2}q_{2,1})\} + \cdots + \{r_{4,4} - (p_{4,1}q_{1,4} + p_{4,2}q_{2,4})\} \end{aligned} \tag{2-23}
$$

이처럼 $\boldsymbol{E}$의 모든 성분의 합을 계산한 수식을 **손실 함수** $L$로 정의합니다. 손실 함수는 다른 표현으로 **목적 함수**, **오차 함수**라고 부르기도 합니다. 참고로 손실 함수를 $L$, 오차 함수를 $\boldsymbol{E}$로 표기하는 이유는 최적화 분야에서 널리 쓰이는 습관적인 표기이기 때문입니다.

손실 함수를 정의하더라도 이 표기와 수식은 너무 길어서 보기가 불편합니다. 수학적인 방법으로 간단하게 표현할 수는 없을까 생각해 보면, 바로 떠오르는 것이 합의 기호 $\Sigma$입니다. 왜냐하면 손실 함수 (2-23)의 우변이 합의 형태이기 때문입니다. 그리고 각 성분을 나타내는 표기에 주목하면, $r_{1,1}$처럼 각 성분에는 행과 열을 나타내는 숫자가 아래에 표시되어 있는 것을 알 수 있습니다. 예를 들어 $r_{1,1}$은 1행 1열을 의미합니다. 이 규칙성을 이용하면 손실 함수 $L$을 $\Sigma$로 간편하게 나타낼 수 있습니다.

먼저 오차 행렬 $\boldsymbol{E}$의 1행을 생각해 봅시다. 1행은 식 (2-22)에서 파란색으로 나타낸 부분입니다.

$$
\boldsymbol{E} = \begin{pmatrix} r_{1,1}-(p_{1,1}q_{1,1}+p_{1,2}q_{2,1}) & r_{1,2}-(p_{1,1}q_{1,2}+p_{1,2}q_{2,2}) \\ r_{2,1}-(p_{2,1}q_{1,1}+p_{2,2}q_{2,1}) & r_{2,2}-(p_{2,1}q_{1,2}+p_{2,2}q_{2,2}) \\ r_{3,1}-(p_{3,1}q_{1,1}+p_{3,2}q_{2,1}) & r_{3,2}-(p_{3,1}q_{1,2}+p_{3,2}q_{2,2}) \\ r_{4,1}-(p_{4,1}q_{1,1}+p_{4,2}q_{2,1}) & r_{4,2}-(p_{4,1}q_{1,2}+p_{4,2}q_{2,2}) \end{pmatrix.
\begin{matrix} r_{1,3}-(p_{1,1}q_{1,3}+p_{1,2}q_{2,3}) & r_{1,4}-(p_{1,1}q_{1,4}+p_{1,2}q_{2,4}) \\ r_{2,3}-(p_{2,1}q_{1,3}+p_{2,2}q_{2,3}) & r_{2,4}-(p_{2,1}q_{1,4}+p_{2,2}q_{2,4}) \\ r_{3,3}-(p_{3,1}q_{1,3}+p_{3,2}q_{2,3}) & r_{3,4}-(p_{3,1}q_{1,4}+p_{3,2}q_{2,4}) \\ r_{4,3}-(p_{4,1}q_{1,3}+p_{4,2}q_{2,3}) & r_{4,4}-(p_{4,1}q_{1,4}+p_{4,2}q_{2,4}) \end{matrix}\right)
\tag{2-22}
$$

1행은 사용자 1을 나타내므로, 1행의 모든 오차의 합을 $L_{u_1}$로 표기하기로 합니다. 계산식은 식 (2–23)을 활용해 식 (2–24)로 쓸 수 있습니다.

$$
\begin{aligned} L_{u_1} = &\{r_{1,1}-(p_{1,1}q_{1,1}+p_{1,2}q_{2,1})\}+\{r_{1,2}-(p_{1,1}q_{1,2}+p_{1,2}q_{2,2})\} \\ &+\{r_{1,3}-(p_{1,1}q_{1,3}+p_{1,2}q_{2,3})\}+\{r_{1,4}-(p_{1,1}q_{1,4}+p_{1,2}q_{2,4})\} \end{aligned}
\tag{2-24}
$$

이때 식에서 파란색으로 표시된 숫자에 주목하면, 첨자가 1부터 4까지 규칙적으로 변하고 있는 것을 확인할 수 있습니다. 이 규칙성을 파악하면 Σ 기호를 사용하는 것은 어렵지 않습니다. 1부터 4까지 순차적으로 변하는 부분은 상품에 대응하는 부분이므로, 이것을 $i$로 치환해서 일반화합니다.

$$
L_{u_1} = \sum_{i=1}^{4}\{r_{1,i}-(p_{1,1}q_{1,i}+p_{1,2}q_{2,i})\}
$$

같은 방식으로 $L_{u_2}$, $L_{u_3}$, $L_{u_4}$를 변형하면 다음과 같습니다. 비교하기 쉽도록 $L_{u_1}$도 함께 표기합니다.

$$
L_{u_1} = \sum_{i=1}^{4}\{r_{1,i}-(p_{1,1}q_{1,i}+p_{1,2}q_{2,i})\}
$$

$$
L_{u_2} = \sum_{i=1}^{4}\{r_{2,i}-(p_{2,1}q_{1,i}+p_{2,2}q_{2,i})\}
$$

$$L_{u_3} = \sum_{i=1}^{4} \{r_{3,i} - (p_{3,1}q_{1,i} + p_{3,2}q_{2,i})\}$$

$$L_{u_4} = \sum_{i=1}^{4} \{r_{4,i} - (p_{4,1}q_{1,i} + p_{4,2}q_{2,i})\}$$

네 개의 수식을 세로로 비교해 보면 파란 글씨로 표시된 수치가 1부터 4까지 순차적으로 변하고 있습니다. 다시 한번 이 규칙성을 사용하면 Σ 기호를 사용해 네 개의 식을 더욱 간단하게 정리할 수 있습니다. 이번에 순차적으로 변하는 부분은 사용자에 대응하는 부분이므로 $u$로 일반화해서 Σ로 정리합니다.

$$L = \sum_{u=1}^{4} \sum_{i=1}^{4} \{r_{u,i} - (p_{u,1}q_{1,i} + p_{u,2}q_{2,i})\}$$

새로 추가된 Σ 기호가 어느 첨자에 대응하고 있는지 다시 한번 확인해 보세요. 이렇게 손실 함수 $L$을 두 개의 Σ 기호로 간단하게 정리했습니다.

그렇다면 다른 부분도 Σ로 표현할 수는 없을까요? 사실 아직 남아 있는 부분이 있습니다. 괄호 안의 $p_{u,1}q_{1,i} + p_{u,2}q_{2,i}$ 역시 Σ 기호를 사용하면 식 (2-25)처럼 표현할 수 있습니다. 위의 식과 비교해 보고 어떻게 정리할 수 있었는지 직접 확인해 보기 바랍니다.

$$L = \sum_{u=1}^{4} \sum_{i=1}^{4} \left\{ r_{u,i} - \left( \sum_{d=1}^{2} p_{u,d}q_{d,i} \right) \right\} \qquad (2\text{-}25)$$

식 (2-25)를 잘 살펴보면, 지금까지 변형한 수식들을 거쳐 각 문자 오른쪽 아래에 쓰여 있던 숫자들이 모두 알파벳 문자로 치환되었습니다. 이로써 길었던 손실 함수 $L$을 간단한 형태로 표현하는 데 성공했습니다. 지금까지의 흐름을 [그림 2-39]에 나타냈습니다.

$$L_{u_1} = \sum_{i=1}^{4} \{r_{1,i} - (p_{1,1}q_{1,i} + p_{1,2}q_{2,i})\}$$

$$L_{u_2} = \sum_{i=1}^{4} \{r_{2,i} - (p_{2,1}q_{1,i} + p_{2,2}q_{2,i})\}$$

$$L_{u_3} = \sum_{i=1}^{4} \{r_{3,i} - (p_{3,1}q_{1,i} + p_{3,2}q_{2,i})\}$$

$$L_{u_4} = \sum_{i=1}^{4} \{r_{4,i} - (p_{4,1}q_{1,i} + p_{4,2}q_{2,i})\}$$

$$L = \sum_{u=1}^{4}\sum_{i=1}^{4} \{r_{u,i} - (p_{u,1}q_{1,i} + p_{u,2}q_{2,i})\}$$

$$L = \sum_{u=1}^{4}\sum_{i=1}^{4} \left\{r_{u,i} - \left(\sum_{d=1}^{2} p_{u,d}q_{d,i}\right)\right\}$$

**그림 2-39** 합의 기호 Σ를 사용해서 여러 개의 수식을 하나의 수식으로 표현했습니다.

이와 같이 합의 기호 Σ를 사용해 수학적 모델을 표현하는 접근 방식은 AI나 데이터 활용을 지향하는 수학적 모델에서 반드시 필요하므로 익숙해지기를 바랍니다. Σ를 이용한 표기법은 이 책 전반에 걸쳐 계속 등장합니다.

**Column**

### 하이퍼파라미터

도출한 손실 함수의 괄호 안 수식 $\sum_{d=1}^{2} p_{u,d}q_{d,i}$ 에서는 잠재 요인을 $d$라는 문자로 표기했습니다. 여기서 한 가지 짚고 넘어가야 할 점이 있습니다. 바로 행렬 $\boldsymbol{P}$, $\boldsymbol{Q}$의 **형태**(구조)입니다.

행렬 $\boldsymbol{R}$이 4×4 행렬이었기 때문에 $\boldsymbol{P}$는 4×2 행렬, $\boldsymbol{Q}$는 2×4 행렬로 설정했습니다. 4×2 행렬과 2×4 행렬의 곱이 4×4 행렬이 되기 때문입니다.

$$\boldsymbol{P} = \begin{pmatrix} p_{1,1} & p_{1,2} \\ p_{2,1} & p_{2,2} \\ p_{3,1} & p_{3,2} \\ p_{4,1} & p_{4,2} \end{pmatrix}, \quad \boldsymbol{Q} = \begin{pmatrix} q_{1,1} & q_{1,2} & q_{1,3} & q_{1,4} \\ q_{2,1} & q_{2,2} & q_{2,3} & q_{2,4} \end{pmatrix}$$

그러나 단순히 $\boldsymbol{R}$과 같은 형태로 만들고 싶다면, 4×1 행렬과 1×4 행렬의 곱이나 4×3 행렬과 3×4 행렬의 곱도 문제가 되지 않습니다. 사실, 이 부분은 행렬의 형태를 결정하기 나름입니다. 일반적으로 행렬 인수 분해 과정에서 앞서 언급한 $d$에 해당하는 부분은 수학적 모델을 설계하는 사람이 정합니다. 이처럼 사람이 직접 설정하는 값을 **하이퍼파라미터**라고 합니다. AI 분야에서는 파라미터가 학습 알고리즘에 의해 자동으로 갱신되는 것이 일반적이지만, 하이퍼파라미터는 사람의 손으로 직접 조정하는 것이 현재로서는 주류입니다. 한편, 이 하이퍼파라미터 자체를 자동으로 최적화하려는 시도도 활발히 연구되고 있습니다.

지금까지 도출한 손실 함수 $L = \sum_{u=1}^{4} \sum_{i=1}^{4} \{r_{u,i} - (\sum_{d=1}^{2} p_{u,d} q_{d,i})\}$ 중괄호 안의 $r_{u,i} - (\sum_{d=1}^{2} p_{u,d} q_{d,i})$는 $u$, $i$, $d$라는 변수의 조합에 따라 계산 결과가 달라집니다. 다시 한번 Σ를 제거하고 안의 내용을 모두 나열해 보면 식 (2-23)과 같은 형태였습니다.

$$\begin{aligned} L = &\{r_{1,1} - (p_{1,1}q_{1,1} + p_{1,2}q_{2,1})\} + \cdots + \{r_{1,4} - (p_{1,1}q_{1,4} + p_{1,2}q_{2,4})\} + \cdots \\ &+ \{r_{4,1} - (p_{4,1}q_{1,1} + p_{4,2}q_{2,1})\} + \cdots + \{r_{4,4} - (p_{4,1}q_{1,4} + p_{4,2}q_{2,4})\} \end{aligned}$$

(2-23)

이렇게 전개된 값의 합계를 최소화할 때는 각 항이 양수인지 아니면 음수인지에 주의해야 합니다. 예를 들어 $L_{u_1}$의 계산 결과가 다음과 같다고 가정해 봅시다.

$$\begin{aligned} L_{u_1} =& \{r_{1,1} - (p_{1,1}q_{1,1} + p_{1,2}q_{2,1})\} \\ &+ \{r_{1,2} - (p_{1,1}q_{1,2} + p_{1,2}q_{2,2})\} \\ &+ \{r_{1,3} - (p_{1,1}q_{1,3} + p_{1,2}q_{2,3})\} \\ &+ \{r_{1,4} - (p_{1,1}q_{1,4} + p_{1,2}q_{2,4})\} \\ =& 3 + 1 + 1 - 5 \\ =& 0 \end{aligned}$$

손실 함숫값을 최대한 작게 만드는 것이 목적이기 때문에, 계산 결과만 보면 0으로 손실 함숫값을 최소화하는 데 성공한 것처럼 보일 수 있습니다. 하지만 $r_{1,1} - (p_{1,1}q_{1,1} + p_{1,2}q_{2,1})$의 계산 결과는 3, $r_{1,4} - (p_{1,1}q_{1,4} + p_{1,2}q_{2,4})$의 계산 결과는 −5로 큰 오차가 발생했음을 알 수 있습니다. 다시 말해 각 항의 계산 결과에 양수와 음수가 섞이면 최소화하는 데 적절하지 않은 상황이 생길 수 있다는 뜻입니다.

이 문제를 해결하기 위해 손실 함수의 중괄호 부분을 제곱한 값을 사용합니다. 즉, 손실 함수

$L$에서 각 항의 합에 해당하는 부분을 제곱하는 것입니다. 제곱을 하는 이유는 음수인 값을 양수로 만들기 위함입니다. 따라서 제곱한 각 항을 모두 더한 후 그 총합이 최소가 되도록 하는 것이 목표라 할 수 있습니다. 이렇게 하면 손실 함수 $L$은 식 (2-26)과 같이 쓸 수 있습니다. 표기 형식만 바뀌었을 뿐이므로, 이어지는 내용부터는 식 (2-26)을 손실 함수로 정의해서 사용합니다.

$$L = \sum_{u=1}^{4} \sum_{i=1}^{4} \left\{ r_{u,i} - \left( \sum_{d=1}^{2} p_{u,d} q_{d,i} \right) \right\}^2 \qquad (2\text{-}26)$$

## 2.15 최소 제곱법과 미분, 편미분: 손실 함수 최적화하기

다시 한번 되짚어 보면, 손실 함수 $L$을 최소화하는 것이 우리의 목표입니다. 이 목표는 다른 표현으로 '잔차 행렬 $\boldsymbol{E}$의 각 요소를 제곱한 뒤, 그것들의 총합($\Sigma$)을 계산한 결과가 최소가 되는 행렬 $\boldsymbol{P}$, $\boldsymbol{Q}$를 찾는 것'이라고도 할 수 있습니다. 여기서 잠시, 지금까지 재정의해 온 목표의 흐름을 간단하게 정리해 봅시다. 이 흐름은 **수학적 사고**를 깊이 있게 다루는 것이 무엇을 의미하는지를 매우 잘 보여 주는 예이기도 합니다.

$\boldsymbol{R} = \boldsymbol{PQ}$가 되도록 하는 잠재 요인 행렬 $\boldsymbol{P}$, $\boldsymbol{Q}$를 찾습니다.

↓

잔차 행렬 $\boldsymbol{E}$를 최소화합니다.

↓

잔차 행렬 $\boldsymbol{E}$의 각 요소를 제곱하고, 그것들의 총합($\Sigma$)을 계산한 결과가 최소가 되도록 하는 행렬 $\boldsymbol{P}$, $\boldsymbol{Q}$를 찾습니다.

각 요소를 제곱해, 그것들의 총합의 값을 최소화하는 접근법을 일반적으로 **최소 제곱법**이라고 합니다. 식 (2–26)에서 제곱하고 있는 요소는 $\{r_{u,i} - (\sum_{d=1}^{2} p_{u,d}q_{d,i})\}^2$ 입니다. 뒤에서 설명하겠지만, 실제로 이 수식을 전개하면 단지 문자가 많을 뿐만 아니라 각 항이 또 한 번 제곱되기 때문에 결과가 매우 복잡합니다. 게다가 애초에 이 제곱된 값을 어떻게 최소화하면 좋을지도 현시점에서는 아무것도 알 수 없습니다. 무엇을 해야 할지는 알고 있지만, 구체적으로 어떻게 해야 할지 모르는 상황이라고도 할 수 있습니다. 이런 상황은 실무에서도 자주 있는 일이기도 합니다.

하지만 여기서 침착하게 생각해 봐야 할 점은 $\{r_{u,i} - (\sum_{d=1}^{2} p_{u,d}q_{d,i})\}^2$ 에서 행렬 $\boldsymbol{P}$, $\boldsymbol{Q}$의 각 성분 $p_{u,d}$, $q_{d,i}$는 **1차**[16] 항이라는 사실입니다. 따라서 $\{r_{u,i} - (\sum_{d=1}^{2} p_{u,d}q_{d,i})\}^2$ 의 계산 결과는 **2차 이상의 다항식**[17]임이 분명하며, 이 수식을 그래프로 그리면 **곡선** 또는 **곡면**을 그리게 됩니다. 여기서 그래프의 모양을 떠올리기 위해 손실 함수 $L$의 내용을 들여다보며 식 (2–26′)를 정의합니다.

$$l = \left\{ r_{u,i} - \left( \sum_{d=1}^{2} p_{u,d}q_{d,i} \right) \right\}^2 \qquad \text{(2-26′)}$$

그러면 어디까지나 이미지이지만, $l$의 값은 [그림 2–40]과 같은 그래프를 그릴 수 있습니다.[18]

16 1차란 차수가 1이라는 것을 말합니다. 차수란 간단히 말해 곱해진 문자의 개수를 뜻하며, 예를 들어 $x^2$은 2차, $y^4$는 4차, $x^2y^3$은 5차인 항입니다.

17 식에 포함된 항의 차수 중 최댓값이 2 이상인 것을 말합니다. 예를 들어 $x^2 + x + 2$라는 식은 최대 차수 항이 $x^2$이므로 2차 다항식입니다.

18 엄밀히 말하자면 대상이 되는 손실 함수가 아래로 볼록하다는 것을 증명하는 등의 사전 검증이 필요하지만, 이 책에서는 자세한 설명은 생략합니다.

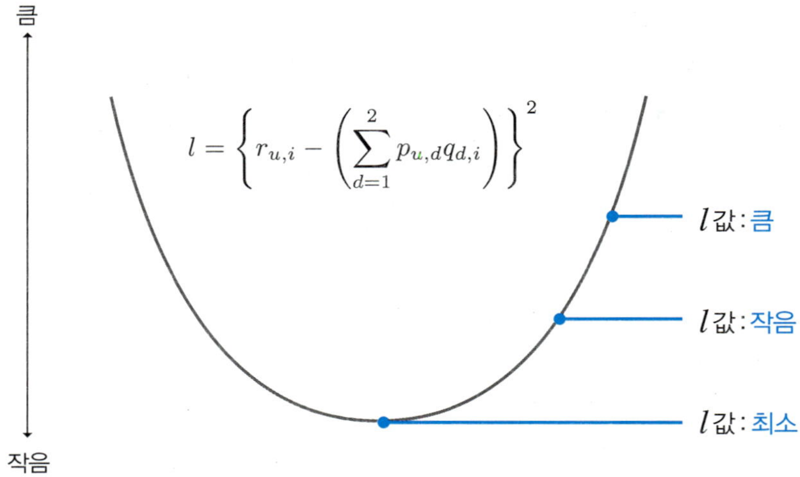


**그림 2-40** 아래로 볼록한 함수는 최솟값을 갖습니다.

여기서 행렬 $\boldsymbol{P}$, $\boldsymbol{Q}$의 각각의 요소 $p_{u,d}$, $q_{d,i}$는 현시점에서는 어떤 값을 가지는지 알 수 없는 **미지수**입니다. 한편 $r_{u,i}$는 평가값으로서 1~5 중 하나의 값을 가집니다. 즉, 수식 $l = \{r_{u,i} - (\sum_{d=1}^{2} p_{u,d}q_{d,i})\}^2$ 은 두 개의 미지수 $p_{u,d}$, $q_{d,i}$를 포함하는 **함수**입니다.

하지만 그래프만 보고는 최솟값을 명확하게 알 수 없습니다. 이 그래프에서 가장 낮은 부분이 우리가 구하려는 최솟값이라는 것만 알고 있습니다. 이처럼 그래프로 그렸을 때 사람이 눈으로 보고 '이 부분이 최솟값'이라고 쉽게 판단할 수 있다 하더라도, 컴퓨터에게 이러한 판단을 내릴 수 있도록 하려면 눈으로 보고 판단하는 방식은 당연히 사용할 수 없습니다. 이와 비슷한 문제는 코사인 유사도를 설명했을 때에도 언급한 바 있습니다.

그렇다면 이제 어떻게 해야 할까요? 여기서 활약하는 개념이 바로 **미분**입니다. 간단히 말해 미분은 **함수의 기울기**를 계산하는 것입니다. 미분을 활용하면 최솟값이 되는 경우의 미지수 $p_{u,d}$, $q_{d,i}$를 해석적으로 구할 수 있습니다. 특히, 손실 함수를 **편미분**하는 방식에 관해 설명하겠습니다.

**기초가 되는 수학적 기법**

도함수:

$$\frac{d}{dx}f(x) = \lim_{h \to 0}\frac{f(x+h) - f(x)}{h}$$

편도함수:

$$\frac{\partial}{\partial x}f(x, y) = \lim_{h \to 0}\frac{f(x+h, y) - f(x, y)}{h}$$

합의 기호:

$$a_1b_1 + a_2b_2 + \cdots + a_nb_n = \sum_{k=1}^{n} a_kb_k$$

**정보 공학적 접근 방식**

손실 함수의 편미분 계산:

$$\frac{\partial L}{\partial p_{u,k}} = -2\sum_{i=1}^{4} e_{u,i}q_{k,i}$$

$$\frac{\partial L}{\partial q_{k,i}} = -2\sum_{u=1}^{4} e_{u,i}p_{u,k}$$

[ $e_{u,i}$ : 잔차 행렬 $\boldsymbol{E}$의 $u$행 $i$열 원소
$p_{u,k}$ : 사용자 요인 행렬 $\boldsymbol{P}$의 $u$행 $d$열 원소
$q_{k,i}$ : 상품 요인 행렬 $\boldsymbol{Q}$의 $d$행 $i$열 원소 ]

그림 2-41 설명 방식

**Lesson**

### 미분

미분이란 수학 및 물리학사상 천재로 잘 알려진 아이작 뉴턴과 고트프리트 라이프니츠에 의해 발견되고 확립된 수학적 기법입니다. 그들은 자연계의 운동과 변화를 수학적으로 해명하겠다는 거대한 문제의식을 내세우고, 그 수단으로써 미분을 발명했습니다. 미분은 **변화의 순간**을 포착하고 분석하는 데 유용한 개념입니다.

미분은 자연 현상을 대상으로 삼을 수 있을 정도로 보편적인 성질을 가지고 있습니다. 이로 인해 현대의 과학 기술에도 막대한 영향을 미치고 있으며, 수학에 국한되지 않고 물리학, 정보 공학, 경제학 등 다양한 분야에서 폭넓게 활용됩니다. 이 책에 수록된 미분을 활용하는 법을 살펴보며 그 유용함을 체감해 보기 바랍니다.

미분이란 무엇인가를 설명하기 위해, 여기서는 **미분 계수**와 **도함수**라는 두 가지 중요한 개념을 설명합니다. 먼저, 미분 계수는 앞서 언급한 **기울기**를 나타내는 구체적인 값이라고 생각하면 편합니다. 어떤 함수 $y = f(x)$에서, $x = a$에서 $x = a + h$로 변할 때 $y = f(x)$의 값이 어떻게 변하는지를 살펴보는 것입니다. 이 생각을 나타낸 것이 [그림 2-42]입니다. 이때 $f(x)$의 $x = a$에서의 미분 계수는 $f'(a)$로 나타냅니다.

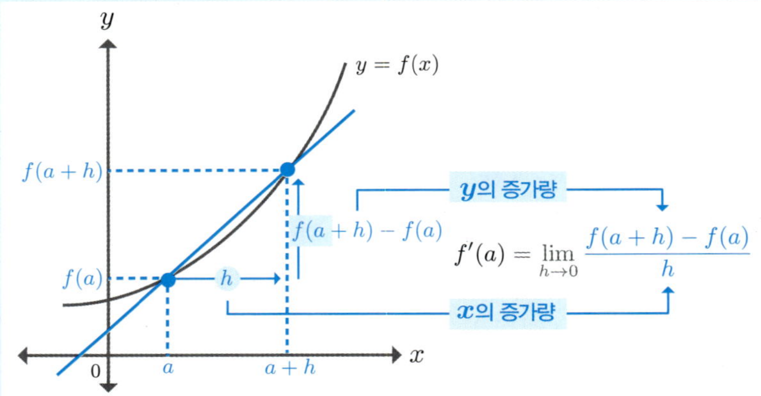


**그림 2-42** 어떤 함수 $y = f(x)$에서, $x = a$에서 $x = a + h$로 변할 때의 $y = f(x)$의 변화

$x = a$에서 $x = a + h$로 바뀔 때 $y$의 값도 $f(a)$에서 $f(a+h)$로 바뀌고 있습니다. 이때 $y = f(x)$의 평균 변화율은 $\frac{f(a+h)-f(a)}{h}$ 로 나타낼 수 있습니다. 이것은 $y$의 증가량인 $f(a+h) - f(a)$를 $x$의 증가량 $h$로 나누는 방식으로 계산됩니다.

여기서 미분 계수를 구한다는 것은 $x$, $y$의 증가율에 영향을 주는 $h$를 한없이 0에 가깝게 한다는 뜻입니다. [그림 2-43]이 그 상황을 보여 줍니다. 이 $h$를 0에 한없이 가깝게 만드는 조작은 **극한**의 개념으로 $\lim_{h\to 0}$ 과 같이 표기합니다.

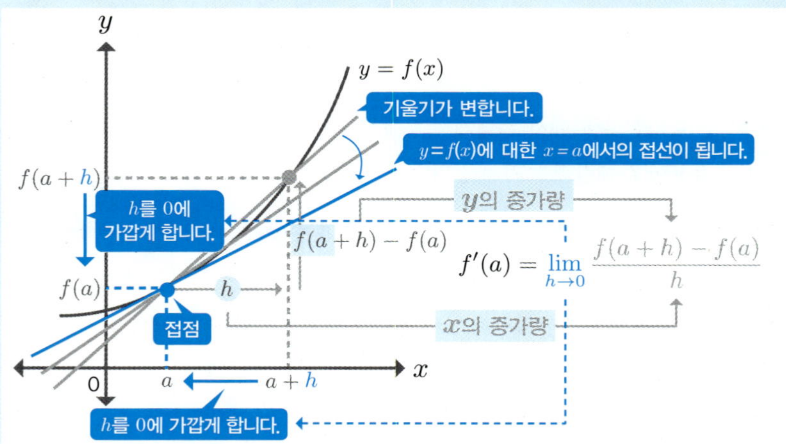


**그림 2-43** $h$를 한없이 0에 가깝게 함으로써 미분 계수를 구할 수 있습니다.

따라서 미분 계수를 구하는 공식은 식 (2-27)과 같이 정의합니다.

$$f'(a) = \lim_{h \to 0} \frac{f(a+h) - f(a)}{h} \qquad (2\text{-}27)$$

이 계산 결과, 도표로부터 미분계수 $f'(a)$는 $y = f(x)$에서 $x = a$에서의 **접선의 기울기**를 나타내게 됩니다. [그림 2-43]에서 확인한 내용에 더욱 익숙해지기 위해 예제를 직접 풀어 봅시다. 다음은 함수 $f(x) = \frac{1}{2}x^2 + 1$ 에 대해, $x = 1$에서의 미분계수 $f'(1)$을 구하는 예제입니다.

$$\begin{aligned} f'(1) &= \lim_{h \to 0} \frac{f(1+h) - f(1)}{h} \\ &= \lim_{h \to 0} \frac{\left\{\frac{1}{2}(1+h)^2 + 1\right\} - \left\{\frac{1}{2}(1)^2 + 1\right\}}{h} \\ &= \lim_{h \to 0} \frac{\left\{\frac{1}{2} + h + \frac{1}{2}h^2 + 1\right\} - \frac{3}{2}}{h} \\ &= \lim_{h \to 0} \frac{\frac{1}{2}h^2 + h}{h} \\ &= \lim_{h \to 0} \left(\frac{1}{2}h + 1\right) = 1 \end{aligned}$$

참고로 $x = 1$에서 $f(x) = \frac{1}{2}x^2 + 1$에 접하는 접선의 방정식은 위에서 구한 미분계수 $f'(1)$의 계산 결과를 이용해 $y = x + \frac{1}{2}$ 이 됩니다. 유도 과정은 [그림 2-44]를 참조하세요.

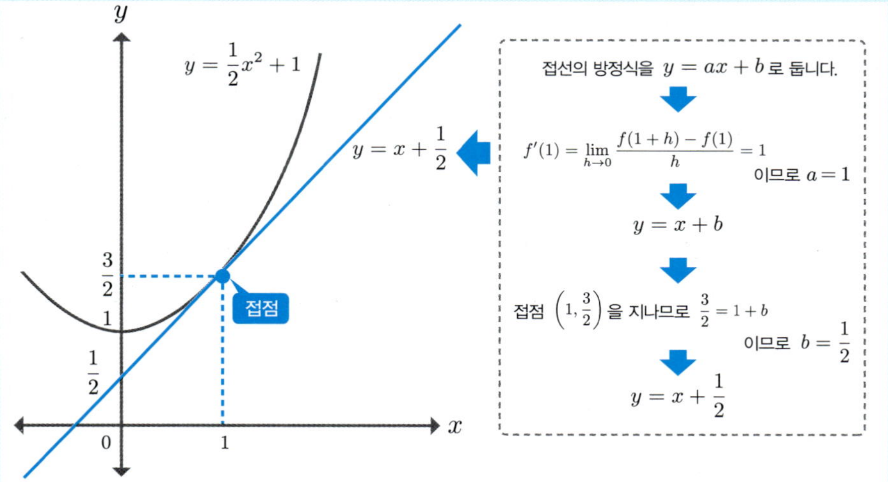


**그림 2-44** 미분 계수와 접선의 방정식을 도출하는 방법입니다.

지금까지의 설명에서 보았듯이 미분 계수는 접선의 기울기이며 구체적인 값을 나타냅니다. 한편, '미분한다'라는 표현은 '미분 계수를 구한다'기보다 이 기울기 자체를 '함수로 구한다'는 의미로 쓰이는 경우가 일반적입니다. 이러한 함수를 **도함수**라고 합니다. 도함수는 앞에서 정의한 미분계수의 공식에서 상수 $a$를 변수 $x$로 바꿔 정의됩니다.

$$f'(x) = \lim_{h \to 0} \frac{f(x+h) - f(x)}{h} \qquad (2\text{-}28)$$

형태를 보면 '미분 계수와 똑같은 형태 아닌가?'라는 의문이 생길 수도 있습니다. 두 공식을 나란히 놓고 비교해 봅시다.

$$\text{미분 계수}: f'(a) = \lim_{h \to 0} \frac{f(a+h) - f(a)}{h}$$

$$\text{도함수}: f'(x) = \lim_{h \to 0} \frac{f(x+h) - f(x)}{h}$$

주목할 점은 정수 $a$와 변수 $x$ 중 어느 쪽이 사용되고 있는가 하는 부분입니다. 미분 계수는 정수 $a$가 사용되므로 계산 결과는 당연히 정수가 됩니다. 반면, 도함수는 변수 $x$가 사용되기 때문에 계산 결과는 $x$를 포함하는 함수가 됩니다. 계산의 결과가 정수인지, 아니면 함수인지가 두 식의 큰 차이입니다.

이어지는 내용에서는 특별한 언급이 없는 한 미분 계산은 도함수를 구하는 것이라고 생각하면 됩니다.

이를 바탕으로 식 (2-26′)의 **접선**에 대해 생각해 봅시다. 그래프의 접선을 [그림 2-45]와 같이 나타내면, 그래프와 접선의 접점마다 기울기의 크기가 달라진다는 것을 알 수 있습니다. 이 기울기가 바로 미분을 통해 계산되는 값입니다. 그림을 보면 알 수 있듯이, 기울기가 0이 되는 지점이 최솟값이 됩니다.

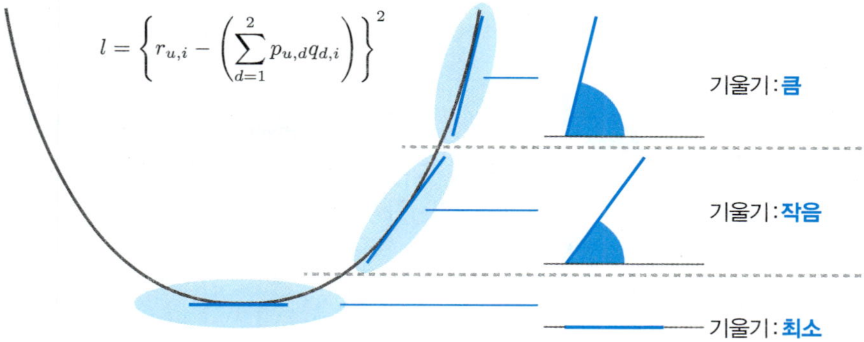


**그림 2-45** 곡선을 그리는 아래로 볼록한 함수는 기울기가 0에 가까워질수록, 그 지점에서의 함숫값은 최솟값에 가까워집니다.

이제 실제로 미분을 계산해 보겠습니다. 여기서 미분의 대상이 되는 것은 손실 함수 $L = \sum_{u=1}^{4} \sum_{i=1}^{4} \{r_{u,i} - (\sum_{d=1}^{2} p_{u,d} q_{d,i})\}^2$이 아니라, 그 안의 합 Σ 내부의 $l = \{r_{u,i} - (\sum_{d=1}^{2} p_{u,d} q_{d,i})\}^2$이라는 점에 주의해 주세요. 먼저, $l$에 대한 제곱 계산을 수행하겠습니다.

$$l = \underbrace{\left\{ r_{u,i} - \left( \sum_{d=1}^{2} p_{u,d} q_{d,i} \right) \right\}^2}_{(a-b)^2 \text{의 형태}} = \underbrace{(r_{u,i})^2 - 2r_{u,i} \left( \sum_{d=1}^{2} p_{u,d} q_{d,i} \right) + \left( \sum_{d=1}^{2} p_{u,d} q_{d,i} \right)^2}_{a^2 - 2ab + b^2 \text{의 형태}}$$

여기서 Σ로 표기된 부분을 합의 형태로 전개하면 다음과 같습니다.

$$\begin{aligned}
&(r_{u,i})^2 - 2r_{u,i} \left( \sum_{d=1}^{2} p_{u,d} q_{d,i} \right) + \left( \sum_{d=1}^{2} p_{u,d} q_{d,i} \right)^2 \\
&\quad = (r_{u,i})^2 - 2r_{u,i} (p_{u,1} q_{1,i} + p_{u,2} q_{2,i}) + (p_{u,1} q_{1,i} + p_{u,2} q_{2,i})^2 \\
&\quad = (r_{u,i})^2 - 2r_{u,i} \cdot p_{u,1} q_{1,i} - 2r_{u,i} \cdot p_{u,2} q_{2,i} \\
&\qquad\quad + (p_{u,1})^2 (q_{1,i})^2 + 2p_{u,1} q_{1,i} \cdot p_{u,2} q_{2,i} + (p_{u,2})^2 (q_{2,i})^2
\end{aligned}$$

수식을 전개한 결과, 네 개의 미지수 $p_{u,1}$, $p_{u,2}$, $q_{1,i}$, $q_{2,i}$가 나타났습니다. 이 수식을 각 미지수에 대해 미분함으로써 $l$을 최적화합니다. 여러 개의 미지수가 존재하는 수식에서 하나의 미지수에 대해 미분하는 것을 **편미분**이라고 합니다.

Lesson

### 미분, 편미분의 계산

이어질 내용에 대한 준비 과정으로 미분과 편미분을 계산하는 예를 살펴봅니다. 다만, 다음 계산은 미분 계수를 구하는 것이 아니라 **도함수**를 구하는 것이라는 점에 유의하기 바랍니다. 이미 이 계산 방식을 이해하고 있다면 이 부분을 건너뛰어도 좋습니다.

$$f'(x) = \lim_{h \to 0} \frac{f(x+h) - f(x)}{h} \qquad (2\text{-}28)$$

도함수에서는 $f'(x)$를 미분 기호 $\frac{d}{dx}$ 를 사용해 $\frac{d}{dx}f(x)$ 라고 나타내며, 식 (2−28′)와 같이 표기하는 경우도 있습니다.

$$\frac{d}{dx}f(x) = \lim_{h \to 0} \frac{f(x+h) - f(x)}{h} \qquad (2\text{-}28')$$

한편, 유도 과정은 생략했지만 실제 미분 계산에서는 다음 공식을 그대로 적용하는 것이 일반적이며 계산도 더 간단합니다.

$$(x^n)' = nx^{n-1} \qquad (2\text{-}29)$$

구체적인 계산 예를 여러 개 보면 이해하기 더 쉬우므로 예를 들어 살펴보겠습니다. 먼저 $f(x) = x$, $g(x) = 3x^2$, $h(x) = 4x^3$을 미분하면 다음과 같습니다.

$$\frac{d}{dx}f(x) = 1 \times x^{1-1} = 1 \times x^0 = 1$$

$$\frac{d}{dx}g(x) = 2 \times 3 \times x^{2-1} = 6 \times x^1 = 6x$$

$$\frac{d}{dx}h(x) = 3 \times 4 \times x^{3-1} = 12 \times x^2 = 12x^2$$

이어서 $f(x) = 1$, $g(x) = 2x$, $h(x) = 3x^2$을 각각 $y$에 대해 미분합니다. 그러면 어느 함수에도 $y$를 포함하는 항이 없기 때문에 미분 결과는 0이 됩니다.

$$\frac{d}{dy}f(x) = 0, \quad \frac{d}{dy}g(x) = 0, \quad \frac{d}{dy}\ h(x) = 0$$

이어서 $f(x) = 3x^2 + 2x + 1$을 $x$에 대해 미분합니다. 그러면 세 번째 항 +1은 상수항으로 $x$를 포함하지 않기 때문에 미분하면 0이 됩니다. 따라서 첫 번째 항인 $3x^2$과 두 번째 항인 $2x$가 $x$에 대한 미분의 대상이 되어, 다음과 같이 계산됩니다.

$$\frac{d}{dx}f(x) = 2 \times 3 \times x^{2-1} + 2 \times x^{1-1} = 6x + 2$$

이어서 $f(x, y) = 3x^2 + 2y + 1$이라는 이변수 함수를 $x$에 대해 미분합니다. $x$를 포함하는 항은 첫 번째 항인 $3x^2$뿐이므로, 다음과 같이 계산됩니다. 참고로 $\frac{\partial}{\partial x}$ 는 다변수 함수에서 하나의 변수에 대해 미분하는 **편미분**을 나타내는 미분 기호입니다.

$$\frac{\partial}{\partial x}f(x, y) = 2 \times 3 \times x^{2-1} = 6x$$

$f(x, y) = 3x^2 + 2y + 1$을 $y$에 대해 미분하면 $y$를 포함하는 항은 두 번째 항인 $2y$뿐이므로 다음과 같이 계산됩니다.

$$\frac{\partial}{\partial y}f(x, y) = 2 \times y^{1-1} = 2$$

즉, 미분하려는 변수와 무관한 변수만 포함된 항이나 상수항은 미분하면 0이 됩니다. 이 점은 이후 설명의 전제가 됩니다. 참고로 편미분에 의한 도함수(편도함수)의 정의는 다음과 같습니다. 도함수의 정의식 (2-28′)와 잘 비교해 보세요.

$$\frac{\partial}{\partial x}f(x, y) = \lim_{h \to 0} \frac{f(x + h, y) - f(x, y)}{h}$$

## 2.16 편미분과 합의 기호: 계산 결과를 통합한 수학적 모델 도출하기

이제 각 미지수마다 $l$을 최적화하기 위해 다음 식에서 $p_{u,1}$에 대한 편미분을 계산합니다.

$$\begin{aligned} l = &(r_{u,i})^2 - 2r_{u,i} \cdot p_{u,1}q_{1,i} - 2r_{u,i} \cdot p_{u,2}q_{2,i} \\ &+ (p_{u,1})^2 (q_{1,i})^2 + 2p_{u,1}q_{1,i} \cdot p_{u,2}q_{2,i} + (p_{u,2})^2 (q_{2,i})^2 \end{aligned}$$

$p_{u,1}$에 관계가 없는 항이 모두 지워지는 것을 확인해 보세요.

$$\begin{aligned} \frac{\partial l}{\partial p_{u,1}} &= -2r_{u,i} \cdot q_{1,i} + 2(q_{1,i})^2 p_{u,1} + 2q_{1,i} \cdot p_{u,2}q_{2,i} \\ &= -2\{r_{u,i} - (p_{u,1}q_{1,i} + p_{u,2}q_{2,i})\} q_{1,i} \end{aligned}$$

다른 미지수 $p_{u,2}$, $q_{1,i}$, $q_{2,i}$에 대해서도 마찬가지로 편미분을 계산합니다. 전체 비교를 위해 $\frac{\partial l}{\partial p_{u,1}}$ 의 계산 결과도 함께 나타냅니다.

$$\begin{aligned} \frac{\partial l}{\partial p_{u,1}} &= -2r_{u,i} \cdot q_{1,i} + 2(q_{1,i})^2 p_{u,1} + 2q_{1,i} \cdot p_{u,2}q_{2,i} = -2\{r_{u,i} - (p_{u,1}q_{1,i} + p_{u,2}q_{2,i})\} q_{1,i} \\ \frac{\partial l}{\partial p_{u,2}} &= -2r_{u,i} \cdot q_{2,i} + 2(q_{2,i})^2 p_{u,2} + 2p_{u,1}q_{1,i} \cdot q_{2,i} = -2\{r_{u,i} - (p_{u,1}q_{1,i} + p_{u,2}q_{2,i})\} q_{2,i} \\ \frac{\partial l}{\partial q_{1,i}} &= -2r_{u,i} \cdot p_{u,1} + 2(p_{u,1})^2 q_{1,i} + 2p_{u,1} \cdot p_{u,2}q_{2,i} = -2\{r_{u,i} - (p_{u,1}q_{1,i} + p_{u,2}q_{2,i})\} p_{u,1} \\ \frac{\partial l}{\partial q_{2,i}} &= -2r_{u,i} \cdot p_{u,2} + 2(p_{u,2})^2 q_{2,i} + 2p_{u,1}q_{1,i} \cdot p_{u,2} = -2\{r_{u,i} - (p_{u,1}q_{1,i} + p_{u,2}q_{2,i})\} p_{u,2} \end{aligned} \tag{2-30}$$

계산 결과 중에 공통적으로 $r_{u,i} - (p_{u,1}q_{1,i} + p_{u,2}q_{2,i})$가 나타났습니다. 이는 행렬 인수 분해에서 설명한 잔차 행렬의 $u$행, $i$열의 요소에 해당합니다. 확인하기 쉬운 형태로 잔차 행렬(식 (2–22))을 다시 살펴봅시다.

$$
\boldsymbol{E} = \begin{pmatrix} r_{1,1} - (p_{1,1}q_{1,1} + p_{1,2}q_{2,1}) & r_{1,2} - (p_{1,1}q_{1,2} + p_{1,2}q_{2,2}) & r_{1,3} - (p_{1,1}q_{1,3} + p_{1,2}q_{2,3}) & r_{1,4} - (p_{1,1}q_{1,4} + p_{1,2}q_{2,4}) \\ r_{2,1} - (p_{2,1}q_{1,1} + p_{2,2}q_{2,1}) & r_{2,2} - (p_{2,1}q_{1,2} + p_{2,2}q_{2,2}) & r_{2,3} - (p_{2,1}q_{1,3} + p_{2,2}q_{2,3}) & r_{2,4} - (p_{2,1}q_{1,4} + p_{2,2}q_{2,4}) \\ r_{3,1} - (p_{3,1}q_{1,1} + p_{3,2}q_{2,1}) & r_{3,2} - (p_{3,1}q_{1,2} + p_{3,2}q_{2,2}) & r_{3,3} - (p_{3,1}q_{1,3} + p_{3,2}q_{2,3}) & r_{3,4} - (p_{3,1}q_{1,4} + p_{3,2}q_{2,4}) \\ r_{4,1} - (p_{4,1}q_{1,1} + p_{4,2}q_{2,1}) & r_{4,2} - (p_{4,1}q_{1,2} + p_{4,2}q_{2,2}) & r_{4,3} - (p_{4,1}q_{1,3} + p_{4,2}q_{2,3}) & r_{4,4} - (p_{4,1}q_{1,4} + p_{4,2}q_{2,4}) \end{pmatrix}
$$

여기서 잔차 행렬의 요소를 $e_{u,i}$라고 하고, $e_{u,i} = r_{u,i} - (p_{u,1}q_{1,i} + p_{u,2}q_{2,i})$로 바꾸어 봅시다. 그러면 잔차 행렬 $\boldsymbol{E}$는 $e_{u,i}$를 사용해 다음과 같이 간단하게 표현할 수 있습니다.

$$
\begin{pmatrix} r_{1,1} - (p_{1,1}q_{1,1} + p_{1,2}q_{2,1}) & r_{1,2} - (p_{1,1}q_{1,2} + p_{1,2}q_{2,2}) & r_{1,3} - (p_{1,1}q_{1,3} + p_{1,2}q_{2,3}) & r_{1,4} - (p_{1,1}q_{1,4} + p_{1,2}q_{2,4}) \\ r_{2,1} - (p_{2,1}q_{1,1} + p_{2,2}q_{2,1}) & r_{2,2} - (p_{2,1}q_{1,2} + p_{2,2}q_{2,2}) & r_{2,3} - (p_{2,1}q_{1,3} + p_{2,2}q_{2,3}) & r_{2,4} - (p_{2,1}q_{1,4} + p_{2,2}q_{2,4}) \\ r_{3,1} - (p_{3,1}q_{1,1} + p_{3,2}q_{2,1}) & r_{3,2} - (p_{3,1}q_{1,2} + p_{3,2}q_{2,2}) & r_{3,3} - (p_{3,1}q_{1,3} + p_{3,2}q_{2,3}) & r_{3,4} - (p_{3,1}q_{1,4} + p_{3,2}q_{2,4}) \\ r_{4,1} - (p_{4,1}q_{1,1} + p_{4,2}q_{2,1}) & r_{4,2} - (p_{4,1}q_{1,2} + p_{4,2}q_{2,2}) & r_{4,3} - (p_{4,1}q_{1,3} + p_{4,2}q_{2,3}) & r_{4,4} - (p_{4,1}q_{1,4} + p_{4,2}q_{2,4}) \end{pmatrix}
= \begin{pmatrix} e_{1,1} & e_{1,2} & e_{1,3} & e_{1,4} \\ e_{2,1} & e_{2,2} & e_{2,3} & e_{2,4} \\ e_{3,1} & e_{3,2} & e_{3,3} & e_{3,4} \\ e_{4,1} & e_{4,2} & e_{4,3} & e_{4,4} \end{pmatrix}
$$

이로부터 식 (2-30)의 $\frac{\partial l}{\partial p_{u,1}}$, $\frac{\partial l}{\partial p_{u,2}}$, $\frac{\partial l}{\partial q_{1,i}}$, $\frac{\partial l}{\partial q_{2,i}}$ 의 계산 결과는 다음과 같이 다시 쓸 수 있습니다.

$$
\frac{\partial l}{\partial p_{u,1}} = -2\left\{r_{u,i} - (p_{u,1}q_{1,i} + p_{u,2}q_{2,i})\right\} q_{1,i} = -2e_{u,i}q_{1,i}
$$

$$
\frac{\partial l}{\partial p_{u,2}} = -2\left\{r_{u,i} - (p_{u,1}q_{1,i} + p_{u,2}q_{2,i})\right\} q_{2,i} = -2e_{u,i}q_{2,i}
$$

$$\frac{\partial l}{\partial q_{1,i}} = -2\left\{r_{u,i} - (p_{u,1}q_{1,i} + p_{u,2}q_{2,i})\right\}p_{u,1} = -2e_{u,i}p_{u,1}$$

$$\frac{\partial l}{\partial q_{2,i}} = -2\left\{r_{u,i} - (p_{u,1}q_{1,i} + p_{u,2}q_{2,i})\right\}p_{u,2} = -2e_{u,i}p_{u,2}$$

게다가 이 미분 계산 결과에 Σ를 사용하면, 원래의 손실 함수 $L$ (2–26)의 미분 결과를 도출할 수 있습니다. $\frac{\partial l}{\partial p_{u,1}}$, $\frac{\partial l}{\partial p_{u,2}}$, $\frac{\partial l}{\partial q_{1,i}}$, $\frac{\partial l}{\partial q_{2,i}}$ 에는 문자 $u$, $i$가 포함되어 있지만, 각각 1부터 4까지의 값을 취합니다. 예를 들어 $\frac{\partial l}{\partial p_{u,1}} = -2e_{u,i}q_{1,i}$ 라고 하면, $p_{u,1}$에 대해 미분하고 있으므로 $u$는 고정되어 있지만, 우변의 $-2e_{u,i}q_{1,i}$ 에서 $i$는 1부터 4 중 하나의 값을 가지게 됩니다. 따라서 $i$에 대해 총합을 취하면 다음과 같이 쓸 수 있습니다. 좌변의 편미분 대상이 $l$ (2–26′)에서 $L$ (2–26)으로 바뀌는 점에 주의해야 합니다.

$$\frac{\partial L}{\partial p_{u,1}} = -2\sum_{i=1}^{4} e_{u,i}q_{1,i}$$

마찬가지로 $\frac{\partial l}{\partial p_{u,1}}$, $\frac{\partial l}{\partial p_{u,2}}$, $\frac{\partial l}{\partial q_{1,i}}$, $\frac{\partial l}{\partial q_{2,i}}$ 각 경우에 대해 총합을 취하면, 손실 함수 $L$에 대한 편미분은 다음과 같이 Σ를 사용해 표현할 수 있습니다.

$$\frac{\partial L}{\partial p_{u,1}} = -2\sum_{i=1}^{4} e_{u,i}q_{1,i}, \quad \frac{\partial L}{\partial p_{u,2}} = -2\sum_{i=1}^{4} e_{u,i}q_{2,i}$$

$$\frac{\partial L}{\partial q_{1,i}} = -2\sum_{u=1}^{4} e_{u,i}p_{u,1}, \quad \frac{\partial L}{\partial q_{2,i}} = -2\sum_{u=1}^{4} e_{u,i}p_{u,2}$$

또한 1 또는 2의 값을 가지는 문자 $k$를 사용함으로써, 이 네 개의 식은 두 개의 식 (2–31)로 집약할 수 있습니다.[19] 이로써 사용자 요인 행렬과 상품 요인 행렬의 각 요소에 대해 손실 함수 $L$을 편미분한 결과를 도출했습니다.

19 $k$는 Σ에 의해 합해지는 대상이 아니라, $k = 1$, 2의 경우를 구분하기 위해 사용된 것이므로 유의하기 바랍니다.

$$\frac{\partial L}{\partial p_{u,k}} = -2\sum_{i=1}^{4} e_{u,i} q_{k,i}, \quad \frac{\partial L}{\partial q_{k,i}} = -2\sum_{u=1}^{4} e_{u,i} p_{u,k} \tag{2-31}$$

이 두 개의 수식에 도달하기까지 짧지 않은 과정을 거쳤습니다. 지금까지의 흐름을 그림으로 나타내면 다음과 같습니다.

$$\frac{\partial l}{\partial p_{u,1}} = -2\{r_{u,i} - (p_{u,1}q_{1,i} + p_{u,2}q_{2,i})\}\, q_{1,i} \Rightarrow \frac{\partial L}{\partial p_{u,1}} = -2\sum_{i=1}^{4} e_{u,i} q_{1,i}$$

$$\frac{\partial l}{\partial p_{u,2}} = -2\{r_{u,i} - (p_{u,1}q_{1,i} + p_{u,2}q_{2,i})\}\, q_{2,i} \Rightarrow \frac{\partial L}{\partial p_{u,2}} = -2\sum_{i=1}^{4} e_{u,i} q_{2,i}$$

$$\frac{\partial L}{\partial p_{u,k}} = -2\sum_{i=1}^{4} e_{u,i} q_{k,i}$$

$$\frac{\partial l}{\partial q_{1,i}} = -2\{r_{u,i} - (p_{u,1}q_{1,i} + p_{u,2}q_{2,i})\}\, p_{u,1} \Rightarrow \frac{\partial L}{\partial q_{1,i}} = -2\sum_{u=1}^{4} e_{u,i} p_{u,1}$$

$$\frac{\partial l}{\partial q_{2,i}} = -2\{r_{u,i} - (p_{u,1}q_{1,i} + p_{u,2}q_{2,i})\}\, p_{u,2} \Rightarrow \frac{\partial L}{\partial q_{2,i}} = -2\sum_{u=1}^{4} e_{u,i} p_{u,2}$$

$$\frac{\partial L}{\partial q_{k,i}} = -2\sum_{u=1}^{4} e_{u,i} p_{u,k}$$

**그림 2-46** 편미분 계산을 합의 기호 Σ로 정리한 결과

여기까지 편미분한 수식을 문자나 Σ 기호를 사용하여 정리해 나가는 과정을 자세히 설명했습니다. 수학적 사고에 익숙하지 않은 분들에게는 낯설고 당황스러울 수 있지만, 이 과정은 수학적 모델을 설계할 때 반드시 필요한 방법이며, 수학적 사고력을 기르는 데에도 아주 좋은 소재입니다. 문자가 많아 익숙해지기 전까지는 이해하기 어려울 수도 있지만, 순서를 따라가며 읽으면 반드시 이해할 수 있을 것입니다. 또한 이러한 수학적 사고는 다른 전문 서적을 읽고 해석하는 데에도 큰 도움이 됩니다.

## 2.17 경사 하강법: 예측값 추정하기

이번 장의 마무리 단계입니다. 앞 절에서 도출한 식 (2–31)을 바탕으로 경사 하강법을 이용해 손실 함수를 최소화하기 위한 사용자 요인 행렬과 상품 요인 행렬의 각 요소에 대한 갱신식을 정의합니다.

**정보 공학적 접근 방식**

**손실 함수의 편미분 계산:**

$$\frac{\partial L}{\partial p_{u,k}} = -2\sum_{i=1}^{4} e_{u,i}q_{k,i}$$

$$\frac{\partial L}{\partial q_{k,i}} = -2\sum_{u=1}^{4} e_{u,i}p_{u,k}$$

$e_{u,i}$ : 잔차 행렬 $\boldsymbol{E}$의 $u$행 $i$열 원소
$p_{u,k}$ : 사용자 요인 행렬 $\boldsymbol{P}$의 $u$행 $k$열 원소
$q_{k,i}$ : 상품 요인 행렬 $\boldsymbol{Q}$의 $k$행 $i$열 원소

**응용**

**경사하강법에 의한 사용자 행렬 / 상품 행렬의 각 성분 갱신식**

$$p_{u,k}^{(n)} = p_{u,k}^{(n-1)} + 2\eta\sum_{i=1}^{4} e_{u,i}q_{k,i}^{(n-1)}$$

$$q_{k,i}^{(n)} = q_{k,i}^{(n-1)} + 2\eta\sum_{u=1}^{4} e_{u,i}p_{u,k}^{(n-1)}$$

$n$ : 자연수
$p_{u,k}^{(n)}$ : $n$회 갱신 후 사용자 요인 행렬 $\boldsymbol{P}$의 $u$행 $k$열의 원소
$q_{k,i}^{(n)}$ : $n$회 갱신 후 상품 요인 행렬 $\boldsymbol{Q}$의 $k$행 $i$열의 원소

그림 2-47 설명 방식

최소화하고 싶은 손실 함수는 다음이었습니다.

$$L = \sum_{u=1}^{4}\sum_{i=1}^{4}\left\{r_{u,i} - \left(\sum_{d=1}^{2} p_{u,d}q_{d,i}\right)\right\}^2 \qquad \text{(2-26)}$$

앞 절에서 편미분했던 $l$은 손실 함수 $L$에서의 각 요소에 대한 편미분 계산이었지만, 원래 목적은 손실 함수 $L$을 최소화하기 위해 행렬 $\boldsymbol{P}$, $\boldsymbol{Q}$의 모든 요소를 구하는 것입니다. 하지만 각 요소를 한 번씩만 편미분한다고 해서 손실 함수를 최소화할 수는 없습니다. 뒤에서 다시 설명하겠지만, 일반적으로 최적화 문제를 해결하려면 수천 번에서 수만 번 정도의 편미분 계산을 반복해야 합니다. 이제부터 설명할 **경사 하강법**을 통해 손실 함수를 최소로 하는 행렬 $\boldsymbol{P}$, $\boldsymbol{Q}$의 각 요소를 해석적으로 구합니다.

각 성분에 대해 편미분을 수행하기 위해 기초가 되었던 식 (2–26′)는 다음과 같습니다.

$$l = \left\{ r_{u,i} - \left( \sum_{d=1}^{2} p_{u,d} q_{d,i} \right) \right\}^2 \quad \text{(2-26')}$$

이 수식을 편미분하면 앞에서 설명한 대로 기울기, 즉 변화율이 계산됩니다. 여기서 유도된 손실 함수 $L$의 편미분을 나타내는 식 (2−31)을 다시 살펴봅시다. $k$는 1 또는 2의 값을 갖습니다. 해석하고자 하는 4개의 미지수가 $p_{u,1}$, $p_{u,2}$, $q_{1,i}$, $q_{2,i}$였다는 것을 떠올리며 식 (2−31)을 확인하기 바랍니다.

$$\frac{\partial L}{\partial p_{u,k}} = -2 \sum_{i=1}^{4} e_{u,i} q_{k,i}, \quad \frac{\partial L}{\partial q_{k,i}} = -2 \sum_{u=1}^{4} e_{u,i} p_{u,k} \quad \text{(2-31)}$$

여기서 각 기울기, 즉 $\frac{\partial L}{\partial p_{u,k}}$과 $\frac{\partial L}{\partial q_{k,i}}$의 값이 0보다 크거나 작다면 아직 최소화할 여지가 있다는 뜻입니다. 다시 말해 최소화하기 위해서는 기울어져 있는 방향으로 $p_{u,k}$, $q_{k,i}$를 조정해서 접선의 기울기를 0에 가깝게 만들면 됩니다. 예를 들어 $L$을 $p_{u,k}$로 편미분한 계산 결과가 양수라면, 접선은 오른쪽 위에서 왼쪽 아래로 기울어져 있는 상태입니다. 이 경우 $p_{u,k}$의 값을 줄여야 합니다.

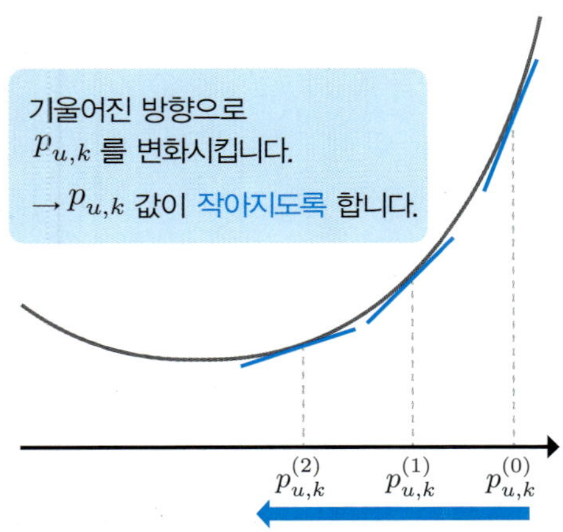


**그림 2-48** 기울기가 양의 방향이면 $p_{u,k}$ 값이 작아지도록 합니다.

반대로 편미분한 계산 결과가 음수라면 접선은 왼쪽 위에서 오른쪽 아래로 기울어져 있습니다. 이 경우에는 $p_{u,k}$ 값을 키워야 합니다.

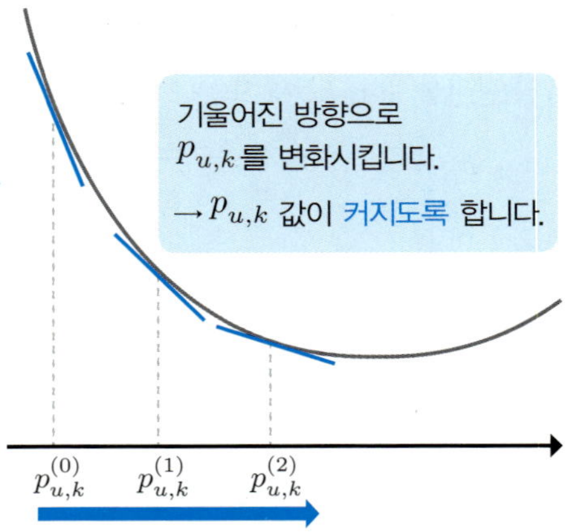


**그림 2-49** 기울기가 음의 방향이면 $p_{u,k}$ 값은 커지도록 합니다.

이와 같은 계산을 구현하는 수학적 모델을 설계합니다. 편미분한 계산 결과를 활용해서 $p_{u,k}$의 초깃값을 $p_{u,k}^{(0)}$, 이동 후의 $p_{u,k}$의 값을 $p_{u,k}^{(1)}$라고 하면, $p_{u,k}^{(1)}$는 $p_{u,k}^{(0)}$에서 $\frac{\partial L}{\partial p_{u,k}^{(0)}}$을 뺀 값입니다.[20] 따라서 다음과 같은 수학적 모델을 설계할 수 있습니다. 이처럼 반복되는 계산을 통해 값을 최적화해 나가는 식을 **갱신식**이라고도 합니다.

$$\begin{aligned} p_{u,k}^{(1)} &= p_{u,k}^{(0)} - \eta \cdot \frac{\partial L}{\partial p_{u,k}^{(0)}} \\ &= p_{u,k}^{(0)} - \eta \left( -2 \sum_{i=1}^{4} e_{u,i} q_{k,i}^{(0)} \right) \\ &= p_{u,k}^{(0)} + 2\eta \sum_{i=1}^{4} e_{u,i} q_{k,i}^{(0)} \end{aligned}$$

여기서 $\eta$(에타eta)는 **학습률**이라 부르는 하이퍼파라미터로, 편미분된 값을 얼마나 반영할지를

---

20 편미분의 계산 결과가 양이라면, 곡선이 오른쪽에서 왼쪽으로 이동하므로, 단순히 계산하면 $p_{u,k}$의 값은 왼쪽으로 이동합니다. 반대로 편미분 계산의 결과가 음의 값이라면, 곡선이 왼쪽에서 오른쪽으로 이동하므로, 음의 값을 빼는 계산을 통해 결과적으로 값을 더하게 되어 $p_{u,k}$의 값은 오른쪽으로 이동합니다.

조정하는 역할을 합니다. [그림 2-50]에서 보이는 것처럼, 편미분 계산 결괏값이 너무 클 경우, 학습률 $\eta$를 사용하지 않으면 최솟값이 되는 $p_{u,k}$의 값을 뛰어넘을 가능성이 있습니다.

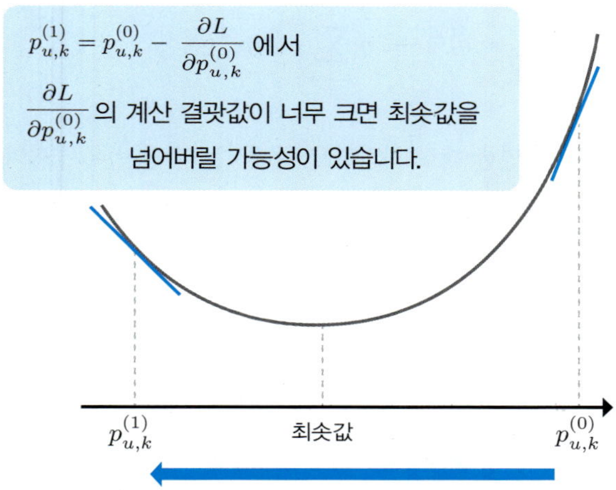


그림 2-50 학습률 η가 필요한 이유

마찬가지로 $q_{k,i}$의 초깃값을 $q_{k,i}^{(0)}$ 이동 후의 $q_{k,i}$의 값을 $q_{k,i}^{(1)}$ 라고 하면 다음과 같은 수학적 모델을 설계할 수 있습니다.

$$\begin{aligned} q_{k,i}^{(1)} &= q_{k,i}^{(0)} - \eta \cdot \frac{\partial L}{\partial q_{k,i}^{(0)}} \\ &= q_{k,i}^{(0)} - \eta \left( -2 \sum_{u=1}^{4} e_{u,i} p_{u,k}^{(0)} \right) \\ &= q_{k,i}^{(0)} + 2\eta \sum_{u=1}^{4} e_{u,i} p_{u,k}^{(0)} \end{aligned}$$

여기서 $p_{u,k}^{(1)}$와 $q_{k,i}^{(1)}$ 의 계산식이 $p_{u,k}^{(0)}$, $q_{k,i}^{(0)}$를 포함하고 있다는 사실에 주의해서 정리하면 다음과 같은 결과를 얻습니다.

$$p_{u,k}^{(1)} = p_{u,k}^{(0)} + 2\eta \sum_{i=1}^{4} e_{u,i} q_{k,i}^{(0)}, \quad q_{k,i}^{(1)} = q_{k,i}^{(0)} + 2\eta \sum_{u=1}^{4} e_{u,i} p_{u,k}^{(0)} \qquad (2\text{-}32)$$

위와 같은 시행을 여러 번 반복하면 $p_{u,k}$, $q_{k,i}$ 값을 최적화할 수 있습니다. 예를 들어 $p_{u,k}^{(2)}$ 와 $q_{k,i}^{(2)}$ 는 위의 계산 결과를 다시 사용해서 다음과 같이 계산할 수 있습니다.

$$p_{u,k}^{(2)} = p_{u,k}^{(1)} + 2\eta \sum_{i=1}^{4} e_{u,i} q_{k,i}^{(1)}, \quad q_{k,i}^{(2)} = q_{k,i}^{(1)} + 2\eta \sum_{u=1}^{4} e_{u,i} p_{u,k}^{(1)}$$

이후에는 오직 이 계산을 반복합니다. 앞서 설명한 대로 최적화를 위해서는 수천 번에서 많게는 수만 번의 편미분 계산이 반복됩니다. 이 반복 과정을 [그림 2-51]을 통해 확인해 보세요.

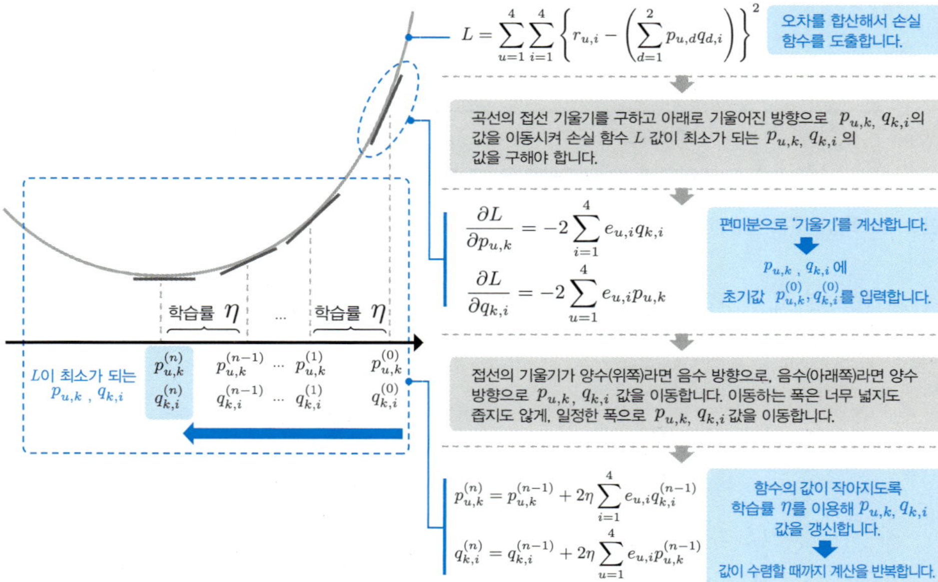


**그림 2-51** 경사 하강법의 계산 개요

$n$을 자연수라고 하면, $n$회 갱신을 수행한 $p_{u,k}^{(n)}$ 와 $q_{k,i}^{(n)}$ 는 다음 수식처럼 쓸 수 있습니다. 이것이 사용자 요인 행렬과 상품 요인 행렬의 각 요소에 대해 **일반화**된 갱신식입니다.[21]

$$p_{u,k}^{(n)} = p_{u,k}^{(n-1)} + 2\eta \sum_{i=1}^{4} e_{u,i} q_{k,i}^{(n-1)}, \quad q_{k,i}^{(n)} = q_{k,i}^{(n-1)} + 2\eta \sum_{u=1}^{4} e_{u,i} p_{u,k}^{(n-1)}$$

---

21 Σ의 상한을 숫자로 명시하지 않고, 상품 수를 의미하는 $I$나 사용자 수를 의미하는 $U$로 대체하는 것이 가장 일반적입니다.

## 2.18 경사 하강법의 계산 예시

지금까지 도출해 온 내용을 바탕으로 실제로 경사 하강법을 계산해 봅시다. 보통은 프로그래밍을 통해 계산하지만, 이 책은 수학적인 이해를 목표로 삼고 있기 때문에 구체적인 계산 과정을 가능한 한 자세히 설명합니다. 여기서도 평가 행렬(식 (2−16))을 사용합니다.

$$\boldsymbol{R} = \begin{pmatrix} 2 & 3 & 0 & 5 \\ 2 & 5 & 0 & 5 \\ 0 & 3 & 4 & 4 \\ 4 & 2 & 3 & 0 \end{pmatrix} \tag{2-16}$$

앞서 경사 하강법을 계산할 때 초깃값을 $p_{u,k}^{(0)}$ 와 $q_{k,i}^{(0)}$ 로 설정한 것처럼 초깃값을 설정한 후 계산을 시작합니다. 초깃값은 보통 무작위입니다. 예를 들어 다음과 같은 행렬 $\boldsymbol{P}$, $\boldsymbol{Q}$가 초깃값으로 설정되었다고 가정해 봅시다.

$$\boldsymbol{P} = \begin{pmatrix} 0.37 & 0.95 \\ 0.73 & 0.60 \\ 0.16 & 0.16 \\ 0.06 & 0.87 \end{pmatrix},$$

$$\boldsymbol{Q} = \begin{pmatrix} 0.60 & 0.71 & 0.02 & 0.97 \\ 0.83 & 0.21 & 0.18 & 0.18 \end{pmatrix}$$

행렬 $\boldsymbol{P}$, $\boldsymbol{Q}$의 곱을 계산합니다. 이때 기억해야 할 점은 $\boldsymbol{PQ}$는 평가값 $\boldsymbol{R}$의 예측값 $\hat{\boldsymbol{R}}$을 나타낸다는 것입니다. 계산 결과는 다음과 같습니다.

$$\hat{\boldsymbol{R}} = \boldsymbol{PQ} = \begin{pmatrix} 1.01 & 0.46 & 0.18 & 0.53 \\ 0.94 & 0.64 & 0.12 & 0.82 \\ 0.23 & 0.15 & 0.03 & 0.18 \\ 0.76 & 0.23 & 0.16 & 0.21 \end{pmatrix}$$

이때 잔차 행렬 $\boldsymbol{E}$는 다음과 같습니다. 참고로 평가 행렬 $\boldsymbol{R}$에서 결손된 부분은 계산하지 않습니다.[22] 계산하지 않은 부분은 –로 표기합니다. 물론, 평가 행렬 $\boldsymbol{R}$과 예측값 $\widehat{\boldsymbol{R}}$의 차이는 아직 커 보입니다.

$$
\begin{aligned}
\boldsymbol{E} = \boldsymbol{R} - \widehat{\boldsymbol{R}} &= \begin{pmatrix} 2 & 3 & 0 & 5 \\ 2 & 5 & 0 & 5 \\ 0 & 3 & 4 & 4 \\ 4 & 2 & 3 & 0 \end{pmatrix} - \begin{pmatrix} 1.01 & 0.46 & 0.18 & 0.53 \\ 0.94 & 0.64 & 0.12 & 0.82 \\ 0.23 & 0.15 & 0.03 & 0.18 \\ 0.76 & 0.23 & 0.16 & 0.21 \end{pmatrix} \\
&= \begin{pmatrix} 0.99 & 2.54 & - & 4.47 \\ 1.06 & 4.36 & - & 4.18 \\ - & 2.85 & 3.97 & 3.82 \\ 3.24 & 1.77 & 2.84 & - \end{pmatrix}
\end{aligned}
$$

이제 잔차 행렬 $\boldsymbol{E}$의 각 성분 제곱의 합을 계산해서 손실 함수의 값을 구해 봅시다.[23] 우리의 목표는 경사 하강법을 반복적으로 계산해서 제곱의 합을 가능한 한 작은 값으로 만드는 것입니다.

$$
L = \sum_{u=1}^{4} \sum_{i=1}^{4} \left\{ r_{u,i} - \left( \sum_{d=1}^{2} p_{u,d} q_{d,i} \right) \right\}^2 = \sum_{u=1}^{4} \sum_{i=1}^{4} {e_{u,i}}^2 \fallingdotseq 125.19
$$

다음으로 잔차 행렬 $\boldsymbol{E}$의 계산 결과를 활용해서 행렬 $\boldsymbol{P}$, $\boldsymbol{Q}$의 각 성분을 갱신한 값을 계산해 봅시다. 모든 요소에 대해 계산 과정을 넣기에는 너무 길어지므로 여기서는 갱신 후의 $p_{1,1}^{(1)}$과 $q_{1,1}^{(1)}$을 계산해 봅니다. 학습률은 $\eta = 0.01$로 설정합니다.

22 여기서 사용할 수 있는 접근법에는 여러 가지가 있지만, 이 책에서는 결손값에 대해 잔차 행렬을 계산하지 않는 방법으로 수학적 모델을 설계했습니다. 이 지점을 고려한다면 당연히 행렬 $\boldsymbol{P}$, $\boldsymbol{Q}$의 각 성분을 갱신할 때, 잔차 행렬 $\boldsymbol{E}$의 계산 결과로부터 분명히 $e_{1,3}$, $e_{2,3}$, $e_{3,1}$, $e_{4,4}$의 값이 없는 상태에서 행렬 $\boldsymbol{P}$, $\boldsymbol{Q}$의 각 성분이 갱신됩니다. 하지만 설계된 갱신식으로도 문제없이 각 요소의 최적화가 가능하다는 점을 확인해 주세요.

23 각 성분의 차의 제곱합을 프로베니우스 노름의 제곱합이라고 부르기도 합니다.

$$
\begin{aligned}
p_{1,1}^{(1)} &= p_{1,1}^{(0)} + 2\eta \sum_{i=1}^{4} e_{1,i} q_{1,i}^{(0)} \\
&= 0.37 + 2 \times 0.01 \{0.99 \times 0.60 + 2.54 \times 0.71 + 4.47 \times 0.97\} \\
&\fallingdotseq 0.51
\end{aligned}
$$

$$
\begin{aligned}
q_{1,1}^{(1)} &= q_{1,1}^{(0)} + 2\eta \sum_{u=1}^{4} e_{u,1} p_{u,1}^{(0)} \\
&= 0.60 + 2 \times 0.01 \{0.99 \times 0.37 + 1.06 \times 0.73 + 3.24 \times 0.06\} \\
&\fallingdotseq 0.63
\end{aligned}
$$

행렬 $\boldsymbol{P}$, $\boldsymbol{Q}$의 각 성분에 대해 이와 같은 계산을 1회 끝내면 행렬 $\boldsymbol{P}$, $\boldsymbol{Q}$와 행렬의 곱 $\boldsymbol{PQ}$는 다음과 같습니다.

$$
\boldsymbol{P} = \begin{pmatrix} 0.51 & 0.99 \\ 0.89 & 0.66 \\ 0.28 & 0.21 \\ 0.13 & 0.94 \end{pmatrix}, \qquad \boldsymbol{Q} = \begin{pmatrix} 0.63 & 0.81 & 0.04 & 1.11 \\ 0.92 & 0.36 & 0.25 & 0.34 \end{pmatrix}
$$

$$
\boldsymbol{PQ} = \begin{pmatrix} 1.24 & 0.77 & 0.27 & 0.90 \\ 1.17 & 0.96 & 0.20 & 1.21 \\ 0.37 & 0.31 & 0.07 & 0.39 \\ 0.95 & 0.44 & 0.24 & 0.46 \end{pmatrix}
$$

잔차 행렬 $\boldsymbol{E}$는 다음과 같습니다. 평가 행렬 $\boldsymbol{R}$에서 결손된 부분은 계산하지 않습니다.

$$
\boldsymbol{E} = \boldsymbol{R} - \widehat{\boldsymbol{R}} = \begin{pmatrix} 0.76 & 2.23 & - & 4.10 \\ 0.83 & 4.04 & - & 3.79 \\ - & 2.69 & 3.93 & 3.61 \\ 3.05 & 1.56 & 2.76 & - \end{pmatrix}
$$

여기서 잔차 행렬 $\boldsymbol{E}$의 각 성분 제곱의 합을 계산하면 손실 함수는 다음과 같이 계산됩니다.

$$L = \sum_{u=1}^{4} \sum_{i=1}^{4} {e_{u,i}}^2 \fallingdotseq 108.80$$

1회차 값인 125.19에 비해 작아졌습니다. 오차가 줄어들고 있다고 볼 수 있습니다.

이제 이와 같은 계산을 계속 반복하면 됩니다. 시범적으로 10,000번 반복해서 얻은 행렬 $\boldsymbol{P}$, $\boldsymbol{Q}$와 예측값 행렬 $\hat{\boldsymbol{R}}$은 다음과 같습니다.

$$\boldsymbol{P} = \begin{pmatrix} 1.25 & 1.19 \\ 2.36 & 0.84 \\ 1.33 & 0.85 \\ 0.29 & 3.09 \end{pmatrix}, \quad \boldsymbol{Q} = \begin{pmatrix} 0.40 & 1.96 & 2.54 & 1.01 \\ 1.26 & 0.46 & 0.73 & 3.14 \end{pmatrix}$$

$$\hat{\boldsymbol{R}} = \boldsymbol{PQ} = \begin{pmatrix} 2.00 & 3.00 & 4.05 & 5.00 \\ 2.00 & 5.00 & 5.00 & 5.00 \\ 1.60 & 3.00 & 4.00 & 4.00 \\ 4.00 & 2.00 & 3.00 & 5.00 \end{pmatrix}$$

도출된 $\boldsymbol{PQ}$에는 결손값이 모두 계산되어 있는 것을 확인해 주세요. 이번 예시에서는 잔차 행렬의 모든 성분이 0이 되었습니다.

$$\boldsymbol{E} = \boldsymbol{R} - \hat{\boldsymbol{R}} = \begin{pmatrix} 0 & 0 & - & 0 \\ 0 & 0 & - & 0 \\ - & 0 & 0 & 0 \\ 0 & 0 & 0 & - \end{pmatrix}$$

여기서는 아주 작은 4×4 크기의 행렬을 다루고 있기 때문에 이러한 현상이 발생했으며, 실제로 이러한 일은 거의 발생하지 않습니다. 물론, 잔차 행렬 $\boldsymbol{E}$의 각 요소의 제곱합, 즉 손실 함수의 값은 0이 됩니다.

$$L = \sum_{u=1}^{4} \sum_{i=1}^{4} {e_{u,i}}^2 = 0$$

계산을 100회 실행할 동안 값의 추이를 그래프로 나타내면 [그림 2-52]와 같습니다. 약 10회 정도 경사 하강법을 반복하는 과정에서 값이 급격히 감소하고, 40회 정도부터는 거의 0에 가깝다는 것을 확인할 수 있습니다.

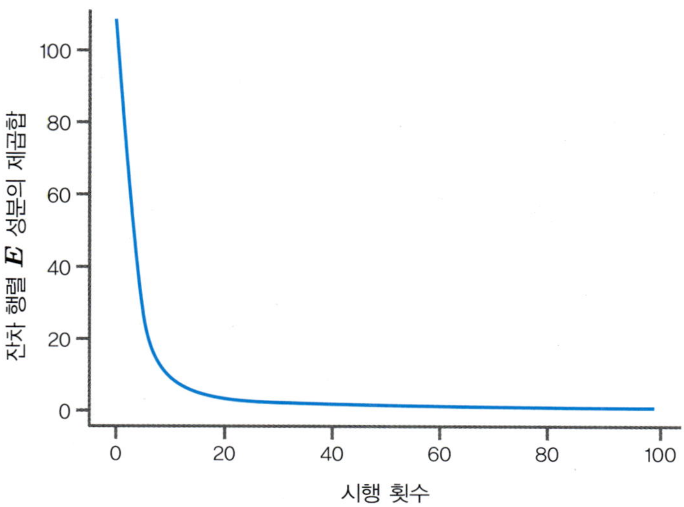


**그림 2-52** 100회 반복 시행한 손실값의 추이

## 2.19 협업 필터링과 행렬 인수 분해: 수학적 모델의 차이 살펴보기

지금까지 협업 필터링과 행렬 인수 분해 방법을 설명했는데, 결국 어떤 점이 다른지 두 방법을 비교하며 생각해 봅시다.

두 접근법은 결정적으로 결손값을 계산하는 '관점'이 다릅니다. 구체적으로는 관점이 미시적인가, 거시적인가의 차이입니다. 협업 필터링은 각 결손값에 대해서 평가값을 사용해 유사한 사용자나 상품을 특정하고, 개별적으로 결손값을 계산하는 방법입니다. 반면, 행렬 인수 분해는 사용자 요인 행렬과 상품 요인 행렬이라는 두 행렬 자체를 예측 대상으로 하는 최적화 문제로 귀결시켜 전체 결손값에 대한 예측값을 계산합니다.

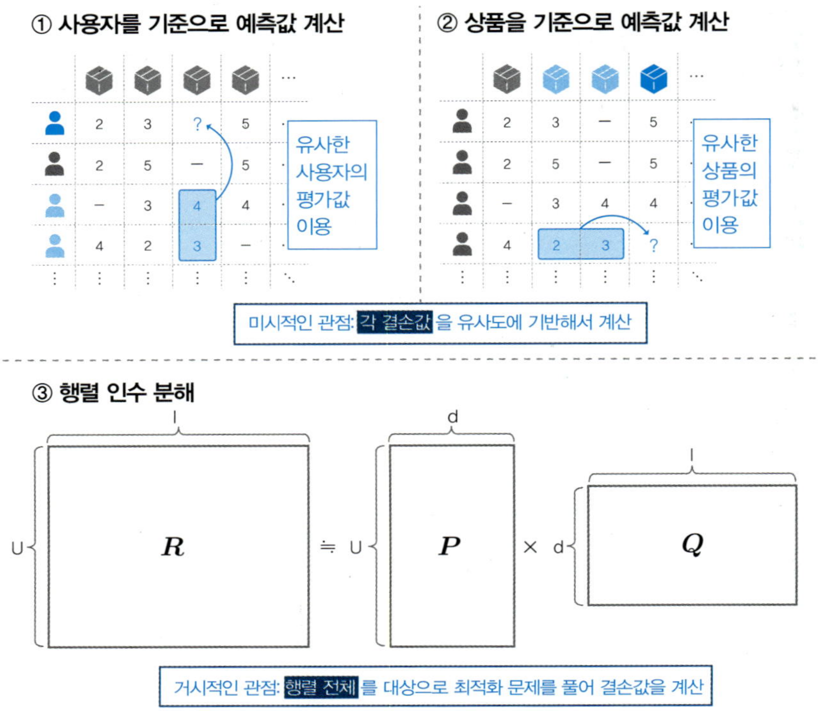


**그림 2-53** 결손값의 예측 방법에 따라 해석의 관점이 다릅니다.

두 방법의 출발점이 되는 것은 평가 행렬 $\boldsymbol{R}$입니다. 사용한 데이터는 완전히 동일하지만, 접근 방식의 차이로 인해 계산 방법이 달라졌습니다. 다시 말해 관점의 차이에 따라 고찰(분석) 과정이 매우 크게 달라질 수 있습니다. 매우 흥미로울 뿐만 아니라 학문적으로도 큰 의미를 지닌 주제가 아닐까요?

## 2.20 이 장의 핵심 내용

이 장에서는 우리가 일상적으로 혜택을 받고 있는 추천 시스템을 구현하는 데 사용되는 수학적인 방법을 알아봤습니다. 실무에서 AI를 활용하는 경우와 마찬가지로, AI를 구현하기 위한 수학적 모델을 검토할 때는 반드시 제공자와 사용자의 시선을 고려하며 검토해야 합니다. 이 장에서 세런디피티라는 관점도 언급하며, 이 점을 강조했습니다.

또한 관점에 따른 수학적 모델의 장단점을 제대로 파악해 보는 것도 이번 장에서 학습한 중요한 내용이었습니다. 실제로 기술적 특성에 대한 이해가 충분하지 않은 상태에서 실무가 진행되는 경우를 자주 목격합니다. 이러한 현상의 배경에는 이 책에서 거듭 강조하고 있는 수학적 사고력이 부족하기 때문이지 않을까 싶습니다.

수학적인 내용 측면에서는 행렬, 벡터, 삼각 함수, 미분과 같은 AI를 이해하는 데 반드시 필요한 개념이 등장했습니다. 이어지는 장에서도 계속 필요한 개념입니다. 지나칠 정도로 자세하게 설명한 손실 함수의 도출과 경사 하강법의 계산은 AI를 구현할 때 빠질 수 없는 수학적 모델의 사고방식이라고 해도 과언이 아닙니다.

AI를 구현하기 위해서는 **예측 모델**을 수학적 모델로 정의하고, 그 모델을 기반으로 한 **손실 함수**를 정의하며, 경사 하강법 등으로 **최적화 문제**를 해결하는 방법이 기본입니다. 이 과정에서 손실 함수를 최소화하는 방향으로 **가중치**와 **편향**bias, 즉 **파라미터**를 최적화해서 예측 모델의 정확도를 높이는 처리가 반복적으로 수행됩니다. 이번 장에서는 하이퍼파라미터가 등장하고 가중치나 편향은 사용하지 않았지만, 이어지는 3장과 4장에서는 이 파라미터가 중요한 역할을 합니다. 3장의 'Column: 파라미터와 편향'에서 자세히 설명할 예정입니다.

덧붙여 파라미터를 최적화하는 과정을 [그림 2-54]에서 확인할 수 있습니다. 이 책을 읽어가면서 이 그림이 어떤 의미를 지니는지 점차 확실하게 이해하게 될 것입니다.

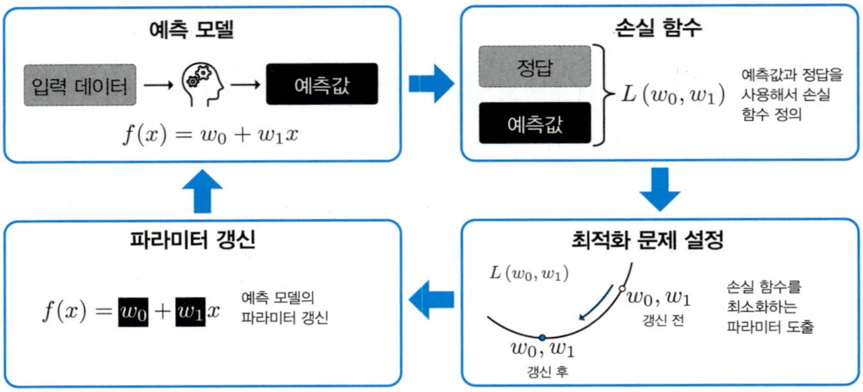


**그림 2-54** AI를 구현하기 위한 수학적 모델은 ① 예측 모델 설계 → ② 손실 함수 정의 → ③ 최적화 문제 설정 → ④ 파라미터 갱신, 네 가지 단계를 반복하며 정확도를 높여갑니다.

이 책의 궁극적인 목표는 수학적 방법이 구체적으로 실제로 어떤 방식으로 도움이 되는지를 익히며 수학적 사고력을 기르는 것입니다. 수학은 그 자체만 배우면 자칫 무미건조하게 느껴지기 쉬운데, 바로 이 점이 '수학 기피 현상'을 낳는 원인이라 생각합니다. 그러나 우리가 일상에서 접하는 서비스의 이면을 수학적으로 이해할 수 있다면, 세상을 한층 더 다양한 시각으로 바라보게 될 것입니다.

3장

# 이미지 분류에 활용되는 수학

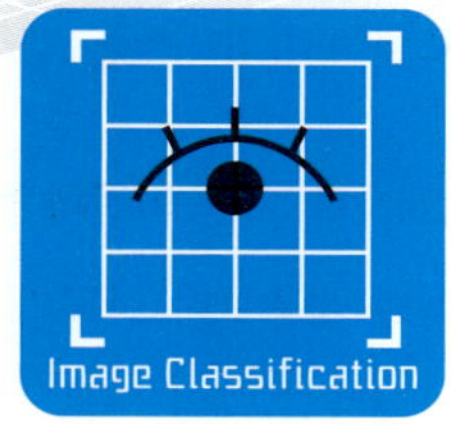


**Keyword**

딥러닝 / CNN / 오차 역전파법 / 소프트맥스 함수 / 로그 우도 함수 / 손실 함수 / 학습 / 파라미터 / 합성 함수의 미분(연쇄 법칙) / 자연 상수 / 곱셈 기호 $\Pi$

## 3.1 들어가며

스마트폰으로 촬영한 사진은 피사체(자신이나 가족, 친구)의 '얼굴'을 기준으로 자동으로 그룹화되고, 앱에서는 인물 앨범이 생성됩니다. 이는 **이미지 분류** 기술을 통해 제공되는 서비스입니다.[1] 이미지 분류는 **이미지 인식**의 한 부분이며 이미지 속의 사물이나 인물 등을 특정 카테고리로 분류합니다. 이외에도 얼굴 인식을 통한 잠금 해제나 환부 증상 인식, 차량에 장착된 카메라를 이용한 전방 사물 탐지 등 다양한 용도에 활용됩니다.

이번 장에서는 이미지 분류를 구현하는 수학적 방법의 기초를 이해하기 위해, 손 글씨 숫자를 인식하는 간단한 예제를 살펴봅니다. 손 글씨 숫자 '8'이 실제로 '8'인지 아닌지를 인식하는 수학적 모델을 다룹니다. 이미지를 분류하는 방법에는 여러 가지가 있지만, 여기서는 **딥러닝 모델** 중 하나인 **합성곱 신경망**convolutional neural network(CNN)을 이용한 이미지 분류 방법을 살펴봅니다. CNN은 이미지의 국소적인 특징을 잘 포착하는 모델이므로 이미지 분류에 적합합니다. 또한 이미지 분류의 정확도를 높이기 위한 **오차 역전파법**backpropagation에 관해서도 설명합

1 최근 스마트폰을 활용한 이미지 인식에는 CNN보다 트랜스포머 기술이 널리 활용되고 있습니다. 트랜스포머에 대해서는 다음 장에서 설명합니다.

니다. 오차 역전파법은 딥러닝 기반의 예측 모델이 출력한 결과와 정답 간의 **오차**를 활용해서 모델의 파라미터를 갱신하는 방법입니다.

CNN과 오차 역전파법을 이해하기 위해서는 학부 초년생 수준의 수학적 기초가 필요하므로 이전 내용보다 난도가 높습니다. 하지만 이번 장에서 배우게 될 수학은 매우 범용성이 높아 학습하고 나면 다른 분야를 이해할 때도 큰 도움이 됩니다. 예를 들어 오차 역전파법에서는 각 파라미터의 영향 범위를 고려한 미분으로서 **합성 함수의 미분**, 즉 **연쇄 법칙**이라 불리는 방법이 자주 등장합니다. 이 방법은 CNN뿐만 아니라 AI 분야라면 반드시 등장하고 활용되는 기본적인 개념입니다. 이번 장에서 등장하는 수학적 기법은 입문자도 혼자 읽고 학습할 수 있도록 공식 설명과 중간 계산 과정을 자세히 담았습니다.

이 책은 각 분야의 대표적인 수학적 기법을 통해 수학적 사고력을 기르는 것을 목표로 하고 있음을 다시 한번 강조합니다. 이미지 인식과 이미지 분류를 구현하는 방법은 다양하며 CNN은 여러 방법 중 하나일 뿐입니다. 이번 장의 내용만으로 이미지 분류에 대한 수학적 기법을 모두 다룰 수는 없지만, CNN과 오차 역전파법을 이해하는 과정을 통해 얻는 수학적 사고력은 매우 활용 가치가 있습니다. 여기서 소개하는 수학적 기법에 익숙해지면 딥러닝 모델의 구조를 해석하는 다른 전문 서적을 읽을 때도 분명히 도움이 될 것입니다.

## 3.2 CNN: 딥러닝 모델로 이미지 분류 구현하기

지금부터 딥러닝 모델 중 하나인 **합성곱 신경망(CNN)**에 관해 설명합니다. 또한 딥러닝 모델의 **학습 방법** 중 대표적인 방식인 **오차 역전파법**에 관해서도 설명합니다. 이번 장을 통해 AI가 작동하는 방식을 더욱 깊이 이해하게 될 것입니다. 참고로 AI의 학습 방법에 관해서는 3.5절의 'Column: 파라미터와 편향'을 참고해 주세요.

CNN의 수학적 설명에 들어가기 전에 전체적인 흐름을 먼저 파악해 봅시다. 이 장에서는 손글씨 숫자를 인식하는 **이미지 분류**를 다룹니다. [그림 3-1]과 같이 숫자를 정확하게 분류하는 이미지 분류 모델을 CNN으로 구현하는 방법을 자세히 살펴봅니다.

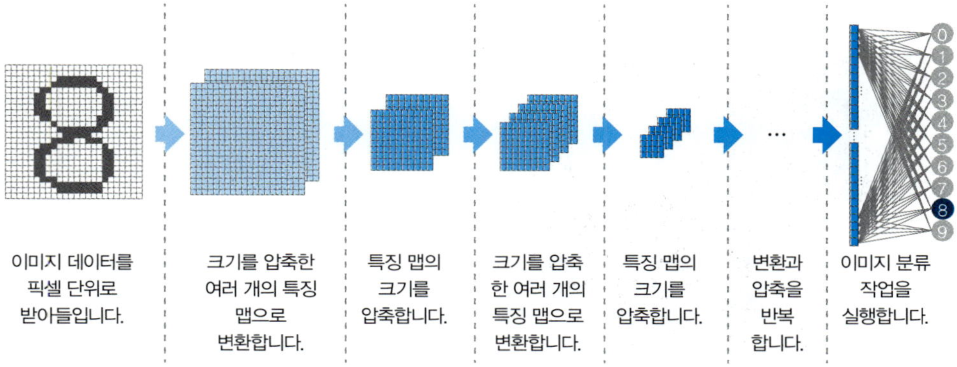


**그림 3-1** 이미지를 처리하고 분류하는 CNN의 구조

본격적인 설명에 앞서 먼저 전체적인 흐름을 이해하기 위해 [그림 3-1]을 간단하게 알아보겠습니다. 이미지 분류를 구현하기 위해서는 입력 데이터인 이미지 데이터의 구조를 고려할 필요가 있습니다. 이미지 데이터는 [그림 3-1] 첫 번째 단계에 있는 손 글씨 숫자 '8'처럼 가로×세로의 2차원 평면 안에 **화소** 또는 **픽셀**이라 부르는 작은 사각형들이 모여 있는 형태입니다. 픽셀들의 색 차이나 명암의 집합이 바로 이미지를 구성합니다. 이 이미지 데이터를 여러 개의 **특징 맵**이라고 하는, 이미지의 특징을 추출한 새로운 데이터로 변환합니다. 그리고 특징 맵에서 두드러지는 특징을 점차 좁혀가며 특징 맵을 압축합니다. CNN은 이와 같은 변환과 압축을 반복하며 이미지의 특징을 점차 추출해 나갑니다. 맨 마지막에는 압축된 특징으로 이미지를 분류하며, 여기서는 손 글씨 숫자가 0~9 중 어떤 숫자인지 분류합니다.

각 픽셀은 '색'이라는 중요한 정보를 담고 있습니다. 흑백 이미지라면 각 픽셀에 명암 정보가 담겨 있으며, 컬러 이미지의 경우에는 RGB(red/green/blue)의 세 가지 정보가 주어집니다. 따라서 이미지 데이터의 입력값이 흑백이면 2차원, 컬러 이미지라면 3차원 데이터가 됩니다.[2] 이번 장에서 사용할 손 글씨 이미지는 흑백에 해당합니다. [그림 3-2]처럼 이미지의 

2 흑백 이미지가 8비트라면, 픽셀의 밝기를 나타내는 정보는 0부터 255까지의 숫자로만 표현됩니다. 즉, 흑백 이미지는 이미지의 너비와 높이만으로 데이터 구조가 결정됩니다. 하지만 컬러 이미지는 일반적으로 RGB의 세 채널을 사용해서 정보를 표현합니다. 픽셀마다 세 값이 있기 때문에 컬러 이미지는 3차원 배열로 표현되며, 처음 두 차원은 이미지의 너비와 높이를, 세 번째 차원은 채널을 나타냅니다.

명암 정보가 0~255 사이의 값으로 표현됩니다. 각 픽셀의 값은 이미지 분류를 위해 중요한 데이터가 됩니다.

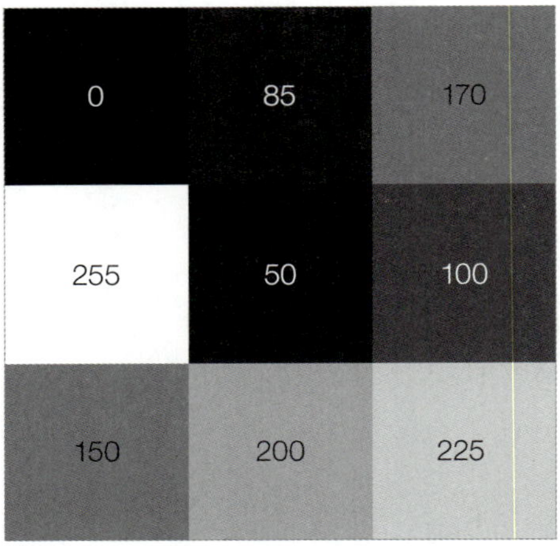


**그림 3-2** 흑백 이미지의 픽셀 정보

지금까지 이미지 데이터의 특징을 간단히 언급했지만, 한 번 더 강조하고 싶은 것은 데이터의 **차원**에 관한 내용입니다. 앞서 CNN의 전체 구조를 나타낸 [그림 3-1]의 마지막 단계에서 분류 작업을 수행할 때는 **소프트맥스 함수**(자세한 내용은 뒤에서 설명합니다)를 사용합니다. 소프트맥스 함수에서 다루는 데이터는 1차원이어야 합니다. 하지만 흑백 이미지는 2차원 데이터 구조를 가지므로 소프트맥스 함수의 입력 데이터로 바로 사용할 수 없습니다. 여기서는 CNN이 입력 데이터를 처리하는 과정에서 최종적으로 데이터를 1차원으로 변환할 필요가 있다는 점만 기억해 두기 바랍니다.

이제 [그림 3-1]에서 설명한 CNN의 전체 구조를 더욱 깊이 살펴보겠습니다. 이미지 데이터는 2차원 또는 3차원 구조입니다. 하지만 분류를 위해 데이터를 무작정 1차원으로 변환해 버리면 이미지가 가진 중요한 **특징량**feature은 손실됩니다. 이미지의 특징량이란 단순히 이미지의 픽셀이 가진 숫자뿐만 아니라 비슷한 값끼리 인접해 있는 등의 특징도 포함됩니다. 예를 들어 사람의 얼굴은 눈, 코, 입이 주요 특징입니다. 눈, 코, 입은 2차원 평면 위에서 일정한 거리 내에 모여 있으며, 위에서 아래로 정렬되어 있다는 공간적인 특징도 갖습니다. 이 특징들은 이미지를 2차원 또는 3차원으로 데이터를 인식하기 때문에 파악할 수 있는 정보입니다. 단순히 편의만을 위해 아무런 고려 없이 1차원으로 변환해 버리면, 이처럼 중요한 정보가 사라질 수 있으므로 사전에 적절한 처리가 먼저 이뤄져야 합니다.

이미지 데이터의 형태를 보존하면서 데이터를 처리하기 위해서는 **합성곱층**과 **풀링층**으로 CNN을 구성해야 합니다. [그림 3-1]에서는 이 층들에서 이뤄지는 처리를 '변환'과 '압축'이라는 용어로 설명했지만, CNN의 용어로 바꿔 말하면 **합성곱**과 **풀링**입니다. 합성곱은 입력 이미지의 특징을 추출해서 새로운 데이터(**특징 맵**)로 변환하는 작업을 수행합니다. 풀링은 변환된 특징 맵 데이터의 크기를 축소합니다. 합성곱과 풀링이 CNN의 주요 특징이라 할 수 있으며, CNN이라는 이름도 여기에서 유래합니다. 참고로 CNN의 C는 convolution, 즉 합성곱을 의미합니다.

합성곱과 풀링을 반복하고 나서 데이터를 1차원을 변환해야만 마지막 단계에서 소프트맥스 함수를 통과할 수 있습니다. 이를 위해 **출력층** 바로 앞에 **전결합층**을 추가하고, 여기서 데이터를 1차원으로 나열합니다. 이렇게 나열된 데이터를 기반으로 소프트맥스 함수가 이미지를 분류합니다. 여기까지 설명한 내용이 [그림 3-3]에 나와 있으며, 앞서 본 [그림 3-1]과 어떻게 대응하고 있는지도 확인해 보세요. 그림에 등장하는 용어들은 이어지는 절에서 자세히 설명합니다.

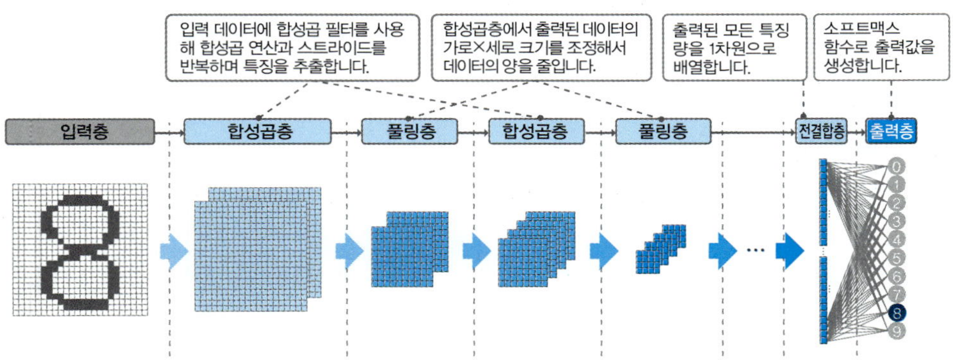


**그림 3-3** CNN의 특징: 합성곱층과 풀링층을 통해 데이터를 변환, 압축하는 처리를 반복하고, 출력층에서 이미지를 분류합니다.

이와 같이 CNN에서는 합성곱층과 풀링층을 반복적으로 적용해서 이미지 데이터를 처리하고 특징을 추출해 나갑니다. 그리고 전결합층에서 데이터를 1차원으로 나열한 후, 소프트맥스 함수를 사용해 출력층에서 이미지를 분류합니다. 다음 절부터는 수학적인 관점에서 이미지 분류 과정을 본격적으로 살펴봅니다.

## 3.3 CNN이 이미지 데이터를 처리하는 방식

0부터 9까지의 손 글씨 이미지를 인식하고 분류하는 방식을 살펴보며 CNN을 이해하는 것이 이 장의 목표입니다. 일상생활에서는 컬러 이미지를 주로 활용하지만, 수학적 사고력을 기르는 것이 우리의 목적이므로 CNN이 2차원 흑백 이미지 데이터를 처리하는 방식을 먼저 이해하는 것부터 시작해 봅시다. 컬러 이미지의 경우 차원이 하나 더 늘어나 계산 처리가 더 복잡해지지만, 본질적인 사고방식은 흑백 이미지와 동일합니다. 간단한 CNN 예시에 주목하면서 다음 용어들과 역할을 자세히 이해해 보겠습니다.

- **입력층:** 24×24 픽셀의 이미지 데이터를 입력 데이터로 사용합니다.
- **합성곱층(첫 번째):** 5×5 크기의 합성곱 필터 2장을 사용해서 합성곱을 계산합니다. 스트라이드 간격은 1로 설정합니다.
- **풀링층(첫 번째):** 2×2 필터로 처리하며 스트라이드 간격은 2로 설정합니다.
- **합성곱층(두 번째):** 3×3 크기의 합성곱 필터 8장을 사용해서 합성곱을 계산합니다. 스트라이드 간격은 1로 설정합니다.
- **풀링층(두 번째):** 2×2 필터로 처리하며 스트라이드 간격은 2로 설정합니다.
- **전결합층:** 특징량을 1차원으로 나열합니다.
- **출력층:** 소프트맥스 함수를 사용해서 입력 이미지가 0~9 중 어느 숫자인지를 예측합니다.

위의 내용을 [그림 3-4]와 함께 확인해 보세요. 이어지는 절부터는 각 구성 요소의 역할을 자세히 알아봅니다.

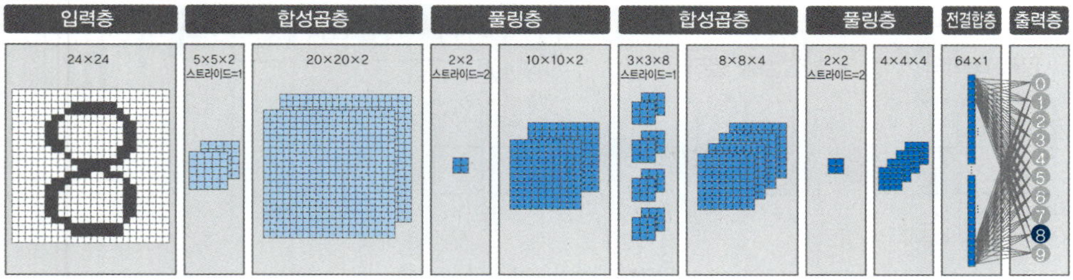


**그림 3-4** CNN의 개요

## 3.4 합성곱층과 풀링층: CNN 구조 이해하기

이제 **입력층**과 **합성곱층**에서 이뤄지는 구체적인 처리 과정을 살펴보겠습니다. 우선 작은 데이터로 이해해 봅시다. [그림 3-5]처럼 3×3 크기의 입력 데이터와 2×2 크기의 합성곱 필터가 한 개씩 있습니다.

**입력 데이터**

| | | |
|---|---|---|
| 1 | 1 | 0 |
| 0 | 2 | 1 |
| 3 | 0 | 1 |

**합성곱 필터**

| | |
|---|---|
| 1 | 0 |
| 0 | 2 |

**그림 3-5** 입력 데이터와 합성곱 필터

입력 데이터에서 숫자가 담긴 칸은 픽셀을 의미하고, 해당 값은 해당 픽셀이 가진 정보입니다. 실제로는 0~255 범위의 값을 갖지만, 여기서는 이해를 돕기 위해 한 자릿수의 값을 사용합니다. 합성곱층에서는 입력 데이터에 대해 오른쪽의 합성곱 필터를 사용해 **합성곱 연산**과 **스트라이드** 처리를 반복하고, 그 계산 결과에 **편향**을 더한 값을 출력합니다.

합성곱 연산은 입력 데이터에 합성곱 필터를 덧대서 차례로 움직여가며 곱셈을 계산한 다음, 그 총합을 계산합니다. 계산 예시를 [그림 3-6]에 나타냈으며, 그림 속의 * 기호는 합성곱 연산을 의미합니다.

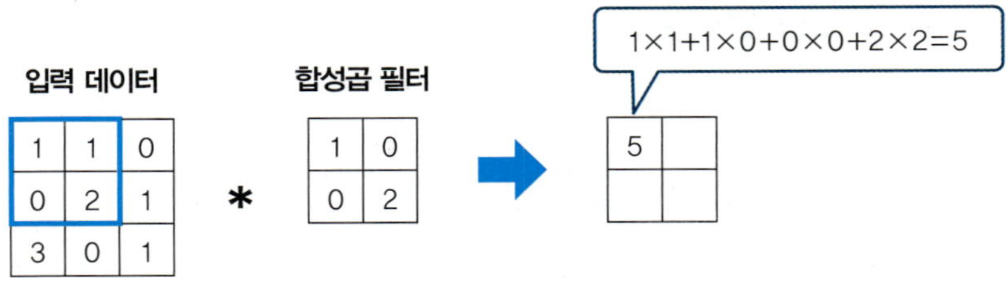


$$(\text{왼쪽 위}) = 1 \times 1 = 1$$
$$(\text{오른쪽 위}) = 1 \times 0 = 0$$
$$(\text{왼쪽 아래}) = 0 \times 0 = 0$$
$$(\text{오른쪽 아래}) = 2 \times 2 = 4$$
$$(\text{합계}) = 1 + 0 + 0 + 4 = 5$$

**그림 3-6** 합성곱층: 입력 데이터와 필터의 합성곱 연산 예시

[그림 3-6]에서 확인할 수 있듯이 합성곱 필터를 사용해 주변 픽셀이 가진 정보를 더해 나가기 때문에 데이터의 크기는 줄어듭니다. 이것이 합성곱 처리의 특징입니다.

다음으로 **스트라이드**stride란 합성곱 연산을 위해 필터를 일정 간격으로 이동시키는 것을 의미합니다. 예를 들어 스트라이드 간격을 1로 설정하면, [그림 3-7]과 같은 계산이 이뤄집니다.

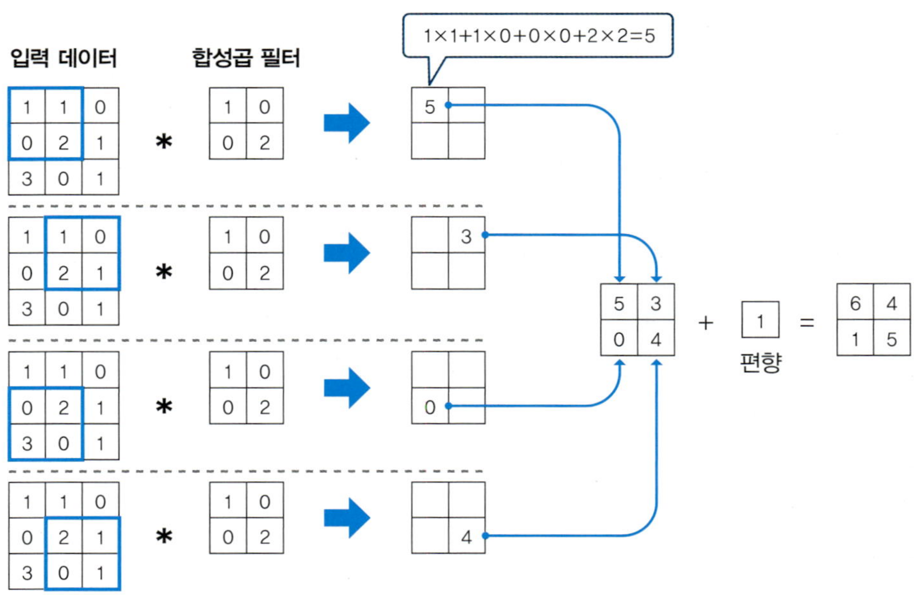


**그림 3-7** 합성곱층: 스트라이드 간격이 1일 때의 계산 과정과 편향

이제 스트라이드를 반복해서 얻은 합성곱 계산 결과에 편향 항을 더해 출력값을 얻습니다. 편향이란 [그림 3-7]에서 '편향'으로 표시된 부분으로, 예시에서는 계산된 각 값에 모두 1의 편향을 더했습니다. 결과는 그림 가장 오른쪽의 2×2 크기의 출력값이며, 이것이 바로 특징 맵입니다. 이렇게 입력 이미지의 원래 크기인 3×3보다 작은 2×2 크기로 데이터를 압축하면서도 원래 이미지가 갖는 특징을 뽑아 낼 수 있습니다.

다음으로 이어지는 **풀링층**에서는 합성곱층에서 출력된 데이터의 가로×세로 크기를 줄여 데이터 양을 더욱 줄입니다. 중요한 특징은 남기고, 그렇지 않은 특징은 제거하기 위해 이 장에서는 **최대 풀링**max pooling 방식을 사용합니다. 최대 풀링을 간단히 설명하자면, 특정 영역 안에서 가장 큰 값을 선택하는 연산입니다. 예를 들어 스트라이드 간격을 2로 설정하고 2×2 크기로 최대 풀링을 수행하면, 각 2×2 영역에서 가장 큰 특징값만 남겨 데이터의 크기를 줄입니다. 이 과정을 [그림 3-8]에 나타냈습니다. 그림에서는 4×4 출력값에 대해 2×2 크기의 최대 풀링을 수행하며 스트라이드 간격은 2입니다. 흑백 이미지라면 최대 풀링 처리를 통해 어두운(진한) 부분만 추출됩니다.

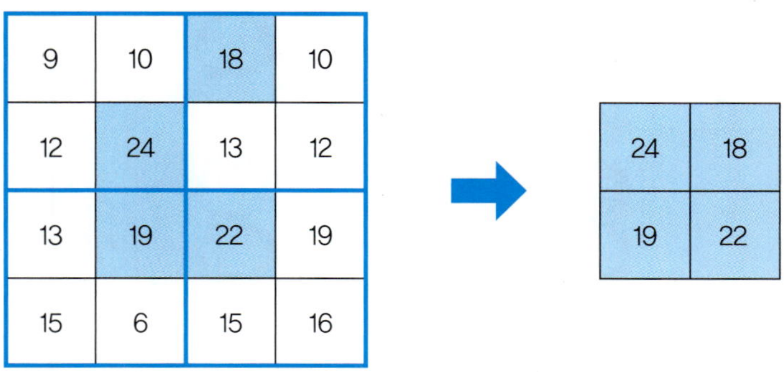


**그림 3-8** 풀링층: 최대 풀링 처리

## 3.5 가중치 파라미터와 편향: 이미지 데이터로 CNN의 처리 방식 이해하기

지금까지 작은 데이터를 살펴보며 합성곱층과 풀링층에 대해 간략히 설명했습니다. 그럼 이제 다시 손 글씨 예제로 돌아가겠습니다. 예제에서는 입력 데이터의 크기가 24×24 픽셀, 합성곱 필터는 5×5 크기입니다. 스트라이드 간격을 1로 설정했을 때 합성곱 필터가 적용된 모습은 [그림 3-9]와 같습니다. 필터가 한 픽셀씩 이동하며 계산하는 과정과 변환된 데이터의 크기가 20×20으로 줄어든 것을 함께 확인할 수 있습니다.

이제 계산 과정을 구체적으로 살펴보겠습니다. [그림 3-9]의 맨 왼쪽 위의 계산 과정을 확대하면 [그림 3-10]과 같습니다. 합성곱을 계산한 출력 데이터 크기는 [그림 3-10]의 오른쪽처럼 20×20입니다.

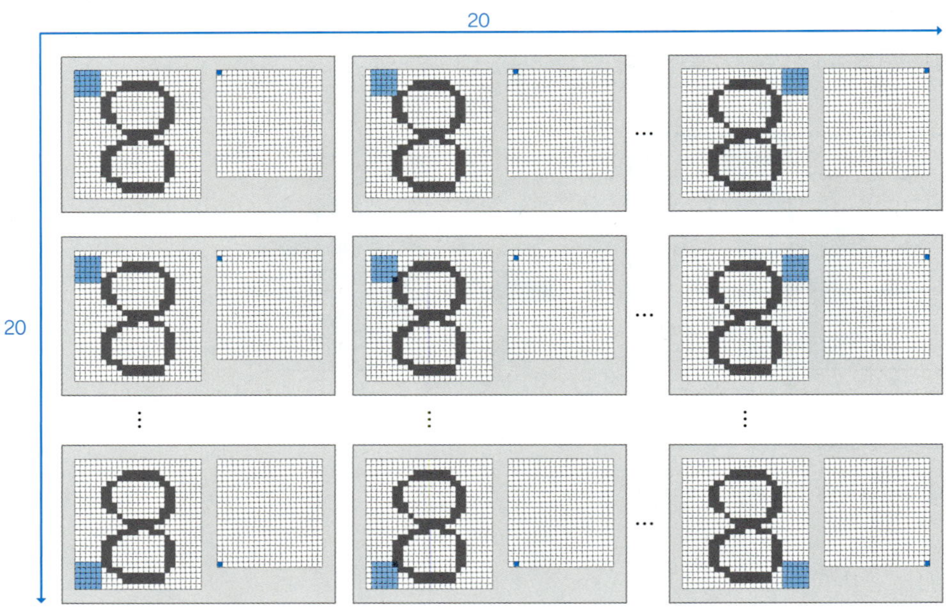


그림 3-9 풀링층: 스트라이드 간격을 1로 설정해서 합성곱 필터로 계산하는 과정

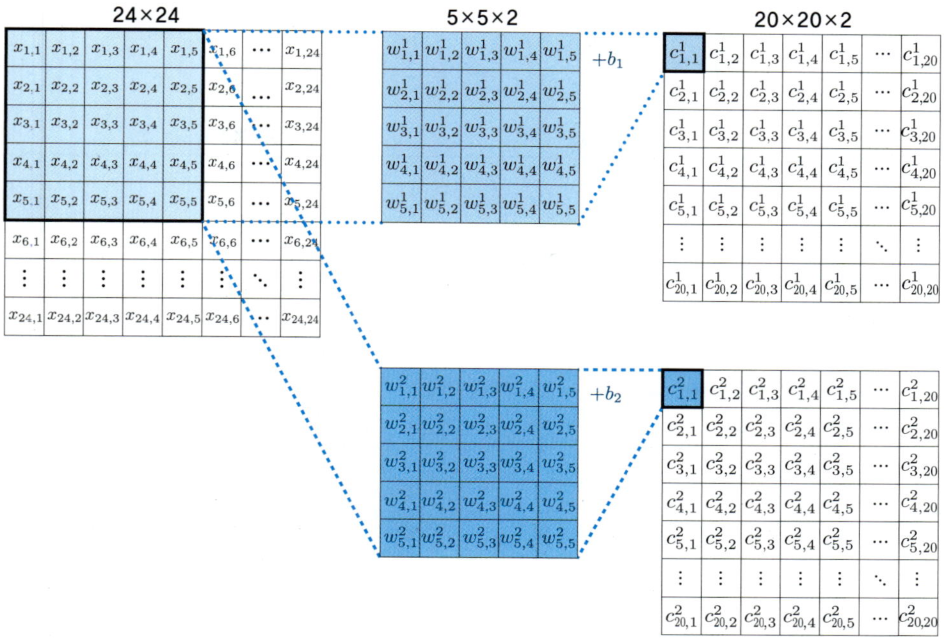

그림 3-10 합성곱층(첫 번째): 합성곱 필터를 통한 계산 과정

여기서 합성곱 필터 안에 표기된 $w$는 **가중치 파라미터**이며, 그 옆에 표기된 $b$는 **편향**입니다. 가중치 파라미터와 편향은 이미지 분류의 정확도에 영향을 미치며, 학습 방법(뒤에서 설명할 예정입니다)에 따라 값들이 갱신됩니다. 그림 안의 입력 데이터와 합성곱 필터에는 값들이 일일이 표기되어 있고 표기 규칙은 다음과 같습니다.

- $x_{i,j}$: 입력 데이터의 $i$행 $j$열의 데이터를 나타냅니다. 예를 들어 $x_{2,3}$은 2행 3열의 입력 데이터를 의미합니다.
- $w^k_{i,j}$: 합성곱 필터 $k$번째의 $i$행 $j$열 가중 파라미터를 나타냅니다. 예를 들어 $w^1_{2,3}$은 합성곱 필터 1번의 2행 3열 가중 파라미터를 의미합니다.
- $c^k_{i,j}$: 출력된 특징 맵 $k$번째의 $i$행 $j$열의 출력값을 나타냅니다. 예를 들어 $c^1_{2,3}$은 특징 맵 1번의 2행 3열 출력값을 의미합니다.
- $b_k$: 합성곱 필터 $k$번에 해당하는 편향을 나타냅니다. 입력 데이터와 합성곱 필터의 곱을 더한 계산 결과에 이 값을 더합니다.

참고로 여기서 파라미터 수는 총 52개로, 합성곱 필터를 이루는 가중치 파라미터가 50개(5 ×5×2), 편향이 2개입니다.

## Column

### 파라미터와 편향

AI 분야에서는 파라미터와 편향이라는 용어가 자주 등장합니다. 두 단어의 의미를 이해하기 위해 간단한 모델을 살펴보겠습니다. 일차 함수인 $y = ax + b$를 예로 들어 봅시다.

여기서 $x$는 **입력값**, $y$는 **출력값**, $a$, $b$는 파라미터입니다. 머신러닝 분야에서는 $a$를 **가중치 파라미터**, $b$를 **편향**이라고 부릅니다. 이 함수는 '$x$에 어떤 값을 넣으면, 파라미터 $a$, $b$가 작용해서 $y$가 계산된다'는 의미로 해석할 수 있습니다.

여기서 $y$를 예측 모델이 계산한 **예측값**, $ax + b$를 **예측 모델**이라고 생각하면, 예측 모델에서는 입력 데이터인 $x$에 가중치 파라미터 $a$가 작용하고, 여기에 편향 $b$가 더해져 예측값 $y$가 계산됩니다. CNN을 포함한 AI 분야의 모든 예측 모델은 이와 같은 구조의 연장선에 있다고 해도 과언이 아닙니다.

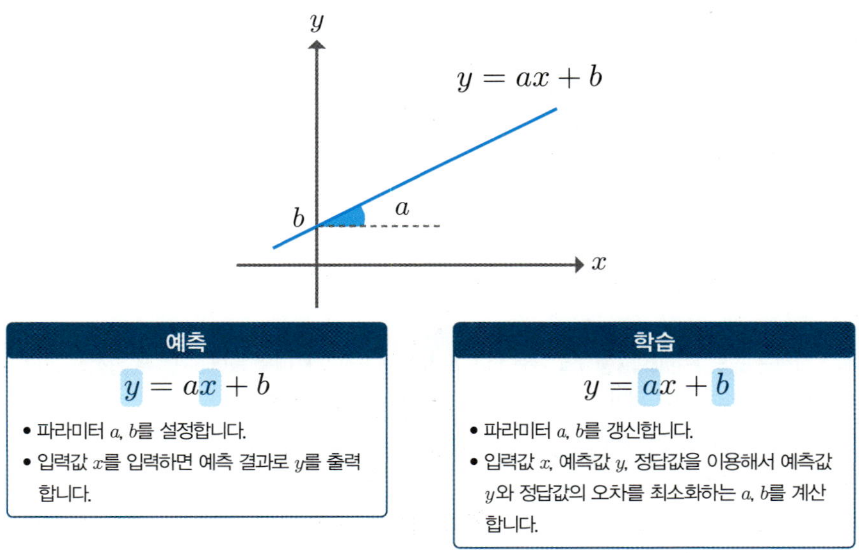


**그림 3-11** AI 모델의 예측과 학습의 차이

따라서 파라미터 $a$, $b$에 따라 예측값이 크게 달라지기 때문에 파라미터를 어떻게 결정해야 하는지가 매우 중요합니다. 파라미터의 최적화를 통해 예측값의 정확도를 높이는 것을 '학습'이라고 부릅니다.

따라서 AI의 정확도는 파라미터에 크게 의존합니다. AI를 하나의 수학적 모델로 보고 어떤 수학적 모델을 설계할 것인지 고민하는 과정은 매우 중요하며, 높은 수준의 **수학적 사고력**이 필요합니다. 이 책은 이와 같은 모델을 설계하기 위한 수학적 사고력을 기르는 것에 초점을 두었습니다.

[그림 3-10]의 오른쪽에서 굵은 박스로 강조된 $c^1_{1,1}$과 $c^2_{1,1}$이 어떻게 계산되는지 구체적으로 살펴보겠습니다. 실제 출력을 계산할 때는 앞서 설명한 합성곱 연산과 편향 항의 덧셈 다음에 활성화 함수로 추가적인 처리가 이뤄져야 합니다. 구체적으로는 **ReLU**rectified linear unit라는 **활성화 함수**를 사용하며, 이 함수를 수식으로 나타내면 식 (3-1)과 같습니다.

$$f(x) = \begin{cases} 0 & (x < 0) \\ x & (x \geq 0) \end{cases} \qquad \text{(3-1)}$$

익숙하지 않은 표현일 수도 있지만, 위 수식이 나타내는 내용은 매우 단순합니다. 합성곱 연산 결과와 편향 항의 합 $x$가 0보다 작으면($x < 0$), 출력을 강제로 0으로 만들고, 0 이상이면($x \geq 0$), 그 값을 있는 그대로 출력한다는 뜻입니다.[3] ReLU 함수를 $f$로 표기하면, [그림 3-10] 오른쪽에 강조된 $c^1_{1,1}$, $c^2_{1,1}$의 구체적인 계산식은 다음과 같습니다. 식 (3-1)을 바탕으로 어떤 과정으로 합성곱이 계산되는지 확인해 봅시다.

3 흑백 이미지라면 밝은 회색이나 흰색 부분은 제거하고 어두운 부분만 남기는 처리라고 볼 수 있습니다.

$$
\begin{aligned}
c_{1,1}^{1} = f(&w_{1,1}^{1}x_{1,1} + w_{1,2}^{1}x_{1,2} + w_{1,3}^{1}x_{1,3} + w_{1,4}^{1}x_{1,4} + w_{1,5}^{1}x_{1,5}\\
&+ w_{2,1}^{1}x_{2,1} + w_{2,2}^{1}x_{2,2} + w_{2,3}^{1}x_{2,3} + w_{2,4}^{1}x_{2,4} + w_{2,5}^{1}x_{2,5}\\
&+ w_{3,1}^{1}x_{3,1} + w_{3,2}^{1}x_{3,2} + w_{3,3}^{1}x_{3,3} + w_{3,4}^{1}x_{3,4} + w_{3,5}^{1}x_{3,5}\\
&+ w_{4,1}^{1}x_{4,1} + w_{4,2}^{1}x_{4,2} + w_{4,3}^{1}x_{4,3} + w_{4,4}^{1}x_{4,4} + w_{4,5}^{1}x_{4,5}\\
&+ w_{5,1}^{1}x_{5,1} + w_{5,2}^{1}x_{5,2} + w_{5,3}^{1}x_{5,3} + w_{5,4}^{1}x_{5,4} + w_{5,5}^{1}x_{5,5}\\
&+ b_1)\\
c_{1,1}^{2} = f(&w_{1,1}^{2}x_{1,1} + w_{1,2}^{2}x_{1,2} + w_{1,3}^{2}x_{1,3} + w_{1,4}^{2}x_{1,4} + w_{1,5}^{2}x_{1,5}\\
&+ w_{2,1}^{2}x_{2,1} + w_{2,2}^{2}x_{2,2} + w_{2,3}^{2}x_{2,3} + w_{2,4}^{2}x_{2,4} + w_{2,5}^{2}x_{2,5}\\
&+ w_{3,1}^{2}x_{3,1} + w_{3,2}^{2}x_{3,2} + w_{3,3}^{2}x_{3,3} + w_{3,4}^{2}x_{3,4} + w_{3,5}^{2}x_{3,5}\\
&+ w_{4,1}^{2}x_{4,1} + w_{4,2}^{2}x_{4,2} + w_{4,3}^{2}x_{4,3} + w_{4,4}^{2}x_{4,4} + w_{4,5}^{2}x_{4,5}\\
&+ w_{5,1}^{2}x_{5,1} + w_{5,2}^{2}x_{5,2} + w_{5,3}^{2}x_{5,3} + w_{5,4}^{2}x_{5,4} + w_{5,5}^{2}x_{5,5}\\
&+ b_2)
\end{aligned}
$$

합성곱 연산과 스트라이드 계산을 반복하면 20×20의 출력 결과가 2장 생성됩니다. 다시 말해 지금의 합성곱층에서는 20×20×2 = 800회의 계산이 수행되고 있다는 뜻입니다. 입력값의 데이터 크기나 합성곱 필터 수가 많아질수록 계산량은 지수적으로 증가합니다.[4]

이어서 풀링층에서는 어떤 처리가 일어날까요? 2×2 필터에 스트라이드 간격을 2로 설정하면, 20×20의 입력값은 10×10으로 데이터 크기가 축소됩니다. 풀링층의 출력값은 $a_{1,1}^{1}$ (특징 맵 1번의 1행 1열 출력값)처럼 표기됩니다.

4 옮긴이_ CNN의 계산량이 지수적으로 증가한다는 뜻은 입력 이미지가 커질수록 더욱 많은 특징을 학습해야 하기 때문에 필터 수도 함께 늘어나는 경향이 있어 결과적으로 계산량이 급증한다는 뜻입니다.

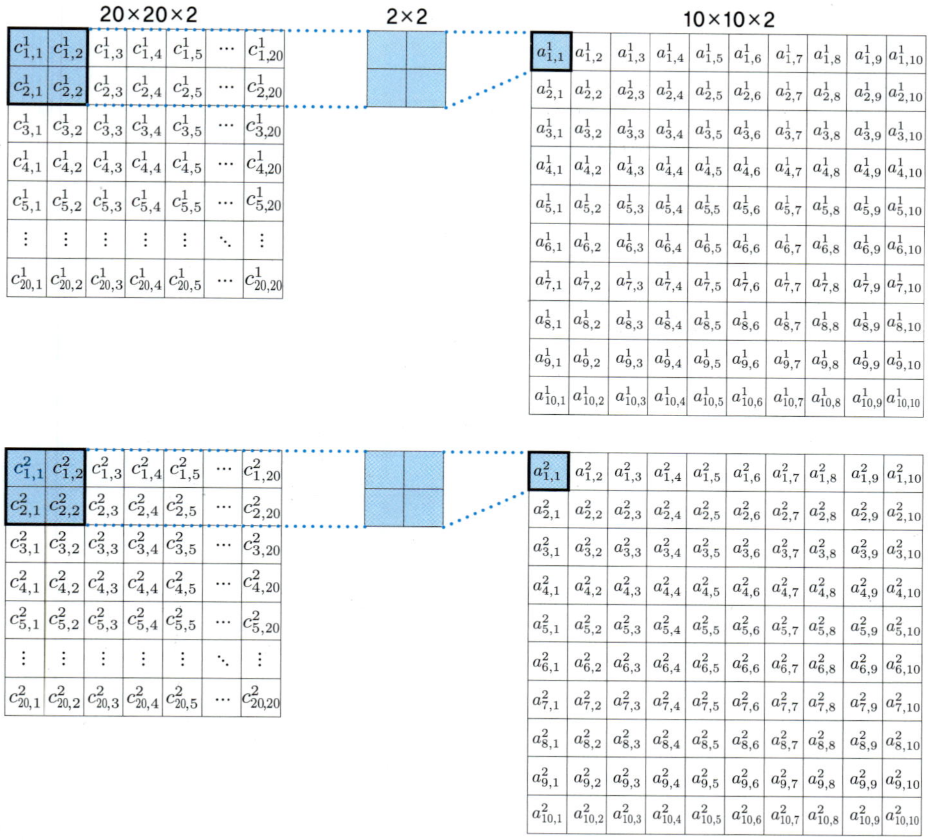

그림 3-12 풀링층(첫 번째): 최대 풀링 계산 과정

이로써 첫 번째 합성곱층과 풀링층의 계산이 완료되었습니다. 이제 두 번째 합성곱층과 풀링층 계산으로 이어집니다. 이번에는 3×3 크기의 합성곱 필터가 8장 있습니다. 입력은 2개의 채널이고, 각 채널에 대해 2장의 필터가 하나의 쌍을 이루며 모두 4번 작용합니다. 여기서도 스트라이드 간격은 1로 설정합니다. 이 경우의 파라미터 수는 합성곱 필터를 구성하는 가중치 파라미터가 72개(3×3×8), 합성곱 연산 후 더해지는 편향이 4개로, 총 76개입니다.

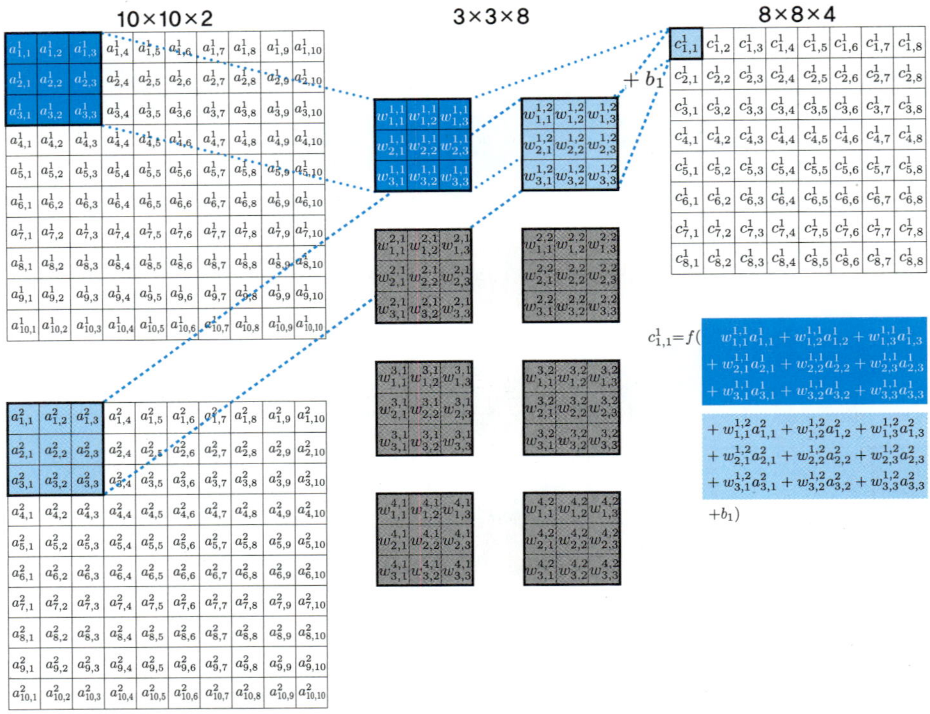

**그림 3-13** 합성곱층(두 번째): 합성곱 필터를 통한 계산 과정

[그림 3−13]에서는 2장의 10×10×2 특징 맵에 대해, 2장×4쌍의 합성곱 필터 중 첫 번째 쌍의 필터가 적용되며, 그림 맨 오른쪽에 강조된 $c^1_{1,1}$을 구하는 과정입니다. 중앙에 있는 합성곱 필터의 $w$는 오른쪽 위와 아래에 숫자가 두 개씩 붙어 있어 복잡하게 느낄 수 있지만, 오른쪽 위의 첫 번째 숫자는 해당 필터가 몇 번째 쌍인지, 두 번째 숫자는 한 쌍 내에서 몇 번째 필터인지를 나타냅니다. 예를 들어 $w^{1,2}_{1,2}$ 는 첫 번째 쌍의 두 번째 필터, 그림에서는 중앙에 제시된 8장의 합성곱 필터 중 오른쪽 위(연한 하늘색) 필터 중 1행 2열에 해당하는 파라미터를 의미합니다.

$c^1_{1,1}$ (첫 번째 특징 맵의 1행 1열)을 구하는 예시를 통해 계산 과정을 구체적으로 살펴보겠습니다. 첫 번째 특징 맵 안의 $c^1_{1,1}$은 다음 계산식을 통해 계산됩니다.[5] 여기서도 등장하는 활

5 첫 번째 합성곱층의 계산 결과인 $c^1_{1,1}$과 다르다는 점에 주의하세요.

성화 함수 $f$는 ReLU 함수입니다. 첫 번째 합성곱층의 계산과 동일한 방식으로 처리됩니다.

$$\begin{aligned} c^1_{1,1} = f(&w^{1,1}_{1,1}a^1_{1,1} + w^{1,1}_{1,2}a^1_{1,2} + w^{1,1}_{1,3}a^1_{1,3} \\ &+ w^{1,1}_{2,1}a^1_{2,1} + w^{1,1}_{2,2}a^1_{2,2} + w^{1,1}_{2,3}a^1_{2,3} \\ &+ w^{1,1}_{3,1}a^1_{3,1} + w^{1,1}_{3,2}a^1_{3,2} + w^{1,1}_{3,3}a^1_{3,3} \\ &+ w^{1,2}_{1,1}a^2_{1,1} + w^{1,2}_{1,2}a^2_{1,2} + w^{1,2}_{1,3}a^2_{1,3} \\ &+ w^{1,2}_{2,1}a^2_{2,1} + w^{1,2}_{2,2}a^2_{2,2} + w^{1,2}_{2,3}a^2_{2,3} \\ &+ w^{1,2}_{3,1}a^2_{3,1} + w^{1,2}_{3,2}a^2_{3,2} + w^{1,2}_{3,3}a^2_{3,3} \\ &+ b_1) \end{aligned}$$

그림에는 출력되는 특징 맵을 한 장만 표시했지만, 동일한 계산이 반복되므로 특징 맵은 필터 세트 수만큼 출력되어, 모두 4장의 특징 맵이 출력됩니다.

특징 맵은 [그림 3-14]와 같이 풀링층을 통해 데이터가 더욱 압축됩니다. 2×2 필터를 사용하고 스트라이드 간격을 2로 설정해서 최대 풀링을 수행하면, 출력되는 데이터는 4×4 크기의 특징 맵 4장입니다. 그림의 오른쪽에 표시된 출력값은 $z^1_{1,1}$ (첫 번째 특징 맵의 1행 1열 출력값)과 같이 표기됩니다.

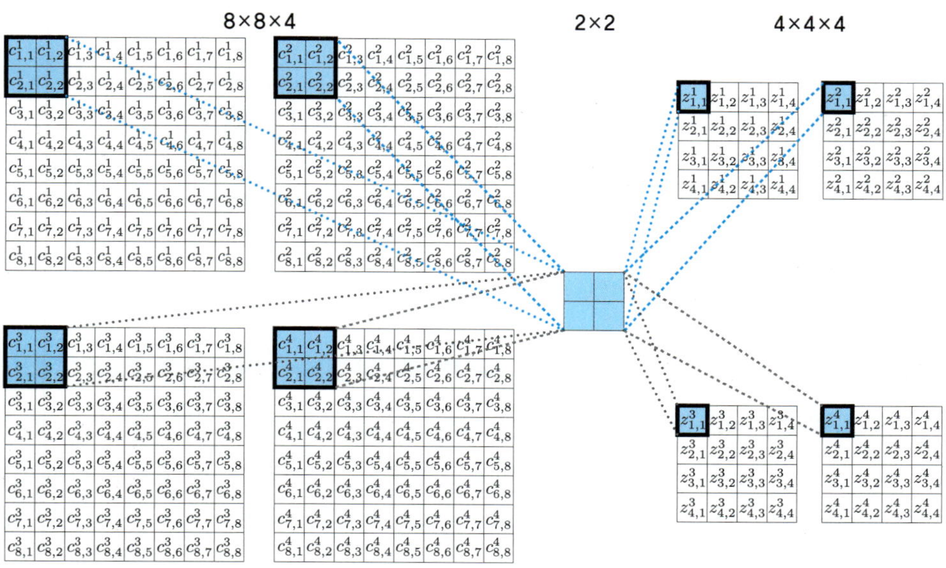


**그림 3-14** 합성곱층(두 번째): 최대 풀링 계산 과정

## 3.6 소프트맥스 함수: 확률 예측으로 이미지를 분류하는 방법

이제 전결합층에 관해 알아볼 차례입니다. 앞서 여러 번 언급했듯이 전결합층에서는 지금까지 계산으로 얻은 특징량을 1차원으로 나열한 뒤 **소프트맥스 함수**에 통과시킵니다. 이때 소프트맥스 함수의 출력값을 확률값으로 간주하는 것이 핵심입니다. 이 과정에서 단순한 수학적 방법이 아니라 소프트맥스 함수에서 사용되는 **확률적 사고방식**을 이해할 필요가 있습니다. 또한 여기서도 **자연 상수**와 **합의 기호 Σ**가 등장합니다. 이어지는 내용에서 이를 바탕으로 구성된 소프트맥스 함수를 살펴보겠습니다.

**기초가 되는 수학적 기법** → **정보 공학적 접근 방식**

**확률:**

$$P(A) = \frac{n(A)}{n(U)} \quad \left[\begin{array}{l} n(A): \text{사건 A가 일어나는 경우의 수} \\ n(U): \text{전체 사건} \end{array}\right]$$

**자연 상수:**

$$\lim_{h \to 0} \frac{e^h - 1}{h} = 1$$

**합의 기호:**

$$a_1 + a_2 + \cdots + a_n = \sum_{k=1}^{n} a_k$$

**소프트맥스 함수:**

$$\text{softmax}(x_i) = \frac{e^{x_i}}{\sum_{k=1}^{n} e^{x_k}} \quad [\, n: \text{자연수} \,]$$

그림 3-15 설명 방식

소프트맥스 함수는 AI 분야에서 자주 등장하는 대표적인 수학적 모델입니다. 소프트맥스 함수는 식 (3-2)와 같이 표현합니다.

$$\text{softmax}(x_i) = \frac{e^{x_i}}{\sum_{k=1}^{n} e^{x_k}} \quad (i = 1, 2, \cdots, n) \qquad (3\text{-}2)$$

우변의 분모와 분자에 사용되는 $e$는 **자연 상수(자연로그의 밑)**라고 하는 매우 중요한 수입니다. 자세한 설명은 이 장 후반부의 'Lesson: 자연 상수'를 참조하기 바랍니다. 식 (3-2)의 소프트맥스 함수의 성질을 처음부터 모두 설명하면 흐름을 파악하기가 어려우므로, 여기서는 우선 소프트맥스 함수의 '형태'에 주목해서 가장 중요한 성질인 '전체를 합하면 1이 된다'는 점을 간단히 설명합니다. 예를 들어 $n = 3$, $i = 1$일 때의 소프트맥스 함수는 다음과 같습니다.

$$\text{softmax}(x_1) = \frac{e^{x_1}}{\sum_{k=1}^{3} e^{x_k}} = \frac{e^{x_1}}{e^{x_1} + e^{x_2} + e^{x_3}}$$

여기서 $n = 3$으로 고정한 상태에서 $i = 1$, $i = 2$, $i = 3$까지의 경우를 직접 나열해 보면 다음과 같습니다.

$$\begin{aligned}
\text{softmax}(x_1) &= \frac{e^{x_1}}{\sum_{k=1}^{3} e^{x_k}} = \frac{e^{x_1}}{e^{x_1} + e^{x_2} + e^{x_3}} \\
\text{softmax}(x_2) &= \frac{e^{x_2}}{\sum_{k=1}^{3} e^{x_k}} = \frac{e^{x_2}}{e^{x_1} + e^{x_2} + e^{x_3}} \\
\text{softmax}(x_3) &= \frac{e^{x_3}}{\sum_{k=1}^{3} e^{x_k}} = \frac{e^{x_3}}{e^{x_1} + e^{x_2} + e^{x_3}}
\end{aligned}$$

위 식을 모두 더하면 분모와 분자의 값이 같기 때문에 1이 됩니다.

$$\frac{e^{x_1}}{e^{x_1} + e^{x_2} + e^{x_3}} + \frac{e^{x_2}}{e^{x_1} + e^{x_2} + e^{x_3}} + \frac{e^{x_3}}{e^{x_1} + e^{x_2} + e^{x_3}} = \frac{e^{x_1} + e^{x_2} + e^{x_3}}{e^{x_1} + e^{x_2} + e^{x_3}} = 1$$

'합이 1이 된다'는 성질은 확률로 해석할 수 있으므로 소프트맥스 함수는 특히 AI 분야에서 매우 유용하게 활용됩니다. 전체 사건을 $n(U)$, 사건 $A$가 일어나는 경우의 수를 $n(A)$라고 하면, 사건 $A$가 일어날 확률은 다음 계산식으로 구할 수 있습니다.[6]

$$P(A) = \frac{n(A)}{n(U)}$$

이것을 소프트맥스 함수의 구조로 바꿔 말하면, 전체 사건 $n(U)$에 해당하는 부분은 분모의 $\sum_{k=1}^{n} e^{x_k}$이고, 특정 사건 $A$에 해당하는 부분이 분자의 $e^{x_i}$ $(i = 1, 2, \cdots, n)$이 됩니다. 이외의 소프트맥스 함수가 갖는 여러 가지 우수한 특징에 관해서는 나중에 자세히 다룹니다.

6 확률을 엄밀하게 정의하는 것은 이 책의 범위를 벗어나므로, 여기서는 이와 같은 관점에서 확률을 이해하도록 합니다.

여기까지의 내용을 바탕으로 전결합층의 과정을 설명합니다. 전결합층의 구조는 [그림 3-16]과 같습니다.

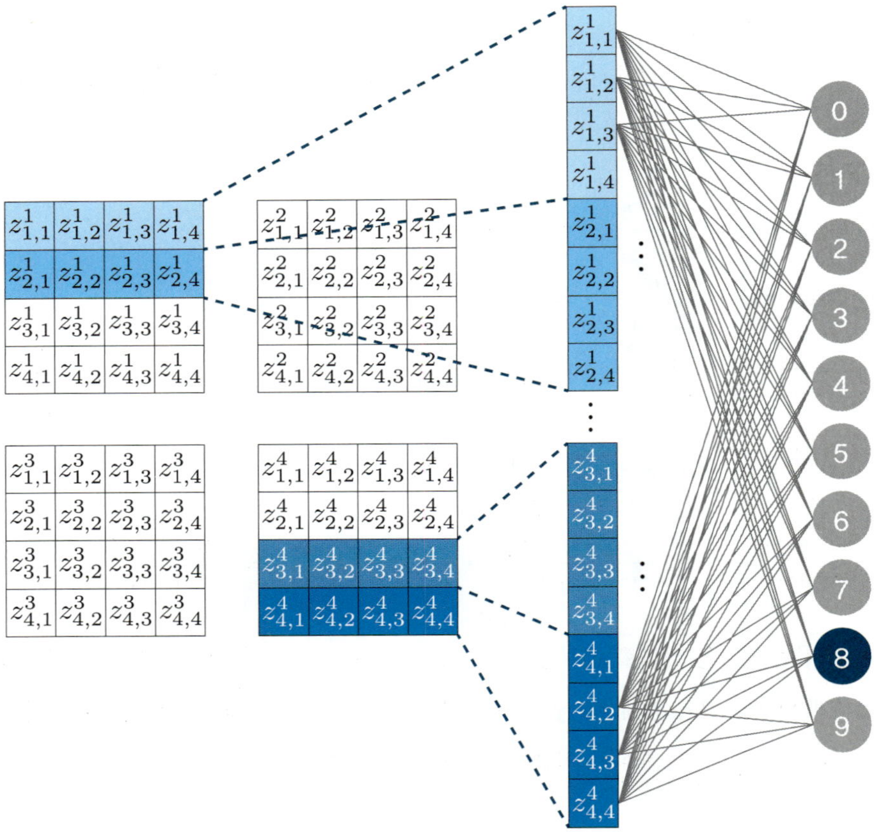


그림 3-16 전결합층의 처리 방식

다시 한번 이 장의 목표를 되짚어 보면, 손 글씨 숫자를 인식하는 CNN 예시를 통해 이미지 분류 과정을 이해하는 것입니다. 이를 위해 소프트맥스 함수의 성질을 활용한 수학적 모델을 설계합니다. 먼저 4×4 크기의 특징 맵이 4장이므로, 활용 가능한 특징량은 총 64개(4×4×4)입니다. 이 64개의 특징량을 활용해서 입력값이 손 글씨 숫자 0~9 중 어느 것에 해당하는지 예측하는 함수를 만듭니다.[7] 이를 위해 64개의 특징량에 가중치 파라미터를 곱하고, 거기에 편향을 더해 손 글씨 숫자 0~9에 해당하는 10가지 함수를 만듭니다. 그리고 전결합층을 의미하는 fully connected의 앞 글자를 따서 이 함수를 $fc$로 표기합니다. $fc$ 아래에 붙은 숫자는 해당 함수가 손 글씨 숫자 0~9 중 어느 숫자를 인식하는 함수인지를 나타냅니다. 또한 $w$의 오른쪽 위에 붙은 $fc$는 전결합층의 가중치 파라미터를 나타내며, $w$의 첫 번째 아래 숫자는 각 함수 내에서 몇 번째 가중치 파라미터인지를, 두 번째 숫자는 어떤 숫자를 인식하기 위한 파라미터인지를 나타냅니다.

$$
\begin{aligned}
fc_0\left(z^1_{1,1}, z^1_{1,2}, \cdots, z^4_{4,3}, z^4_{4,4}\right) &= w^{fc}_{1,0} z^1_{1,1} + w^{fc}_{2,0} z^1_{1,2} + \cdots + w^{fc}_{63,0} z^4_{4,3} + w^{fc}_{64,0} z^4_{4,4} + b_0 \\
fc_1\left(z^1_{1,1}, z^1_{1,2}, \cdots, z^4_{4,3}, z^4_{4,4}\right) &= w^{fc}_{1,1} z^1_{1,1} + w^{fc}_{2,1} z^1_{1,2} + \cdots + w^{fc}_{63,1} z^4_{4,3} + w^{fc}_{64,1} z^4_{4,4} + b_1 \\
fc_2\left(z^1_{1,1}, z^1_{1,2}, \cdots, z^4_{4,3}, z^4_{4,4}\right) &= w^{fc}_{1,2} z^1_{1,1} + w^{fc}_{2,2} z^1_{1,2} + \cdots + w^{fc}_{63,2} z^4_{4,3} + w^{fc}_{64,2} z^4_{4,4} + b_2 \\
fc_3\left(z^1_{1,1}, z^1_{1,2}, \cdots, z^4_{4,3}, z^4_{4,4}\right) &= w^{fc}_{1,3} z^1_{1,1} + w^{fc}_{2,3} z^1_{1,2} + \cdots + w^{fc}_{63,3} z^4_{4,3} + w^{fc}_{64,3} z^4_{4,4} + b_3 \\
fc_4\left(z^1_{1,1}, z^1_{1,2}, \cdots, z^4_{4,3}, z^4_{4,4}\right) &= w^{fc}_{1,4} z^1_{1,1} + w^{fc}_{2,4} z^1_{1,2} + \cdots + w^{fc}_{63,4} z^4_{4,3} + w^{fc}_{64,4} z^4_{4,4} + b_4 \\
fc_5\left(z^1_{1,1}, z^1_{1,2}, \cdots, z^4_{4,3}, z^4_{4,4}\right) &= w^{fc}_{1,5} z^1_{1,1} + w^{fc}_{2,5} z^1_{1,2} + \cdots + w^{fc}_{63,5} z^4_{4,3} + w^{fc}_{64,5} z^4_{4,4} + b_5 \\
fc_6\left(z^1_{1,1}, z^1_{1,2}, \cdots, z^4_{4,3}, z^4_{4,4}\right) &= w^{fc}_{1,6} z^1_{1,1} + w^{fc}_{2,6} z^1_{1,2} + \cdots + w^{fc}_{63,6} z^4_{4,3} + w^{fc}_{64,6} z^4_{4,4} + b_6 \\
fc_7\left(z^1_{1,1}, z^1_{1,2}, \cdots, z^4_{4,3}, z^4_{4,4}\right) &= w^{fc}_{1,7} z^1_{1,1} + w^{fc}_{2,7} z^1_{1,2} + \cdots + w^{fc}_{63,7} z^4_{4,3} + w^{fc}_{64,7} z^4_{4,4} + b_7 \\
fc_8\left(z^1_{1,1}, z^1_{1,2}, \cdots, z^4_{4,3}, z^4_{4,4}\right) &= w^{fc}_{1,8} z^1_{1,1} + w^{fc}_{2,8} z^1_{1,2} + \cdots + w^{fc}_{63,8} z^4_{4,3} + w^{fc}_{64,8} z^4_{4,4} + b_8 \\
fc_9\left(z^1_{1,1}, z^1_{1,2}, \cdots, z^4_{4,3}, z^4_{4,4}\right) &= w^{fc}_{1,9} z^1_{1,1} + w^{fc}_{2,9} z^1_{1,2} + \cdots + w^{fc}_{63,9} z^4_{4,3} + w^{fc}_{64,9} z^4_{4,4} + b_9
\end{aligned}
$$

여기서 10개의 식을 자세히 살펴보면 입력값은 공통적으로 64개의 특징량을 모두 활용하고 있습니다. 하지만 각 특징량에 곱해지는 가중치 파라미터는 모두 다릅니다. 이 구조를 특징량 $z^1_{1,1}, z^1_{1,2}$에 주목해 도식화하면 [그림 3-17]처럼 나타낼 수 있습니다. 특징량 전체를 시각화하는 것은 어렵지만, [그림 3-17]처럼 생각하면 전결합층에 필요한 가중치 파라미터는 640개(10×64), 편향은 10개가 됩니다.

7 식별 함수라고도 합니다.

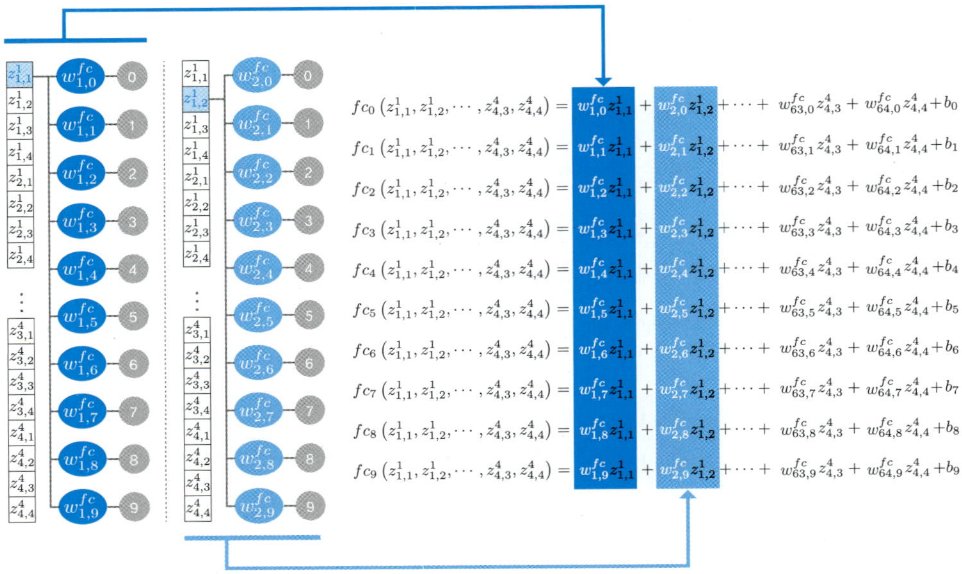

**그림 3-17** 전결합층: 원래의 입력값이 0~9 중에서 어떤 숫자에 해당하는지 예측하는 함수를 설계합니다.

여기까지의 내용을 바탕으로, 소프트맥스 함수를 토대로 입력값이 0~9 중 어떤 숫자인지를 확률적으로 계산하는 수학적 모델을 설계합니다. 소프트맥스 함수를 나타내는 softmax$(x)$는 간단히 줄여서 $s(x)$라고 표기하고, $s_0(x)$는 입력값이 숫자 0일 확률을 출력하는 소프트맥스 함수를 의미합니다. $s_0(x)$의 출력값은 $P_0$으로 표기합니다. 장황하게 느껴질 수 있지만, 수학적 모델을 설계할 때 이렇게 차례로 정의해 나가는 과정을 결코 간과해서는 안 됩니다.

$$P_0 = s_0(fc_0, fc_1, fc_2, \cdots fc_9) = \frac{e^{fc_0(z^1_{1,1}, z^1_{1,2}, \cdots, z^4_{4,3}, z^4_{4,4})}}{\sum_{k=0}^{9} e^{fc_k(z^1_{1,1}, z^1_{1,2}, \cdots, z^4_{4,3}, z^4_{4,4})}} \qquad (3\text{-}3)$$

지금까지 도출한 함수 $fc$가 소프트맥스 함수에서의 자연 상수 $e$의 지수로 사용되고 있다는 점에 주목하세요. 식 (3-3)에 따라, $P_0 \sim P_9$ 중에서 가장 큰 출력값이 CNN의 최종 출력이라고 간주합니다. 즉, 입력된 손 글씨 숫자가 0~9 중 어느 숫자인지를, $P_0 \sim P_9$ 중에서 가장 큰 출력값을 기준으로 예측한다는 의미입니다. 예를 들어 $e^{fc_k(z^1_{1,1}, z^1_{1,2}, \cdots, z^4_{4,3}, z^4_{4,4})}$에서 $k = 0, 1, \cdots, 9$의 값이 다음과 같이 사용된다고 가정합니다.

$$
\begin{pmatrix}
e^{fc_0(z_{1,1}^1, z_{1,2}^1, \cdots, z_{4,3}^4, z_{4,4}^4)} \\
e^{fc_1(z_{1,1}^1, z_{1,2}^1, \cdots, z_{4,3}^4, z_{4,4}^4)} \\
e^{fc_2(z_{1,1}^1, z_{1,2}^1, \cdots, z_{4,3}^4, z_{4,4}^4)} \\
e^{fc_3(z_{1,1}^1, z_{1,2}^1, \cdots, z_{4,3}^4, z_{4,4}^4)} \\
e^{fc_4(z_{1,1}^1, z_{1,2}^1, \cdots, z_{4,3}^4, z_{4,4}^4)} \\
e^{fc_5(z_{1,1}^1, z_{1,2}^1, \cdots, z_{4,3}^4, z_{4,4}^4)} \\
e^{fc_6(z_{1,1}^1, z_{1,2}^1, \cdots, z_{4,3}^4, z_{4,4}^4)} \\
e^{fc_7(z_{1,1}^1, z_{1,2}^1, \cdots, z_{4,3}^4, z_{4,4}^4)} \\
e^{fc_8(z_{1,1}^1, z_{1,2}^1, \cdots, z_{4,3}^4, z_{4,4}^4)} \\
e^{fc_9(z_{1,1}^1, z_{1,2}^1, \cdots, z_{4,3}^4, z_{4,4}^4)}
\end{pmatrix}
=
\begin{pmatrix} 2 \\ 1 \\ 1 \\ 2 \\ 1 \\ 2 \\ 1 \\ 1 \\ 9 \\ 1 \end{pmatrix}
$$

이때 소프트맥스 함수로 계산된 $P_0 \sim P_9$의 계산 결과는 다음과 같습니다.

$$
\begin{pmatrix} P_0 \\ P_1 \\ P_2 \\ P_3 \\ P_4 \\ P_5 \\ P_6 \\ P_7 \\ P_8 \\ P_9 \end{pmatrix}
=
\begin{pmatrix}
\frac{2}{2+1+1+2+1+2+1+1+9+1} \\
\frac{1}{2+1+1+2+1+2+1+1+9+1} \\
\frac{1}{2+1+1+2+1+2+1+1+9+1} \\
\frac{2}{2+1+1+2+1+2+1+1+9+1} \\
\frac{1}{2+1+1+2+1+2+1+1+9+1} \\
\frac{2}{2+1+1+2+1+2+1+1+9+1} \\
\frac{1}{2+1+1+2+1+2+1+1+9+1} \\
\frac{1}{2+1+1+2+1+2+1+1+9+1} \\
\frac{9}{2+1+1+2+1+2+1+1+9+1} \\
\frac{1}{2+1+1+2+1+2+1+1+9+1}
\end{pmatrix}
=
\begin{pmatrix} \frac{2}{21} \\ \frac{1}{21} \\ \frac{1}{21} \\ \frac{2}{21} \\ \frac{1}{21} \\ \frac{2}{21} \\ \frac{1}{21} \\ \frac{1}{21} \\ \frac{9}{21} \\ \frac{1}{21} \end{pmatrix}
=
\begin{pmatrix} 0.10 \\ 0.05 \\ 0.05 \\ 0.10 \\ 0.05 \\ 0.10 \\ 0.05 \\ 0.05 \\ 0.43 \\ 0.05 \end{pmatrix}
$$

소프트맥스 함수의 성질에 따라, $P_0 \sim P_9$의 총합은 1이 됩니다. 이 성질을 활용해서 위의 계산은 $P_0 \sim P_9$를 확률값으로 간주하고, 입력값이 어떤 숫자인지를 확률적으로 예측하고 있습니다. 참고로 위의 계산 결과에서는 $P_8$이 0.43으로 확률이 가장 높습니다. 즉, 예시의 CNN 기반 예측 모델은 입력된 손 글씨 숫자를 8로 예측했다는 의미입니다.

**▮ Column ▮**

### AI 모델의 블랙박스화

CNN은 어떻게 손 글씨 숫자를 인식할 수 있을까요? 핵심은 마지막 전결합층과 출력층의 소프트맥스 함수로부터 출력된 값에 있습니다. 손 글씨 숫자를 인식하는 과정에서 이 결과가 왜 중요한지 다시 한번 생각해 봅시다.

[그림 3-18]에 제시된 CNN의 데이터 처리 과정에서는 가중치 파라미터와 편향이 각 위치마다 존재합니다. 합성곱층과 전결합층에서 사용된 가중치 파라미터와 편향의 개수는 [그림 3-18]에 나타난 그대로입니다.

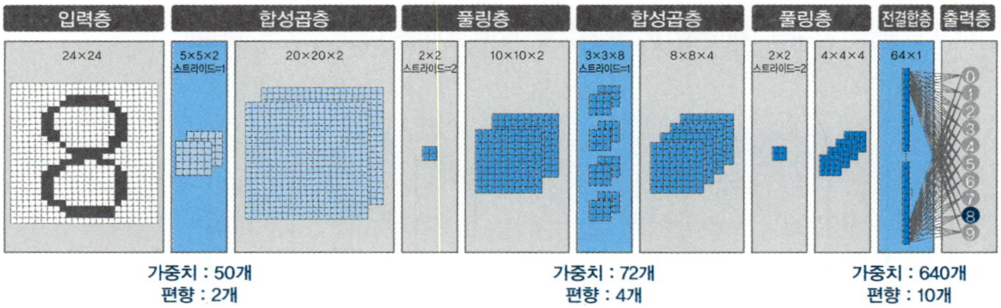


그림 3-18 CNN에 필요한 파라미터 수

가중치 파라미터는 총 762개(50 + 72 + 640), 편향은 총 16개(2 + 4 + 10)입니다. 이 파라미터들은 모두 학습으로 갱신되며, 값이 변하면서 출력의 정확도가 올라갑니다. CNN과 같은 딥러닝 모델은 이렇게 대량의 파라미터를 갱신하며 출력의 정확도를 높이도록 설계되어 있습니다. CNN을 포함한 실제 딥러닝 모델은 예시처럼 파라미터가 소수에 그치지 않고, 수억~수천억 개, 모델에 따라서는 조 단위에 달하는 문자 그대로 엄청난 수의 파라미터를 갖습니다.

AI 모델의 내부를 블랙박스라고 부르는 이유는 막대한 양의 파라미터가 갱신된 결과, 각 파라미터 값이 왜 그런 값으로 수렴했는지 설명하기 어렵기 때문입니다. 위의 예시에서 사용된 가중치 파라미터와 편향의 수는 통상적인 딥러닝 모델에 비하면 아주 적은 수준이지만, 그래도 778개(762개 + 16개)의 파라미터는 손 글씨 숫자 인식에는 여전히 유효합니다. 파라미터들이 학습을 반복하면서 미세하게 조정된 결과, CNN 모델이 손 글씨 숫자를 정확히 인식할 수 있게 된 것입니다. 하지만 778개의 파라미터가 각각 어떤 역할을 했는지를 전부

해석하지 않고서는 인식이 가능한 이유를 완전히 설명할 수 없습니다. 하지만 전부를 해석하는 일은 결코 쉬운 일이 아니며, 어쩌면 인간의 이해를 초월하는 일이라고 해도 과언이 아닙니다.

실무에서 AI의 블랙박스화를 문제로 삼는 의견을 종종 접하면서 저 역시 많은 부분을 느끼곤 합니다. 그러나 이러한 문제 제기의 상당수는 'AI에 대한 수학적 이해의 부족'에서 비롯된다는 점을 여러 경험을 통해 실감했습니다. 앞서 설명했듯이 AI는 입력으로부터 출력을 얻기까지의 계산 과정이 매우 복잡하므로, 출력값의 원인을 정확히 해석하려는 시도 자체가 현실적으로 어렵습니다. 이러한 이유로 AI의 블랙박스성을 지적하는 사람들 중에는 이 책에서 다루는 것과 같은 수학적 배경 없이 AI의 출력 과정을 피상적으로만 이해하는 경우도 적지 않습니다. 한편, 설명 가능한 AI(**XAI** explainable AI) 연구는 AI의 발전과 보급에서 결코 빠질 수 없는 중요한 분야라고 생각합니다. 그러나 그에 앞서 AI에 대한 수학적 이해가 충분히 갖춰져 있다면 AI의 성능을 보다 건설적이고 생산적인 관점에서 논의할 수 있을 것입니다.

## 3.7 오차 최소화: 이미지 분류 성능 향상하기

앞 절에서는 손 글씨 숫자 8을 8로 예측하는 수학적 모델을 소프트맥스 함수로 구현하는 방법을 설명했습니다. 이때 8로 출력하는 소프트맥스 함수의 출력값, 즉 확률값이 높을수록 모델의 성능이 높다고 말할 수 있습니다. CNN 같은 딥러닝 모델을 포함한 AI 예측 모델에서는 정확도를 높이기 위해 데이터를 통해 가중치 파라미터와 편향을 갱신하며 출력 정확도를 향상시킵니다.

정확도를 높이는 구체적이고 대표적인 방법은 소프트맥스 함수로 계산한 출력값과 실제 정답과의 차이를 오차로 정의하고, 이 오차가 작아지는 방향으로 파라미터를 갱신하는 것입니다. 그 구조를 [그림 3-19]에 나타냈습니다.

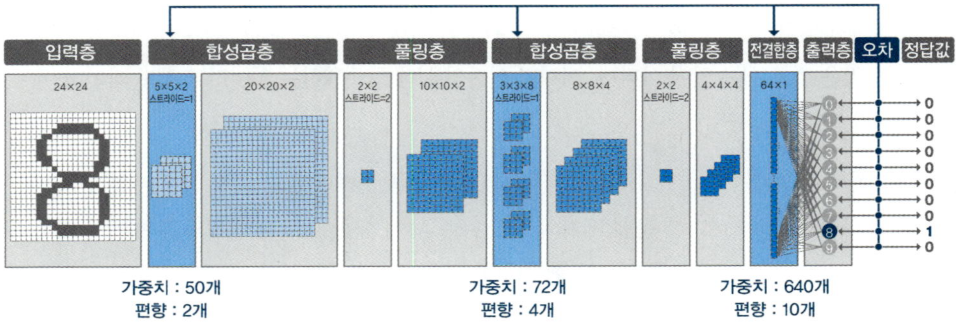


**그림 3-19** 출력층에서 나온 결과와 정답의 오차를 최소화하기 위해 파라미터를 갱신합니다.

오차를 줄이기 위한 접근법은 2장에서 다룬 **경사 하강법**과 동일합니다. 이제부터 설명할 내용은 2장에서 배운 수학적 사고방식을 다시 한번 활용합니다. 이번 절에서는 2장의 경사 하강법 외에 딥러닝 모델의 파라미터 갱신에 일반적으로 사용되는 **오차 역전파법**에 관해서도 설명합니다.

CNN의 층 수나 파라미터 수가 지나치게 많아지면 경사 하강법과 오차 역전파법도 함께 복잡해져서 목표를 파악하기 어려울 수 있습니다. 따라서 여기서는 [그림 3-20]에 나타낸 것처럼 간단한 CNN을 기준으로 설명합니다.

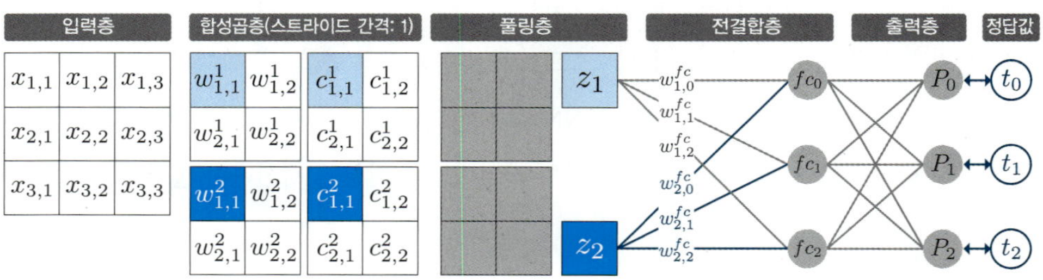


**그림 3-20** 오차 역전파법을 쉽게 설명하기 위해 CNN 모델을 간단히 설계했습니다.

그림 속의 각 층에서 어떤 일이 일어나는지 살펴봅시다. 사고방식은 모두 지금까지 설명한 내용과 같습니다.

- **입력층:** 3×3 픽셀의 이미지 데이터입니다. 여기서는 숫자 0, 1, 2 중 하나를 나타내는 손 글씨 이미지를 입력하는 것으로 가정합니다.
- **합성곱층:** 2×2 크기의 합성곱 필터 2장을 사용해서 합성곱을 계산합니다. 스트라이드 간격은 1로 설정합니다.
- **풀링층:** 2×2 필터를 사용해서 최대 풀링을 수행합니다.
- **전결합층:** 특징량을 1차원으로 펼칩니다.
- **출력층:** 소프트맥스 함수를 사용해서 입력 이미지가 세 종류 중 어떤 것에 해당하는지 확률적으로 계산합니다. 여기서는 0, 1, 2의 숫자를 구분하는 문제로 가정합니다.
- **정답값:** 입력층의 이미지 데이터가 실제로 어떤 숫자를 나타내는지를 의미합니다. 예를 들어 입력된 이미지가 숫자 1을 나타낸 경우에는 $t_0 = 0,\ t_1 = 1, t_2 = 0$ 이 됩니다.

지금까지 설명한 내용을 전제로 계산을 할 때 필요한 기호에 대해서도 정의합니다.

- $w^1_{1,1}$**:** 첫 번째 합성곱 필터의 1행 1열에 해당하는 가중치를 의미합니다. 여기서 $w$의 우측 상단 숫자는 몇 번째 필터인지를, 우측 하단 숫자는 필터의 어느 행, 어느 열인지를 나타냅니다.
- $c^1_{1,1}$**:** 입력 데이터에 대해 첫 번째 합성곱 필터를 적용해서 가중치 파라미터와 편향을 더하고, 여기에 ReLU 함수(식 (3-1))를 적용한 출력값(첫 번째 특징 맵의 1행 1열 출력)을 의미합니다. 개념은 앞에서 설명한 내용과 같습니다. 단, 여기서는 설명을 단순화하기 위해 편향 $b$는 생략합니다.

$$\begin{aligned} c^1_{1,1} &= f\left(w^1_{1,1}x_{1,1} + w^1_{1,2}x_{1,2} + w^1_{2,1}x_{2,1} + w^1_{2,2}x_{2,2}\right) \\ &= w^1_{1,1}x_{1,1} + w^1_{1,2}x_{1,2} + w^1_{2,1}x_{2,1} + w^1_{2,2}x_{2,2} \end{aligned}$$

(단, $w^1_{1,1}x_{1,1} + w^1_{1,2}x_{1,2} + w^1_{2,1}x_{2,1} + w^1_{2,2}x_{2,2} \geq 0$)

- $z_1$**:** 최대 풀링을 통해 합성곱 층의 출력값 $c^1_{1,1}, c^1_{1,2}, c^1_{2,1}, c^1_{2,2}$ 중에서 선택된 가장 큰 값을 나타냅니다. 이 경우에는 $z_1 = c^1_{1,1}$ 로 합니다.
- $w^{fc}_{1,0}$**:** 전결합층에서의 가중치 파라미터를 의미합니다. $w$의 우측 위 첨자 $fc$는 fully connected의 약어로, 합성곱 층의 가중치 $w^1_{1,1}$ 등과 구분하기 위한 표기입니다. 또한 $w$의 우측 아래 첨자는 전결합층의 입력 데이터(여기서는 $z_1$, $z_2$의 2개)와 출력 데이터(여기서는 $fc_0$, $fc_1$, $fc_2$의 3개) 사이의 관계를 나타냅니다.
- $fc_0$**,** $fc_1$**,** $fc_2$**:** 위의 $z$나 $w^{fc}$를 사용해서 전결합층에서 계산된 출력값을 의미합니다. 구체적으로는 식 (3-4)와 같이 나타냅니다. 여기서도 편향은 생략합니다.

$$\begin{aligned} fc_0 &= w^{fc}_{1,0}z_1 + w^{fc}_{2,0}z_2 \\ fc_1 &= w^{fc}_{1,1}z_1 + w^{fc}_{2,1}z_2 \qquad (3\text{-}4) \\ fc_2 &= w^{fc}_{1,2}z_1 + w^{fc}_{2,2}z_2 \end{aligned}$$

- $P_0$, $P_1$, $P_2$: 전결합층의 출력값 $fc_0$, $fc_1$, $fc_2$를 사용해서 소프트맥스 함수로 계산한 **최종 예측 확률값**을 나타냅니다. 여기서는 숫자 0, 1, 2 중 어느 것인지 예측값을 계산합니다. 세 수식에서 **분모는 공통**이지만, **분자는 서로 다르다는 점**에 주의하세요.

$$
\begin{aligned}
\text{(입력값이 0인 예측값)}\ P_0 &= s_0\left(fc_0, fc_1, fc_2\right) \\
&= \frac{e^{fc_0(z_1,z_2)}}{\sum_{k=0}^{2} e^{fc_k(z_1,z_2)}} \\
&= \frac{e^{w_{1,0}^{fc} z_1 + w_{2,0}^{fc} z_2}}{e^{w_{1,0}^{fc} z_1 + w_{2,0}^{fc} z_2} + e^{w_{1,1}^{fc} z_1 + w_{2,1}^{fc} z_2} + e^{w_{1,2}^{fc} z_1 + w_{2,2}^{fc} z_2}} \\
\text{(입력값이 1인 예측값)}\ P_1 &= s_1\left(fc_0, fc_1, fc_2\right) \\
&= \frac{e^{fc_1(z_1,z_2)}}{\sum_{k=0}^{2} e^{fc_k(z_1,z_2)}} \\
&= \frac{e^{w_{1,1}^{fc} z_1 + w_{2,1}^{fc} z_2}}{e^{w_{1,0}^{fc} z_1 + w_{2,0}^{fc} z_2} + e^{w_{1,1}^{fc} z_1 + w_{2,1}^{fc} z_2} + e^{w_{1,2}^{fc} z_1 + w_{2,2}^{fc} z_2}} \\
\text{(입력값이 2인 예측값)}\ P_2 &= s_2\left(fc_0, fc_1, fc_2\right) \\
&= \frac{e^{fc_2(z_1,z_2)}}{\sum_{k=0}^{2} e^{fc_k(z_1,z_2)}} \\
&= \frac{e^{w_{1,2}^{fc} z_1 + w_{2,2}^{fc} z_2}}{e^{w_{1,0}^{fc} z_1 + w_{2,0}^{fc} z_2} + e^{w_{1,1}^{fc} z_1 + w_{2,1}^{fc} z_2} + e^{w_{1,2}^{fc} z_1 + w_{2,2}^{fc} z_2}}
\end{aligned}
\tag{3-5}
$$

지금까지 설명한 내용을 떠올리며 각 조건을 다시 한번 생각해 봅시다. 이렇게 단순화한 모델조차도 계산을 하려면 수많은 전제가 필요하다는 점은, 딥러닝 모델이 얼마나 복잡한지 잘 보여 줍니다.

## 3.8 로그 우도 함수: 손실 함수 정의하기

구체적인 내용 설명으로 들어가고 싶지만, 그 전에 빠질 수 없는 단계가 있습니다. 바로 **손실 함수**를 정의하는 것입니다. 2장에서 경사 하강법을 계산할 때, 최적화의 대상이 되는 손실 함수를 **최소 제곱법**으로 만들었습니다. 이번 절에서는 **로그 우도 함수**를 사용해서 손실 함수를 도출합니다. 이때, 1장에서 설명한 **로그의 성질**에 추가로 **곱셈 기호 $\Pi$**를 사용합니다.

| 기초가 되는 수학적 기법 | 정보 공학적 접근 방식 |
|---|---|
| **로그의 성질:** $\log_a mn = \log_a m + \log_a n$ <br> $\log_a b^m = m \log_a b$ | **로그 우도 함수를 이용한 손실 함수의 정의:** $L(P) = -\sum_{k=1}^{n} t_k \log P_k$ <br> [ $n$ : 자연수 $t_k, P_k$ : 이후의 설명 참조 ] |
| **곱셈 기호:** $a_1 \times a_2 \times \cdots \times a_n = \prod_{k=1}^{n} a_k$ | |

그림 3-21 설명 방식

여기서 중요한 것은 예측 결과를 나타내는 $P_0$, $P_1$, $P_2$ 출력값입니다. $P_0$, $P_1$, $P_2$는 소프트맥스 함수로 계산했기 때문에, 모두 더하면 1이 되는 확률값으로 간주합니다.

$$P_0 + P_1 + P_2 = 1 \qquad (3\text{-}6)$$

다시 생각해 보면 지금은 예측값과 정답 사이의 오차를 최소화하는 것이 목표입니다. 예를 들어 손 글씨 숫자의 정답이 1일 때, $P_1$의 예측값을 1에 가깝게 만들어야 합니다. $P_1$이 1에 가까워지면 식 (3-6)에 따라 $P_0$, $P_2$는 자연스럽게 0에 가까워집니다. 이 개념이 매우 중요합니다.

식 (3-6)의 성질을 활용해서 식 (3-7)의 수학적 모델을 설계합니다. 손 글씨 숫자에 대해 정답으로 예측하는 값을 나타내는 수학적 모델은 곱셈 기호 Π(파이)를 사용하면 쉽게 표현할 수 있습니다. 곱셈 기호는 모든 항의 곱을 계산한다는 의미로, 조금은 생소할 수도 있지만 AI 분야에서 자주 사용하는 기호입니다. $t_0$, $t_1$, $t_2$는 앞서 정의한 대로 0 또는 1의 값을 갖는 변수입니다.

$$P = \prod_{k=0}^{2} P_k^{t_k} \qquad (3\text{-}7)$$

이처럼 이해하기 어려운 수식이 나왔을 때는 소프트맥스 함수의 예시처럼 구체적인 값을 대입하며 수식이 어떻게 움직이는지 확인하면 좋습니다. 예를 들어 정답이 1일 때는 $t_0 = 0$, $t_1 = 1$, $t_2 = 0$이므로, 식 (3-7)은 다음과 같이 $P_1$이 됩니다. 임의의 값을 0제곱하면 1이 되기 때문입니다

$$P = \prod_{k=0}^{2} P_k^{t_k} = P_0^0 \times P_1^1 \times P_2^0 = 1 \times P_1 \times 1 = P_1$$

정답이 1일 때 $t_1 = 1$이 되기 때문에 위의 식에서는 $P_1$이 남습니다. 게다가 $P_1$의 값이 1에 가까울수록 CNN의 예측 정확도가 높다는 의미입니다. 우선 식 (3-7)의 구조를 이해하고 나서 다음으로 넘어가도록 합시다.

여기까지 내용을 바탕으로 다시 한번 생각해 보겠습니다. 이번 장의 CNN 모델은 다양한 손글씨 숫자를 올바른 숫자로 예측하는 것이 목표입니다. 입력 이미지가 같은 숫자라고 해도 데이터는 매우 다양할 수 있기 때문에, 입력 이미지에 따라 예측 확률값도 달라집니다. 예를 들어 [그림 3-22]처럼 다섯 종류의 입력 이미지에 대해 $P_0$, $P_1$, $P_2$를 계산해 보면, 예측 결과의 정확도는 제각기 다릅니다. 설명의 편의를 위해 입력 데이터에 연한 파란색으로 강조한 점은 실제와 다를 수 있으므로 유의하기 바랍니다.

[그림 3-22]에서 1번과 3번 입력 데이터는 정답 1에 대해 0.8 이상으로 예측하고 있기 때문에 예측 정확도가 높은 편입니다. 한편, 4번(정답 2)과 5번(정답 1)은 0.7 미만으로, 정확도가 조금 낮습니다. 이처럼 다양한 입력 데이터에 대해 항상 높은 예측 정확도를 얻기 위해서는 예측 결과들의 **곱**이 최대가 되도록 파라미터를 갱신하는 방법을 사용합니다. $P_0$, $P_1$, $P_2$는 0 이상 1 이하의 값을 가지므로 모든 값의 곱은 0에서 1 사이의 값을 갖습니다. 따라서 이 곱이 1에 가까워지도록 파라미터를 조정하는 것을 목표로 합니다. 이제부터 그 방법을 구체적으로 알아보겠습니다.

| 입력 데이터 | $P_0$ | $P_1$ | $P_2$ | 정답 |
|---|---|---|---|---|
| 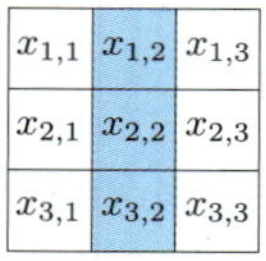 | 0.10 | 0.80 | 0.10 | 1 |
| 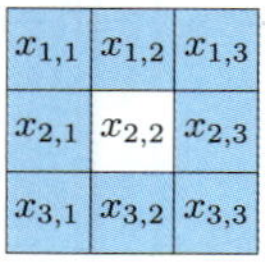 | 0.75 | 0.05 | 0.20 | 0 |
| 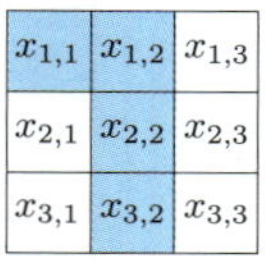 | 0.05 | 0.85 | 0.10 | 1 |
| 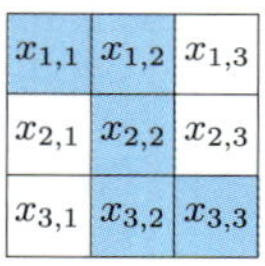 | 0.05 | 0.35 | 0.60 | 2 |
| 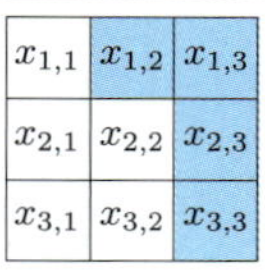 | 0.15 | 0.65 | 0.20 | 1 |

**그림 3-22** 입력 데이터, 확률값, 정답 비교

식 (3-7)을 조금 수정해 봅시다. 위의 예시처럼 다섯 개의 데이터에 대해 예측한 값들의 곱을 수식으로 표현하기 위해서는 식 (3-8)처럼 곱셈 기호 Π를 도입하면 편리합니다.

$$P = \prod_{n=1}^{5} \prod_{k=0}^{2} P_{n,k}^{t_{n,k}} \qquad (3\text{-}8)$$

식 안의 여러 부분에 $n$이 추가되었습니다. 구분하기 쉽도록 파란색으로 강조했습니다. 여기서 $n$은 '$n$번째 입력 이미지'를 의미합니다. $P_{n,k}$는 '$n$번째 입력 이미지에 적힌 숫자가 $k$일 확률'을 나타냅니다. 예를 들어 첫 번째 입력 이미지의 숫자가 2일 확률은 $P_{1,2}$입니다. 또한 $t_{n,k}$는 $n$번째 입력 이미지의 숫자가 $k$면 1, $k$가 아니면 0이 되는 변수입니다. 예를 들어 첫

번째 입력 이미지의 숫자가 2일 확률은 $P_{1,2}$지만, 실제 첫 번째 이미지가 1을 나타내고 있다면 $t_{1,2} = 0$이므로 $P_{1,2}^{t_{1,2}} = P_{1,2}^{0}$ 가 됩니다.

이해한 내용을 바탕으로 식 (3-8)을 하나씩 검토해 봅시다. 우선 다섯 개의 입력 이미지 데이터에 대한 예측값과 정답을 정리한 표에 예측값을 계산한 결과를 추가하면 [그림 3-23]과 같습니다.

| | 입력 데이터 | $P_0$ | $P_1$ | $P_2$ | 정답 | 예측값 |
|---|---|---|---|---|---|---|
| $n=1$ | 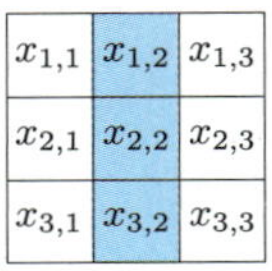 | 0.10 | 0.80 | 0.10 | 1 | $\prod_{k=0}^{2} P_{1,k}^{t_{1,k}} = P_{1,0}^{0} \times P_{1,1}^{1} \times P_{1,2}^{0} = P_{1,1}$ |
| $n=2$ | 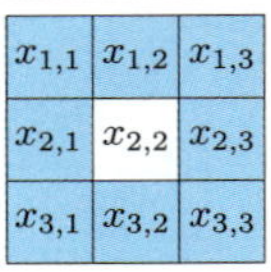 | 0.75 | 0.05 | 0.20 | 0 | $\prod_{k=0}^{2} P_{2,k}^{t_{2,k}} = P_{2,0}^{1} \times P_{2,1}^{0} \times P_{2,2}^{0} = P_{2,0}$ |
| $n=3$ | 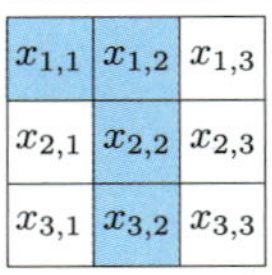 | 0.05 | 0.85 | 0.10 | 1 | $\prod_{k=0}^{2} P_{3,k}^{t_{3,k}} = P_{3,0}^{0} \times P_{3,1}^{1} \times P_{3,2}^{0} = P_{3,1}$ |
| $n=4$ | 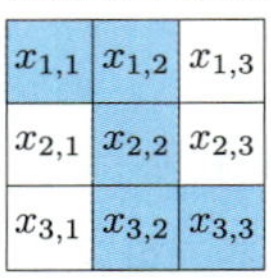 | 0.05 | 0.35 | 0.60 | 2 | $\prod_{k=0}^{2} P_{4,k}^{t_{4,k}} = P_{4,0}^{0} \times P_{4,1}^{0} \times P_{4,2}^{1} = P_{4,2}$ |
| $n=5$ | 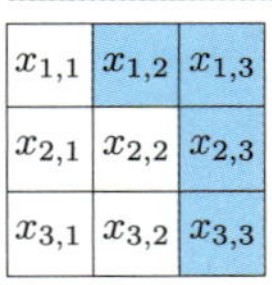 | 0.15 | 0.65 | 0.20 | 1 | $\prod_{k=0}^{2} P_{5,k}^{t_{5,k}} = P_{5,0}^{0} \times P_{5,1}^{1} \times P_{5,2}^{0} = P_{5,1}$ |

**그림 3-23** 예측값과 정답을 통한 예측 모델 설계

CNN으로 예측 모델의 정확도를 높인다는 것은, 예측값들을 모두 곱한 결과인 다음 수식의 출력값을 최대로 만드는 것을 의미합니다. [그림 3-23]의 정리와 다음 수식을 비교하며 어떤 계산이 이뤄지고 있는지 정확히 이해해 보기 바랍니다.

$$
\begin{aligned}
P &= \prod_{n=1}^{5} \prod_{k=0}^{2} P_{n,k}^{t_{n,k}} \\
&= \prod_{k=0}^{2} P_{1,k}^{t_{1,k}} \times \prod_{k=0}^{2} P_{2,k}^{t_{2,k}} \times \prod_{k=0}^{2} P_{3,k}^{t_{3,k}} \times \prod_{k=0}^{2} P_{4,k}^{t_{4,k}} \times \prod_{k=0}^{2} P_{5,k}^{t_{5,k}} \\
&= (P_{1,0}^{0} \times P_{1,1}^{1} \times P_{1,2}^{0}) \times (P_{2,0}^{1} \times P_{2,1}^{0} \times P_{2,2}^{0}) \times (P_{3,0}^{0} \times P_{3,1}^{1} \times P_{3,2}^{0}) \\
&\quad \times (P_{4,0}^{0} \times P_{4,1}^{0} \times P_{4,2}^{1}) \times (P_{5,0}^{0} \times P_{5,1}^{1} \times P_{5,2}^{0}) \\
&= P_{1,1} \times P_{2,0} \times P_{3,1} \times P_{4,2} \times P_{5,1}
\end{aligned}
$$

위 식에 [그림 3-23]에서 파란색 글자로 표시된 확률값을 대입하면 결과는 다음과 같습니다.

$$0.80 \times 0.75 \times 0.85 \times 0.60 \times 0.65 = 0.1989$$

확률은 0에서 1 사이의 값을 가지므로, 계산 결괏값인 0.1989는 상당히 낮은 편입니다. 계산 결괏값을 크게 만들기 위해 파라미터를 갱신해서 예측 모델의 정확도를 높이는 과정을 **훈련** 또는 **학습**이라고 합니다. $P = \prod_{n=1}^{5} \prod_{k=0}^{2} P_{n,k}^{t_{n,k}}$ 값이 낮으면 예측이 그럴 듯하지 못한 것이며, 이와 같은 수학적 모델의 계산 결과를 **우도**[likelihood](가능도)라고 부릅니다. 우도를 계산하기 위해 합성곱층과 전결합층에는 가중치 파라미터와 편향이 존재합니다. 이 값들이 변하면 예측 결과도 달라집니다. $P = \prod_{n=1}^{5} \prod_{k=0}^{2} P_{n,k}^{t_{n,k}}$ 와 같은 수학적 모델을 **우도 함수**라고 부릅니다. 익숙하지 않은 용어일 수 있지만 AI 분야에서는 자주 등장하는 함수입니다.

지금까지 살펴본 것처럼 확률의 곱을 최대화하도록 파라미터를 갱신하면 CNN의 예측 정확도는 높아집니다. 이 원리를 이용해 우도 함수를 손실 함수로 활용하는 접근법을 생각해 볼 수 있습니다. 다만, 이 수학적 모델은 지금 상태 그대로는 매우 다루기 어렵습니다. 앞선 예제들은 구체적인 수치를 대입하며 계산할 수 있었지만, 우도 함수인 $P = \prod_{n=1}^{5} \prod_{k=0}^{2} P_{n,k}^{t_{n,k}}$ 는 소프트맥스 함수의 곱으로 이뤄지기 때문입니다. 추가 설명을 위해 식 (3-5)를 다시 정리해 보겠습니다.

$$
\begin{aligned}
P_0 = s_0\left(fc_0, fc_1, fc_2\right) &= \frac{e^{fc_0(z_1,z_2)}}{\sum_{k=0}^{2} e^{fc_k(z_1,z_2)}} \\
&= \frac{e^{w_{1,0}^{fc} z_1 + w_{2,0}^{fc} z_2}}{e^{w_{1,0}^{fc} z_1 + w_{2,0}^{fc} z_2} + e^{w_{1,1}^{fc} z_1 + w_{2,1}^{fc} z_2} + e^{w_{1,2}^{fc} z_1 + w_{2,2}^{fc} z_2}} \\
P_1 = s_1\left(fc_0, fc_1, fc_2\right) &= \frac{e^{fc_1(z_1,z_2)}}{\sum_{k=0}^{2} e^{fc_k(z_1,z_2)}} \\
&= \frac{e^{w_{1,1}^{fc} z_1 + w_{2,1}^{fc} z_2}}{e^{w_{1,0}^{fc} z_1 + w_{2,0}^{fc} z_2} + e^{w_{1,1}^{fc} z_1 + w_{2,1}^{fc} z_2} + e^{w_{1,2}^{fc} z_1 + w_{2,2}^{fc} z_2}} \\
P_2 = s_2\left(fc_0, fc_1, fc_2\right) &= \frac{e^{fc_2(z_1,z_2)}}{\sum_{k=0}^{2} e^{fc_k(z_1,z_2)}} \\
&= \frac{e^{w_{1,2}^{fc} z_1 + w_{2,2}^{fc} z_2}}{e^{w_{1,0}^{fc} z_1 + w_{2,0}^{fc} z_2} + e^{w_{1,1}^{fc} z_1 + w_{2,1}^{fc} z_2} + e^{w_{1,2}^{fc} z_1 + w_{2,2}^{fc} z_2}}
\end{aligned}
$$

만약 $P_0$, $P_1$, $P_2$에 대해 $\Pi$ 기호에 따라 모든 곱을 실제로 계산하면, 동일 파라미터끼리 여러 번 곱해지면서 수식이 지나치게 복잡해져 계산이 어려워집니다. 여기서 그 과정을 모두 보여드릴 수는 없지만, 여러분이 직접 손으로 곱셈을 전개해 보면 얼마나 복잡해지는지 금방 실감할 수 있을 것입니다.

지금 상태로 더 이상 계산하기가 어려워 보이지만, 이런 상황에서 매우 유용한 방법이 있습니다. 우도 함수를 곱셈에서 덧셈의 형태로 바꾸기 위해 양변에 로그를 취하는 것입니다. 로그를 취하기만 해도 원래 식이 식 (3-9)처럼 단순하게 변합니다. 도출한 수식은 손실 함수이므로 $L(P)$로 표현합니다.

$$
\begin{aligned}
L(P) &= \log(P) \\
&= \log\left(\prod_{n=1}^{5}\prod_{k=0}^{2} P_{n,k}^{t_{n,k}}\right) \\
&= \log(P_{1,0}^{t_{1,0}} \times P_{1,1}^{t_{1,1}} \times P_{1,2}^{t_{1,2}} \\
&\quad \times P_{2,0}^{t_{2,0}} \times P_{2,1}^{t_{2,1}} \times P_{2,2}^{t_{2,2}} \\
&\quad \times P_{3,0}^{t_{3,0}} \times P_{3,1}^{t_{3,1}} \times P_{3,2}^{t_{3,2}} \\
&\quad \times P_{4,0}^{t_{4,0}} \times P_{4,1}^{t_{4,1}} \times P_{4,2}^{t_{4,2}} \\
&\quad \times P_{5,0}^{t_{5,0}} \times P_{5,1}^{t_{5,1}} \times P_{5,2}^{t_{5,2}})
\end{aligned}
$$

$$
\begin{aligned}
=&(t_{1,0}\log P_{1,0}+t_{1,1}\log P_{1,1}+t_{1,2}\log P_{1,2}\\
&+t_{2,0}\log P_{2,0}+t_{2,1}\log P_{2,1}+t_{2,2}\log P_{2,2}\\
&+t_{3,0}\log P_{3,0}+t_{3,1}\log P_{3,1}+t_{3,2}\log P_{3,2}\\
&+t_{4,0}\log P_{4,0}+t_{4,1}\log P_{4,1}+t_{4,2}\log P_{4,2}\\
&+t_{5,0}\log P_{5,0}+t_{5,1}\log P_{5,1}+t_{5,2}\log P_{5,2})\\
=&\left(\sum_{k=0}^{2} t_{1,k}\log P_{1,k}+\sum_{k=0}^{2} t_{2,k}\log P_{2,k}+\sum_{k=0}^{2} t_{3,k}\log P_{3,k}\right.\\
&\left.+\sum_{k=0}^{2} t_{4,k}\log P_{4,k}+\sum_{k=0}^{2} t_{5,k}\log P_{5,k}\right)\\
=&\sum_{n=1}^{5}\sum_{k=0}^{2} t_{n,k}\log P_{n,k} \qquad \text{(3-9)}
\end{aligned}
$$

수식 중간에서 1장에서 설명한 '로그의 성질'에 따라, 식 (1-7)과 $\log_a b^m = m\log_a b$ 를 사용해서 지수 부분을 log 앞에 배치하는 형태로 변형했습니다. 이처럼 정확도를 나타내는 함수(식 (3-8))는 곱셈 기호 Π를 사용한 형태에서 합의 기호 Σ를 사용한 형태로 변형할 수 있습니다. 합의 기호를 사용하면 손실 함수를 쉽게 이해할 수 있다는 점에서 매우 유용합니다.

이제 식 (3-9)를 **경사 하강법**을 사용해서 파라미터를 최적화합니다. 파라미터를 최적화할 때는 2장에서 다룬 것처럼 **미분**을 통해 오차를 최소화하는 방식을 취합니다.[8] 여기서 식 (3-9)는 '확률을 최대화'하기 위해 설계되었습니다. 하지만 경사 하강법을 적용하기 위해서는 이 목표를 '오차를 최소화'하는 형태로 바꿔 생각해야 합니다. 이를 위해서는 간단히 도출된 수학적 모델에 **뺄셈 부호**(−)를 붙여 주면 됩니다.

$$
L(P) = -\sum_{n=1}^{5}\sum_{k=0}^{2} t_{n,k}\log P_{n,k} \qquad \text{(3-10)}
$$

조금 더 구체적인 이미지를 떠올릴 수 있도록 그림으로 살펴보겠습니다(그림 3-24). 2장에서 다룬 손실 함수와 이 장에서 도입한 손실 함수는 최적화를 위해 미분 계산을 사용한다는

8 현업에서는 파이토치(PyTorch)와 같은 머신러닝 라이브러리가 경사를 대신 계산해 주기 때문에 미분을 직접 계산할 필요는 없습니다. 그러나 계산이 어떻게 이뤄지는지 알고 있는 것이 AI를 이해하는 데 매우 중요합니다.

접근 방식은 같지만, 2장에서는 오차를 최소화하기 위해 **아래로 볼록한** 형태의 함수를 가정해서 최솟값을 해석적으로 구했습니다. 반면, 이번 장의 손실 함수는 확률의 곱이 나타내는 값을 최대화하는 것이 목적이므로 [그림 3-24]의 오른쪽과 같이 **위로 볼록한** 형태의 함수를 가정해서 최댓값을 해석적으로 구합니다.

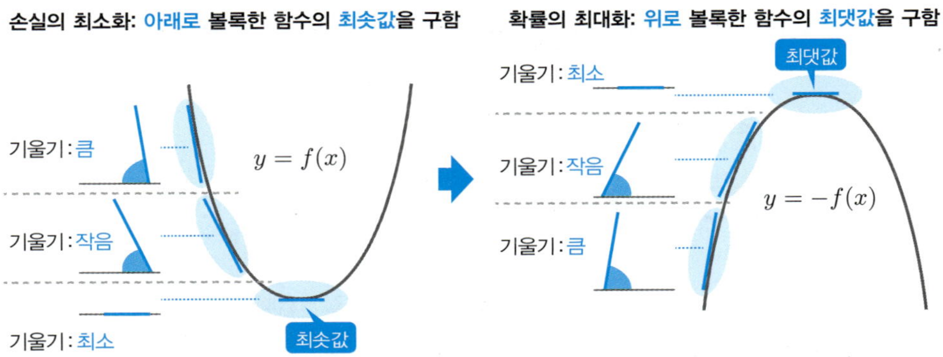


**그림 3-24** 최대 확률을 구하기 위해 함수에 뺄셈 부호를 붙여서 위로 볼록한 함수로 변환

로그를 활용해서 변형한 로그 함수 형태의 손실 함수를 **로그 우도 손실 함수**라고 하지만 일반적으로 뺄셈 부호가 붙는 경우가 많습니다. 따라서 **음의 로그 우도 함수**라고 부르기도 합니다.

지금까지 유도해 온 로그 우도 손실 함수는 다섯 가지 손 글씨 숫자 이미지 데이터를 입력값으로 하는 예측값들의 곱을 계산하는 방식으로 정의되어 있습니다. 한편, 여기서는 CNN의 최적화 과정을 설명하는 데에 중점을 두기 위해 손 글씨 숫자 이미지를 한 가지로 가정합니다. 그렇다면 식 (3-10)의 로그 우도 손실 함수는 Σ 기호 하나를 생략해서 식 (3-11)처럼 단순하게 표현할 수 있습니다. 첫 번째 Σ 기호에 해당하는 $n$은 함께 생략되었습니다.

$$L(P) = -\sum_{k=0}^{2} t_k \log P_k = -\left(t_0 \log P_0 + t_1 \log P_1 + t_2 \log P_2\right) \qquad (3\text{-}11)$$

이번 장의 목표 중 하나인 오차 역전파법을 설명하기 위해 지금까지 매우 긴 과정을 거쳤습니다. 다음 절로 넘어가기 전에 지금까지 살펴본 내용을 다시 한번 되짚고 [그림 3-25]를 통해 전체적인 과정을 정리해 봅시다.

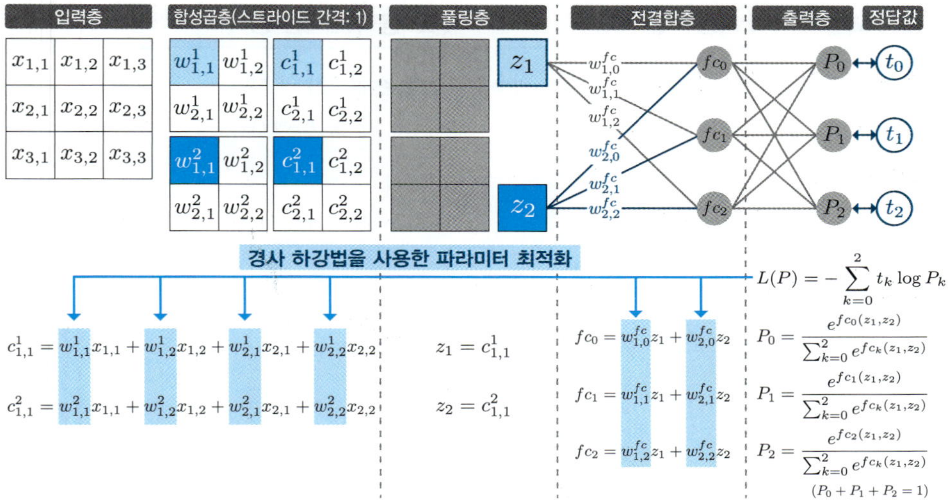

그림 3-25 경사 하강법으로 파라미터를 갱신하는 과정

## 3.9 합성 함수: 출력층 파라미터의 영향 범위 고찰하기

2장에서도 손실 함수 개념이 등장했습니다. 이 손실 함수를 최소화하기 위해 미분을 이용한 경사 하강법을 적용했었습니다. 이번 장에서도 경사 하강법을 적용하면 흥미로운 결과를 발견할 수 있습니다.

여기서의 최종 목표도 2장과 마찬가지로 경사 하강법을 이용해 **가중치 파라미터를 갱신하는 수식(갱신식)**을 유도하는 것입니다. 수식 유도에 앞서 로그로 나타낸 손실 함수와 소프트맥스 함수가 필요합니다. 경사 하강법에서는 미분 계산이 필수입니다. 여기서는 **합성 함수의 미분**과 **분수 함수의 미분** 방법을 소개합니다. 이 과정을 통해 미분 계산에 대해서도 더욱 깊이 이해하게 될 것입니다.

**기초가 되는 수학적 기법** ＼ **정보 공학적 접근 방식**

**합성 함수의 미분(연쇄 법칙):**

$$\{f(g(x))\}' = f'(g(x))g'(x)$$

**로그 우도 함수를 이용한 손실 함수의 정의:**

$$L(P) = -\sum_{k=1}^{n} t_k \log P_k$$

**편도함수:**

$$\frac{\partial}{\partial x} f(x,y) = \lim_{h \to 0} \frac{f(x+h,y) - f(x,y)}{h}$$

**소프트맥스 함수:**

$$\mathrm{softmax}\,(x_i) = \frac{e^{x_i}}{\sum_{k=1}^{n} e^{x_k}}$$

**분수 함수의 미분:**

$$\left(\frac{f(x)}{g(x)}\right)' = \frac{f'(x)g(x) - f(x)g'(x)}{(g(x))^2}$$

**가중치 파라미터의 갱신식:**

$$w_{1,0}^{fc(n)} = w_{1,0}^{fc(n-1)} - \eta \cdot \frac{\partial L(P)}{\partial w_{1,0}^{fc(n-1)}}$$

$$\frac{\partial L(P)}{\partial w_{1,0}^{fc}} = (P_0 - t_0)\, z_1$$

$$w_{1,1}^{1(n)} = w_{1,1}^{1(n-1)} - \eta \cdot \frac{\partial L(P)}{\partial w_{1,1}^{1(n-1)}}$$

$$\frac{\partial L(P)}{\partial w_{1,1}^{1}} = \left\{(P_0 - t_0)\, w_{1,0}^{fc} + (P_1 - t_1)\, w_{1,1}^{fc} + (P_2 - t_2)\, w_{1,2}^{fc}\right\} x_{1,1}$$

$n$ : 자연수
$w_{1,0}^{fc(n)}$ : $n$차례 갱신 후의 가중치 파라미터 $w_{1,0}^{fc}$
$w_{1,1}^{1(n)}$ : $n$차례 갱신 후의 가중치 파라미터 $w_{1,1}^{1}$

그림 3-26 설명 방식

이제 손실 함수 $L$을 최적화하기 위해 경사 하강법으로 파라미터를 최적화해 봅시다. 먼저 출력층에 가까운 파라미터 $w_{1,0}^{fc}$ 을 최적화하는 것부터 생각합니다. 정답을 기준으로 생각해 보면 [그림 3-27]에서 보이는 바와 같이 $w_{1,0}^{fc}$ 은 파란색으로 둘러싸인 요소들에 영향을 주고 있다는 점을 알 수 있습니다. 이러한 '파라미터의 영향 범위'는 이후 설명에서 매우 중요한 관점이 됩니다.

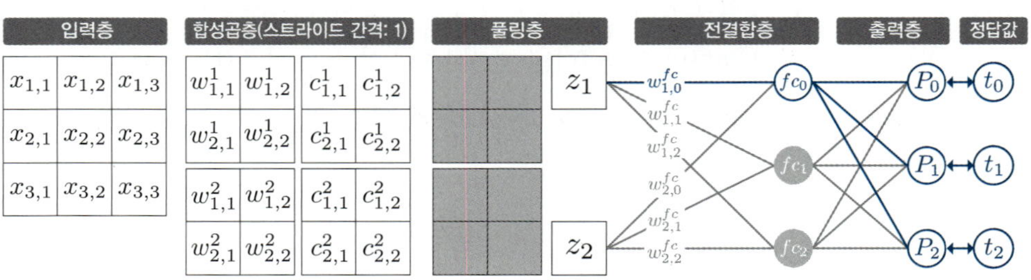


그림 3-27 갱신되는 전결합층의 파라미터와 영향을 받는 함수

손실 함수 $L(P)$는 세 개의 소프트맥스 함수 $P_0 = s_0$, $P_1 = s_1$, $P_2 = s_2$를 포함합니다. 각 소프트맥스 함수 $s_0$, $s_1$, $s_2$는 전결합층의 $fc_0$, $fc_1$, $fc_2$의 영향을 받습니다. 그리고 $fc_0$, $fc_1$, $fc_2$도 가중치 파라미터 $w^{fc}$를 계수로 갖는 함수입니다. 이 점을 확실히 확인할 수 있도록 수식을 다시 정리합니다.

$$L(P) = -\left(t_0 \log P_0 + t_1 \log P_1 + t_2 \log P_2\right) \tag{3-12}$$

$$\begin{aligned} P_0 &= s_0\left(fc_0, fc_1, fc_2\right) = \frac{e^{fc_0(z_1, z_2)}}{\sum_{k=0}^{2} e^{fc_k(z_1, z_2)}} \\ P_1 &= s_1\left(fc_0, fc_1, fc_2\right) = \frac{e^{fc_1(z_1, z_2)}}{\sum_{k=0}^{2} e^{fc_k(z_1, z_2)}} \\ P_2 &= s_2\left(fc_0, fc_1, fc_2\right) = \frac{e^{fc_2(z_1, z_2)}}{\sum_{k=0}^{2} e^{fc_k(z_1, z_2)}} \end{aligned} \tag{3-13}$$

$$fc_0 = fc_0\left(z_1, z_2\right) = w_{1,0}^{fc} z_1 + w_{2,0}^{fc} z_2 \tag{3-14}$$

위의 함수들 안에는 동일한 요소가 반복해서 등장합니다. 이를 [그림 3-28]처럼 시각화하면, 세 수식은 **중첩된 구조**로 설계되어 있다는 것을 알 수 있습니다. 딥러닝 모델의 파라미터 갱신을 이해하기 위해서는 이 구조를 이해하는 것이 매우 중요합니다.

$$L(P) = -\left(t_0 \log P_0 + t_1 \log P_1 + t_2 \log P_2\right)$$

$$P_0 = s_0\left(fc_0, fc_1, fc_2\right) = \frac{e^{fc_0(z_1, z_2)}}{\sum_{k=0}^{2} e^{fc_k(z_1, z_2)}}$$

$$fc_0 = fc_0\left(z_1, z_2\right) = w_{1,0}^{fc} z_1 + w_{2,0}^{fc} z_2$$

$L(P) = -\left(t_0 \log P_0 + t_1 \log P_1 + t_2 \log P_2\right)$ 안에
$P_0 = s_0\left(fc_0, fc_1, fc_2\right)$ 가 포함되어 있습니다.

$P_0 = s_0\left(fc_0, fc_1, fc_2\right)$ 안에
$fc_0 = fc_0\left(z_1, z_2\right)$ 가 포함되어 있습니다.

**그림 3-28** 갱신되는 전결합층의 파라미터와 영향을 받는 함수 더 자세히 보기

중첩된 구조란 함수 안에 또 다른 함수가 포함된 구조를 일컫습니다. 일반적으로는 **합성 함수**라고 합니다. 그림에서 파란색으로 강조된 파라미터 $w_{1,0}^{fc}$ 의 최적화를 고려하면, $w_{1,0}^{fc}$ 은

$fc_0$를 거쳐 $P_0$으로, 그리고 다시 $P_0$에서 $L(P)$로 순차적으로 영향을 미칩니다. 즉, 하나의 파라미터가 여러 함수에 영향을 주는 구조입니다. 따라서 여러 함수에 대한 미분의 영향을 고려한 **합성 함수의 미분**이 필요합니다. 합성 함수의 미분은 **연쇄 법칙**이라고도 부르며, 특히 딥러닝 모델에서는 여러 함수가 겹쳐져 있기 때문에 해석(분석)할 때 필연적으로 연쇄 법칙이 자주 등장합니다. 합성 함수의 미분(연쇄 법칙)에 대한 공식은 다음과 같습니다.

$$\{f(g(x))\}' = f'(g(x))\,g'(x)$$

여기서 $g(x) = u$, $f(u) = y$라고 하면, 이 합성 함수의 미분 공식은 다음과 같은 형태로 다시 쓸 수 있습니다. 이 책에서 연쇄 법칙의 계산 과정을 나타낼 때는 다음과 같은 형태를 중심으로 설명합니다.

$$\frac{dy}{dx} = \frac{dy}{du}\frac{du}{dx}$$

합성 함수의 미분(연쇄 법칙)은 편미분 계산에도 적용할 수 있으며, 표현 방식은 다음과 같습니다. 편미분에 관해서는 2장의 설명을 참고하기 바랍니다.

$$\frac{\partial y}{\partial x} = \frac{\partial y}{\partial u}\frac{\partial u}{\partial x}$$

**Lesson**

**합성 함수의 미분**

공식을 유도하는 방법은 여기서 생략하지만, 합성 함수의 미분(연쇄 법칙)은 AI 분야에서 다양한 패턴으로 자주 등장하므로 익숙해지는 것이 중요합니다. 이 책에서도 계속해서 등장하므로 두 가지 예시를 살펴보며 이해해 보겠습니다. 첫 예시는 다음과 같습니다. 함수 $f(x)$를 $x$에 대해 미분합니다.

$$f(x) = \left(3x^2 + 4\right)^2$$

$g(x) = 3x^2 + 4$ 라고 하고 $g(x) = u$ 로 두면 $y = f(u) = u^2$ 으로 쓸 수 있기 때문에 계산

결과는 다음과 같습니다.

$$\frac{dy}{dx} = \frac{dy}{du}\frac{du}{dx} = \frac{du^2}{du}\frac{d(3x^2+4)}{dx} = 2 \times u^{2-1} \times 2 \times 3x^{2-1} = 12xu = 12x\left(3x^2+4\right)$$
$$= 36x^3 + 48x$$

두 번째 예시를 풀어봅시다. 다음 함수 $f(x)$를 $x$에 대해 미분합니다.

$$f(x) = \sqrt{3x^2+4}$$

$g(x) = 3x^2 + 4$ 라고 하고 $g(x) = u$ 로 두면 $y = f(u) = \sqrt{u} = u^{\frac{1}{2}}$로 쓸 수 있기 때문에 계산 결과는 다음과 같습니다.

$$\frac{dy}{dx} = \frac{dy}{du}\frac{du}{dx} = \frac{du^{\frac{1}{2}}}{du}\frac{d(3x^2+4)}{dx} = \frac{1}{2} \times u^{\frac{1}{2}-1} \times 2 \times 3x^{2-1} = 3xu^{-\frac{1}{2}} = \frac{3x}{\sqrt{3x^2+4}}$$

이 책에서는 합성 함수의 미분에 관한 계산이 여러 차례 등장하므로 반드시 숙지하기 바랍니다.

## 3.10 편미분: 출력층 파라미터로 손실 함수 최적화하기

이제 순차적으로 연쇄 법칙을 적용할 차례입니다. 손실 함수 $L(P)$를 $w_{1,0}^{fc}$ 에 대해 편미분할 때 $w_{1,0}^{fc}$ 은 $fc_0$을 거쳐 $L(P)$에 영향을 미칩니다. 따라서 먼저 식 (3-15)에 나타난 편미분을 계산합니다.

$$\frac{\partial L(P)}{\partial w_{1,0}^{fc}} = \frac{\partial L(P)}{\partial fc_0}\frac{\partial fc_0}{\partial w_{1,0}^{fc}} \qquad (3\text{-}15)$$

식 (3-15)를 잘 보면 $L(P)$를 $fc_0$에 대해 편미분한 것과 $fc_0$을 $w_{1,0}^{fc}$에 대해 편미분한 계산 결과가 곱해져 있습니다. 바로 이 형태가 연쇄 법칙의 특징입니다. 이제 우변의 $\frac{\partial fc_0}{\partial w_{1,0}^{fc}}$ 은 식 (3-14)에서 언급한 $fc_0 = w_{1,0}^{fc}z_1 + w_{2,0}^{fc}z_2$ 이므로, $fc_0$을 $w_{1,0}^{fc}$에 대해 미분하면 식

(3-16)과 같이 계산할 수 있습니다.

$$\begin{aligned}\frac{\partial L(P)}{\partial w_{1,0}^{fc}} &= \frac{\partial L(P)}{\partial fc_0}\frac{\partial fc_0}{\partial w_{1,0}^{fc}} = \frac{\partial L(P)}{\partial fc_0}\frac{\partial}{\partial w_{1,0}^{fc}}\left(w_{1,0}^{fc}z_1 + w_{2,0}^{fc}z_2\right) \\ &= \frac{\partial L(P)}{\partial fc_0}z_1\end{aligned} \quad (3\text{-}16)$$

자세하게 풀어썼지만 $w_{2,0}^{fc}z_2$ 는 결국 $w_{1,0}^{fc}$ 에 대해 미분하면 0이 됩니다. 0이 되는 이유를 잘 모르겠다면 2장의 'Lesson: 미분, 편미분의 계산'을 다시 한번 살펴보기 바랍니다.

이제 식 (3-15)의 $\frac{\partial L(P)}{\partial fc_0}$ 에 대해 생각해 봅시다. $fc_0$는 $P_0$, $P_1$, $P_2$를 통해 식 (3-12) $L(P) = -(t_0 \log P_0 + t_1 \log P_1 + t_2 \log P_2)$에 영향을 미칩니다. 이 사실은 다음 수식을 보면 바로 이해할 수 있습니다.

$$\begin{aligned}P_0 = s_0(fc_0, fc_1, fc_2) &= \frac{e^{fc_0}}{\sum_{k=0}^{2} e^{fc_k}} = \frac{e^{fc_0}}{e^{fc_0}+e^{fc_1}+e^{fc_2}} \\ P_1 = s_1(fc_0, fc_1, fc_2) &= \frac{e^{fc_1}}{\sum_{k=0}^{2} e^{fc_k}} = \frac{e^{fc_1}}{e^{fc_0}+e^{fc_1}+e^{fc_2}} \\ P_2 = s_2(fc_0, fc_1, fc_2) &= \frac{e^{fc_2}}{\sum_{k=0}^{2} e^{fc_k}} = \frac{e^{fc_2}}{e^{fc_0}+e^{fc_1}+e^{fc_2}}\end{aligned}$$

다시 말해 $fc_0$은 $P_0$, $P_1$, $P_2$ 모두에 영향을 줍니다. 따라서 $\frac{\partial L(P)}{\partial fc_0}$의 형태를 그대로 따라 손실 함수 $L(P)$를 편미분하는 것이 아니라 $P_0$, $P_1$, $P_2$를 $fc_0$에 대해 편미분하는 단계가 필요합니다. 즉, $\frac{\partial L(P)}{\partial fc_0}$를 계산하기 위해서는 식 (3-17)처럼 $P_0$, $P_1$, $P_2$에 대해 편미분한 결과를 모두 더합니다.

$$\frac{\partial L(P)}{\partial fc_0} = \frac{\partial L(P)}{\partial P_0}\frac{\partial P_0}{\partial fc_0} + \frac{\partial L(P)}{\partial P_1}\frac{\partial P_1}{\partial fc_0} + \frac{\partial L(P)}{\partial P_2}\frac{\partial P_2}{\partial fc_0} \quad (3\text{-}17)$$

이제부터 우변의 각 항을 차근차근 계산해 보겠습니다. 식 (3-12)에 따라 $L(P) = -(t_0 \log P_0 + t_1 \log P_1 + t_2 \log P_2)$이므로, $L(P)$는 로그 함수입니다. 이를 $P_0$, $P_1$, $P_2$에 대해 미분하는 것은 로그 함수를 미분하는 것과 같습니다. 이때 중요한 공식인, $f(x) = \log x$의 변수 $x$에 대한 미분 공식으로부터 다음 식이 성립합니다. 단, 진수 조건으로 $x > 0$입니다.

$$\frac{d}{dx}f(x) = \frac{1}{x}$$

그러면 식 (3−17)의 오른쪽 첫 번째 항의 왼쪽, $\frac{\partial L(P)}{\partial P_0}$의 계산 결과로 식 (3−18)을 얻습니다. $P_0$과 관계없는 $P_1$, $P_2$항은 미분 연산에 의해 사라진다는 점에 주의하세요.

$$\begin{aligned}\frac{\partial L(P)}{\partial P_0} &= \frac{\partial\left(-\left(t_0 \log P_0 + t_1 \log P_1 + t_2 \log P_2\right)\right)}{\partial P_0} \\ &= \frac{\partial\left(-t_0 \log P_0\right)}{\partial P_0} + \frac{\partial\left(-t_1 \log P_1\right)}{\partial P_0} + \frac{\partial\left(-t_2 \log P_2\right)}{\partial P_0} \\ &= \frac{\partial\left(-t_0 \log P_0\right)}{\partial P_0} \\ &= -t_0 \times \frac{1}{P_0} \\ &= \frac{-t_0}{P_0} \qquad \text{(3-18)}\end{aligned}$$

마찬가지로 계산하면, $\frac{\partial L(P)}{\partial P_1}$, $\frac{\partial L(P)}{\partial P_2}$의 계산 결과는 식 (3−18′)가 됩니다. 연습하기 좋은 부분이므로 직접 계산하며 확인해 보기 바랍니다.

$$\frac{\partial L(P)}{\partial P_1} = \frac{-t_1}{P_1}, \quad \frac{\partial L(P)}{\partial P_2} = \frac{-t_2}{P_2} \qquad \text{(3-18′)}$$

다음으로 식 (3−17) 우변의 첫 번째 항의 $\frac{\partial P_0}{\partial fc_0}$을 생각해 봅시다. $P_0$은 식 (3−13)에서 소프트맥스 함수의 출력이었던 점을 떠올려야 합니다.

$$P_0 = s_0\left(fc_0, fc_1, fc_2\right) = \frac{e^{fc_0}}{\sum_{k=0}^{2} e^{fc_k}} = \frac{e^{fc_0}}{e^{fc_0} + e^{fc_1} + e^{fc_2}}$$

그러면 $\frac{\partial P_0}{\partial fc_0}$은 소프트맥스 함수 $s_0$을 $fc_0$에 대해 편미분한 결과라는 것을 알 수 있습니다. 이를 바탕으로 $\frac{\partial P_0}{\partial fc_0}$을 다음과 같이 변형합니다.

$$P_0 = s_0\left(fc_0, fc_1, fc_2\right) = \frac{e^{fc_0}}{\sum_{k=0}^{2} e^{fc_k}} = \frac{e^{fc_0}}{e^{fc_0} + e^{fc_1} + e^{fc_2}}$$

여기서 $P_0$은 분모와 분자에 모두 $fc_0$이 포함되어 있으므로 분모, 분자 모두 $fc_0$의 함수로 볼 수 있습니다. 그러므로 **분수 함수의 미분 공식**을 적용할 수 있습니다.

$$\left(\frac{f(x)}{g(x)}\right)' = \frac{f'(x)g(x) - f(x)g'(x)}{(g(x))^2} \qquad \text{(3-19)}$$

공식에 따르면 $\frac{\partial P_0}{\partial fc_0}$은 다음과 같이 계산할 수 있습니다. 계산 과정을 자세히 정리해 두었으니 한 줄씩 꼼꼼하게 이해해 보기 바랍니다.

$$\begin{aligned}
\frac{\partial}{\partial fc_0}\left(\frac{e^{fc_0}}{e^{fc_0} + e^{fc_1} + e^{fc_2}}\right) &= \frac{\frac{\partial\left(e^{fc_0}\right)}{\partial fc_0} \times \left(e^{fc_0} + e^{fc_1} + e^{fc_2}\right) - e^{fc_0} \times \frac{\partial\left(e^{fc_0} + e^{fc_1} + e^{fc_2}\right)}{\partial fc_0}}{\left(e^{fc_0} + e^{fc_1} + e^{fc_2}\right)^2} \\
&= \frac{e^{fc_0} \times \left(e^{fc_0} + e^{fc_1} + e^{fc_2}\right) - e^{fc_0} \times e^{fc_0}}{\left(e^{fc_0} + e^{fc_1} + e^{fc_2}\right)^2} \\
&\quad \left(\because \frac{\partial\left(e^{fc_0}\right)}{\partial fc_0} = e^{fc_0},\ \frac{\partial\left(e^{fc_1}\right)}{\partial fc_0} = \frac{\partial\left(e^{fc_2}\right)}{\partial fc_0} = 0\right) \\
&= \frac{e^{fc_0} \times \left(e^{fc_0} + e^{fc_1} + e^{fc_2}\right)}{\left(e^{fc_0} + e^{fc_1} + e^{fc_2}\right)^2} - \frac{e^{fc_0} \times e^{fc_0}}{\left(e^{fc_0} + e^{fc_1} + e^{fc_2}\right)^2} \\
&= \frac{e^{fc_0}}{e^{fc_0} + e^{fc_1} + e^{fc_2}} - \left(\frac{e^{fc_0}}{e^{fc_0} + e^{fc_1} + e^{fc_2}}\right)^2 \\
&= P_0 - {P_0}^2 \\
&= P_0\left(1 - P_0\right) \qquad \text{(3-20)}
\end{aligned}$$

여기까지 식 (3–17) 우변의 첫 번째 항 $\frac{\partial L(P)}{\partial fc_0}$에 대한 계산이 끝났습니다. 그 과정에서 자연 상수 $e$의 중요한 성질이 등장했습니다. 지수 함수 $f(x) = e^x$을 $x$에 대해 미분하면 도함수 $f'(x)$는 $f'(x) = e^x$으로 미분해도 같은 형태의 식으로 되돌아옵니다.

Lesson

## 자연 상수

자연 상수 $e$가 현대의 과학 기술에 끼친 영향은 이루 말할 수 없을 정도로 큽니다. 이 책에서도 자연 상수 $e$는 계속 등장하며, 여러 수학적 모델에서 결정적인 역할을 합니다. 앞서 등장한 소프트맥스 함수에서도 자연 상수 $e$가 함수에 포함되어 있는데, 이것은 자연 상수 $e$의 유용한 성질을 활용하기 위함이라 해도 과언이 아닙니다.

자연 상수 $e$를 정의하는 여러 방법이 있지만 먼저 시각적으로 살펴보겠습니다.

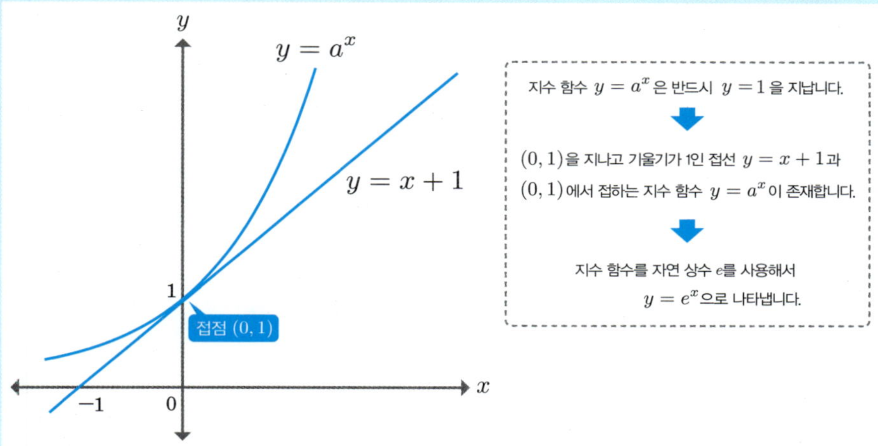


**그림 3-29** 자연 상수 $e$의 정의

이때 $a > 0$이고 $a \neq 1$이라고 합시다. 지수 함수 $y = a^x$은 $x$ 값에 관계없이 반드시 점 $(0,1)$을 지납니다. 그 이유는 지수 부분의 $x$에 0을 대입하면 $a > 0$이고 $a \neq 1$을 만족하는 어떤 $a$ 값에서도 $a^0 = 1$이 되기 때문입니다. 여기서 임의의 $a$ 값에 대해 점 $(0,1)$을 지나면서 기울기가 1인 직선 $y = x + 1$과 $y = a^x$상의 점 $(0,1)$에서 접하게 되는 경우, 그 $a$ 값을 자연 상수 $e$로 정의합니다. 이 값은 $e = 2.71828182845904523536\ldots$과 같이 이어지며 **초월수**라고도 합니다.

$y = a^x$상의 점 $(0,1)$에서 **접선의 기울기**가 1이라는 것은 $y = a^x$상의 점 $(0,1)$에서의 **미분 계수**의 값이 1이라는 뜻입니다. 이를 2장에서 설명한 미분 계수의 공식에 대입해서 생각해 봅시다. 도함수를 구하는 공식은 2장의 식 (2-28)에서 다음과 같이 정의했습니다.

$$f'(x) = \lim_{h \to 0} \frac{f(x+h) - f(x)}{h}$$

$f(x) = a^x$으로부터 정의를 다음과 같이 바꿔 쓸 수 있습니다.

$$f'(x) = \lim_{h \to 0} \frac{a^{x+h} - a^x}{h} = a^x \cdot \lim_{h \to 0} \frac{a^h - 1}{h}$$

점 (0,1)에서의 미분 계수를 구하고 싶으므로 위의 도함수에 $x = 0$을 대입합니다.

$$f'(0) = a^0 \cdot \lim_{h \to 0} \frac{a^h - 1}{h} = \lim_{h \to 0} \frac{a^h - 1}{h}$$

식 (3−21)과 같이 만약 $a$ 값이 자연 상수 $e$라면, 앞서 제시한 미분 계수의 값은 1이 됩니다.

$$\lim_{h \to 0} \frac{e^h - 1}{h} = 1 \qquad (3\text{-}21)$$

앞 절의 마지막에서 '지수 함수 $f(x) = e^x$을 $x$에 대해 미분하면, 그 도함수 $f'(x)$는 $f'(x) = e^x$이 된다'고 설명했습니다. 이는 자연 상수 $e$가 갖는 매우 중요한 성질 중 하나입니다. 이 성질을 식 (3−21)을 사용해서 설명해 보겠습니다. $f(x) = e^x$이라고 하면, $f'(x)$는 식 (3−22)와 같이 구해집니다.

$$\begin{aligned} f'(x) &= \lim_{h \to 0} \frac{f(x+h) - f(x)}{h} \\ &= \lim_{h \to 0} \frac{e^{x+h} - e^x}{h} \\ &= e^x \cdot \underbrace{\lim_{h \to 0} \frac{e^h - 1}{h}}_{=1} \\ &= e^x \qquad (3\text{-}22) \end{aligned}$$

$f(x) = e^x$의 미분 계산 결과는 $e^x$이 되었습니다. 마지막 부분의 계산에서 $e^x$을 묶으면 $\lim_{h \to 0} \frac{e^h - 1}{h}$ 이 등장하는데, 식 (3−21)로부터 $\lim_{h \to 0} \frac{e^h - 1}{h} = 1$을 사용했습니다. 따라서 지수 함수 $f(x) = e^x$을 $x$로 미분하면 도함수 $f'(x)$는 $f'(x) = e^x$이 되는 것입니다.

## 3.11 출력층 파라미터로 손실 함수의 편미분 결과 도출하기

다음으로 식 (3-17) 우변의 두 번째 항에 있는 $\frac{\partial P_1}{\partial fc_0}$ 을 계산합니다. 여기서 $e^{fc_1}$ 은 $fc_0$과 관계가 없는 값이므로 괄호 밖에 나와 있습니다.

$$\frac{\partial P_1}{\partial fc_0} = \frac{\partial}{\partial fc_0}\left(\frac{e^{fc_1}}{e^{fc_0}+e^{fc_1}+e^{fc_2}}\right) = e^{fc_1} \cdot \frac{\partial}{\partial fc_0}\left(\frac{1}{e^{fc_0}+e^{fc_1}+e^{fc_2}}\right)$$

$\frac{\partial}{\partial fc_0}\left(\frac{1}{e^{fc_0}+e^{fc_1}+e^{fc_2}}\right)$ 부분을 계산하기 위해 수식을 조금 바꿔 씁니다. 우선 분수 형태인 $\frac{1}{e^{fc_0}+e^{fc_1}+e^{fc_2}}$ 을 간단히 $f(fc)$라고 표기하고, 분모 $e^{fc_0}+e^{fc_1}+e^{fc_2}$를 $g(fc)$로 쓰기로 합니다.

$$f(fc) = \frac{1}{e^{fc_0}+e^{fc_1}+e^{fc_2}}, \quad g(fc) = e^{fc_0}+e^{fc_1}+e^{fc_2}$$

그러면 $\frac{1}{e^{fc_0}+e^{fc_1}+e^{fc_2}} = \left(e^{fc_0}+e^{fc_1}+e^{fc_2}\right)^{-1}$ 로부터 다음을 얻을 수 있습니다.

$$f(fc) = (g(fc))^{-1}, g(fc) = e^{fc_0}+e^{fc_1}+e^{fc_2}$$

위의 과정에 따라 $f(fc) = \frac{1}{e^{fc_0}+e^{fc_1}+e^{fc_2}}$ 에 **합성 함수의 미분**을 적용할 수 있습니다. 이러한 계산 아이디어나 변형을 떠올리려면 경험과 연습이 필요합니다.

합성 함수의 미분 공식 $\{f(g(x))\}' = f'(g(x))\,g'(x)$를 사용해서 계산을 진행합니다. 식의 전개를 최대한 이해하기 쉽게 작성했기 때문에 차근차근 이해해 보기 바랍니다.

$$
\begin{aligned}
e^{fc_1}\frac{\partial}{\partial fc_0}\left(e^{fc_0}+e^{fc_1}+e^{fc_2}\right)^{-1} &= e^{fc_1}\left\{\frac{\partial}{\partial fc_0}\left(g(fc)\right)^{-1}\times\frac{\partial}{\partial fc_0}g(fc)\right\} \\
&= e^{fc_1}\left\{-1\cdot\left(g(fc)\right)^{-2}\times\frac{\partial}{\partial fc_0}g(fc)\right\} \\
&= e^{fc_1}\left\{-\left(e^{fc_0}+e^{fc_1}+e^{fc_2}\right)^{-2}\times\frac{\partial}{\partial fc_0}\left(e^{fc_0}+e^{fc_1}+e^{fc_2}\right)\right\} \\
&= e^{fc_1}\left\{-\frac{1}{\left(e^{fc_0}+e^{fc_1}+e^{fc_2}\right)^2}\times e^{fc_0}\right\} \\
&= e^{fc_1}\left\{-\frac{1}{e^{fc_0}+e^{fc_1}+e^{fc_2}}\times\frac{e^{fc_0}}{e^{fc_0}+e^{fc_1}+e^{fc_2}}\right\} \\
&= -\frac{e^{fc_1}}{e^{fc_0}+e^{fc_1}+e^{fc_2}}\times\frac{e^{fc_0}}{e^{fc_0}+e^{fc_1}+e^{fc_2}} \\
&= -P_1P_0 \qquad \text{(3-23)}
\end{aligned}
$$

마지막 부분에서 $P_1$, $P_0$으로의 치환은 소프트맥스 함수 $s_1$, $s_0$의 정의를 다시 떠올리면 쉽습니다. 같은 방식으로 계산하면, 식 (3−17)의 우변 제3항의 $\frac{\partial P_2}{\partial fc_0}$의 계산 결과는 식 (3−24)와 같습니다. 이 부분도 좋은 연습 문제이므로 직접 계산하며 확인해 보기를 권장합니다.

$$
\frac{\partial P_2}{\partial fc_0} = -P_2P_0 \qquad \text{(3-24)}
$$

지금까지 도출한 모든 계산 결과 식 (3−18), (3−18′), (3−20), (3−23), (3−24)를 식 (3−17)에 대입하면 식 (3−17)의 계산 결과는 식 (3−25)와 같습니다.

$$
\begin{aligned}
\frac{\partial L(P)}{\partial fc_0} &= \frac{\partial L(P)}{\partial P_0}\frac{\partial P_0}{\partial fc_0}+\frac{\partial L(P)}{\partial P_1}\frac{\partial P_1}{\partial fc_0}+\frac{\partial L(P)}{\partial P_2}\frac{\partial P_2}{\partial fc_0} \\
&= \frac{-t_0}{P_0}P_0\left(1-P_0\right)+\frac{-t_1}{P_1}\left(-P_1P_0\right)+\frac{-t_2}{P_2}\left(-P_2P_0\right) \\
&= -t_0\left(1-P_0\right)+t_1P_0+t_2P_0 \\
&= P_0\left(t_0+t_1+t_2\right)-t_0 \\
&= P_0-t_0
\end{aligned}
$$

$$
\therefore \frac{\partial L(P)}{\partial fc_0} = P_0-t_0 \qquad \text{(3-25)}
$$

이제 매우 단순한 형태가 되었습니다. 마침내 구하고자 했던 식 (3−16)이 식 (3−26)처럼 계산되었습니다.

$$\frac{\partial L(P)}{\partial w_{1,0}^{fc}} = \frac{\partial L(P)}{\partial fc_0}\frac{\partial fc_0}{\partial w_{1,0}^{fc}} = \frac{\partial L(P)}{\partial fc_0} z_1 = (P_0 - t_0)\, z_1$$

$$\therefore \frac{\partial L(P)}{\partial w_{1,0}^{fc}} = (P_0 - t_0)\, z_1 \qquad (3\text{-}26)$$

수식을 잘 살펴보면 $(P_0 - t_0)$은 예측값과 정답의 차이를 뜻합니다. 이 점은 매우 중요하기 때문에 뒤에서 다시 자세히 다루겠습니다. 참고로, 같은 계산 과정을 거치면 $\frac{\partial L(P)}{\partial fc_1}$, $\frac{\partial L(P)}{\partial fc_2}$는 식 (3−25′)와 같은 결과를 얻을 수 있습니다. 구체적인 계산 과정은 생략합니다. 접근 방식과 계산 과정은 같으므로 연습 삼아 직접 계산해 보기 바랍니다.

$$\frac{\partial L(P)}{\partial fc_1} = P_1 - t_1, \quad \frac{\partial L(P)}{\partial fc_2} = P_2 - t_2 \qquad (3\text{-}25')$$

## 3.12 합성 함수: 합성곱층 파라미터의 영향 범위 고찰하기

다음으로 합성곱층의 가중치 $w_{1,1}^1$을 최적화하는 방법을 생각할 차례입니다. [그림 3−30]과 같이 $w_{1,1}^1$은 $c_{1,1}^1$과 $z_1$을 거쳐 출력에 영향을 미치고 있습니다. $w_{1,0}^{fc}$보다 영향 범위가 넓다는 뜻입니다.

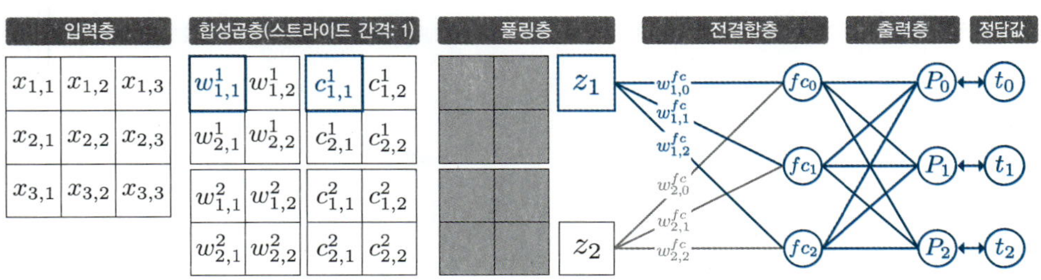


그림 3-30 갱신되는 합성곱층의 파라미터와 영향을 받는 함수

손실 함수는 이전과 같은 $L(P)$이고 $P_0$, $fc_0$ 또한 같습니다.

$$L(P) = -\left(t_0 \log P_0 + t_1 \log P_1 + t_2 \log P_2\right) \tag{3-12}$$

$$\begin{aligned} P_0 &= s_0\left(fc_0, fc_1, fc_2\right) = \frac{e^{fc_0(z_1, z_2)}}{\sum_{k=0}^{2} e^{fc_k(z_1, z_2)}} \\ P_1 &= s_1\left(fc_0, fc_1, fc_2\right) = \frac{e^{fc_1(z_1, z_2)}}{\sum_{k=0}^{2} e^{fc_k(z_1, z_2)}} \\ P_2 &= s_2\left(fc_0, fc_1, fc_2\right) = \frac{e^{fc_2(z_1, z_2)}}{\sum_{k=0}^{2} e^{fc_k(z_1, z_2)}} \end{aligned} \tag{3-13}$$

$$fc_0 = fc_0\left(z_1, z_2\right) = w_{1,0}^{fc} z_1 + w_{2,0}^{fc} z_2 \tag{3-14}$$

$c_{1,1}^1$ 도 식 (3-27)처럼 함수로 간주할 수 있습니다. $f$는 ReLU 함수입니다.

$$c_{1,1}^1 = f\left(w_{1,1}^1 x_{1,1} + w_{1,2}^1 x_{1,2} + w_{2,1}^1 x_{2,1} + w_{2,2}^1 x_{2,2}\right) \tag{3-27}$$

$c_{1,1}^1$ 에 대해 ReLU 함수가 처리한 결과, 다음 식을 얻습니다.

$$c_{1,1}^1 = w_{1,1}^1 x_{1,1} + w_{1,2}^1 x_{1,2} + w_{2,1}^1 x_{2,1} + w_{2,2}^1 x_{2,2} \tag{3-28}$$

그리고 최대 풀링을 거쳐 $z_1$은 $c_{1,1}^1, c_{1,2}^1, c_{2,1}^1, c_{2,2}^1$ 중에서 가장 큰 값과 같아집니다. 여기서는 $z_1 = c_{1,1}^1$로 가정하고 설명을 이어 나갑니다. $z_1$은 식 (3-29)처럼 입력층의 값과 가중치 파라미터로 이뤄진 함수입니다.

$$z_1 = c_{1,1}^1 = w_{1,1}^1 x_{1,1} + w_{1,2}^1 x_{1,2} + w_{2,1}^1 x_{2,1} + w_{2,2}^1 x_{2,2} \tag{3-29}$$

## 3.13 합성곱층 파라미터로 손실 함수의 편미분 결과 도출하기

여기까지의 전제를 바탕으로 $w^1_{1,1}$의 최적화를 생각해 봅시다. 연쇄 법칙에 따라 식 (3-30)을 이끌어 낼 수 있습니다.

$$\frac{\partial L(P)}{\partial w^1_{1,1}} = \frac{\partial L(P)}{\partial z_1}\frac{\partial z_1}{\partial w^1_{1,1}} \qquad (3\text{-}30)$$

우변의 $\frac{\partial z_1}{\partial w^1_{1,1}}$ 은 간단하게 계산할 수 있습니다. $w^1_{1,1}$과 관계없는 항은 다음처럼 모두 사라지기 때문입니다.

$$\begin{aligned}\frac{\partial z_1}{\partial w^1_{1,1}} &= \frac{\partial}{\partial w^1_{1,1}}\left(w^1_{1,1}x_{1,1} + w^1_{1,2}x_{1,2} + w^1_{2,1}x_{2,1} + w^1_{2,2}x_{2,2}\right) \\ &= x_{1,1}\end{aligned} \qquad (3\text{-}31)$$

다음으로 우변의 $\frac{\partial L(P)}{\partial z_1}$ 를 계산해 봅시다. [그림 3-30]에서와 같이 $z_1$은 $fc_0$, $fc_1$, $fc_2$ 모두에 영향을 미칩니다. 또한 $fc_0$, $fc_1$, $fc_2$는 모두 독립된 함수입니다. 따라서 각 편미분 결과를 더합니다.

$$\frac{\partial L(P)}{\partial z_1} = \frac{\partial L(P)}{\partial fc_0}\frac{\partial fc_0}{\partial z_1} + \frac{\partial L(P)}{\partial fc_1}\frac{\partial fc_1}{\partial z_1} + \frac{\partial L(P)}{\partial fc_2}\frac{\partial fc_2}{\partial z_1} \qquad (3\text{-}32)$$

식의 변형에 따라 앞서 $w^{fc}_{1,0}$ 을 고려할 때 이미 계산했던 $\frac{\partial L(P)}{\partial fc_0}$, $\frac{\partial L(P)}{\partial fc_1}$, $\frac{\partial L(P)}{\partial fc_2}$ 가 나왔습니다. 계산 결과는 식 (3-25), (3-25′)를 통해 $(P_0 - t_0)$, $(P_1 - t_1)$, $(P_2 - t_2)$가 됩니다. 그리고 식 (3-14)에 따르면 다음과 같이 됩니다.

$$\frac{\partial fc_0}{\partial z_1} = \frac{\partial}{\partial z_1}\left(w^{fc}_{1,0}z_1 + w^{fc}_{2,0}z_2\right) = w^{fc}_{1,0}$$

같은 방식으로 계산하면 $\frac{\partial fc_1}{\partial z_1} = w^{fc}_{1,1}$, $\frac{\partial fc_2}{\partial z_1} = w^{fc}_{1,2}$가 됩니다. 식 (3-32)에 모두 대입하면 다음이 됩니다.

$$\frac{\partial L(P)}{\partial z_1} = (P_0 - t_0)\, w^{fc}_{1,0} + (P_1 - t_1)\, w^{fc}_{1,1} + (P_2 - t_2)\, w^{fc}_{1,2} \qquad (3\text{-}33)$$

그 결과, 식 (3−31), (3−33)을 식 (3−30)에 대입하면 다음을 결과로 얻습니다.

$$\begin{aligned}\frac{\partial L(P)}{\partial w^1_{1,1}} &= \frac{\partial L(P)}{\partial z_1}\frac{\partial z_1}{\partial w^1_{1,1}} \\ &= \left\{(P_0 - t_0)\, w^{fc}_{1,0} + (P_1 - t_1)\, w^{fc}_{1,1} + (P_2 - t_2)\, w^{fc}_{1,2}\right\} x_{1,1}\end{aligned}$$

이로써 주어진 조건에서 '전결합층의 파라미터'와 '합성곱층의 파라미터'를 편미분 계산하기 위한 수학적 모델을 도출했습니다. 각 파라미터가 위치하는 부분을 [그림 3−31]에서 다시 한 번 확인해 보세요.

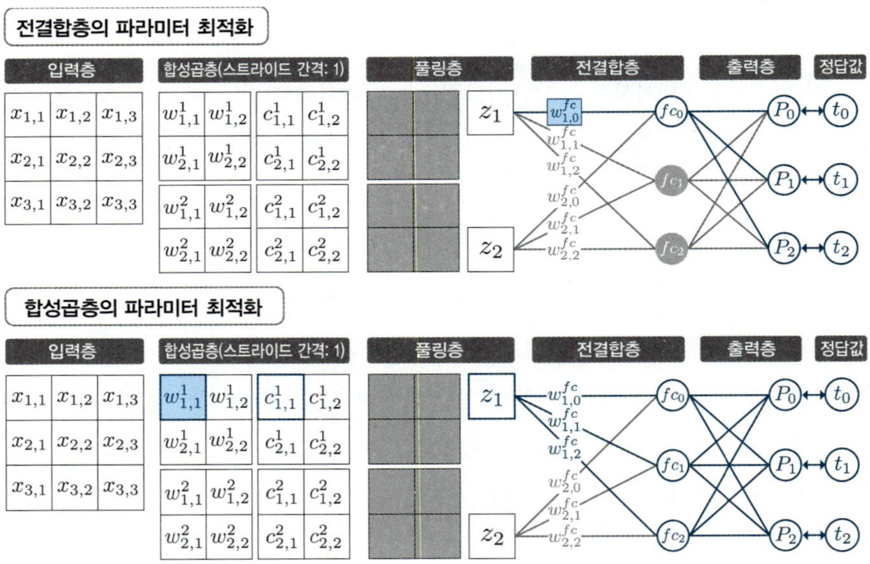


그림 3-31 갱신되는 파라미터의 영향 범위

# 3.14 수학적 모델로 이해하는 오차 역전파

여기까지 도출한 수식들을 [그림 3-31]과 비교하면서 정리해 보겠습니다.

$$\frac{\partial L(P)}{\partial w_{1,0}^{fc}} = (P_0-t_0)\,z_1,\ \ \frac{\partial L(P)}{\partial w_{1,1}^{1}} = \left\{(P_0-t_0)\,w_{1,0}^{fc} + (P_1-t_1)\,w_{1,1}^{fc} + (P_2-t_2)\,w_{1,2}^{fc}\right\} x_{1,1}$$

이를 활용해 경사 하강법을 사용한 **갱신식**을 다음과 같이 설계할 수 있습니다. 설계 방법은 2장에서 설명한 내용과 같습니다.

$$w_{1,0}^{fc(1)} = w_{1,0}^{fc(0)} - \eta \cdot \frac{\partial L(P)}{\partial w_{1,0}^{fc(0)}},\ \ w_{1,1}^{1(1)} = w_{1,1}^{1(0)} - \eta \cdot \frac{\partial L(P)}{\partial w_{1,1}^{1(0)}}$$

$\eta$는 학습률을 나타낸다는 것도 2장에서 설명했습니다. $w$의 오른쪽 위에 적힌 (0)은 갱신한 횟수가 0번, 즉 아직은 갱신이 시작되지 않은 초기 파라미터임을 나타냅니다. (1)은 갱신이 한 번 일어난 파라미터라는 뜻입니다. $n$을 자연수라고 하면 $n$번 갱신 후의 각 파라미터의 갱신식은 다음처럼 **일반화**된 식으로 쓸 수 있습니다

$$w_{1,0}^{fc(n)} = w_{1,0}^{fc(n-1)} - \eta \cdot \frac{\partial L(P)}{\partial w_{1,0}^{fc(n-1)}},\ \ w_{1,1}^{1(n)} = w_{1,1}^{1(n-1)} - \eta \cdot \frac{\partial L(P)}{\partial w_{1,1}^{1(n-1)}}$$

위의 식들을 자세히 살펴보면 다음과 같이 흥미로운 특징을 확인할 수 있습니다.

1 각 파라미터를 갱신하기 위한 계산 결과 $\frac{\partial L(P)}{\partial w_{1,0}^{fc}}$, $\frac{\partial L(P)}{\partial w_{1,1}^{1}}$ 를 살펴보면 $(P_0 - t_0)$, $(P_1 - t_1)$, $(P_2 - t_2)$가 있습니다. 다시 말해 출력값과 정답의 차이(오차)를 공통으로 포함하고 있는 것을 알 수 있습니다.

2 합성곱층의 가중치 $w_{1,1}^{1}$을 갱신하기 위한 식은 전결합층의 가중치 $w_{1,0}^{fc}, w_{1,1}^{fc}$, $w_{1,2}^{fc}$ 와 오차 $(P_0 - t_0)$, $(P_1 - t_1)$, $(P_2 - t_2)$를 이용해 설계되었습니다. 입력층에서 출력층으로 향하는 예측 계산의 방향과는 반대 방향으로, 출력층에서 입력층으로 향해 오차가 전파되고 있음을 알 수 있습니다. 따라서 딥러닝 모델에서 파라미터를 갱신하는 방법을 **오차 역전파법**이라고 부릅니다.

3 갱신식에는 미분 계산이 포함되어 있지 않고 단순한 곱셈과 뺄셈만으로 계산이 이뤄져 있어 과정이 단순합니다.

오차 역전파법은 오차를 계산하고 계산된 파라미터와 입력값에 단순히 곱셈과 뺄셈을 반복

하는 작업을 통해 미분처럼 복잡한 계산 없이도 파라미터를 계산할 수 있는 매우 우수한 수학적 모델입니다. [그림 3-32]를 다시 보면서 지금까지의 설명을 바탕으로 오차 역전파법의 구조를 다시 생각해 봅시다.[9]

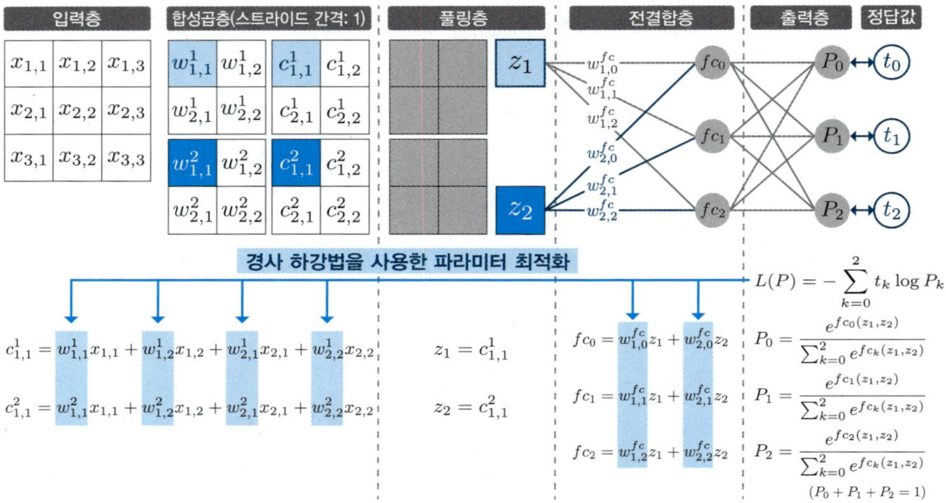


**그림 3-32** 경사 하강법이 파라미터를 갱신하는 과정

## 3.15 이 장의 핵심 내용

이 장에서는 AI를 이해하는 데 있어 반드시 알아야 할 이미지 분류 모델의 핵심 개념과 수학적인 접근법을 소개했습니다. 이미지 분류를 포함한 이미지 인식 분야를 수학적으로 깊이 있게 공부하면 다른 분야에도 응용할 수 있는 수학적인 사고력을 기를 수 있습니다.

이미지 인식 분야의 발전은 2010년부터 2017년까지 매년 개최되었던 국제 이미지 인식 대회인 **ILSVRC**ImageNet Large Scale Visual Recognition Challenge가 큰 역할을 했습니다. 이미지넷ImageNet으로

---

9 이 책에서 다룬 예시는 간단한 CNN으로 단순화된 모델을 설명했지만, 실제로는 매우 많은 합성곱층과 풀링층을 사용해 모델을 만듭니다. 복잡한 모델에서 오차 역전파법을 적용하면 순차적으로 층을 따라 계산이 이뤄지기 때문에 복잡한 연쇄적인 계산이 일어납니다.

불리는 이미지 데이터베이스를 사용해서 AI 모델을 학습시키고 정확도를 겨루는 대회를 통해 해마다 예측 정확도가 획기적으로 향상되었습니다. ILSVRC에서는 정확도 향상을 위한 다양한 아이디어가 고안되었습니다. 여기에는 CNN 같은 딥러닝 모델뿐만 아니라, GPU를 사용한 **병렬 계산**이나 다음 장에서 설명할 **트랜스포머**에도 적용되는 **스킵 연결** 등이 포함됩니다.

하지만 ILSVRC는 2017년을 마지막으로 막을 내렸다는 점도 주목할 필요가 있습니다. 이는 ILSVRC의 제약된 조건 안에서는 더 이상의 이미지 인식 정확도 향상을 기대하기 어렵다고 판단하여, 대회의 의미를 재검토한 끝에 내린 결정입니다. 어떻게 보면 다음 세대에 바통을 넘긴 멋진 결정이라고도 해석할 수 있습니다. 현재는 캐글Kaggle과 같은 국제적인 머신러닝 대회 플랫폼이 그 역할을 이어가고 있습니다.

스마트폰을 통해 우리가 활용하는 다양한 기술의 흐름을 따라가 보면, 지금까지 축적된 과학적 지혜의 산물임을 분명히 알 수 있습니다. 수학적인 사고력을 기를수록 이처럼 거대한 지혜의 체계를 더 깊이 이해할 기회를 얻게 됩니다. 다른 분야에서는 쉽게 느낄 수 없는 지적 호기심을 자극하는 것, 이것이 바로 AI 분야의 매력이 아닐까요?

4 장

# 문장을 생성하는 데 필요한 수학

**Keyword**

생성형 AI / 대규모 언어 모델 / 트랜스포머 / 인코더 / 디코더 / 셀프 어텐션 / 멀티 헤드 어텐션 / 교차 어텐션 / 소프트맥스 함수 / 활성화 함수 / 내적 / 정규화 / 토큰 / 임베딩 / 위치 인코딩 / 벡터 / 행렬

## 4.1 들어가며

2022년 11월, 오픈AI가 출시한 서비스 **챗GPT**ChatGPT는 놀라운 출력 정확도와 범용성 덕분에 순식간에 전 세계를 휩쓸었습니다. 플러그인 기능과 검색 기능, 더 나아가 이미지 생성 기능이나 노코드 방식의 지피티 작성 기능인 GPTs 등도 순차적으로 추가되며, 점점 더 높은 편의성을 지닌 서비스로 발전했습니다. 구글을 비롯한 다른 기업들도 유사한 서비스를 제공하기 시작하며 개발 경쟁은 점점 치열해지고 있습니다.

챗GPT는 사람이 입력한 정보를 적절히 해석해 답변을 출력합니다. 챗GPT의 가장 놀라운 점은 범용성입니다. 이를테면 '소비자의 요구 사항을 고려해 줘', '프로그램 코드를 작성해 줘', '고민을 상담해 줘', '일에 집중할 수 있는 방의 이미지를 그려줘' 등 다양한 요청에 대응 가능합니다. 챗GPT를 사용해 본 적이 있다면, 생각보다 높은 답변 품질에 놀란 경험이 있을 것입니다.

참 신기한 일이죠. 어떻게 챗GPT는 이런 다양한 질문에 적절한 답변을 출력할 수 있는 걸까요? 챗GPT는 입력된 텍스트 데이터나 수치 데이터, 더 나아가 이미지, 음성에 대해서도 답

변이 되는 글이나 이미지, 프로그램 코드 등을 생성해 출력합니다. 이는 챗GPT가 다양한 데이터 형식에 대응하고 있다는 것을 의미합니다. 나아가 말하자면, 챗GPT의 핵심으로 구동되는 AI가 다양한 데이터 형식에 대응 가능한 모델이라는 뜻입니다. 이 AI 모델이 범용적인 답변을 출력하는 원동력입니다.

되돌아보면, 챗GPT가 우리에게 충격을 준 계기는 바로 문장을 생성하는 기능 때문이었습니다. 문장 생성이란 대화 형식에서 사용자의 질문에 텍스트로 답하거나, 제공된 정보를 텍스트로 요약하는 등 목적에 맞는 텍스트 형태의 출력을 만들어 내는 것을 말합니다. 오픈AI는 GPT−3, GPT−3.5, GPT−4 등으로 이어지는 **대규모 언어 모델**large language model (LLM)을 출시하며, 텍스트 정보에 대해 다양한 목적에 부응하는 문장을 생성해 왔습니다. 그 놀라운 정확도는 최근 생성형 AI 개발 경쟁을 가속화했다고 해도 과언이 아닙니다. 만약 문장을 생성하는 대규모 언어 모델의 구조를 수학적으로 이해할 수 있다면, 문장 생성이 가능한 수학적 모델을 이해하는 데 큰 도움이 될 것입니다.

오픈AI가 개발한 대규모 언어 모델에는 GPT−3, GPT−3.5, GPT−4와 같이 **GPT**generative pre−trained transformer라는 명칭이 사용됩니다. 여기서 generative는 **생성**을 뜻하며, 어떤 형태로든 데이터를 생성한다는 의미입니다. pre−trained는 **사전 학습**, 즉 AI로서 기능하기 위해 미리 데이터를 학습시켰다는 의미입니다. 예를 들면 3장에서 배운 오차 역전파법과 같은 방법을 통해 데이터를 학습시키고 미리 파라미터를 최적화했다는 뜻입니다. 그렇다면 마지막 단어인 transformer는 무엇일까요? 이것이 바로 이 장의 핵심 주제입니다.

이 장에서는 **트랜스포머**transformer를 구현하기 위한 수학적 모델을 설명하며 문장을 생성하는 수학적 원리를 깊이 있게 살펴봅니다. 물론, 트랜스포머 외에도 문장을 생성하는 수학적 모델은 다양하며, 트랜스포머는 하나의 방식에 불과합니다. 하지만 현대의 AI 분야에서 트랜스포머는 매우 범용적인 수학적 모델이며, 이 모델의 원리를 이해하는 것은 다른 최첨단 AI를 지탱하는 수학적 기반을 이해하는 것과 마찬가지이므로 큰 도움이 될 것입니다. 이 장을 읽고 나면 최신 AI를 이해하기 위한 수학적 사고력을 확실히 갖추게 될 것이라 장담합니다.

## 4.2 트랜스포머: 대규모 언어 모델을 실현하는 수학적 모델

트랜스포머는 2017년에 구글이 공개한 논문 'Attention Is All You Need'[1]에서 제안되었으며, 현재 대표적인 AI 기술의 핵심이 된 혁신적인 딥러닝 모델입니다. 지금 개발되고 있는 최첨단 AI 대부분이 트랜스포머를 기반으로 하고 있다고 해도 과언이 아닙니다. 우선 트랜스포머의 구조를 살펴보겠습니다. [그림 4-1]은 AI 분야에서 자주 인용되는 그림으로, 앞서 언급한 논문 'Attention Is All You Need'에 실려 있는 트랜스포머의 개요입니다. 이제부터는 이 구조를 수학적 관점에서 하나씩 풀어가며 설명합니다.

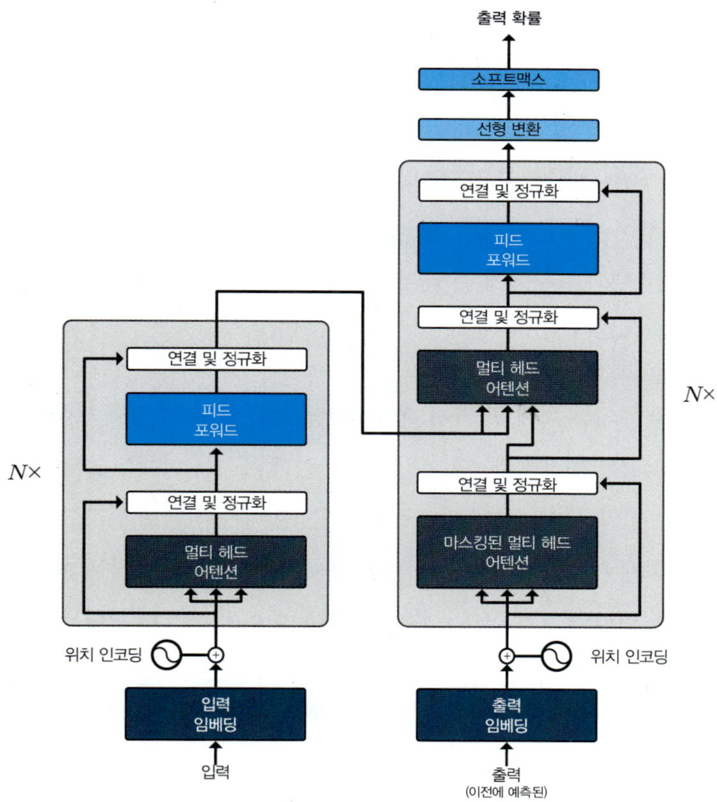


**그림 4-1** 트랜스포머의 전체 구조[2]

---

1 https://arxiv.org/abs/1706.03762

2 출처: Ashish Vaswani et al. (2017). Attention Is All You Need. arXiv.org. https://arxiv.org/abs/1706.03762

[그림 4-1]을 보기 쉽게 가로 방향으로 눕혀봅시다. 이후부터 [그림 4-2]를 활용해서 설명을 이어갑니다. [그림 4-1]과 비교해서 달라진 세부 내용은 없습니다.

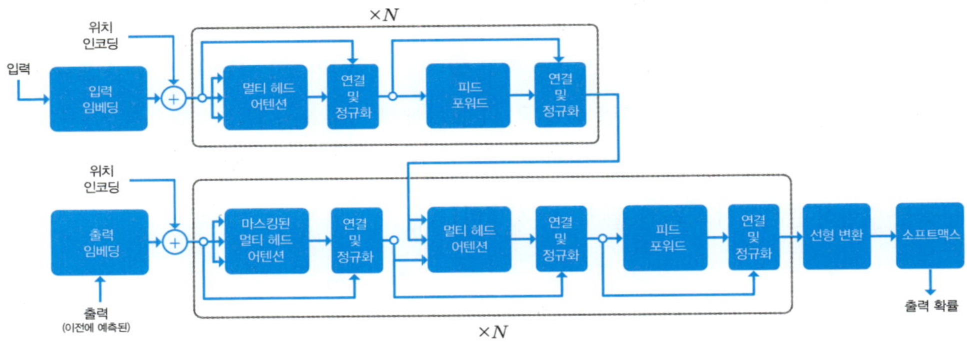


**그림 4-2** 트랜스포머의 전체 구조(설명을 위해 재구성함)

이 구조에서 윗부분을 **인코더**encoder, 아랫부분을 **디코더**decoder라고 부릅니다.[3] 간단히 말해 인코더는 입력된 데이터를 시스템이 이해할 수 있는 형식으로 변환하는 기능이며, 디코더는 인코더로부터 데이터를 받아 시스템의 요구에 맞춘 데이터, 예를 들어 문장 요약이나 번역 등에 맞는 출력을 생성하는 기능입니다.

본격적인 해설에 앞서, 설명의 편의를 위해 몇 가지 제약 조건을 설정합니다. 먼저 트랜스포머는 문장 요약이나 번역 등 다양한 목적에 대응할 수 있지만, 이 장에서는 이해를 돕기 위해 영어 문장을 한국어 문장으로 번역하는 AI로 트랜스포머를 활용한다는 전제로 설명합니다. 다음으로 트랜스포머를 엄밀하게 이해하려면 데이터를 텐서tensor 형식으로 풀어 사용하는 것이 맞습니다. 하지만 그렇게 하면 이해하기 어려울 수 있기 때문에 이 장에서는 영어 문장을 한국어로 번역하는 과정을 중심으로 트랜스포머의 계산 흐름을 수학적으로 차근차근 살펴보겠습니다.

3 트랜스포머는 인코더와 디코더를 모두 사용한 모델입니다. 그러나 오픈AI가 개발한 GPT-3.5 등의 대규모 언어 모델은 디코더 구조만을 쌓아 올린 모델입니다.

이렇게 간단한 예시로 공부해도 괜찮을지 걱정될 수 있습니다. 하지만 이 과정만 수학적으로 파고들어도 트랜스포머의 구조를 깊이 이해하면서 수학적인 사고력도 충분히 기를 수 있습니다.[4]

## 4.3 확률적 예측 모델로 출력 생성하기

이 장에서는 트랜스포머를 영어-한국어 번역에 사용하는 딥러닝 모델로 다룹니다. 'Mount Halla looks beautiful in spring.'이라는 예문을 한국어로 번역하는 과정을 살펴보며 트랜스포머의 구조를 수학적으로 설명합니다. 세부적인 내용을 알아보기 전에 전체 구조를 보면서 개요를 파악해 봅시다.

트랜스포머에 텍스트 데이터를 입력하면 그림의 윗부분에 해당하는 인코더에서 대규모 연산이 일어납니다.

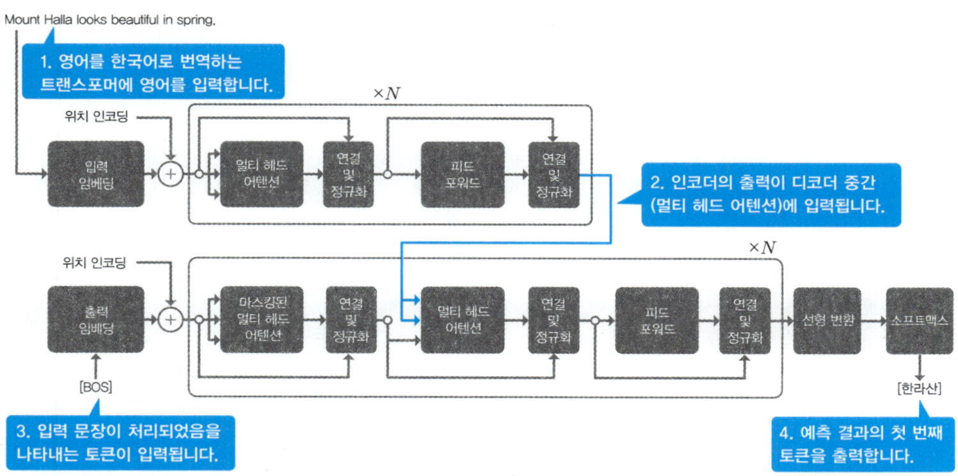


그림 4-3 트랜스포머의 한국어 번역 처리 구조

4 앞서 설명했듯이 트랜스포머로 실행할 수 있는 처리는 번역 작업에 국한되지 않습니다.

[그림 4-3]과 같이 번역을 하는 트랜스포머 모델에 영어 문장을 입력합니다. 입력된 데이터는 다양한 처리가 이뤄지고, 출력된 값은 디코더의 중앙 부근(파란 화살표로 연결된 부분)으로 들어갑니다. 한편 인코더 쪽에서는 모든 입력값이 처리되면, [BOS]라는 **토큰**이 디코더로 입력됩니다. 토큰에 관한 자세한 설명은 뒤에서 이어지므로, 여기서는 텍스트 정보를 데이터화한 최소 단위라고 생각하면 됩니다. 이번 장에서는 편의상 '문장을 단어 단위로 잘게 쪼갠 것' 정도의 개념으로 설명을 이어 나갑니다. 앞서 언급한 BOS는 begin of sentence를 의미하며 인코더 쪽 처리가 완료되었음을 나타내는 신호로 생각하면 됩니다. 인코더에서 출력된 값과 [BOS] 토큰이 디코더에 입력되면, 디코더 내부에서도 다양한 처리가 이뤄집니다. 그리고 영어 문장을 한국어로 번역한 첫 번째 토큰인 '한라산'이 출력됩니다.

이후에는 어떤 처리가 이어지는지 [그림 4-4]를 통해 설명합니다. 그림을 보면 디코더가 출력한 토큰이 입력 토큰에 추가되고, 다시 계산을 거쳐 다음 토큰을 생성합니다. 이 과정이 반복되면서 영어 문장이 번역됩니다.

**그림 4-4** 디코더가 토큰을 출력하고, 출력된 토큰을 다음 토큰으로 입력합니다.

인코더와 디코더 내부에서 이뤄지는 자세한 처리는 나중에 설명하고, 먼저 [그림 4-5]를 통해 토큰을 생성하기 바로 이전에 이뤄지는 처리를 살펴보겠습니다.

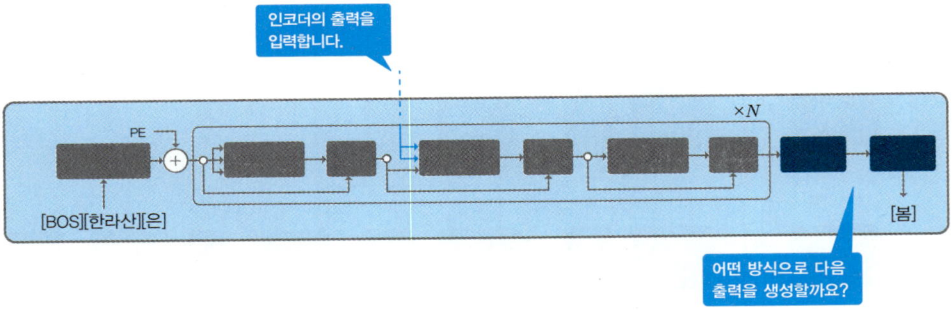


그림 4-5 출력 토큰을 결정짓는 처리

예를 들어 [그림 4-5]처럼 [BOS][한라산][은]에 이어지는 토큰을 생성하려면 인코더와 디코더가 방대한 계산을 먼저 처리해 놓은 상태여야 합니다. 여기서 처리한 결과는 '입력 토큰'과 '입력 토큰을 포함한 모든 토큰' 사이의 관련성을 수치화한 표와 같으며 [그림 4-6]과 같은 형태를 떠올리면 됩니다.

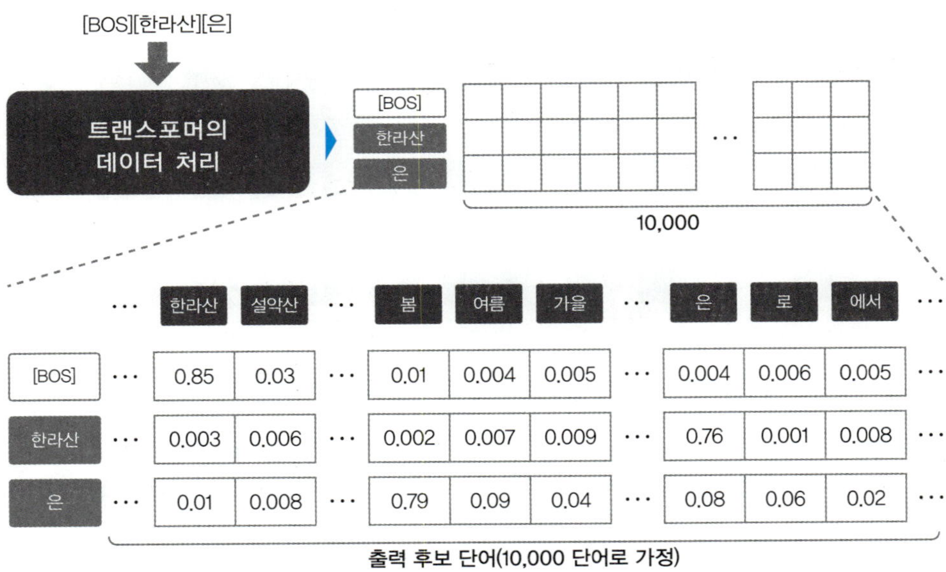


그림 4-6 입력 토큰과 모든 토큰 사이의 관련성 계산

예시의 번역 작업에서는 트랜스포머가 학습한 토큰이 입력 토큰을 포함해 모두 10,000개가 있다고 가정합니다. [BOS], [한라산], [은]이라는 세 토큰이 10,000개의 토큰과 어느 정도 관련이 있는지를 미리 정량화해 둡니다. 정량화 결과는 [그림 4-6]의 값과 같으며, 이를 바탕으로 소프트맥스 함수를 적용해 다음에 생성할 토큰을 결정합니다.

예를 들어 [은]이라는 토큰에 대해 10,000개의 토큰과의 관련성이 정량화되어 있다면, 소프트맥스 함수는 10,000개의 값들의 합이 1이 되도록 조정합니다. [그림 4-7]에서 이 과정을 보여 줍니다. 3장, 이미지를 분류하는 모델에서도 등장했던 소프트맥스 함수를 이번에도 다시 사용합니다.

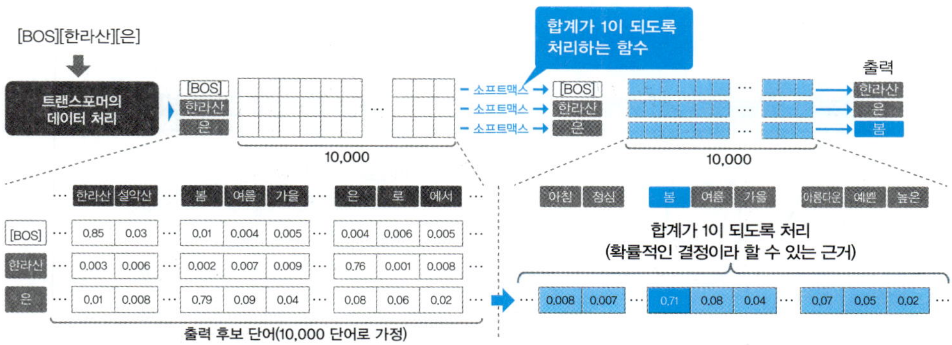


**그림 4-7** 소프트맥스 함수를 사용한 확률 예측으로 토큰 생성

값 중에서 가장 큰 값을 지닌 토큰이 다음에 생성될 토큰으로 선택되어 출력됩니다. 이 과정은 소프트맥스 함수의 합을 1로 만드는 요소들 중 가장 큰 값을 선택하는 것이므로 **확률적인 선택**이라 할 수 있습니다. 다시 말해 트랜스포머는 **확률적인 예측 모델**인 것입니다.

여기까지 트랜스포머가 전체적으로 어떤 역할을 하는지 알아봤습니다. 간단하게 말하자면 트랜스포머는 다음 두 단계를 반복하는 처리를 수행합니다.

- 입력 데이터에 대해 인코더와 디코더 내부에서 방대한 계산을 처리합니다.
- 계산 결과를 바탕으로 다음에 생성할 토큰을 확률적으로 예측해서 생성합니다.

여기서 중요한 점은 당연히 인코더와 디코더에서 이뤄지는 계산 처리입니다. 계산 결과에 따라 출력되는 토큰이 달라지는 것은 지금까지의 설명만으로도 충분히 알 수 있는 사실입니다. 이제부터 인코더와 디코더의 내부 구조를 수학적으로 자세히 살펴보겠습니다.

## 4.4 단어 임베딩: 입력 데이터를 적합한 형식으로 변환하기

이번 절에서는 문장을 토큰으로 분할하고 **단어 임베딩**을 통해 토큰을 벡터로 변환하는 방법을 수학적으로 설명합니다. 이미 설명했던 **행렬의 곱셈**을 사용합니다. 2장에서 언급한 **전치 벡터** 개념도 다시 등장합니다.

**기초가 되는 수학적 기법**

**열 벡터:**

$$\boldsymbol{X} = \begin{pmatrix} x_1 \\ \vdots \\ x_n \end{pmatrix}$$

**전치 벡터:**

$$\boldsymbol{X^T} = (x_1, \cdots x_n)$$

**행렬의 곱셈:**

$$AB = \begin{pmatrix} a_{1,1} & a_{1,2} \\ a_{2,1} & a_{2,2} \end{pmatrix} \begin{pmatrix} b_{1,1} & b_{1,2} \\ b_{2,1} & b_{2,2} \end{pmatrix}$$
$$= \begin{pmatrix} a_{1,1}b_{1,1} + a_{1,2}b_{2,1} & a_{1,1}b_{1,2} + a_{1,2}b_{2,2} \\ a_{2,1}b_{1,1} + a_{2,2}b_{2,1} & a_{2,1}b_{1,2} + a_{2,2}b_{2,2} \end{pmatrix}$$

**정보 공학적 접근 방식**

**단어 임베딩:**

$$\boldsymbol{XW^T} = \begin{pmatrix} x_1w_1 & \cdots & x_1w_m \\ \vdots & \ddots & \vdots \\ x_nw_1 & \cdots & x_nw_m \end{pmatrix}$$

$$\left[ \boldsymbol{X} = \begin{pmatrix} x_1 \\ \vdots \\ x_n \end{pmatrix}, \quad \boldsymbol{W^T} = (w_1, \cdots w_m) \right]$$

그림 4-8 설명 방식

트랜스포머의 데이터 처리 과정은 [그림 4-9]의 '입력'에서부터 시작됩니다. 대규모 언어 모델에서는 일반적으로 텍스트 데이터가 입력됩니다. '입력'을 시작으로 '연결 및 정규화'까지 이어지는 상반부 구조가 인코더입니다. 각 부분의 구체적인 처리 내용은 이후에 차례로 소개합니다.

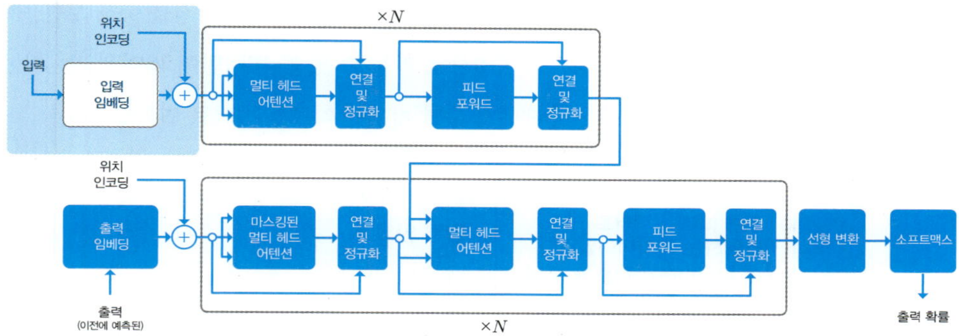


그림 4-9 인코더: 입력값의 처리

수학적 모델이나 시스템은 텍스트 데이터를 이해할 수 없기 때문에 **숫자 데이터**로 변환하는 과정이 필요합니다. 이 과정의 첫 번째 단계로 텍스트 데이터(여기서는 문장)를 **토큰**이라고 하는 단위로 분할하고, 분할한 각 토큰에 ID를 부여합니다.[5]

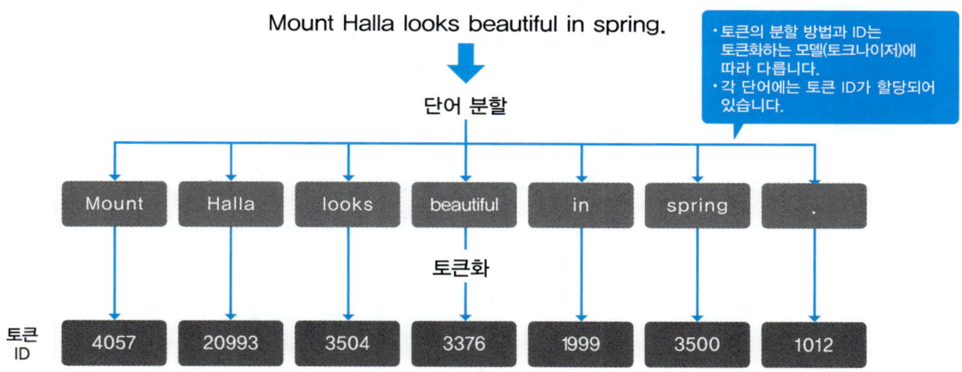


그림 4-10 단어 분할과 토큰화

[그림 4-10]처럼 문장을 토큰화하고 ID를 부여하는 기능을 가진 시스템을 **토크나이저**tokenizer라고 부릅니다. 토크나이저에는 다양한 종류가 있으며 토큰을 나누는 방식이나 토큰 ID를 부여하는 방법은 토크나이저마다 다릅니다.

5 여기서는 버트 토크나이저(BertTokenizer)와 버트 모델(BertModel)이라 부르는 이미 학습된 모델을 사용해서 ID를 부여합니다.

이후 토큰은 **임베딩**embedding 과정을 거쳐 다차원 벡터로 변환합니다.[6] 이 과정을 통해 토큰, 즉 단어의 의미를 컴퓨터가 이해할 수 있는 숫자값으로 만들 수 있습니다. 단어의 임베딩은 **분산 표현**이라고도 부르며, 이때 각 토큰은 수백에서 수만 차원에 이르는 벡터로 변환됩니다.

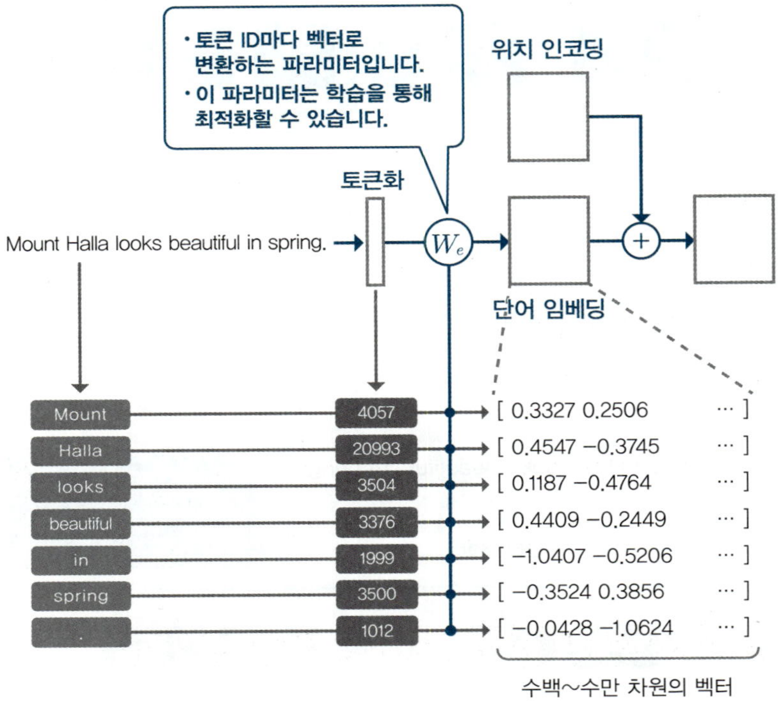


**그림 4-11** 토큰 ID에 대응하는 단어 임베딩이 이뤄집니다. 트랜스포머는 이 값들을 데이터로 처리합니다.

그렇다면 왜 이와 같은 처리가 필요한 것일까요? 단어를 토큰으로 나눠 숫자로 변환하는 것으로 끝내지 않고, 굳이 수백~수만 차원의 벡터로 변환하는 이유는 무엇일까요? 그 이유 중 하나는 다의어에 대응하기 위해서입니다. 예를 들어 looks라는 토큰은 '보다', '닮았다', '~처럼 보인다'와 같이 여러 의미를 갖는 다의어입니다. 예시 속 spring 토큰도 '봄', '샘', '용수철', '튀어오르다', '솟아나다' 등 다양한 의미를 갖습니다. 이렇게 여러 의미를 갖는 하나의 단어를 숫자 하나로 표현하기란 어렵습니다. 따라서 하나의 토큰을 다양한 의미로 해석할 수 있도

6 ID 부여에 사용한 버트 토크나이저와 버트 모델을 임베딩 처리에도 사용합니다.

록, 수백~수만 차원의 벡터로 변환해서 표현하는 방식을 사용하는 것입니다.

토큰을 다차원 벡터로 변환하는 과정을 설명할 때, 네 단어 king, queen, man, woman을 토큰으로 만들고 [그림 4-12]처럼 다차원 벡터로 변환한 예를 자주 볼 수 있습니다. 매우 직관적인 이미지지만 이해에는 도움이 되는 그림입니다.

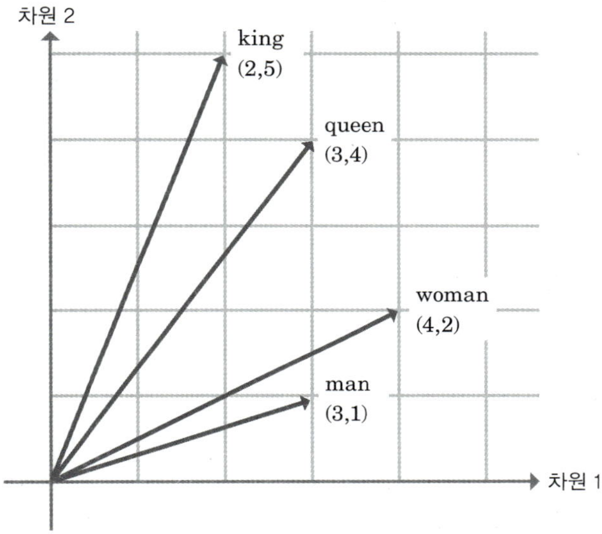


그림 4-12 네 단어를 토큰으로 만들어 다차원 벡터로 변환한 이미지

[그림 4-12]는 각 토큰을 2차원 벡터로 변환해서 평면 위에 시각화한 것이며, 벡터의 성분은 어디까지나 예시에 불과합니다. king과 queen, man과 woman은 서로 가까운 벡터임을 보여 줍니다. 앞서 말했듯이 실제 토큰은 수백~수만 차원의 벡터로 변환되며, '토큰을 임베딩한 벡터의 차원'은 이후에 설명할 가중치 파라미터의 벡터가 결정합니다. 가중치 파라미터의 벡터 값이 임베딩 벡터의 표현을 좌우합니다.

벡터 간의 '유사성'에 대해 혹시 떠오르는 것이 있나요? 2장에서 **협업 필터링**을 배우며 **내적**과 **코사인 유사도**를 다룬 적이 있습니다. 다차원 벡터 간의 유사성을 계산하는 방법은 여기서도 매우 유용하게 사용됩니다. 뒤에서 다시 설명할 트랜스포머에서도 내적이 매우 중요한 역할을 합니다. 이처럼 수학적인 사고를 기르는 과정에서 언뜻 보기에 전혀 달라 보이는 수학적 모델 사이의 연결점을 자주 발견할 수 있습니다.

설명을 이어가기에 앞서 벡터를 다차원으로 표현하는 방법을 살펴봅니다. 실제 트랜스포머에서 사용하는 벡터의 차원 수로 생각하면 복잡해지기 때문에 이번 장에서는 각 토큰을 6차원으로 임베딩했다고 가정합니다. 예를 들어 'Mount Halla looks beautiful in spring.'이라는 7개의 토큰을 6차원으로 표현하면 7×6 행렬이 됩니다. 수식으로 표현하면 7개의 토큰을 $x_1$, $x_2$, $x_3$, $x_4$, $x_5$, $x_6$, $x_7$로 치환해서 열 벡터 $\boldsymbol{X}$로 나타내면 다음과 같이 표현할 수 있습니다.

$$\boldsymbol{X} = \begin{pmatrix} x_1 \\ x_2 \\ x_3 \\ x_4 \\ x_5 \\ x_6 \\ x_7 \end{pmatrix}, \quad \boldsymbol{X^T} = (x_1, x_2, x_3, x_4, x_5, x_6, x_7)$$

여기서 두 번째 식 $\boldsymbol{X}$의 오른쪽 위에 붙은 $\boldsymbol{T}$는 **전치**transpose를 나타내며 열 벡터를 행 벡터 형식으로 표시했다는 뜻입니다. 따라서 $\boldsymbol{X^T} = (x_1, x_2, x_3, x_4, x_5, x_6, x_7)$과 같은 형식의 벡터를 **전치 벡터**라고 부릅니다.[7] 전치 벡터에는 여러 표현 방법이 있으니 관심이 있다면 자세한 내용을 찾아봐도 좋습니다.

이제 전치 벡터를 이용해서 토큰을 임베딩할 차례입니다. 각 벡터 성분을 6차원으로 임베딩하기 위해서는 아래와 같이 6×1 형태의 가중치 파라미터의 벡터가 필요합니다. $\boldsymbol{W}$의 오른쪽 아래에는 embedding의 첫 글자를 딴 $e$를 붙여 다른 벡터와 의미를 구분합니다.

---

7 옮긴이_ 전치 벡터가 반드시 행 벡터라는 뜻은 아닙니다. 행 벡터를 전치하는 경우는 열 벡터가 전치 벡터가 됩니다.

$$\boldsymbol{W}_e = \begin{pmatrix} w_1 \\ w_2 \\ w_3 \\ w_4 \\ w_5 \\ w_6 \end{pmatrix}, \quad \boldsymbol{W}_e{}^{\boldsymbol{T}} = (w_1, w_2, w_3, w_4, w_5, w_6)$$

임베딩의 계산 과정에서는 다음과 같이 **행렬의 곱셈**이 필요합니다. 입력 토큰의 열 벡터를 7×1 행렬로, 가중치 파라미터 벡터의 전치를 1×6 행렬로 생각해서 계산하면 7×6 행렬을 결과로 얻습니다.

$$\boldsymbol{W}_e = \begin{pmatrix} w_1 \\ w_2 \\ w_3 \\ w_4 \\ w_5 \\ w_6 \end{pmatrix}, \quad \boldsymbol{W}_e{}^{\boldsymbol{T}} = (w_1, w_2, w_3, w_4, w_5, w_6)$$

$$= \begin{pmatrix} x_1w_1 & x_1w_2 & x_1w_3 & x_1w_4 & x_1w_5 & x_1w_6 \\ x_2w_1 & x_2w_2 & x_2w_3 & x_2w_4 & x_2w_5 & x_2w_6 \\ x_3w_1 & x_3w_2 & x_3w_3 & x_3w_4 & x_3w_5 & x_3w_6 \\ x_4w_1 & x_4w_2 & x_4w_3 & x_4w_4 & x_4w_5 & x_4w_6 \\ x_5w_1 & x_5w_2 & x_5w_3 & x_5w_4 & x_5w_5 & x_5w_6 \\ x_6w_1 & x_6w_2 & x_6w_3 & x_6w_4 & x_6w_5 & x_6w_6 \\ x_7w_1 & x_7w_2 & x_7w_3 & x_7w_4 & x_7w_5 & x_7w_6 \end{pmatrix}$$

임베딩의 결과를 행렬 형태로 표기하면 복잡하고 직관적이지 않으므로, 앞으로는 행렬 대신 [그림 4-13]과 같은 **격자**를 임베딩의 결과라고 간주하고 설명을 이어 나가겠습니다. 결국 이 7×6 크기의 격자에는 각 토큰의 임베딩 계산값이 담겨 있는 것입니다.

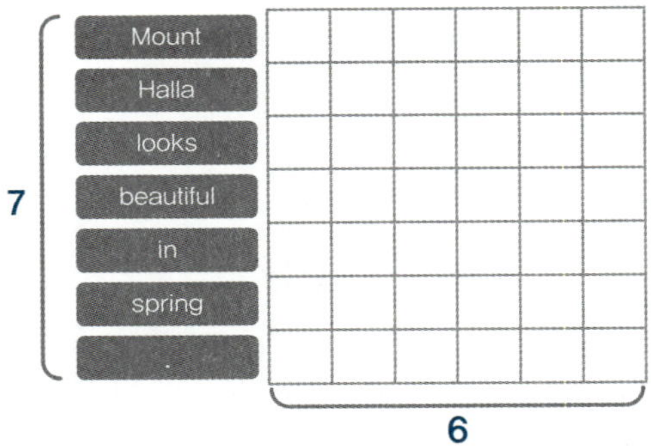


그림 4-13 이번 장에서는 입력을 7×6 크기의 격자로 설정합니다.

지금까지의 과정을 통해 가중치 파라미터의 벡터가 다음 출력의 정확도에 큰 영향을 미칠 것이라는 것을 짐작할 수 있습니다. 일반적으로 가중치 파라미터의 벡터로는 방대한 데이터를 미리 학습시켜 얻은 단어 임베딩 전용 파라미터를 사용합니다.

## 4.5 위치 인코딩: 단어의 순서에 관한 정보 추가하기

트랜스포머의 처리 과정을 알아보기 전에 아직 한 가지 작업이 더 남아 있습니다. 바로 **위치 인코딩**positional encoding(PE)으로 얻은 값을 임베딩의 결과인 7×6 격자(행렬)에 더하는 과정입니다. 위치 인코딩을 추가하는 과정은 [그림 4-14]와 같습니다.

[그림 4-14]를 보면 토큰마다 6차원의 벡터를 더하는 과정임을 알 수 있습니다. 위치 인코딩이 무엇을 의미하는지는 나중에 설명할 예정이므로, 여기서는 처리 과정을 이해하는 정도로 넘어 갑니다. 위치 인코딩 행렬을 더하는 목적은 각 토큰이 문장 내에서 어떤 순서로 사용되는지 파악하기 위해서입니다. 위치 인코딩은 트랜스포머의 가장 큰 특징으로 불리는 **멀티 헤드 어텐션** 구조와 밀접한 관련이 있습니다. 설명이 더 길어지면 어려울 수 있으니 세부적인 내용보다는 전체적인 구조를 파악하는 데 집중합시다.

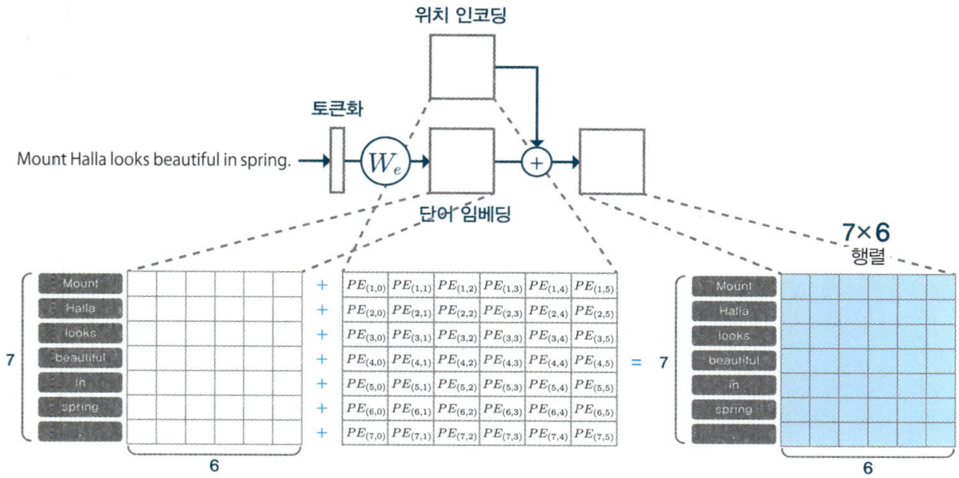


그림 4-14 7×6 임베딩 격자에 같은 크기의 위치 정보를 위치 인코딩 행렬에 담아 더합니다.

## 4.6 멀티 헤드 어텐션: 트랜스포머의 핵심

드디어 트랜스포머의 가장 중요한 특징인 **멀티 헤드 어텐션**multi-head attention을 설명할 차례입니다. 트랜스포머 아키텍처에는 멀티 헤드 어텐션이 인코더에 한 군데, 디코더에 두 군데 있습니다. 여기서는 트랜스포머의 인코더를 중심으로 멀티 헤드 어텐션에 관해 설명합니다.

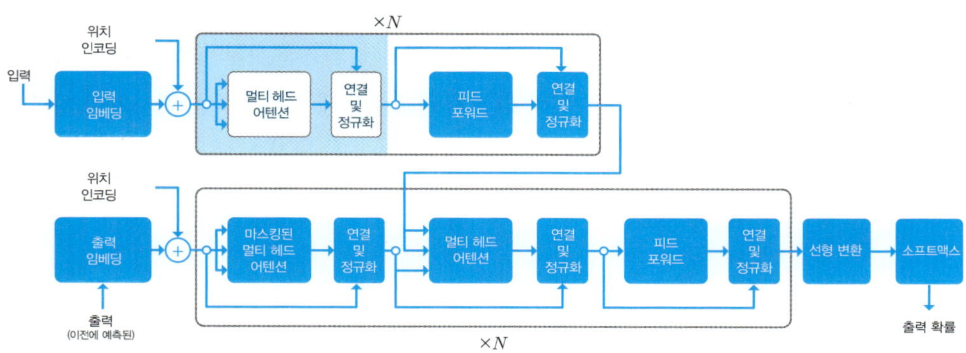


그림 4-15 인코더: 멀티 헤드 어텐션

임베딩의 입력을 포함해 [그림 4-15]의 상단 하늘색 부분의 구조와 처리 과정을 시각화하면 [그림 4-16]과 같습니다. 여기서는 멀티 헤드 어텐션의 헤드 수를 3으로 설정했지만, 실제 논문 'Attention is All You Need'[8]에서는 8로 설정되어 있습니다.

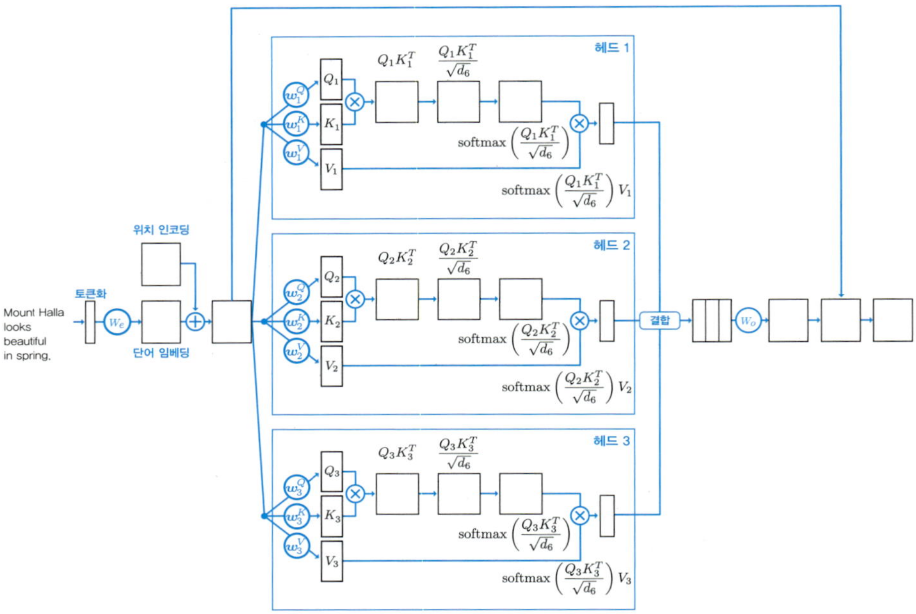


**그림 4-16** 입력부터 멀티 헤드 어텐션, 연결 및 정규화까지의 처리 과정

자세한 계산을 설명하기에 앞서, [그림 4-16]의 흐름을 이해하는 데 필요한 중요한 전제를 먼저 짚어 보겠습니다. 핵심은 **데이터의 입출력 형태가 항상 일정해야 한다**는 점입니다. 트랜스포머 구조 내부에는 $\times N$이라는 표기가 인코더와 디코더에 모두 표시되어 있는데, 이것은 테두리 안의 처리를 $N$차례 반복한다는 의미입니다. 원래 논문에서는 $N = 6$, 즉 6차례 처리가 이뤄집니다.

8 https://arxiv.org/abs/1706.03762

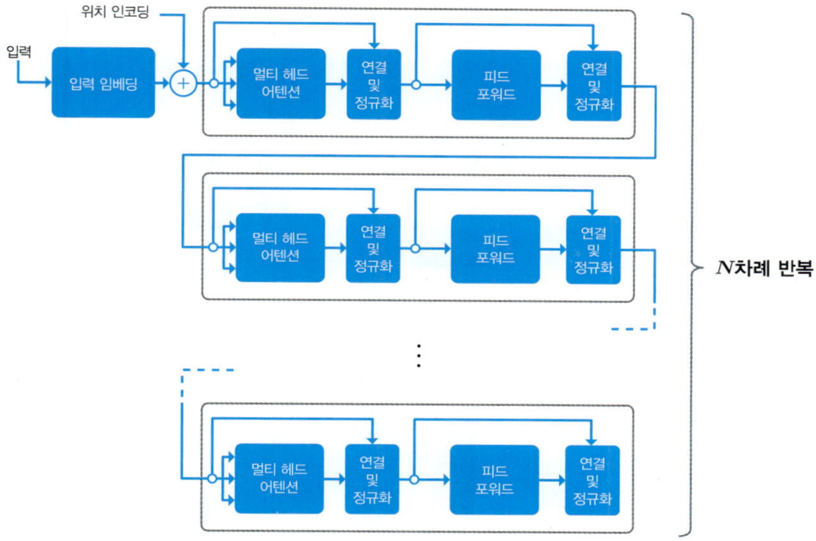


그림 4-17 인코더에서는 출력을 다시 입력으로 받아 같은 계산이 여러 차례 반복됩니다.

*N*차례 반복 처리하는 과정은 [그림 4-17]과 같이 연결 및 정규화를 통과한 출력이 다시 멀티 헤드 어텐션으로 입력되는 것으로 표현할 수 있습니다. 이때, 첫 번째 입력의 형태와 두 번째 이후 입력의 형태가 다르면 데이터를 처리하는 과정에서 오류가 발생합니다. 따라서 입력과 출력의 형태는 항상 일정해야 합니다. 지금까지 'Mount Halla looks beautiful in spring.'의 각 토큰을 6차원으로 표현하고, 7×6 크기의 행렬을 생성했습니다. 여기서 7×6 이라는 크기가 데이터 형태입니다. 물론 위치 인코딩 정보를 더한 결과도 7×6 행렬이었다는 점을 기억해야 합니다. 앞으로도 각 단계의 처리 과정을 쉽게 이해하기 위해서는 데이터(행렬)의 형태를 놓치지 않고 따라가는 것이 중요합니다.

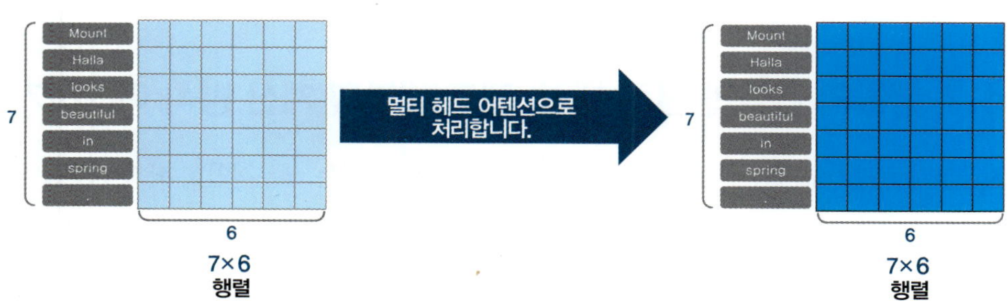


그림 4-18 멀티 헤드 어텐션이 처리한 출력은 입력과 같은 7×6 행렬입니다.

멀티 헤드 어텐션에서는 헤드라고 불리는 구조 안에서 동일한 계산이 이뤄집니다. 이후에 각 헤드의 계산 결과를 결합합니다.[9] 이 과정을 그림으로 보면 다음과 같습니다.

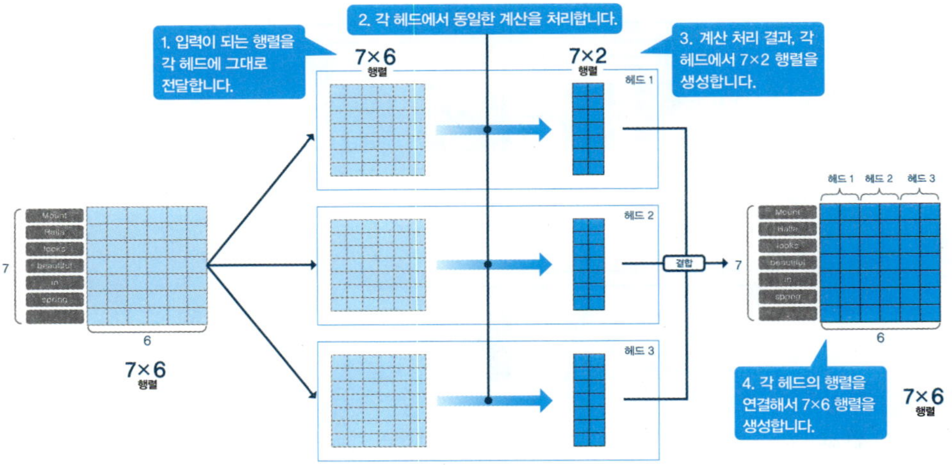


그림 4-19 멀티 헤드 어텐션의 데이터 처리 과정

우선 각 헤드로 7×6 행렬이 입력되고, 헤드는 **셀프 어텐션**self-attention을 계산합니다. 각 헤드는 모두 같은 계산을 처리하며, 그 결과로 7×2 행렬을 얻습니다. 처음의 7×6 행렬 크기와는 다르지만, 각 헤드의 결과를 모두 결합해서 다시 7×6 행렬로 만드는 처리가 이뤄집니다. 멀티 헤드 어텐션은 과제의 목적이나 모델을 설계하는 사람에 따라 어떤 크기의 행렬을 처리할지는 매우 다양해지지만, 이번 장에서는 7×6 행렬을 처리하는 것으로 간주하고 설명을 이어 나갑니다.

## 4.7 행렬의 곱셈과 전치 행렬: 헤드 내부의 계산 방식 이해하기

지금까지 트랜스포머의 전체 구조를 설명했습니다. 이제부터는 세부적인 수학적 내용을 알아봅니다. 여기서는 **소프트맥스 함수**를 사용한 **행렬 곱셈**을 계산할 때 'Attention is All You

9 옮긴이_ 결합이란 덧셈의 의미가 아니라, 행렬 또는 벡터 형식의 데이터를 이어 붙여서 새로운 형태로 만든다는 의미입니다.

Need'에서 제시한 접근법을 최대한 명확하게 해석하며 설명합니다. 그리고 설명 중에 등장하는 행렬에 관한 새로운 연산으로 **전치 행렬**을 함께 소개합니다. 앞서 소개한 전치 벡터의 행렬 형태에 해당하는 방식으로 이해하면 됩니다.

**기초가 되는 수학적 기법**

**행렬의 곱셈:**

$$AB = \begin{pmatrix} a_{1,1} & a_{1,2} \\ a_{2,1} & a_{2,2} \end{pmatrix} \begin{pmatrix} b_{1,1} & b_{1,2} \\ b_{2,1} & b_{2,2} \end{pmatrix}$$

$$= \begin{pmatrix} a_{1,1}b_{1,1} + a_{1,2}b_{2,1} & a_{1,1}b_{1,2} + a_{1,2}b_{2,2} \\ a_{2,1}b_{1,1} + a_{2,2}b_{2,1} & a_{2,1}b_{1,2} + a_{2,2}b_{2,2} \end{pmatrix}$$

**전치 행렬:**

$$\boldsymbol{X} = \begin{pmatrix} a_{1,1} & a_{1,2} \\ a_{2,1} & a_{2,2} \\ a_{3,1} & a_{3,2} \end{pmatrix} \quad \boldsymbol{X}^T = \begin{pmatrix} a_{1,1} & a_{2,1} & a_{3,1} \\ a_{1,2} & a_{2,2} & a_{3,2} \end{pmatrix}$$

**정보 공학적 접근 방식**

**행렬 곱셈 결과를 소프트맥스에 적용:**

$$\text{softmax}\left(\frac{Q_1 K_1^T}{\sqrt{d_k}}\right) V_1$$

[ $d_k$ :토큰의 임베딩 차원 $k$를 헤드 수로 나눈 값
(이 책에서는 $k$=6, 헤드 수=3이므로 $d_k$=2) ]

그림 4-20 설명 방식

각 헤드의 안에서 이뤄지는 계산 처리 과정에 관해서 조금 더 자세히 살펴봅시다. 헤드 1 안에서 일어나는 계산 과정을 그림으로 표현하면 다음과 같습니다.

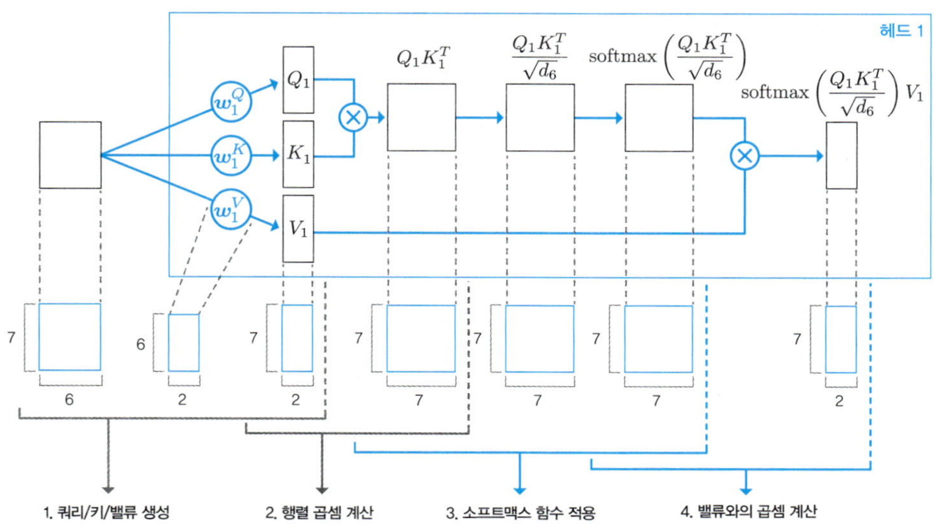


그림 4-21 멀티 헤드 어텐션은 네 단계로 데이터를 처리합니다.

[그림 4-21]에 나타난 대로 각 헤드 안에서는 네 단계의 계산이 이뤄집니다.

1 쿼리query, 키key, 밸류value를 생성합니다
2 $Q_1$과 $K_1$을 곱합니다.
3 소프트맥스 함수를 적용합니다.
4 $Q_1$과 $K_1$을 곱해서 나온 행렬과 밸류 값을 곱합니다.

마지막에 출력되는 부분은 식 (4-1)로 계산합니다.

$$\text{softmax}\left(\frac{Q_1 K_1^T}{\sqrt{d_6}}\right) V_1 \qquad (4\text{-}1)$$

식 (4-1)에만 초점을 맞추면 [그림 4-22]에 나타난 대로 식 (4-1)은 7×2 행렬이 됩니다. 앞 절에서 설명한 대로 각 헤드의 결과들은 결합concat되어 다시 7×6 크기의 행렬을 생성합니다. 멀티 헤드 어텐션이 목표로 하는 형태가 7×6 행렬임을 생각하며 계산 과정을 차근차근 이해해 봅시다.

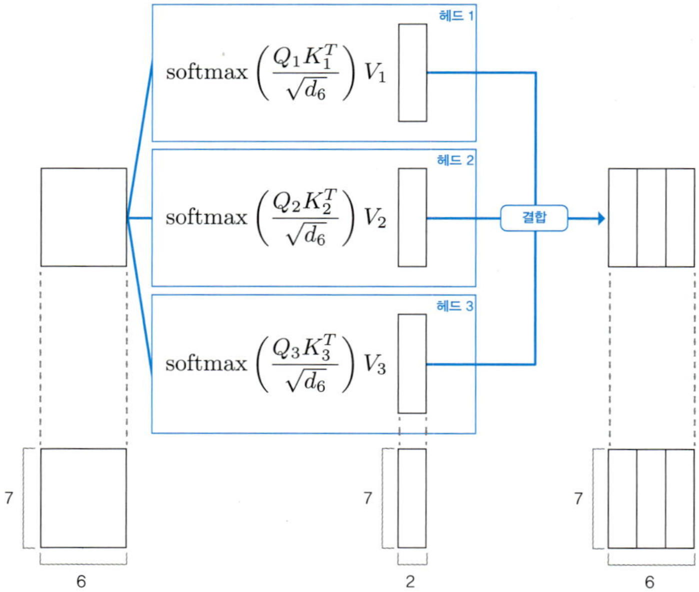


**그림 4-22** 각 헤드가 처리한 데이터는 마지막에 결합되어 원래의 7×6 행렬이 됩니다.

첫 번째 단계에서는 입력된 데이터로부터 쿼리, 키, 밸류 행렬을 생성합니다. 쿼리, 키, 밸류를 생성하기 위해 [그림 4-23]에 나타난 것처럼 $\boldsymbol{w_1^Q}, \boldsymbol{w_1^K}, \boldsymbol{w_1^V}$라는 가중치 파라미터의 행렬을 입력값에 곱합니다.

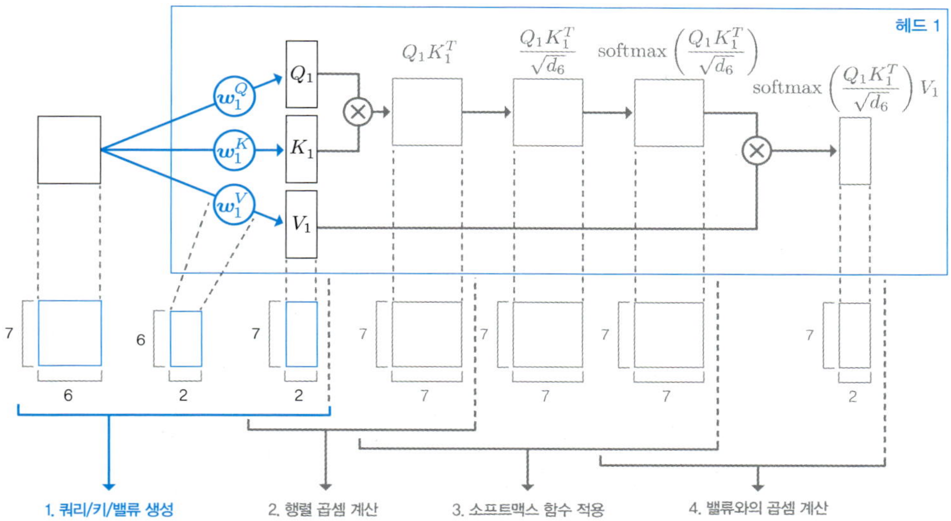


**그림 4-23** 단계 1: 쿼리, 키, 밸류 생성

이러한 가중치 파라미터 행렬은 6×2 형태입니다. 여기서 입력값이 되는 행렬을 $\boldsymbol{X}$라고 할 때 행렬의 곱셈으로 쿼리, 키, 밸류를 표현하면 식 (4-2)와 같습니다. 다시 한번 행렬 $\boldsymbol{X}$는 'Mount Halla looks beautiful in spring.'의 각 토큰을 6차원으로 표현한 것이고, 여기에 위치 인코딩 정보를 더해 7×6 크기의 행렬이 되었음을 떠올려 봅시다.

$$\boldsymbol{X}\boldsymbol{w_1^Q} = Q_1, \quad \boldsymbol{X}\boldsymbol{w_1^K} = K_1, \quad \boldsymbol{X}\boldsymbol{w_1^V} = V_1 \qquad (4\text{-}2)$$

$\boldsymbol{X}$는 7×6 행렬이고 $\boldsymbol{w_1^Q}, \boldsymbol{w_1^K}, \boldsymbol{w_1^V}$는 6×2 행렬입니다. 따라서 행렬의 곱셈을 계산하면 7×2 크기의 행렬이 됩니다. 이 과정을 그림으로 나타내면 다음과 같습니다.

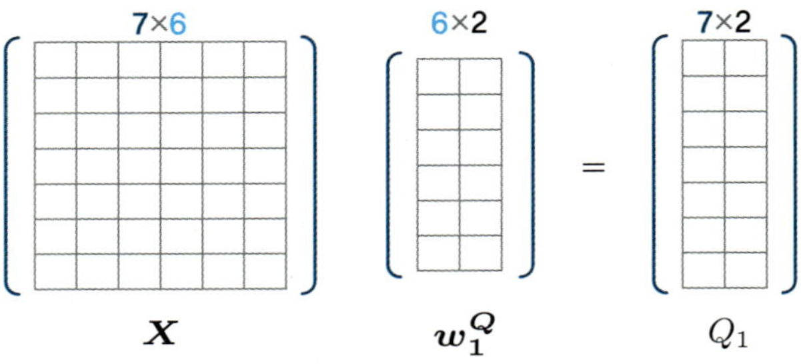


그림 4-24 입력 행렬에 가중치 파라미터의 행렬을 곱해서 쿼리 $Q_1$을 생성합니다.

이처럼 입력 $\boldsymbol{X}$는 $Q_1$, $K_1$, $V_1$이 됩니다. 다른 헤드(헤드 2, 헤드 3)에서도 동일한 처리가 이뤄지며, 마찬가지로 입력 $\boldsymbol{X}$는 $Q_2$, $K_2$, $V_2$ 및 $Q_3$, $K_3$, $V_3$이 됩니다. 참고로 모든 헤드의 쿼리, 키, 밸류는 형식은 같으나 그 값은 전혀 다릅니다. 각 헤드마다 사용하는 가중치 파라미터 값이 다르기 때문입니다. 각 헤드의 가중치 파라미터는 다음과 같이 표현합니다.

- 헤드 1의 가중치 파라미터: $\boldsymbol{w_1^Q}, \boldsymbol{w_1^K}, \boldsymbol{w_1^V}$
- 헤드 2의 가중치 파라미터: $\boldsymbol{w_2^Q}, \boldsymbol{w_2^K}, \boldsymbol{w_2^V}$
- 헤드 3의 가중치 파라미터: $\boldsymbol{w_3^Q}, \boldsymbol{w_3^K}, \boldsymbol{w_3^V}$

이와 같은 처리를 거쳐 입력 $\boldsymbol{X}$를 다양하게 표현할 수 있습니다. $Q_1$, $K_1$, $V_1$을 생성하는 과정은 $\boldsymbol{w_1^Q}, \boldsymbol{w_1^K}, \boldsymbol{w_1^V}$라는 가중치 파라미터의 행렬을 곱해서 7×6 행렬을 7×2 행렬로, 데이터 크기를 **압축**하고 있다고 표현할 수도 있습니다. 즉, 중요한 요소로 정보를 좁혀가며 정보를 압축하고 있다고도 해석할 수 있습니다.

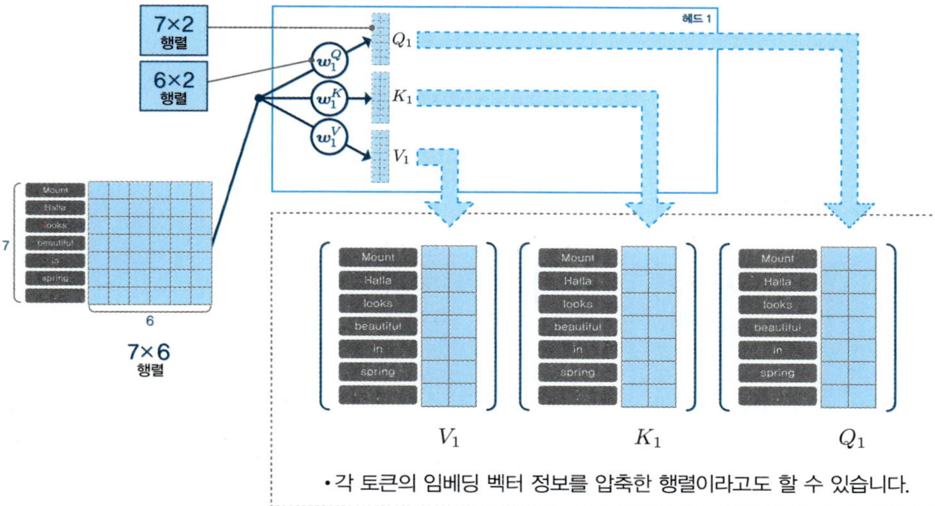


**그림 4-25** 쿼리, 키, 밸류의 생성과 해석

이어서 다음 단계는 $Q_1$, $K_1$ 행렬을 곱하는 비교적 단순한 과정입니다.

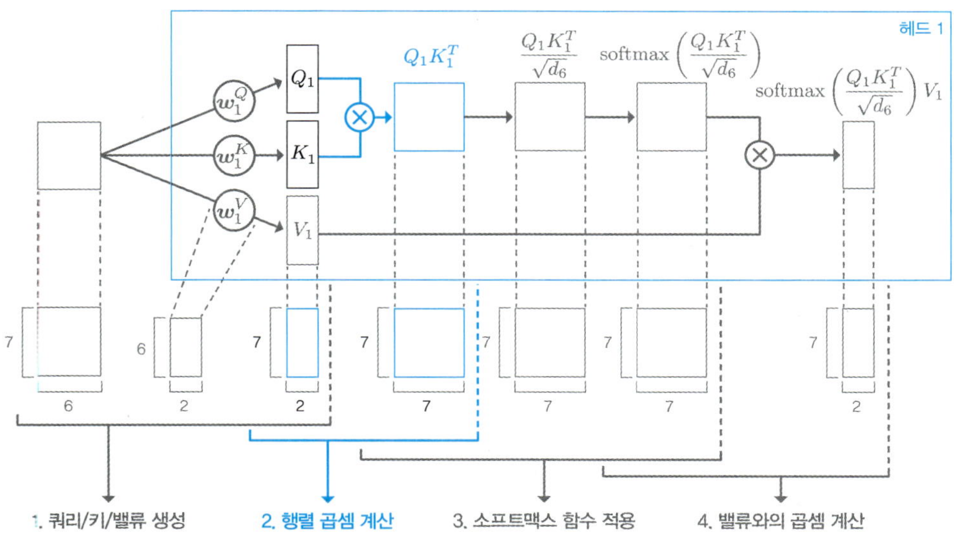


**그림 4-26** 단계 2: 행렬의 곱셈으로 $Q_1K_1^T$를 계산

단순하지만 트랜스포머를 정확하게 이해하기 위해 구체적인 값으로 살펴보도록 합시다. 예

를 들어 $7 \times 2$ 행렬 $Q_1$, $K_1$의 각 성분의 값이 다음과 같다고 가정합니다.

$$Q_1 = \begin{pmatrix} 1.04 & 0.19 \\ 0.61 & 0.69 \\ 0.46 & 0.45 \\ 0.44 & 1.10 \\ 0.46 & 0.82 \\ 0.33 & 0.65 \\ 0.36 & 0.92 \end{pmatrix}, \quad K_1 = \begin{pmatrix} 0.63 & 0.27 \\ 0.54 & 0.44 \\ 0.40 & 0.40 \\ 0.41 & 0.59 \\ 0.49 & 0.24 \\ 0.15 & 0.65 \\ 0.78 & 0.56 \end{pmatrix}$$

이때 $K_1$의 **전치 행렬** $K_1^T$은 다음과 같습니다. 전치 행렬이란 행렬의 행과 열을 맞바꾼 행렬입니다. 4.4절에서 설명한 벡터의 전치 연산은 행렬 전치의 특수한 경우라고 할 수 있습니다.

$$K_1^T = \begin{pmatrix} 0.63 & 0.54 & 0.40 & 0.41 & 0.49 & 0.15 & 0.78 \\ 0.27 & 0.44 & 0.40 & 0.59 & 0.24 & 0.65 & 0.56 \end{pmatrix}$$

여기서 $K_1$을 $K_1^T$로 전치한 이유는 **행렬의 곱셈**을 계산하기 위해서입니다. [그림 4-27]에서처럼 원래의 상태로는 $Q_1$과 $K_1$을 곱할 수 없습니다. 하지만 $Q_1$과 $K_1^T$을 곱하면 $7 \times 7$ 행렬이 계산됩니다.

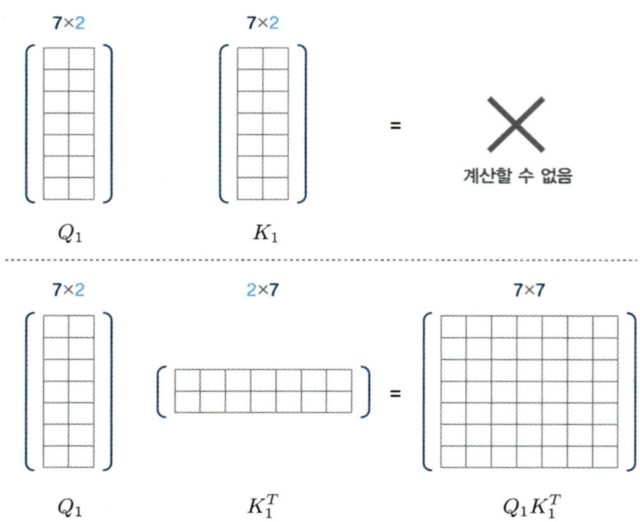


그림 4-27 행렬의 곱셈이 가능한 경우와 불가능한 경우

앞서 설정한 값을 사용해 실제로 행렬의 곱셈을 계산하면 다음과 같습니다.

$$Q_1K_1^T = \begin{pmatrix} 0.71 & 0.65 & 0.49 & 0.54 & 0.56 & 0.28 & 0.92 \\ 0.57 & 0.63 & 0.52 & 0.66 & 0.46 & 0.54 & 0.86 \\ 0.41 & 0.45 & 0.36 & 0.45 & 0.33 & 0.36 & 0.61 \\ 0.57 & 0.72 & 0.62 & 0.83 & 0.48 & 0.78 & 0.96 \\ 0.51 & 0.61 & 0.51 & 0.67 & 0.42 & 0.60 & 0.82 \\ 0.38 & 0.46 & 0.39 & 0.52 & 0.32 & 0.47 & 0.62 \\ 0.48 & 0.60 & 0.51 & 0.69 & 0.40 & 0.65 & 0.80 \end{pmatrix}$$

이제 계산한 $Q_1K_1^T$가 어떤 의미를 가지는지 생각해 봅시다. 원래는 $\boldsymbol{X}\boldsymbol{w}_1^{\boldsymbol{Q}} = Q_1$, $\boldsymbol{X}\boldsymbol{w}_1^{\boldsymbol{K}} = K_1$처럼 $Q_1K_1^T$는 입력 $\boldsymbol{X}$에 가중치 파라미터 행렬 $\boldsymbol{w}_1^{\boldsymbol{Q}}, \boldsymbol{w}_1^{\boldsymbol{K}}$을 곱해 변환한 것이었습니다. 다시 말해 행렬 곱 $Q_1K_1^T$는 각 토큰 간의 **내적**을 계산한 것이라 볼 수 있습니다.

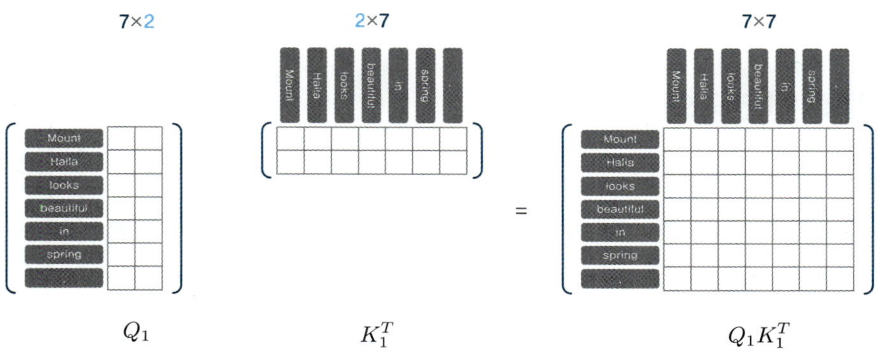


**그림 4-28** 행렬 $Q_1$과 $K_1$을 전치한 행렬을 곱해서 $Q_1K_1^T$를 계산합니다.

[그림 4-28]은 $Q_1K_1^T$를 계산한 과정을 격자 형태로 명확하게 보여 줍니다. $Q_1K_1^T$를 통해 7×7 크기의 격자에 저장된 값의 크기에 따라 토큰 간의 관계가 얼마나 강한지 파악할 수 있습니다.[10] 예를 들어 'Halla'와 'beautiful'이 교차하는 격자 안의 값은 크고, 'Mount'와 'in'이 교차하는 격자 안의 값은 작을 것으로 예상할 수 있습니다. 이 설명은 어디까지나 하나의 예시지

10 2장에서 설명한 코사인 유사도가 벡터의 내적과 밀접하게 연관되어 있다는 점을 떠올려 봅시다.

만, 각 격자 안의 값을 히트 맵heat map으로 시각화하면 다음 그림처럼 표현할 수 있습니다.

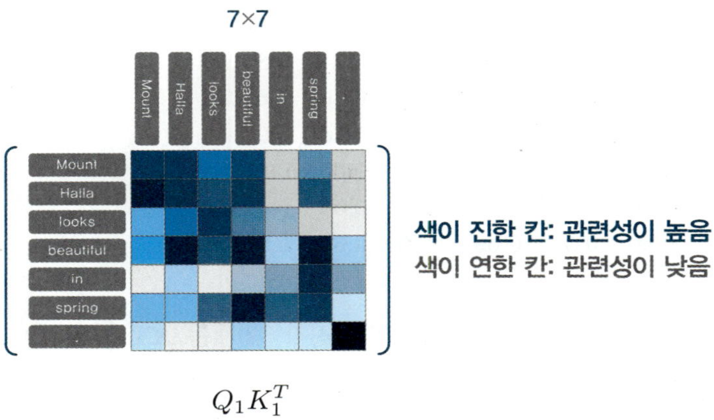


**그림 4-29** 행렬 $Q_1K_1^T$의 히트 맵 이미지

## 4.8 위치 인코딩의 중요성

이번 절에서는 **위치 인코딩**에 대해 자세히 설명합니다. 행렬 곱 $Q_1K_1^T$를 통해 각 토큰 간의 내적 계산으로 연관성에 관한 정보를 추출하는 데는 성공했지만, 여기에는 한 가지 부족한 점이 있습니다. 바로 토큰의 순서에 관한 정보입니다.

자연어는 단어의 배열 순서에 따라 문장이 전달하고자 하는 의도가 결정됩니다. 단어의 순서가 바뀌면 문장의 의미가 완전히 달라질 수도 있습니다. 예를 들어 '그는 개에게 쫓기고 있었다.'라는 문장에서 '개는 그에게 쫓기고 있었다.'로 단어의 순서를 바꾸면 의미가 완전히 달라집니다. 즉, 토큰 간의 연관성만으로는 어순과 연관된 문제를 해결하기 어렵습니다.

따라서 각 토큰의 순서에 관한 정보를 부여하기 위한 방법이 바로 **위치 인코딩**입니다. 그 외에도 **위치 임베딩**position embedding 방법도 있지만, 여기서는 위치 인코딩에 관해서만 설명합니다.

논문에서 소개된 방법[11]은 식 (4–3)과 같이 sin, cos 함수를 사용합니다.

$$PE_{(pos,2i)} = \sin\left(\frac{pos}{10000^{\frac{2i}{d_{model}}}}\right),$$
$$PE_{(pos,2i+1)} = \cos\left(\frac{pos}{10000^{\frac{2i}{d_{model}}}}\right) \quad (4\text{-}3)$$

식 (4–3)에서 $pos$는 토큰의 위치를 나타냅니다. 예를 들어 첫 번째 토큰이라면 $pos = 1$입니다. 그리고 $d_{model}$은 토큰 벡터의 차원 수를 의미합니다. 이 경우에는 각 토큰을 6차원 벡터로 표현하고 있으므로, $d_{model} = 6$입니다. 따라서 위 두 식의 $i$에 0, 1, 2를 순서대로 대입하면 [그림 4–30]과 같은 표를 만들 수 있습니다.

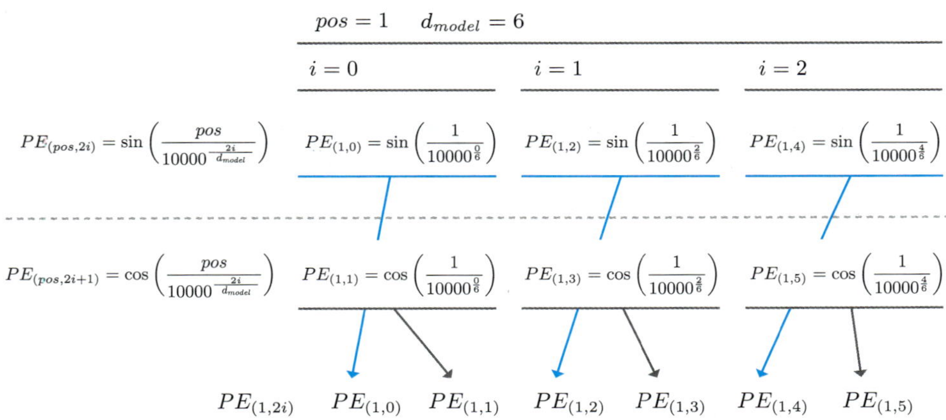


**그림 4-30** 위치 인코딩으로 계산된 값

$pos$와 $d_{model}$의 값을 설정하고 sin, cos 함수를 사용해서 계산한 $PE_{(pos,2i)}$와 $PE_{(pos,2i+1)}$은 서로 다른 값입니다. 이 장에서 설정한 예시에 대입하면 $7 \times 6$ 행렬 형태의 입력 성분에 대해 $PE_{(pos,2i)}$와 $PE_{(pos,2i+1)}$ 값을 더해서, 토큰의 순서 정보를 반영하여 출력 정확도를 향상시킵니다. 다시 한번 [그림 4–31]을 통해 지금까지의 설명을 이해해 봅시다.

---

11 다음 논문의 '3.5 Positional Encoding' 부분을 참고하기 바랍니다. https://arxiv.org/pdf/1706.03762.pdf

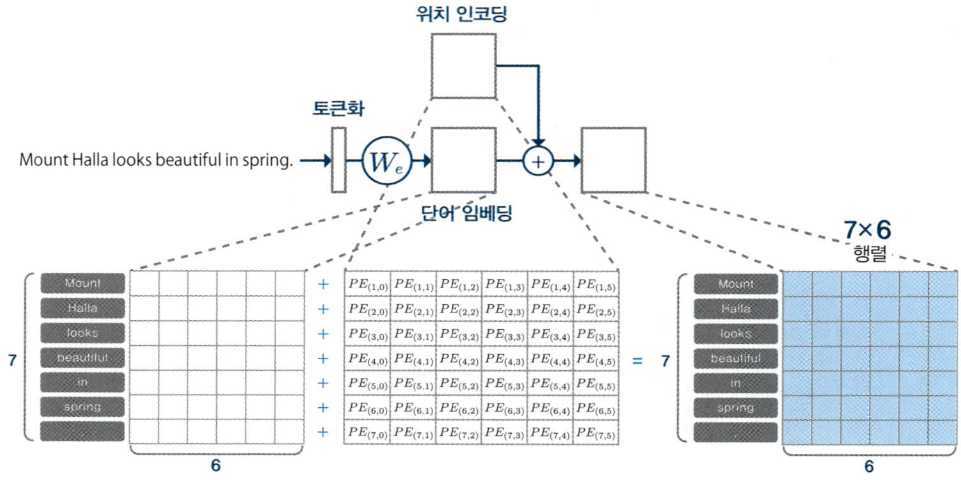


그림 4-31 생성된 7×6 행렬에 위치 인코딩으로 얻은 7×6 행렬의 위치 정보 부여

## 4.9 소프트맥스 함수: 행렬의 곱셈 결과 스케일링하기

세 번째 단계로 **소프트맥스 함수**를 적용할 차례입니다.

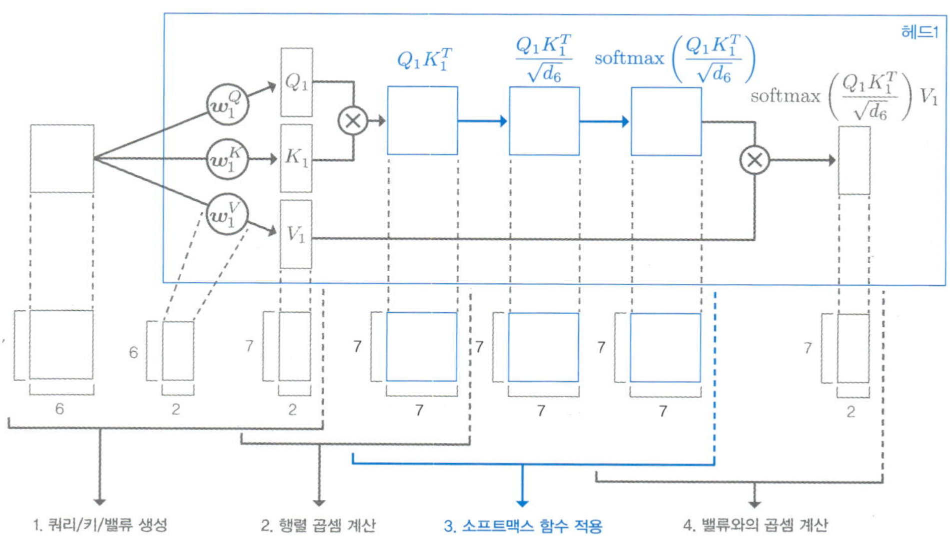


그림 4-32 단계 3: 소프트맥스 함수 적용

소프트맥스 함수를 적용하는 이유는 여러 값의 합계를 1로 만들기 위함입니다.

$$x_1' = \mathrm{softmax}(x_1) = \frac{e^{x_1}}{\sum_{k=1}^{n} e^{x_k}} \qquad (4\text{-}4)$$

3장에서 합계를 1로 만들면 확률적인 출력을 생성할 수 있다는 장점을 설명했지만, 이외에도 다른 장점이 있습니다. 바로, 계산 결괏값의 범위를 0~1로 제한할 수 있다는 점입니다. 내적 계산마다 수치의 변동 폭이 0~100처럼 큰 범위로 출력되면, 수치가 큰 내적의 영향을 받아 정확도가 낮아질 가능성이 있습니다. 이와 같은 상황을 피하기 위해, 소프트맥스 함수로 각 토큰 간의 내적 값을 전체 합이 1이 되도록 **스케일링**합니다. 다시 말해 소프트맥스 함수는 스케일링의 역할도 하고 있는 것입니다.

논문에서는 여기에 한 가지 처리를 더해서 행렬 $Q_1K_1^T$의 각 성분을 $\sqrt{d_k}$로 나눕니다(그 이유는 나중에 설명합니다). 여기서 $d_k$는 각 토큰 벡터의 차원을 헤드 수로 나눈 값이며, $k$는 토큰 벡터의 차원을 나타냅니다. 따라서 여기서는 $k = 6$, 헤드 수가 3이므로 $d_k = d_6 = 6 \div 3 = 2$, 다시 말해 $\sqrt{d_k} = \sqrt{d_6} = \sqrt{2}$가 됩니다. 이 값을 사용해 행렬 $Q_1K_1^T$의 각 성분를 나눠주는 것입니다.[12] 앞서 계산한 $Q_1K_1^T$의 각 성분을 $\sqrt{2}$로 나누면 식 (4–5)를 얻습니다.

$$\frac{Q_1K_1^T}{\sqrt{2}} = \begin{pmatrix} 0.50 & 0.46 & 0.35 & 0.38 & 0.39 & 0.20 & 0.65 \\ 0.40 & 0.45 & 0.37 & 0.46 & 0.33 & 0.38 & 0.61 \\ 0.29 & 0.32 & 0.26 & 0.32 & 0.24 & 0.26 & 0.43 \\ 0.41 & 0.51 & 0.44 & 0.59 & 0.34 & 0.55 & 0.68 \\ 0.36 & 0.43 & 0.36 & 0.48 & 0.30 & 0.43 & 0.58 \\ 0.27 & 0.33 & 0.28 & 0.37 & 0.22 & 0.33 & 0.44 \\ 0.34 & 0.42 & 0.36 & 0.49 & 0.28 & 0.46 & 0.56 \end{pmatrix} \qquad (4\text{-}5)$$

---

12 'Attention is All You Need'에서는 임베딩 차원이 512이고 헤드 수는 8이기 때문에 $d_k = d_{512} = 512 \div 8 = 64$가 되어, $\sqrt{d_k} = 8$로 계산해서 설명합니다. 이와 같은 방식으로 현재 사례에 적용하면, 차원 수는 6이고 헤드 수는 3이므로 $\sqrt{d_k} = \sqrt{2}$가 됩니다. 이 내용과 관련된 논문의 일부를 발췌했으니 자세한 사항은 원문을 참고하기 바랍니다.

> In this work we employ $h = 8$ parallel attention layers, or heads. For each of these we use $d_k = d_v = d_{model} / h = 64$. Due to the reduced dimension of each head, the total computational cost is similar to that of single-head attention with full dimensionality.

여기까지의 처리가 완료된 후, 다음 그림과 같이 소프트맥스 계산이 실행됩니다. 소프트맥스 함수의 계산은 각 행, 다시 말해 토큰마다 이뤄집니다.

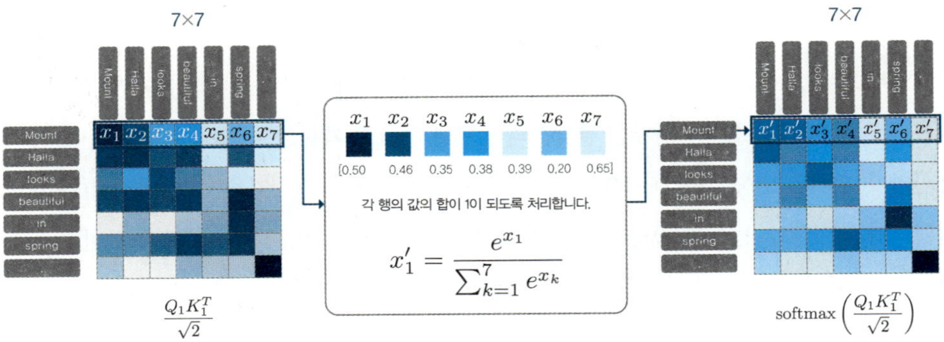


**그림 4-33** 데이터가 소프트맥스 함수를 통해 계산되는 과정

3장에서 살펴본 내용을 복습하는 의미로 [그림 4-33]에서 $x_1'$ 부터 $x_7'$ 까지의 값을 소프트맥스 함수의 정의에 따라 Σ 기호를 사용하지 않고 표현하면 어떻게 되는지 확인해 봅시다.

$$x_1' = \frac{e^{x_1}}{e^{x_1} + e^{x_2} + e^{x_3} + e^{x_4} + e^{x_5} + e^{x_6} + e^{x_7}}$$

$$x_2' = \frac{e^{x_2}}{e^{x_1} + e^{x_2} + e^{x_3} + e^{x_4} + e^{x_5} + e^{x_6} + e^{x_7}}$$

$$x_3' = \frac{e^{x_3}}{e^{x_1} + e^{x_2} + e^{x_3} + e^{x_4} + e^{x_5} + e^{x_6} + e^{x_7}}$$

$$x_4' = \frac{e^{x_4}}{e^{x_1} + e^{x_2} + e^{x_3} + e^{x_4} + e^{x_5} + e^{x_6} + e^{x_7}}$$

$$x_5' = \frac{e^{x_5}}{e^{x_1} + e^{x_2} + e^{x_3} + e^{x_4} + e^{x_5} + e^{x_6} + e^{x_7}}$$

$$x_6' = \frac{e^{x_6}}{e^{x_1} + e^{x_2} + e^{x_3} + e^{x_4} + e^{x_5} + e^{x_6} + e^{x_7}}$$

$$x_7' = \frac{e^{x_7}}{e^{x_1} + e^{x_2} + e^{x_3} + e^{x_4} + e^{x_5} + e^{x_6} + e^{x_7}}$$

좌변과 우변을 모두 더하면, 우변의 분모와 분자가 같은 값이 되므로 결과는 1이 됩니다.

$$x_1^{'} + x_2^{'} + x_3^{'} + x_4^{'} + x_5^{'} + x_6^{'} + x_7^{'} = \frac{e^{x_1} + e^{x_2} + e^{x_3} + e^{x_4} + e^{x_5} + e^{x_6} + e^{x_7}}{e^{x_1} + e^{x_2} + e^{x_3} + e^{x_4} + e^{x_5} + e^{x_6} + e^{x_7}} = 1$$

지금까지의 설명을 바탕으로 소프트맥스를 계산하기 전에 $Q_1 K_1^T$를 $\sqrt{2}$로 나누는 이유를 설명합니다. 이는 소프트맥스 함수의 정의와 밀접하게 관련됩니다. 소프트맥스 계산에서는 내적 결괏값을 지수 함수의 **지수**로 사용합니다. 따라서 지수 부분이 조금만 바뀌어도 계산 결과는 크게 달라집니다.

아주 단순한 예로 [3, 2, 1]이라는 세 숫자가 있을 때, 이걸 각각 3으로 나눈 $\left[1,\ \frac{2}{3},\ \frac{1}{3}\right]$ 값에 소프트맥스를 적용해서 각 항목의 합이 1이 되도록 값을 조정한다고 가정해 봅시다. 이때 첫 번째 세 숫자의 합이 6이므로 모두 6으로 나누고, 두 번째 세 숫자의 합은 총합이 2이므로 모두 2로 나누면 계산 결과는 **서로 같은 값**이 된다는 것을 확인할 수 있습니다.

$$[3,\ 2,\ 1] \rightarrow 6\ \text{으로 나눔} \rightarrow \left[\frac{1}{2},\ \frac{1}{3},\ \frac{1}{6}\right]$$

$$\left[1,\ \frac{2}{3},\ \frac{1}{3}\right] \rightarrow 2\ \text{로 나눔} \rightarrow \left[\frac{1}{2},\ \frac{1}{3},\ \frac{1}{6}\right]$$

한편, 소프트맥스의 정의 $\text{softmax}(x_i) = \frac{e^{x_i}}{\sum_{k=1}^{n} e^{x_k}}$에 위에서 언급한 [3, 2, 1] 또는 $\left[1,\ \frac{2}{3},\ \frac{1}{3}\right]$을 입력해서 합이 1이 되도록 계산해 보면, 결과는 서로 전혀 다릅니다. 자연 상수 $e$ = 2.71828182845...를 사용해서 소수점 둘째 자리까지의 근삿값을 우변에 표시하면 다음과 같습니다.

$$[3,\ 2,\ 1] \rightarrow \left[\frac{e^3}{e^3 + e^2 + e^1}, \frac{e^2}{e^3 + e^2 + e^1}, \frac{e^1}{e^3 + e^2 + e^1}\right] \rightarrow [0.67,\ 0.24,\ 0.09]$$

$$\left[1,\ \frac{2}{3},\ \frac{1}{3}\right] \rightarrow \left[\frac{e^1}{e^1 + e^{\frac{2}{3}} + e^{\frac{1}{3}}}, \frac{e^{\frac{2}{3}}}{e^1 + e^{\frac{2}{3}} + e^{\frac{1}{3}}}, \frac{e^{\frac{1}{3}}}{e^1 + e^{\frac{2}{3}} + e^{\frac{1}{3}}}\right] \rightarrow [0.45,\ 0.32,\ 0.23]$$

어느 쪽이든 합은 1이 되지만, 첫 번째 결과 [0.67, 0.24, 0.09]가 두 번째 결과 [0.45, 0.32, 0.23]보다 숫자 간의 편차가 더 큽니다. 앞서 말했듯이 소프트맥스 함수는 값들을 일정한 범위로 스케일링하는 중요한 역할을 하지만, 함수의 특성상 오히려 값의 편차가 커지는 경우도 발생할 수 있습니다. 즉, 출력값의 편차를 줄이기 위해 $Q_1K_1^T$를 $\sqrt{d_k}$로 나누는 작업을 수행한다고 이해하면 됩니다. 지금까지의 내용을 바탕으로 식 (4−5)의 $\frac{Q_1K_1^T}{\sqrt{2}}$를 소프트맥스로 처리한 결과는 다음과 같습니다.

$$\text{softmax}\left(\frac{Q_1K_1^T}{\sqrt{2}}\right) = \begin{pmatrix} 0.15 & 0.15 & 0.13 & 0.14 & 0.14 & 0.11 & 0.18 \\ 0.14 & 0.14 & 0.13 & 0.15 & 0.13 & 0.14 & 0.17 \\ 0.14 & 0.14 & 0.14 & 0.15 & 0.13 & 0.14 & 0.16 \\ 0.13 & 0.14 & 0.13 & 0.15 & 0.12 & 0.15 & 0.17 \\ 0.13 & 0.14 & 0.13 & 0.15 & 0.13 & 0.14 & 0.17 \\ 0.14 & 0.14 & 0.14 & 0.15 & 0.13 & 0.14 & 0.16 \\ 0.13 & 0.14 & 0.13 & 0.15 & 0.12 & 0.15 & 0.16 \end{pmatrix}$$

## 4.10 모든 헤드의 계산 결과 결합하기

그런데 현재까지 계산된 행렬의 형태는 7×7입니다. 앞서 예시에서 설정할 때, 3개의 헤드에서 계산된 결과를 7×2 행렬로 보고, 그 결과들을 결합해서 최종적으로 7×6 행렬을 만든다는 계획을 세웠습니다. 하지만 현시점에서 생성된 7×7 행렬로는 계산상 오류가 발생합니다. 따라서 밸류 행렬과 곱하는 단계를 마지막으로 7×2 행렬을 계산합니다.

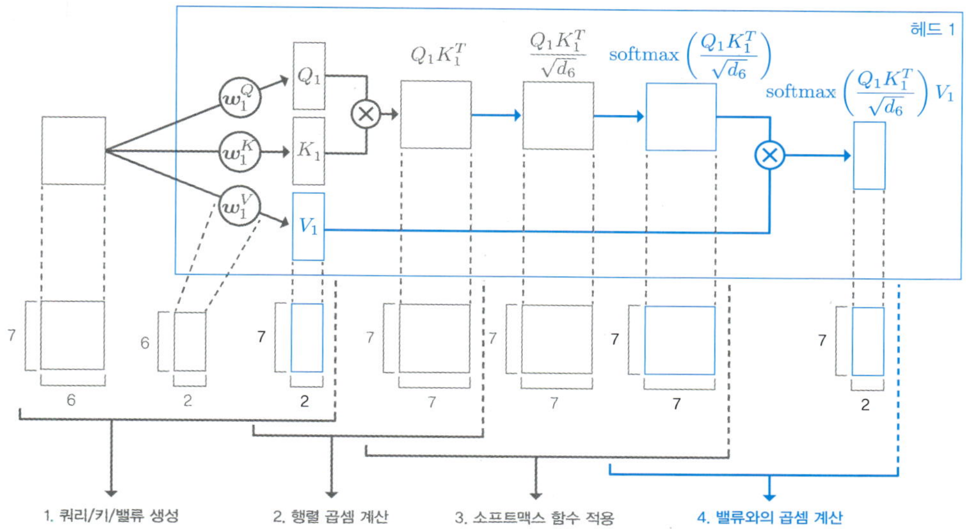


**그림 4-34 단계 4: 밸류 값을 곱함**

7×7 행렬에 밸류 $V_1$을 곱하면 다시 7×2 행렬을 얻게 됩니다. 처음부터 $V_1$을 미리 만들어 두었다는 점에서 매우 현명한 모델 설계라고 볼 수 있습니다. 트랜스포머를 개발한 연구자의 뛰어난 수학적 사고력이 엿보이는 대목입니다.

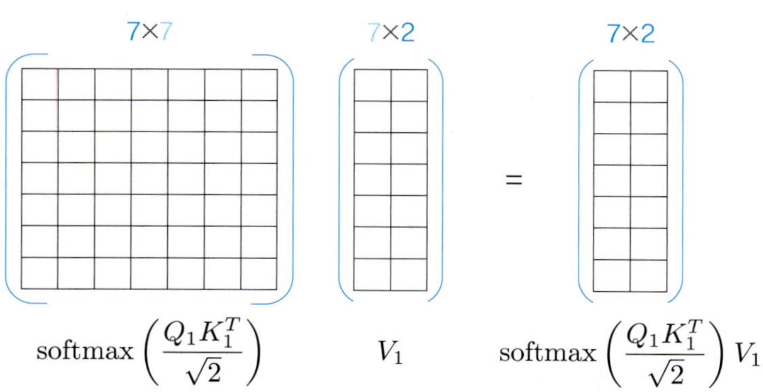


**그림 4-35 행렬 곱셈 $\text{softmax}\left(\frac{Q_1K_1^T}{\sqrt{2}}\right)V_1$의 계산**

모든 헤드에서 지금까지의 설명한 네 단계를 거치며 계산이 실행됩니다. 그 결과 각 헤드에서는 7×2 행렬이 생성됩니다. 모든 결과를 결합하면 다시 입력 $\boldsymbol{X}$와 같은 7×6 행렬을 얻어 다시 어텐션에 입력할 수 있는 형태가 됩니다. [그림 4-22]를 다시 한번 살펴보며 계산 과정을 전체적으로 확인해 보세요.

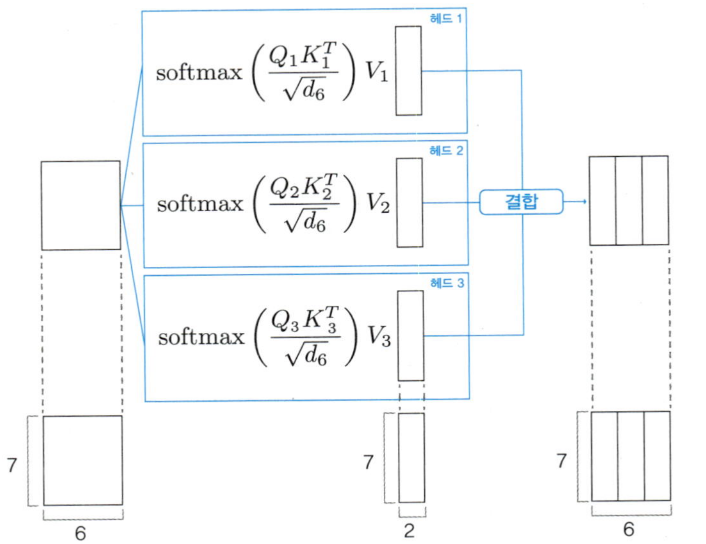


**그림 4-36** 각 헤드가 처리한 데이터는 마지막에 결합되어 원래의 7×6 행렬이 됩니다.

## 4.11 모든 토큰 요소 정규화하기

지금까지 멀티 헤드 어텐션의 구조와 계산 처리 과정을 설명했습니다. 이제 연결 및 정규화 단계를 알아봅니다. 구체적인 처리 과정은 다음과 같습니다.

1 각 헤드의 계산 결과를 결합합니다.

2 선형 변환linear을 계산합니다.

3 원래의 입력 $\boldsymbol{X}$를 더합니다.

4 정규화를 실행합니다.

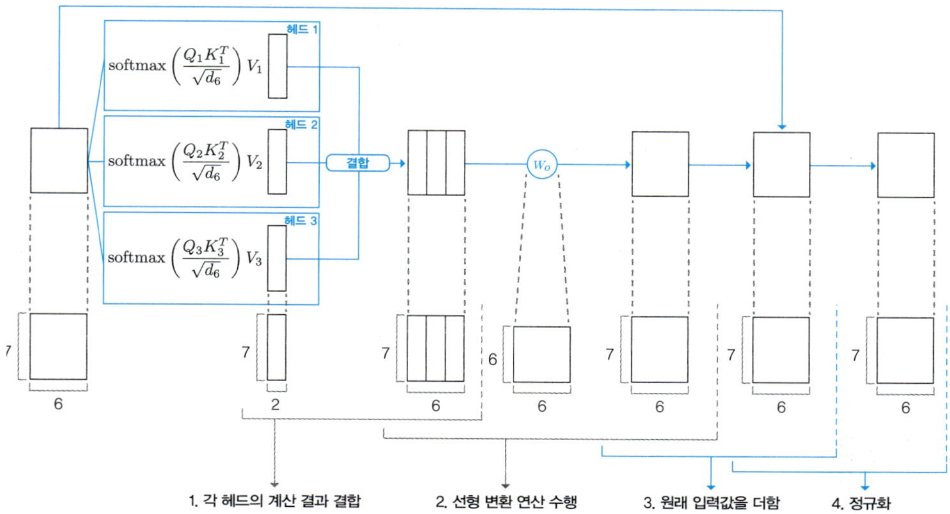


그림 4-37 덧셈 및 정규화의 처리 과정

첫 번째 단계는 이미 설명했기 때문에 다음 단계인 선형 변환 계산 과정을 간단히 설명합니다. 딥러닝 분야에서 **선형 변환**은 linear라고도 부르며, 여기서는 각 헤드의 출력 결과를 결합한 7×6 행렬에 6×6 형태의 가중치 행렬 $W_O$를 곱해서 각 성분의 값을 변환합니다.[13] 선형 변환을 엄밀하게 정의하기는 어려우므로 간단하게 '원래 행렬에 어떤 행렬을 곱하는 것'이라고 생각하면 됩니다. 참고로 가중치 행렬 $W_O$는 학습 가능한 파라미터입니다. $W_O$를 이루는 파라미터를 갱신하며 출력의 정확도를 높일 수 있습니다.

다음으로 세 번째 단계에서는 멀티 헤드 어텐션을 거쳐 나온 행렬에 원래의 입력 $\boldsymbol{X}$를 더합니다. 멀티 헤드 어텐션 처리 이후의 행렬은 입력 $\boldsymbol{X}$와 동일한 7×6 형태의 행렬이므로 바로 더할 수 있습니다.

참고로 [그림 4-38]과 같은 연결 처리를 **스킵 연결**skip connection[14]이라고도 합니다. 멀티 헤드 어텐션으로 나온 결과를 선형 변환을 거치지 않은 그대로의 특징량을 더해서 최종 출력에 반

13 물론 계산 결과는 다시 7×6 형태의 행렬이 됩니다.

14 스킵 연결은 딥러닝 모델의 파라미터를 학습시키는 단계에서 기울기 소실 문제를 완화한다는 장점도 있습니다.

영하기 때문에 정확도 향상에 기여하는 부분입니다.

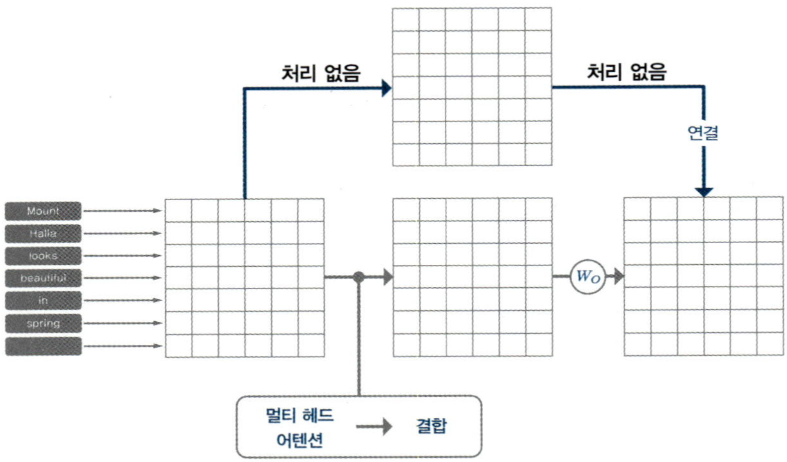


그림 4-38 연결 과정의 데이터 처리 과정입니다. 가중치 파라미터 행렬을 곱한 행렬에 원래의 행렬을 더합니다.

마지막으로 **정규화**normalization를 수행합니다. 간단히 말해 정규화란 어떤 값을 0에서 1 사이의 값으로 변환하는 것입니다. 앞서 설명한 소프트맥스 함수의 스케일링에서는 대상 범위의 특징량 총합이 1이 되도록 처리하는 것이 목적이었지만, 여기서 설명하는 정규화는 각 특징량의 값이 0 이상 1 이하가 되도록 처리하는 것이 차이점입니다.

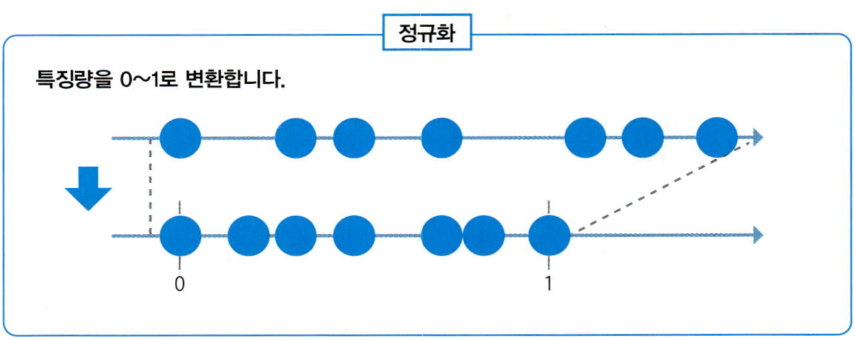


그림 4-39 정규화 개념

예를 들어 $n$개의 값 $x_1$, $x_2$, $x_3$, $\cdots$, $x_n$이 있다고 할 때, $n$개의 각 값이 0 이상 1 이하가 되도록 변환하고 싶습니다. 변환된 값을 $x'_1$, $x'_2$, $x'_3$, $\cdots$, $x'_n$이라고 하면 $x'_1$은 식 (4-6)으로 구할 수 있습니다.

$$x_1' = \frac{x_1 - \min(x)}{\max(x) - \min(x)} \qquad \text{(4-6)}$$

여기서 $\max(x)$는 $x_1$, $x_2$, $x_3$, $\cdots$, $x_n$ 중의 최댓값, $\min(x)$는 그중의 최솟값을 의미합니다. 이 계산을 통해 $x'_1$을 0 이상 1 이하로 만들 수 있습니다.

여기까지는 일반적인 정규화 계산 방법이지만 트랜스포머에서의 정규화는 이와 달리 식 (4-7), (4-8)처럼 정의합니다. 식에서 $a_1$, $b_1$은 학습 가능한 파라미터이며, $\varepsilon$은 분모가 0이 되는 것을 방지하기 위한 하이퍼파라미터입니다. 일반적으로 $\epsilon = 1.0 \times 10^{-6}$ 정도의 크기면 충분합니다. 여기서 $\varepsilon$은 엡실론epsilon이라 읽습니다.

$$x_1' = a_1 \left( \frac{x_1 - \mu_{\boldsymbol{x}}}{\sigma_{\boldsymbol{x}} + \epsilon} \right) + b_1 \qquad \text{(4-7)}$$

$$\mu_{\boldsymbol{x}} = \frac{1}{d} \sum_{k=1}^{d} x_k, \quad \sigma_{\boldsymbol{x}} = \sqrt{\frac{1}{d} \sum_{k=1}^{d} (x_k - \mu_{\boldsymbol{x}})^2} \qquad \text{(4-8)}$$

두 식에서는 $\mu$와 $\sigma$ 표기도 등장합니다. $\mu$는 뮤mu로, $\sigma$는 시그마sigma라 읽습니다. $\mu$는 **평균**, $\sigma$는 **표준 편차**를 나타내는 기호로 통계학 분야에서는 일반적인 표기로 사용하며 식 (4-7), (4-8)에서도 역시 같은 의미로 사용됩니다.[15] 그리고 $d$는 각 토큰의 차원 수이며, 여기서는 $d = 6$입니다. [그림 4-40]을 보면 계산 과정을 쉽게 이해할 수 있습니다.[16]

15 이 책은 통계학에 대해서는 깊이 다루지 않습니다. 평균이나 표준 편차에 대한 자세한 설명은 통계학 전문 서적을 참고하기 바랍니다.

16 더욱 자세한 이해를 위해서는 다음 링크의 논문을 참고하기 바랍니다. https://arxiv.org/pdf/1607.06450

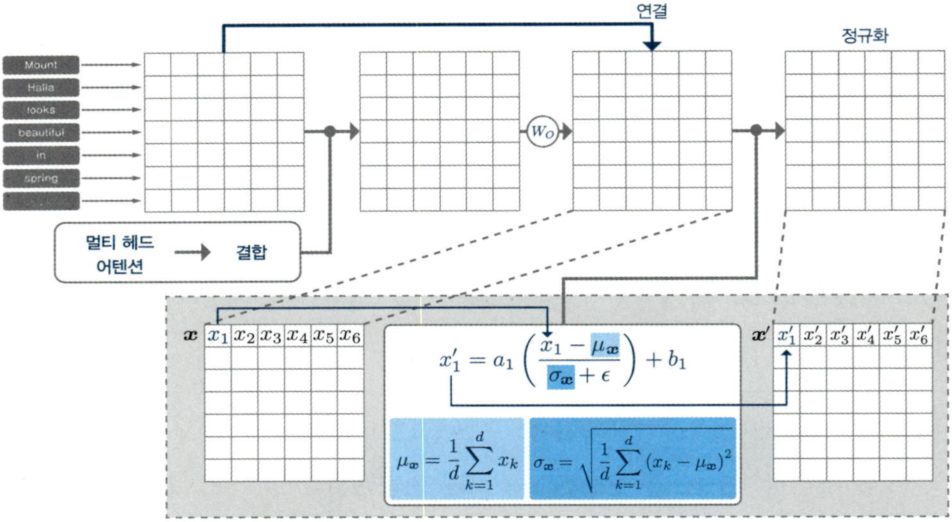


**그림 4-40** 트랜스포머의 정규화 처리 과정

[그림 4-40]을 보면 알 수 있듯이 정규화는 각 입력 토큰에 대해 처리됩니다. 예를 들어 입력 토큰 $x$(벡터)에 대해 그 토큰의 성분이 여섯 개, $x_1$, $x_2$, $x_3$, $x_4$, $x_5$, $x_6$이라고 해 봅시다. 이 6차원 벡터 $x_1$, $x_2$, $x_3$, $x_4$, $x_5$, $x_6$에 대해 평균 $\mu_x$와 표준 편차 $\sigma_x$를 구하고 정규화를 처리하는 수식에 대입해서 $x'_1$을 계산하는 과정을 그림으로 나타낸 것이 위와 같습니다. 이렇게 하면 멀티 헤드 어텐션이 출력한 결과에 원래 입력 $\boldsymbol{X}$를 더한 행렬을 정규화한 것입니다. 여기서 자세한 수식은 생략하지만, 이 처리에 의해 기울기의 발산이나 소실과 같은 문제를 완화하고 다음 층이 받는 값을 일정한 범위 내로 조절해서 모델의 안정적인 학습을 기대할 수 있습니다.

여기까지 연결 및 정규화에 관한 설명이 끝났습니다. 연결 및 정규화 과정은 트랜스포머 전체에 걸쳐 총 다섯 군데에 등장하고 처리 방식은 모두 동일합니다. 전체적인 균형을 위해 구체적인 계산 예시는 생략했지만, 여기서 어떤 계산이 이뤄지는지 대략 이해하는 정도로 충분합니다.

# 4.12 활성화 함수: 정확도를 향상하는 방법

이제 인코더 후반부의 피드 포워드와 연결 및 정규화에 대해 설명합니다. 연결 및 정규화 과정은 앞서 설명한 내용과 동일하므로 피드 포워드 부분의 처리에 관해서만 설명합니다. 피드 포워드 처리는 3장에서 설명한 ReLU 함수를 활성화 함수로 사용합니다.

**기초가 되는 수학적 기법**

행렬의 곱셈:

$$AB = \begin{pmatrix} a_{1,1} & a_{1,2} \\ a_{2,1} & a_{2,2} \end{pmatrix} \begin{pmatrix} b_{1,1} & b_{1,2} \\ b_{2,1} & b_{2,2} \end{pmatrix}$$

$$= \begin{pmatrix} a_{1,1}b_{1,1} + a_{1,2}b_{2,1} & a_{1,1}b_{1,2} + a_{1,2}b_{2,2} \\ a_{2,1}b_{1,1} + a_{2,2}b_{2,1} & a_{2,1}b_{1,2} + a_{2,2}b_{2,2} \end{pmatrix}$$

**정보 공학적 접근 방식**

활성화 함수(ReLU 함수):

$$f(x_1') = \begin{cases} 0 & (x_1' < 0) \\ x_1' & (x_1' \geq 0) \end{cases}$$

그림 4-41 설명 방식

피드 포워드와 연결 및 정규화는 [그림 4-42]에서 상단의 하늘색 부분에 위치합니다.

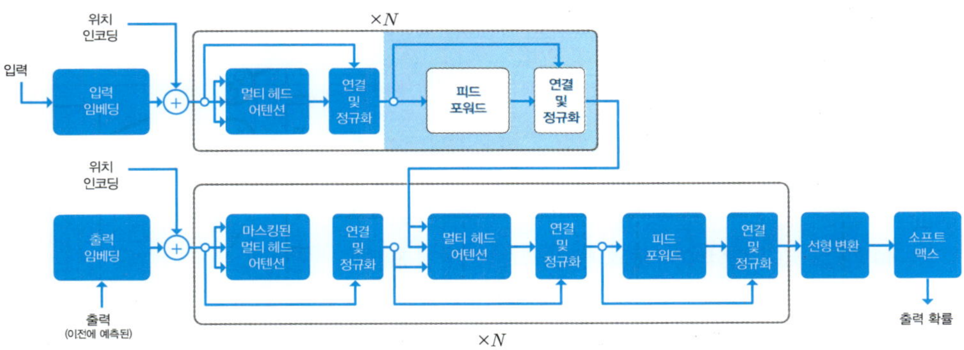


그림 4-42 인코더: 피드 포워드와 연결 및 정규화

피드 포워드의 처리는 식 (4-9)로 표현할 수 있습니다.

$$FFN\left(\boldsymbol{x}'\right) = \max\left(0, \boldsymbol{x}'W_1 + b_1\right)W_2 + b_2 \qquad (4\text{-}9)$$

여기서 $x'$는 $7\times6$ 행렬의 특정 행에 해당하는 토큰, 즉 $1\times6$ 형태의 벡터를 의미합니다. $W_1$은 $6\times24$ 형태의 가중치 파라미터 행렬, $W_2$는 $24\times6$ 형태의 가중치 파라미터 행렬이고, $b_1$, $b_2$는 편향으로 $1\times24$와 $1\times6$ 형태를 갖는 벡터입니다. 가중치 파라미터 행렬과 편향에서 특별히 24라는 수를 사용한 이유는 뒤에서 설명합니다. 그리고 $\max(\cdots)$는 3장에서 설명한 **ReLU 함수**입니다.

식 (4-9)의 의미는 여태까지 배운 내용을 바탕으로 충분히 이해할 수 있습니다. 그러나 수식의 표기 방식에는 익숙하지 않을 수 있으므로 그림을 통해 의미를 자세하게 살펴봅니다. 우선 우변의 $x'W_1$항을 설명합니다. 연결 및 정규화를 거쳐 얻은 행렬은 $7\times6$ 형태를 가지며, 각 행은 토큰에 관한 정보가 6차원의 벡터로 표현되어 있습니다. 피드 포워드에서는 간단한 신경망인 **위치별 피드 포워드**position-wise feed forward가 입력으로 들어오는 행렬을 토큰 단위로 처리한다는 점이 중요한 특징입니다. 이 과정은 [그림 4-43]에서 확인할 수 있습니다.

$$FFN(\boldsymbol{x}') = \max(0, \boldsymbol{x}'W_1 + b_1)W_2 + b_2$$

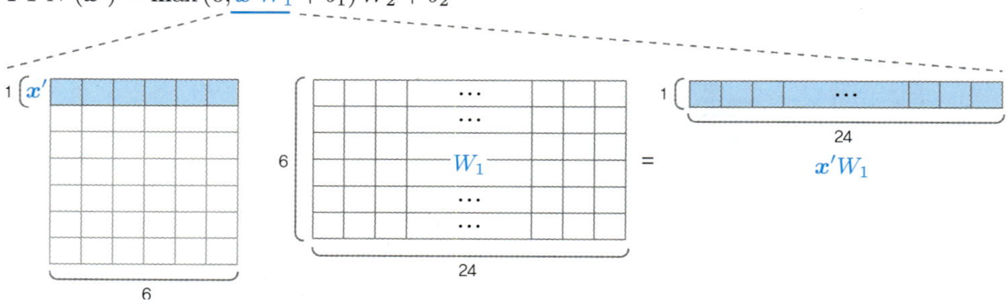


**그림 4-43** 피드 포워드: 가중치 파라미터의 행렬 $W_1$과 입력 $x'$를 곱합니다.

[그림 4-43]처럼 $1\times6$ 행렬과 $6\times24$ 행렬을 곱한 결과는 $1\times24$ 형태의 벡터가 됩니다.

이제 24라는 수를 설정한 이유를 설명합니다. $W_1$의 열 수를 24처럼 비교적 크게 설정한 이유는 많은 파라미터의 계산을 통해 출력의 정확도를 높이기 위함입니다. 인공 신경망은 일반적으로 중간층의 차원을 작게 설정하는 경우도 많지만, 오히려 차원을 키워 계산하는 것은 트랜스포머의 흥미로운 특징이기도 합니다. 참고로 열의 수는 보통 입력의 4배로 설정하는 경우가 많으며, 이 장의 예시에서도 입력의 열 수(차원 수)가 6이므로 24로 설정합니다.

이어서 편향으로 $b_1$을 더합니다. 편향의 형태는 [그림 4-44]처럼 $x'W_1$과 같은 $1\times 24$ 벡터입니다.

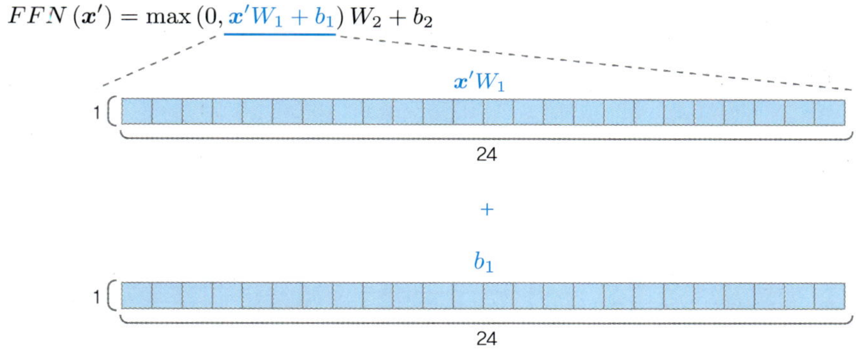


**그림 4-44** 피드 포워드: 편향 $b_1$을 더합니다.

다음으로 ReLU 함수의 처리입니다. [그림 4-45]와 같이 벡터의 형태는 바꾸지 않고, 0 미만의 성분은 0으로 변환하고 0 이상의 성분은 그대로 유지합니다.

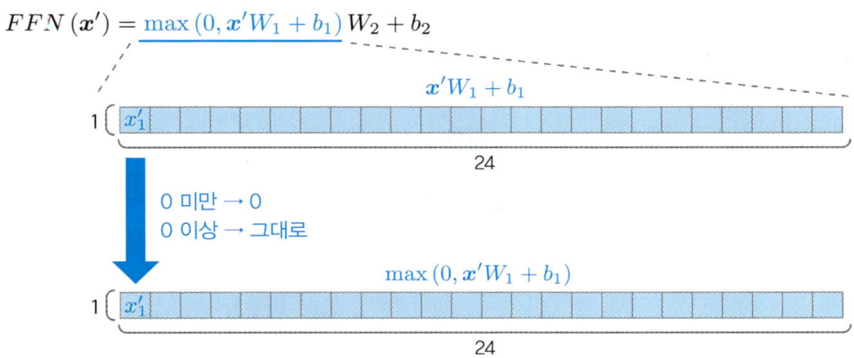


**그림 4-45** 피드 포워드: ReLU 함수

ReLU 함수는 식 (4-10)처럼 나타낼 수 있습니다. 3장에서 설명했으므로 자세한 설명은 생략합니다.

$$f\left(x_1'\right) = \begin{cases} 0 & (x_1' < 0) \\ x_1' & (x_1' \geq 0) \end{cases} \qquad (4\text{-}10)$$

그리고 ReLU 함수의 출력에 $W_2$를 곱합니다. 1×24 벡터에 24×6 행렬을 곱하기 때문에 원래의 1×6 벡터 형태로 되돌아갑니다.

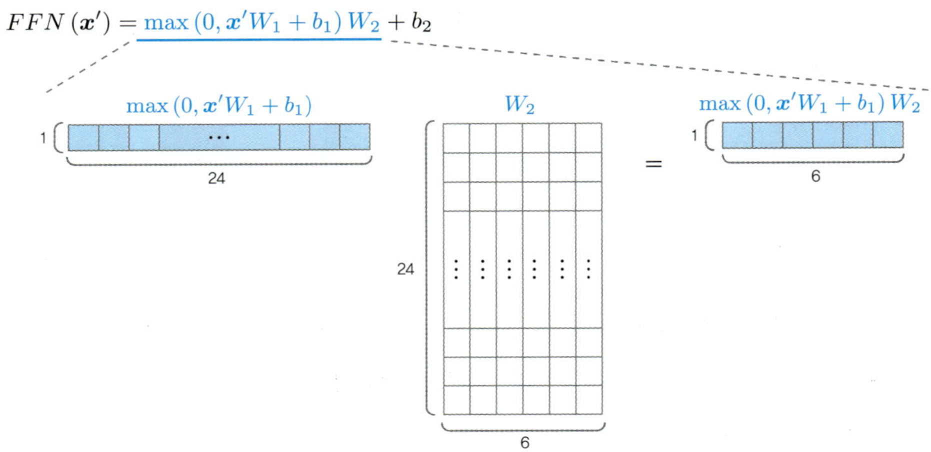


**그림 4-46** 피드 포워드: 가중치 파라미터의 행렬 $W_2$와 곱합니다.

마지막으로 [그림 4–47]과 같이 1×6 벡터에 편향 $b_2$를 더합니다.

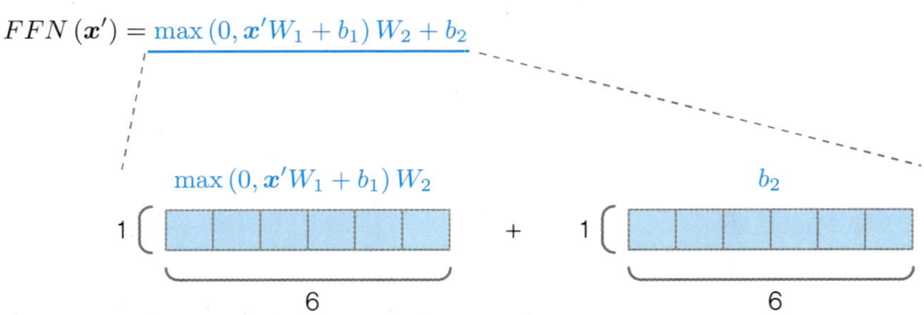


**그림 4-47** 피드 포워드: 편향 $b_2$를 더합니다.

여기까지 설명한 처리를 입력 행렬 7×6의 각 행에 수행합니다. 그리고 각 행의 계산 결과를 결합해서 다시 7×6 형태의 행렬을 얻습니다. 이 결과를 다음 인코더층의 입력으로 사용합니다.

지금까지 트랜스포머의 인코더가 데이터를 처리하는 과정을 설명했습니다. 이쯤에서 다시 한번 트랜스포머의 구조를 살펴봅시다.

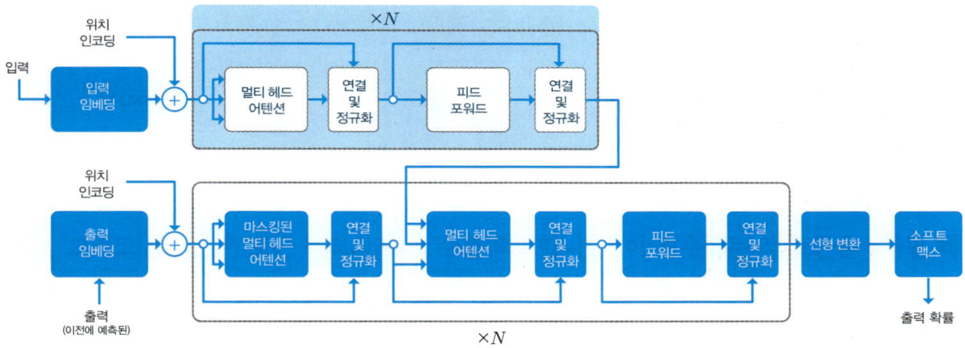


**그림 4-48** 인코더: 여기까지의 처리를 $N$차례 반복합니다.

[그림 4-48] 상단의 하늘색 음영으로 표시된 인코더에 $\times N$이라고 적혀 있습니다. 다시 한번 설명하면 인코더가 같은 처리를 $N$차례 반복한다는 것을 의미합니다. 이 부분을 생략하지 않고 그리면 [그림 4-49]와 같습니다. 이미 한번 설명한 그림이지만, 지금까지의 설명을 이해한 상태로 다시 보면 인코더에 관한 이해가 깊어졌음을 느낄 수 있을 것입니다.

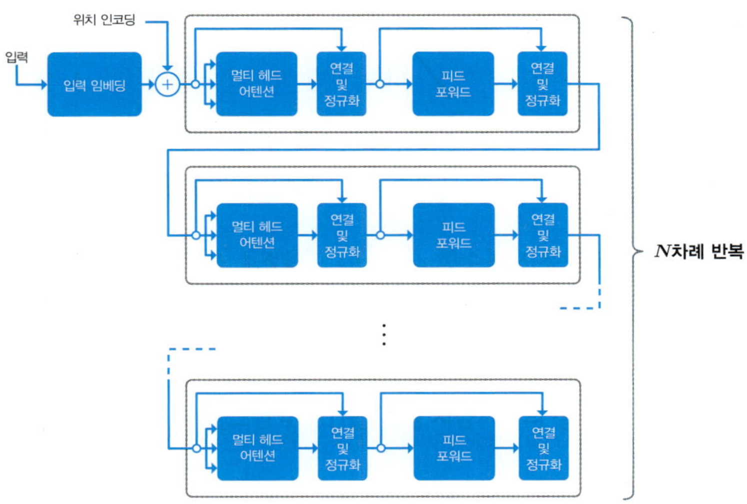


**그림 4-49** 인코더에서는 출력을 다시 입력으로 받아 같은 계산이 여러 차례 반복적으로 일어납니다.

## 4.13 자기회귀 방식으로 출력 생성하기

여기부터는 트랜스포머의 남은 부분인 디코더에 관해 설명을 이어 나갑니다.

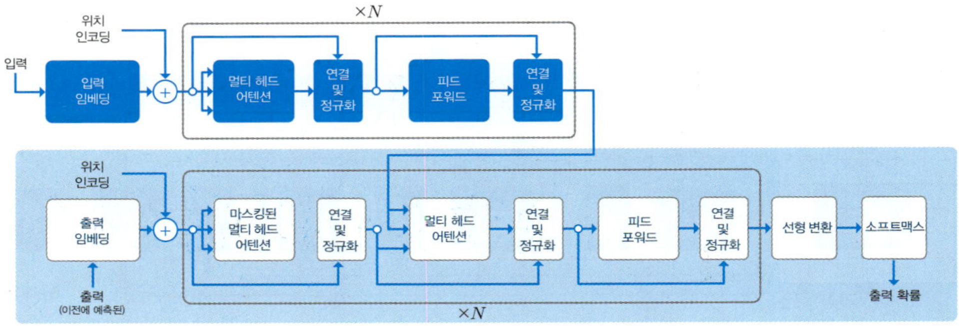


그림 4-50 트랜스포머: 디코더

트랜스포머의 디코더가 담당하는 처리는 **자기회귀 방식**이라는 점이 큰 특징입니다. 간단히 말해 자기회귀 방식은 이전 출력을 입력으로 활용해서 다음에 출력할 토큰을 결정한다는 뜻입니다. 이 방식을 구체적으로 나타내면 [그림 4-51]과 같습니다.

디코더에는 첫 번째로 [BOS]라는 토큰이 입력됩니다. 이 토큰은 입력의 처리가 완료되었음을 알리는 일종의 '신호'입니다. [BOS] 토큰이 입력되면 디코더에서 출력 생성이 시작됩니다. 트랜스포머가 영어를 한국어로 번역하는 과정을 다시 한번 떠올리기 바랍니다. 다시 말해 디코더는 입력된 문장 'Mount Halla looks beautiful in spring.'의 번역으로 적절한 토큰들을 순차적으로 출력해야 합니다. [그림 4-51]은 토큰을 출력하는 과정을 시각적으로 보여 줍니다.

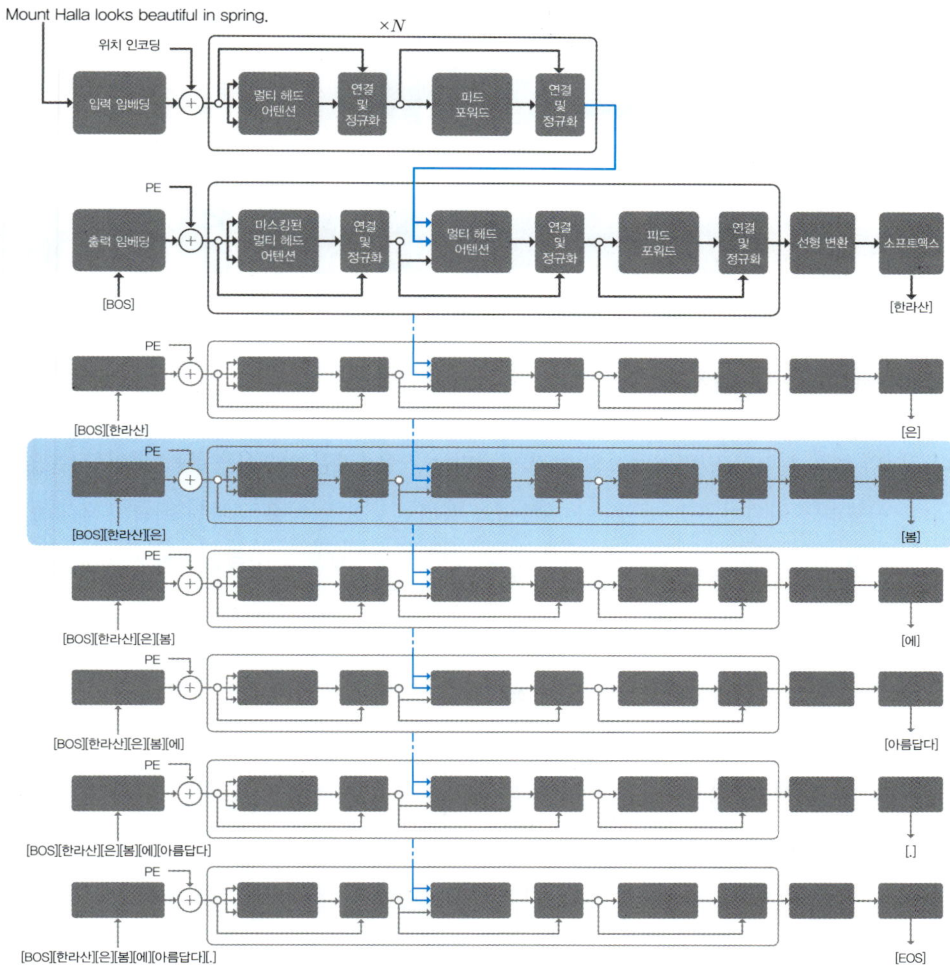


**그림 4-51** 디코더가 토큰을 출력하는 과정입니다. 파란색으로 강조한 부분의 처리를 구체적으로 살펴봅니다.

이제 출력 처리가 실제로 어떻게 이뤄지는지 구체적으로 알아보겠습니다. 여기서는 [그림 4-51]의 출력 단계 중 파란색 음영으로 강조된 [BOS][한라산][은]의 세 토큰이 입력으로 사용된 부분을 중심으로 설명합니다.

이어지는 설명에서는 디코더에서 이뤄지는 처리 중에서 인코더와 동일한 부분은 건너뛰고 디코더만이 갖는 처리에 중점을 둡니다. 먼저 출력 임베딩을 살펴봅니다.

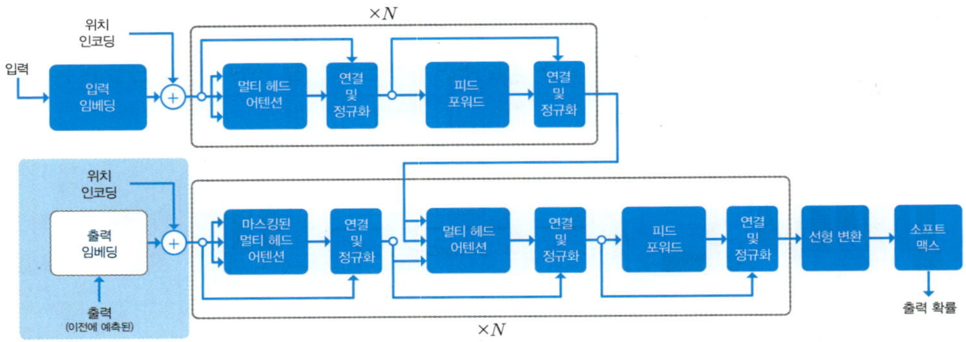


**그림 4-52** 디코더: 입력 부분의 처리

디코더의 입력 부분은 인코더에서의 처리와 같다는 것을 [그림 4-53]을 통해 확인할 수 있습니다. 인코더와 마찬가지로 각 토큰을 6차원의 벡터로 변환한 다음, 6차원 벡터의 위치 인코딩을 토큰마다 더하는 과정입니다. 위치 인코딩을 더하는 부분도 인코더에서 설명한 내용과 완전히 같습니다. 여기서 표시된 토큰 ID는 임의로 설정한 숫자입니다.

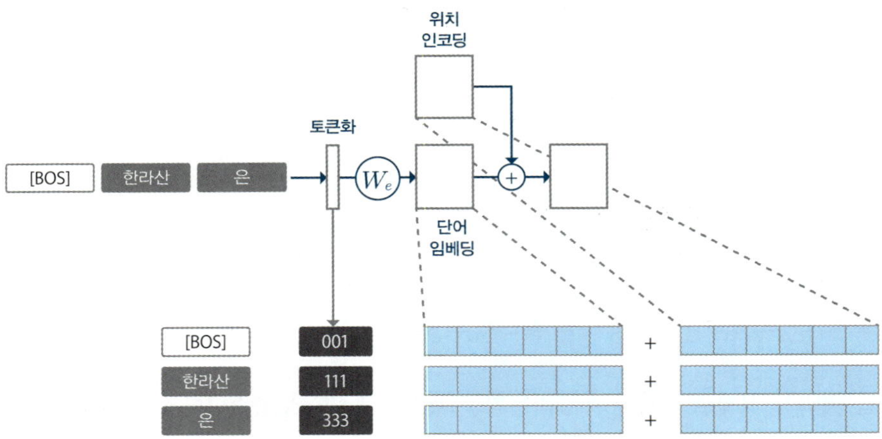


**그림 4-53** 토큰의 수가 3이므로 3×6 행렬이 입력 데이터가 됩니다.

## 4.14 마스킹된 멀티 헤드 어텐션: 참조 토큰 범위 제어하기

이제 디코더의 특징이라 할 수 있는 **마스킹된 멀티 헤드 어텐션**masked multi-head attention의 처리 방식을 설명합니다.

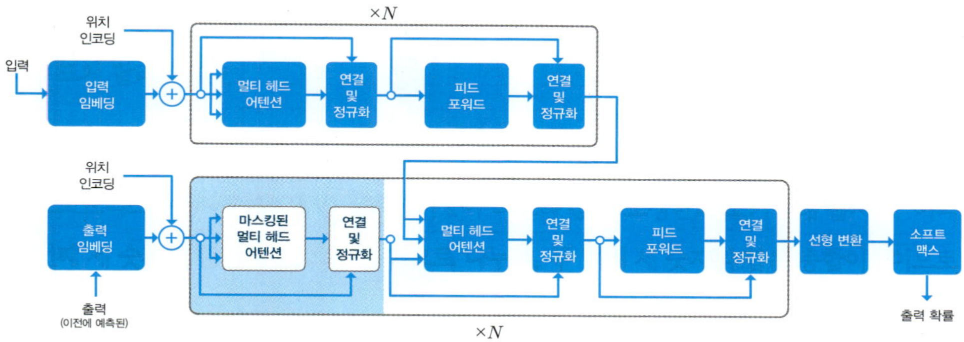


**그림 4-54** 디코더: 마스킹된 멀티 헤드 어텐션

[그림 4-55]를 보면 인코더에서 설명한 멀티 헤드 어텐션과 연결 및 정규화에 이르는 과정은 같지만, 각 헤드에서 소프트맥스를 계산하는 부분에서 파란색으로 강조된 부분이 있습니다. 이 지점에서 인코더와는 다른 처리가 이뤄집니다.

이해를 돕기 위해 [그림 4-56]처럼 헤드 1에 초점을 두고 과정을 설명합니다. 인코더와 달리 처리 과정에서 소프트맥스를 통과할 때 $M$(mask의 첫 글자)이 더해집니다. 또한 입력 토큰은 3개이므로 입력이 $3 \times 6$ 행렬이라는 점도 주목해 주세요.

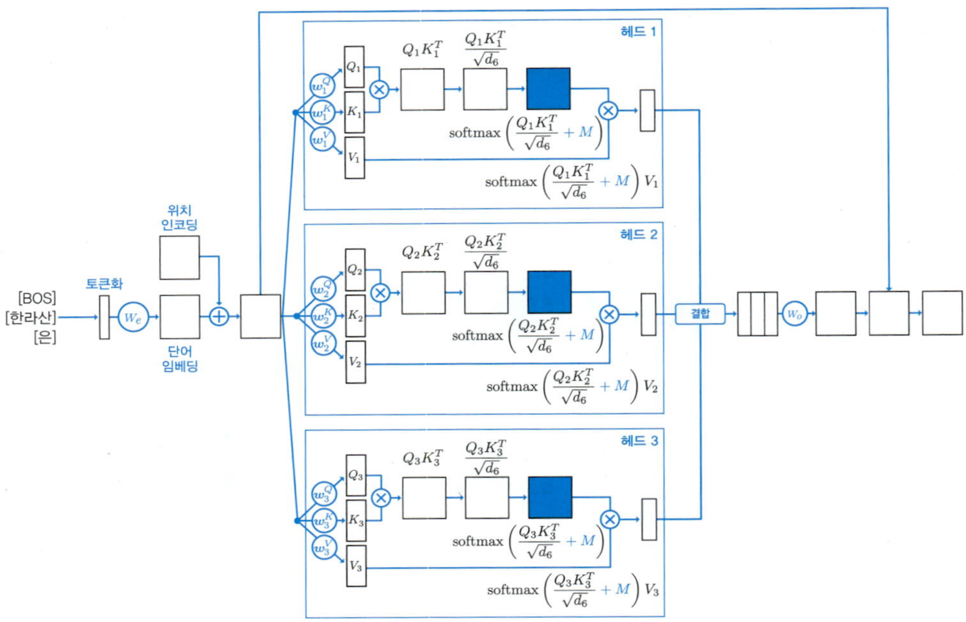


**그림 4-55** 디코더: 연결 및 정규화에 이르는 과정은 인코더와 거의 같지만, 각 헤드에 강조된 부분에서 마스크 처리가 추가됩니다.

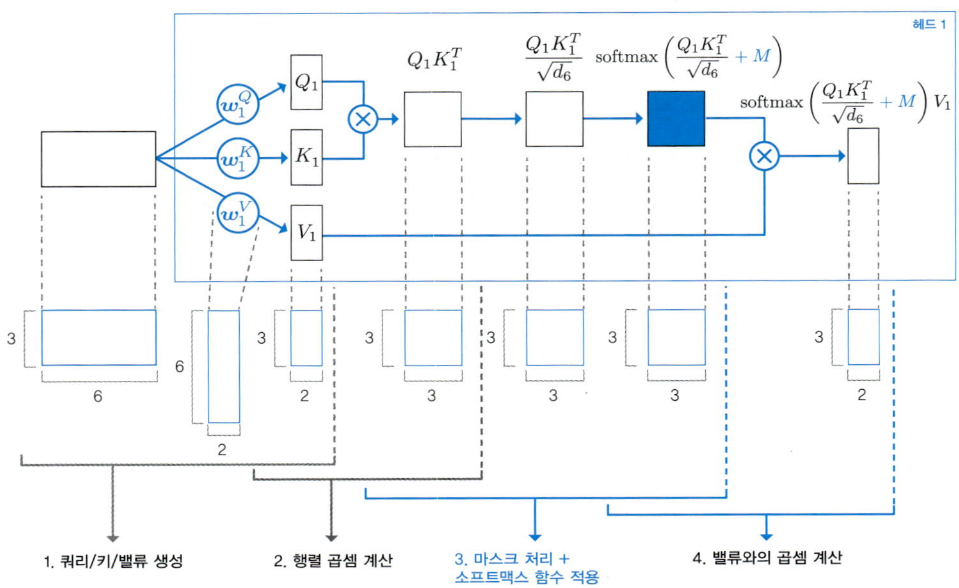


**그림 4-56** 마스킹된 멀티 헤드 어텐션의 처리 과정: 마스크 처리를 실행하는 단계

마스킹된 멀티 헤드 어텐션은 트랜스포머에서 특히 중요한 부분이므로 자세히 알아보겠습니다. 기호 $M$의 역할은 각 토큰이 자신보다 앞에 등장한 토큰들과 계산한 내적의 결과를 참조하지 못하도록 가리는(마스크) 작업을 합니다. [그림 4-57]을 보면 이 설명을 더욱 쉽게 이해할 수 있습니다.

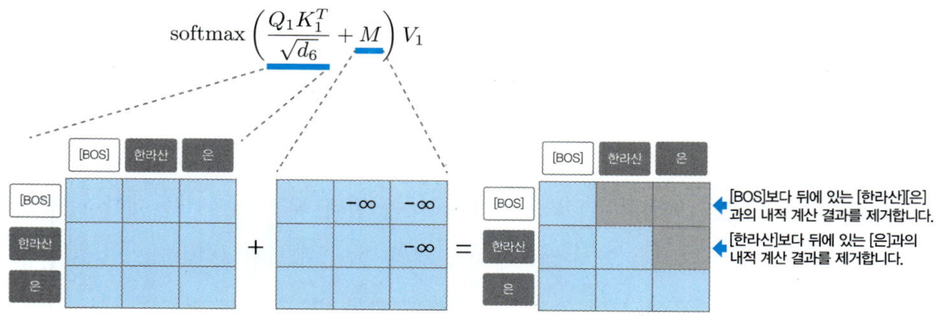


**그림 4-57** 마스크 처리를 통해 각 토큰은 다음에 이어질 토큰과의 내적 계산 결과가 가려진 상태로 생성됩니다.

마스킹된 상태는 [그림 4-57]의 어텐션 $\frac{Q_1K_1^T}{\sqrt{d_6}}$ 에 대해 토큰별 벡터 중 감추고자 하는 부분에 $-\infty$를 더해서 구현합니다. [그림 4-57]의 오른쪽 결과를 보면 각 토큰은 자기보다 앞서 등장한 토큰과의 내적만 보이도록 마스킹 처리가 된 것을 알 수 있습니다.

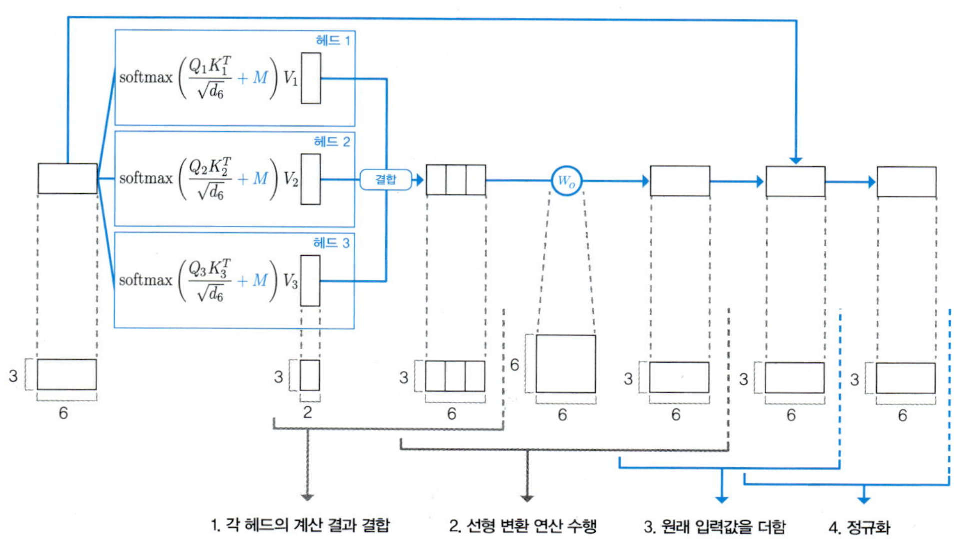


**그림 4-58** 마스킹된 멀티 헤드 어텐션 이후의 처리 과정

마스킹 처리가 끝난 다음에는 [그림 4-58]처럼 각 헤드의 출력을 결합합니다. 이 부분도 인코더에서 설명한 방식과 같습니다. 결합된 행렬은 입력과 같은 3×6 형태의 행렬이 되는 점에 주의하세요. 연결 및 정규화 처리는 인코더와 동일하므로 여기서는 설명을 생략합니다.

## 4.15 교차 어텐션: 인코더에서 처리된 정보 통합하기

지금까지 설명한 것처럼 디코더의 멀티 헤드 어텐션은 인코더와 약간 다릅니다. 마스크 처리 이외에도 다른 부분이 하나 더 있습니다. 디코더는 멀티 헤드 어텐션을 계산하는 부분이 모두 두 군데입니다. 하나는 앞서 설명한 마스킹된 멀티 헤드 어텐션이고, 나머지는 [그림 4-59]의 아래쪽에 강조 표시된 인코더의 출력 결과를 받아들이는 부분입니다. 인코더의 출력과 디코더의 입력을 모두 활용하고 있으므로 이를 **교차 어텐션**cross-attention이라고 부릅니다.[17]

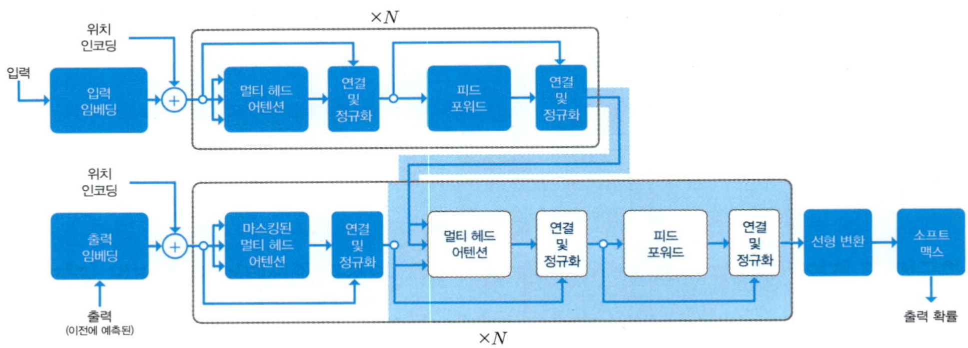


**그림 4-59** 디코더: 교차 어텐션

교차 어텐션은 인코더의 출력을 키와 밸류로 사용하고 디코더의 입력을 쿼리로 사용합니다. [그림 4-60]에서 이 구조를 자세히 살펴보세요. 각 처리 단계에서 행렬의 형태가 어떻게 변

17 옮긴이_ 헤드가 여러 개라는 점에서 여전히 멀티 헤드 어텐션이면서, 동시에 인코더의 출력을 입력으로 함께 활용하기 때문에 교차 어텐션입니다.

하는지 직접 확인해 보기 바랍니다. 여기서 진행되는 연결 및 정규화와 피드 포워드는 인코더에서의 처리와 동일하므로 설명은 생략합니다.

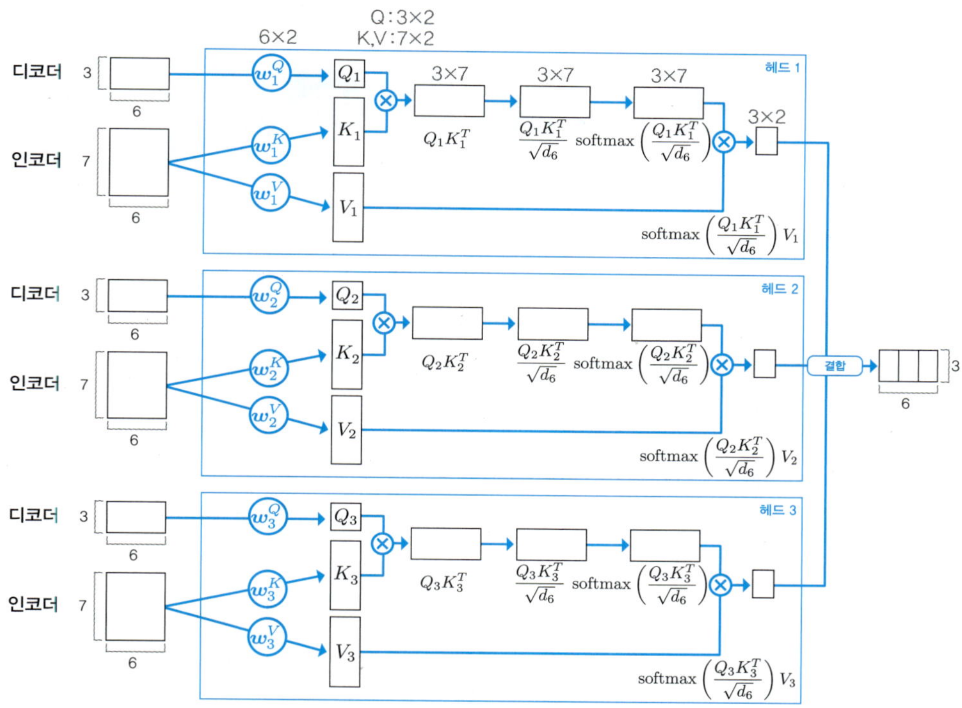


**그림 4-60** 교차 어텐션의 처리 과정

## 4.16 확률 예측에 기반한 출력 생성

이제 마지막 단계로 출력할 토큰을 결정하는 선형 변환과 소프트맥스 함수 처리를 살펴봅니다.

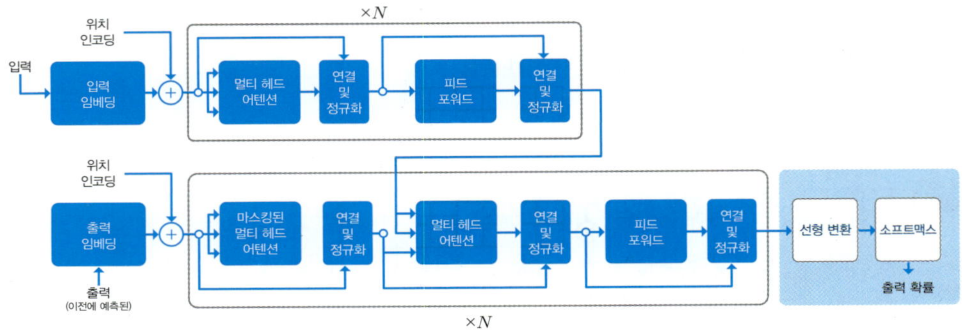


**그림 4-61** 디코더: 최종 토큰 출력

마지막 단계에서는 선형 변환을 먼저 수행합니다. 여태까지 계속 등장한 3×6 형태의 행렬 데이터를 사용해서 다음에 출력할 토큰을 결정합니다. 따라서 선형 변환에 사용되는 가중치 파라미터는 출력될 가능성이 있는 모든 토큰에 대응하는 행렬이어야 합니다. 여기서 출력될 토큰이 10,000개라면, 이 행렬은 6×10,000 형태여야 합니다. 가중치 파라미터 행렬은 $W_{Out}$으로 표기합니다. 행렬의 곱셈을 계산하는 방식을 [그림 4–62]를 통해 확인해 봅시다.

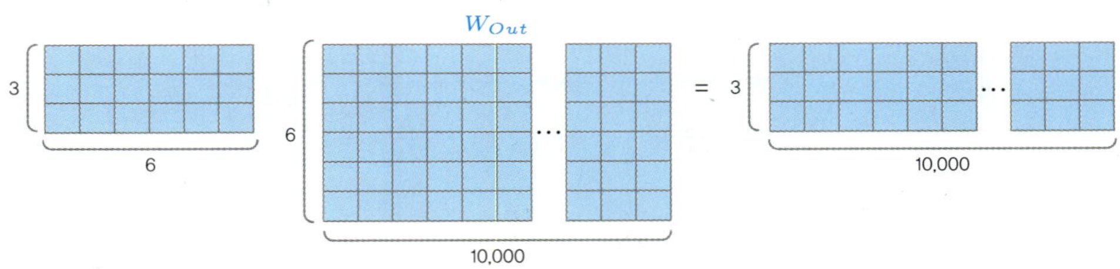


**그림 4-62** 디코더에서 생성한 행렬과 가중치 파라미터 행렬의 곱셈

행렬 곱셈의 결과로 나온 3×10,000 형태의 행렬은 [BOS], [한라산], [은]이라는 세 개의 각 토큰에 대해 자신을 포함한 10,000개의 모든 토큰과의 연관성, 즉 내적을 계산한 결과입니다. 이 값이 클수록 다음에 출력될 가능성이 큰 토큰이 됩니다.

출력된 3×10,000 행렬에 마지막으로 소프트맥스 함수를 적용합니다. 소프트맥스는 모든 값의 합이 1이 되도록 스케일링하는 연산이었습니다. 다시 말해 소프트맥스를 거친 값은 확률로 해석할 수 있고, 1에 가까운 토큰일수록 출력될 가능성이 높다는 의미입니다. 반대로 값이

0에 가까운 토큰은 출력될 가능성이 낮습니다. 소프트맥스 연산은 토큰마다, 즉 각 행마다 이뤄집니다.

**그림 4-63** 소프트맥스 함수로 각 토큰마다 출력 확률을 생성

소프트맥스 함수를 마지막으로, 확률적으로 가장 적합한 출력이 다음 토큰으로 생성됩니다. 지금까지 설명을 바탕으로 다시 한번 [그림 4-64]를 살펴봅시다. 이전보다 훨씬 더 깊이 있게 그림을 이해할 수 있게 되었나요? 이로써 트랜스포머를 사용한 영문 번역의 기본적인 흐름에 대한 설명을 마치겠습니다. 수고 많으셨습니다.

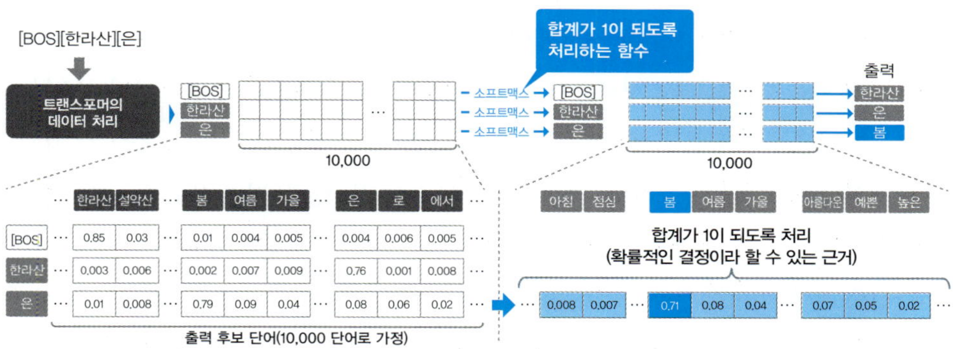


**그림 4-64** 소프트맥스 함수를 사용한 확률 예측으로 토큰 생성

## 4.17 이 장의 핵심 내용

이번 장에서는 트랜스포머를 주제로 자연어 처리를 구현하기 위한 AI의 메커니즘을 수학적으로 살펴봤습니다. 전 세계를 휩쓴 AI의 구조와 관련된 많은 발견을 확인할 수 있었습니다.

트랜스포머를 자세히 분석해 보면 여러 수학적 기법들이 정교하면서도 효과적으로 결합되어 있습니다. 게다가 멀티 헤드 어텐션처럼 병렬 연산을 효율적으로 수행하기 위한 설계가 잘 통합되어 있는 점도 알 수 있습니다. 최근까지 다양한 AI에 트랜스포머 구조를 널리 사용하고 있는 것은 어떻게 보면 당연한 일입니다.

이러한 관점에서 볼 때, AI를 개발하기 위해서는 수학적 모델에 대한 깊은 이해는 물론, 시스템 아키텍처 설계 방법이나 연산의 기반이 되는 하드웨어에 관해서도 충분히 숙지하고 있어야 합니다. 어느 한 분야에만 치우친 지식으로는 혁신적인 AI를 만들어 내기 어렵습니다. 다시 말해 트랜스포머처럼 최신 기술을 종합적으로 이해하기 위해서는 **융합적인 지식**[18]이 필요하다는 뜻입니다. 이처럼 다양한 분야의 최신 기술을 모두 이해해야 한다는 것이 요즘 시대의 AI 개발에서 높은 진입 장벽이 되고 있다는 점은 분명한 사실입니다.

융합적인 지식과 더불어 중요한 소양 중 하나가 바로 수학적 사고력입니다. 이번 장의 내용을 다시 한번 떠올려 봅시다. 1장부터 3장까지 설명한 내용 외에 새로운 수학적 기법이 본문에서 얼마나 등장했을까요? 실제로 새로운 내용은 거의 등장하지 않았습니다. 전치 벡터나 전치 행렬, 정규화 같은 방법이 있긴 했지만, 이미 배운 벡터나 행렬 개념을 약간만 응용하면 쉽게 이해할 수 있는 내용입니다. 그리고 1장부터 3장에서는 미분, 행렬, 자연 상수에 관한 보충 설명을 컬럼과 레슨을 통해 제공했지만, 이번 장에서는 추가적인 설명도 전혀 없었습니다. 정보 검색, 상품 추천, 이미지 분류 등 각 목적에 따라 다양한 수학적 접근이 필요하지만, 결국 수학적 기법들은 매우 높은 범용성을 지니고 있으며, 그것이 바로 트랜스포머와 같은 최첨단 AI 기술의 핵심이 되는 이유입니다. 이번 장에서 새로운 수학적 기법이 거의 등장하지 않았다는 사실이야말로 이러한 수학적 사고력이 지닌 높은 범용성을 증명하는 사례입니다.

이어지는 5장은 음성 분석, 6장은 위성의 위치 측정 방법을 수학적으로 설명합니다. 음성 분석은 '소리', 위성의 위치 측정은 '공간'을 대상으로 합니다. 다시 말해 이제부터 다루게 될 대상은 우리가 살아가는 **현실 세계**입니다. 따라서 수학적 모델은 반드시 **자연 과학**을 대상으로

18 옮긴이_ 이 책의 목적이라 할 수 있는 수학적인 사고력뿐만 아니라, 여러 분야를 넘나들며 서로 다른 개념을 연결해 사고하거나 문제를 해결하는 능력을 의미합니다.

하게 됩니다. 더욱 높은 수준의 이해를 위해 수학적 사고를 단련하면서 자연 과학이 지닌 역동성과 인류의 지성을 꼭 느껴보기 바랍니다.

**Column**

### 한걸음 더: 트랜스포머를 통합한 최신 AI 사례

이번 장에서 컬럼이나 레슨을 추가하지 않았던 이유는 트랜스포머 자체에 관해 수학적인 보충 설명이 크게 필요하지 않았기 때문입니다. 하지만 트랜스포머와 관련된 다른 내용에 대해서는 보충하고 싶은 내용이 많습니다. 이 책의 목적은 수학적 사고력을 기르는 것이므로 트랜스포머의 다양한 활용 사례를 소개하는 것이 주된 관심사는 아니지만, 이번 보충 설명을 통해 트랜스포머의 구체적인 활용 사례를 간단하게 설명합니다.

트랜스포머가 수행할 수 있는 작업은 본문에서 소개한 텍스트 생성과 같은 **자연어 처리**에 국한되지 않습니다. 이외에도 3장에서 소개한 이미지 분류와 같은 **이미지 처리**, **음성 인식** 그리고 다양한 형식의 서로 다른 데이터를 함께 활용해서 작업을 수행하는 **멀티모달**multimodal 방식까지 실제로는 매우 다양한 활용 사례가 존재합니다. 그중에서도 특히 트랜스포머가 활약하고 있는 AI 사례 세 가지를 소개합니다.

우선, 음성 인식 분야에서는 오픈AI가 개발한 **Whisper**가 대표적인 사례로 꼽힙니다. Whisper는 사람의 음성을 문자로 전사하거나 번역하는 등 멀티 태스크를 수행할 수 있는 음성 인식 AI로, 등장 당시 압도적인 인식 정확도와 출력 품질로 전 세계가 놀랐습니다. 'Robust Speech Recognition via Large-Scale Weak Supervision'[19] 논문에 따르면, Whisper는 약 68만 시간 분량의 음성 데이터와 그에 대응하는 텍스트 데이터를 사용해 학습했습니다. 여기에 사용한 음성 데이터는 다양한 언어뿐만 아니라, 여러 나라의 다양한 말투까지 포함됩니다.

Whisper는 기존의 대형 음성 인식 AI가 음향 모델과 언어 모델을 조합해서 사용하는 것과는 달리, 엔드 투 엔드end-to-end(처음부터 끝까지 하나의 연속된 과정으로 처리하는 방식) AI 모델입니다. [그림 4-65]처럼 Whisper 모델도 트랜스포머를 적용했고, 왼쪽이 인코더, 오른쪽이 디코더로 작용합니다.

19 https://cdn.openai.com/papers/whisper.pdf

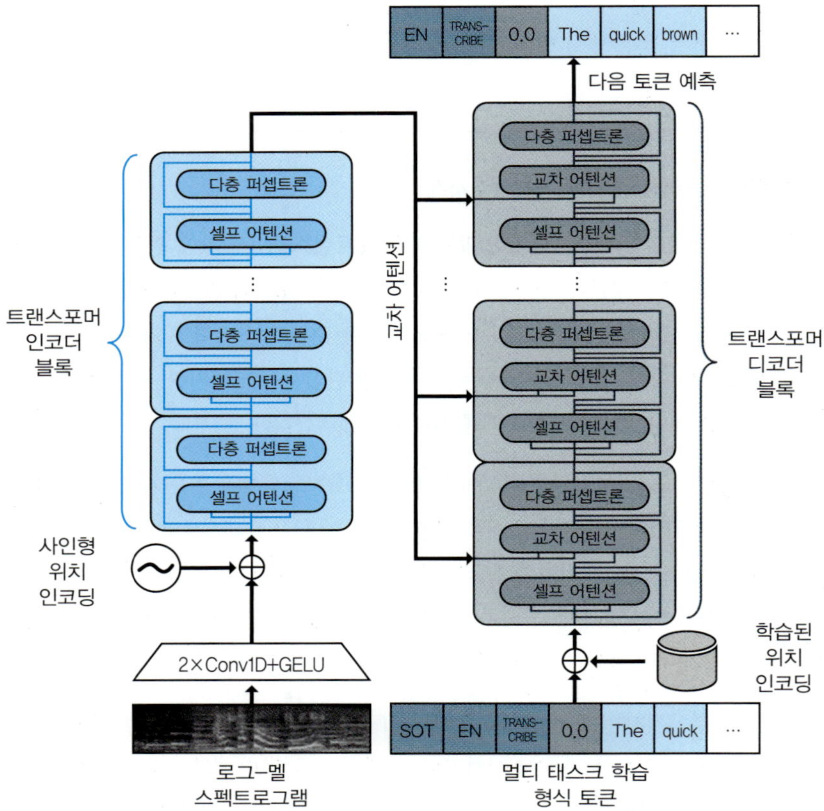


**그림 4-65 Whisper의 아키텍처[20]**

[그림 4-65]의 각 구성 요소와 그 역할을 간단하게 설명합니다. 트랜스포머의 내용을 떠올리면서 이 구조가 어떤 처리를 수행하고 있는지 생각해 봅시다.

- **로그-멜 스펙트로그램**log-mel spectrogram**:** 소리의 주파수 성분을 시간에 따라 시각적으로 표현한 것으로 음성 처리 분야에서 널리 사용됩니다. 이 방법으로 소리의 세기(진폭)나 주파수가 시간에 따라 어떻게 변화하는지를 그래프로 나타냅니다. 그림에서는 음성을 일정 길이로 나눈 청크를 주파수 정보로 변환해서 입력 데이터로 사용합니다. 진폭과 주파수에 관한 자세한 설명은 5장에서 이어집니다.

20 출처: Alec Radford et al. (2022) Robust Speech Recognition via Large-Scale Weak Supervision. arXiv.org. https://arxiv.org/abs/2212.04356

- **2×Conv1D + GELU:** Conv1D(1차원 합성곱층)는 음성 데이터의 특징을 추출하기 위한 층입니다. **GELU**는 Gaussian error linear unit의 약어로 3장에서 설명한 ReLU와 유사한 활성화 함수의 한 종류입니다.
- **사인형 위치 인코딩:** 음성 데이터의 어느 부분에 주목하고 있는지를 모델에 알려 주는 정보입니다. 이 책에서 설명한 대로 트랜스포머에서는 시간의 흐름을 따라 정보를 처리하기 위해 **위치 정보**가 중요합니다.
- **인코더 블록:** 입력된 음성 데이터의 특징을 분석해서 의미를 파악합니다.
- **디코더 블록:** 인코더로부터 얻은 정보를 바탕으로 실제 문자나 언어로 변환합니다.
- **학습된 위치 인코딩:** 디코더에서도 위치 정보가 필요하기 때문에 여기서는 학습된 위치 정보를 사용합니다.
- **SOT, EN 등의 토큰:** 'SOT'는 텍스트의 시작, 'EN'은 영어, 'transcribe'는 '필사' 처리를 지정합니다.

다음으로 이미지 처리에 트랜스포머를 응용한 예로 **ViT**vision transformer(비전 트랜스포머)를 소개합니다. ViT에서는 트랜스포머의 아키텍처의 인코더 부분을 사용합니다. 논문 'An Image is Worth 16x16 Words: Transformers for Image Recognition at Scale'[21]에 실려 있는 [그림 4-66]을 사용해서 간단하게 설명합니다. 여기서는 3장에서 설명한 이미지 분류 작업을 수행한다고 생각하면 됩니다.

[그림 4-66]의 세로 점선 기준으로 왼쪽이 ViT 구조이고, ViT 내 '트랜스포머 인코더'의 세부 구조가 오른쪽에 있습니다. 도표의 왼쪽 아래에 나타난 것처럼, ViT에서는 이미지를 **패치**라는 고정된 크기의 작은 조각으로 분해하고 그 조각들을 나열해서 벡터로 만듭니다. 그리고 **위치 임베딩**position embedding[22]이라고 부르는 처리 기법으로 얻은 위치 정보를 더합니다. 이와 같은 처리를 통해 얻은 데이터를 입력으로 사용합니다. 데이터를 [그림 4-66] 오른쪽의 인코더로 계산합니다. 인코더의 출력을 받아 위에 있는 **다층 퍼셉트론**(MLP 헤드multi-layer perceptron head)이라고 하는 분류기로 이미지를 분류합니다.

21 https://arxiv.org/pdf/2010.11929.pdf

22 옮긴이_ 위치 임베딩 역시 셀프 어텐션 구조가 데이터의 순서를 고려하지 않기 때문에 사용한 기법이라는 점에서 위치 인코딩과 동기는 같지만 구현 방식은 다릅니다. 위치 인코딩은 이 장에서 설명한 것처럼 위치와 임베딩 벡터의 차원을 통해 계산된 함숫값을 사용하지만, 위치 임베딩은 이미지의 패치를 임베딩한 다음, 학습 가능한 파라미터를 더해 엔드 투 엔드 학습으로 함께 최적화한다는 점에서 다릅니다. 위치 '임베딩'이기 때문에 같은 입력 데이터의 '임베딩'에 더해지는 방식이라고 기억하면 좋습니다.

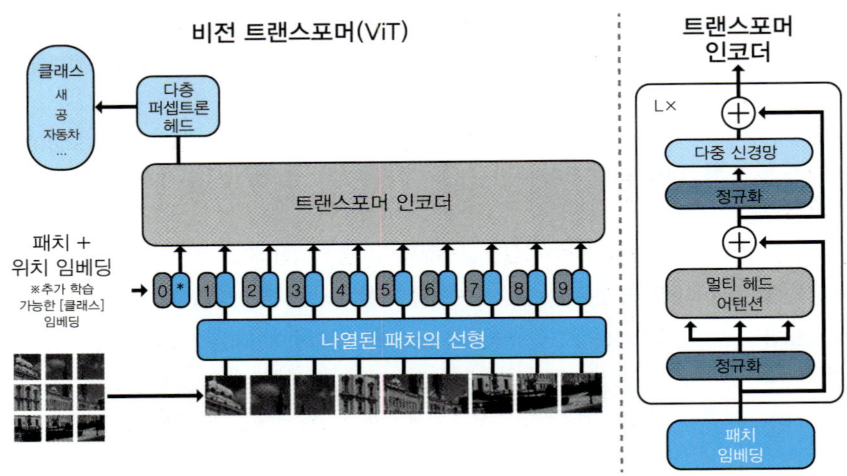


**그림 4-66** ViT의 아키텍처[23]

3장에서 설명한 CNN과의 차이점은 트랜스포머가 셀프 어텐션을 사용하기 때문에 합성곱을 사용한 계산이 이뤄지지 않는다는 점입니다. 더욱 자세히 말하면 CNN은 합성곱 연산을 통해 이미지의 국소적인 특징을 학습하는 경향이 강하지만, ViT는 셀프 어텐션을 통해 입력된 모든 패치 간의 관련성을 학습해서 특징을 추출합니다. 이것이 CNN의 합성곱 처리와의 큰 차이 중 하나입니다.

마지막으로 이미지 생성 분야에서 트랜스포머를 활용한 예로 **스테이블 디퓨전**Stable Diffusion에 대해 간단히 설명합니다. 스테이블 디퓨전은 입력된 텍스트에 기반해 이미지를 생성하는 **텍스트 투 이미지**text-to-image라고 부르는 범주의 생성형 AI 모델이며, 이미 사용해 본 분도 적지 않을 것입니다. 스테이블 디퓨전의 이미지 생성을 실현하는 핵심 원리는 트랜스포머가 아니라 **디퓨전 모델(확산 모델)**diffusion model이지만, 입력된 텍스트 정보를 해석할 때 트랜스포머를 활용한 기술이 사용됩니다.[24] 그 기술이 바로 오픈AI가 개발한 **CLIP**contrastive language-image pre-training이라는 딥러닝 모델이며, 이미지와 텍스트의 쌍을 데이터로 학습한 모델입니다.

---

**23** 출처: Alexey Dosovitskiy et al. (2020) An Image is Worth 16x16 Words: Transformers for Image Recognition at Scale. arXiv.org. `https://arxiv.org/abs/2010.11929`

**24** 옮긴이_ 초기의 디퓨전 모델은 노이즈를 지워가며 이미지를 생성하며, 노이즈를 지우는 역할을 하는 부분은 유넷(U-Net)이 많이 사용되었습니다. 유넷은 원래 CNN 구조를 사용하지만, 디퓨전 모델에 응용하는 연구가 점차 진행되면서 유넷도 셀프 어텐션이나 교차 어텐션 등 트랜스포머 블록과 유사한 연산이 추가되거나, 이제는 유넷 전체를 트랜스포머 계열로 대체한 디퓨전 모델도 좋은 성능을 발휘합니다. 이제는 디퓨전 모델도 트랜스포머와 완전히 관계가 없는 것은 아닙니다.

[그림 4-67]은 'Learning Transferable Visual Models From Natural Language Supervision'[25] 논문에서 인용한 그림입니다. 이를 통해 CLIP에 관해 간단히 설명합니다.

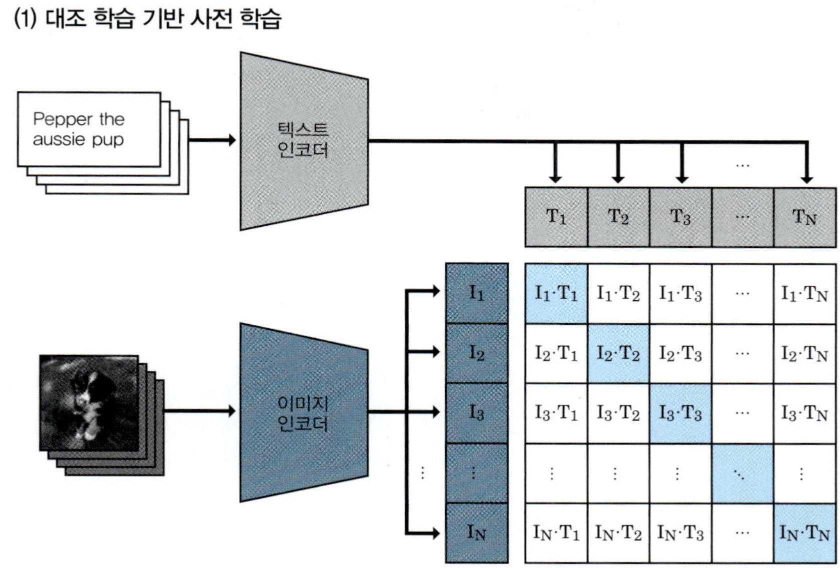


그림 4-67 CLIP의 아키텍처[26]

CLIP의 학습에서는 텍스트 인코더에서 'Pepper the aussie pup(오스트레일리안 강아지 페퍼)'라는 텍스트 데이터를 벡터로 만듭니다. 이미지 인코더에서도 일련의 이미지에 대해 동일한 처리를 수행합니다. 최초의 CLIP은 CNN을 자주 사용했지만, 요즘은 ViT를 자주 사용합니다. 그림의 오른쪽 아래에서는 벡터화된 텍스트 데이터인 $T_1$, $T_2$, $T_3$, ⋯, $T_N$이 가로로, 벡터화된 이미지 데이터인 $I_1$, $I_2$, $I_3$, ⋯, $I_N$이 세로로 나열되어 있습니다. 두 종류의 데이터의 내적을 계산한 결과를 바탕으로 CLIP은 어떤 텍스트 표현이 어떤 이미지 표현과 대응하는지를 학습합니다.[27]

25 https://arxiv.org/pdf/2103.00020.pdf

26 출처: Alec Radford et al. (2021) Learning Transferable Visual Models From Natural Language Supervision. arXiv.org. https://arxiv.org/abs/2103.00020

27 옮긴이_ 따라서 CLIP은 조인트 임베딩(joint embedding)을 학습한다고 볼 수 있습니다.

여기까지 2024년 기준으로 자주 사용하는 AI 모델을 간단히 소개했습니다. 이 장의 내용을 바탕으로 지금 소개한 사례들을 다시 살펴보면 트랜스포머가 대략 어떻게 활용되는지 짐작할 수 있을 것입니다. 트랜스포머의 기본 구조와 데이터를 처리하는 과정을 이해한 덕분에, 앞으로 새로운 AI 모델이 등장하더라도 그 원리를 파악할 실마리를 쉽게 잡을 수 있음을 실감하셨을 것입니다. 앞으로도 관련 논문이나 다른 전문 자료를 찾아보며 최신 AI가 가진 독창성을 이해하는 데 도전해 보기 바랍니다.

5장

# 음성 분석을 위한 수학

**Keyword**

푸리에 해석 / 푸리에 변환 / 이산 푸리에 변환 / 매클로린 전개 / 거듭제곱 급수 전개 / 푸리에 급수 전개 / 복소 푸리에 급수 전개 / 오일러 공식 / 푸리에 계수 / 복소 푸리에 계수 / 정현파 / 각주파수 / 진폭 / 표본화 / 양자화 / 시간 영역 / 주파수 영역 / 삼각 함수 / 미분 / 적분 / 복소수

## 5.1 들어가며

지금까지 살펴본 정보 검색, 상품 추천, 이미지 분류, 문장 생성 등에 관한 주요 수학적 모델이 작동하기 위해서는 당연히 모델에 사용할 **데이터**가 필요합니다. 모델에 필요한 데이터는 기본적으로 스마트폰 내부나 인터넷 등의 **디지털 공간**을 통해 수집됩니다. 하지만 이미지 분류의 경우에는 카메라 촬영을 통해 이미지 데이터를 수집해야 합니다. 이때 이미지 데이터는 디지털 공간에서 얻어지는 것이 아니라, 우리가 살아가는 현실 세계, 다시 말해 **물리적인 공간**에서 수집됩니다. [그림 5-1]은 디지털 카메라를 통해 물리적 공간을 촬영해 얻은 데이터를 디지털 데이터로 변환하는 일반적인 시스템 구성을 나타냅니다.

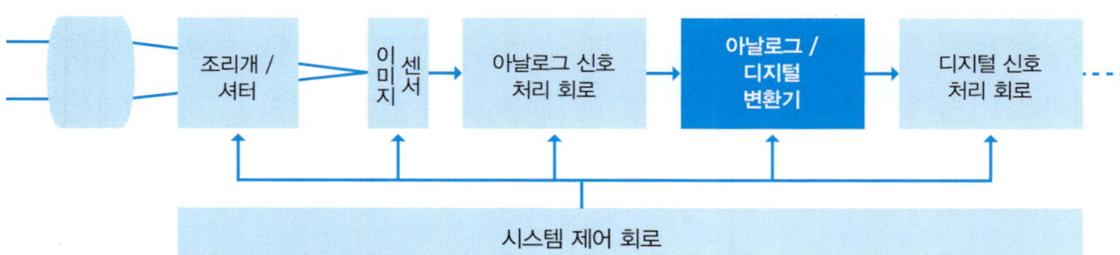


**그림 5-1** 현실 공간의 풍경을 디지털 이미지로 변환하는 과정

물리적인 공간에서 얻은 데이터를 활용하는 다른 기능도 있습니다. 대표적으로 **음성 인식 서비스**와 **지도 서비스**입니다. 예를 들면 시리Siri나 구글 지도Google Map와 같습니다. 이 서비스들은 우리들의 목소리(**음성**)나 **위치**를 데이터로 만드는 기능을 하지만, 잘 생각해 보면 참으로 신기한 일입니다. 음성이나 위치처럼 물리적 공간에 존재하는 정보를 어떤 수학적 모델을 통해 스마트폰에서 활용 가능한 데이터로 변환하는 것일까요?

앞서 제시한 이미지 처리 과정 중에는 **아날로그/디지털 변환기** 부분이 있습니다. 여기서 아날로그란 연속적인 값, 디지털은 이산값을 뜻합니다. 현실 세계의 풍경을 스마트폰 카메라로 촬영하려면, 아날로그인 현실 세계의 풍경을 디지털화된 이미지 데이터로 변환해야 합니다.

우리가 살아가는 물리적인 세계는 말하자면 아날로그 세계이며, 모든 정보는 연속적으로 생성되고 있습니다. 다시 말해 아무리 세밀하게 시간을 나눠도 끊임없이 움직임을 포착할 수 있는 세계라는 뜻입니다. 반면 스마트폰과 같은 컴퓨터는 디지털 데이터, 즉 이산적인 데이터밖에 처리할 수 없습니다. 이와 같은 특성으로 인해 디지털로 다룰 수 있는 데이터의 성질상, 아무리 해도 포착할 수 없는 '순간'이 생깁니다. 스마트폰으로 동영상을 찍은 다음 그 영상을 조금씩 프레임 단위로 넘겨보세요. 마치 만화책을 한 장씩 넘기는 것처럼 보이며, 중간에 포착되지 않은 순간이 있는 것처럼 느껴질 것입니다.

음성 데이터도 이와 유사합니다. 음성을 인식하기 위해서는 아날로그 정보인 우리의 목소리를 디지털 형식의 음성 데이터로 변환해야 합니다. 처리 과정을 간단히 설명하면, 마이크와 같은 장치를 사용해 소리를 **전기 신호**로 변환합니다. 소리는 공기의 압력 변화이므로 연속적인 **전압값**으로 변환합니다. 이렇게 변환된 연속적인 전압값이 바로 아날로그 데이터입니다. 다음으로 아날로그 데이터를 컴퓨터가 처리할 수 있도록 **아날로그/디지털 변환기**를 통해 디지털 데이터로 변환합니다. 이런 식으로 변환한 데이터를 음성 인식 등의 AI 시스템에서 활용 가능한 형태로 만들기 위해 다양한 처리를 수행합니다.

그렇다면 우리의 목소리를 AI에서 활용 가능한 데이터로 어떻게 바꾸는 걸까요? 우리의 목소리를 디지털 데이터로 변환하는 과정에는 **신호 처리** 기술이 사용됩니다. 이 과정을 이해하기 위해 다음 절부터 푸리에 해석을 디지털 신호 처리를 위해 적용한 이산 푸리에 변환에 대해 설명합니다. 푸리에 해석이란 시간 영역의 신호를 주파수 영역의 신호로 변환하는 방식입니다. 이를 통해 음성과 같은 연속적인 정보를 이산적인 데이터로 바꾸면 다양한 분석을 시도해 볼 수 있습니다. 푸리에 해석은 음성뿐 아니라 영상 처리나 무선 통신 등의 분야에서도 폭넓게 활용됩니다.

이 장에서 다루는 주제는 **디지털 신호 처리**라고 하는 전문 분야에 해당하지만, 이산 푸리에 변환은 여러 기법 중 하나에 불과합니다. 따라서 이번 장의 내용이 음성을 AI에 활용할 수 있는 데이터로 변환하는 모든 접근 방식을 포괄하는 것은 아님에 유의하기 바랍니다. 또한 푸리에 해석에서 중요한 내용을 모두 다루면 이 책의 난이도가 너무 높아지므로, 여기서는 주제를 좁혀 푸리에 해석 중에서도 제한된 범위만을 설명합니다. 이번 장에서는 넓은 범위의 수학적 기법을 바탕으로 사고를 심도 있게 전개해 가며 이산 푸리에 변환을 도출해 나가는 과정 속에서 수학적 사고력을 기를 수 있도록 했습니다. 또한 이산 푸리에 변환을 이해하기 위해 필요한 미분, 적분에 관한 지식이나 삼각 함수를 다루는 공식 등은 다른 전문 분야를 공부할 때도 매우 강력한 무기가 될 것입니다.

## 5.2 푸리에 해석으로 살펴보는 수학적 모델

우리의 목소리는 넓게 생각하면 소리의 한 형태입니다. 우리가 소리를 들을 수 있는 이유는 소리가 공기를 매개로 파동의 형태로 고막에 도달하기 때문입니다. 그렇다면 이 책의 주제와 관련 지어 볼 때, 파동을 다루는 적합한 수학적 모델은 무엇인지 궁금증이 떠오르는 것이 자연스럽습니다. 음성과 같은 파동을 분석하는 수학적 기법을 다루는 대표적인 방법이 바로 **푸리에 해석**입니다.

푸리에 해석은 프랑스의 수학자이자 물리학자인 조제프 푸리에Joseph Fourier가 제안한 이론입니다. 이 이론의 핵심 아이디어는 '대부분의 함수는 **삼각 함수**와 같은 **주기 함수**의 합으로 표현

가능하다'는 것입니다. 이 접근법을 통해 어떤 함수를 주기 함수의 합으로 표현한 것을 **푸리에 급수 전개**라고 하며 푸리에 해석의 핵심입니다. 푸리에 해석은 오늘날 공학 분야에서도 빼놓을 수 없을 만큼 매우 중요한 이론입니다.

이번 장의 목적은 물리적인 공간에 존재하는 음성을 AI에 활용하기 위한 데이터로 변환하는 것입니다. 비교적 어려운 수학적인 설명이 이어질 것이므로, 나무만 보고 숲을 보지 못하는 상태가 되지 않도록 설명의 흐름을 [그림 5-2]에 나타냈습니다. 기호나 용어에 대한 정의는 차차 설명할 예정이므로 여기서는 생략합니다.

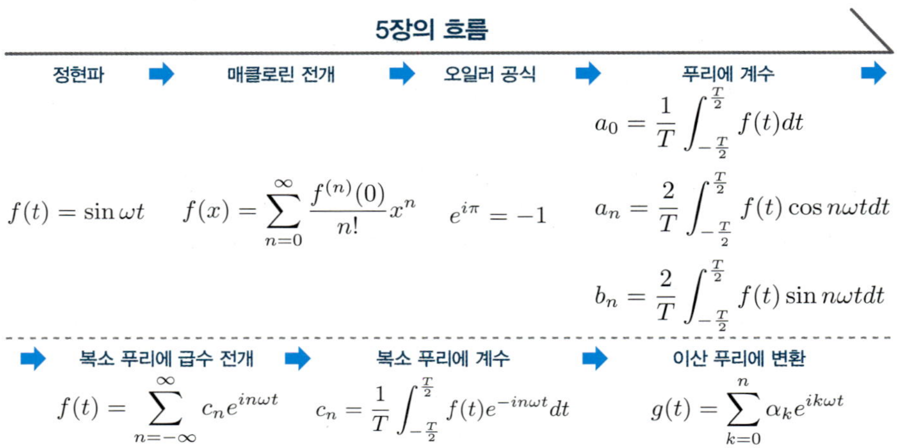


**그림 5-2** 이번 장에서 살펴볼 주요 내용

먼저 삼각 함수를 사용해 음성의 파동을 표현하는 **정현파**에 대해 설명합니다. 이어서 푸리에 급수 전개의 아이디어 이해하기 위해 **매클로린 전개**를 먼저 설명하고, 그다음에는 매클로린 전개를 통해 얻은 결과를 바탕으로 **오일러 공식**을 도출합니다. 이와 같은 준비를 바탕으로 푸리에 급수 전개의 각 항의 계수인 **푸리에 계수**를 도출하고, 여기에 오일러 공식을 적용해서 푸리에 급수 전개를 **복소 푸리에 급수 전개**로, 푸리에 계수를 **복소 푸리에 계수**로 변환합니다. 마지막으로 **이산 푸리에 변환**을 사용해 음성을 분석하는 예시를 살펴보며 이번 장의 설명을 마무리합니다.

## 5.3 삼각 함수: 단순한 파형을 주기 함수로 표현하기

음성을 AI에 활용하기 편리한 형태의 데이터로 변환하기 위해서는 소리의 파동을 함수로 모델링해야 합니다. 먼저 삼각 함수를 사용한 수학적 모델인 **정현파**[1]에 관해 설명합니다.

| 기초가 되는 수학적 기법 | 정보 공학적 접근 방식 |
|---|---|
| **삼각 함수:** $f(\theta) = \sin\theta \quad (0 \le \theta \le 2\pi)$ <br> $f(\theta) = \cos\theta \quad (0 \le \theta \le 2\pi)$ | **정현파:** $f(t) = \sin\omega t$ <br> [ $\omega = \frac{\theta}{t}$ : 각주파수    $t$ : 시각(초) ] |

그림 5-3 설명 방식

앞서 설명했듯이 푸리에 해석의 핵심 아이디어는 '대부분의 함수는 삼각 함수와 같은 주기 함수의 합으로 표현 가능하다'는 것입니다. 따라서 삼각 함수를 잘 이해해야만 이어지는 내용에서도 쉽게 응용할 수 있습니다. 삼각 함수는 2장의 추천 시스템에서도 설명했지만, 이번 장에서는 삼각 함수의 개념이 매우 중요한 역할을 하므로 다시 한번 자세히 설명합니다.

반지름이 $r$인 원 위에서 삼각 함수는 식 (5-1)과 같이 정의합니다.

$$\sin\theta = \frac{y}{r}, \quad \cos\theta = \frac{x}{r}, \quad \tan\theta = \frac{\sin\theta}{\cos\theta} \qquad (5\text{-}1)$$

---

1 물리학에서는 정현파를 다음과 같이 표현하는 것이 일반적입니다(도출 방법은 생략합니다).

$$y(x, t) = A\sin 2\pi\left(\frac{t}{T} - \frac{x}{\lambda}\right)$$

여기서 $x$는 파동의 위치, $t$는 시각을 나타냅니다. 따라서 정현파는 위치와 시각에 따라 결정되는 이변수 함수로 해석할 수 있습니다. 오른쪽의 $A$는 진폭, $T$는 주기를 나타내며, 자세한 내용은 뒤에서 설명합니다. 그리고 $\lambda$는 파장을 나타내며, 파동의 꼭대기에서 다음 꼭대기까지 또는 골에서 다음 골까지의 간격을 의미합니다. 이번 장에서는 푸리에 해석 관련 서적에서 일반적으로 사용되는 정현파의 표기 방법을 바탕으로 이산 푸리에 변환 도입을 목표로 설명을 이어 나갑니다.

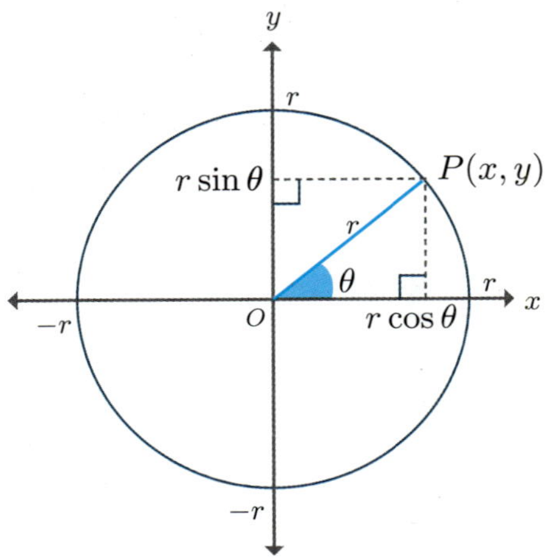


$$\sin\theta = \frac{y}{r}$$

$$\cos\theta = \frac{x}{r}$$

$$\tan\theta = \frac{\sin\theta}{\cos\theta}$$

**그림 5-4 반지름이 $r$인 원을 이용한 삼각 함수의 정의**

삼각 함수의 정의로부터 $\sin\,\theta$, $\cos\,\theta$, $\tan\,\theta$는 $\theta$의 값에 따라 변하는 함수입니다. [그림 5-4]처럼 시각적으로 생각해 보면, 원점 $O$와 점 $P$를 잇는 동경 $OP$를 고려할 때 점 $P$가 원 위를 반시계 방향으로 움직이면 동경 $OP$는 원을 그리며 회전합니다. 이때 점 $P$의 $x$ 좌표와 $y$ 좌푯값은 각 $r\,\cos\,\theta$, $r\,\sin\,\theta$가 됩니다. $\theta$는 $0 \le \theta \le 2\pi$ 범위에서 움직이며, $OP$와 $x$축 사이의 각도입니다. 참고로 $\pi$는 180도, $2\pi$는 360도를 의미합니다.

더욱 이해하기 쉽게 반지름 $r$인 원을 반지름 1의 **단위원**으로 설정하면 [그림 5-5]와 같이 삼각 함수의 정의는 더욱 간단해집니다. 참고로 이어질 푸리에 해석에 관해서는 $\sin\,\theta$, $\cos\,\theta$만을 다루고 $\tan\,\theta$는 다루지 않습니다.

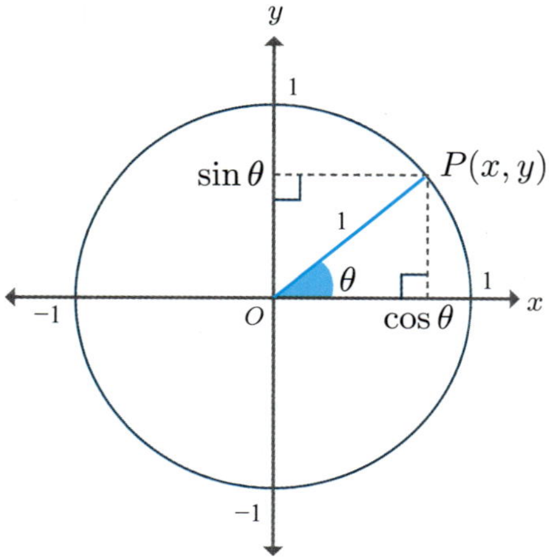


$$\sin\theta = y$$

$$\cos\theta = x$$

$$\tan\theta = \frac{\sin\theta}{\cos\theta}$$

**그림 5-5** 반지름이 1인 원을 이용하면 원주 위의 점 $P$의 좌표를 삼각 함수로 간단히 표기할 수 있습니다.

그런데 삼각 함수를 어째서 파동이라고 부를 수 있을까요? 그 이유는 세로축을 $f(\theta)$, 가로축을 $\theta(0 \leq \theta \leq 2\pi)$로 하는 $f(\theta) = \sin\theta(0 \leq \theta \leq 2\pi)$의 그래프를 그려보면 명확하게 파동의 형태가 나타나기 때문입니다. [그림 5-6]을 보면 정말로 파동과 같은 모양을 하고 있는 것을 알 수 있습니다.

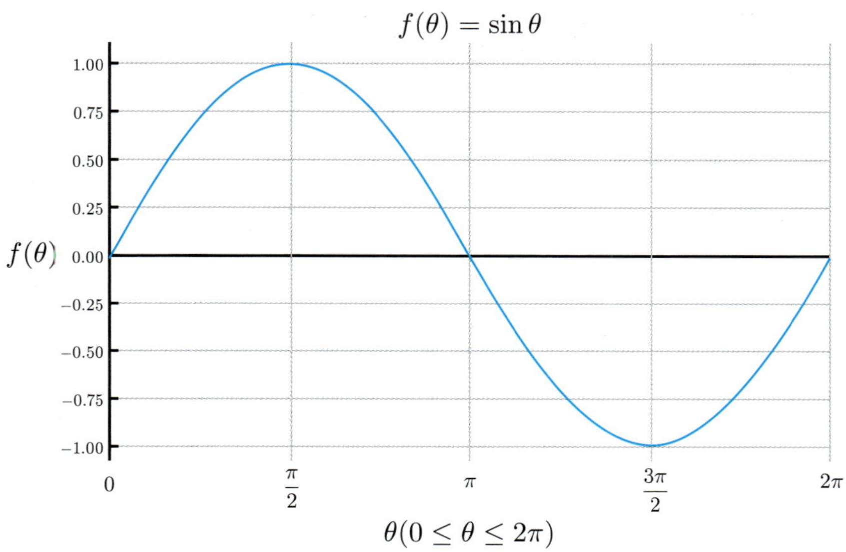


**그림 5-6** $f(\theta) = \sin\theta(0 \leq \theta \leq 2\pi)$의 그래프

[그림 5-7]~[그림 5-10]에서 파동이 만들어지는 과정을 살펴보세요. 단위원 위의 $\sin\,\theta$ 값을 그래프로 나타내는 과정입니다.

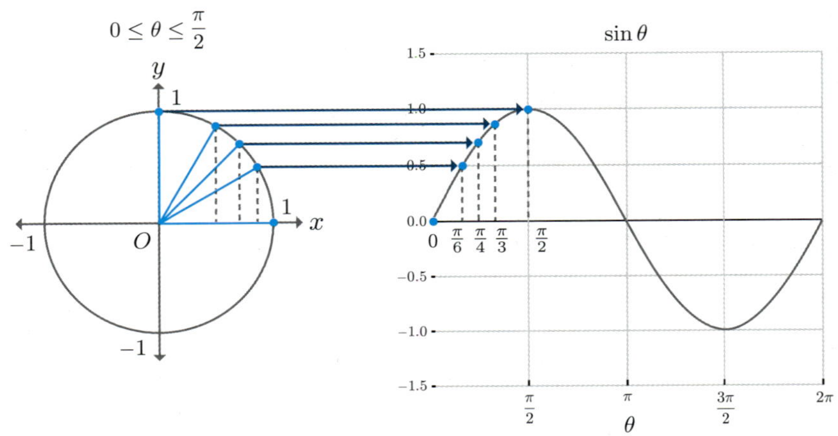


**그림 5-7** $f(\theta) = \sin\,\theta(0 \leq \theta \leq 2\pi)$와 단위원 위의 점과의 대응 관계 1

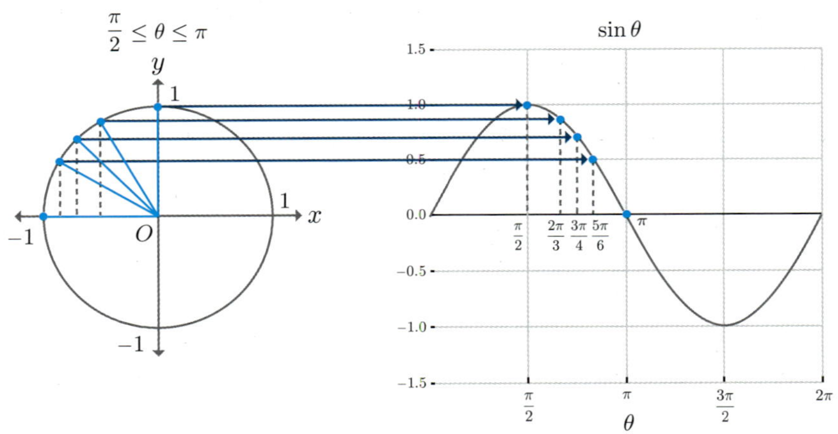


**그림 5-8** $f(\theta) = \sin\,\theta(0 \leq \theta \leq 2\pi)$와 단위원 위의 점과의 대응 관계 2

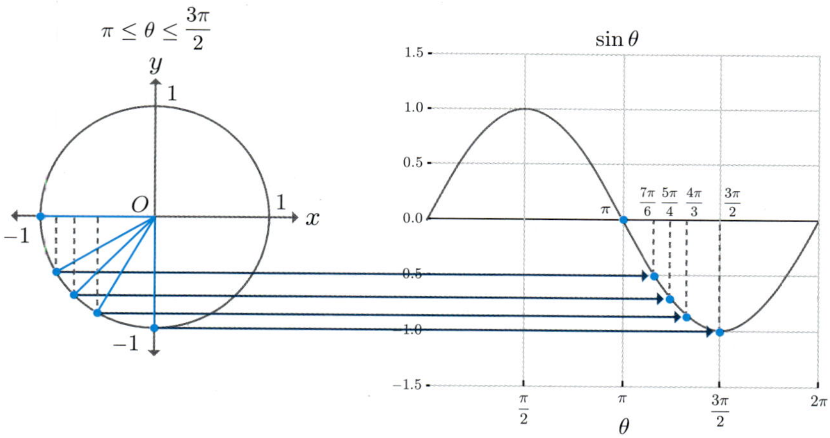


**그림 5-9** $f(\theta) = \sin\theta(0 \le \theta \le 2\pi)$와 단위원 위의 점과의 대응 관계 3

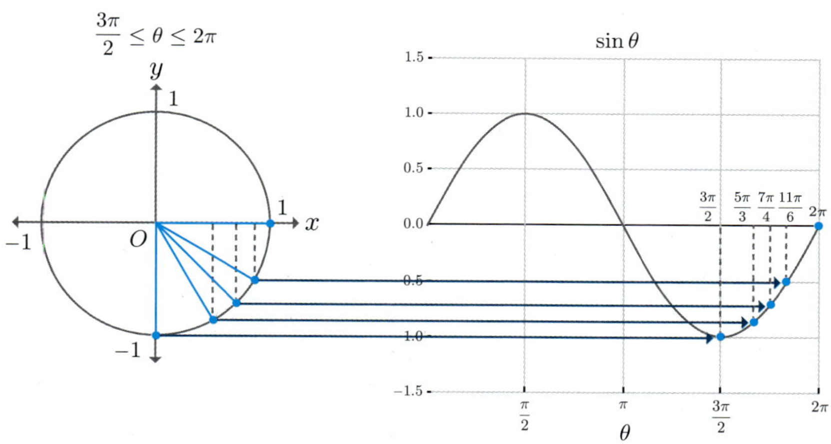


**그림 5-10** $f(\theta) = \sin\theta(0 \le \theta \le 2\pi)$와 단위원 위의 점과의 대응 관계 4

마찬가지로 세로축을 $f(\theta)$, 가로축을 $\theta(0 \le \theta \le 2\pi)$로 하는 $f(\theta) = \cos\theta(0 \le \theta \le 2\pi)$를 그래프로 나타내면 [그림 5-11]과 같습니다. $f(\theta) = \sin\theta(0 \le \theta \le 2\pi)$와 어떤 차이가 있는지 확인해 보세요.

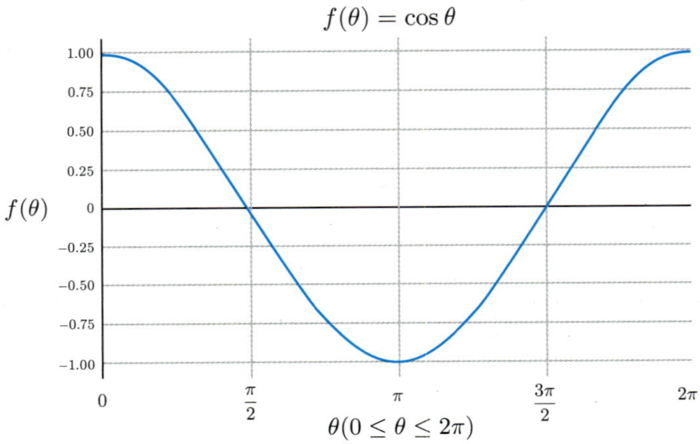


**그림 5-11** $f(\theta) = \cos\theta(0 \le \theta \le 2\pi)$**의 그래프**

sin $\theta$와 마찬가지로 cos $\theta$도 단위원과 대응시켜 생각해 볼 수 있습니다.

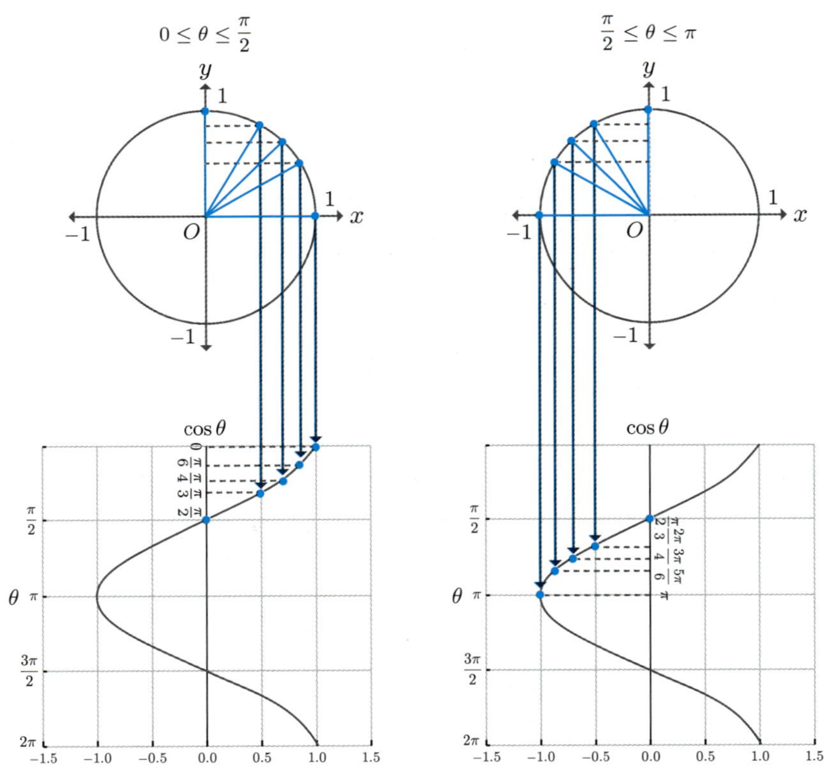


**그림 5-12** $f(\theta) = \cos\theta(0 \le \theta \le 2\pi)$**와 단위원 위의 점과의 대응 관계 1**

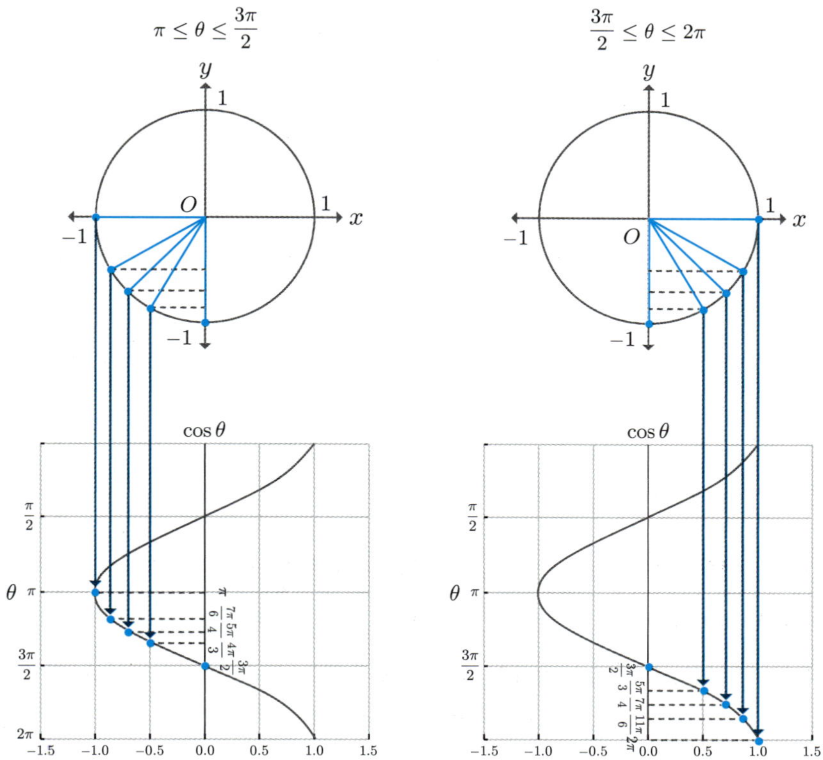

그림 5-13 $f(\theta) = \cos\theta(0 \le \theta \le 2\pi)$와 단위원 위의 점과의 대응 관계 2

## 5.4 주파수와 각주파수: 주기 함수의 특징 알아보기

파동을 표현하는 수학적 모델에 삼각 함수를 적용할 때는 파동이 시간에 따라 전달된다는 점에 주의해야 합니다. 지금까지 살펴본 $\sin\theta$, $\cos\theta$는 모두 매개변수가 $\theta$였기 때문에, 반지름과 $x$축 사이의 각도가 함숫값을 정했습니다. 따라서 각도를 나타내는 매개변수 $\theta$를 시간을 나타내는 매개변수 $t$로 변환해야 합니다. 여기서 $t$의 단위는 초[sec]입니다. 이제 $f(t) = \sin t(0 \le t)$라고 하면, 그래프는 [그림 5-14]처럼 나타낼 수 있습니다. 세로축은 **진폭**을 의미하고, **소리의 크기**는 진폭의 범위로 나타낼 수 있습니다. $f(t) = \sin t(0 \le t)$ 그래프에서 진폭은 1입니다.

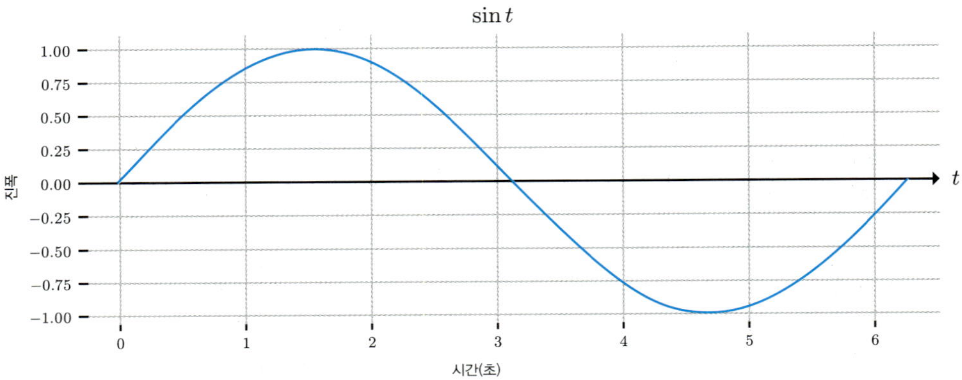


**그림 5-14** $f(t) = \sin t (0 \leq t)$의 그래프

그래프는 $t = 0$에서 시작해서 $t = 3$을 조금 지난 지점에서 진폭이 0이 됩니다. 0이 되는 지점의 값은 $t = \pi$(약 3.14)입니다. 다시 말해 $t = \pi$에서 단위원 위의 동경 $OP$가 반 바퀴 회전했다는 뜻입니다.[2] 단위원의 성질을 생각해 보면 이것은 매우 자연스러운 해석입니다. 그리고 $t = 2\pi$(약 6.28)에서 다시 진폭은 0이 되고, 단위원의 동경 $OP$가 한 바퀴 회전했다는 뜻입니다. 즉, $f(t) = \sin t (0 \leq t)$는 6.28초마다 위아래로 한 번 진동하는 함수입니다.

여기까지의 설명을 바탕으로 푸리에 해석에서 매우 중요한 개념인 파동의 **주기**, **주파수**, **각주파수(각속도)**에 관해 설명합니다. 먼저, 주기와 주파수의 정의를 살펴보겠습니다.

- **주기 $T$**: 파동이 한 번 위아래로 움직이는 데 걸리는 시간입니다. $T$로 표기하며 단위는 '초'입니다.
- **주파수 $\nu$**: 파동이 1초 동안 몇 번 위아래로 진동하는지를 나타냅니다. $\nu$(뉴nu)로 표기하며, 단위는 Hz(헤르츠)입니다.

주기 $T$에 관해 구체적으로 생각해 봅시다. 앞서 $f(t) = \sin t (0 \leq t)$는 6.28초에 걸쳐 위아래로 한 번 진동하는 파동이었습니다. 이를 단위원의 관점으로 보면 동경 $OP$가 6.28초에

2 수학이나 물리학에서는 각도를 도수법(도(°))과 호도법(라디안(radian)) 두 방식으로 표현합니다. 1 라디안은 반지름과 같은 길이의 호가 만드는 중심각으로 정의합니다. 이 방법을 사용하면 반지름이 1인 원의 전체 둘레는 $2\pi$ 라디안이 됩니다. 180도는 원주의 절반에 해당하며, 라디안으로는 $\pi$ 라디안으로 표현합니다. $\pi$ 라디안은 수치상으로 약 3.14로 간주합니다.

걸쳐 한 바퀴 회전하므로 $\theta = 0$에서 시작해 6.28초가 지나고 $\theta = 2\pi$가 된다는 뜻입니다. 따라서 $f(t) = \sin t\,(0 \leq t)$의 주기는 $T = 2\pi$입니다.

이러한 방식에 따르면 단위원의 $\theta$와 주기 $T$에 대응하는 시간을 나타내는 변수 $t$ 사이에는 어떠한 대응 관계가 있음을 추측할 수 있습니다. 이에 관해 자세히 알아보겠습니다.

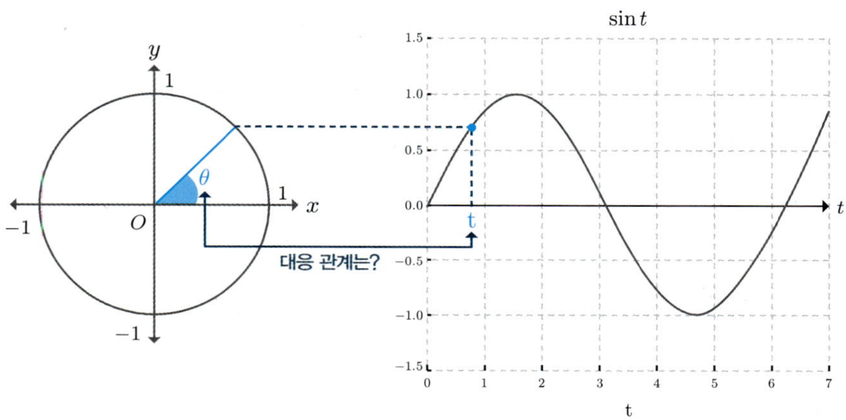


**그림 5-15** 단위원 위의 점을 결정하는 $\theta$와 $\sin t$의 값을 결정하는 $t$의 대응 관계

이제 [그림 5–16]에서 네 개의 파동 $\sin 2\pi t$, $\sin \pi t$, $\sin 3t$, $\sin t$를 비교해 보겠습니다.

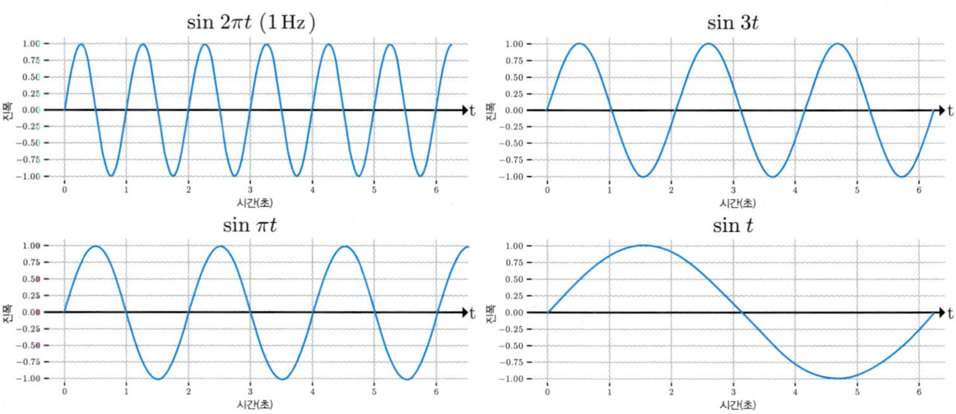


**그림 5-16** 네 개의 정현파($\sin 2\pi t$, $\sin \pi t$, $\sin 3t$, $\sin t$)의 비교

그래프의 왼쪽 위의 $\sin 2\pi t$는 1초에 한 번 위아래로 진동합니다. 이 함수를 앞에서 설명한 주파수 $\nu$의 정의에 비춰 보면 '주파수가 1 Hz인 파동'이라는 뜻입니다. 그리고 왼쪽 아래의 $\sin \pi t$는 2초에 한 번 위아래로 진동하므로, 주파수는 $\sin 2\pi t$의 절반인 0.5 Hz입니다. 두 그래프는 시각적으로 쉽게 해석할 수 있지만, 오른쪽의 $\sin 3t$와 $\sin t$는 몇 초에 한 번 진동하는지 그래프만으로는 정확하게 판별할 수 없습니다. 이런 경우에는 주파수를 어떻게 계산하면 될까요?

파동의 형태를 보면 $\sin 2\pi t$는 $\sin \pi t$보다 두 배 빠르게 진동합니다. 이 현상을 단위원의 관점에서 보면, $\theta$ 값이 클수록 회전하는 속도가 더욱 빠르다고 볼 수 있습니다. 여기서 $\theta$를 단순한 각도가 아니라 동경 $OP$가 움직이는 거리로 생각해 보세요. 그러면 **거리 $\theta$ / 시간 $t$ = 속도** 식에서 속도를 $\omega$(오메가omega)로 두면, 식 (5-2)와 같은 관계식이 성립합니다. 이때 $\omega$를 **각주파수**(또는 각속도)라고 부릅니다.

$$\omega = \frac{\theta}{t} \qquad (5\text{-}2)$$

위와 같이 $\theta$와 $t$ 사이의 대응 관계를 해석하는 과정에서 각주파수 개념이 등장했습니다. 각주파수는 이번 장에서 계속해서 나오기 때문에 확실하게 이해하도록 합시다. 이제 각주파수를 나타내는 식 (5-2)를 변형하면 다음과 같이 바꿔 쓸 수 있습니다.

$$\theta = \omega t \qquad (5\text{-}3)$$

각도를 나타내는 매개변수 $\theta$를 시간을 나타내는 매개변수 $t$로 바꿔 쓸 수 있게 되었습니다. 이 관계를 이용하면 파동을 시간 방향에서 바라본 경우의 함수를 식 (5-4)와 같이 표현할 수 있습니다. 이렇게 표현된 파동을 나타내는 함수를 **정현파**라고 부릅니다.[3]

$$f(t) = \sin \omega t \qquad (5\text{-}4)$$

따라서 $\sin 3t$, $\sin t$는 각주파수가 차례로 $\omega = 3$, $\omega = 1$인 정현파라는 것을 알 수 있습니다.

---

3 더욱 엄밀한 정의는 이전 각주를 참고하세요.

또한 앞서 살펴본 $\sin 2\pi t$, $\sin \pi t$는 $\omega = 2\pi$, $\omega = \pi$인 정현파라는 것도 알 수 있습니다.

이어서 주기 $T$와 주파수 $\nu$ 사이의 관계를 생각해 보겠습니다. 앞서 설명한 대로 주기는 '파동이 한 번 위아래로 움직이는 데 걸리는 **시간**'이고, 주파수는 '파동이 1초 동안 위아래로 움직인 **횟수**'입니다. 두 정의를 잘 살펴보면 '시간'과 '횟수'가 중요한 요소임을 알 수 있습니다. 그렇다면 두 정의를 아래와 같은 **비례식**으로 연결할 수 있습니다. 비례식의 우변과 좌변 모두 '시간 : 횟수' 형태입니다.

$$T : 1 = 1 : \nu$$

비례식은 내항의 곱과 외항의 곱이 같기 때문에, 식 (5-5)와 같이 변형할 수 있습니다.

$$T\nu = 1$$
$$\therefore \nu = \frac{1}{T}, \quad T = \frac{1}{\nu} \qquad (5\text{-}5)$$

식 (5-2)의 각주파수 $\omega = \frac{\theta}{t}$에 대해, 주기 $T$인 정현파에서 $\omega$가 어떤 의미를 갖는지 생각해 봅시다. 주기가 $T$인 파동은 $T$초마다 한 번 위아래로 진동하기 때문에 $t = T$와 $\theta = 2\pi$를 식 (5-2)에 대입할 수 있습니다. 따라서 각주파수 $\omega$는 식 (5-6)처럼 바꿔 쓸 수 있습니다.

$$\omega = \frac{\theta}{t} = \frac{2\pi}{T} = 2\pi \times \underbrace{\frac{1}{T}}_{=\nu} = 2\pi\nu$$
$$\therefore \nu = \frac{\omega}{2\pi} \qquad (5\text{-}6)$$

식의 변형 중 식 (5-5)에서 $\nu = \frac{1}{T}$을 사용했습니다. 중요한 내용이기 때문에 다시 한번 확인하자면, 주파수 $\nu$는 '파동이 1초 동안 위아래로 진동하는 횟수'를 뜻합니다. 이로써 $\sin 3t$의 주파수를 구할 수 있습니다. $\nu = \frac{\omega}{2\pi}$의 식에 $\omega$를 대입하기만 하면 됩니다. $\sin 3t$의 각주파수 $\omega$는 3, $\sin t$의 각주파수 $\omega$는 1이므로 다음과 같이 주파수 $\nu$를 계산할 수 있습니다.

- sin $3t$의 주파수: $\nu = \frac{3}{2\pi} \fallingdotseq 0.48[\text{Hz}]$

- sin $t$의 주파수: $\nu = \frac{1}{2\pi} \fallingdotseq 0.16[\text{Hz}]$

여기까지 주기, 주파수, 각주파수의 정의와 계산 방법을 알아보았습니다. 지금까지 설명한 내용은 매우 중요한 개념들이므로 확실하게 이해하기 바랍니다. 특히 각주파수 $\omega$에 관한 이해는 푸리에 해석에서 핵심적인 역할을 합니다.

## 5.5 푸리에 급수 전개와 급수 전개: 복잡한 파형을 여러 개의 주기 함수로 표현하기

이번 절에서는 푸리에 급수 전개를 이해하는 데 빠질 수 없는 **매클로린 전개**Maclaurin expansion에 관해 설명합니다. 매클로린 전개는 **거듭제곱 급수 전개**를 적용한 함수에 대해 미분을 계산하고, 도함수를 차례로 구하는 방식입니다. 매클로린 전개는 이 책에서 새롭게 등장하는 수학적 기법이므로 자세하게 살펴보겠습니다.

**기초가 되는 수학적 기법**

**도함수:**

$$\frac{d}{dx}f(x) = \lim_{h \to 0} \frac{f(x+h) - f(x)}{h}$$

**거듭제곱 급수 전개:**

$$f(x) = a_0 + a_1 x + \cdots + a_n x^n + \cdots = \sum_{n=0}^{\infty} a_n x^n$$

**매클로린 전개:**

$$f(x) = f(0) + f^{(1)}(0)x + \frac{f^{(2)}(0)}{2!}x^2 + \cdots + \frac{f^{(n)}(0)}{n!}x^n + \cdots = \sum_{n=0}^{\infty} \frac{f^{(n)}(0)}{n!}x^n$$

그림 5-17 설명 방식

푸리에 해석의 핵심 아이디어는 '대부분의 함수는 삼각 함수와 같은 주기 함수의 합으로 표현 가능하다'는 점입니다. 이쯤에서 푸리에 해석의 핵심 아이디어를 수식으로 표현해 봅시다. 식

(5-7)과 같은 삼각 함수의 합을 **푸리에 급수 전개**라고 합니다. 여기서 $t$는 $-\frac{T}{2} \leq t \leq \frac{T}{2}$ 범위의 실수이며, $n$은 자연수, $\omega$는 각주파수입니다.

$$
\begin{aligned}
f(t) = a_0 \cos 0\omega t + a_1 \cos \omega t + a_2 \cos 2\omega t + \cdots + a_n \cos n\omega t + \cdots \\
+ b_0 \sin 0\omega t + b_1 \sin \omega t + b_2 \sin 2\omega t + \cdots + b_n \sin n\omega t + \cdots
\end{aligned} \tag{5-7}
$$

푸리에 급수 전개로 음성을 표현할 수 있는지 의문이 들겠지만, 잠시 질문은 보류하고 먼저 수식을 살펴보겠습니다. 식 (5-7) 안에서 $\cos 0\omega t = \cos 0 = 1$, $\sin 0\omega t = \sin 0 = 0$이므로, 함수 $f(t)$는 식 (5-8)과 같이 바꿔 쓸 수 있습니다.

$$
\begin{aligned}
f(t) = a_0 + a_1 \cos \omega t + a_2 \cos 2\omega t + \cdots + a_n \cos n\omega t + \cdots \\
+ b_1 \sin \omega t + b_2 \sin 2\omega t + \cdots + b_n \sin n\omega t + \cdots
\end{aligned} \tag{5-8}
$$

식 (5-8)을 변형시켜 일반화하면 **이산 푸리에 변환**을 도출할 수 있습니다. 식 (5-8)은 첫걸음에 해당하는 형태지만, 식을 더 깊이 이해하기 위해서는 **급수 전개**에 관해 알아야 합니다. 급수 전개란 함수를 무한급수 형태로 전개하는 것을 의미하며, 여기서는 그 방법 중 하나로 **거듭제곱 급수**의 다항식으로 전개하는 방법을 사용합니다.[4] 거듭제곱 급수 전개는 식 (5-9)와 같이 표현할 수 있습니다.

$$
\begin{aligned}
f(x) &= a_0 + a_1 x + a_2 x^2 + a_3 x^3 + a_4 x^4 + \cdots + a_n x^n + \cdots \\
&= \sum_{n=0}^{\infty} a_n x^n \qquad (5\text{-}9)
\end{aligned}
$$

여기서 **거듭제곱**이란 $x^2$, $x^3$과 같이 같은 수나 식을 거듭해서 곱하는 계산 방법입니다. 그리고 **급수**는 식 (5-9)와 같은 형태의 합으로 수열의 항들을 무한히 더한 것을 가리킵니다. 식 (5-9)는 거듭제곱 항이 무한히 나열되어 있고 총합을 계산하고 있으므로, **거듭제곱 급수**라 할 수 있습니다. 다시 말해 거듭제곱 형태의 항을 나열해서 $f(x)$를 표현하는 방식이 바로 **거듭제곱 급수 전개**입니다.

---

4 옮긴이_ 거듭제곱 급수는 멱급수(power series)라고도 부릅니다.

## 5.6 sin $x$의 매클로린 전개: 삼각 함수를 근사적으로 표현하기

추상적인 수식을 이해하기 위해서는 구체적인 예시로 살펴보는 것이 가장 좋습니다. 앞 절에서 여러 번 등장한 sin $\theta$가 거듭제곱 급수 형태로 전개될 수 있는지 시도해 봅시다. sin $\theta$도 삼각 함수, 즉 '함수'이기 때문에 거듭제곱의 다항식으로 표현할 수 있어야 합니다.

앞서 급수 형태로 전개한 식 (5–9)에는 알 수 없는 계수 $a_1$, $a_2$, $a_3$, …이 포함되어 있습니다. 즉, 변수 $x$뿐 아니라 계수도 아직은 미지수입니다. 따라서 가장 먼저 할 일은 급수 전개된 식에 포함된 $a_0$와 각 항의 계수 $a_1$, $a_2$, $a_3$, …을 구체적으로 구하는 것입니다. 아무것도 모르는 상태에서 가능할까 싶지만 방법은 있습니다. 우선 $f(x)$에 $x = 0$을 대입하면 다음과 같습니다.

$$f(0) = a_0 \qquad (5\text{-}10)$$

이로써 $a_0 = f(0)$이라는 결과를 바로 얻었습니다. 마찬가지로 $a_1$, $a_2$, $a_3$, …을 구하려면 함수 $f(x)$를 미분하면 되고, 이를 통해 차례로 계수를 도출할 수 있습니다. 실제 계산 결과를 확인하면서 진행하면 이해하기 쉽습니다. $f(x)$의 미분은 $f'(x)$로 표기하며, 계산 결과는 식 (5–11)과 같습니다. 미분을 계산하는 방법은 2장에서 등장한 식 (2–29)와 'Lesson: 미분, 편미분의 계산'을 참조해 주세요.

$$f'(x) = a_1 + 2a_2x + 3a_3x^2 + 4a_4x^3 + \cdots + na_nx^{n-1} + \cdots \qquad (5\text{-}11)$$

$a_0$을 구했을 때와 마찬가지로 $f'(x)$에 $x = 0$을 대입하면 우변의 첫 번째 항 $a_1$만 남게 되므로 식 (5–12)가 성립합니다.

$$f'(0) = a_1 \qquad (5\text{-}12)$$

또한 $f'(x)$를 한 번 더 미분하면 식 (5–13)이 되고 $f''(x)$로 나타냅니다.

$$f''(x) = 2a_2 + 6a_3x + 12a_4x^2 + \cdots + n(n-1)a_nx^{n-2} + \cdots \qquad (5\text{-}13)$$

따라서 $f''(x)$에 $x = 0$을 대입하면 우변의 첫 번째 항 $2a_2$만 남기 때문에 식 (5-14)가 성립합니다.

$$f''(0) = 2a_2 \qquad \therefore a_2 = \frac{f''(0)}{2} \tag{5-14}$$

같은 연산을 반복하면 급수 전개된 수식의 상수 $a_0$과 각 항의 계수 $a_1$, $a_2$, $a_3$, …은 미분 계산을 통해 구할 수 있으며 결과는 식 (5-15)와 같습니다. 이때 함수 $f$의 오른쪽 위에 붙은 숫자는 미분한 횟수를 나타냅니다. 예를 들어 $\frac{f''(0)}{2}$ 는 $\frac{f^{(2)}(0)}{2}$ 으로 표기합니다.

$$\begin{aligned} f(x) &= f(0) + f^{(1)}(0)x + \frac{f^{(2)}(0)}{2}x^2 + \frac{f^{(3)}(0)}{6}x^3 + \frac{f^{(4)}(0)}{24}x^4 + \cdots \\ &\quad + \frac{f^{(n)}(0)}{n \times (n-1) \times (n-2) \times \cdots \times 3 \times 2 \times 1}x^n + \cdots \\ &= f(0) + f^{(1)}(0)x + \frac{f^{(2)}(0)}{2!}x^2 + \frac{f^{(3)}(0)}{3!}x^3 + \frac{f^{(4)}(0)}{4!}x^4 + \cdots + \frac{f^{(n)}(0)}{n!}x^n + \cdots \\ &= \sum_{n=0}^{\infty} \frac{f^{(n)}(0)}{n!}x^n \end{aligned} \tag{5-15}$$

식 (5-15)를 **매클로린 전개**라고 부릅니다.[5] 계산 결과의 분모에 2!이나 3! 같은 ! 기호가 쓰여 있으며, 이는 **팩토리얼**factorial 계산을 표기하는 방법입니다. 팩토리얼이란 $3! = 3 \times 2 \times 1$ 처럼 해당 숫자 이하의 자연수를 모두 곱하는 것입니다. 이때 특별히 0에 대해서는 $0! = 1$으로 정의합니다.

이제 본론에 들어가기 전 필요한 준비가 완료되었습니다. 매클로린 전개를 이용해서 $\sin\theta$를 구해 봅시다. $f(x) = \sin x$라고 할 때, $f(x)$를 미분하면 삼각 함수의 성질에 따라 순차적으로 형태가 바뀝니다. 삼각 함수의 미분은 6장에서도 등장하므로 익숙해지면 좋습니다.

5 매클로린 전개는 무한하게 미분이 가능한 함수에 적용할 수 있는 방법입니다. 그러나 무한히 미분이 가능한 함수 중에서 매클로린 전개를 적용할 수 없는 함수도 있습니다. 그 외에도 매클로린 전개를 사용할 때 주의해야 할 점에 대해서는 전문 서적을 참고하기 바랍니다.

$$f'(x) = f^{(1)}(x) = (\sin x)' = \cos x$$
$$f''(x) = f^{(2)}(x) = \left(f^{(1)}(x)\right)' = (\cos x)' = -\sin x$$
$$f'''(x) = f^{(3)}(x) = \left(f^{(2)}(x)\right)' = (-\sin x)' = -\cos x$$
$$f''''(x) = f^{(4)}(x) = \left(f^{(3)}(x)\right)' = (-\cos x)' = \sin x$$

이후의 미분을 반복하면 $\cos x \to -\sin x \to -\cos x \to \sin x \to \cos x \to \cdots$ 순으로 주기적으로 반복되는 것을 확인할 수 있습니다. 부호의 변화에 주의하세요.

**Lesson**

**삼각 함수의 미분**

도함수의 정의 (2-28)을 바탕으로 $(\sin x)'$와 $(\cos x)'$의 도출 방법을 살펴봅니다. 도출 과정에서 극한에 관한 자세한 설명이 필요하지만 여기서는 생략하겠습니다.

| $(\sin x)'$ | $(\cos x)'$ |
|---|---|
| $= \lim_{h \to 0} \frac{\sin(x+h) - \sin x}{h}$ | $= \lim_{h \to 0} \frac{\cos(x+h) - \cos x}{h}$ |
| $= \lim_{h \to 0} \frac{(\sin x \cos h + \cos x \sin h) - \sin x}{h}$ | $= \lim_{h \to 0} \frac{(\cos x \cos h - \sin x \sin h) - \cos x}{h}$ |
| $= \sin x \cdot \lim_{h \to 0} \frac{\cos h - 1}{h} + \cos x \cdot \lim_{h \to 0} \frac{\sin h}{h}$ | $= \cos x \cdot \lim_{h \to 0} \frac{\cos h - 1}{h} - \sin x \cdot \lim_{h \to 0} \frac{\sin h}{h}$ |
| $= \sin x \cdot 0 + \cos x \cdot 1$ | $= \cos x \cdot 0 - \sin x \cdot 1$ |
| $= \cos x$ | $= -\sin x$ |

이렇게 $(\sin x)' = \cos x$, $(\cos x)' = -\sin x$를 도출할 수 있지만, 실제로는 공식처럼 외워두는 것이 훨씬 편리합니다.

삼각 함수의 미분 성질에 더해 $f(0) = \sin 0 = 0$, $f(0)' = \cos 0 = 1$이 성립하기 때문에 함수 $f(x) = \sin x$는 식 (5-16)으로 표현할 수 있습니다.

$$\begin{aligned}\sin x &= f(0) + f^{(1)}(0)x + \frac{f^{(2)}(0)}{2!}x^2 + \frac{f^{(3)}(0)}{3!}x^3 + \frac{f^{(4)}(0)}{4!}x^4 + \cdots + \frac{f^{(n)}(0)}{n!}x^n + \cdots \\ &= 0 + x + \frac{0}{2!}x^2 - \frac{1}{3!}x^3 + \frac{0}{4!}x^4 + \cdots + \frac{f^{(n)}(0)}{n!}x^n + \cdots \\ &= x - \frac{1}{3!}x^3 + \frac{1}{5!}x^5 - \frac{1}{7!}x^7 + \cdots + (-1)^n\frac{1}{(2n+1)!}x^{2n+1} + \cdots \qquad (5\text{-}16)\end{aligned}$$

점차 복잡한 수식이 되었습니다. 직관적으로는 $\sin x$가 우변처럼 복잡한 수식과 같다고는 쉽게 느껴지지 않습니다. 우변은 무한히 이어지는 형태이므로, 매클로린 전개식 (5-16) 중 앞의 10번째 항까지를 $\sin x$의 근사식으로 보면 다음과 같이 계산할 수 있습니다. 마지막 항의 분모는 19의 팩토리얼이며, 계수는 뒤로 갈수록 매우 작은 값이 된다는 것을 짐작할 수 있습니다.

$$\begin{aligned}\sin x &\fallingdotseq x - \frac{1}{3!}x^3 + \frac{1}{5!}x^5 - \frac{1}{7!}x^7 + \frac{1}{9!}x^9 - \frac{1}{11!}x^{11} + \frac{1}{13!}x^{13} - \frac{1}{15!}x^{15} + \frac{1}{17!}x^{17} - \frac{1}{19!}x^{19} \\ &= x - \frac{1}{6}x^3 + \frac{1}{120}x^5 - \frac{1}{5040}x^7 + \frac{1}{362880}x^9 - \frac{1}{39916800}x^{11} + \frac{1}{6227020800}x^{13} \\ &\quad - \frac{1}{1307674368000}x^{15} + \frac{1}{355687428096000}x^{17} - \frac{1}{121645100408832000}x^{19}\end{aligned}$$

과연 근사식이 $\sin x$와 얼마나 닮아 있는지 그래프로 그려봅시다. 먼저 두 번째 항과 세 번째 항까지를 살펴보겠습니다.

$$\begin{aligned}\sin x &\fallingdotseq x - \frac{1}{6}x^3 \\ \sin x &\fallingdotseq x - \frac{1}{6}x^3 + \frac{1}{120}x^5\end{aligned}$$

이를 그래프로 그리면 다음과 같습니다.

두 번째 항까지 근사

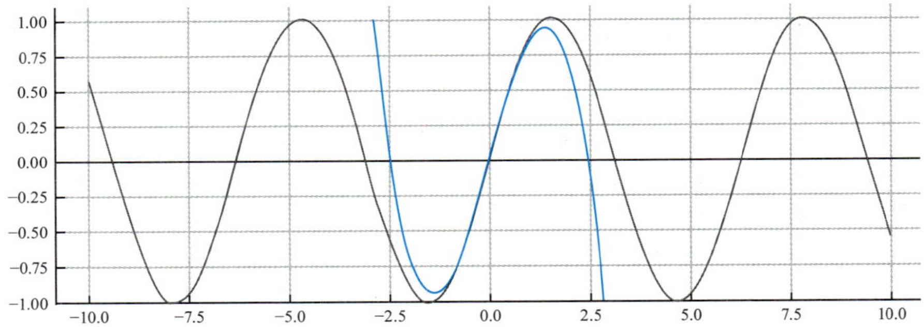


세 번째 항까지 근사

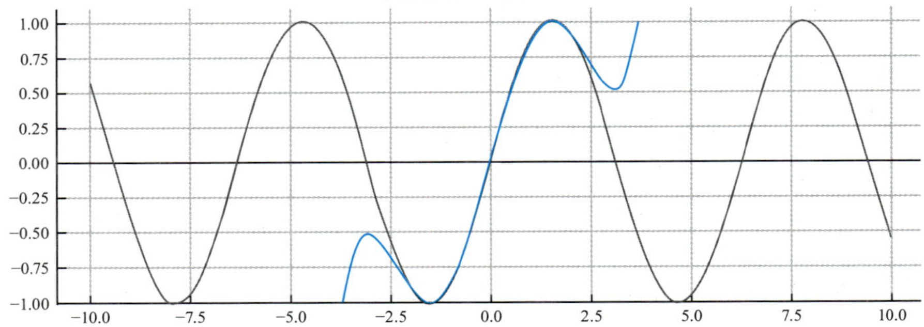


**그림 5-18** 두 번째 항, 세 번째 항까지 근사한 함수와 $\sin x$의 비교

확실히 그래프의 중앙 부근은 $\sin x$에 가까운 형태를 띠고 있습니다. 그렇다면 다섯 번째 항과 열 번째 항까지의 결과를 그래프로 그리면 어떻게 될까요?

$$\sin x \fallingdotseq x - \frac{1}{6}x^3 + \frac{1}{120}x^5 - \frac{1}{5040}x^7 + \frac{1}{362880}x^9$$

$$\sin x \fallingdotseq x - \frac{1}{6}x^3 + \frac{1}{120}x^5 - \frac{1}{5040}x^7 + \frac{1}{362880}x^9 - \frac{1}{39916800}x^{11} + \frac{1}{6227020800}x^{13} - \frac{1}{1307674368000}x^{15} + \frac{1}{355687428096000}x^{17} - \frac{1}{121645100408832000}x^{19}$$

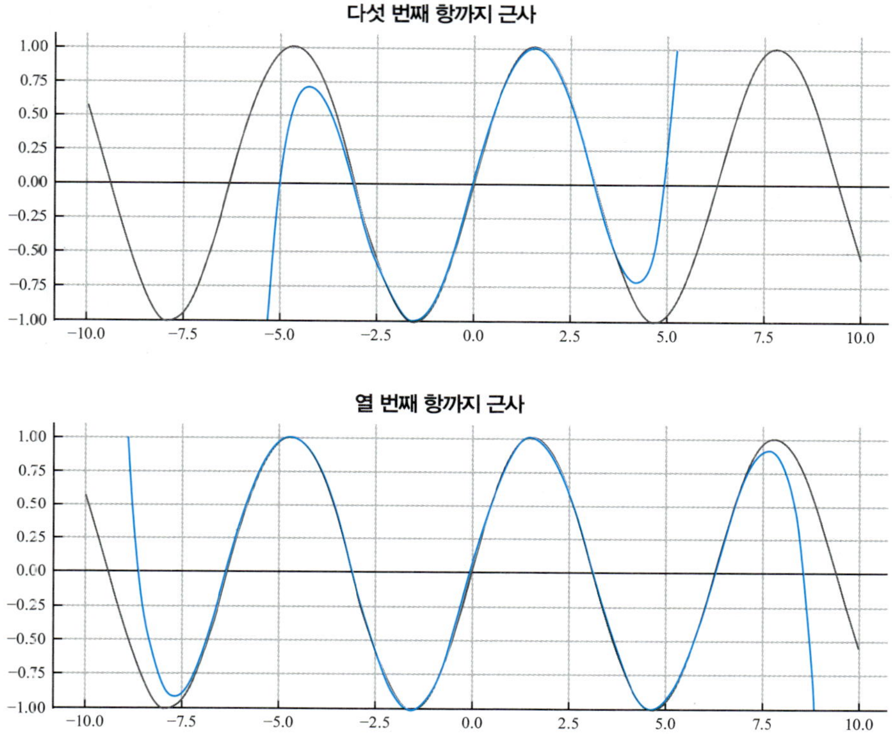


**그림 5-19** 다섯 번째 항, 열 번째 항까지 근사한 함수와 $\sin x$의 비교

[그림 5-19]에서도 마찬가지로 항의 수를 더욱 많이 늘릴수록 $\sin x$에 가까워지는 것을 확인할 수 있습니다.[6] 매클로린 전개와 마찬가지로 푸리에 급수 전개도 **다항식을 통한 함수의 근사**가 핵심입니다. 다만 푸리에는 다항식의 각 항에 '삼각 함수 같은 주기 함수'를 사용하는 접근법을 채택했으며, 그 결과로 식 (5-7)과 같은 형태를 푸리에 급수 전개라고 명명했습니다.

$$\begin{aligned} f(t) = a_0 + a_1 \cos \omega t + a_2 \cos 2\omega t + \cdots + a_n \cos n\omega t + \cdots \\ + b_1 \sin \omega t + b_2 \sin 2\omega t + \cdots + b_n \sin n\omega t + \cdots \end{aligned} \quad (5\text{-}7)$$

지금까지 내용을 통해 푸리에 급수 전개가 무엇을 지향하는지 짐작해 볼 수 있습니다.

6 엄밀하게는 롤의 정리(Rolle's theorem)를 활용해서 논의해야 하지만, 이 책에서는 $\sin x$를 매클로린 전개할 수 있다고 하고 내용을 이어서 설명합니다.

## 5.7 $\cos x$의 매클로린 전개: 오일러 공식 도출 준비 1

푸리에 급수 전개를 설명하기 앞서 잠시 옆길로 새어 보겠습니다. 수학사에서 가장 뛰어난 공식인 **오일러 공식**을 소개합니다. 오일러 공식은 현대 과학 기술 전반에 깊이 기여했으며 지금도 여전히 폭넓게 여러 분야에서 활용됩니다. 푸리에 해석 또한 그 영향을 받은 수학적 기법 중 하나입니다. 오일러 공식은 수학사상 위대한 천재 중 한 사람인 **레온하르트 오일러**Leonhard Euler가 만든 공식입니다. 이번 절에서는 오일러 공식을 유도하기 위해 앞서 설명한 **매클로린 전개**의 접근법을 사용해서 $\cos x$와 지수 함수 $e^x$의 매클로린 전개를 도출합니다. 또한 새로운 개념 **허수 단위** $i$에 관해서도 알아봅니다.

**기초가 되는 수학적 기법**

**매클로린 전개:**

$$f(x) = f(0) + f^{(1)}(0)x + \frac{f^{(2)}(0)}{2!}x^2 + \cdots + \frac{f^{(n)}(0)}{n!}x^n + \cdots$$

$$e^x = 1 + x + \frac{1}{2!}x^2 + \frac{1}{3!}x^3 + \frac{1}{4!}x^4 + \cdots + \frac{1}{n!}x^n + \cdots$$

$$\sin x = x - \frac{1}{3!}x^3 + \frac{1}{5!}x^5 - \frac{1}{7!}x^7 + \cdots + (-1)^n\frac{1}{(2n+1)!}x^{2n+1} + \cdots$$

$$\cos x = 1 - \frac{1}{2!}x^2 + \frac{1}{4!}x^4 - \frac{1}{6!}x^6 + \cdots + (-1)^n\frac{1}{(2n)!}x^{2n} + \cdots$$

**허수 단위:**

$$i^2 = -1$$

**오일러 공식:**

$$e^{ix} = \cos x + i\sin x$$

$$e^{i\pi} = -1$$

그림 5-20 설명 방식

오일러 공식을 도출하기 위해 $\sin x$를 매클로린 전개한 것처럼 $\cos x$와 지수 함수 $e^x$도 매클로린 전개를 합니다. 매클로린 전개(식 (5-15))의 일반식을 다시 한번 살펴봅시다.

$$f(x) = f(0) + f^{(1)}(0)x + \frac{f^{(2)}(0)}{2!}x^2 + \frac{f^{(3)}(0)}{3!}x^3 + \frac{f^{(4)}(0)}{4!}x^4 + \cdots + \frac{f^{(n)}(0)}{n!}x^n + \cdots$$

먼저 $f(x) = \cos x$로 둡니다. 삼각 함수를 미분할 때 규칙성이 있었다는 점을 떠올리며 $\cos x$를 미분하면 다음과 같은 결과를 얻습니다.

$$
\begin{aligned}
f'(x) &= f^{(1)}(x) = (\cos x)' = -\sin x \\
f''(x) &= f^{(2)}(x) = \left(f^{(1)}(x)\right)' = (-\sin x)' = -\cos x \\
f'''(x) &= f^{(3)}(x) = \left(f^{(2)}(x)\right)' = (-\cos x)' = \sin x \\
f''''(x) &= f^{(4)}(x) = \left(f^{(3)}(x)\right)' = (\sin x)' = \cos x
\end{aligned}
$$

$-\sin x \rightarrow -\cos x \rightarrow \sin x \rightarrow \cos x \rightarrow -\sin x \rightarrow \cdots$처럼 미분 결과가 변화합니다. 여기에 조건 $f(0) = \cos 0 = 1$, $f(0)' = -\sin 0 = 0$으로부터 $f(x) = \cos x$는 식 (5-17)과 같이 쓸 수 있습니다.

$$
\begin{aligned}
\cos x &= f(0) + f^{(1)}(0)x + \frac{f^{(2)}(0)}{2!}x^2 + \frac{f^{(3)}(0)}{3!}x^3 + \frac{f^{(4)}(0)}{4!}x^4 + \cdots + \frac{f^{(n)}(0)}{n!}x^n + \cdots \\
&= 1 + 0 - \frac{1}{2!}x^2 + \frac{0}{3!}x^3 + \frac{1}{4!}x^4 + \cdots + \frac{f^{(n)}(0)}{n!}x^n + \cdots \\
&= 1 - \frac{1}{2!}x^2 + \frac{1}{4!}x^4 - \frac{1}{6!}x^6 + \cdots + (-1)^n \frac{1}{(2n)!}x^{2n} + \cdots \qquad \text{(5-17)}
\end{aligned}
$$

그렇다면 식 (5-17)이 $\cos x$를 나타내고 있는지 확인해 봅시다. $\sin x$의 근사식을 검증했던 것과 같은 방법으로 매클로린 전개한 수식에서 열 번째 항까지를 $\cos x$의 근사식으로 평가합니다.

$$
\begin{aligned}
\cos x &\fallingdotseq 1 - \frac{1}{2!}x^2 + \frac{1}{4!}x^4 - \frac{1}{6!}x^6 + \frac{1}{8!}x^8 - \frac{1}{10!}x^{10} + \frac{1}{12!}x^{12} - \frac{1}{14!}x^{14} + \frac{1}{16!}x^{16} - \frac{1}{18!}x^{18} \\
&= 1 - \frac{1}{2}x^2 + \frac{1}{24}x^4 - \frac{1}{720}x^6 + \frac{1}{40320}x^8 - \frac{1}{3628800}x^{10} + \frac{1}{479001600}x^{12} \\
&\quad - \frac{1}{87178291200}x^{14} + \frac{1}{20922789888000}x^{16} - \frac{1}{6402373705728000}x^{18}
\end{aligned}
$$

근사식의 두 번째 항, 세 번째 항까지의 식을 그래프로 그리면 [그림 5-21]과 같습니다.

$$
\begin{aligned}
\cos x &\fallingdotseq 1 - \frac{1}{2}x^2 \\
\cos x &\fallingdotseq 1 - \frac{1}{2}x^2 + \frac{1}{24}x^4
\end{aligned}
$$

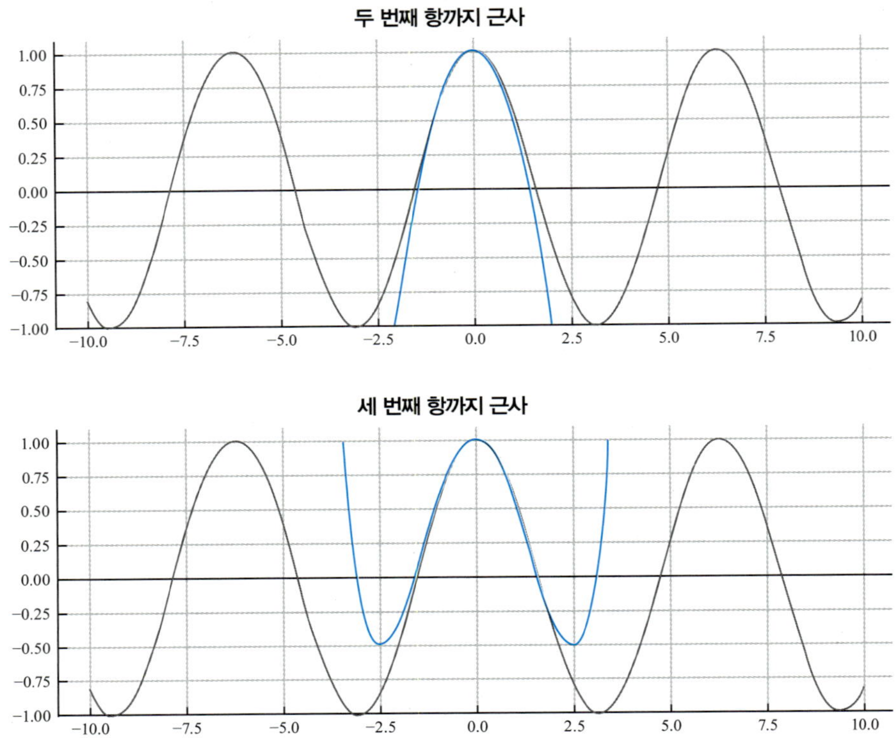


그림 5-21 두 번째 항, 세 번째 항까지 근사한 함수와 $\cos x$의 비교

이어서 다섯 번째 항, 열 번째 항까지의 식을 그래프로 그리면 [그림 5-22]와 같습니다.

$$\cos x \fallingdotseq 1 - \frac{1}{2}x^2 + \frac{1}{24}x^4 - \frac{1}{720}x^6 + \frac{1}{40320}x^8$$

$$\begin{aligned}\cos x \fallingdotseq 1 - \frac{1}{2}x^2 + \frac{1}{24}x^4 - \frac{1}{720}x^6 + \frac{1}{40320}x^8 - \frac{1}{3628800}x^{10} + \frac{1}{479001600}x^{12} \\ - \frac{1}{87178291200}x^{14} + \frac{1}{20922789888000}x^{16} - \frac{1}{6402373705728000}x^{18}\end{aligned}$$

여기서도 항의 수를 늘리면 $\cos x$에 더욱 가까워지는 것을 확인할 수 있습니다.

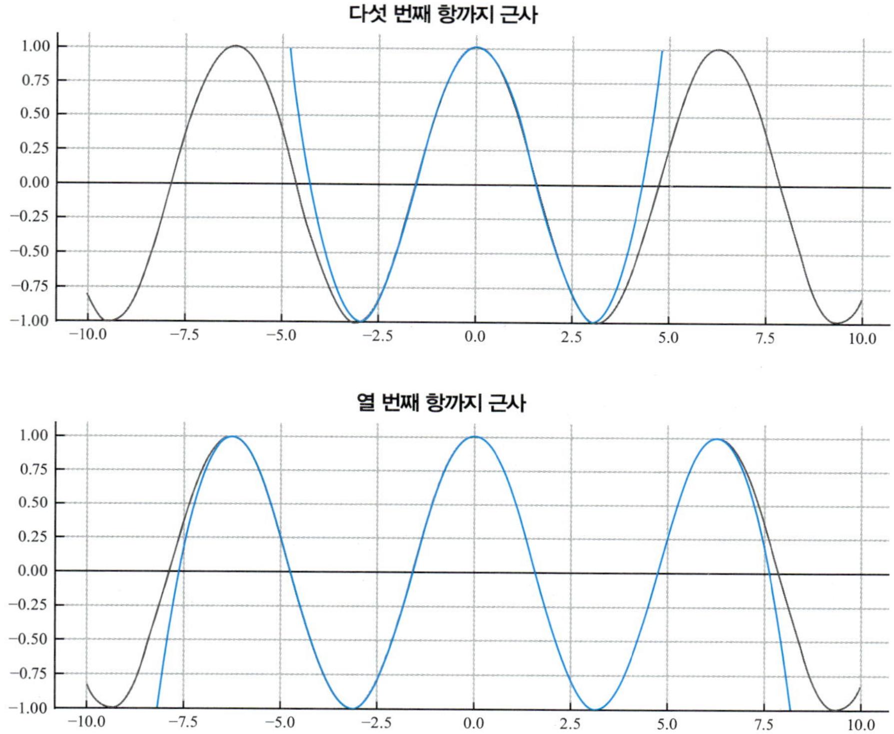


**그림 5-22** 다섯 번째 항, 열 번째 항까지 근사한 함수와 $\cos x$의 비교

## 5.8 지수 함수 $e^x$의 매클로린 전개: 오일러 공식 도출 준비 2

지금까지 $\sin x$와 $\cos x$ 모두 매클로린 전개를 사용해서 표현할 수 있다는 것을 확인했습니다.[7] 이어서 지수 함수 $e^x$을 매클로린 전개로 표현해 봅시다. 지수 함수는 일반적으로 $f(x) = a^x$과 같은 형태로 나타내며, $x$에 해당하는 부분을 **지수**, $a$에 해당하는 부분을 **밑**이라고 합니다. $e$는 3장에서 설명한 자연 상수입니다. 자연 상수 $e$에는 여러 성질이 있지만, 3장에서 설명했던 $e^x$을 몇 번 미분해도 다시 $e^x$으로 돌아오는 성질에 주목합니다. 즉, $f(x) = e^x$이라

7 엄밀하게는 롤의 정리(Rolle's theorem)를 활용해서 논의해야 하지만, 이 책에서는 $\sin x$와 $\cos x$ 모두 매클로린 전개할 수 있다고 하고 내용을 이어서 설명합니다.

면 식 (5−18)이 성립합니다.

$$f(x) = f^{'}(x) = f^{''}(x) = \ldots = e^x \qquad \text{(5-18)}$$

게다가 $f(0) = e^0 = 1$로부터 매클로린 전개는 식 (5−19)가 됩니다.

$$\begin{aligned} e^x &= f(0) + f^{(1)}(0)x + \frac{f^{(2)}(0)}{2!}x^2 + \frac{f^{(3)}(0)}{3!}x^3 + \frac{f^{(4)}(0)}{4!}x^4 + \cdots \\ &\quad + \frac{f^{(n)}(0)}{n!}x^n + \cdots \\ &= 1 + x + \frac{1}{2!}x^2 + \frac{1}{3!}x^3 + \frac{1}{4!}x^4 + \cdots + \frac{1}{n!}x^n + \cdots \end{aligned} \qquad \text{(5-19)}$$

이제 $f(x) = e^x$의 매클로린 전개 결과를 그래프로 나타내서 $e^x$에 어느 정도 가까운지를 확인해 봅시다. 먼저 열 번째 항까지의 근사식을 계산합니다.

$$\begin{aligned} e^x &\fallingdotseq 1 + x + \frac{1}{2!}x^2 + \frac{1}{3!}x^3 + \frac{1}{4!}x^4 + \frac{1}{5!}x^5 + \frac{1}{6!}x^6 + \frac{1}{7!}x^7 + \frac{1}{8!}x^8 + \frac{1}{9!}x^9 \\ &= 1 + x + \frac{1}{2}x^2 + \frac{1}{6}x^3 + \frac{1}{24}x^4 + \frac{1}{120}x^5 + \frac{1}{720}x^6 + \frac{1}{5040}x^7 + \frac{1}{40320}x^8 + \frac{1}{362880}x^9 \end{aligned}$$

이 계산 결과를 바탕으로 두 번째 항, 세 번째 항, 다섯 번째 항, 열 번째 항까지 근사한 결과를 그래프로 나타냅니다. 그러면 [그림 5−23]과 같이 열 번째 항까지 포함한 그래프는 $f(x) = e^x$과 거의 구분이 되지 않을 정도로 가까워진 것을 확인할 수 있습니다.

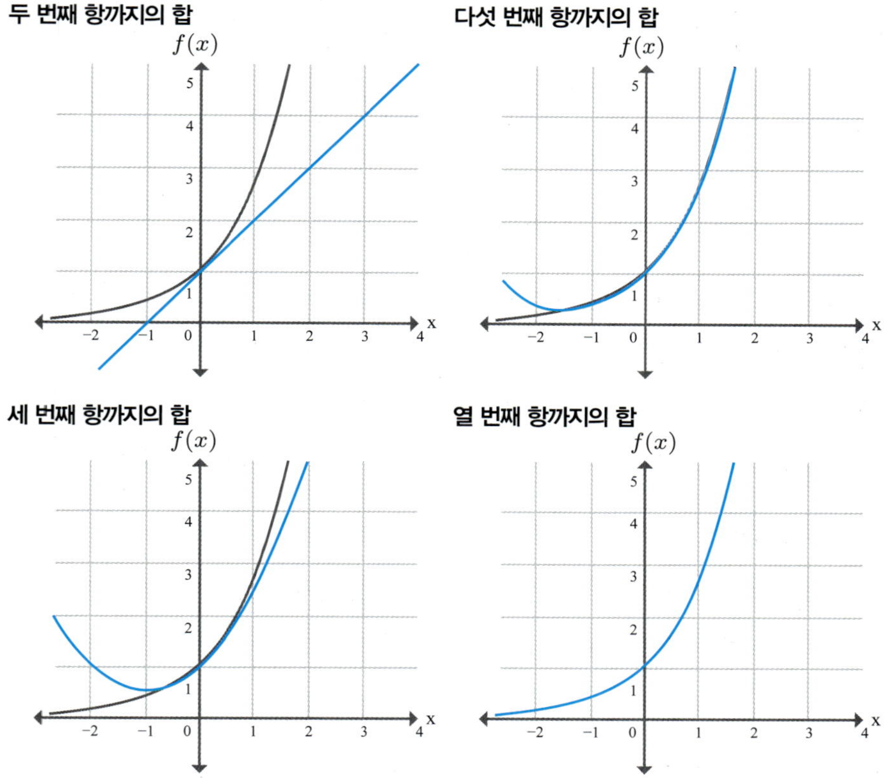


그림 5-23 두 번째 항, 세 번째 항, 다섯 번째 항, 열 번째 항까지 근사한 함수와 $e^x$의 비교

## 5.9 오일러 공식 도출하기

$f(x) = e^x$도 매클로린 전개를 할 수 있음을 알았습니다.[8] 이제 $e^x$, $\sin x$, $\cos x$의 매클로린 전개(식 (5-19), (5-16), (5-17))를 한꺼번에 모으면 다음과 같습니다.

$$e^x = 1 + x + \frac{1}{2!}x^2 + \frac{1}{3!}x^3 + \frac{1}{4!}x^4 + \cdots + \frac{1}{n!}x^n + \cdots \qquad (5\text{-}19)$$

8 엄밀한 증명은 생략하고 여기서는 $e^x$을 매클로린 전개할 수 있다는 전제로 설명을 이어 나갑니다.

$$\sin x = x - \frac{1}{3!}x^3 + \frac{1}{5!}x^5 - \frac{1}{7!}x^7 + \cdots + (-1)^n \frac{1}{(2n+1)!}x^{2n+1} + \cdots \quad (5\text{-}16)$$

$$\cos x = 1 - \frac{1}{2!}x^2 + \frac{1}{4!}x^4 - \frac{1}{6!}x^6 + \cdots + (-1)^n \frac{1}{(2n)!}x^{2n} + \cdots \quad (5\text{-}17)$$

이제 오일러 공식을 도출하기 위한 준비를 마쳤습니다.

세 식 우변의 항을 비교해 보면 $e^x$의 오른쪽에는 $\sin x$, $\cos x$의 오른쪽에 포함되어 있는 항들이 순서대로 나타나는 것처럼 보입니다. 하지만 군데군데 부호가 다릅니다. 예를 들어 $e^x$의 우변의 세 번째 항은 $\frac{1}{2!}x^2$ 이지만, $\cos x$의 두 번째 항은 $-\frac{1}{2!}x^2$ 으로 부호가 반대입니다. 따라서 부호를 맞출 수 있다면 $e^x$을 $\sin x$, $\cos x$로 표현할 수 있을지도 모릅니다.

따라서 $x$에 $ix$를 대입해 봅니다. $i$는 **허수 단위**이며, 식 (5–20)에서 확인할 수 있듯이 $i$를 제곱하면 $-1$이 되는, 실수 세계에서는 존재할 수 없는 성질을 지닌 단위로 정의됩니다. 여기서는 설명의 흐름을 위해 간단히 정의를 소개하고 넘어가지만, 자세한 내용은 이 장의 마지막 부분에서 설명합니다.

$$i^2 = -1, \quad i = \sqrt{-1} \quad (5\text{-}20)$$

허수 단위 $i$를 사용해서 $e^{ix}$을 매클로린 전개하면 식 (5–21)을 얻습니다. 식 중간에 $\sin x$와 $\cos x$의 매클로린 전개가 포함된 것을 확인할 수 있습니다.

$$\begin{aligned}
e^{ix} &= 1 + ix - \frac{1}{2!}x^2 - \frac{i}{3!}x^3 + \frac{1}{4!}x^4 + \frac{i}{5!}x^5 - \frac{1}{6!}x^6 - \frac{i}{7!}x^7 + \cdots \\
&= 1 - \frac{1}{2!}x^2 + \frac{1}{4!}x^4 - \frac{1}{6!}x^6 + \cdots + ix - \frac{i}{3!}x^3 + \frac{i}{5!}x^5 - \frac{i}{7!}x^7 + \cdots \\
&= \left(1 - \frac{1}{2!}x^2 + \frac{1}{4!}x^4 - \frac{1}{6!}x^6 + \cdots\right) + \left(ix - \frac{i}{3!}x^3 + \frac{i}{5!}x^5 - \frac{i}{7!}x^7 + \cdots\right) \\
&= \left(1 - \frac{1}{2!}x^2 + \frac{1}{4!}x^4 - \frac{1}{6!}x^6 + \cdots\right) + i\left(x - \frac{1}{3!}x^3 + \frac{1}{5!}x^5 - \frac{1}{7!}x^7 + \cdots\right) \\
&= \cos x + i \sin x
\end{aligned}$$

$$\therefore e^{ix} = \cos x + i \sin x \quad (5\text{-}21)$$

이것이 바로 오일러 공식입니다. $x = \pi$를 대입한 식 (5-22)가 유명한 형태입니다.

$$e^{i\pi} = \cos\pi + i\sin\pi = -1 + 0 = -1$$

$$\therefore e^{i\pi} = -1 \qquad (5\text{-}22)$$

식 (5-22)는 사실 오일러 공식의 특수한 경우라고 볼 수 있습니다. 자연 상수 $e$와 $\pi$는 무리수, $i$는 허수임에도 이들을 조합하면 $-1$을 얻는다는 것은 참 신기합니다. 그리고 $e^{ix}$이 $\cos x$와 $\sin x$라는 파형으로 표현될 수 있다는 것도 알 수 있습니다. 바로 이 성질이 푸리에 급수 전개와 깊이 관련됩니다.

### Column

**데카르트, 뉴턴, 라이프니츠, 오일러**

이 책을 통해 지금까지 수학사에서 최고의 천재로 불리는 아이작 뉴턴, 고트프리트 라이프니츠, 레온하르트 오일러가 등장했습니다. 여기에서 한걸음 더 나아가 프랑스의 철학자이자 수학자이며, 근대 철학의 아버지로도 잘 알려진 **르네 데카르트**Rene Descartes를 소개합니다. 그는 대수학과 기하학을 통합하고 미적분학을 창시했으며, 여러 수학 기호까지 정립하는 등 현대 수학의 기초를 확립한 인물입니다. 이번 컬럼에서는 그의 업적을 간단히 되짚어 봅니다.

데카르트는 그의 저서 『방법서설』 제4부에서 '나는 생각한다, 고로 존재한다'라는 유명한 문장을 남겼습니다. 이와 같은 철학적 통찰에서 출발해 삼부작(『굴절광학』, 『기상학』, 『기하학』)을 출간했고, 그중 『기하학』은 훗날 수학 전체에 걸쳐 큰 영향을 미쳤습니다. 『방법서설』하면 보통 '나는 생각한다, 고로 존재한다'가 떠오르지만, 사실 『방법서설』의 원래 목적은 데카르트가 주장한 '방법'을 전개하는 '서설'이었다는 점에 주목할 필요가 있습니다.

데카르트는 『기하학』 제1권의 서두에서 다음과 같이 말합니다.

*기하학의 모든 문제는, 몇 개의 직선의 길이를 알 수 있다면 문제를 도형으로 바꿔 쉽게 해석할 수 있다.*

이 아이디어를 바탕으로, 당시에는 서로 어울릴 수 없다고 여겨졌던 **대수학**과 **기하학**을 통합하고 이전까지의 상식을 뒤엎는 다양한 수학적 아이디어가 전개되었습니다. 예를 들어 도형의 선분을 수로 바꾸어 표현하는 방식이나 **거듭제곱**의 표현($x^2$, $y^3$ 등)을 도입해서 기하학적

도형을 대수적으로 분석하는 방법을 제시했습니다.

그리고 『기하학』 제2권에서는 다음과 같은 문장을 남겼습니다.

*기하학이라 불리는 선이란, 어떤 확실하고 정밀한 측정을 받는 선 위의 모든 점이 반드시 하나의 직선 위의 모든 점과 어떠한 관계를 가지며, 그 관계는 선 위의 모든 점에 대해 동일한 방정식으로 표현될 수 있어야 한다.*

이것은 명확한 주장입니다. 이 아이디어로부터 곡선을 방정식으로 표현하는 방법론이 제안되었고, 미지수(변량)라는 개념이 도입되었습니다. 변수란 우리가 현대 수학에서 당연히 사용하고 있는 $x$, $y$와 같은 문자이며 아직 정해지지 않은 수라고 생각하면 됩니다. 이러한 수를 다루는 방법론은 후에 수학자들이 여러 원리를 수학적으로 증명해 나가는 데 큰 전환점이 되었습니다.

뉴턴과 라이프니츠는 **미적분학**을 독자적으로 창시했습니다. 뉴턴은 물리학 문제 중에서도 특히 역학의 기본 법칙을 해명하기 위해 **미분법**을 고안했습니다. 그는 물체의 **위치**를 시간에 대해 미분해서 **속도**, 속도를 시간에 대해 미분해서 **가속도**라는 개념을 도입했고, 이를 바탕으로 **운동 방정식** $f = ma$를 정립했습니다. 자세한 내용은 6장에서 설명합니다. 한편, 라이프니츠는 **무한소량**을 나타내는 기호 $dx$, $dy$와 적분 기호 $\int$을 도입했고, 함수의 극한의 개념으로 **도함수**를 정의했습니다. 그의 표기법은 이 책에서도 이미 몇 차례 등장한 것처럼, 직관적 이해와 계산의 편리함 덕분에 현대에도 널리 사용됩니다. 뉴턴과 라이프니츠의 미적분학은 수학뿐 아니라 물리학과 공학에도 큰 영향을 주었고, 과학 기술 발전에 반드시 필요한 기초를 마련했다고 할 수 있습니다.

이번 장에서 살펴본 오일러 공식을 만든 오일러는 이외에도 많은 업적을 남겼습니다. 그는 함수의 개념을 명확히 정의하고 자연 상수 $e$, 무한급수를 이용한 함수의 해석 방법 등을 고안했습니다. 특히 주목해야 할 점은 오일러가 도입한 수식의 기호 체계입니다. 그는 함수 기호 $f(x)$, 합의 기호 $\Sigma$, 원주율 $\pi$, 허수 $i$ 등을 도입했고 현대 수학에서 사용하는 수많은 기호적 표현을 널리 보급시켰습니다. 이 업적들은 수학뿐만 아니라 물리학, 공학에도 커다란 영향을 끼쳤으며, 현대 과학 기술의 발전에 큰 공헌을 했습니다.

데카르트의 대수와 기하 통합, 뉴턴과 라이프니츠의 미적분학 창시, 오일러의 기호 체계를 포함한 여러 수학적 기법의 확립에 이르기까지, 이러한 위대한 업적들이 지금의 과학 기술의 기초를 형성했습니다. 요즘은 최신 기술을 따라잡기 위해 몰두하는 경향이 있지만, 과거 수학자들의 위대한 업적을 되새기는 것도 수학적인 기초를 다지기 위해서는 중요합니다. 뉴턴은 다음과 같이 유명한 말을 남겼습니다.

*내가 멀리 볼 수 있었다면, 그것은 거인의 어깨 위에 서 있었기 때문이다.*

그들을 넘어서고 싶다면, 이 격언처럼 그들의 어깨 위에 서기 위해 배우고 연마하는 것이 무엇보다 중요하지 않을까요?

## 5.10 푸리에 급수 전개: 복잡한 파형을 여러 주기 함수로 표현하기

이제부터 **푸리에 급수 전개**에 관해 알아볼 차례입니다. 다시 한번 아래의 식 (5-7)에 주목해 보겠습니다.

$$\begin{aligned} f(t) = a_0 \cos 0\omega t + a_1 \cos \omega t + a_2 \cos 2\omega t + \cdots + a_n \cos n\omega t + \cdots \\ +b_0 \sin 0\omega t + b_1 \sin \omega t + b_2 \sin 2\omega t + \cdots + b_n \sin n\omega t + \cdots \end{aligned} \tag{5-7}$$

앞선 설명에서 급수 전개를 통해 다항식을 만들고 $e^x$, $\sin x$, $\cos x$를 다른 방식으로 표현해 봤습니다. $e^x$, $\sin x$, $\cos x$의 매클로린 전개(식 (5-19), (5-16), (5-17))를 다시 확인하면서 식 (5-7)과 비교해 보세요.

$$e^x = 1 + x + \frac{1}{2!}x^2 + \frac{1}{3!}x^3 + \frac{1}{4!}x^4 + \cdots + \frac{1}{n!}x^n + \cdots \tag{5-19}$$

$$\sin x = x - \frac{1}{3!}x^3 + \frac{1}{5!}x^5 - \frac{1}{7!}x^7 + \cdots + (-1)^n \frac{1}{(2n+1)!}x^{2n+1} + \cdots \tag{5-16}$$

$$\cos x = 1 - \frac{1}{2!}x^2 + \frac{1}{4!}x^4 - \frac{1}{6!}x^6 + \cdots + (-1)^n \frac{1}{(2n)!}x^{2n} + \cdots \tag{5-17}$$

위의 매클로린 전개는 변수 $x$의 거듭제곱을 이용해서 함수를 근사하고 있으며, $\sin x$, $\cos x$

와 같은 삼각 함수는 사용하지 않았습니다. 만약 식 (5−7)처럼 삼각 함수를 더하면 어떤 형태의 그래프가 될까요? 한번 시각적으로 확인해 봅시다. 준비 단계로 [그림 5−24]에서 삼각 함수 $\sin 2t$, $2\sin 3t$, $\cos t$를 먼저 그래프로 나타냅니다.

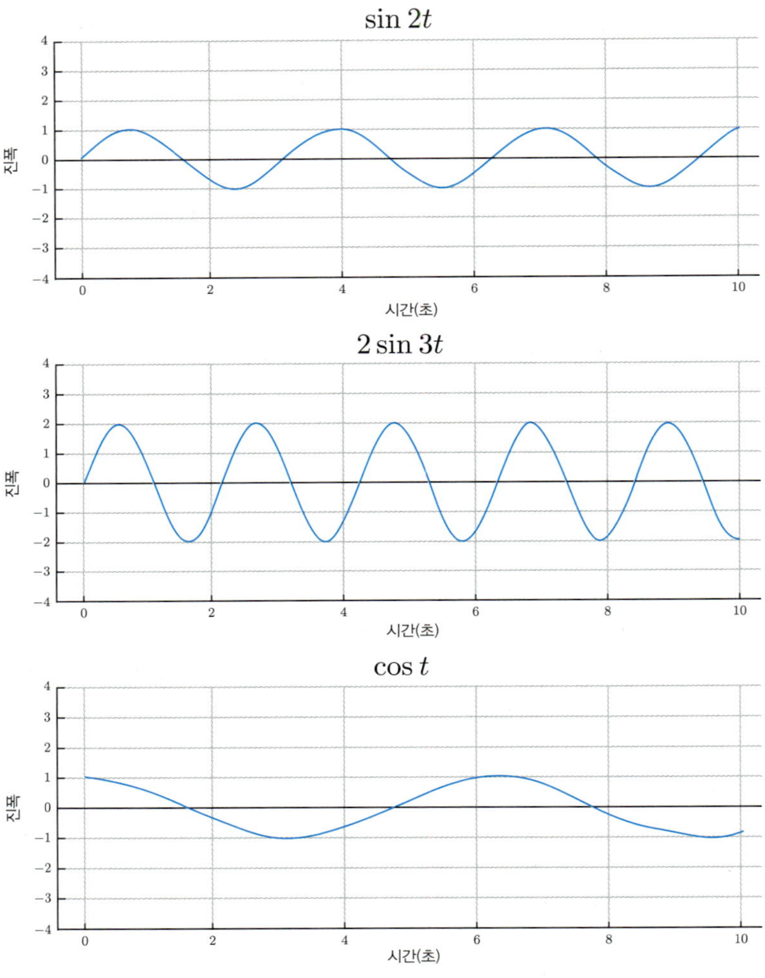


**그림 5-24** $\sin 2t$, $2\sin 3t$, $\cos t$**의 그래프**

[그림 5−24]의 세 함수를 더하면 [그림 5−25]와 같은 형태가 됩니다. 이를 통해 세 삼각 함수를 더하면 훨씬 복잡한 형태의 파형을 만들 수 있다는 점을 확인했습니다.

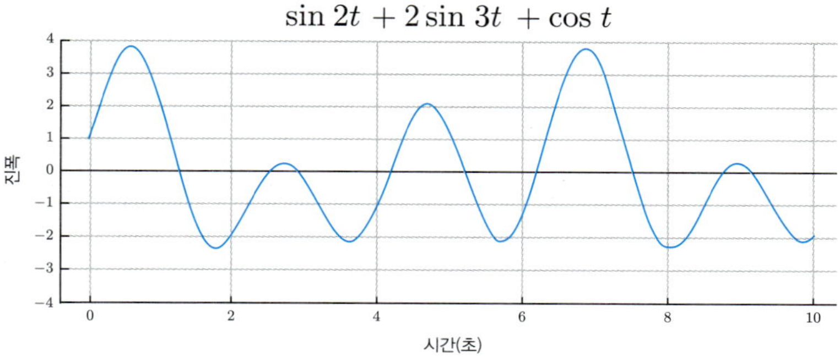


**그림 5-25** $\sin 2t + 2\sin 3t + \cos t$**의 그래프**

이 사고방식을 응용해서 여러 개의 삼각 함수를 조합해 더욱 복잡한 파형을 표현하는 것이 푸리에 급수 전개의 핵심 아이디어입니다.

그렇다면 삼각 함수를 조합하기만 하면 음성과 같은 파형을 표현할 수 있는지에 대한 의문을 풀기 위해서는 위의 예시만으로 부족하지만, 여기서는 가능하다는 전제를 바탕으로 설명을 이어 나갑니다.[9] 다시 푸리에 급수 전개식을 살펴보겠습니다.

$$
\begin{aligned}
f(t) = a_0 \cos 0\omega t + a_1 \cos \omega t + a_2 \cos 2\omega t + \cdots + a_n \cos n\omega t + \cdots \\
+ b_0 \sin 0\omega t + b_1 \sin \omega t + b_2 \sin 2\omega t + \cdots + b_n \sin n\omega t + \cdots
\end{aligned}
\qquad \text{(5-7)}
$$

우선 식 (5−2)에서 알 수 있듯이 $\omega$는 각주파수를 나타내는 기호이며, $\omega = \frac{\theta}{t}$ 가 성립했습니다. 분모 $t$는 시간을 나타내며 단위는 초입니다. 시간 $t$를 파동이 한 번 위아래로 운동을 하는 데 걸리는 시간인 주기 $T$로 바꿔줍니다. 이에 따라 주기 $T$ 동안 파동은 한 번 위아래로 운동을 하므로 $\theta$는 이동 거리로 간주되어 $2\pi$로 바꿀 수 있습니다. 따라서 $\omega$는 식 (5−23)으로 나타낼 수 있습니다.

$$
\omega = \frac{2\pi}{T} \qquad \text{(5-23)}
$$

식 (5−23)의 조건을 따르면, 위의 푸리에 급수 전개는 주기 $T$의 범위 안에 속하기 때문에,

9 사실, 모든 함수를 푸리에 급수 전개할 수 있는 것은 아닙니다.

시간 $t$와 주기 $T$ 사이에는 자연스럽게 다음과 같은 대응 관계가 성립합니다.

$$0 \leq t \leq T$$

여기서 나중에 계산을 편하게 하기 위해, 시간 $t$의 범위를 식 (5–24)처럼 다시 조정합니다.

$$-\frac{T}{2} \leq t \leq \frac{T}{2} \qquad \text{(5-24)}$$

$0 \leq t \leq T$ 의 범위나 $-\frac{T}{2} \leq t \leq \frac{T}{2}$ 의 범위에서 모두 주기는 $T$입니다. 즉, 시간 $t$가 취할 수 있는 범위의 폭은 변하지 않았습니다. 이제 또 다른 변형을 소개합니다. 삼각 함수는 합성 가능하므로 식 (5–7)은 식 (5–25)처럼 정리할 수 있습니다.

$$\begin{aligned}
f(t) &= a_0 + a_1 \cos \omega t + a_2 \cos 2\omega t + \cdots + a_n \cos n\omega t + \cdots \\
&\qquad + b_1 \sin \omega t + b_2 \sin 2\omega t + \cdots + b_n \sin n\omega t + \cdots \\
&= a_0 + a_1 \cos\left(1 \times \frac{2\pi}{T} t\right) + b_1 \sin\left(1 \times \frac{2\pi}{T} t\right) \\
&\qquad + a_2 \cos\left(2 \times \frac{2\pi}{T} t\right) + b_2 \sin\left(2 \times \frac{2\pi}{T} t\right) + \cdots \\
&\qquad + a_n \cos\left(n \times \frac{2\pi}{T} t\right) + b_n \sin\left(n \times \frac{2\pi}{T} t\right) + \cdots \\
&= a_0 + \sqrt{a_1^2 + b_1^2} \sin\left(\frac{2\pi}{T} t + \alpha_1\right) \\
&\qquad + \sqrt{a_2^2 + b_2^2} \sin\left(\frac{4\pi}{T} t + \alpha_2\right) + \cdots \\
&\qquad + \sqrt{a_n^2 + b_n^2} \sin\left(\frac{2n\pi}{T} t + \alpha_n\right) + \cdots \qquad \text{(5-25)}
\end{aligned}$$

**삼각 함수의 합성**

식 (5–25) 안 강조 표시된 부분에서 $a_1 \cos\left(1 \times \frac{2\pi}{T} t\right)$와 $b_1 \sin\left(1 \times \frac{2\pi}{T} t\right)$를 합성해 $\sqrt{a_1^2 + b_1^2} \sin\left(\frac{2\pi}{T} t + \alpha_1\right)$ 이 되었습니다. 이 부분의 변형을 풀어서 계산하면 다음과 같습니다.

$$\begin{aligned}
a_1 \cos\left(1 \times \frac{2\pi}{T} t\right) + b_1 \sin\left(1 \times \frac{2\pi}{T} t\right) &= a_1 \cos \frac{2\pi}{T} t + b_1 \sin \frac{2\pi}{T} t \\
&= \sqrt{a_1^2 + b_1^2} \sin\left(\frac{2\pi}{T} t + \alpha_1\right)
\end{aligned}$$

이때 $\alpha_1$은 $\sin\alpha_1 = \frac{a_1}{\sqrt{{a_1}^2+{b_1}^2}}$, $\cos\alpha_1 = \frac{b_1}{\sqrt{{a_1}^2+{b_1}^2}}$ 을 만족하는 각도를 나타냅니다.

**Lesson**

### 삼각 함수의 합성

삼각 함수의 합성을 그림으로 살펴보겠습니다. 원점 $O$를 중심으로 하는 반지름 $r$의 원주상에 있는 점 $P(a, b)$에서 동경 $OP$와 $x$축이 이루는 각을 $\alpha$라고 하면, $a = r\cos\alpha$, $b = r\sin\alpha$가 성립하므로 피타고라스 정리에 따라 $r = \sqrt{a^2 + b^2}$ 이 됩니다. [그림 5-26]에 계산 과정을 적어 놓았습니다.

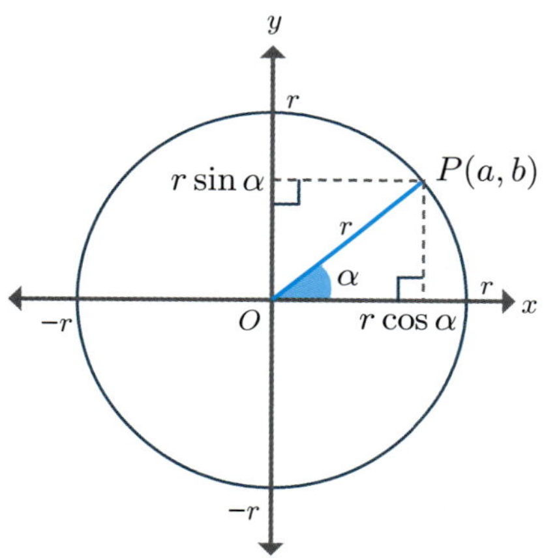


$$\sin\alpha = \frac{b}{r} \text{ 이므로 } b = r\sin\alpha$$

$$\cos\alpha = \frac{a}{r} \text{ 이므로 } a = r\cos\alpha$$

$$\begin{aligned} a^2 + b^2 &= r^2\cos^2\alpha + r^2\sin^2\alpha \\ &= r^2\underbrace{(\cos^2\alpha + \sin^2\alpha)}_{=1} \\ &= r^2 \\ \therefore r &= \sqrt{a^2+b^2} \quad (\because r > 0) \end{aligned}$$

**그림 5-26** 삼각함수의 합성: 점 $P(a, b)$와 반지름 $r$의 관계

여기서 $a\sin\theta + b\cos\theta$를 변형합니다. $a = r\cos\alpha$, $b = r\sin\alpha$를 활용해 다음과 같이 쓸 수 있습니다.

$$\begin{aligned} a\sin\theta + b\cos\theta &= \underbrace{r\cos\alpha}_{=a}\sin\theta + \underbrace{r\sin\alpha}_{=b}\cos\theta \\ &= r(\cos\alpha\sin\theta + \sin\alpha\cos\theta) \\ &= \underbrace{\sqrt{a^2+b^2}}_{=r}\underbrace{\sin(\theta+\alpha)}_{\text{합의 공식}} \end{aligned} \quad (5\text{-}26)$$

마지막 변형에서 삼각 함수의 합의 공식 $\sin(A + B) = \sin A\cos B + \cos A\sin B$를 사용했습니다. 여기까지 $\theta$와 $\alpha$를 각으로 하는 두 삼각 함수를 하나로 합성했습니다.

참고로 $\sin\alpha = \frac{b}{r}$, $\cos\alpha = \frac{a}{r}$와 $r = \sqrt{a^2 + b^2}$ 으로부터 $\alpha$는 $\sin\alpha = \frac{b}{\sqrt{a^2+b^2}}$, $\cos\alpha = \frac{a}{\sqrt{a^2+b^2}}$ 를 만족하는 각도입니다. 식 (5-25)에서 도출한 식과 분자의 표기가 거꾸로인 것은 [그림 5-26]에서 설명한 전제를 따랐기 때문입니다.

삼각 함수의 합성으로 식 (5-25)의 각 항에 등장한 $\sqrt{a_1^2 + b_1^2}$, $\sqrt{a_2^2 + b_2^2}$ 은 무엇을 의미할까요? 이 절 초반에서 세 삼각 함수를 더할 때, $\sin 2t$, $2\sin 3t$를 그래프로 나타냈습니다. 이 두 그래프를 [그림 5-27]에서 보면 그래프의 **진폭**이 서로 다르다는 것을 알 수 있습니다. 그래프의 세로축을 보면 $\sin 2t$의 진폭은 1이고, $2\sin 3t$의 진폭은 2입니다.

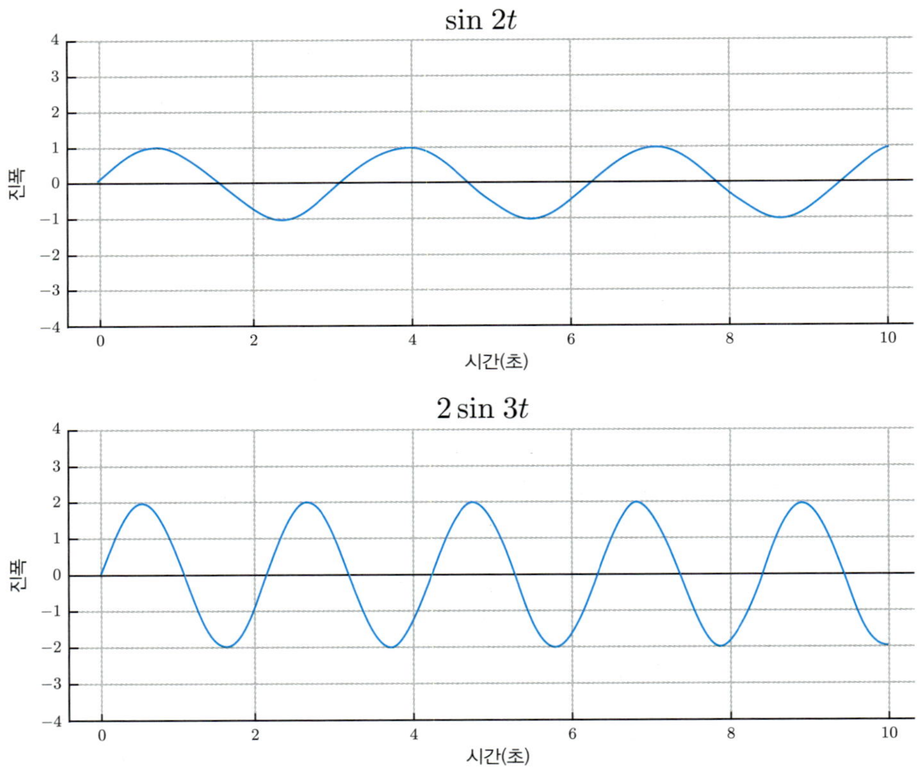


**그림 5-27** $\sin 2t$의 진폭은 1, $2\sin 3t$의 진폭은 2입니다.

진폭은 sin 함수 앞에 붙는 계수입니다. 따라서 삼각 함수의 합성으로 붙은 $\sqrt{a_1^2+b_1^2}$, $\sqrt{a_2^2+b_2^2}$ 은 각 정현파의 진폭을 나타낸다고 할 수 있습니다.

만약 푸리에 급수 전개를 통해 함수 $f(t)$를 여러 개의 정현파로 분해할 수 있다면 각주파수마다 정현파의 진폭을 파악할 수 있습니다. 왜 그런지 이해하기 위해 다시 한번 앞에서 유도한 푸리에 급수 전개 (5-25)를 살펴보겠습니다.

$$\begin{aligned} f(t) = a_0 &+ \sqrt{a_1^2+b_1^2}\sin\left(\frac{2\pi}{T}t+\alpha_1\right) + \sqrt{a_2^2+b_2^2}\sin\left(\frac{4\pi}{T}t+\alpha_2\right) + \cdots \\ &+ \sqrt{a_n^2+b_n^2}\sin\left(\frac{2n\pi}{T}t+\alpha_n\right) + \cdots \end{aligned} \tag{5-25}$$

삼각 함수의 합성으로 $a_0$을 제외한 $f(t)$의 오른쪽은 정현파의 합으로 표현됩니다. 게다가 각 정현파의 각주파수는 $\frac{2\pi}{T}$, $\frac{4\pi}{T}$, $\cdots$, $\frac{2n\pi}{T}$, $\cdots$ 처럼 모두 서로 다른 값이 됩니다. 각주파수와 진폭이 각 정현파의 특성을 나타내므로, 어떤 특성을 가진 정현파들이 조합되어 $f(t)$가 구성되었는지 분석할 수 있습니다. 조금 더 자세히 말하면 시간축에서 파동을 나타내던 함수 $f(t)$를 푸리에 급수 전개를 통해 각주파수별 정현파로 분해함으로써, 각 파동의 특성을 각주파수 축에서 분석할 수 있게 된다는 의미입니다.

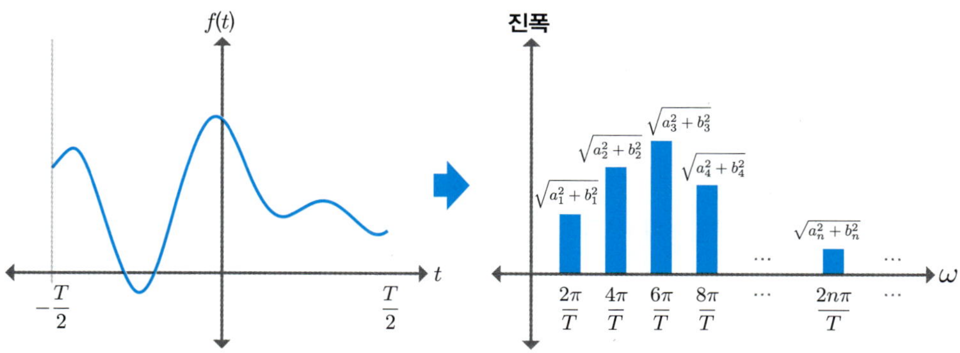


**그림 5-28** 푸리에 급수 전개를 통해 각 각주파수에 해당하는 정현파로 분해하고 진폭을 추출합니다.

## 5.11 정적분: 푸리에 계수 $a_0$ 도출하기

지금까지 푸리에 급수 전개를 통해 함수 $f(t)$를 서로 다른 각주파수를 갖는 정현파로 분해했고, 각 정현파마다 진폭을 구하는 방법을 살펴봤습니다. 그런데 주파수라는 단어는 소리와 관련된 이야기에서 자주 들을 수 있습니다. 주파수의 단위는 Hz(헤르츠)이며, 1초 동안 몇 번 진동하는지를 나타냅니다. 진동수가 많을수록 '주파수가 높다'고 표현하며 **고음**을 의미합니다. 사람이 들을 수 있는 주파수는 보통 20 Hz~20,000 Hz 정도입니다.

소리 자체의 크고 작음은 진폭으로 표현합니다. 푸리에 급수 전개로 삼각 함수를 합성해서 얻은 요소 $\sqrt{a_1^2+b_1^2}$, $\sqrt{a_2^2+b_2^2}$은 각 주파수에 해당하는 소리의 '크기', 즉 진폭을 나타냅니다.[10] 어떤 소리를 구성하는 여러 정현파 중에서 진폭이 큰 정현파는 진폭이 작은 다른 정현파보다도 소리 전체를 더 강하게 특징짓습니다. 다시 말해 소리를 구성하는 요소들 중 '진폭이 큰 정현파'를 추출하면 소리를 이해하는 데 중요한 데이터를 얻을 수 있다는 뜻입니다.

진폭 $\sqrt{a_1^2+b_1^2}$, $\sqrt{a_2^2+b_2^2}$, $\cdots$ , $\sqrt{a_n^2+b_n^2}$, $\cdots$ 을 구하기 위해서는 여기에 포함된 $a_1$, $a_2$, $\cdots$, $a_n$, $\cdots$, $b_1$, $b_2$, $\cdots$, $b_n$, $\cdots$ 값을 구체적으로 계산해야 합니다. $a_1$, $a_2$, $\cdots$, $a_n$, $\cdots$, $b_1$, $b_2$, $\cdots$, $b_n$, $\cdots$ 값은 현재 모두 **미지수**이며 푸리에 급수 전개의 우변 첫 번째 항 $a_0$까지를 포함해서 **푸리에 계수**라고 부릅니다. 이번 절에서 푸리에 계수를 자세히 살펴봅니다.

푸리에 계수 중 먼저 우변 첫 번째 상수항 $a_0$을 구합니다. 이때 삼각 함수의 **정적분**을 사용합니다. 푸리에 해석학에서 푸리에 계수를 유도할 때는 일반적으로 **직교 함수계**(뒤에서 설명합니다)를 바탕으로 접근합니다. 하지만 이 책에서는 수학적 사고력을 기르기 위해 일부러 계산량이 많은 접근법을 사용합니다. 조금 어렵게 들릴 수도 있지만, 단순히 계산량을 늘리려는 것이 아니라 그 과정 속에 수학적 사고력을 기르는 데 도움이 되는 힌트가 많이 담겨 있기 때문입니다.

10 사람의 청각을 고려한 소리의 크기를 나타내는 단위로 dB(데시벨)을 사용합니다. 진폭이 너무 커지면 사람의 청각으로는 소리 크기의 차이를 인식하기가 어렵습니다. 사람이 견딜 수 있는 최대 크기는 약 120 dB정도입니다.

**푸리에 급수 전개:**

$$f(t) = a_0 + a_1 \cos\omega t + a_2 \cos 2\omega t + \cdots + a_n \cos n\omega t + \cdots$$
$$+ b_1 \sin\omega t + b_2 \sin 2\omega t + \cdots + b_n \sin n\omega t + \cdots$$

**정적분:**

$$\int_b^a x^n dx = \left[\frac{1}{n+1}x^{n+1}\right]_b^a = \frac{1}{n+1}a^{n+1} - \frac{1}{n+1}b^{n+1}$$
$$\int_b^a \cos nx\, dx = \left[\frac{\sin nx}{n}\right]_b^a = \frac{\sin na}{n} - \frac{\sin nb}{n}$$
$$\int_b^a \sin nx\, dx = -\left[\frac{\cos nx}{n}\right]_b^a = -\frac{\cos na}{n} + \frac{\cos nb}{n}$$

**푸리에 계수:**

$$a_0 = \frac{1}{T}\int_{-\frac{T}{2}}^{\frac{T}{2}} f(t)dt$$
$$\left[-\frac{T}{2} \le t \le \frac{T}{2}\right]$$

그림 5-29 설명 방식

푸리에 계수의 첫 번째 항 $a_0$을 구할 때 삼각 함수의 성질이 큰 역할을 합니다. 푸리에 급수 전개식 (5-7)을 $-\frac{T}{2} \le t \le \frac{T}{2}$ 범위에서 **적분**합니다. 양변에 적분을 적용한 결과는 식 (5-27)과 같으며 여기서 $n$은 자연수입니다.

$$\begin{aligned}\int_{-\frac{T}{2}}^{\frac{T}{2}} f(t)dt = a_0 \int_{-\frac{T}{2}}^{\frac{T}{2}} 1dt &+ a_1 \int_{-\frac{T}{2}}^{\frac{T}{2}} (\cos\omega t)\, dt + a_2 \int_{-\frac{T}{2}}^{\frac{T}{2}} (\cos 2\omega t)\, dt + \cdots \\ &+ a_n \int_{-\frac{T}{2}}^{\frac{T}{2}} (\cos n\omega t)\, dt + \cdots \\ &+ b_1 \int_{-\frac{T}{2}}^{\frac{T}{2}} (\sin\omega t)\, dt + b_2 \int_{-\frac{T}{2}}^{\frac{T}{2}} (\sin 2\omega t)\, dt + \cdots \\ &+ b_n \int_{-\frac{T}{2}}^{\frac{T}{2}} (\sin n\omega t)\, dt + \cdots\end{aligned} \tag{5-27}$$

각 푸리에 계수는 적분의 대상이 아니므로, 적분 기호 바깥으로 꺼내기 위해 적분 기호 왼쪽에 붙어 있습니다. $a_0$의 경우는 꺼내면 1이 적분의 대상이 됩니다. 그 외의 항들은 cos 또는 sin이 적분의 대상이 됩니다. 우변의 모든 항이 적분이므로 복잡해 보이지만, 사실은 오히려 계산하기가 쉽습니다.

Lesson

## 적분 1

드디어 이 책에서도 적분이 등장했습니다. 적분은 미분과 마찬가지로 뉴턴과 라이프니츠가 거의 동시에 확립한 해석 기법입니다. 미분이 순간적인 변화를 다루는 개념이라면, 적분은 변화가 누적된 전체적인 모습을 그려냅니다. 적분의 응용 범위는 말할 것도 없이 매우 넓으며, 물리학, 정보 공학, 경제학은 물론, 이 책에서 다루지는 않지만 수학의 확률론 등에서도 중요한 역할을 합니다.

이어지는 내용에서 적분을 활용한 설명이 이어지지만, 방법을 한 번에 다 설명하기에는 내용이 너무 길어지므로 필요에 따라 간결하게 설명합니다. 이미 적분을 잘 이해하고 있다면 이 부분은 건너뛰어도 좋습니다.

푸리에 급수 전개의 양변을 적분한 식은 다음과 같습니다. 여기서 $n$은 자연수이며, 적분 기호 $\int$는 인티그럴integral이라고 읽습니다.

$$\begin{aligned}\int_{-\frac{T}{2}}^{\frac{T}{2}} f(t)dt = a_0 \int_{-\frac{T}{2}}^{\frac{T}{2}} 1dt + a_1 \int_{-\frac{T}{2}}^{\frac{T}{2}} (\cos \omega t)\, dt + a_2 \int_{-\frac{T}{2}}^{\frac{T}{2}} (\cos 2\omega t)\, dt + \cdots \\ + a_n \int_{-\frac{T}{2}}^{\frac{T}{2}} (\cos n\omega t)\, dt + \cdots \\ + b_1 \int_{-\frac{T}{2}}^{\frac{T}{2}} (\sin \omega t)\, dt + b_2 \int_{-\frac{T}{2}}^{\frac{T}{2}} (\sin 2\omega t)\, dt + \cdots \\ + b_n \int_{-\frac{T}{2}}^{\frac{T}{2}} (\sin n\omega t)\, dt + \cdots\end{aligned} \tag{5-27}$$

여기서 우변의 모든 항을 적분하는 식이 되었는데, 이것은 적분의 **선형성**을 이용했기 때문입니다. 선형성에 관해서는 자세히 설명하지 않지만, 식 (5-28)이 선형성이라고 생각하면 그것으로 충분합니다. 함수 $f(x)$, $g(x)$는 적분 가능한 함수이고, $a$, $b$는 상수입니다. 따라서 항마다 적분 계산을 따로 할 수 있다는 뜻입니다.[11]

$$\int (af(x) + bg(x))\, dx = a \int f(x)dx + b \int g(x)dx \tag{5-28}$$

11 이 이유를 생각하며 파고드는 것은 수학적 사고력을 기르기 위한 매우 좋은 습관입니다. 이와 관련해 자세히 이해하고 싶다면 미적분학에 관한 전문 서적을 참고하기 바랍니다.

다음으로 삼각 함수 sin $x$, cos $x$를 $a \leq x \leq b$ 구간에서 적분하는 공식은 (5-29), (5-30)과 같습니다. cos $x$를 적분하면 sin $x$가 되고, sin $x$를 적분하면 −cos $x$가 된다는 점에 유의하세요.

$$\int_b^a \cos x dx = [\sin x]_b^a = \sin a - \sin b \tag{5-29}$$

$$\int_b^a \sin x dx = -[\cos x]_b^a = -(\cos a - \cos b) = -\cos a + \cos b \tag{5-30}$$

적분 구간에 관한 설명이나 적분의 기하학적인 의미는 부록 2에서 자세히 설명합니다. 참고로 변수에 $n$을 곱한 삼각 함수 sin $nx$, cos $nx$를 구간 $a \leq x \leq b$에서 적분한 경우는 식 (5-31), (5-32)와 같습니다. 이와 같은 패턴은 앞으로의 설명에서 자주 등장합니다.

$$\int_b^a \cos nx dx = \left[\frac{\sin nx}{n}\right]_b^a = \frac{\sin na}{n} - \frac{\sin nb}{n} \tag{5-31}$$

$$\int_b^a \sin nx dx = -\left[\frac{\cos nx}{n}\right]_b^a = -\left(\frac{\cos na}{n} - \frac{\cos nb}{n}\right) = -\frac{\cos na}{n} + \frac{\cos nb}{n} \tag{5-32}$$

여기서 식 (5-24)의 $-\frac{T}{2} \leq t \leq \frac{T}{2}$ 범위에서 sin $n\omega t$, cos $n\omega t$에 $\omega = \frac{2\pi}{T}$ (식 (5-23))를 대입해서 적분을 계산하면 식 (5-33), (5-34)처럼 계산 결과는 0이 됩니다.

$$\begin{aligned}
\int_{-\frac{T}{2}}^{\frac{T}{2}} \cos n\omega t dt &= \left[\frac{\sin n\omega t}{n\omega}\right]_{-\frac{T}{2}}^{\frac{T}{2}} \\
&= \frac{\sin n\omega\frac{T}{2}}{n\omega} - \frac{\sin\left(-n\omega\frac{T}{2}\right)}{n\omega} \\
&= \frac{1}{n\omega}\left(\sin n\frac{2\pi}{T}\cdot\frac{T}{2} - \sin\left(-n\frac{2\pi}{T}\cdot\frac{T}{2}\right)\right) \\
&= \frac{1}{n\omega}(\underbrace{\sin n\pi}_{=0} - \underbrace{\sin(-n\pi)}_{=0}) \\
&= \frac{1}{n\omega}(0-0) \\
&= 0
\end{aligned} \tag{5-33}$$

$$\begin{aligned}
\int_{-\frac{T}{2}}^{\frac{T}{2}} \sin n\omega t dt &= -\left[\frac{\cos n\omega t}{n\omega}\right]_{-\frac{T}{2}}^{\frac{T}{2}} \\
&= -\left\{\frac{\cos n\omega\frac{T}{2}}{n\omega} - \frac{\cos\left(-n\omega\frac{T}{2}\right)}{n\omega}\right\} \\
&= -\frac{1}{n\omega}\left\{\cos n\frac{2\pi}{T}\cdot\frac{T}{2} - \cos\left(-n\frac{2\pi}{T}\cdot\frac{T}{2}\right)\right\} \\
&= -\frac{1}{n\omega}(\cos n\pi - \underbrace{\cos(-n\pi)}_{=\cos n\pi}) \\
&= -\frac{1}{n\omega}(\cos n\pi - \cos n\pi) \\
&= 0
\end{aligned} \tag{5-34}$$

계산 결과가 모두 0이 되는 이유를 생각해 봅시다. 식 (5-33), (5-34)의 계산 과정에서 sin $n\pi$, sin$(-n\pi)$, cos $n\pi$, cos$(-n\pi)$가 나왔습니다. 단위원으로 이 값들을 떠올리면 이해하기 쉽습니다. 먼저 $\sin n\pi$, $\sin(-n\pi)$를 이해하기 위해 [그림 5-30]을 살펴봅니다.

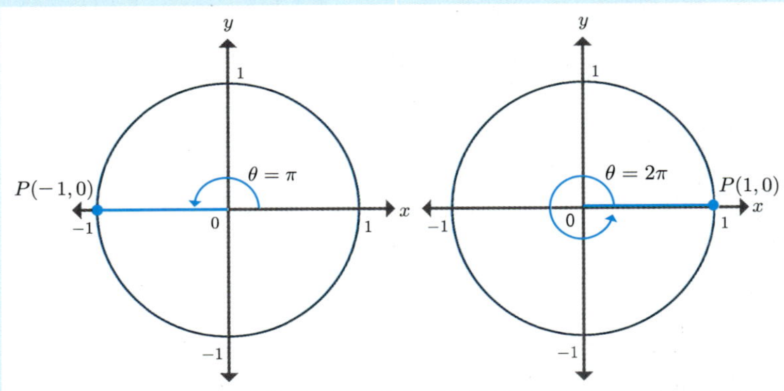


그림 5-30 $\sin \pi$, $\sin 2\pi$는 단위원을 통해 같은 값임을 알 수 있습니다.

[그림 5-30]은 $\theta = \pi$ 또는 $\theta = 2\pi$일 때, 점 $P$의 위치를 단위원상에 나타낸 것입니다. $\cos \theta$, $\sin \theta$를 단위원으로 생각하는 방법은 이미 설명했습니다. 여기서 $\theta = n\pi$는 반드시 [그림 5-30]의 두 경우 중 하나에 속합니다. $n = 1, 2, 3, \cdots$ 같은 구체적인 숫자를 대입해 생각해 봅시다. 그러면 $\theta = n\pi$일 때는 항상 $\sin n\pi = 0$이 되는 것을 알 수 있습니다. 점 $P$의 $y$ 좌표를 보면 바로 알 수 있습니다. 마찬가지로 $\sin(-n\pi)$ 역시 0입니다. 따라서 식 (5-33)의 계산 결과는 항상 0입니다. 참고로 $\sin \theta$의 값은 단위원의 $y$ 좌표입니다.

이번에는 $\cos n\pi$, $\cos(-n\pi)$는 어떤 값을 취하는지 [그림 5-31]을 통해 확인해 봅시다.

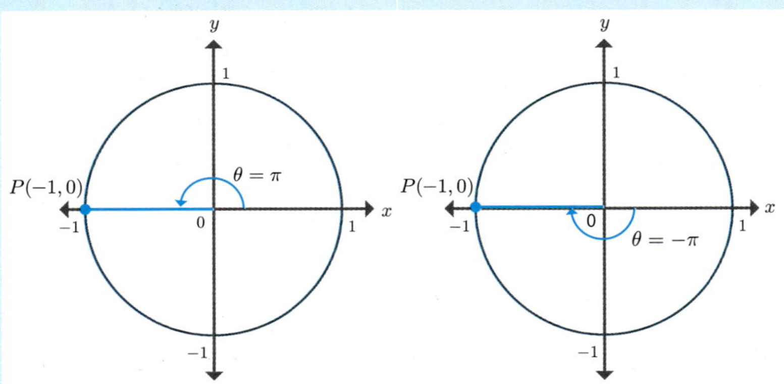


그림 5-31 $\cos \pi$, $\cos(-\pi)$는 단위원을 통해 같은 값임을 알 수 있습니다.

$\theta = \pi$ 또는 $\theta = -\pi$인 경우 단위원 위의 점 $P$가 있습니다. 그러면 $\cos\pi$, $\cos(-\pi)$ 모두 $x$ 좌표의 값은 −1이라는 것을 알 수 있습니다. 즉, $\cos\pi$, $\cos(-\pi)$의 값은 같습니다. 또한 $\cos n\pi$, $\cos(-n\pi)$처럼 $\pi$에 $n$을 곱한 경우도 마찬가지로 두 값은 같습니다. 따라서 식 (5−34)의 마지막 계산 결과도 0이 됩니다. 참고로 다시 확인하자면 $\cos\theta$의 값은 단위원 위의 $x$ 좌푯값입니다.

'Lesson: 적분 1'에서 설명한 대로 $n$을 자연수라고 하면 구간 $-\frac{T}{2} \leq t \leq \frac{T}{2}$ 에서 $\sin n\omega t$, $\cos n\omega t$를 적분한 값은 0이 됩니다. 따라서 적분 (5−27)은 식 (5−35)와 같이 계산됩니다.

$$\begin{aligned}\int_{-\frac{T}{2}}^{\frac{T}{2}} f(t)dt &= a_0 \int_{-\frac{T}{2}}^{\frac{T}{2}} 1dt + a_1 \times 0 + a_2 \times 0 + \cdots + a_n \times 0 + \cdots \\ &\quad + b_1 \times 0 + b_2 \times 0 + \cdots + b_n \times 0 + \cdots \\ &= a_0 \times [t]_{-\frac{T}{2}}^{\frac{T}{2}} = a_0 \left\{\frac{T}{2} - \left(-\frac{T}{2}\right)\right\} = a_0 T\end{aligned}$$

$$\therefore a_0 = \frac{1}{T}\int_{-\frac{T}{2}}^{\frac{T}{2}} f(t)dt \tag{5-35}$$

이것으로 푸리에 계수 $a_0$을 구했습니다.

**Lesson**

### 적분 2

식 (5−35)의 $\int_{-\frac{T}{2}}^{\frac{T}{2}} 1dt$ 에 대해 추가로 설명합니다. 이 적분을 상세하게 계산하면 다음과 같습니다.

$$\int_{-\frac{T}{2}}^{\frac{T}{2}} 1dt = [t]_{-\frac{T}{2}}^{\frac{T}{2}} = \left\{\frac{T}{2} - \left(-\frac{T}{2}\right)\right\} = T$$

정수 1을 적분하면 $t$가 되는데, 이는 식 (5−36)과 같은 성질을 따르기 때문입니다. 이렇게 적분 구간이 명시된 적분을 **정적분**이라고 합니다.

$$\int_b^a x^n dx = \left[\frac{1}{n+1}x^{n+1}\right]_b^a = \frac{1}{n+1}a^{n+1} - \frac{1}{n+1}b^{n+1} \qquad (5\text{-}36)$$

정수 1의 적분은 식 (5−36)에서 $x$가 $t$이고 $n$이 0인 경우입니다. 여기서 식 (5−36)에 $a = \frac{T}{2}$, $b = -\frac{T}{2}$ 를 대입해서 한 번 더 적분을 고쳐 쓰면 계산 결과가 같은 것을 알 수 있습니다.

$$\int_{-\frac{T}{2}}^{\frac{T}{2}} t^0 dt = \left[\frac{1}{0+1}t^{0+1}\right]_{-\frac{T}{2}}^{\frac{T}{2}} = \left\{\frac{T}{2} - \left(-\frac{T}{2}\right)\right\} = T$$

## 5.12 푸리에 계수 자세히 알아보기: 경우 나누기

여기까지 식 (5−7)의 적분을 통해 푸리에 계수 $a_0$을 구했습니다. 나머지 푸리에 계수 $a_1$, $a_2$, ⋯, $a_n$, ⋯, $b_1$, $b_2$, ⋯, $b_n$, ⋯도 적분을 통해 구해야 하지만, 이 값들을 구할 때는 몇 가지 계산 요령이 필요합니다. 이번 절에서는 **삼각 함수의 배각 공식**에 관해서도 소개합니다.

이번 절부터 이어지는 과정은 여러분의 이해를 돕기 위해 가능한 한 자세히 계산 과정을 풀어서 설명하지만, 그럼에도 난이도는 높은 편입니다. 하지만 이번 절의 내용을 바탕으로 다음 장에 이어지는 내용을 이해할 수 있기 때문에, 서두르지 말고 완전히 익숙해질 때까지 여러 번 반복해서 정독하기를 권장합니다.

**기초가 되는 수학적 기법**

**푸리에 급수 전개:**

$$f(t) = a_0 + a_1 \cos\omega t + a_2 \cos 2\omega t + \cdots + a_n \cos n\omega t + \cdots$$
$$+ b_1 \sin\omega t + b_2 \sin 2\omega t + \cdots + b_n \sin n\omega t + \cdots$$

**삼각 함수의 곱을 합의 형태로 변환하는 공식:**

$$\cos\alpha\cos\beta = \frac{1}{2}\{\cos(\alpha+\beta) + \cos(\alpha-\beta)\}$$

$$\sin\alpha\cos\beta = \frac{1}{2}\{\sin(\alpha+\beta) + \sin(\alpha-\beta)\}$$

**삼각 함수의 배각 공식:**

$$\sin 2\theta = 2\sin\theta\cos\theta, \quad \cos 2\theta = 2\cos^2\theta - 1$$

**정적분:**

$$\int_b^a x^n dx = \left[\frac{1}{n+1}x^{n+1}\right]_b^a = \frac{1}{n+1}a^{n+1} - \frac{1}{n+1}b^{n+1}$$

$$\int_b^a \cos nx\, dx = \left[\frac{\sin nx}{n}\right]_b^a = \frac{\sin na}{n} - \frac{\sin nb}{n}$$

$$\int_b^a \sin nx\, dx = -\left[\frac{\cos nx}{n}\right]_b^a = -\frac{\cos na}{n} + \frac{\cos nb}{n}$$

**푸리에 계수:**

$$a_n = \frac{2}{T}\int_{-\frac{T}{2}}^{\frac{T}{2}} f(t)\cos n\omega t dt$$

$$b_n = \frac{2}{T}\int_{-\frac{T}{2}}^{\frac{T}{2}} f(t)\sin n\omega t dt$$

$$\left[-\frac{T}{2} \leq t \leq \frac{T}{2}\right]$$

**그림 5-32** 설명 방식

푸리에 계수 $a_1$, $a_2$, ⋯, $a_n$, ⋯, $b_1$, $b_2$, ⋯, $b_n$, ⋯을 구할 때 계산에 필요한 요령은 식 (5-7)의 양변에 $\cos n\omega t$를 곱하는 것입니다. 이렇게 하면 식 (5-7)을 (5-37)처럼 변형할 수 있습니다.

$$\begin{aligned} f(t)\cos n\omega t &= a_0 \cos n\omega t + a_1 \cos\omega t \cos n\omega t + a_2 \cos 2\omega t \cos n\omega t + \cdots \\ &\quad + a_n \cos n\omega t \cos n\omega t + \cdots \\ &\quad + b_1 \sin\omega t \cos n\omega t + b_2 \sin 2\omega t \cos n\omega t + \cdots \\ &\quad + b_n \sin n\omega t \cos n\omega t + \cdots \\ &= a_0 \cos n\omega t + (a_1 \cos\omega t \cos n\omega t + b_1 \sin\omega t \cos n\omega t) \\ &\quad + (a_2 \cos 2\omega t \cos n\omega t + b_2 \sin 2\omega t \cos n\omega t) + \cdots \\ &\quad + (a_n \cos n\omega t \cos n\omega t + b_n \sin n\omega t \cos n\omega t) + \cdots \end{aligned} \tag{5-37}$$

식 (5−37)의 계산 후반부에서 $a_1$과 $b_1$, $a_2$와 $b_2$와 같이 첨자를 기준으로 쌍을 만들어 식을 정리했습니다. 이때 $f(t)$가 $-\frac{T}{2} \leq t \leq \frac{T}{2}$ 의 범위의 함수라고 하고 우변과 좌변을 $-\frac{T}{2} \leq t \leq \frac{T}{2}$ 구간에서 적분합니다.

$$
\begin{aligned}
\int_{-\frac{T}{2}}^{\frac{T}{2}} f(t)\cos n\omega t dt = & \int_{-\frac{T}{2}}^{\frac{T}{2}} a_0 \cos n\omega t dt \\
& + \int_{-\frac{T}{2}}^{\frac{T}{2}} (a_1 \cos \omega t \cos n\omega t + b_1 \sin \omega t \cos n\omega t)\, dt \\
& + \int_{-\frac{T}{2}}^{\frac{T}{2}} (a_2 \cos 2\omega t \cos n\omega t + b_2 \sin 2\omega t \cos n\omega t)\, dt + \cdots \\
& + \int_{-\frac{T}{2}}^{\frac{T}{2}} (a_n \cos n\omega t \cos n\omega t + b_n \sin n\omega t \cos n\omega t)\, dt + \cdots \\
= {} & a_0 \int_{-\frac{T}{2}}^{\frac{T}{2}} \cos n\omega t dt \\
& + \left( a_1 \int_{-\frac{T}{2}}^{\frac{T}{2}} \cos \omega t \cos n\omega t dt + b_1 \int_{-\frac{T}{2}}^{\frac{T}{2}} \sin \omega t \cos n\omega t dt \right) \\
& + \left( a_2 \int_{-\frac{T}{2}}^{\frac{T}{2}} \cos 2\omega t \cos n\omega t dt + b_2 \int_{-\frac{T}{2}}^{\frac{T}{2}} \sin 2\omega t \cos n\omega t dt \right) + \cdots \\
& + \left( a_n \int_{-\frac{T}{2}}^{\frac{T}{2}} \cos n\omega t \cos n\omega t dt + b_n \int_{-\frac{T}{2}}^{\frac{T}{2}} \sin n\omega t \cos n\omega t dt \right) + \cdots
\end{aligned} \tag{5-38}
$$

여기에 삼각 함수의 곱을 합의 형태로 변환하는 공식 (5−39), (5−40)을 적용합니다.

$$
\cos\alpha\cos\beta = \frac{1}{2}\{\cos(\alpha+\beta) + \cos(\alpha-\beta)\} \tag{5-39}
$$

$$
\sin\alpha\cos\beta = \frac{1}{2}\{\sin(\alpha+\beta) + \sin(\alpha-\beta)\} \tag{5-40}
$$

식 (5-38)의 각 항에 대해, 삼각 함수의 곱을 합의 형태로 변형해 봅시다. 먼저 $a_1$, $a_2$, ⋯, $a_n$, ⋯ 항에 대해 생각합시다. $m$을 자연수라고 하면 적분 계산의 대상은 $\cos m\omega t \cos n\omega t$로 일반화할 수 있습니다. 예를 들어 $a_1$에 대한 적분 대상 $\cos \omega t \cos n\omega t$는 $m = 1$일 때, $a_2$에 대한 적분 대상 $\cos 2\omega t \cos n\omega t$는 $m = 2$일 때입니다. 이런 식으로 $m$을 자연수로 하는 적분 $\int_{-\frac{T}{2}}^{\frac{T}{2}} \cos m\omega t \cos n\omega t dt$에 대해 $\cos m\omega t \cos n\omega t$를 식 (5-39)에 따라 $\alpha = m\omega t$, $\beta = n\omega t$로 두고 합의 형태로 변형하면 식 (5-41)을 얻습니다.

$$\begin{aligned}\int_{-\frac{T}{2}}^{\frac{T}{2}} \cos m\omega t \cos n\omega t dt &= \int_{-\frac{T}{2}}^{\frac{T}{2}} \frac{1}{2}\{\cos(m\omega t + n\omega t) + \cos(m\omega t - n\omega t)\}dt \\ &= \frac{1}{2}\int_{-\frac{T}{2}}^{\frac{T}{2}} \cos(m\omega t + n\omega t)dt + \frac{1}{2}\int_{-\frac{T}{2}}^{\frac{T}{2}} \cos(m\omega t - n\omega t)dt \\ &= \frac{1}{2}\int_{-\frac{T}{2}}^{\frac{T}{2}} \cos(m+n)\omega t dt + \frac{1}{2}\int_{-\frac{T}{2}}^{\frac{T}{2}} \cos(m-n)\omega t dt\end{aligned} \tag{5-41}$$

같은 방법으로 $b_1$, $b_2$, ⋯, $b_n$, ⋯에 대해서도 $m$을 자연수라고 하면 적분 계산의 대상은 $\sin m\omega t \cos n\omega t$가 됩니다. 그리고 식 (5-40)에 따라 $\alpha = m\omega t$, $\beta = n\omega t$로 두고 합의 형태로 변형하면 식 (5-42)를 얻습니다.

$$\begin{aligned}\int_{-\frac{T}{2}}^{\frac{T}{2}} \sin m\omega t \cos n\omega t dt &= \int_{-\frac{T}{2}}^{\frac{T}{2}} \frac{1}{2}\{\sin(m\omega t + n\omega t) + \sin(m\omega t - n\omega t)\}dt \\ &= \frac{1}{2}\int_{-\frac{T}{2}}^{\frac{T}{2}} \sin(m\omega t + n\omega t)dt + \frac{1}{2}\int_{-\frac{T}{2}}^{\frac{T}{2}} \sin(m\omega t - n\omega t)dt \\ &= \frac{1}{2}\int_{-\frac{T}{2}}^{\frac{T}{2}} \sin(m+n)\omega t dt + \frac{1}{2}\int_{-\frac{T}{2}}^{\frac{T}{2}} \sin(m-n)\omega t dt\end{aligned} \tag{5-42}$$

식 (5-38)에 식 (5-41), (5-42)를 적용하면 푸리에 급수 전개의 식을 다음과 같이 바꿀 수 있습니다.

$$
\begin{aligned}
\int_{-\frac{T}{2}}^{\frac{T}{2}} f(t)\cos n\omega t dt = a_0 \int_{-\frac{T}{2}}^{\frac{T}{2}} \cos n\omega t dt \\
&+ a_1 \left( \frac{1}{2} \int_{-\frac{T}{2}}^{\frac{T}{2}} \cos(1+n)\omega t dt + \frac{1}{2} \int_{-\frac{T}{2}}^{\frac{T}{2}} \cos(1-n)\omega t dt \right) \\
&+ b_1 \left( \frac{1}{2} \int_{-\frac{T}{2}}^{\frac{T}{2}} \sin(1+n)\omega t dt + \frac{1}{2} \int_{-\frac{T}{2}}^{\frac{T}{2}} \sin(1-n)\omega t dt \right) \\
&+ a_2 \left( \frac{1}{2} \int_{-\frac{T}{2}}^{\frac{T}{2}} \cos(2+n)\omega t dt + \frac{1}{2} \int_{-\frac{T}{2}}^{\frac{T}{2}} \cos(2-n)\omega t dt \right) \\
&+ b_2 \left( \frac{1}{2} \int_{-\frac{T}{2}}^{\frac{T}{2}} \sin(2+n)\omega t dt + \frac{1}{2} \int_{-\frac{T}{2}}^{\frac{T}{2}} \sin(2-n)\omega t dt \right) \\
&+ \cdots \\
&\vdots \\
&+ a_n \left( \frac{1}{2} \int_{-\frac{T}{2}}^{\frac{T}{2}} \cos(n+n)\omega t dt + \frac{1}{2} \int_{-\frac{T}{2}}^{\frac{T}{2}} \cos(n-n)\omega t dt \right) \\
&+ b_n \left( \frac{1}{2} \int_{-\frac{T}{2}}^{\frac{T}{2}} \sin(n+n)\omega t dt + \frac{1}{2} \int_{-\frac{T}{2}}^{\frac{T}{2}} \sin(n-n)\omega t dt \right) \\
&+ \cdots \\
&\vdots
\end{aligned}
$$

이제 위의 계산 결과를 하나씩 검증해 봅시다. 먼저 푸리에 계수 $a_0$을 포함한 항의 적분 계산은 아래와 같이 0이 됩니다. 여기서 식 (5-23)으로부터 $\omega = \frac{2\pi}{T}$ 를 대입했습니다.

$$
\begin{aligned}
a_0 \int_{-\frac{T}{2}}^{\frac{T}{2}} \cos n\omega t dt &= a_0 \left[ \frac{\sin n\omega t}{n\omega} \right]_{-\frac{T}{2}}^{\frac{T}{2}} \\
&= \frac{a_0}{n\omega} \left\{ \sin n\omega \frac{T}{2} - \sin n\omega \left( -\frac{T}{2} \right) \right\} \\
&= \frac{a_0}{n\omega} \left\{ \sin n \frac{2\pi}{T} \cdot \frac{T}{2} - \sin \left( -n \frac{2\pi}{T} \cdot \frac{T}{2} \right) \right\} \\
&= \frac{a_0}{n\omega} \{ \sin n\pi - \sin(-n\pi) \} = 0 \qquad \text{(5-43)}
\end{aligned}
$$

문제는 여기서부터입니다. $a_1$, $a_2$, ⋯, $a_n$, ⋯, $b_1$, $b_2$, ⋯, $b_n$, ⋯을 포함한 항들은 자연수 $m$을 사용해서 다음과 같은 형태로 변형했었습니다.

$$\left\{a_1\left(\frac{1}{2}\int_{-\frac{T}{2}}^{\frac{T}{2}}\cos(1+n)\omega tdt+\frac{1}{2}\int_{-\frac{T}{2}}^{\frac{T}{2}}\cos(1-n)\omega tdt\right)+b_1\left(\frac{1}{2}\int_{-\frac{T}{2}}^{\frac{T}{2}}\sin(1+n)\omega tdt+\frac{1}{2}\int_{-\frac{T}{2}}^{\frac{T}{2}}\sin(1-n)\omega tdt\right)\right\}$$

$$\left\{a_2\left(\frac{1}{2}\int_{-\frac{T}{2}}^{\frac{T}{2}}\cos(2+n)\omega tdt+\frac{1}{2}\int_{-\frac{T}{2}}^{\frac{T}{2}}\cos(2-n)\omega tdt\right)+b_2\left(\frac{1}{2}\int_{-\frac{T}{2}}^{\frac{T}{2}}\sin(2+n)\omega tdt+\frac{1}{2}\int_{-\frac{T}{2}}^{\frac{T}{2}}\sin(2-n)\omega tdt\right)\right\}$$

$$\vdots$$

$$\left\{a_n\left(\frac{1}{2}\int_{-\frac{T}{2}}^{\frac{T}{2}}\underbrace{\cos(n+n)\omega tdt}_{=\cos 2n}+\frac{1}{2}\int_{-\frac{T}{2}}^{\frac{T}{2}}\underbrace{\cos(n-n)\omega tdt}_{=\cos 0}\right)+b_n\left(\frac{1}{2}\int_{-\frac{T}{2}}^{\frac{T}{2}}\underbrace{\sin(n+n)\omega tdt}_{=\sin 2n}+\frac{1}{2}\int_{-\frac{T}{2}}^{\frac{T}{2}}\underbrace{\sin(n-n)\omega tdt}_{=\sin 0}\right)\right\}$$

$$\vdots$$

(세로 강조 열 위의 표시: $m$)

자연수 $m$의 값은 푸리에 계수 $a_1$, $a_2$, ⋯, $a_n$, ⋯, $b_1$, $b_2$, ⋯, $b_n$, ⋯에 따라 변합니다. 이 규칙성을 따라서 푸리에 계수를 하나씩 검증해 보면 $m = n$이 되는 순간, $\cos(n - n) = \cos 0 = 1$이 되는 특수한 경우를 찾을 수 있습니다. 따라서 $m$과 $n$이 서로 다른 경우($m \neq n$)와 같은 경우($m = n$)로 나눠서 생각하는 것이 좋습니다. 다음 절부터 두 경우에 대해 차례로 검증해 보겠습니다.

## 5.13 푸리에 계수 자세히 알아보기: $m \neq n$의 경우

먼저 $m \neq n$인 경우를 살펴봅니다. 푸리에 계수 $a_m(m \neq n)$을 포함한 항을 떠올려 봅시다.

$$\frac{1}{2}\int_{-\frac{T}{2}}^{\frac{T}{2}}\cos(m+n)\omega tdt+\frac{1}{2}\int_{-\frac{T}{2}}^{\frac{T}{2}}\cos(m-n)\omega tdt$$

식 (5-23)으로부터 $\omega = \frac{2\pi}{T}$ 를 대입하고, 적분 (5-31)로부터 다음과 같이 구체적으로 계산할 수 있습니다.

$$\frac{1}{2}\int_{-\frac{T}{2}}^{\frac{T}{2}}\cos(m+n)\omega t dt + \frac{1}{2}\int_{-\frac{T}{2}}^{\frac{T}{2}}\cos(m-n)\omega t dt$$

$$= \frac{1}{2}\left(\left[\frac{\sin(m+n)\omega t}{(m+n)\omega}\right]_{-\frac{T}{2}}^{\frac{T}{2}}\right) + \frac{1}{2}\left(\left[\frac{\sin(m-n)\omega t}{(m-n)\omega}\right]_{-\frac{T}{2}}^{\frac{T}{2}}\right)$$

$$= \frac{1}{2(m+n)\omega}\left\{\sin(m+n)\omega\frac{T}{2} - \sin\left(-(m+n)\omega\frac{T}{2}\right)\right\} + \frac{1}{2(m-n)\omega}\left\{\sin(m-n)\omega\frac{T}{2} - \sin\left(-(m-n)\omega\frac{T}{2}\right)\right\}$$

$$= \frac{1}{2(m+n)\omega}\left\{\sin(m+n)\frac{2\pi}{T}\cdot\frac{T}{2} - \sin\left(-(m+n)\frac{2\pi}{T}\cdot\frac{T}{2}\right)\right\} + \frac{1}{2(m-n)\omega}\left\{\sin(m-n)\frac{2\pi}{T}\cdot\frac{T}{2} - \sin\left(-(m-n)\frac{2\pi}{T}\cdot\frac{T}{2}\right)\right\}$$

$$= \frac{1}{2(m+n)\omega}\{\sin(m+n)\pi - \sin(-(m+n)\pi)\} + \frac{1}{2(m-n)\omega}\{\sin(m-n)\pi - \sin(-(m-n)\pi)\}$$

$$= 0$$

위 계산 결과는 0이지만, 식 (5-33), (5-34)에서 설명한 내용과 다르지 않습니다. 만약 잘 이해가 가지 않으면 'Lesson: 적분 1'을 복습해 주세요. 여기까지 $m \neq n$인 경우 푸리에 계수 $a_m$을 포함하는 항의 적분 (5-41)은 0입니다.

$$\int_{-\frac{T}{2}}^{\frac{T}{2}}\cos m\omega t\cos n\omega t dt = 0 \qquad (5\text{-}44)$$

다음으로 $m \neq n$인 경우 푸리에 계수 $b_m$을 포함하는 항을 생각해 봅니다.

$$\frac{1}{2}\int_{-\frac{T}{2}}^{\frac{T}{2}}\sin(m+n)\omega t dt + \frac{1}{2}\int_{-\frac{T}{2}}^{\frac{T}{2}}\sin(m-n)\omega t dt$$

이를 구체적으로 계산하면 다음과 같습니다. 다시 한번 식 (5-23)으로부터 $\omega = \frac{2\pi}{T}$ 를 대입하고 삼각 함수의 적분 공식 (5-32)를 사용합니다.

$$\frac{1}{2}\int_{-\frac{T}{2}}^{\frac{T}{2}} \sin(m+n)\omega t dt + \frac{1}{2}\int_{-\frac{T}{2}}^{\frac{T}{2}} \sin(m-n)\omega t dt$$

$$= \frac{1}{2}\left(-\left[\frac{\cos(m+n)\omega t}{(m+n)\omega}\right]_{-\frac{T}{2}}^{\frac{T}{2}}\right) + \frac{1}{2}\left(-\left[\frac{\cos(m-n)\omega t}{(m-n)\omega}\right]_{-\frac{T}{2}}^{\frac{T}{2}}\right)$$

$$= -\frac{1}{2(m+n)\omega}\left\{\cos(m+n)\omega\frac{T}{2} - \cos\left(-(m+n)\omega\frac{T}{2}\right)\right\} - \frac{1}{2(m-n)\omega}\left\{\cos(m-n)\omega\frac{T}{2} - \cos\left(-(m-n)\omega\frac{T}{2}\right)\right\}$$

$$= -\frac{1}{2(m+n)\omega}\left\{\cos(m+n)\frac{2\pi}{T}\cdot\frac{T}{2} - \cos\left(-(m+n)\frac{2\pi}{T}\cdot\frac{T}{2}\right)\right\} - \frac{1}{2(m-n)\omega}\left\{\cos(m-n)\frac{2\pi}{T}\cdot\frac{T}{2} - \cos\left(-(m-n)\frac{2\pi}{T}\cdot\frac{T}{2}\right)\right\}$$

$$= -\frac{1}{2(m+n)\omega}\{\cos(m+n)\pi - \cos(-(m+n)\pi)\} - \frac{1}{2(m-n)\omega}\{\cos(m-n)\pi - \cos(-(m-n)\pi)\}$$

$$= 0$$

이 결과도 0이 되는 것은 식 (5-33), (5-34)의 설명으로부터 이해할 수 있습니다. 여기까지 $m \neq n$인 경우 푸리에 계수 $b_m$을 포함하는 항의 적분 (5-42)는 0입니다.

$$\int_{-\frac{T}{2}}^{\frac{T}{2}} \sin m\omega t \cos n\omega t dt = 0 \qquad \text{(5-45)}$$

식 (5-44), (5-45)로부터 $m \neq n$인 경우 $a_m$, $b_m$을 포함하는 항의 계산 결과는 0이 됩니다.

$$a_m \int_{-\frac{T}{2}}^{\frac{T}{2}} \cos m\omega t \cos n\omega t dt + b_m \int_{-\frac{T}{2}}^{\frac{T}{2}} \sin m\omega t \cos n\omega t dt = 0 \qquad \text{(5-46)}$$

## 5.14 푸리에 계수 자세히 알아보기: $m = n$의 경우

이어서 $m = n$인 경우입니다. 다시 말해 푸리에 계수 $a_n$, $b_n$이 포함된 항의 적분입니다.

$$a_n \int_{-\frac{T}{2}}^{\frac{T}{2}} \cos n\omega t \cos n\omega t dt + b_n \int_{-\frac{T}{2}}^{\frac{T}{2}} \sin n\omega t \cos n\omega t dt$$

먼저 $a_n$을 포함한 항의 적분을 계산합니다. 여기서는 삼각 함수의 곱을 합의 형태로 바꾸지 않고 다른 방법을 사용합니다. $a_n$을 포함한 항의 적분 $\int_{-\frac{T}{2}}^{\frac{T}{2}} \cos n\omega t \cos n\omega t dt$ 의 피적분 함수는 $\cos n\omega t$끼리의 곱으로 이뤄져 있으므로 식 (5-47)처럼 계산할 수 있습니다.

$$\begin{aligned}\int_{-\frac{T}{2}}^{\frac{T}{2}} \cos n\omega t \cos n\omega t dt &= \int_{-\frac{T}{2}}^{\frac{T}{2}} \cos^2 n\omega t dt \\ &= \int_{-\frac{T}{2}}^{\frac{T}{2}} \left(\frac{1+\cos 2n\omega t}{2}\right) dt \qquad (5\text{-}47)\end{aligned}$$

식 (5-47)에서 강조 표시된 부분은 다음 **반각 공식**을 사용해 계산했습니다.

$$\cos^2 \theta = \frac{1+\cos 2\theta}{2}$$

반각 공식 양변에 2를 곱한 다음 1을 빼면 배각 공식이 되며, 두 공식은 사실상 같습니다.

$$\cos 2\theta = 2\cos^2 \theta - 1$$

식 (5-47)의 계산을 이어갑시다. 식 (5-48)에서 강조 표시된 부분의 변형은 'Lesson: 적분 1'에서 설명했습니다. 계산 중간에는 식 (5-23)으로부터 $\omega = \frac{2\pi}{T}$ 를 대입했습니다.

$$\begin{aligned}\int_{-\frac{T}{2}}^{\frac{T}{2}} \left(\frac{1+\cos 2n\omega t}{2}\right) dt &= \int_{-\frac{T}{2}}^{\frac{T}{2}} \left(\frac{1}{2}+\frac{1}{2}\cos 2n\omega t\right) dt \\ &= \left[\frac{1}{2}t + \frac{1}{2}\times\frac{\sin 2n\omega t}{2n\omega}\right]_{-\frac{T}{2}}^{\frac{T}{2}} \\ &= \left(\frac{1}{2}\times\frac{T}{2}+\frac{\sin\left\{2n\omega\times\frac{T}{2}\right\}}{4n\omega}\right) - \left(\frac{1}{2}\times\left(-\frac{T}{2}\right)+\frac{\sin\left\{2n\omega\times\left(-\frac{T}{2}\right)\right\}}{4n\omega}\right) \\ &= \frac{T}{4}+\frac{\sin n\omega T}{4n\omega} - \left(-\frac{T}{4}+\frac{\sin(-n\omega T)}{4n\omega}\right) \\ &= \frac{T}{4}+\frac{\sin n\frac{2\pi}{T}T}{4n\frac{2\pi}{T}}+\frac{T}{4}-\frac{\sin\left(-n\frac{2\pi}{T}T\right)}{4n\frac{2\pi}{T}} \\ &= \frac{T}{4}+\frac{\sin 2n\pi}{4n\frac{2\pi}{T}}+\frac{T}{4}-\frac{\sin(-2n\pi)}{4n\frac{2\pi}{T}} \\ &= \frac{T}{2} \qquad (5\text{-}48)\end{aligned}$$

$$\int_b^a \cos nx dx = \left[\frac{\sin nx}{n}\right]_b^a \qquad (5\text{-}31)$$

$$\omega = \frac{2\pi}{T} \qquad (5\text{-}23)$$

$$\sin 2n\pi = \sin(-2n\pi) = 0$$

식 (5-48) 아래에서 두 번째 줄의 계산에서 $\sin 2n\pi$, $\sin(-2n\pi)$가 0이라는 사실은 이제 익숙해졌을 것입니다.

이어서 $b_n$을 포함한 항의 적분을 계산해 봅시다. $\sin n\omega t \cos n\omega t$의 계산에는 다음 배각 공식을 사용합니다.[12]

$$\sin 2\theta = 2\sin\theta\cos\theta$$

$$\therefore \sin\theta\cos\theta = \frac{\sin 2\theta}{2}$$

위의 식을 사용하면 푸리에 계수 $b_n$을 포함한 적분은 식 (5-49)처럼 계산할 수 있습니다.

$$\begin{aligned}
\int_{-\frac{T}{2}}^{\frac{T}{2}} \sin n\omega t \cos n\omega t dt &= \frac{1}{2}\int_{-\frac{T}{2}}^{\frac{T}{2}} \sin 2n\omega t dt \\
&= -\frac{1}{2}\left[\frac{\cos 2n\omega t}{2n\omega}\right]_{-\frac{T}{2}}^{\frac{T}{2}} \qquad \int_b^a \sin nx dx = -\left[\frac{\cos nx}{n}\right]_b^a \quad (5\text{-}32) \\
&= -\frac{1}{2\times 2n\omega}\left\{\cos 2n\omega\frac{T}{2} - \cos\left(-2n\omega\frac{T}{2}\right)\right\} \\
&= -\frac{1}{4n\omega}\left\{\cos 2n\frac{2\pi}{T}\cdot\frac{T}{2} - \cos\left(-2n\frac{2\pi}{T}\cdot\frac{T}{2}\right)\right\} \qquad \omega = \frac{2\pi}{T} \quad (5\text{-}23) \\
&= -\frac{1}{4n\omega}\{\cos 2n\pi - \cos(-2n\pi)\} \\
&= -\frac{1}{4n\omega}\{\cos 2n\pi - \cos 2n\pi\} \qquad \cos n\pi = \cos(-n\pi) \\
&= 0 \qquad (5\text{-}49)
\end{aligned}$$

12 옮긴이_ 삼각 함수에 익숙하지 않은 분들을 위해, 이쯤에서 삼각 함수의 배각 공식과 반각 공식을 다시 한번 생각해 봅시다. 저자가 자세하게 설명하기 위해 배각 공식과 반각 공식을 사용했지만, 사실은 삼각 함수의 곱을 합의 형태로 바꾸는 관계식이 일반화된 식이기 때문에 이것만 암기해 놓으면 충분합니다. [그림 5-32]를 보면서 배각 공식과 반각 공식을 직접 유도해 보세요. 아울러 배각 공식과 반각 공식을 따로, 심지어 cos, sin 함수인 경우까지 나눠 암기하려면 오히려 실수가 많아지기도 하므로 반드시 모든 공식을 외워야 한다는 강박에서 벗어나기 바랍니다. 적재적소에 필요한 관계식을 일반식으로부터 머릿속으로 빠르게 계산하는 연습을 해 보길 권장합니다.

Lesson

### 직교성

여기까지 $m \neq n$인 경우, 식 (5−44), (5−45)가 계산되었습니다.

$$\int_{-\frac{T}{2}}^{\frac{T}{2}} \cos m\omega t \cos n\omega t dt = 0 \qquad (5\text{-}44)$$

$$\int_{-\frac{T}{2}}^{\frac{T}{2}} \sin m\omega t \cos n\omega t dt = 0 \qquad (5\text{-}45)$$

2장에서 벡터의 내적을 설명했습니다. 내적의 정리에 따르면, 서로 다른 벡터의 내적이 0이 되는 경우에 두 벡터는 **직교**한다고 말할 수 있습니다. 벡터의 내적을 식으로 확인하며 복습해 봅시다.

$$\vec{a} \cdot \vec{b} = |\vec{a}|\,|\vec{b}| \cos\theta \qquad (2\text{-}3)$$

$|\vec{a}| > 0,\ |\vec{b}| > 0$ 일 때, 우변이 항상 0이 되는 경우는 cos $\theta$가 0일 때밖에 없습니다. 게다가 $0 \le \theta \le 180$에 대해 $\cos\theta = 0$이 되는 경우는 $\theta = \frac{\pi}{2}$ 이며, 두 벡터가 직교하는 상태입니다. 그렇기 때문에 서로 다른 벡터의 내적이 0이라면 두 벡터는 **직교**하는 것입니다.

이 생각을 식 (5−44), (5−45)에 적용해 보면 '서로 다른 각주파수를 가진 cos 함수끼리' 또는 '서로 다른 각주파수의 sin 함수와 cos 함수'는 **직교**하는 성질을 갖는다고 해석할 수 있습니다. 여기서 엄밀한 증명이나 해설은 생략하지만, 이처럼 '함수의 곱을 적분했을 때 결과가 0이 되는 함수의 집합'을 **직교 함수**라고 부릅니다. 직교 함수를 바탕으로 접근하면, 지금까지 알아본 $a_n$, $b_n$의 유도 과정이 훨씬 간단해지지만, 이번 장에서는 직교성에 의존하지 않고 설명했습니다. 직교 함수에 기반한 접근 방법은 다른 전문 서적을 참고해 주세요.

'직교'를 처음 접하는 분들을 위해 간단히 설명하자면, 두 함수가 서로 독립적인 관계에 있다는 뜻입니다. 예를 들어 물리학에서 직교성은 '독립적인 힘'을 설명할 때 사용되며, 직각을 이루는 두 힘은 서로 영향을 주지 않습니다. 마치 자전거를 수직으로 눌러도 앞으로 나아가지 않고, 앞으로 아무리 밀어도 위로 뜨지 않는 것과 같습니다. 이런 식으로 상상해 보면, 푸리에 해석에서 '서로 다른 주파수를 가진 삼각 함수들이 서로 독립된 성분으로 작용하고 있다'는 이미지를 떠올릴 수 있습니다. 이 개념은 음성 분석에서도 응용할 수 있고, 서로 다른 주파수 성분을 인식하고 특정 신호를 분리할 수 있습니다. 예를 들어 음악을 녹음할 때 특정 악기의 소리를 분리하고 싶다면, 푸리에 해석을 통해 서로 다른 주파수 성분으로 나눠 원하는 소리만 추출할 수 있습니다. 이처럼 푸리에 해석에서는 직교성을 자주 활용합니다.

## 5.15 푸리에 계수 $a_n$, $b_n$ 도출하기

지금까지 긴 과정을 거치면서 식 (5-43), (5-46), (5-47), (5-48), (5-49)를 계산했습니다. 이 결과를 종합하면 식 (5-50)과 같습니다.

$$\int_{-\frac{T}{2}}^{\frac{T}{2}} f(t)\cos n\omega t dt = \underbrace{a_0 \int_{-\frac{T}{2}}^{\frac{T}{2}} \cos n\omega t dt}_{=\ 0\ (\text{5-43으로부터})}$$

$$+ \underbrace{\left(a_1 \int_{-\frac{T}{2}}^{\frac{T}{2}} \cos \omega t \cos n\omega t dt + b_1 \int_{-\frac{T}{2}}^{\frac{T}{2}} \sin \omega t \cos n\omega t dt\right)}_{=\ 0\ (\text{5-46으로부터})}$$

$$+ \underbrace{\left(a_2 \int_{-\frac{T}{2}}^{\frac{T}{2}} \cos 2\omega t \cos n\omega t dt + b_2 \int_{-\frac{T}{2}}^{\frac{T}{2}} \sin 2\omega t \cos n\omega t dt\right)}_{=\ 0\ (\text{5-46으로부터})} + \cdots$$

$$+ \left(a_n \underbrace{\int_{-\frac{T}{2}}^{\frac{T}{2}} \cos n\omega t \cos n\omega t dt}_{=\ \frac{T}{2}\ (\text{5-47, 5-48로부터})} + b_n \underbrace{\int_{-\frac{T}{2}}^{\frac{T}{2}} \sin n\omega t \cos n\omega t dt}_{=\ 0\ (\text{5-49로부터})}\right) + \cdots$$

$$= \frac{T}{2} a_n$$

$$\therefore a_n = \frac{2}{T} \int_{-\frac{T}{2}}^{\frac{T}{2}} f(t) \cos n\omega t dt \qquad (5\text{-}50)$$

드디어 $a_n$을 구했습니다. $b_n$에 대해서는 식 (5-7) 양변에 $\sin n\omega t$를 곱한 다음, 지금까지와 같은 계산 과정을 거치면 식 (5-51)을 구할 수 있습니다. 설명이 길어지기 때문에 도출 과정은 생략합니다. $a_n$을 구할 때와 동일한 방식이므로 여유 있는 분은 꼭 직접 도출해 보기 바랍니다.

$$b_n = \frac{2}{T}\int_{-\frac{T}{2}}^{\frac{T}{2}} f(t)\sin n\omega t dt \qquad (5\text{-}51)$$

여기까지 모든 푸리에 계수를 도출하는 데 성공했습니다. 식 (5-35), (5-50), (5-51)의 결과를 다시 한번 식 (5-52)로 정리합니다. 이때 $n$은 자연수입니다.

$$a_0 = \frac{1}{T}\int_{-\frac{T}{2}}^{\frac{T}{2}} f(t)dt,\quad a_n = \frac{2}{T}\int_{-\frac{T}{2}}^{\frac{T}{2}} f(t)\cos n\omega t dt,\quad b_n = \frac{2}{T}\int_{-\frac{T}{2}}^{\frac{T}{2}} f(t)\sin n\omega t dt \qquad (5\text{-}52)$$

**Column**

### 수학적으로 생각한다는 것

여기까지 읽으시느라 수고 많으셨습니다. 이 지점까지를 비유하자면 7부 능선은 넘었다고 할 수 있습니다. 이렇게 말하면 '아직도 남았나'하고 느껴질지도 모르지만, 만약 그렇게 느껴진다면 이 책을 처음 펼쳤을 때의 목적을 다시 한번 떠올려 봅시다.

푸리에 해석이라는 분야는 하나의 완성된 이론 체계입니다. 물론 이렇게 말하면 일부 전문가로부터 '푸리에 해석은 적용 가능한 함수가 제한되어 있으니, 완성이라고 볼 수 없지 않느냐'는 지적을 받을지도 모르지만, 이 책의 범위를 넘는 논의이기 때문에 여기서는 다루지 않겠습니다.

어쨌든 이와 같은 이론 체계를 익히는 것은 지금까지와는 다른 '생각하는 힘', 또는 '생각의 방향성'을 익히는 데 도움이 됩니다. 이 힘을 익히기 전에는 눈치채지 못했던 것도 발견할 수 있습니다. 혹자는 '교양'이라는 말로 표현하기도 합니다. 하지만 '교양'이라는 말로 포장한다면 받아들이는 사람은 자칫 편한 길만 좇게 될지도 모릅니다. 결론만을 서두르고 그 과정에서 얻을 수 있었던 통찰과 자기 수련의 기회를 놓쳐버릴 수도 있습니다. 편하고 피상적인 지식만으로는 결코 자신의 생각을 심화할 수 없습니다.

필자는 지식에는 두 종류가 있다고 생각합니다. 첫 번째는 단순한 '정보의 정의'입니다. $A = B$와 같은, 범용성이 떨어지는 단답형 정보를 의미합니다. 이런 지식은 아무리 많이 모아도 자신에게 도움이 되는 진짜 지식으로는 이어지기 힘듭니다. 요즘은 마치 장식품에 지나지 않는 지식을 팔고 소비하는 흐름이 만연해 있고, 실제로 그런 콘텐츠를 사고파는 세상입니다.

다른 하나는 '현상의 원리'입니다. 다양한 정보의 정의, 개념, 배경, 원인 등이 어떻게 결합되어 어떤 메커니즘으로 무언가를 만들어 내는지, 그 원리를 아는 것이 진짜 '지식'이라는 뜻입니다. 원리를 깨우친다면 이는 범용적인 지식으로써 가치가 있습니다. 바로 이 책에서 다루는 푸리에 해석이 좋은 예입니다.

앞 장에서는 AI에서 빼놓을 수 없는 트랜스포머의 구조를 수학적으로 설명했습니다. 하지만 그 기반이 되는 수식이나 사고법은 이미 1~3장까지 설명한 내용들이었다는 점을 어느 정도 짐작하셨을 것입니다. 이러한 통찰은 겉으로 드러난 지식을 아무리 모아도 결코 얻을 수 없습니다.

수학은 거대한 이론 체계입니다. 따라서 이 책에서 다루는 수많은 수학적 모델도 이 거대한 이론 체계를 바탕으로 고안된 셈입니다. 이 책을 통해 그런 발견이나 통찰, 깨달음을 조금이라도 전달해 드릴 수 있다면 저자로서 더할 나위 없이 뿌듯할 것입니다.

다음 절에서는 앞서 이끌어 낸 오일러 공식이 다시 등장합니다. 이 공식은 우리 삶에 깊이 뿌리내린 현대 과학 기술의 근간을 지탱하는 핵심적인 관계식이라 해도 과언이 아닙니다. 남은 내용도 놓치지 말고 주의 깊게 읽어 보길 바랍니다.

## 5.16 오일러 공식을 사용한 복소 푸리에 급수 전개

긴 탐구 끝에 푸리에 급수 전개에서 푸리에 계수를 구할 수 있었습니다. 이제부터는 조금 더 추상적인 내용이 이어지지만, 우리의 목적은 음성을 AI 활용에 적합한 데이터로 변환하는 것임을 다시 한번 기억합시다.

도출한 푸리에 계수는 $a_0$, $a_n$, $a_b$와 같이 세 가지 형태로 표현할 수 있으며 이를 한꺼번에 다루기는 어렵습니다. 하지만 여기에 **오일러 공식**을 적용하면 푸리에 계수들을 **복소 푸리에 계수**라는 하나의 형태로 합칠 수 있습니다. 이번 절부터는 복소 푸리에 계수를 도입해서 개념을 확장해 나갑니다. 그리고 푸리에 급수 전개를 **복소 푸리에 급수 전개**로 일반화합니다.

**기초가 되는 수학적 기법**

**푸리에 급수 전개 :**

$$f(t) = a_0 + \sum_{n=1}^{\infty} (a_n \cos n\omega t + b_n \sin n\omega t)$$

**오일러 공식 :**

$$e^{ix} = \cos x + i \sin x$$

**푸리에 계수 :**

$$a_0 = \frac{1}{T} \int_{-\frac{T}{2}}^{\frac{T}{2}} f(t) dt$$

$$a_n = \frac{2}{T} \int_{-\frac{T}{2}}^{\frac{T}{2}} f(t) \cos n\omega t dt$$

$$b_n = \frac{2}{T} \int_{-\frac{T}{2}}^{\frac{T}{2}} f(t) \sin n\omega t dt$$

**정적분 :**

$$\int_b^a e^{nx} dx = \left[\frac{1}{n} e^{nx}\right]_b^a = \frac{1}{n} e^{na} - \frac{1}{n} e^{nb}$$

**오일러 공식 응용 :**

$$\cos x = \frac{e^{ix} + e^{-ix}}{2}, \quad \sin x = \frac{e^{ix} - e^{-ix}}{2i}$$

**복소 푸리에 급수 전개 :**

$$f(t) = \sum_{n=-\infty}^{\infty} c_n e^{in\omega t}$$

**복소 푸리에 계수 :**

$$c_n = \frac{1}{T} \int_{-\frac{T}{2}}^{\frac{T}{2}} f(t) e^{-in\omega t} dt$$

**그림 5-33** 설명 방식

다시 한번 푸리에 급수 전개식 (5-7)을 살펴봅시다.

$$\begin{aligned} f(t) &= a_0 \cos 0\omega t + a_1 \cos \omega t + a_2 \cos 2\omega t + \cdots + a_n \cos n\omega t + \cdots \\ &+ b_0 \sin 0\omega t + b_1 \sin \omega t + b_2 \sin 2\omega t + \cdots + b_n \sin n\omega t + \cdots \end{aligned} \tag{5-7}$$

위 식은 Σ를 사용해 다시 쓸 수 있습니다. $n$을 자연수로 두고 우변을 Σ 기호로 표현하면 식 (5-53)과 같습니다. Σ의 범위는 $1 \leq n \leq \infty$입니다.

$$f(t) = a_0 + \sum_{n=1}^{\infty} (a_n \cos n\omega t + b_n \sin n\omega t) \qquad (5\text{-}53)$$

긴 수식이 매우 간단해졌지만, 앞 절에서 도출한 오일러 공식(식 (5−21))을 사용하면 더욱 간단하게 표현할 수 있습니다.

$$e^{ix} = \cos x + i \sin x \qquad (5\text{-}21)$$

식 (5−53)을 보면 cos $n\omega t$, sin $n\omega t$를 Σ 기호를 사용해 하나의 식으로 합쳤습니다. 여기서 괄호 안의 cos $n\omega t$, sin $n\omega t$를 오일러 공식을 활용해 다른 형태로 변형할 수 있는지 고민해 봅시다. 먼저 오일러 공식의 지수 부분에 마이너스 부호를 붙이면 다음과 같습니다.

$$e^{-ix} = \cos(-x) + i \sin(-x) = \cos x - i \sin x$$

그러면 식 (5−54)처럼 cos $x$, sin $x$를 복소 지수 함수를 사용해서 표현할 수 있습니다.

$$\begin{aligned} e^{ix} + e^{-ix} &= (\cos x + i \sin x) + (\cos x - i \sin x) = 2 \cos x, \\ e^{ix} - e^{-ix} &= (\cos x + i \sin x) - (\cos x - i \sin x) = 2i \sin x \end{aligned}$$

$$\therefore \cos x = \frac{e^{ix} + e^{-ix}}{2}, \quad \sin x = \frac{e^{ix} - e^{-ix}}{2i} \qquad (5\text{-}54)$$

여기에 식 (5−53)의 변수 $x$를 $n\omega t$로 바꾸면 다음과 같은 식을 얻습니다.

$$\cos n\omega t = \frac{e^{in\omega t} + e^{-in\omega t}}{2}, \quad \sin n\omega t = \frac{e^{in\omega t} - e^{-in\omega t}}{2i} \qquad (5\text{-}55)$$

마지막으로 식 (5−55)를 다시 식 (5−53)에 대입해서 정리합니다. 중간 과정을 꼼꼼히 확인하면서 검토해 보기 바랍니다.

$$
\begin{aligned}
f(t) &= a_0 + \sum_{n=1}^{\infty} \left\{ a_n \left( \frac{e^{in\omega t} + e^{-in\omega t}}{2} \right) + b_n \left( \frac{e^{in\omega t} - e^{-in\omega t}}{2i} \right) \right\} \\
&= a_0 + \sum_{n=1}^{\infty} \left\{ \frac{a_n e^{in\omega t}}{2} + \frac{a_n e^{-in\omega t}}{2} + \frac{b_n e^{in\omega t}}{2i} - \frac{b_n e^{-in\omega t}}{2i} \right\} \\
&= a_0 + \sum_{n=1}^{\infty} \left\{ \left( \frac{a_n e^{in\omega t}}{2} + \frac{b_n e^{in\omega t}}{2i} \right) + \left( \frac{a_n e^{-in\omega t}}{2} - \frac{b_n e^{-in\omega t}}{2i} \right) \right\} \\
&= a_0 + \sum_{n=1}^{\infty} \left\{ \frac{1}{2} \left( a_n + \frac{b_n}{i} \right) e^{in\omega t} + \frac{1}{2} \left( a_n - \frac{b_n}{i} \right) e^{-in\omega t} \right\} \\
&= a_0 + \sum_{n=1}^{\infty} \left\{ \frac{1}{2} \left( a_n + \frac{b_n \times i}{i \times i} \right) e^{in\omega t} + \frac{1}{2} \left( a_n - \frac{b_n \times i}{i \times i} \right) e^{-in\omega t} \right\} \\
&= a_0 + \sum_{n=1}^{\infty} \left\{ \frac{1}{2} (a_n - ib_n) e^{in\omega t} + \frac{1}{2} (a_n + ib_n) e^{-in\omega t} \right\} \\
&= a_0 + \sum_{n=1}^{\infty} \left\{ \frac{1}{2} (a_n - ib_n) e^{in\omega t} \right\} + \sum_{n=1}^{\infty} \left\{ \frac{1}{2} (a_n + ib_n) e^{-in\omega t} \right\}
\end{aligned}
$$

여기서 강조 표시한 부분에 주목해서 식 (5–56)처럼 푸리에 계수를 재정의합니다.

$$
a_0 = c_0, \quad \frac{1}{2} (a_n - ib_n) = c_n, \quad \frac{1}{2} (a_n + ib_n) = c_{-n} \qquad \text{(5-56)}
$$

그러면 식 (5–57)처럼 식을 정리할 수 있습니다.

$$
\begin{aligned}
f(t) &= a_0 + \sum_{n=1}^{\infty} \left\{ \frac{1}{2} (a_n - ib_n) e^{in\omega t} \right\} + \sum_{n=1}^{\infty} \left\{ \frac{1}{2} (a_n + ib_n) e^{-in\omega t} \right\} \\
&= c_0 + \sum_{n=1}^{\infty} c_n e^{in\omega t} + \underbrace{\sum_{n=1}^{\infty} c_{-n} e^{-in\omega t}}_{= \sum_{n=-1}^{-\infty} c_n e^{in\omega t}} \qquad \text{(5-57)}
\end{aligned}
$$

식 (5–57)의 첫 번째 항은 0번째, 두 번째와 세 번째 항의 $\Sigma$ 기호는 $1 \le n \le \infty$ 범위에서의 총합을 나타냅니다. 여기서 세 번째 항을 다음과 같이 다시 써 봅시다. 우변과 좌변의 $n$, $\infty$ 기호의 관계에 주의하세요.

$$\sum_{n=1}^{\infty} c_{-n}e^{-in\omega t} = \sum_{n=-1}^{-\infty} c_n e^{in\omega t}$$

식 (5−57)의 우변 세 항은 $-\infty \le n \le \infty$의 범위의 모든 정수 $n$에 대해 $c_n$의 총합으로 이해할 수 있습니다.

여기까지 설명한 내용을 종합하면 다음과 같은 식을 도출할 수 있습니다. 우변의 Σ의 범위를 $-\infty \le n \le \infty$로 조정해서 식을 간단하게 정리한 것입니다.

$$f(t) = c_0 + \sum_{n=1}^{\infty} c_n e^{in\omega t} + \sum_{n=1}^{\infty} c_{-n}e^{-in\omega t} = \sum_{n=-\infty}^{\infty} c_n e^{in\omega t}$$

따라서 오일러 공식을 사용하면 푸리에 급수 전개는 식 (5−58)처럼 매우 간단한 형태로 정리됩니다.

$$f(t) = \sum_{n=-\infty}^{\infty} c_n e^{in\omega t} \qquad (5\text{-}58)$$

식 (5−57)의 도출 과정에서 복소 지수 함수 $e^{in\omega t}$, $e^{-in\omega t}$ 앞에 $(a_n - ib_n)$, $(a_n + ib_n)$ 형태의 계수가 나왔습니다. 이와 같은 형태의 수를 **복소수**라고 합니다. 도출한 식 (5−58)에는 복소수가 포함되어 있으므로 식 (5−58)을 **복소 푸리에 급수 전개** 그리고 $c_n$을 **복소 푸리에 계수**라고 합니다.

**Lesson**

**허수와 복소수**

이번 장에서 허수 단위 $i$를 식 (5−20)을 사용해서 설명했습니다.

$$i^2 = -1 \qquad (5\text{-}20)$$

허수 단위를 제곱하면 −1이 되므로 제곱근을 사용하면 다음과 같이 표현할 수 있습니다.

$$i = \sqrt{-1}$$

허수 단위 $i$를 사용해서 **허수**를 표현합니다. 예를 들어 $2i$, $0.5i$, $4i$ 등 허수 단위 $i$에 실수를 곱한 형태로 서로 다른 허수를 나타낼 수 있습니다. 이때 실수와 허수는 같은 축 위에 나타낼 수 없지만, 실수를 가로축(실수축real axis), 허수를 세로축(허수축imaginary axis)으로 하는 **복소 평면**을 사용하면 실수와 허수를 같은 평면 위에 표현할 수 있습니다.[13] 복소수란 $3 + 2i$, $4 - 7i$처럼 실수와 허수를 더하거나 뺀 형태로 표현한 수입니다.

식 (5-56)의 복소수 $a_n - ib_n$, $a_n + ib_n$을 복소 평면에서 생각해 봅시다. $a_n$과 $b_n$은 양의 실수라고 가정합니다.

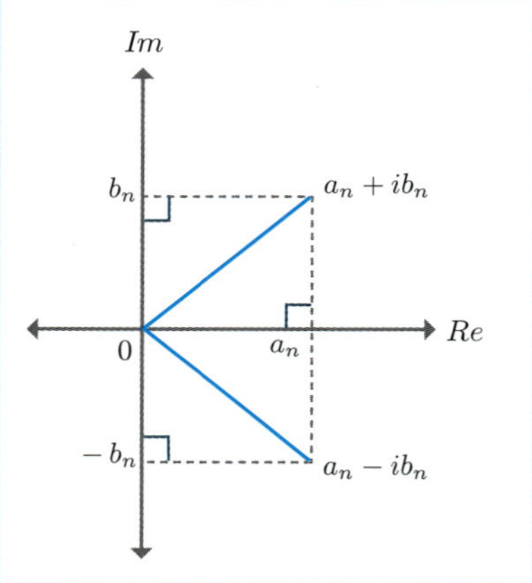


**그림 5-34** 복소 평면에서 공역 복소수의 시각화

[그림 5-34]와 같이 복소 평면에 $a_n - ib_n$, $a_n + ib_n$을 표현하면 실수축에 대해 대칭이 되는 그래프가 나타납니다. 이와 같은 관계에 놓인 복소수를 **공역 복소수**라고 하고 다음과 같이 표기합니다.

$$\overline{a_n - ib_n} = a_n + ib_n$$

참고로 $a_n$을 **실수부**, $b_n$을 **허수부**라고 합니다.[14] 복소수의 절댓값은 실수부와 허수부의 값을 피타고라스 정리로 계산한 값입니다. [그림 5-34]를 보면 쉽게 이해할 수 있습니다.

---

13 옮긴이_ 복소 평면은 복소수 평면 혹은 가우스 평면이라고도 합니다.

14 옮긴이_ 복소 평면은 실수축을 $Re$, 허수축을 $Im$으로 표기하는 것이 일반적입니다.

$$|a_n + ib_n| = |a_n - ib_n| = \sqrt{{a_n}^2 + {b_n}^2} \qquad (5\text{-}59)$$

이제 허수 단위의 성질을 복소 평면에서 생각해 봅시다. 실수 1에 허수 단위 $i$를 반복해서 곱하면 [그림 5-35]와 같이 반시계 방향으로 회전하는 것을 알 수 있습니다. 이는 허수 단위가 갖는 아주 중요한 성질입니다.

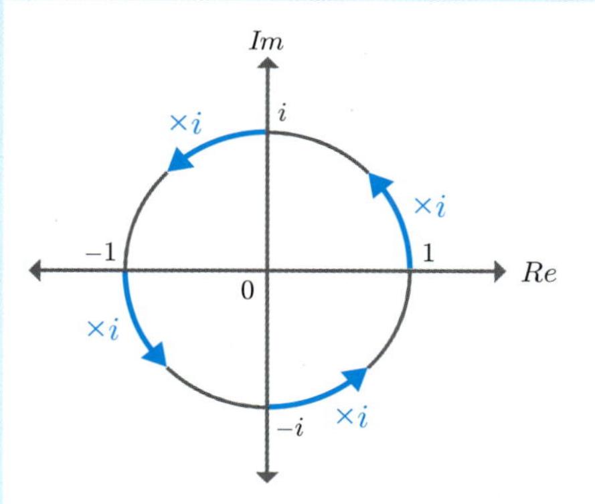


**그림 5-35** 허수 단위 $i$를 계속 곱해 나가면 반시계 방향의 원을 그립니다.

## 5.17 복소 푸리에 계수 구하기

식 (5-52)로부터 푸리에 계수는 다음과 같이 도출되었습니다.

$$\begin{aligned} a_0 &= \frac{1}{T}\int_{-\frac{T}{2}}^{\frac{T}{2}} f(t)dt \\ a_n &= \frac{2}{T}\int_{-\frac{T}{2}}^{\frac{T}{2}} f(t)\cos n\omega t dt \qquad (5\text{-}52) \\ b_n &= \frac{2}{T}\int_{-\frac{T}{2}}^{\frac{T}{2}} f(t)\sin n\omega t dt \end{aligned}$$

그리고 복소 푸리에 급수 전개식 (5-58)에 대해 새로운 복소 푸리에 계수 $c_n$을 도출했지만,

식 (5−56)처럼 $c_n$은 푸리에 계수를 새로운 표기로 바꿔 표기한 것에 지나지 않았습니다.

$$a_0 = c_0, \quad \frac{1}{2}(a_n - ib_n) = c_n, \quad \frac{1}{2}(a_n + ib_n) = c_{-n} \qquad \text{(5-56)}$$

이제는 복소 푸리에 계수를 직접 구할 차례입니다. 복소수를 도입하기 이전, 푸리에 계수를 계산했을 때와 마찬가지로 **적분**을 계산하는 방식을 활용합니다.

먼저 복소 푸리에 급수 전개식 (5−58)의 양변을 $-\frac{T}{2} \le t \le \frac{T}{2}$ 의 범위에서 적분합니다. 이때 양변에 $e^{-in\omega t}$을 먼저 곱해야 합니다. 그리고 적분의 선형성('Lesson: 적분 1' 참조)을 이용해서 우변의 $\Sigma$ 기호를 벗겨내고 $-\infty \le n \le \infty$ 범위 안의 모든 정수 $n$에 대해 $c_n e^{in\omega t}$을 $-\frac{T}{2} \le t \le \frac{T}{2}$ 범위에서 적분합니다.

$$\begin{aligned}
&\int_{-\frac{T}{2}}^{\frac{T}{2}} f(t)e^{-in\omega t}dt \\
&= \cdots + \int_{-\frac{T}{2}}^{\frac{T}{2}} \underbrace{c_{-n}e^{-in\omega t}e^{-in\omega t}}_{=c_{-n}e^{-i2n\omega t}}dt + \cdots + \int_{-\frac{T}{2}}^{\frac{T}{2}} \underbrace{c_{-2}e^{-i2\omega t}e^{-in\omega t}}_{=c_{-2}e^{-i(n+2)\omega t}}dt + \int_{-\frac{T}{2}}^{\frac{T}{2}} \underbrace{c_{-1}e^{-i\omega t}e^{-in\omega t}}_{=c_{-1}e^{-i(n+1)\omega t}}dt \\
&\quad + \int_{-\frac{T}{2}}^{\frac{T}{2}} \underbrace{c_0 e^{-in\omega t}}_{=c_0 e^{-in\omega t}}dt + \int_{-\frac{T}{2}}^{\frac{T}{2}} \underbrace{c_1 e^{i\omega t}e^{-in\omega t}}_{=c_1 e^{-i(n-1)\omega t}}dt + \int_{-\frac{T}{2}}^{\frac{T}{2}} \underbrace{c_2 e^{i2\omega t}e^{-in\omega t}}_{=c_2 e^{-i(n-2)\omega t}}dt + \cdots + \int_{-\frac{T}{2}}^{\frac{T}{2}} \underbrace{c_n e^{in\omega t}e^{-in\omega t}}_{=c_n e^{(n-n)}}dt + \cdots \\
&= \cdots + \int_{-\frac{T}{2}}^{\frac{T}{2}} c_{-n}e^{-i2n\omega t}dt + \cdots + \int_{-\frac{T}{2}}^{\frac{T}{2}} c_{-2}e^{-i(n+2)\omega t}dt + \int_{-\frac{T}{2}}^{\frac{T}{2}} c_{-1}e^{-i(n+1)\omega t}dt \qquad \text{(5-60)} \\
&\quad + \int_{-\frac{T}{2}}^{\frac{T}{2}} c_0 e^{-in\omega t}dt + \int_{-\frac{T}{2}}^{\frac{T}{2}} c_1 e^{-i(n-1)\omega t}dt + \int_{-\frac{T}{2}}^{\frac{T}{2}} c_2 e^{-i(n-2)\omega t}dt + \cdots + \int_{-\frac{T}{2}}^{\frac{T}{2}} c_n e^{(n-n)}dt + \cdots
\end{aligned}$$

식 (5−60)에서 두 번째 줄의 첫 번째 항의 적분 $\int_{-\frac{T}{2}}^{\frac{T}{2}} c_{-n}e^{-in\omega t}e^{-in\omega t}dt$ 의 계산을 조금 더 자세히 살펴봅니다. 피적분함수 $e^{-in\omega t}e^{-in\omega t}$은 지수 함수의 곱셈이므로 다음처럼 지수의 합으로 표현할 수 있으며, 다른 부분들도 같은 방법으로 계산합니다.

$$e^{-in\omega t} \times e^{-in\omega t} = e^{-in\omega t + (-in\omega t)} = e^{-i2n\omega t}$$

식 (5-60)은 푸리에 계수를 도출했을 때처럼 적분 계산이 복잡해 보입니다. 그러나 실제 계산은 매우 쉽습니다. 왜냐하면 복소 지수 함수 $e^{ix}$은 $-\frac{T}{2} \leq t \leq \frac{T}{2}$ 범위에서 적분하면 0이 되기 때문입니다. 이 사실을 확인하기 위해 일반적인 지수 함수의 정적분 $\int_b^a e^{nx}dx$ (단, $n \neq 0$)를 계산해 봅시다.

$$\int_b^a e^{nx}dx = \left[\frac{1}{n}e^{nx}\right]_b^a = \frac{1}{n}e^{na} - \frac{1}{n}e^{nb}$$

위의 결과에 따라 정적분 $\int_{-\frac{T}{2}}^{\frac{T}{2}} e^{ix}dx$ 를 계산하면 다음 식을 얻습니다.

$$\int_{-\frac{T}{2}}^{\frac{T}{2}} e^{ix}dx = \left[\frac{1}{i}e^{ix}\right]_{-\frac{T}{2}}^{\frac{T}{2}} = \frac{e^{i\frac{T}{2}} - e^{-i\frac{T}{2}}}{i} = 2 \times \frac{e^{i\frac{T}{2}} - e^{-i\frac{T}{2}}}{2i} \qquad (5\text{-}61)$$

마지막 등호는 분모와 분자에 2를 곱해서 오일러 공식으로부터 $\sin x$를 정의하기 위함입니다. 식 (5-54)를 다시 한번 확인해 봅시다.

$$\cos x = \frac{e^{ix} + e^{-ix}}{2}, \quad \sin x = \frac{e^{ix} - e^{-ix}}{2i} \qquad (5\text{-}54)$$

$\sin x$의 정의에 정적분의 결과인 식 (5-61)을 적용하면 결과는 다음과 같습니다.

$$\int_{-\frac{T}{2}}^{\frac{T}{2}} e^{ix}dx = 2 \times \frac{e^{i\frac{T}{2}} - e^{-i\frac{T}{2}}}{2i} = 2\sin\frac{T}{2} = 0 \qquad (5\text{-}62)$$

그런데 $2\sin\frac{T}{2}$ 가 왜 0일까요? 주기 $T$의 의미를 떠올리면 자명합니다. $T$는 파동이 한 번 위아래로 움직이는 시간인데, 그 절반인 $\frac{T}{2}$ 인 시점에서 $\sin\frac{T}{2}$ 는 당연히 0이기 때문입니다. 만약 이해가 가지 않는다면 sin 함수의 그래프를 다시 확인해 보기 바랍니다.

위의 적분 결과를 사용하면 식 (5-60)에서는 각 항의 계산 결과 대부분이 0이 되지만, 0이 아닌 항이 하나 있습니다. 그 항은 $n$번째 항으로 다음과 같은 식입니다.

$$\int_{-\frac{T}{2}}^{\frac{T}{2}} c_n e^{(n-n)} dt$$

$n$번째 항의 적분을 직접 계산해 봅시다.

$$\begin{aligned}\int_{-\frac{T}{2}}^{\frac{T}{2}} c_n e^{(n-n)} dt &= \int_{-\frac{T}{2}}^{\frac{T}{2}} c_n e^0 dt \\ &= c_n \int_{-\frac{T}{2}}^{\frac{T}{2}} 1dt \\ &= c_n [t]_{-\frac{T}{2}}^{\frac{T}{2}} \\ &= c_n \left\{ \frac{T}{2} - \left( -\frac{T}{2} \right) \right\} \\ &= Tc_n \qquad (5\text{-}63)\end{aligned}$$

식 (5−62), (5−63)으로부터 (5−60)의 계산 결과는 다음과 같아집니다.

$$\int_{-\frac{T}{2}}^{\frac{T}{2}} f(t)e^{-in\omega t} dt = \cdots + 0 + \cdots + Tc_n + 0 + \cdots = Tc_n$$

여기서 양변을 $T$로 나눠서 복소 푸리에 계수 $c_n$을 계산하면 식 (5−64)를 얻습니다.

$$c_n = \frac{1}{T} \int_{-\frac{T}{2}}^{\frac{T}{2}} f(t)e^{-in\omega t} dt \qquad (5\text{-}64)$$

여기까지 복소 푸리에 급수 전개와 복소 푸리에 계수를 도출했습니다. 최종 결과를 다시 한 번 정리하면 다음과 같습니다. 여기서 주목해야 할 점은 복소 푸리에 급수 전개의 좌변과 복소 푸리에 계수의 우변에 속한 함수 $f(t)$는 시간을 변수로 갖는 함수라는 점입니다. 푸리에 해석에서는 함수 $f(t)$가 **시간 영역**의 함수라고 표현하기도 합니다.

$$f(t) = \sum_{n=-\infty}^{\infty} c_n e^{in\omega t}, \quad c_n = \frac{1}{T} \int_{-\frac{T}{2}}^{\frac{T}{2}} f(t)e^{-in\omega t} dt$$

한편, 두 식의 우변은 각주파수 $\omega$를 포함합니다. 이 점에 주목하면 시간 영역 함수를 주파수 영역의 함수로 변환할 수 있고, 이런 변환을 푸리에 변환이라고 합니다. 푸리에 변환에 관해서는 부록 2에서 설명하고 있으니 흥미가 있다면 읽어 보기 바랍니다.

## 5.18 표준화와 양자화: 아날로그 데이터를 디지털로 변환하기

이번 절부터 음성을 AI에 활용하기 위해 적절한 데이터로 변환하는 방법을 수학적으로 설명합니다. 지금까지 도출한 복소 푸리에 급수 전개를 바탕으로 **이산 푸리에 변환**을 알아봅시다. 아울러 이산 푸리에 변환을 표현하기 위한 표기법은 문맥에 따라 달라질 수 있습니다. 이번 장에서는 편의상 다음과 같은 변환식을 이산 푸리에 변환으로 정의합니다.

**기초가 되는 수학적 기법**

**복소 푸리에 급수 전개:**

$$f(t) = \sum_{n=-\infty}^{\infty} c_n e^{in\omega t}$$

**정보 공학적 접근 방식**

**이산 푸리에 변환:**

$$g(t) = \sum_{k=0}^{n} \alpha_k e^{ik\omega t}$$

[ $e^{ik\omega t}$: 복소 정현파 $\omega$ : 각주파수 $\left(= \frac{2\pi}{T}\right)$ ]

그림 5-36 설명 방식

이번 장의 첫 부분에서 설명한 것처럼 물리적인 공간 속 음성은 아날로그 데이터이며, 연속적인 파동의 형태를 띠고 있습니다. 우선 음성은 마이크 같은 기계를 사용해서 소리를 전기 신호로 변환하고, 연속적인 전압의 아날로그 신호로 가져옵니다. 가져온 아날로그 정보를 컴퓨터에서 사용할 수 있도록 이산적인 디지털 데이터로 다시 변환하기 위해서 일정한 시간 간격마다 아날로그 신호를 측정합니다. 이 과정이 음성 데이터를 디지털 신호로 만들기 위한 첫 번째 단계입니다.

하지만 이 과정에는 큰 문제가 있습니다. 음성을 충실하게 디지털 신호로 만들어 컴퓨터가 해석 가능하게 하려면, 측정하는 시간의 간격을 어느 정도까지 세밀하게 쪼개야 하는지 고려해야 합니다. 예를 들어 1초 간격으로 음성 데이터를 만들면, 간격이 너무 넓어서 해석하기가 어렵습니다. 반면, 0.01초, 0.001초, 0.0001초와 같이 점점 좁은 간격으로 데이터를 가져오면 데이터의 양이 매우 커져 처리하기가 어려워집니다. 1초 동안 진폭을 데이터로 가져오고 싶을 때, 단위 시간을 어떻게 설정하느냐에 따라 데이터의 양이 크게 달라지는 것을 [그림 5-37]에서 확인할 수 있습니다. [그림 5-37]은 왼쪽에서부터 단위 시간을 0.1초, 0.001초, 0.00001초로 가정했습니다.

| 초 | 진폭 |
|---|---|
| 0.1 | 0.2 |
| 0.2 | 0.3 |
| 0.3 | 0.9 |
| 0.4 | 0.4 |
| 0.5 | 0.6 |
| ⋮ | ⋮ |

10개

| 초 | 진폭 |
|---|---|
| 0.001 | 0.1 |
| 0.002 | 0.5 |
| 0.003 | 0.1 |
| 0.004 | 0.4 |
| 0.005 | 0.7 |
| ⋮ | ⋮ |

1,000개

| 초 | 진폭 |
|---|---|
| 0.00001 | 0.3 |
| 0.00002 | 0.2 |
| 0.00003 | 0.8 |
| 0.00004 | 0.6 |
| 0.00005 | 0.3 |
| ⋮ | ⋮ |

100,000개

**그림 5-37** 초당 데이터를 수집하는 빈도가 높을수록 수집되는 데이터의 양은 많아집니다.

여기에서 중요한 개념으로 **표본화(샘플링)**와 **양자화**가 있습니다. 표본화는 아날로그 데이터를 시간축([그림 5-38]의 그래프의 가로축)을 기준으로 일정한 간격마다 값을 측정하는 것입니다. 양자화는 데이터마다 진폭의 크기 등([그림 5-38]의 그래프의 세로축)을 컴퓨터가 저장할 수 있도록 디지털 숫자로 변환하는 것입니다. 표본화와 양자화를 통해 음성 데이터를 디지털 신호로 만듭니다. 표본화 정리를 바탕으로 데이터를 샘플링하면 사람이 들을 수 있는 소리는 충분히 재현할 수 있습니다. 자세한 내용은 신호 처리나 음성 해석에 관한 전문 서적을 참조하기 바랍니다.

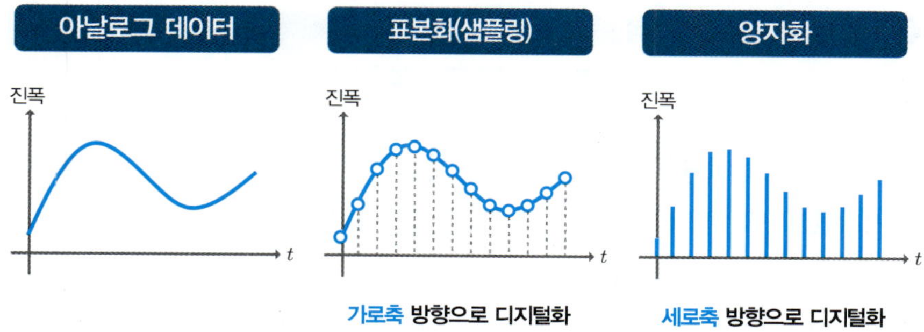


**그림 5-38** 아날로그 데이터를 디지털로 바꾸는 표본화와 양자화

여기까지 설명한 방법으로 음성 데이터를 [그림 5-39]처럼 시각화할 수 있습니다.

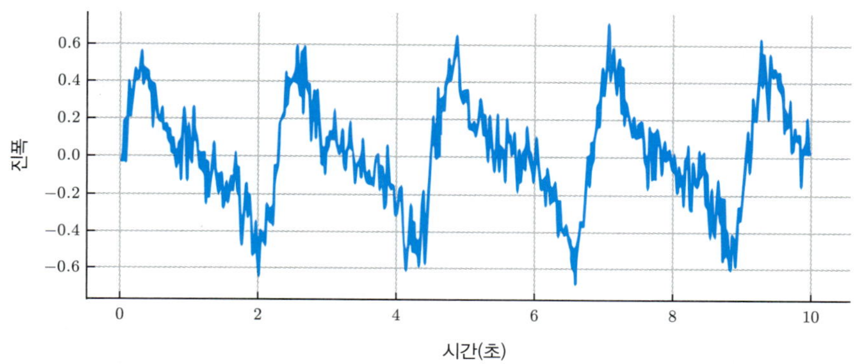


**그림 5-39** 음성 데이터를 디지털로 바꿔 그래프로 그린 예시

이쯤에서 '소리를 디지털 데이터로 바꾸는 것이라면 표본화와 양자화만으로도 충분하지 않나요?'라고 생각할 수도 있습니다. 하지만 표본화와 양자화로 얻은 음성 데이터를 AI 활용에 적합한 형태의 데이터로 변환하기 위해서는 푸리에 해석이 꼭 필요합니다. 이어지는 절부터 이 장에서 설명한 중요한 개념들을 모두 사용해서 음성 데이터를 처리하는 방법을 설명합니다.

## 5.19 이산 푸리에 변환: 음성 데이터를 수학적 모델로 표현하기

음성은 아날로그 신호로 연속적인 정보이며 동시에 시간 영역의 파동입니다. 음성은 표본화와 양자화를 거치면서 이산적인(불연속한) 정보로 변합니다. 이산적인 정보를 해석하고 그 안에서 유용한 정보를 얻고자 할 때 중요한 것은 바로 서로 다른 주파수의 파동이 갖는 진폭입니다. 진폭은 **이산 푸리에 변환**을 통해 해석적으로 구할 수 있습니다. 이번 장은 이산 푸리에 변환으로 음성 데이터를 처리하는 방법을 살펴보며 마무리합니다.

결론부터 말하자면 이산 푸리에 변환에서는 복소 푸리에 급수 전개식 (5-58)을 사용합니다. 식 (5-58)에 포함된 $e^{in\omega t}$은 **복소 정현파**라고도 합니다. 정확한 정의까지는 아니지만, '복소'란 허수 단위가 포함된 것, '정현파'란 오일러 공식에 나오는 sin, cos 함수가 포함된 것으로 이해하면 됩니다.

$$f(t) = \sum_{n=-\infty}^{\infty} c_n e^{in\omega t} \qquad (5\text{-}58)$$

지수에 포함된 각주파수 $\omega$에 관해 생각해 보면, 복소 푸리에 급수 전개와 복소 푸리에 계수는 각주파수가 $\omega = \frac{2\pi}{T}$ 간격이므로 이산적으로 다뤄지고 있음을 알 수 있습니다. 이 성질을 활용해서 얻은 이산 데이터를 기반으로 원래의 연속적인 값인 $f(t)$의 근삿값을 구하는 것을 목표로 합니다.[15]

이산 푸리에 변환을 통한 접근 방식은 연립방정식을 푸는 것으로 귀결됩니다. 처음에는 단순하고 초보적인 방식처럼 느껴질 수 있지만, 이어지는 설명에서 보게 될 연립방정식은 이산적인 값이나 모델을 다룰 때 매우 적합하다는 것을 확인할 수 있습니다. 쉽게 생각할 수 있도록 복소 푸리에 급수 전개식 (5-58)을 풀어 쓰면 다음과 같습니다.

---

15 자연 과학 분야의 전문 서적에서는 이와 같은 방식의 해설을 마주하게 되면 '도대체 어떻게 이런 아이디어가 떠오르는 것일까'하며 감탄하게 됩니다. 이런 놀라움은 수학적 사고를 깊이 있게 이해하는 과정에서만 얻을 수 있는 참된 지적 즐거움이라 할 수 있습니다.

$$f(t) = \sum_{n=-\infty}^{\infty} c_n e^{in\omega t}$$
$$= \cdots + c_{-n}e^{-in\omega t} + \cdots + c_{-2}e^{-i2\omega t} + c_{-1}e^{-i\omega t} + c_0 + c_1 e^{i\omega t} + c_2 e^{i2\omega t} + \cdots + c_n e^{in\omega t} + \cdots$$

위 식에서 복소 푸리에 계수 $\cdots$, $c_{-n}$, $\cdots$, $c_{-1}$, $c_0$, $c_2$, $\cdots$, $c_n$, $\cdots$은 현재 시점에서는 미지수입니다. 샘플링한 데이터 수와 같은 수의 복소 정현파 $e^{in\omega t}$을 복소 푸리에 급수로부터 꺼내 연립방정식을 구성하는 방법을 생각해 봅시다. 예를 들어 샘플링된 데이터를 [그림 5-40]과 같이 $s_0 \sim s_n$라 하겠습니다. 이 데이터의 개수는 $s_0 \sim s_n$이므로, 모두 $n$ + 1개입니다. 또한 각 데이터의 시간축 $t$ 위의 간격을 실수 $\tau$(타우tau)라고 합시다. 동일한 간격이라면 어떤 문자를 사용하든 상관없습니다.

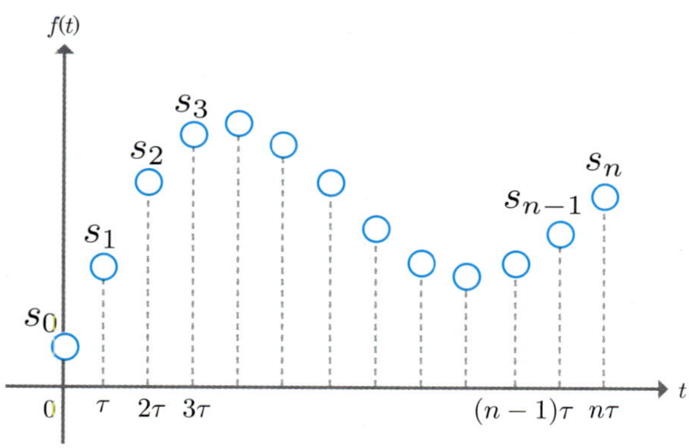


**그림 5-40** 아날로그 음성 데이터를 샘플링한 예시로 샘플링 간격은 $\tau$입니다.

따라서 복소 푸리에 급수 전개에서 사용하는 복소 정현파도 $n$ + 1개입니다. $n$ + 1개의 복소 정현파를 사용해서 식 (5-65)를 만듭니다. 여기서 $\alpha_0 \sim \alpha_n$은 우리가 구하고자 하는 계수입니다. 그리고 함수 $g(t)$는 샘플링한 데이터를 기반으로 아날로그 음성 데이터를 근사한 수학적 모델입니다.

$$g(t) = \alpha_0 \underbrace{e^{i0\omega t}}_{=1} + \alpha_1 e^{i1\omega t} + \alpha_2 e^{i2\omega t} + \alpha_3 e^{i3\omega t} + \cdots + \alpha_n e^{in\omega t}$$
$$= \sum_{k=0}^{n} \alpha_k e^{ik\omega t} \qquad (5\text{-}65)$$

## 5.20 이산 푸리에 변환으로 음성 해석하기

마지막으로 간단한 계산을 통해 이산 푸리에 변환에서 복소 푸리에 계수를 구해 봅시다. 편의상 $0 \leq t \leq T$ 범위에서 3개의 이산 데이터 $(s_0, s_\tau, s_{2\tau}) = (1, -1, 2)$를 얻었다고 가정합니다. 여기서 $0$, $\tau$, $2\tau$는 데이터를 샘플링한 시점을 의미하고, 주기를 $T = 3\tau$로 설정하면 각 주파수를 $\omega = \frac{2\pi}{T} = \frac{2\pi}{3\tau}$ 로 나타낼 수 있습니다. 이번 예시에서는 간격 $\tau$마다 3개의 데이터를 가지므로, 연립방정식을 풀기 위해서는 복소 푸리에 급수 전개식의 처음 3개 항만 꺼내면 충분합니다. 이 과정을 정리하면 함수 $g(t)$는 식 (5–66)처럼 정리할 수 있습니다.

$$g(t) = \alpha_0 + \alpha_1 e^{i\frac{2\pi}{3\tau}t} + \alpha_2 e^{i\frac{4\pi}{3\tau}t} \tag{5-66}$$

이제부터 구체적인 값을 대입해서 우변의 계수 $\alpha_0$, $\alpha_1$, $\alpha_2$를 구해 봅시다. 식 (5–66)에서 $t$에 $0$, $\tau$, $2\tau$를 차례로 대입한 식을 나열합니다. 앞서 설명했듯이 $(s_0, s_\tau, s_{2\tau}) = (1, -1, 2)$를 데이터로 가정했으므로 다음과 같이 계산할 수 있습니다.

$$\begin{aligned}
g(0) &= \alpha_0 + \alpha_1 e^{i\frac{2\pi}{3\tau}\times 0} + \alpha_2 e^{i\frac{2\pi}{3\tau}\times 2\times 0} = \alpha_0 + \alpha_1 + \alpha_2 = 1 \\
g(\tau) &= \alpha_0 + \alpha_1 e^{i\frac{2\pi}{3\tau}\times \tau} + \alpha_2 e^{i\frac{2\pi}{3\tau}\times 2\times \tau} = \alpha_0 + \alpha_1 e^{i\frac{2\pi}{3}} + \alpha_2 e^{i\frac{4\pi}{3}} = -1 \\
g(2\tau) &= \alpha_0 + \alpha_1 e^{i\frac{2\pi}{3\tau}\times 2\tau} + \alpha_2 e^{i\frac{2\pi}{3\tau}\times 2\times 2\tau} = \alpha_0 + \alpha_1 e^{i\frac{4\pi}{3}} + \alpha_2 e^{i\frac{8\pi}{3}} = 2
\end{aligned}$$

위의 결과로부터 다음과 같은 연립방정식을 얻습니다.

$$\begin{aligned}
&\alpha_0 + \alpha_1 + \alpha_2 = 1 \\
&\alpha_0 + \alpha_1 e^{i\frac{2\pi}{3}} + \alpha_2 e^{i\frac{4\pi}{3}} = -1 \\
&\alpha_0 + \alpha_1 e^{i\frac{4\pi}{3}} + \alpha_2 e^{i\frac{8\pi}{3}} = 2
\end{aligned}$$

두 번째, 세 번째 식에 $e^{i\frac{2\pi}{3}}$, $e^{i\frac{4\pi}{3}}$, $e^{i\frac{8\pi}{3}}$ 가 포함되어 있는데, 이 값들은 오일러 공식으로부터 정확한 값으로 계산할 수 있습니다.

$$e^{i\frac{2\pi}{3}} = \cos\frac{2\pi}{3} + i\sin\frac{2\pi}{3} = -\frac{1}{2} + \frac{\sqrt{3}}{2}i$$
$$e^{i\frac{4\pi}{3}} = \cos\frac{4\pi}{3} + i\sin\frac{4\pi}{3} = -\frac{1}{2} - \frac{\sqrt{3}}{2}i$$
$$e^{i\frac{8\pi}{3}} = \cos\frac{8\pi}{3} + i\sin\frac{8\pi}{3} = -\frac{1}{2} + \frac{\sqrt{3}}{2}i$$

따라서 위 값을 연립방정식에 대입하면 다음과 같습니다.

$$\alpha_0 + \alpha_1 + \alpha_2 = 1 \qquad (5\text{-}67)$$

$$\alpha_0 + \alpha_1\left(-\frac{1}{2} + \frac{\sqrt{3}}{2}i\right) + \alpha_2\left(-\frac{1}{2} - \frac{\sqrt{3}}{2}i\right) = -1 \qquad (5\text{-}68)$$

$$\alpha_0 + \alpha_1\left(-\frac{1}{2} - \frac{\sqrt{3}}{2}i\right) + \alpha_2\left(-\frac{1}{2} + \frac{\sqrt{3}}{2}i\right) = 2 \qquad (5\text{-}69)$$

이제 연립방정식을 풀기 위해 식 (5−67), (5−68), (5−69)를 모두 더하면 식 (5−70)을 얻습니다.

$$3\alpha_0 = 2$$
$$\therefore \alpha_0 = \frac{2}{3} \qquad (5\text{-}70)$$

다시 식 (5−70)을 (5−67)에 대입해서 식 (5−71)을 얻습니다.

$$\frac{2}{3} + \alpha_1 + \alpha_2 = 1$$
$$\therefore \alpha_2 = \frac{1}{3} - \alpha_1 \qquad (5\text{-}71)$$

식 (5−70), (5−71)을 (5−68)에 대입합니다. 중간 과정을 꼼꼼하게 확인해 보기 바랍니다.

$$\frac{2}{3}+\alpha_1\left(-\frac{1}{2}+\frac{\sqrt{3}}{2}i\right)+\left(\frac{1}{3}-\alpha_1\right)\left(-\frac{1}{2}-\frac{\sqrt{3}}{2}i\right)=-1$$

$$\frac{2}{3}+\alpha_1\left(-\frac{1}{2}+\frac{\sqrt{3}}{2}i+\frac{1}{2}+\frac{\sqrt{3}}{2}i\right)+\left(\frac{1}{3}\right)\left(-\frac{1}{2}-\frac{\sqrt{3}}{2}i\right)=-1$$

$$\frac{2}{3}+\alpha_1\left(\sqrt{3}i\right)-\frac{1}{6}-\frac{\sqrt{3}}{6}i=-1$$

$$\alpha_1\left(\sqrt{3}i\right)=-\frac{6}{6}-\frac{4}{6}+\frac{1}{6}+\frac{\sqrt{3}}{6}i=-\frac{3}{2}+\frac{\sqrt{3}}{6}i$$

$$\alpha_1=-\frac{3}{2\sqrt{3}i}+\frac{\sqrt{3}}{6\sqrt{3}i}i=-\frac{\sqrt{3}\times i}{2i\times i}+\frac{1}{6}=\frac{1}{6}+\frac{\sqrt{3}}{2}i$$

$$\therefore \alpha_1=\frac{1}{6}+\frac{\sqrt{3}}{2}i \qquad \text{(5-72)}$$

식 (5–72)를 (5–71)에 대입하면 식 (5–73)을 얻습니다.

$$\alpha_2=\frac{1}{3}-\left(\frac{1}{6}+\frac{\sqrt{3}}{2}i\right)=\frac{1}{6}-\frac{\sqrt{3}}{2}i$$

$$\therefore \alpha_2=\frac{1}{6}-\frac{\sqrt{3}}{2}i \qquad \text{(5-73)}$$

계수 $\alpha_0$, $\alpha_1$, $\alpha_2$를 다시 식 (5–74)에서 정리합니다.

$$(\alpha_0,\alpha_1,\alpha_2)=\left(\frac{2}{3},\frac{1}{6}+\frac{\sqrt{3}}{2}i,\frac{1}{6}-\frac{\sqrt{3}}{2}i\right) \qquad \text{(5-74)}$$

아울러 계수 $\alpha_0$, $\alpha_1$, $\alpha_2$의 절댓값은 각주파수 $0, \frac{2\pi}{3\tau}, \frac{4\pi}{3\tau}$ 에 대한 복소 정현파의 진폭을 의미합니다. 이 점을 기억하며 각 계수의 절댓값을 계산해서 비율을 확인해 봅시다.

$$\begin{aligned}|\alpha_0|:|\alpha_1|:|\alpha_2| &= \left|\frac{2}{3}\right|:\left|\frac{1}{6}+\frac{\sqrt{3}}{2}i,\right|:\left|\frac{1}{6}-\frac{\sqrt{3}}{2}i,\right| \\ &= \left|\frac{2}{3}\right|:\left|\frac{1+3\sqrt{3}i}{6}\right|:\left|\frac{1-3\sqrt{3}i}{6}\right| \\ &= \frac{2}{3}:\frac{\sqrt{7}}{3}:\frac{\sqrt{7}}{3} \\ &= 2:\sqrt{7}:\sqrt{7}\end{aligned}$$

샘플링한 데이터 $(s_0, s_\tau, s_{2\tau}) = (1, -1, 2)$와 각주파수 $0, \frac{2\pi}{3\tau}, \frac{4\pi}{3\tau}$ 에 대한 진폭의 비율을 그래프로 나타내면 다음과 같습니다.

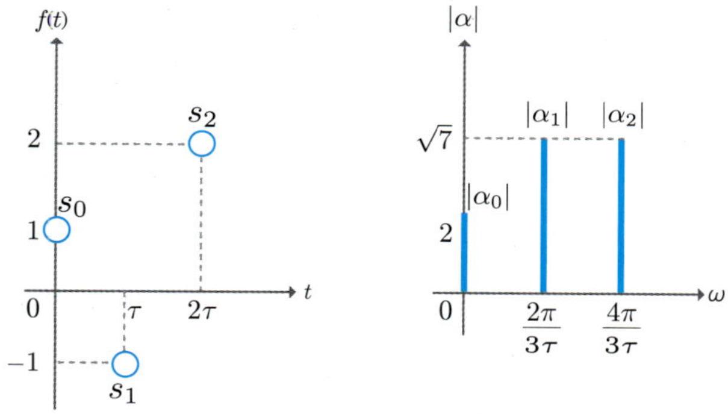


**그림 5-41** 샘플링 데이터와 데이터 해석으로 특정한 각주파수의 진폭

식 (5-66), (5-74)로부터 음성 데이터를 수학적 모델로 나타내면 다음과 같습니다.

$$g(t) = \frac{2}{3} + \left(\frac{1}{6} + \frac{\sqrt{3}}{2}i\right) e^{i\frac{2\pi}{3\tau}t} + \left(\frac{1}{6} - \frac{\sqrt{3}}{2}i\right) e^{i\frac{4\pi}{3\tau}t}$$

물론 실제로는 훨씬 더 많은 데이터를 사용하고 복잡한 계산을 거쳐야 분석이 가능하지만, 이 책에서는 직접 계산할 수 있을 정도로 쉬운 예시를 사용했습니다. 이와 같은 방식을 통해 물리적 공간의 음성을 AI 등 다양한 용도에 활용할 수 있는 디지털 데이터로 변환할 수 있습니다. 긴 내용을 읽느라 정말 수고 많으셨습니다.

## 5.21 이 장의 핵심 내용

이 장에서는 음성을 AI 활용에 적합한 데이터로 변환하는 수학적인 방법을 설명했습니다. 음성을 활용하기 위해서는 심도 깊은 본질적인 수학적 사고가 필요했습니다. 우리는 스마트폰을 통해 음성 데이터를 활용한 다양한 서비스를 사용할 수 있습니다. 이 장을 읽고 난 여러분은 음성에 관해 더욱 깊이 이해하게 되었을 것입니다.

어쩌면 눈치챈 분도 계실지 모르겠지만, 이 장에서 다룬 것은 사실 수학이라기보다 오히려 물리학에 가깝습니다. 소리라는 자연 현상을 수학적 모델로 분석하는 일은 그야말로 자연 과학을 탐구하는 일입니다. 스마트폰을 사용해 누리고 있는 여러 기술을 수학적으로 탐구해 나가다 보면 어느새 물리학의 세계와 마주하게 되기도 합니다.

주위를 조금만 둘러봐도 수학으로 표현할 수 있는 현상으로 가득하며, 수학이야말로 우리의 삶을 풍요롭게 만들어 주고 있다는 점을, 여기까지 읽었다면 충분히 공감할 거라 믿습니다.

그렇다면 왜 수학을 멀리하는 사람들이 생겨나는 걸까요? 개인적으로 수학처럼 재미있는 것도 없다고 생각하지만, 멀어지는 이유를 살펴보면 어느 정도는 이해가 됩니다. 흔히 말하는 이유로 '어디에 쓰이는지 모르겠어서', '어렵고 이해가 안 돼서', '바빠서 공부할 시간이 없어서' 등이 꼽히지만, 실제로는 수학이 세상을 풍요롭게 하는 데 어떤 역할을 해 왔는지를 배우지 않았기 때문이라고 생각합니다. 그래서 '함수나 삼각 함수 같은 건 현실에서 아무짝에도 쓸모없다'는 오해도 생기는 것이죠. 지금 이 책을 읽고 계신 여러분은 아마 그런 주장에 대해 지금까지 배운 구체적인 사례와 폭넓은 활용법을 통해 확신을 가지고 반박할 수 있는 입장이 되었으리라 생각합니다.

다음 장은 이 책의 마지막 장으로 위성의 위치를 측정하는 방법에 관해 설명합니다. 드디어 우주 공간에서의 움직임을 다루는 수학적 모델에 대해 알아봅니다. 위성의 위치 측정에 관한 수학은 이 책의 클라이맥스이자, 이보다 큰 스케일의 주제는 없을 것입니다.

**Column**

### 음성 인식과 AI

이 장에서 소개한 음성 해석 방법은 음성 인식 AI를 구현하기 위한 방대한 프로세스 중 일부에 불과합니다. 더욱 자세한 내용을 살펴보고 싶다면 다른 전문 서적을 찾아 읽어 보기 바랍니다. 이번 컬럼에서는 음성 인식 AI가 동작하는 전체적인 흐름을 간략히 소개합니다. 이 책의 목적과 분량의 제한으로 인해 어디까지나 간단한 설명에 불과하므로 양해 바랍니다.

사용자로부터 가져온 음성을 AI가 인식하고 텍스트 데이터로 출력하기까지의 과정을 [그림 5-42]에 따라 간단히 설명합니다.

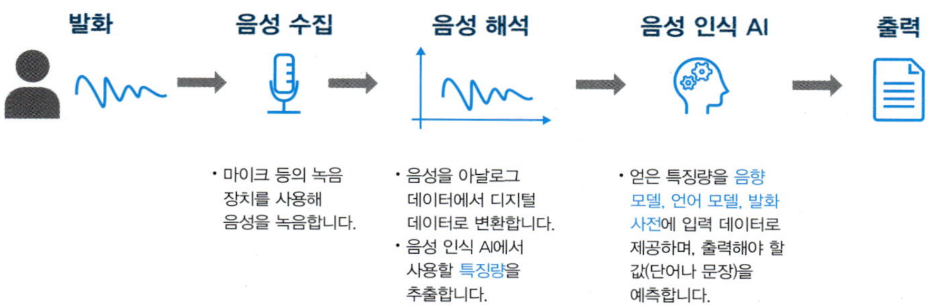


그림 5-42 음성 인식 AI가 출력을 생성하는 과정

음성을 수집하기 위해 마이크와 같은 장비로 녹음을 합니다. 이어지는 음성 분석 단계에서는 이 장에서 다룬 이산 푸리에 변환을 통해 샘플링하고 양자화한 데이터를 분석하지만, 실제로 이 단계에서 수행되는 처리 과정은 훨씬 더 많습니다. 이산 푸리에 변환만으로는 음성 인식 AI에서 활용할 수 있을 만큼의 유효한 특징량을 추출할 수 없습니다. 예를 들면 이산 푸리에 변환 이전에 고주파 성분을 강조하는 **프리엠퍼시스**pre-emphasis 처리를 하거나 음성을 약 20~40 밀리초 단위의 **프레임**으로 나눈 다음 이산 푸리에 변환과 같은 처리를 적용합니다.[16] 이와 같은 처리를 통해 음성 데이터는 주파수 영역의 데이터로 변환되고, 그다음 추가적인 처리를 통해 음성 인식에 필요한 특징량을 만들어 냅니다. 대표적인 예로는 **멜 주파수 캡스트럼 계수**(MFCC mel-frequency cepstral coefficients)나 **로그-멜 스펙트로그램**log-mel spectrogram 등이 있습니

16 음성 인식 관련 전문 서적에서는 고속 푸리에 변환(fast Fourier transformation, FFT) 처리를 전제로 설명하는 경우가 많습니다. 이 책에서는 더욱 기초가 되는 이산 푸리에 변환을 도출했으므로, 여러분은 고속 푸리에 변환에 관한 설명도 충분히 이해할 수 있을 것입니다. 다른 전문 서적에도 도전해 보기 바랍니다.

다. 4장에서 소개한 엔드 투 엔드 방식의 음성 인식 AI Whisper 역시 로그-멜 스펙트로그램을 사용해서 특징량을 추출하고, 이를 바탕으로 음성을 인식합니다. 여기서는 다음 두 가지 처리에 관해 간단히 설명합니다. 더욱 자세한 내용은 전문 서적을 참고하기 바랍니다.

- **특징량에서 음소를 특정:** 음향 모델이라고 하는 기술로 특징량으로부터 가장 가까운 음소를 특정해서 텍스트 데이터로 변환합니다. 여기서 **음소**란 음성을 표현하는 최소 단위로 알파벳 기반의 문자 표현이라고 생각하면 됩니다. 예를 들어 '나는 밤을 좋아한다'라는 음성을 음소로 표현하면 'naneunbameuljoahanda'가 됩니다.
- **음소의 나열을 단어로 변환:** 음향 모델로 처리된 텍스트 데이터는 그대로 출력해서 사용할 수 없습니다. 따라서 이 텍스트 데이터를 의미 있는 단어로 변환합니다. 예를 들어 앞서 나온 'naneunbameuljoahanda'라는 텍스트 데이터를 '나', '는', '밤', '을', '좋아', '한다'라는 단어 단위로 바꾸는 것입니다. 이 처리는 단어와 음소를 함께 기록해 놓은 **발화 사전**을 참조해서 음소에 대응하는 단어 후보를 선택해서 이뤄집니다. '밤'은 '먹는 밤'뿐만 아니라 '저녁을 뜻하는 밤'과 같은 다른 변환 후보도 있습니다. 일반적으로 다양한 후보 중에서 문맥상 가장 자연스러운 단어를 선택하기 위해 **언어 모델**이 필요합니다. 언어 모델로는 **은닉 마르코프 모형**(HMM[hidden Markov model])을 자주 사용하고 앞서 설명한 음향 모델에도 HMM이 종종 사용됩니다. 하지만 최근에는 딥러닝 기반의 모델이 더욱 활발하게 활용됩니다. 언어 모델은 단어끼리 동시에 출현할 확률을 고려해서 문장을 생성합니다. 예를 들어 'naneunbameuljoahanda'라는 텍스트 데이터에 대해 발화 사전과 언어 모델을 조합해 '나는 밤을 좋아한다'라는 문장이 생성되었다면, 이는 해당 단어 조합의 출현 확률이 가장 높았다는 의미입니다.

여기서는 음향 모델, 언어 모델, 발화 사전을 조합한 사례를 소개했지만, 최근에는 세 기능을 통합한 **엔드 투 엔드** 모델이 주류가 되어가는 것으로 보입니다. 4장의 컬럼에서 소개한 Whisper는 엔드 투 엔드 음성 인식 AI의 대표적인 예입니다. 즉, 트랜스포머 기반의 기술이 음성 인식 AI를 대체하기 시작하고 있다는 의미입니다.

# 6장

# 위치 측정에 활용되는 수학

**Keyword**

뉴턴 역학 / 특수 상대성 이론 / 일반 상대성 이론 / 축차 근사법 / 운동 방정식 / 만유인력의 법칙 / 아인슈타인 방정식 / 슈바르츠실트 해 / 위치 벡터 / 속도 벡터 / 가속도 벡터 / 타원 / 극방정식 / 케플러 궤도의 여섯 가지 요소 / 로런츠 인자 / 삼각 함수 / 벡터 / 미분

## 6.1 들어가며

이 책의 마지막 장에서는 위성의 위치를 측정하는 수학에 대해 설명합니다. 구글 지도와 같은 지도 앱을 사용하면 자신의 위치, 정확히 말하면 스마트폰의 위치가 지도 앱에 표시됩니다. 택시 앱이나 음식 배달 앱에도 이동 중인 택시나 배달 중인 기사의 현재 위치를 지도 위에 표시하는 기능이 탑재되어 있습니다. 스마트폰 이외에서 예를 들자면 내비게이션을 통한 목적지 안내나 드론과 같은 무인기의 위치 추적 등, 위치를 측정하는 기술은 다양한 용도로 사용됩니다. 이렇게 자신이나 다른 사람, 또는 특정 물체가 현재 어느 위치에 있는지 측정하는 것은 매우 편리한 기술입니다. 이제는 당연하게 여겨지는 서비스지만, 곰곰이 생각해 보면 신기하지 않을 수 없습니다. 도대체 어떻게 지구라는 광대한 공간 속에서 위치를 측정할 수 있는 것일까요?

이때 등장하는 것이 바로 **GPS**Global Positioning System입니다. 많은 이들이 GPS에서 얻은 데이터를 어떻게 해석하는지 자세히는 모르더라도, GPS를 통해 위치를 측정한다는 사실은 알고 있습니다. 그러나 GPS 데이터를 통한 위치 측정에 어떤 수학적인 방법을 활용하는지는 잘 알려져 있지 않습니다.

이제부터 스마트폰의 위치를 측정하는 상황을 가정해서 설명을 이어 나갑니다. 위치를 측정하기 위해서는 적어도 두 대상의 위치를 측정해야 합니다. 첫 번째는 당연히 스마트폰 기기의 위치이며 또 하나는 GPS의 위치입니다. 자세한 내용은 뒤에서 다루지만, 스마트폰의 위치를 측정하기 위해서는 GPS의 위치 정보도 반드시 알아야 하기 때문에 두 위치는 떼려야 뗄 수 없는 관계에 있습니다.

그림 6-1 이번 장에서 설명하는 수학적 모델의 대상

실제 스마트폰의 위치 측정에는 이외에도 많은 데이터가 필요하지만, 이 책에서는 복잡한 설명을 피하기 위해 두 위치 정보만 이용해 설명합니다. GPS는 **범지구 위성 항법 시스템**(GNSS global navigation satellite system) 중 하나이며 이 책에서는 편의상 범지구 위성 항법 시스템을 인공위성 또는 위성으로 줄여서 표기합니다.

5장에서는 푸리에 해석을 사용해서 주변의 소리를 물리적인 파동으로 간주하고 데이터로 만드는 수학적 방법을 설명했습니다. 이번 장에서는 공간의 범위를 더욱 넓혀 [그림 6-1]과 같이 지구를 벗어나 우주 공간까지 포함하는 수학적 모델, 다시 말해 물리 법칙을 설명하면서 위성의 위치 측정을 구현하는 수학적 모델을 설명합니다.

이 장에서 소개하는 스마트폰과 위성의 위치를 측정하는 수학적 혹은 물리적인 방법은 어디까지나 수많은 접근 방식 중 하나라는 점에 유의하기 바랍니다. 이 장에서는 다른 장과 마찬가지로 범용적인 방법들을 다양하게 설명합니다. 특히 **뉴턴 역학**으로 설명하는 접근 방식은 학부 수준에서 배우는 **역학**과도 비슷한 부분이 많으므로 물리학적인 사고력을 기를 수 있는 절호의 기회입니다. 단순한 역학 설명에 그치지 않고, 위성의 위치 측정을 위한 수학적 사고로 연결할 수 있도록 뉴턴 역학의 강점을 실감할 수 있게 구성했습니다. 나아가 뉴턴 역학뿐만 아니라 물리를 배운 적이 없는 사람도 흥미를 가질 수 있도록 **상대성 이론**에 기초한 설명 방식도 소개합니다. 이 책을 통해 과거 위대한 인물들이 개척해 온 지혜를 즐기는 마음으로 읽어 보기 바랍니다.

## 6.2 시간×속도: 위성과 수신기 사이의 거리 계산하기

스마트폰의 위치는 GPS가 송신하는 정보를 이용해서 측정합니다. GPS는 범지구 위성 항법 시스템 중 하나이며, 미국이 운용하는 위치 측정 위성을 가리킵니다. 스마트폰의 위치를 특정하기 위해서는 이와 같은 범지구 위성 항법 시스템이 송신하는 전파를 수신하고 해석해야 합니다. 스마트폰에는 범지구 위성 항법 시스템의 전파를 수신하는 수신기가 내장되어 있습니다. 이후부터 설명의 편의를 위해 스마트폰을 **수신기**라고 합니다. 어떤 위성에서 수신기에 도달하는 전파는 **빛의 속도(광속)**로 도달합니다. 수신기에 전파가 도달하는 데 걸리는 시간은 '위성이 전파를 송신한 시점'과 '수신기가 전파를 수신한 시점'의 차이를 계산해서 구할 수 있지만, 위성에서 송신된 전파는 문자 그대로 빛의 속도이기 때문에 두 시점의 시각 차이는 매우 작습니다.

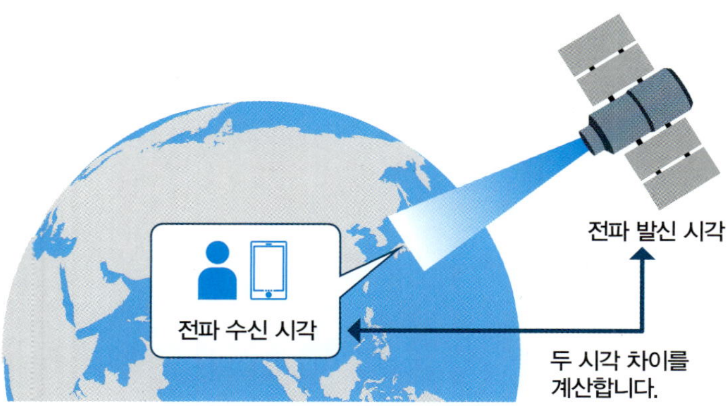


그림 6-2 전파 수신 시각과 전파 발신 시각의 차이 계산

전파를 발신하는 위성을 $A$라고 하면, 위성 $A$로부터 수신기까지의 거리는 **시간×속도**로 구할 수 있습니다. 수신기가 전파를 수신한 시각을 $t$, 위성 A가 전파를 발신한 시각을 $t_A$라고 하고 전파가 전해지는 속도를 $c$로 나타냅니다. $c$는 빛의 속도를 나타내며 관례적인 표기입니다. 그러면 거리는 식 (6−1)처럼 나타낼 수 있습니다.

$$(\text{거리}) = (\text{시간}) \times (\text{속도}) = (t - t_A) \times c = c(t - t_A) \tag{6-1}$$

하지만 우리가 지금 알고 싶은 것은 '수신기의 위치'입니다. 위성 $A$가 빛의 속도로 전파를 발신하고 가령 0.01초 후에 수신기가 그 전파를 수신했다면, 이 정보만으로 수신기가 지구의 어느 위치에 있는지를 특정할 수 있을까요? 물론 특정할 수 없습니다. 왜냐하면 위성 $A$에서 빛의 속도로 전파를 발신하고 0.01초 후에 그 전파가 도달할 만한 위치는 지구상에 무수히 많기 때문입니다.

## 6.3 연립방정식: 수신기의 위치를 기하학적으로 해석하기

그렇다면 어떻게 수신기의 위치를 특정할 수 있을까요? 여기서부터는 **기하학**적인 사고를 토대로 수신기의 위치를 측정합니다. 구체적으로 수신기가 존재할 수 있는 위치를 각 위성을 중심으로 한 **구의 방정식**으로 표현합니다. 그리고 구의 방정식에 대한 **미분** 연산을 통해 수신기의 위치를 해석적으로 추정하는 수학적 모델을 설계합니다. 수학적 모델을 설계한 다음에는 축차 근사법을 사용해 답을 구해 봅니다.

| 기초가 되는 수학적 기법 | 정보 공학적 접근 방식 |
|---|---|
| **구의 방정식:** | **축차 근사법:** |

**구의 방정식:**

$$(x-a)^2 + (y-b)^2 + (z-c)^2 = r^2$$

**전미분:**

$$df = \frac{\partial f}{\partial x}dx + \frac{\partial f}{\partial y}dy + \frac{\partial f}{\partial z}dz$$

**합성 함수의 미분(연쇄 법칙):**

$$\{f(g(x))\}' = f'(g(x))g'(x)$$

**축차 근사법:**

$$\Delta d_A = \frac{(x-x_A)}{\sqrt{(d_A)^2}}\Delta x + \frac{(y-y_A)}{\sqrt{(d_A)^2}}\Delta y + \frac{(z-z_A)}{\sqrt{(d_A)^2}}\Delta z$$

$$(d_A)^2 = (x-x_A)^2 + (y-y_A)^2 + (z-z_A)^2$$

[ $\Delta d_A$ : 수신기와 위성 $A$ 사이의 미소(微小, 미세한) 거리
$d_A$ : 수신기와 위성 $A$ 사이의 거리, $(x_A, y_A, z_A)$ : 위성 $A$의 좌표 ]

$$x^n = x^{n-1} + \Delta x$$
$$y^n = y^{n-1} + \Delta y$$
$$z^n = z^{n-1} + \Delta z$$

[ $x^n, y^n, z^n$ : 축차 근사를 $n$번 반복한 후의 수신기의 추정 좌표
$\Delta x, \Delta y, \Delta z$ : $x$, $y$, $z$ 방향으로의 미소 이동 거리 ]

**그림 6-3** 설명 방식

아직 수신기의 위치는 모르는 상태이므로 수신기의 위치를 **미지수**로 두고 해를 구하면 위치를 알아낼 수 있습니다. 수신기는 지구라는 3차원 공간에 존재하므로 그 위치를 나타내는 **좌표**를 $(x, y, z)$로 둡니다. 좌표를 나타내는 $x$, $y$, $z$ 성분을 모두 미지수로 두고 해석하는 것입니다. 위성 $A$ 역시 3차원 우주 공간에 존재하므로 위성의 위치를 나타내는 좌표를 $(x_A, y_A, z_A)$라고 둡니다. 여기까지를 그림으로 나타내면 다음과 같습니다.

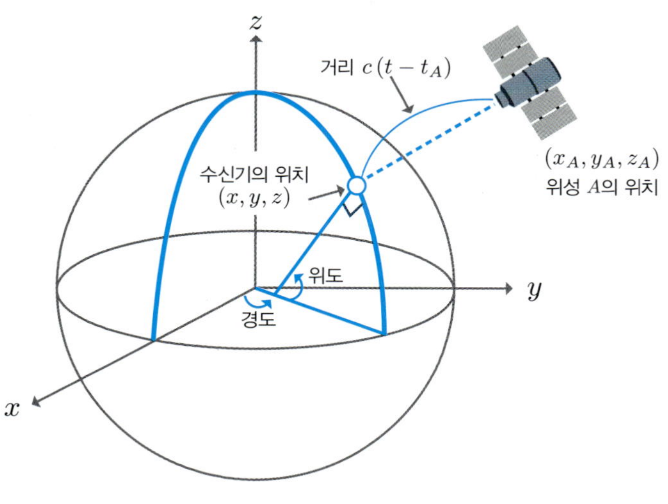


**그림 6-4** 3차원 좌표 공간에 표기한 위성 $A$와 수신기

[그림 6-4]에 대해 간단히 설명하면 3차원 $xyz$ 공간에 지구의 표면이 회색 원으로 그려져 있습니다. $xy$ 평면을 적도로 간주하면, 적도에 대해 양극에서 직각으로 교차하는 파란 선은 **자오선(경선)**이며, 특히 $x$축과 $z$축을 잇는 선은 **경도** 0도를 나타냅니다. 또한, 적도로부터 어느 정도 남북으로 떨어져 있는지를 **위도**로 나타냅니다. 일반적으로 지도상의 좌표는 경도와 위도의 2차원으로 표기하지만, 여기서는 3차원 공간에서의 위치를 생각해야 하므로 수신기의 위치를 3차원 좌표 공간 $(x, y, z)$로 다룹니다. 위성 A의 위치도 우주 공간에 있으므로 3차원 $(x_A, y_A, z_A)$로 나타냅니다. 그림 안에서 어느 부분이 자오선, 적도, 경도, 위도를 나타내는지 정확히 확인해 보기 바랍니다.

그림을 더욱 자세히 살펴보면, 수신기의 위치에서부터 수직으로 지구 중심을 향해 뻗어 있는 선은 $xy$ 평면의 지구 중심에서 약간 벗어난 위치에 닿아 있습니다. 이것은 지구가 **타원체**이기 때문이며, 위성의 위치를 측정할 때 빼놓을 수 없는 특징입니다.

수신기와 위성 $A$의 좌표에 대해 $(x, y, z)$는 미지수지만, $(x_A, y_A, z_A)$는 구체적인 수치가 주어집니다. 위성 $A$가 자신의 위치 정보를 계산한 정보를 전파로 송신하기 때문입니다. 따라서 수신기와 위성 $A$ 사이의 거리는 피타고라스의 정리에 따라 계산할 수 있습니다. 이로써 앞서 도출한 수신기와 위성 $A$ 사이의 거리를 나타내는 계산식 $c(t - t_A)$를 사용해서 식 (6-2)를 이끌어 낼 수 있습니다. 두 가지 방식으로 정의된 '거리'를 등호로 연결해서 **방정식**을 만들었습니다.

$$\sqrt{(x - x_A)^2 + (y - y_A)^2 + (z - z_A)^2} = c(t - t_A) \qquad (6\text{-}2)$$

식 (6-2)를 도출하는 과정을 [그림 6-5]에 나타냅니다.

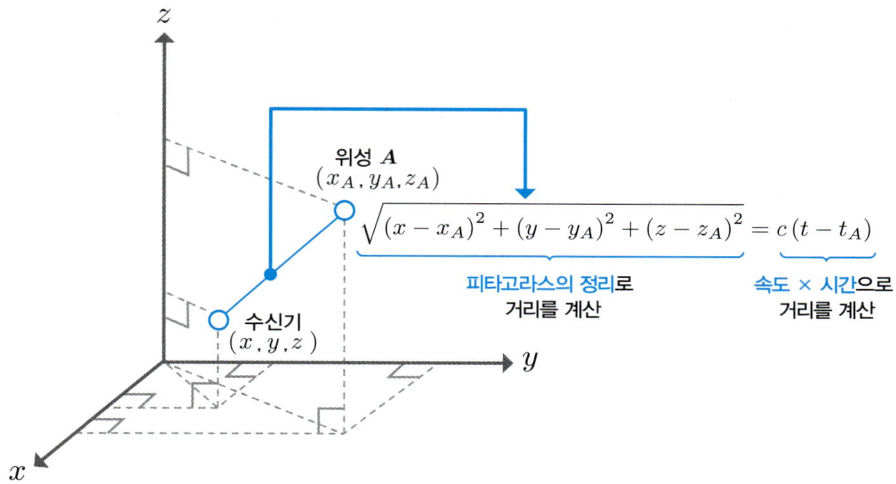


**그림 6-5** 위성 $A$와 수신기 사이의 거리를 나타내는 방정식

[그림 6-5]에서 수신기의 좌표 $(x, y, z)$는 미지수가 세 개이므로, 세 개의 방정식을 만들면 **연립방정식**으로 각 미지수의 값을 특정할 수 있습니다. 따라서 두 개의 위성을 더 추가해서 위성 $A$, 위성 $B$, 위성 $C$로부터 얻은 전파를 사용합니다.[1] 그러면 식 (6-1)과 (6-2)로부터 식 (6-3)에 나타낸 세 개의 방정식을 만들 수 있습니다. 각 위성과 수신기 간의 거리를 $d_A$, $d_B$, $d_C$로 나타내기로 합니다.

$$\begin{aligned}\sqrt{(x-x_A)^2+(y-y_A)^2+(z-z_A)^2} &= c(t-t_A) = d_A \\ \sqrt{(x-x_B)^2+(y-y_B)^2+(z-z_B)^2} &= c(t-t_B) = d_B \\ \sqrt{(x-x_C)^2+(y-y_C)^2+(z-z_C)^2} &= c(t-t_C) = d_C\end{aligned} \tag{6-3}$$

식 (6-3)은 제곱근 기호가 있어 계산이 번거로우므로 양변을 제곱합니다.

1 실제로는 시간 지연을 고려해서 최소 네 개의 위성 데이터가 필요합니다. 여기서는 편의상 세 개의 위성 데이터를 사용하는 경우를 예시로 설명합니다. **시간 지연**은 매우 중요하며, 이 장의 후반부에서 다룹니다.

$$(x - x_A)^2 + (y - y_A)^2 + (z - z_A)^2 = (d_A)^2$$
$$(x - x_B)^2 + (y - y_B)^2 + (z - z_B)^2 = (d_B)^2 \quad (6\text{-}4)$$
$$(x - x_C)^2 + (y - y_C)^2 + (z - z_C)^2 = (d_C)^2$$

그렇다면 이 세 개의 수식은 무엇을 의미할까요? 이때 중요한 역할을 하는 것이 아래의 **구면**을 나타내는 방정식입니다. 3차원 공간의 $xyz$ 좌표에서, 점 $(a, b, c)$를 중심으로 하는 반지름 $r$인 구의 방정식은 식 (6–5)와 같습니다.

$$(x - a)^2 + (y - b)^2 + (z - c)^2 = r^2 \quad (6\text{-}5)$$

식 (6–4)는 세 개의 서로 다른 구의 방정식이라고 할 수 있습니다. 세 개의 수식으로 이뤄진 연립방정식을 기하학적으로 해석하면 '세 개의 구면이 겹치는 위치를 수신기의 좌표 $(x, y, z)$로 구한다'는 의미가 되며, 그림으로 나타내면 [그림 6–6]과 같습니다.

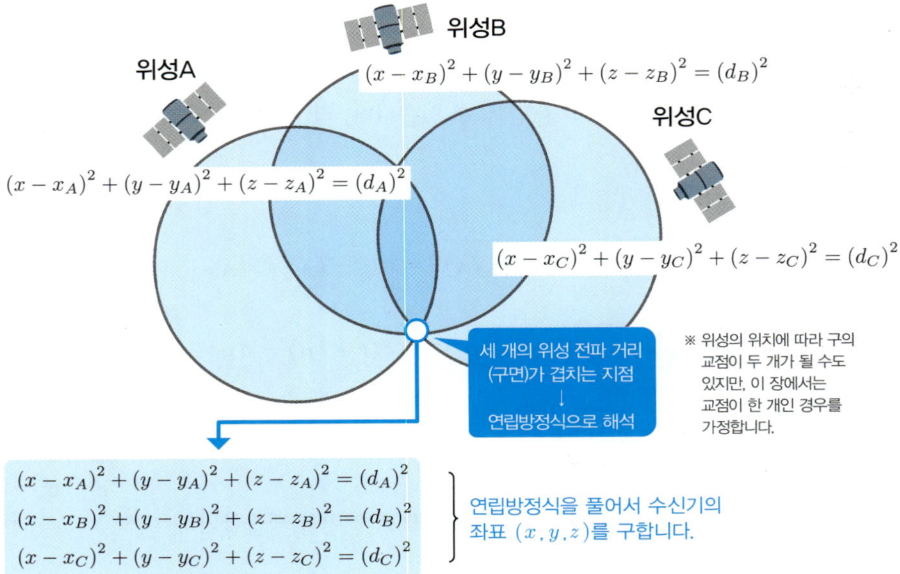


**그림 6-6** 연립방정식으로 수신기의 좌표 해석하기

## 6.4 전미분과 합성 함수의 미분: 연립방정식 세우기

도출한 연립방정식을 바로 풀어 보고 싶지만 학창 시절에 배운 연립방정식과는 조금 다르다는 점에 주의해야 합니다. 그 이유는 식 (6-4)의 왼쪽 항의 제곱을 전개한 식 (6-6)을 보면 이해할 수 있습니다.

$$\begin{aligned} x^2 - 2xx_A + {x_A}^2 + y^2 - 2yy_A + {y_A}^2 + z^2 - 2zz_A + {z_A}^2 = (d_A)^2 \\ x^2 - 2xx_B + {x_B}^2 + y^2 - 2yy_B + {y_B}^2 + z^2 - 2zz_B + {z_B}^2 = (d_B)^2 \\ x^2 - 2xx_C + {x_C}^2 + y^2 - 2yy_C + {y_C}^2 + z^2 - 2zz_C + {z_C}^2 = (d_C)^2 \end{aligned} \qquad (6\text{-}6)$$

앞서 말한 것처럼 미지수 $x$, $y$, $z$의 제곱이 포함되어 있으므로 일반적인 연립방정식과는 다릅니다. 이렇게 2차 이상의 항이 포함된 연립방정식을 **비선형 연립방정식**이라고 합니다. 비선형 연립방정식을 풀기 위해서는 일반적인 연립방정식의 풀이를 적용할 수 없으므로 다른 방법이 필요합니다.

이 책에서는 **축차 근사법**을 이용해 풀이합니다. 축차 근사법은 2장에서 설명한 뉴턴의 **경사 하강법**과 비슷합니다. 경사 하강법과의 공통점은 '오차를 계산한 다음, 그 오차를 작게 하기 위해 계산 결과를 보정하는 과정을 반복하는 것'입니다. 그러나 축차 근사법은 조금 다른 방식으로 문제를 해결합니다. 우선 미지수인 수신기의 좌표 $(x, y, z)$에 대해 식 (6-3)을 기준으로 **초깃값**을 임의로 설정하고, 그 초깃값을 $(x^0, y^0, z^0)$으로 둡니다. 미지수 오른쪽 위에 붙는 숫자는 지수를 뜻하는 것이 아니라 초깃값의 갱신 횟수를 나타내는 것이며, 초깃값 그대로 아직 갱신하지 않은 상태라면 0으로 표시합니다. 마찬가지로 우변의 $d_A$, $d_B$, $d_C$에 대해서도 갱신 횟수를 오른쪽 위에 표시합니다.

$$\begin{aligned} \sqrt{(x^0 - x_A)^2 + (y^0 - y_A)^2 + (z^0 - z_A)^2} = {d_A}^0 \\ \sqrt{(x^0 - x_B)^2 + (y^0 - y_B)^2 + (z^0 - z_B)^2} = {d_B}^0 \\ \sqrt{(x^0 - x_C)^2 + (y^0 - y_C)^2 + (z^0 - z_C)^2} = {d_C}^0 \end{aligned} \qquad (6\text{-}6')$$

계산 결과가 어느 정도 정확한지를 알기 위해서는 실제 거리 $d_A$, $d_B$, $d_C$와의 차이를 계산하면 됩니다. 이 차이를 $\Delta d_A$, $\Delta d_B$, $\Delta d_C$라고 하면 식 (6–7)의 관계가 성립합니다.

$$\Delta d_A = d_A - {d_A}^0, \quad \Delta d_B = d_B - {d_B}^0, \quad \Delta d_C = d_C - {d_C}^0 \tag{6-7}$$

식 (6–7)에서 차이 $\Delta d_A$, $\Delta d_B$, $\Delta d_C$를 작게 만들기 위해 초깃값 $(x^0, y^0, z^0)$을 각 $x$축, $y$축, $z$축 방향으로 변화시켜 조정합니다. 각 축의 변화 방향, 즉 기울기를 계산하기 위해 필요한 것이 바로 **미분**과 **편미분**이었습니다. 이 관점에서 $\Delta d_A$를 식 (6–7)과는 다른 수학적 모델로 나타내 보겠습니다. 우선 수신기의 좌표를 미지수 $(x, y, z)$로 놓으면 $\Delta d_A$를 나타내는 식은 식 (6–8)과 같습니다.

$$\Delta d_A = \frac{\partial d_A}{\partial x}\Delta x + \frac{\partial d_A}{\partial y}\Delta y + \frac{\partial d_A}{\partial z}\Delta z \tag{6-8}$$

식 (6–8)의 우변에 있는 $\frac{\partial d_A}{\partial x}$, $\frac{\partial d_A}{\partial y}$, $\frac{\partial d_A}{\partial z}$ 는 $x$축, $y$축, $z$축 방향의 함수 기울기를 나타내는 **편도함수**입니다. 편도함수란 이름 그대로 **편미분**을 통해 도출한 도함수를 말합니다. 편도함수에 관해서는 지금까지 여러 번 설명했습니다. 그리고 $\Delta x$, $\Delta y$, $\Delta z$는 $x$축, $y$축, $z$축 방향으로의 아주 작은 변화량입니다. 예를 들어 첫 번째 항의 $\frac{\partial d_A}{\partial x}\Delta x$ 는 $x$축 방향으로 기울기 $\frac{\partial d_A}{\partial x}$ 만큼 기울어져 있으며, 기울어진 방향으로 $\Delta x$만큼 이동한 것을 의미합니다. 이처럼 함수에 포함된 모든 변수에 대한 편도함수와 각 미소 변화량을 곱한 총합을 계산한 것을 **전미분**이라고 합니다.

전미분을 나타내는 식 (6–8)에 대해 우변의 $\frac{\partial d_A}{\partial x}$, $\frac{\partial d_A}{\partial y}$, $\frac{\partial d_A}{\partial z}$ 를 구체적으로 계산해 봅시다. 먼저 $\frac{\partial d_A}{\partial x}$ 의 계산입니다. 이 계산은 수신기와 위성 $A$ 사이의 거리를 나타내는 식 $d_A$를 $x$에 대해 편미분하고 있습니다. 구체적으로는 $d_A$와 그 제곱을 나타내는 식 (6–9), (6–10)을 $x$에 대해 편미분합니다.

$$\sqrt{(x - x_A)^2 + (y - y_A)^2 + (z - z_A)^2} = d_A \tag{6-9}$$

$$(x - x_A)^2 + (y - y_A)^2 + (z - z_A)^2 = (d_A)^2 \tag{6-10}$$

식 (6−9)의 루트 안쪽은 식 (6−10)의 왼쪽 항이 됩니다. 이 경우, 식 (6−9)는 식 (6−10)을 포함한 **합성 함수**로 생각할 수 있습니다. 따라서 편미분 계산에서는 **합성 함수의 미분**에 기반한 미분 계산이 필요하기 때문에 식 (6−11)과 같이 계산합니다. 수식의 구조를 잘 파악하면서 계산해 보기 바랍니다.

$$\frac{\partial d_A}{\partial x} = \frac{\partial d_A}{\partial (d_A)^2} \cdot \frac{\partial (d_A)^2}{\partial x} = \frac{\partial \sqrt{(d_A)^2}}{\partial (d_A)^2} \cdot \frac{\partial (d_A)^2}{\partial x} \qquad (6\text{-}11)$$

식 (6−11)에서 강조된 부분 $\frac{\partial (d_A)^2}{\partial x}$에 대해서도 합성 함수의 미분을 사용해서 식 (6−10)을 미분합니다. 식 (6−12)에서도 강조된 부분에서 합성 함수의 미분을 계산하고 있습니다. 게다가 당연히 $x$와 관련 없는 항의 미분 계산 결과는 0입니다. 합성 함수의 미분은 3장의 'Lesson: 합성 함수의 미분'에서 설명했으므로 여기서는 직접 계산하며 복습해 봅시다.

$$\begin{aligned}\frac{\partial}{\partial x}(d_A)^2 &= \frac{\partial}{\partial x}\left((x - x_A)^2 + (y - y_A)^2 + (z - z_A)^2\right) \\ &= \frac{\partial}{\partial x}(x - x_A)^2 + \frac{\partial}{\partial x}(y - y_A)^2 + \frac{\partial}{\partial x}(z - z_A)^2 \\ &= 2(x - x_A) \cdot 1 + 0 + 0 \\ &= 2(x - x_A)\end{aligned}$$

$$\therefore \frac{\partial}{\partial x}(d_A)^2 = 2(x - x_A) \qquad (6\text{-}12)$$

한편 $\frac{\partial \sqrt{(d_A)^2}}{\partial (d_A)^2}$은 식 (6−13)과 같이 계산할 수 있습니다. 지수 법칙 $\sqrt{x} = x^{\frac{1}{2}}$과 $x^{-1} = \frac{1}{x}$ ($x$는 양의 실수)을 사용해서 정리했습니다.

$$
\begin{aligned}
\frac{\partial\sqrt{(d_A)^2}}{\partial\,(d_A)^2} &= \frac{\partial}{\partial\,(d_A)^2}\underbrace{\left((d_A)^2\right)^{\frac{1}{2}}}_{=\sqrt{(d_A)^2}} \\
&= \frac{1}{2}\left((d_A)^2\right)^{\frac{1}{2}-1} \\
&= \frac{1}{2}\left((d_A)^2\right)^{-\frac{1}{2}} \\
&= \frac{1}{2}\cdot\frac{1}{\sqrt{(d_A)^2}} \\
&= \frac{1}{2\sqrt{(d_A)^2}}
\end{aligned}
$$

$$
\therefore \frac{\partial\sqrt{(d_A)^2}}{\partial\,(d_A)^2} = \frac{1}{2\sqrt{(d_A)^2}} \qquad (6\text{-}13)
$$

이제 식 (6–11)에 식 (6–12), (6–13)을 대입하면, $\frac{\partial d_A}{\partial x}$ 는 식 (6–14)와 같이 다시 쓸 수 있습니다.

$$
\begin{aligned}
\frac{\partial d_A}{\partial x} &= \frac{1}{2\sqrt{(d_A)^2}}\cdot 2\,(x-x_A) \\
&= \frac{(x-x_A)}{\sqrt{(x-x_A)^2+(y-y_A)^2+(z-z_A)^2}} \qquad (6\text{-}14)
\end{aligned}
$$

마찬가지로 식 (6–15), (6–16)도 도출할 수 있습니다. 연습 삼아 직접 계산해 보기 바랍니다.

$$
\frac{\partial d_A}{\partial y} = \frac{(y-y_A)}{\sqrt{(x-x_A)^2+(y-y_A)^2+(z-z_A)^2}} \qquad (6\text{-}15)
$$

$$
\frac{\partial d_A}{\partial z} = \frac{(z-z_A)}{\sqrt{(x-x_A)^2+(y-y_A)^2+(z-z_A)^2}} \qquad (6\text{-}16)
$$

그러면 식 (6–14), (6–15), (6–16)에 따라 식 (6–8)은 다음과 같이 다시 쓸 수 있습니다.

$$\begin{aligned}\Delta d_A =& \frac{(x-x_A)}{\sqrt{(x-x_A)^2+(y-y_A)^2+(z-z_A)^2}}\Delta x \\ &+ \frac{(y-y_A)}{\sqrt{(x-x_A)^2+(y-y_A)^2+(z-z_A)^2}}\Delta y \\ &+ \frac{(z-z_A)}{\sqrt{(x-x_A)^2+(y-y_A)^2+(z-z_A)^2}}\Delta z\end{aligned} \tag{6-17}$$

이것으로 $\Delta d_A$를 식 (6–7)과는 다른 수학적 모델로 표현할 수 있게 되었습니다. 수신기의 좌표는 미지수 ($x$, $y$, $z$)이지만, 여기에 초깃값 ($x^o$, $y^o$, $z^o$)을 대입하고, 더불어 ($x_A$, $y_A$, $z_A$)는 실제 측정값을 대입하기 때문에 식 (6–14), (6–15), (6–16)은 모두 구체적인 값으로 계산할 수 있습니다.

## 6.5 축차 근사법: 연립방정식 풀기

한편, 식 (6–17)의 오른쪽에 있는 아주 작은 변화량 $\Delta x$, $\Delta y$, $\Delta z$는 아직 미지수입니다. 변화량을 구할 때 등장하는 것이 우리가 잘 알고 있는 일반적인 연립방정식입니다. 우선 $\Delta d_A$와 마찬가지로 $\Delta d_B$, $\Delta d_c$도 구하면 다음과 같습니다. $\Delta d_A$도 다시 한번 같이 정리합니다. 식은 길지만 계산은 전혀 어렵지 않습니다.

$$\begin{aligned}\Delta d_A =& \frac{(x-x_A)}{\sqrt{(d_A)^2}}\Delta x + \frac{(y-y_A)}{\sqrt{(d_A)^2}}\Delta y + \frac{(z-z_A)}{\sqrt{(d_A)^2}}\Delta z \\ =& \frac{(x-x_A)}{\sqrt{(x-x_A)^2+(y-y_A)^2+(z-z_A)^2}}\Delta x \\ &+ \frac{(y-y_A)}{\sqrt{(x-x_A)^2+(y-y_A)^2+(z-z_A)^2}}\Delta y \\ &+ \frac{(z-z_A)}{\sqrt{(x-x_A)^2+(y-y_A)^2+(z-z_A)^2}}\Delta z\end{aligned}$$

$$\begin{aligned}\Delta d_B &= \frac{(x-x_B)}{\sqrt{(d_B)^2}}\Delta x + \frac{(y-y_B)}{\sqrt{(d_B)^2}}\Delta y + \frac{(z-z_B)}{\sqrt{(d_B)^2}}\Delta z \\ &= \frac{(x-x_B)}{\sqrt{(x-x_B)^2+(y-y_B)^2+(z-z_B)^2}}\Delta x \\ &\quad + \frac{(y-y_B)}{\sqrt{(x-x_B)^2+(y-y_B)^2+(z-z_B)^2}}\Delta y \\ &\quad + \frac{(z-z_B)}{\sqrt{(x-x_B)^2+(y-y_B)^2+(z-z_B)^2}}\Delta z\end{aligned}$$

$$\begin{aligned}\Delta d_C &= \frac{(x-x_C)}{\sqrt{(d_C)^2}}\Delta x + \frac{(y-y_C)}{\sqrt{(d_C)^2}}\Delta y + \frac{(z-z_C)}{\sqrt{(d_C)^2}}\Delta z \\ &= \frac{(x-x_C)}{\sqrt{(x-x_C)^2+(y-y_C)^2+(z-z_C)^2}}\Delta x \\ &\quad + \frac{(y-y_C)}{\sqrt{(x-x_C)^2+(y-y_C)^2+(z-z_C)^2}}\Delta y \\ &\quad + \frac{(z-z_C)}{\sqrt{(x-x_C)^2+(y-y_C)^2+(z-z_C)^2}}\Delta z\end{aligned}$$

이로써 세 개의 미지수 $\Delta x$, $\Delta y$, $\Delta z$에 대한 연립방정식을 세울 수 있게 되었습니다. 식에서 강조된 부분에 집중하면 이해하기 쉽습니다. 각 식의 우변의 미지수 $(x, y, z)$에는 초깃값 $(x^o, y^o, z^o)$을 대입하고, 위성 A, B, C의 좌표 $(x_A, y_A, z_A)$, $(x_B, y_B, z_B)$, $(x_c, y_c, z_c)$는 실제 측정된 좌푯값을 대입합니다. 또한 좌변의 $\Delta d_A$, $\Delta d_B$, $\Delta d_c$에는 식 (6–6′), (6–7)로 구한 초깃값 $(x^o, y^o, z^o)$과 실제 거리 측정값을 활용해 구체적인 값을 계산해서 대입합니다. 이렇게 하면 연립방정식에서 미지수는 $\Delta x$, $\Delta y$, $\Delta z$ 세 개가 되며, 이 연립방정식을 풀면 변화량 $\Delta x$, $\Delta y$, $\Delta z$를 구할 수 있습니다.

이제 연립방정식을 풀고 $\Delta x$, $\Delta y$, $\Delta z$를 구했다고 가정해 봅시다. 세 변화량을 초깃값 $(x^o, y^o, z^o)$에 더하면 수신기의 좌표가 갱신됩니다. 2장과 3장에서도 등장했던 '갱신식'의 개념과 같습니다.

$$x^n = x^{n-1} + \Delta x, \quad y^n = y^{n-1} + \Delta y, \quad z^n = z^{n-1} + \Delta z \qquad \text{(6-18)}$$

이제 갱신 작업을 반복해서 오차가 가장 작아지는 지점의 수신기 위치를 추정합니다. 두 번째 갱신에서는 첫 번째 갱신에서 얻은 수신기의 좌표 $(x^1, y^1, z^1)$을 연립방정식의 $(x, y, z)$에 대입해서 계산한 다음 새롭게 $\Delta x$, $\Delta y$, $\Delta z$를 구하고, 이를 식 (6-18)에 대입해 $(x^2, y^2, z^2)$을 계산합니다. 이렇게 계산을 반복하며 오차를 점점 줄이면서 수신기의 위치를 점차 정확하게 추정합니다.

이제 위의 갱신식을 일반화해 봅시다. $n$을 자연수라고 하면 $n$번째 갱신식은 다음과 같이 나타낼 수 있습니다. 여기서 지수로 표시된 문자는 누적이 아닌 갱신 횟수를 의미합니다.

$$x^n = x^{n-1} + \Delta x, \quad y^n = y^{n-1} + \Delta y, \quad z^n = z^{n-1} + \Delta z$$

$(x^0, y^0, z^0) \to (x^1, y^1, z^1) \to (x^2, y^2, z^2)$처럼 수신기의 예측 위치가 갱신되어 가는 이미지를 나타내면 다음과 같습니다.

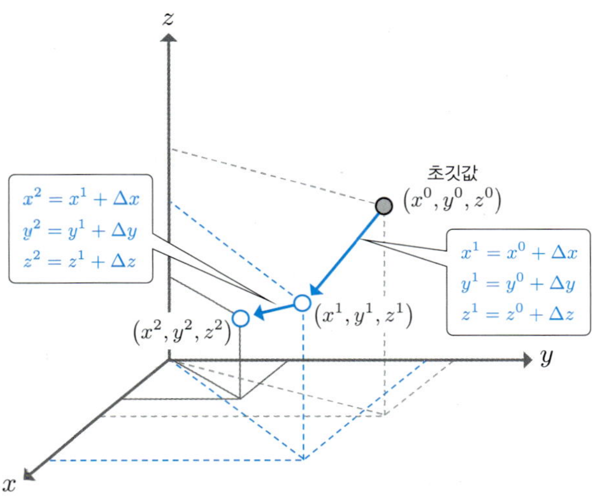


**그림 6-7** 축차 접근법에 따른 수신기 위치 정보 갱신 과정

이제 구체적인 수치를 대입한 계산을 살펴봅시다. 우선 위성 $A$, $B$, $C$의 위치가 다음과 같은 좌표로 측정되었다고 가정합니다. 단위는 킬로미터(km)입니다.

$$(x_A, y_A, z_A) = (2200,\ 2000,\ 20500)$$

$$(x_B, y_B, z_B) = (1200,\ 2700,\ 20200)$$
$$(x_C, y_C, z_C) = (1000,\ 2900,\ 20000)$$

그리고 위성 $A$, $B$, $C$와 수신기 간의 거리가 다음과 같이 측정되었다고 가정합니다.

$$(d_A, d_B, d_C) = (13600, 14000, 13800)$$

여기서 수신기의 초기 좌표를 $(x^0,\ y^0,\ z^0) = (0,\ 0,\ 6400)$으로 설정합니다. 여기서 $z^0 = 6400$으로 둔 이유는 지구 중심으로부터 지표면까지의 거리가 약 6,400km이기 때문입니다. 이 조건을 바탕으로 축차 접근법을 적용해[2] 1000번의 갱신을 계산한 결과, 수신기의 좌표는 $(x^{1000},\ y^{1000},\ z^{1000}) = (3779,\ 4267,\ 9913)$으로 추정할 수 있습니다. 소수점 이하는 생략했습니다. 추정된 위치 중 $z^{1000}$ 값은 지표면에서 약 3,500km보다 높은 곳을 가리키고 있으며, 이는 명백히 예측 정확도가 낮다는 것을 알 수 있습니다. 즉, 세 개의 위성만으로는 정확도가 매우 낮을 수밖에 없으며 실제로는 더 많은 위성 데이터를 활용해서 예측 정확도를 높이고 있습니다.

정밀한 위치를 측정하기 위해 일반적으로는 2장에서 배운 **최소 제곱법**을 활용합니다. 최소 제곱법은 예측된 위치와 실제로 관측된 위치 사이의 오차를 계산한 뒤, 오차가 최소가 되도록 파라미터를 갱신하는 방법입니다.

실제 GPS 위치 좌표는 WGS84라고 부르는 세계 지구 좌표 시스템을 채택하므로 표시되는 수치의 형태가 앞선 예제와 다를 수 있습니다. 그러나 이번 절은 수신기의 좌표를 구하기 위한 수학적 모델의 이해를 목표로 하기에 수치의 형태에 관해서는 크게 따지지 않기로 합니다.

---

2 파이썬으로 계산한 코드는 원서의 깃허브 저장소에 공개되어 있습니다.
`https://github.com/ghmagazine/math_thinking_book`

## 6.6 뉴턴 역학: 위성의 위치를 수학적 모델로 표현하기

지금까지 수신기의 좌표를 연립방정식으로 계산하는 방법을 설명했습니다. 그런데 해를 도출하는 과정에서 계속 주어졌던, 위성 $A$, $B$, $C$의 위치는 어떻게 구한 것인지 궁금한 독자도 있을 것입니다. 위성의 위치에 관해서는 이어지는 6.7절부터 다룹니다.

위성의 위치를 측정하는 데는 다양한 정보가 필요한데, 가장 중요한 정보는 **위성 궤도**에 관한 데이터입니다. 애초에 GPS와 같은 인공위성이 지구 주변을 어떻게 움직이고 있는지를 파악하지 못한다면 각 위성의 위치를 계산할 수 없습니다. 따라서 위성이 지구 주위를 도는 궤도를 어떤 방식으로 표현할 것인지가 관건입니다.

여기서 등장하는 것이 바로 **뉴턴 역학**입니다. 아이작 뉴턴은 당시에 **요하네스 케플러**Johannes Kepler가 제안한 **행성 운동에 관한 세 가지 법칙(케플러 법칙)**을 바탕으로, 자신이 발견한 **만유인력의 법칙**과 **운동 방정식**을 활용해 각 법칙들을 수식으로 유도하는 데 성공했습니다. 각 법칙은 행성에만 적용되는 것이 아니라, 지구 중심을 돌고 있는 위성에도 적용할 수 있습니다. 다시 말해 뉴턴 역학을 통해 위성의 궤도를 수학적 모델로 표현할 수 있습니다. 더욱 놀라운 점은 뉴턴이 케플러 법칙을 물리 법칙으로서 수학적으로 도출한 것이 17세기 후반, 즉 지금으로부터 300년보다 이전이라는 사실입니다. 뉴턴과 케플러의 발견이 오늘날의 범지구 위성 항법 시스템의 기초가 되고 있다는 점은 실로 놀랍지 않을 수 없습니다.

이제부터 위성 궤도를 수학적 모델로 표현하기 위해 뉴턴이 도출한 물리 법칙을 수학적으로 살펴봅니다. 그리고 **알베르트 아인슈타인**Albert Einstein이 제창한 상대성 이론의 결과로 인해 위성의 위치 측정에서 오차가 불가피하게 발생하는 이유도 함께 설명합니다. 뉴턴과 아인슈타인이라는 인류 역사상 손꼽히는 천재들의 통찰이 지금도 위성의 위치 측정 기술의 핵심을 떠받치고 있다는 점에 주목해 보기 바랍니다.

## 6.7 만유인력의 법칙과 운동 방정식: 위성의 운동을 수학적 모델로 표현하기

위성 궤도를 수학적으로 도출하기 위해서는 **만유인력의 법칙**[3]과 **운동 방정식**을 활용해야 하므로 이 개념을 이해하는 것부터 시작해 봅시다. 위성이 지구의 주위를 운동할 때 만유인력의 법칙에 따라 지구는 위성에 대해 힘을 가합니다. 반대로 위성도 지구에 힘을 가하지만, 지구를 좌표 공간의 원점으로 간주하면 지구가 위성에 가하는 만유인력 $\boldsymbol{f}$는 식 (6-19)로 표현합니다. 지구를 원점으로 보기 때문에 만유인력은 위성에서 지구 방향을 향하는 힘이 되며, 부호는 마이너스가 된다는 점에 유의하세요. 여기서는 이어지는 설명의 편의를 위해 만유인력의 법칙을 벡터 형식으로 나타냅니다. 벡터를 나타내는 문자는 모두 볼드체로 표기했으니 함께 유의하기 바랍니다.

$$\boldsymbol{f} = -G\frac{Mm}{r^3}\boldsymbol{r} \qquad (6\text{-}19)$$

$\boldsymbol{f}$: 만유인력의 크기와 방향을 나타내는 벡터, $M$: 지구의 질량, $m$: 위성의 질량,
$G$: 만유인력 상수, $r$: 지구와 위성 사이의 거리, $\boldsymbol{r}$: 위성의 위치 벡터

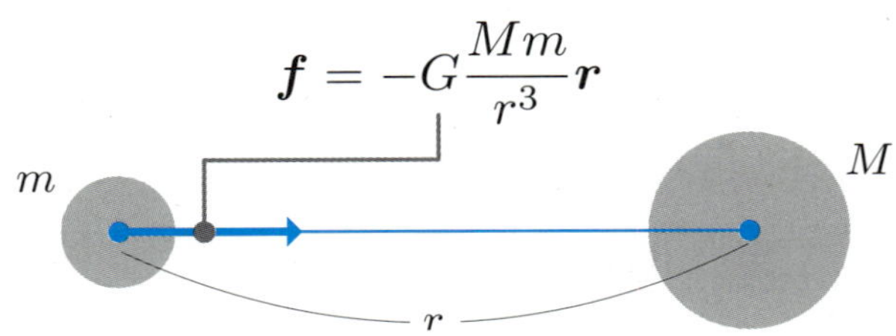


**그림 6-8** 지구를 원점으로 바라본 만유인력의 법칙

만유인력 $\boldsymbol{f}$는 운동 방정식으로 다음과 같은 수식으로도 표현할 수 있습니다. $\boldsymbol{a}$는 가속도 벡터입니다. 뉴턴이 발견한 이 방정식은 **운동 제2법칙**이라고도 불리며, 물체의 **질량**과 **가속도**의 곱은 그 물체에 작용하는 **힘** $\boldsymbol{f}$와 같다는 것을 나타냅니다.

---

3 물리학에서 말하는 '법칙'이란, 직접적으로 증명할 수는 없지만 이를 받아들임으로써 현상 간의 관계나 규칙 등을 수식으로 표현할 수 있는 것을 말합니다. 일반적으로는 수식으로 표현됩니다.

$$\boldsymbol{f} = m\boldsymbol{a} \qquad \text{(6-20)}$$

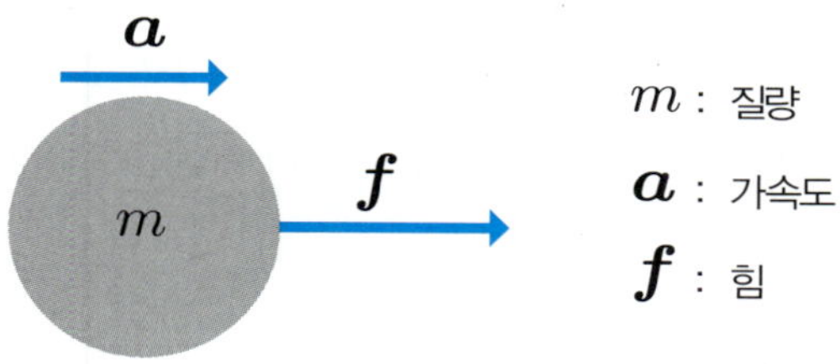


그림 6-9 위성에 작용하는 운동 방정식

이어지는 내용부터 식 (6−19), (6−20)을 통해 위성의 궤도를 수학적 모델로 도출합니다.

## 6.8 위치 벡터, 속도 벡터, 가속도 벡터: 위성의 운동 방정식

이 절부터는 운동 방정식에 포함된 가속도 벡터 $\boldsymbol{a}$에 대해, 지구 궤도를 공전하는 위성의 경우 어떻게 표현되는지를 살펴봅니다. 이때 위성의 위치를 **위치 벡터** $\boldsymbol{r}$로 나타내고, 이를 **미분**함으로써 가속도 벡터 $\boldsymbol{a}$를 유도합니다.

**기초가 되는 수학적 기법**

**위치 벡터:**

$$\boldsymbol{r} = \begin{bmatrix} x \\ y \end{bmatrix}$$

**극좌표로 위치 벡터 표기:**

$$\boldsymbol{r} = \begin{bmatrix} x \\ y \end{bmatrix} = \begin{bmatrix} r\cos\theta \\ r\sin\theta \end{bmatrix}$$

**위치 벡터의 미분:**

$$x'(t) \equiv \frac{dx(t)}{dt} = \lim_{\Delta t \to 0} \frac{x(t+\Delta t) - x(t)}{\Delta t}$$

**함수 곱의 미분:**

$$\{f(x)g(x)\}' = f'(x)g(x) + f(x)g'(x)$$

**물리학적 접근 방식**

**가속도 벡터:**

$$\boldsymbol{a} = \begin{bmatrix} \ddot{x} \\ \ddot{y} \end{bmatrix} = \begin{bmatrix} \left(\ddot{r} - r\dot{\theta}^2\right)\cos\theta - \left(2\dot{r}\dot{\theta} + r\ddot{\theta}\right)\sin\theta \\ \left(\ddot{r} - r\dot{\theta}^2\right)\sin\theta + \left(2\dot{r}\dot{\theta} + r\ddot{\theta}\right)\cos\theta \end{bmatrix}$$

- $x, y, r, \theta$ : 시간에 따라 변하는 함수
- $x, y$ : 위성의 위치를 나타내는 좌표
- $\theta$ : 편각(기준선과 반지름이 이루는 각)
- $r$ : 지구와 위성 간의 거리
- $\dot{\square}$ : 시간에 대한 미분

그림 6-10 설명 방식

**가속도 벡터** $\boldsymbol{a}$는 위성의 위치 벡터 $\boldsymbol{r}$을 두 번 미분하면 얻을 수 있지만, 처음 등장하는 내용이므로 자세히 도출해 봅시다. 공간을 이동하는 물체를 물리학에서는 **질점**으로 보는 경우가 많으므로 여기서도 위성을 질점 $P$로 두고 설명합니다.[4] 나아가 설명 중에는 질점 $P$가 2차원 평면을 이동한다고 가정합니다. 실제 위성은 3차원 공간을 이동하지만 설명의 편의를 위해 2차원 평면으로 생각합니다.

이제 질점 $P$(위성)의 위치는 시간 $t$에 따라 계속 변하므로 어느 시점 $t$에서의 $P$의 위치를 위치 벡터 $\boldsymbol{r}(t)$로 나타내면 $P$의 위치는 식 (6-21)처럼 표현할 수 있습니다.

$$\boldsymbol{r}(t) = [x(t),\ y(t)] \qquad (6\text{-}21)$$

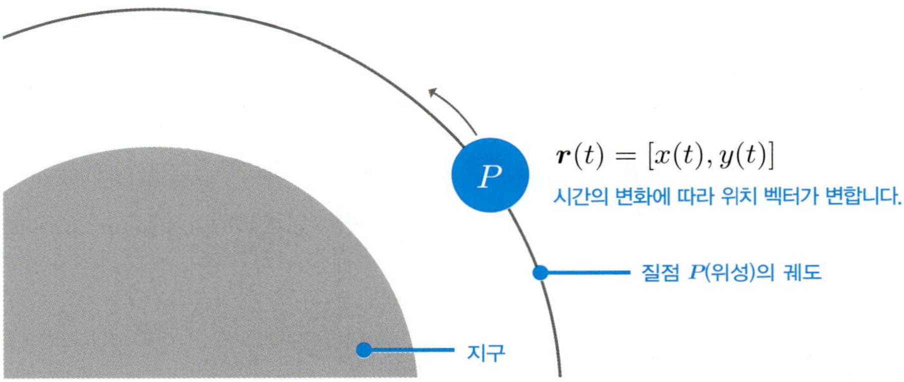


**그림 6-11** 시각 $t$의 함수로 표기한 질점 $P$의 위치 벡터

[그림 6-11]과 같이 2차원 평면에서 생각하면 $P$의 위치를 나타내는 $x$ 좌표와 $y$ 좌표는 모두 시간 $t$의 함수로 볼 수 있습니다. 따라서 위치 벡터 $r(t)$는 시간 $t$의 함수입니다. 그렇다면 위치 벡터를 시간 $t$에 대해 미분하면 어떻게 될까요? 미분의 정의(2장 'Lesson: 미분' 참조)를 다시 떠올려 보면 위치 벡터의 $x$ 좌표를 나타내는 함수 $x(t)$의 미분은 식 (6-22)로 나타냅니다. 기호 ≡는 **정의식**을 뜻합니다.

---

4 옮긴이_ 위성은 물론 크기가 크고 모양도 완전한 대칭은 아닙니다. 그러나 매우 거시적인 우주 공간을 대상으로 위성의 운동을 생각하고 있으므로 상대적으로 매우 작은 크기에 질량만을 가진 물체로 봐도 부족함이 없습니다.

$$x'(t) \equiv \frac{dx(t)}{dt} = \lim_{\Delta t \to 0} \frac{x(t+\Delta t) - x(t)}{\Delta t} \qquad (6\text{-}22)$$

이제 이 미분의 정의식을 **물리적인 관점**에서 생각해 보겠습니다. 지금 미분하고 있는 것은 $x$ 좌표의 위치 벡터입니다. 오른쪽 분자는 '위치 벡터가 $\Delta t$만큼 시간이 지난 뒤의 위치 $x(t+\Delta t)$에서 원래 위치 $x(t)$를 뺀 값'으로 해석할 수 있습니다. 이것은 질점 $P$가 이동한 '거리(정확히는 변위)'를 뜻합니다. 한편, 분모는 위치 벡터가 이동하는 데 걸린 시간이라고 생각할 수 있습니다. 따라서 이 분수는 '거리(변위)'÷'시간'을 계산하고 있기 때문에 '속도(정확히는 속력)'를 계산하고 있는 것입니다. 종합하면 위치 벡터를 미분하면 속도가 나온다는 결론을 도출할 수 있습니다.

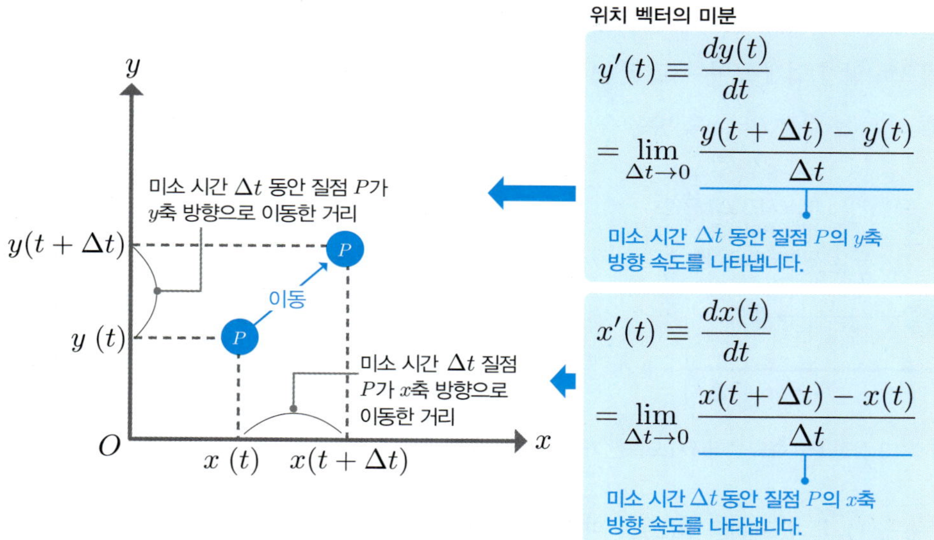


**그림 6-12** 질점 $P$의 위치 벡터에서 속도 벡터 도출하기

식 (6-21)의 위치 벡터 $\boldsymbol{r}(t)$를 미분한 벡터를 **속도 벡터**라고 부르며, 식 (6-23)과 같이 나타냅니다.

$$\boldsymbol{v}(t) = \left[x'(t),\ y'(t)\right] \qquad (6\text{-}23)$$

속도 벡터를 한 번 더 미분하면 어떻게 될까요? $x$ 좌표에서 속도 벡터의 미분은 식 (6–24)와 같이 나타낼 수 있습니다.

$$x''(t) \equiv \frac{dx'(t)}{dt} = \lim_{\Delta t \to 0} \frac{x'(t+\Delta t) - x'(t)}{\Delta t} \qquad (6\text{-}24)$$

식 (6–24)의 미분 계산을 물리적인 관점에서 다시 생각해 봅시다. 분자 $x'(t+\Delta t)$는 $\Delta t$만큼 시간이 경과했을 때 질점 $P$의 속도를 나타냅니다. 한편 $x'(t)$는 원래의 위치에서의 질점 $P$의 속도입니다. 즉, 분자는 '$\Delta t$만큼 시간이 지났을 때 위치'와 '원래 위치'에서의 속도의 차이를 나타냅니다. 한편 분모는 '경과한 시간'을 의미합니다. 따라서 이 분수 전체는 $\Delta t$만큼 시간이 지난 후 질점 $P$의 속도가 어떻게 바뀌었는지를 의미합니다. 이때 분자가 양수면 가속하고 있다는 뜻이고, 분자가 음수면 감속하고 있다는 뜻입니다. 이 내용을 [그림 6–13]에서 그림으로 알기 쉽게 보여 주고 있습니다. [그림 6–13]은 이해를 돕기 위해 $x$축 방향만을 고려했고, $v_x$는 질점 $P$의 $x$축 방향 속도 성분의 크기를 나타냅니다.

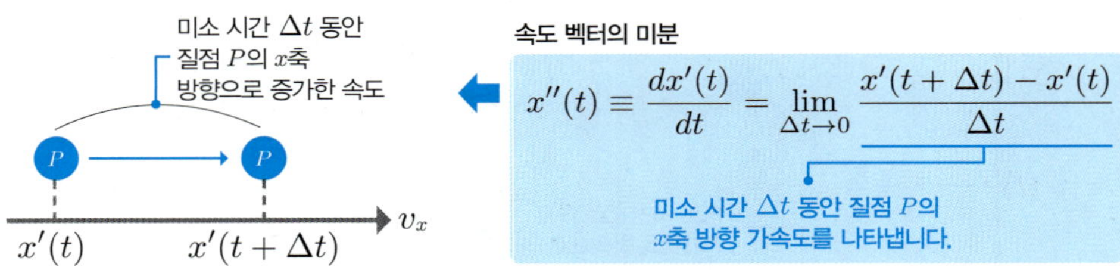

**그림 6-13** 질점 $P$의 속도 벡터에서 도출한 가속도 벡터

식 (6–23)의 속도 벡터 $\boldsymbol{v}(t)$를 미분해서 얻을 수 있는 벡터를 **가속도 벡터**라고 하며, 식 (6–25)와 같이 나타냅니다.

$$\boldsymbol{a}(t) = \left[x''(t),\ y''(t)\right] \qquad (6\text{-}25)$$

이제 운동 방정식이 무엇을 나타내는지 알 수 있게 되었습니다. 식 (6–20)의 운동 방정식 $\boldsymbol{f} = m\boldsymbol{a}$는 '물체에 작용하는 힘 $\boldsymbol{f}$는 물체의 질량 $m$에 가속도 $\boldsymbol{a}$를 곱한 것과 같다'는 뜻입니다.

무거운 물체일수록 가속 중에 충돌했을 때 더욱 큰 위험을 초래하는 것입니다.[5]

## 6.9 극좌표계: 위성의 운동을 쉽게 표현하기 위한 좌표 공간

이제 질점 $P$의 위치 벡터에 변화를 줄 차례입니다. 지금까지는 위성 궤도의 2차원 평면을 $xy$ 좌표로 표현했지만, 이제부터는 **극좌표**를 이용해서 질점 $P$의 위치 벡터를 표현해 봅니다. '극좌표'라는 말은 여기서 처음 등장하지만, 이미 5장에서 비슷한 설명을 했습니다. [그림 6-14]를 살펴봅시다.

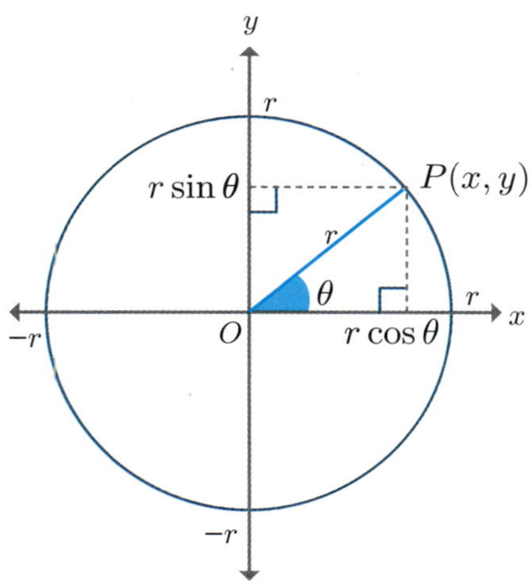


$$\sin\theta = \frac{y}{r}$$

$$\cos\theta = \frac{x}{r}$$

$$\tan\theta = \frac{\sin\theta}{\cos\theta}$$

**그림 6-14** 반지름이 $r$인 원을 이용한 삼각 함수의 정의

[그림 6-14]에서 원점을 중심으로 한 반지름 $r$ 위의 점 $P$의 좌표는 $(x, y)$로 표현하지만 $x = r\cos\theta$, $y = r\sin\theta$로 나타낼 수도 있습니다. 점 $P$의 좌표를 삼각 함수를 이용해서 $r$, $\theta$의 변수로 나타낼 수 있습니다. 이 성질을 활용한 것이 바로 극좌표계입니다. 극좌표계의 좌표는 [그림 6-15]의 점 $P$처럼 $(r, \theta)$로 표기합니다. 위성 궤도를 수학적 모델로 나타내기 위한 목적에서 보면, 회전하는 궤도의 특성을 표현하는 데는 극좌표계가 직교 좌표계보다 훨씬

5 옮긴이_ '질량'과 '무게'는 동일하지 않습니다. 질량에 중력 가속도를 곱한 것을 무게라고 합니다.

타당합니다.[6]

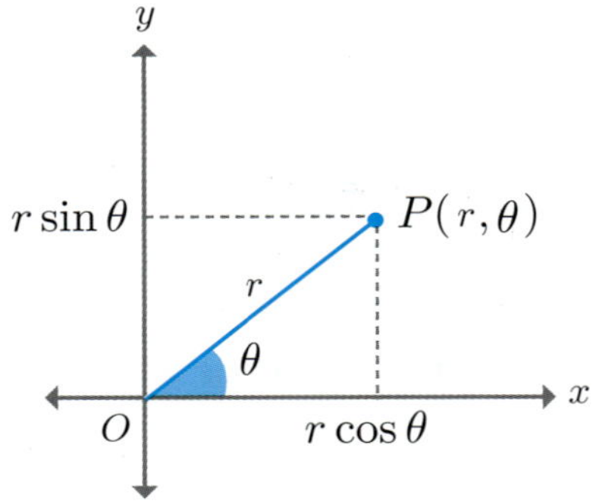


그림 6-15 극좌표의 표기 방법

여기까지 내용을 바탕으로 이제부터 극좌표계에서 지구를 극 $O$에 두고, 지구와 질점 $P$(위성)를 잇는 선을 **동경** $r$로 나타냅시다. 동경은 이름 그대로 시시각각 움직이는 선분입니다. 그리고 극좌표계에서 $x$축의 양의 방향을 **시초선**이라 부르고, 시초선과 동경이 이루는 각을 **편각** $\theta$로 표현합니다.

극좌표계에서 점 $P$는 $(r, \theta)$로 위치를 나타내지만, 실제로는 $x$축 방향의 $r \cos \theta$, $y$축 방향의 $r \sin \theta$처럼 삼각 함수를 통해 $(r \cos \theta, r \sin \theta)$로 위치를 나타내면 계산하기가 쉽습니다. 따라서 이어지는 내용부터는 질점 $P$의 위치 벡터를 식 (6-26)으로 나타냅니다.

$$\boldsymbol{r}(t) = \begin{bmatrix} x(t) \\ y(t) \end{bmatrix} = \begin{bmatrix} r(t)\cos\theta(t) \\ r(t)\sin\theta(t) \end{bmatrix} \tag{6-26}$$

$x$, $y$, $r$, $\theta$는 모두 시각 $t$에 따라 변하는 값이므로 시각 $t$에 대한 함수로 표현합니다. 그리고 벡터 요소를 세로로 나열한 **열 벡터** 형태로 동경을 표현합니다.

엄밀히 말하자면 $x$, $y$, $r$, $\theta$는 모두 시각 $t$에 따라 변하는 **함수**입니다. 그러나 식에서 계속

6 옮긴이_ 직교 좌표에서 극좌표로 좌표를 변환해도 벡터 그 자체는 변하지 않는다는 것이 중요한 사실입니다. 바꿔 말하면 물리학의 본질은 좌표계에 의존하지 않는다는 것입니다.

$t$를 사용하면 너무 복잡해 보이므로 $x$, $y$, $r$, $\theta$가 이미 시각 $t$에 따라 변하는 함수임을 전제하고, 식 (6-27)처럼 $(t)$ 표기는 생략합니다.

$$\boldsymbol{r} = \begin{bmatrix} x \\ y \end{bmatrix} = \begin{bmatrix} r\cos\theta \\ r\sin\theta \end{bmatrix} \qquad (6\text{-}27)$$

## 6.10 삼각 함수의 미분과 곱의 미분: 위성의 위치를 수학적 모델로 표현하기

이제 운동 방정식 $\boldsymbol{f} = m\boldsymbol{a}$의 가속도 벡터 $\boldsymbol{a}$를 구하기 위해 위치 벡터 $r$을 두 번 미분합니다. 미분을 두 번 계산하는 것은 의외로 복잡하고 어렵습니다. 최대한 꼼꼼하게 계산 과정 끝까지 따라와 주기 바랍니다. 직접 계산하는 과정을 통해 수학적 사고력을 기를 수 있으니 결과만 알고 넘어가는 건 너무 아깝겠죠.

우선 첫 번째 미분입니다. 이해를 돕기 위해 $x$ 좌표와 $y$ 좌표의 미분 과정을 따로 설명합니다. 우선 $x = r\cos\theta$를 생각하면 $r$과 $\cos\theta$는 모두 $t$의 함수이므로, $x$는 **함수의 곱** 형태입니다. 따라서 미분할 때는 **곱의 미분법**을 적용해야 합니다. 곱의 미분법은 식 (6-28)처럼 자주 쓰이는 매우 중요한 공식이니 여기서 확실하게 익혀두면 좋습니다.

$$\{f(x)g(x)\}' = f'(x)g(x) + f(x)g'(x) \qquad (6\text{-}28)$$

$r$, $\cos\theta$는 모두 $t$의 함수이므로 식 (6-28)에 따라 식 (6-29)처럼 미분할 수 있습니다.

$$\{r\cos\theta\}' = r'\cos\theta + r(\cos\theta)' \qquad (6\text{-}29)$$

앞서 언급했듯이 계속 시간 $(t)$를 표기하면 계산이 복잡해 보이기 때문에 표기를 생략했습니다. 그리고 $x = r\cos\theta$를 물리학 분야에서 자주 사용하는 표기법을 사용해서 미분하면 식 (6-30)처럼 표기할 수 있습니다. 삼각 함수의 미분은 5장에서 여러 번 설명했으므로 이해가 가지 않는다면 5장을 다시 참조하기 바랍니다.

$$\dot{x} = (r\cos\theta)' = \dot{r}\cos\theta + r(\cos\theta)' = \dot{r}\cos\theta + r\left(-\sin\theta\cdot\dot{\theta}\right)$$
$$= \dot{r}\cos\theta - r\dot{\theta}\sin\theta \qquad \text{(6-30)}$$

잠시 식 (6−30)의 계산을 보충 설명합니다. $(\cos\theta)'$는 $\theta$가 $t$의 함수이므로 합성 함수의 미분을 계산해야 합니다.

$$(\cos\theta)' = \frac{d(\cos\theta)}{d\theta}\cdot\frac{d\theta}{dt} = -\sin\theta\cdot\dot{\theta}$$

여기서 $\dot{\theta}$ 나 $\dot{x}$ 처럼 문자 위에 붙인 점은 물리학 분야에서 미분을 간략하게 나타낼 때 사용하는 표기법입니다. 편리한 방법이지만 경우에 따라서 어떤 변수에 대해 미분했는지 확실한 해석이 필요합니다. 여기서는 당연히 시간 변수에 대한 미분을 뜻합니다.

마찬가지로 $x = r\sin\theta$에 대해 미분하면 식 (6−31)을 얻습니다.

$$\dot{y} = (r\sin\theta)' = \dot{r}\sin\theta + r(\sin\theta)' = \dot{r}\sin\theta + r\dot{\theta}\cos\theta \qquad \text{(6-31)}$$

$(\sin\theta)'$를 계산할 때도 마찬가지로 $\theta$가 $t$의 함수이므로 다음과 같은 계산이 성립합니다.

$$(\sin\theta)' = \frac{d(\sin\theta)}{d\theta}\cdot\frac{d\theta}{dt} = \cos\theta\cdot\dot{\theta} = \dot{\theta}\cos\theta$$

식 (6−30), (6−31)로부터 식 (6−27)의 위치 벡터 $r$을 미분해서 얻는 속도 벡터 $v$는 식 (6−32)와 같습니다.

$$\boldsymbol{v} = \begin{bmatrix} \dot{x} \\ \dot{y} \end{bmatrix} = \begin{bmatrix} \dot{r}\cos\theta - r\dot{\theta}\sin\theta \\ \dot{r}\sin\theta + r\dot{\theta}\cos\theta \end{bmatrix} \qquad \text{(6-32)}$$

이어서 두 번째 미분을 계산합니다. 먼저 $x$에 대해 미분합니다. $\ddot{x}$ 은 식 (6−33)처럼 각 항을 따로 미분하면 됩니다.

$$\ddot{x} = \left(\dot{r}\cos\theta\right)' - \left(r\dot{\theta}\sin\theta\right)' \qquad \text{(6-33)}$$

우변의 미분은 계산이 더욱 복잡하므로 항마다 따로 설명합니다. 우변의 첫 번째 항 $(\dot{r}\cos\theta)'$의 미분 결과는 식 (6-34)입니다. 곱의 미분법에 따라 계산한 것이며, 합성 함수의 미분도 포함되어 있다는 점에 주의하며 직접 계산해 보세요.

$$\begin{aligned}\left(\dot{r}\cos\theta\right)' &= \ddot{r}\cos\theta + \dot{r}\left(\cos\theta\right)' = \ddot{r}\cos\theta + \dot{r}\left(-\sin\theta\cdot\dot{\theta}\right) \\ &= \ddot{r}\cos\theta - \dot{r}\dot{\theta}\sin\theta\end{aligned} \qquad \text{(6-34)}$$

이어지는 우변의 두 번째 항 $\left(r\dot{\theta}\sin\theta\right)'$의 미분에서도 $r, \dot{\theta}, \sin\theta$는 모두 $t$의 함수입니다. 다시 말해 세 함수의 곱으로 이뤄진 항입니다. 세 함수의 곱을 미분하는 연산은 일반적으로 식 (6-35)를 따릅니다.

$$\{f(x)g(x)h(x)\}' = f'(x)g(x)h(x) + f(x)g'(x)h(x) + f(x)g(x)h'(x) \qquad \text{(6-35)}$$

따라서 함수의 곱의 미분 연산은 식 (6-36)처럼 계산합니다. 두 번째 항도 합성 함수의 미분에 주의하며 직접 계산해 보기 바랍니다.

$$\begin{aligned}\left(r\dot{\theta}\sin\theta\right)' &= \dot{r}\dot{\theta}\sin\theta + r\ddot{\theta}\sin\theta + r\dot{\theta}\left(\sin\theta\right)' \\ &= \dot{r}\dot{\theta}\sin\theta + r\ddot{\theta}\sin\theta + r\dot{\theta}\dot{\theta}\cos\theta \\ &= \dot{r}\dot{\theta}\sin\theta + r\ddot{\theta}\sin\theta + r\dot{\theta}^2\cos\theta\end{aligned} \qquad \text{(6-36)}$$

이제 식 (6-33)에 식 (6-34), (6-36)을 대입해서 정리하면, $\ddot{x}$는 식 (6-37)처럼 정리할 수 있습니다. 이로써 $x$의 시간에 대한 미분이 두 번 계산되었습니다.

$$\begin{aligned}\ddot{x} &= \left(\dot{r}\cos\theta\right)' - \left(r\dot{\theta}\sin\theta\right)' \\ &= \ddot{r}\cos\theta - \dot{r}\dot{\theta}\sin\theta - \left(\dot{r}\dot{\theta}\sin\theta + r\ddot{\theta}\sin\theta + r\dot{\theta}^2\cos\theta\right) \\ &= \left(\ddot{r} - r\dot{\theta}^2\right)\cos\theta - \left(2\dot{r}\dot{\theta} + r\ddot{\theta}\right)\sin\theta\end{aligned} \qquad \text{(6-37)}$$

계속해서 $\dot{y}$를 시간에 대해 미분해서 $\ddot{y}$을 계산합니다.

$$\ddot{y} = \left(\dot{r}\sin\theta\right)' + \left(r\dot{\theta}\cos\theta\right)' \qquad \text{(6-38)}$$

이번에도 각 항 별로 미분 결과를 나타냅니다. 우변의 첫 번째 항인 $(\dot{r}\sin\theta)'$를 미분하면 식 (6−39)를 얻습니다.

$$(\dot{r}\sin\theta)' = \ddot{r}\sin\theta + \dot{r}\dot{\theta}\cos\theta \qquad \text{(6-39)}$$

계속해서 우변의 두번째 항 $\left(r\dot{\theta}\cos\theta\right)'$를 미분하면 식 (6−40)을 얻습니다.

$$\begin{aligned}\left(r\dot{\theta}\cos\theta\right)' &= \dot{r}\dot{\theta}\cos\theta + r\ddot{\theta}\cos\theta + r\dot{\theta}\left(\cos\theta\right)' \\ &= \dot{r}\dot{\theta}\cos\theta + r\ddot{\theta}\cos\theta + r\dot{\theta}\left(-\sin\theta\cdot\dot{\theta}\right) \\ &= \dot{r}\dot{\theta}\cos\theta + r\ddot{\theta}\cos\theta - r\dot{\theta}^2\sin\theta \qquad \text{(6-40)}\end{aligned}$$

식 (6−38)에 식 (6−39), (6−40)을 대입해 정리하면, $\ddot{y}$은 식 (6−41)처럼 정리할 수 있습니다.

$$\begin{aligned}\ddot{y} &= \left(\dot{r}\sin\theta\right)' + \left(r\dot{\theta}\cos\theta\right)' \\ &= \ddot{r}\sin\theta + \dot{r}\dot{\theta}\cos\theta + \dot{r}\dot{\theta}\cos\theta + r\ddot{\theta}\cos\theta - r\dot{\theta}^2\sin\theta \\ &= \left(\ddot{r} - r\dot{\theta}^2\right)\sin\theta + \left(2\dot{r}\dot{\theta} + r\ddot{\theta}\right)\cos\theta \qquad \text{(6-41)}\end{aligned}$$

이상으로 식 (6−32)의 속도 벡터 $\boldsymbol{v}$를 미분해서 얻은 가속도 벡터 $\boldsymbol{a}$는 식 (6−42)와 같습니다.

$$\boldsymbol{a} = \begin{bmatrix} \ddot{x} \\ \ddot{y} \end{bmatrix} = \begin{bmatrix} \left(\ddot{r} - r\dot{\theta}^2\right)\cos\theta - \left(2\dot{r}\dot{\theta} + r\ddot{\theta}\right)\sin\theta \\ \left(\ddot{r} - r\dot{\theta}^2\right)\sin\theta + \left(2\dot{r}\dot{\theta} + r\ddot{\theta}\right)\cos\theta \end{bmatrix} \qquad \text{(6-42)}$$

## 6.11 계수 비교: 위성의 운동에 관한 관계식 도출하기

마침내 위성의 운동을 표현하기 위한 가속도 벡터 $\boldsymbol{a}$를 이끌어 냈습니다. 이 계산 결과를 바탕으로 이제 위치 벡터 $\boldsymbol{r}$에 대한 방정식을 유도해 봅시다. 만유인력의 법칙과 운동 방정식의 좌변은 모두 힘을 나타내는 벡터 $\boldsymbol{f}$이므로, 각 식의 우변을 서로 같다고 놓으면 $\boldsymbol{r}$에 관한 방정식을 얻습니다.[7] 본격적인 계산에 들어가기 전에 이 과정을 [그림 6-16]을 통해 확인해 봅시다.

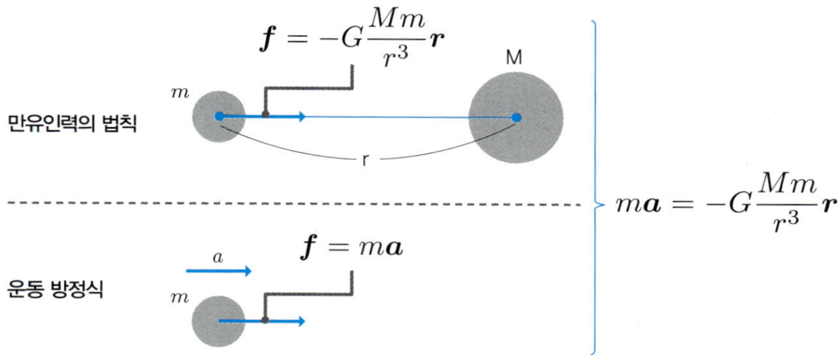


**그림 6-16** 만유인력의 법칙과 운동 방정식으로부터 $r$에 관한 방정식 세우기

만유인력의 법칙(식 (6-19))과 운동 방정식(식 (6-20))을 다시 소개합니다. 반복해서 설명하지만, 이 두 식의 왼쪽 항은 모두 힘을 나타내는 벡터 $\boldsymbol{f}$를 이용합니다.

$$\boldsymbol{f} = -G\frac{Mm}{r^3}\boldsymbol{r}, \quad \boldsymbol{f} = m\boldsymbol{a}$$

만유인력의 법칙은 식 (6-27)의 위치 벡터 $\boldsymbol{r} = \begin{bmatrix} r\cos\theta \\ r\sin\theta \end{bmatrix}$를 대입하면 식 (6-43)과 같이 변형할 수 있습니다.

$$\begin{aligned}\boldsymbol{f} &= -G\frac{Mm}{r^3}\boldsymbol{r} = -G\frac{Mm}{r^3}\begin{bmatrix} r\cos\theta \\ r\sin\theta \end{bmatrix} = -G\frac{Mm}{r^3}\cdot r\begin{bmatrix} \cos\theta \\ \sin\theta \end{bmatrix} \\ &= -G\frac{Mm}{r^2}\begin{bmatrix} \cos\theta \\ \sin\theta \end{bmatrix} \qquad \text{(6-43)}\end{aligned}$$

---

7 이 과정은 **케플러 제1법칙**을 도출하기 위한 접근 방식입니다.

운동 방정식의 우변에 있는 가속도 벡터 $\boldsymbol{a}$에 식 (6–42)를 대입해서 정리하면 식 (6–44)를 얻습니다.

$$\begin{aligned}\boldsymbol{f} &= m\boldsymbol{a} \\ &= m\begin{bmatrix} \left(\ddot{r} - r\dot{\theta}^2\right)\cos\theta - \left(2\dot{r}\dot{\theta} + r\ddot{\theta}\right)\sin\theta \\ \left(\ddot{r} - r\dot{\theta}^2\right)\sin\theta + \left(2\dot{r}\dot{\theta} + r\ddot{\theta}\right)\cos\theta \end{bmatrix} \\ &= m\left\{\left(\ddot{r} - r\dot{\theta}^2\right)\begin{bmatrix}\cos\theta \\ \sin\theta\end{bmatrix} + \left(2\dot{r}\dot{\theta} + r\ddot{\theta}\right)\begin{bmatrix}-\sin\theta \\ \cos\theta\end{bmatrix}\right\}\end{aligned} \qquad \text{(6-44)}$$

식 (6–43), (6–44)의 좌변은 모두 힘을 나타내는 벡터 $\boldsymbol{f}$로 같으므로 식 (6–45)가 성립합니다.

$$m\left\{\left(\ddot{r} - r\dot{\theta}^2\right)\begin{bmatrix}\cos\theta \\ \sin\theta\end{bmatrix} + \left(2\dot{r}\dot{\theta} + r\ddot{\theta}\right)\begin{bmatrix}-\sin\theta \\ \cos\theta\end{bmatrix}\right\} = -G\frac{Mm}{r^2}\begin{bmatrix}\cos\theta \\ \sin\theta\end{bmatrix} \qquad \text{(6-45)}$$

식 (6–45)의 양변을 질량 $m$으로 나눕니다.

$$\left(\ddot{r} - r\dot{\theta}^2\right)\begin{bmatrix}\cos\theta \\ \sin\theta\end{bmatrix} + \left(2\dot{r}\dot{\theta} + r\ddot{\theta}\right)\begin{bmatrix}-\sin\theta \\ \cos\theta\end{bmatrix} = -G\frac{M}{r^2}\begin{bmatrix}\cos\theta \\ \sin\theta\end{bmatrix} \qquad \text{(6-46)}$$

여기서 식 (6–46)은 양변의 $\begin{bmatrix}\cos\theta \\ \sin\theta\end{bmatrix}$항의 **계수**에 주목하면 다음이 성립합니다.

$$\ddot{r} - r\dot{\theta}^2 = -G\frac{M}{r^2} \qquad \text{(6-47)}$$

좌변에 남은 $\begin{bmatrix}-\sin\theta \\ \cos\theta\end{bmatrix}$ 항의 계수는 식 (6–46)의 등호가 성립하기 위해 0이 되어야 합니다.

$$2\dot{r}\dot{\theta} + r\ddot{\theta} = 0 \qquad \text{(6-48)}$$

식 (6–47), (6–48)을 이끌어 낸 방법을 **계수 비교**라고 하며, 이제 두 관계식을 정리하는 일만 남았습니다. 먼저 식 (6–47)의 양변에 $r^2$을 곱합니다.

$$r^2\ddot{r} - r^3\dot{\theta}^2 = -GM \qquad \text{(6-49)}$$

그리고 식 (6–48)의 양변에는 $r$을 곱합니다.

$$2r\dot{r}\dot{\theta} + r^2\ddot{\theta} = 0 \qquad \text{(6-50)}$$

여기서 식 (6–50)의 좌변은 사실 함수의 곱 $r^2\dot{\theta}$ 의 시간 변수에 대한 미분과 같습니다. 실제로 $r^2\dot{\theta}$ 을 미분하면 다음과 같습니다.

$$\left(r^2\dot{\theta}\right)' = \left(r^2\right)'\dot{\theta} + r^2\ddot{\theta} = 2r\dot{r} + r^2\ddot{\theta} = 0 \qquad \text{(6-51)}$$

$r^2\dot{\theta}$ 을 시간에 대해 미분하면 0이 된다는 사실을 다시 쓰면 식 (6–52)와 같습니다.

$$\frac{d}{dt}\left(r^2\dot{\theta}\right) = 0 \qquad \text{(6-52)}$$

미분의 의미를 생각하면 $r^2\dot{\theta}$ 의 값은 일정한 상수라는 점을 알 수 있습니다. 이 점이 매우 중요한 사실이며, 상수를 $K$로 다시 쓰면 다음과 같습니다.[8]

$$r^2\dot{\theta} = K \qquad \text{(6-53)}$$

이제 식 (6–49)를 적절히 변형해서 상수항을 대입하면 식 (6–54)를 결론으로 얻습니다.

$$r^2\ddot{r} - r^3\dot{\theta}^2 = r^2\ddot{r} - \underbrace{\frac{r^4\dot{\theta}^2}{r}}_{r^4\dot{\theta}^2=\left(r^2\dot{\theta}\right)^2} = r^2\ddot{r} - \frac{K^2}{r} = -GM$$

$$\therefore r^2\ddot{r} - \frac{K^2}{r} = -GM \qquad \text{(6-54)}$$

---

8 옮긴이_ $r^2\dot{\theta}$ 이 상수라는 것은 물리적으로는 각운동량이 보존된다는 것으로 해석할 수 있습니다.

## 6.12 상미분 방정식: 위성의 위치를 나타내는 방정식 도출하기

지금까지 긴 과정을 거쳐왔는데, 다시 우리의 목표를 확인해 봅시다. 우리가 구하고자 하는 것은 위성 $A$, $B$, $C$의 위치입니다. 위성의 위치를 구하기 위해 만유인력의 법칙과 운동 방정식을 이용해 극좌표계에서 위성 $A$, $B$, $C$의 좌표를 고려할 수 있도록 위성을 질점 $P$로 치환해서 생각했습니다. 이 과정에서 시간 $t$에 따라 변하는 두 변수 $r$, $\theta$를 도입해서 미분을 계산했고 식 (6-54)를 이끌어 냈습니다.

다음 목표는 식 (6-54)를 $r$에 대해 풀어내는 것입니다. $r$을 알게 되면 위성의 위치에 관한 중요한 정보를 얻을 수 있습니다. 앞으로 식 (6-54)를 풀기 위해 **미분**을 반복적으로 계산하는 과정은 꽤나 흥미롭습니다. 게다가 그 결과로 얻게 되는 $r$의 관계식은 **상미분 방정식**이라 부르는 형태가 됩니다. 새로운 개념과 기법의 등장을 학습의 기회로 삼길 바랍니다.

**물리학적 접근 방식**

**만유인력의 법칙과 운동 방정식으로부터 도출한 방정식:**

$$r^2\ddot{r} - \frac{K^2}{r} = -GM$$

**합성 함수의 미분(연쇄 법칙):**

$$\{f(g(x))\}' = f'(g(x))g'(x)$$

**2차 선형 상미분 방정식:**

$$\frac{d^2}{d\theta^2}\cdot\left(\frac{1}{r}\right) + \frac{1}{r} = \frac{GM}{K^2}$$

$r, \theta$ : 시간에 따라 변하는 함수
$\theta$ : 편각(기준선과 반지름이 이루는 각)
$r$ : 위성과 지구 간의 거리
$G$ : 만유인력 상수
$K$ : 상수
$M$ : 지구의 질량

**그림 6-17** 설명 방식

여기서 조금만 조건을 변경합시다. 앞서 설명한 바와 같이 지금까지는 $r$, $\theta$ 모두 시간이 지남에 따라 변하는 함수로 가정했지만, 이제는 위성과 지구 사이의 거리 $r$을 편각 $\theta$에 따라 변하는 함수로 간주합니다. 즉, $r = r(\theta(t))$와 같은 형태의 **합성 함수**로 생각합니다. $\theta(t)$는 이미 $\theta$가 $t$의 함수라는 점을 다시 한번 명확히 쓴 것에 지나지 않습니다.

앞서 도출한 식 (6−54) 좌변의 첫 번째 항은 $r$을 두 번 미분한 $\ddot{r}$을 포함합니다. $\ddot{r}$을 구하기 위해 먼저 $r(\theta(t))$를 시간 $t$에 대해 한 차례 미분해 봅시다. 미분의 **연쇄 법칙**을 사용해서 다음과 같이 계산합니다.

$$\dot{r} = \frac{dr}{dt} = \frac{dr}{d\theta} \cdot \frac{d\theta}{dt} \qquad \text{(6-55)}$$

식 (6−55)에서 $\frac{d\theta}{dt}$는 $\theta$가 $t$의 함수이므로 $\dot{\theta}$으로 쓸 수 있지만, $\theta$를 소거하기 위해 식 (6−53)의 $r^2\dot{\theta} = K$를 변형해서 다음을 식 (6−55)에 대입합니다.

$$\dot{\theta} = \frac{K}{r^2} \qquad \text{(6-53')}$$

$r$은 지구와 위성 사이의 거리이므로 분모에 오는 $r^2$은 당연히 0보다 큰 값임에 유의합니다.

$$\dot{r} = \frac{dr}{d\theta} \cdot \frac{d\theta}{dt} = \frac{dr}{d\theta} \cdot \frac{K}{r^2} = K \cdot \frac{1}{r^2} \cdot \frac{dr}{d\theta} = K \cdot \left(\frac{1}{r}\right)^2 \cdot \frac{dr}{d\theta} \qquad \text{(6-56)}$$

다음으로 상당히 기술적이지만 식 (6−57)과 같이 합성 함수의 미분을 이용해서 $\frac{1}{r}$을 $\theta$에 대해 미분합니다. 여기서 $\frac{1}{r}$은 $r$의 함수이며 $r$은 $\theta$의 함수라는 점에 유의하며 천천히 계산 과정을 따라가 보세요.

$$\begin{aligned}
\frac{d}{d\theta}\left(\frac{1}{r}\right) &= \frac{dr}{d\theta} \cdot \frac{d}{dr}\left(\frac{1}{r}\right) \\
&= \frac{dr}{d\theta} \cdot \frac{d\left(r^{-1}\right)}{dr} \\
&= \frac{dr}{d\theta} \cdot (-1)r^{-2} \\
&= -r^{-2}\frac{dr}{d\theta} \\
&= -\left(\frac{1}{r}\right)^2 \frac{dr}{d\theta}
\end{aligned}$$

$$\therefore \left(\frac{1}{r}\right)^2 \frac{dr}{d\theta} = -\frac{d}{d\theta}\left(\frac{1}{r}\right) \qquad \text{(6-57)}$$

놀랍게도 앞서 유도한 결과의 좌변이 식 (6–56)의 우변과 일치합니다. 이것을 식 (6–56)에 대입하면 $\dot{r}$ 은 식 (6–58)과 같이 나타낼 수 있습니다.

$$\dot{r} = -K\frac{d}{d\theta}\left(\frac{1}{r}\right) \qquad (6\text{-}58)$$

여기까지 $r$의 1차 미분을 끝냈습니다. 이어서 $\ddot{r}$ 을 구하기 위해 식 (6–58)을 한 번 더 미분합니다. 미분 계산 과정에서 강조된 부분은 연쇄 법칙을 사용하는 부분입니다.

$$\begin{aligned}\ddot{r} = \frac{d}{dt}\left(-K\frac{d}{d\theta}\left(\frac{1}{r}\right)\right) &= -K\left(\frac{d}{dt}\cdot\frac{d}{d\theta}\left(\frac{1}{r}\right)\right)\\ &= -K\cdot\left(\frac{d}{d\theta}\cdot\frac{d\theta}{dt}\right)\cdot\frac{d}{d\theta}\cdot\left(\frac{1}{r}\right)\\ &= -K\cdot\left(\frac{d\theta}{dt}\right)\cdot\left(\frac{d}{d\theta}\right)^2\cdot\left(\frac{1}{r}\right)\end{aligned}$$

식 (6–53′)에 $\dot{\theta} = \frac{K}{r^2}$ 를 대입하면 다음과 같이 계산을 정리할 수 있습니다.

$$-K\cdot\left(\frac{d\theta}{dt}\right)\cdot\left(\frac{d}{d\theta}\right)^2\cdot\left(\frac{1}{r}\right) = -K\cdot\frac{K}{r^2}\cdot\left(\frac{d}{d\theta}\right)^2\cdot\left(\frac{1}{r}\right) = -\frac{K^2}{r^2}\cdot\frac{d^2}{d\theta^2}\cdot\left(\frac{1}{r}\right)$$

$$\therefore \ddot{r} = -\frac{K^2}{r^2}\cdot\frac{d^2}{d\theta^2}\cdot\left(\frac{1}{r}\right) \qquad (6\text{-}59)$$

식 (6–59)의 결과에 이전 절에서 이끌어낸 결과 $r^2\ddot{r} - \frac{K^2}{r} = -GM$ 을 대입하면 다음이 성립합니다.

$$r^2\left(-\frac{K^2}{r^2}\cdot\frac{d^2}{d\theta^2}\cdot\left(\frac{1}{r}\right)\right) - \frac{K^2}{r} = -GM$$

$$-K^2\cdot\frac{d^2}{d\theta^2}\cdot\left(\frac{1}{r}\right) - \frac{K^2}{r} = -GM$$

이제 양변을 $K^2$으로 나누면 식 (6–60)이 성립합니다.

$$-\frac{d^2}{d\theta^2}\cdot\left(\frac{1}{r}\right)-\frac{1}{r}=-\frac{GM}{K^2}$$

$$\therefore \frac{d^2}{d\theta^2}\cdot\left(\frac{1}{r}\right)+\frac{1}{r}=\frac{GM}{K^2} \qquad \text{(6-60)}$$

식 (6−60)에서 $GM$과 $K^2$은 모두 정수이므로 $\frac{GM}{K^2}$ 도 역시 정수입니다. 따라서 표현을 간단히 하기 위해 $\frac{GM}{K^2}=C$ 로 두고, $\frac{1}{r}$도 $s$로 다시 씁니다. 그러면 식 (6−60)의 좌변의 첫 번째 항은 $s$에 대해 두 번 미분했다는 뜻이므로 식 (6−61)처럼 간단히 쓸 수 있습니다.

$$\ddot{s}+s=C \qquad \text{(6-61)}$$

다시 말해 우리의 목표는 $s$에 관한 미분 방정식 (6−61)을 푸는 것입니다.

**Lesson**

### 2차 선형 미분 방정식, 단진동 미분 방정식

식 (6−61)은 계수가 정수인 **2차 선형 상미분 방정식**입니다. 여기서 '2회'가 아니라 '2차'라고 표현한 이유가 궁금하다면 상미분 방정식이나 역학에 관한 전문 서적을 참고해 주세요. 여기서는 상미분 방정식을 푸는 과정을 간단히 설명합니다. 상미분 방정식을 풀기 위해서는 **일반해**와 **특수해**라고 하는 두 종류의 해를 모두 구해야 합니다.

먼저 $\ddot{s}+s=C$ 의 일반해를 구하기 위해 우변을 일단 0으로 놓고 $\ddot{s}+s=0$ 에 대해 생각합니다. 이는 식 ①과 같은 **단진동**을 표현한 **미분 방정식**과 똑같은 형태입니다.

$$\ddot{x}+\frac{k}{m}x=0 \qquad ①$$

여기서 잠시 단진동의 미분 방정식을 유도해 봅시다. 벽에 고정된 용수철 끝에 질량이 $m$인 추가 매달려 있는 상황을 생각해 봅시다. 이때 용수철을 늘려 추가 이동한 위치를 $x$라고 합니다. 참고로 추에 작용하는 아래 방향의 중력 $mg$($g$: 중력 가속도)는 지면에서 반작용하는 항력 $N$과 균형을 이뤄 무시할 수 있다고 합시다. 그러면 추에 작용하는 힘 $f$는 다음 식으로 표현할 수 있습니다.

$$f = ma = -kx$$

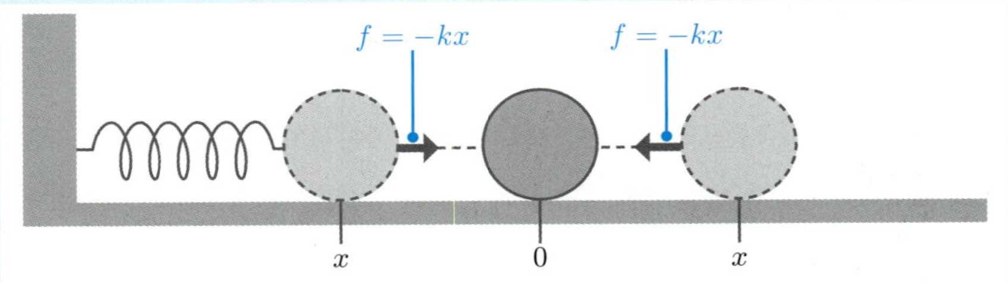


그림 6-18 용수철의 끝에 달린 추의 진동(단진동)

힘 $f$는 용수철의 복원력이고 $k$는 **용수철 상수**, $x$는 힘이 평형을 이루는 위치 0을 기준으로 한 변위를 나타냅니다. 오른쪽 항의 마이너스 부호는 복원력이 변위에 대해 반대 방향으로 작용한다는 것을 나타냅니다. 조금 더 설명하면, 단진동은 추가 평형 위치에서 멀어질수록 추를 다시 원래 위치로 되돌리려는 복원력이 작용해서 일어나는 진동입니다. 복원력의 크기는 물체의 변위에 비례하지만, 방향은 항상 변위의 반대 방향입니다. 복원력이 변위와 반대 방향으로 작용하기 때문에 마이너스 부호가 붙습니다.

앞서 설명한 것처럼 가속도 $a$는 위치 $x$를 두 번 미분하면 얻을 수 있으므로 다음 식이 성립합니다.

$$m\ddot{x} = -kx$$

$$\ddot{x} = -\frac{k}{m}x \qquad ②$$

$$\therefore \ddot{x} + \frac{k}{m}x = 0 \qquad ③$$

식 ②는 $x$를 시간 $t$에 대해 두 번 미분한 것과 $x$에 대해 정수 $-\frac{k}{m}$를 곱한 것이 같은 값을 갖는 형태의 방정식이라는 것을 알 수 있습니다.[9] 식 ②에서 $x$는 시간 $t$에 따라 시시각각 변하는 위치를 나타내는 함수이므로 보통 $x(t)$처럼 나타냅니다.

여기서 다시 한번 앞에서 배운 내용을 떠올려 봅시다. 미분을 두 차례 거쳐도 같은 형태가 되는 함수는 3장의 'Lesson: 자연 상수'에서 등장한 지수 함수 $f(x) = e^x$이 대표적입니다.

9 '2차'는 미분을 두 차례 거쳐 얻은 도함수를 나타낼 때 사용하는 표현이라고 생각하면 좋습니다.

따라서 $x(t) = e^{\lambda t}$ 의 형태로 가정하면 $\dot{x} = \lambda e^{\lambda t}$, $\ddot{x} = \lambda^2 e^{\lambda t}$ 이므로, 식 ③으로부터 다음과 같은 식이 성립합니다.[10]

$$\lambda^2 e^{\lambda t} + \frac{k}{m} e^{\lambda t} = 0$$

$$\left(\lambda^2 + \frac{k}{m}\right) e^{\lambda t} = 0$$

$$\therefore \lambda^2 + \frac{k}{m} = 0 \quad (\because e^{\lambda x} \neq 0) \qquad ④$$

특별히 마지막 식 ④를 **특성 방정식**이라고 부릅니다. 그러면 $\frac{k}{m} > 0$ 라는 조건으로부터 $\lambda$의 정확한 값을 계산할 수 있습니다.

$$\lambda = \pm\sqrt{-\frac{k}{m}} = \pm\sqrt{\frac{k}{m}}i$$

따라서 정수 $\lambda$를 처음에 가정했던 지수 함수에 다시 대입하면 $x(t)$는 식 ⑤가 됩니다.

$$x(t) = e^{i\sqrt{\frac{k}{m}}t},\ e^{-i\sqrt{\frac{k}{m}}t} \qquad ⑤$$

조금 더 자세하게 5장에서 배운 오일러 공식을 사용해서 식 ⑤를 변형하면 다음과 같습니다.

$$\begin{aligned} e^{i\sqrt{\frac{k}{m}}t} &= \cos\sqrt{\frac{k}{m}}t + i\sin\sqrt{\frac{k}{m}}t, \\ e^{-i\sqrt{\frac{k}{m}}t} &= \cos\sqrt{\frac{k}{m}}t - i\sin\sqrt{\frac{k}{m}}t \end{aligned} \qquad ⑥$$

식 ③의 일반해를 $X$라 두면 2차 선형 미분 방정식의 성질로부터 $X$는 두 종류의 독립해를 선형 결합한 형태를 갖습니다.[11] 식 ⑥에서 얻은 두 결과를 사용해서 나타내면 다음과 같습니다.

$$\begin{aligned} X &= A_1\left(\cos\sqrt{\frac{k}{m}}t + i\sin\sqrt{\frac{k}{m}}t\right) + A_2\left(\cos\sqrt{\frac{k}{m}}t - i\sin\sqrt{\frac{k}{m}}t\right) \\ &= (A_1 + A_2)\cos\sqrt{\frac{k}{m}}t + i(A_1 - A_2)\sin\sqrt{\frac{k}{m}}t \end{aligned}$$

10 옮긴이_ 물리학에서는 미분 방정식을 풀기 위해 해의 형태를 미리 가정하고 푸는 직관적인 안자츠(ansatz) 방법을 자주 사용합니다.

11 상미분 방정식에 관한 전문 서적을 참고하기 바랍니다. 미분 방정식을 배우면 생각할 수 있는 수학적 모델의 폭이 넓어지고, 수학적 사고력이 비약적으로 향상되기 때문에 꼭 도전해 보길 바랍니다.

$$= B_1 \cos\sqrt{\frac{k}{m}}t + B_2 \sin\sqrt{\frac{k}{m}}t$$

마지막 등식에서 $A_1 + A_2 = B_1,\ i(A_1 - A_2) = B_2$ 로 정의했습니다. 그리고 삼각 함수를 cos으로 합성하면 식 ⑦을 얻습니다. 삼각 함수의 합성에 관해서는 5장의 'Lesson: 삼각 함수의 합성'을 참조하세요.

$$X = A\cos\left(\sqrt{\frac{k}{m}}t - \alpha\right) \qquad ⑦$$

$$A = \sqrt{{B_1}^2 + {B_2}^2},\quad \cos\alpha = \frac{B_1}{A},\quad \sin\alpha = \frac{B_2}{A}$$

식 ⑦의 우변에서 $\sqrt{\frac{k}{m}} = \omega$ 로 두면 $\omega$는 **각진동수**로 해석할 수 있습니다.[12] 각진동수의 의미를 생각해 보면 용수철 상수 $k$가 클수록 용수철은 매우 단단하기 때문에 추는 빠르게 움직이고, 추의 질량 $m$이 클수록 추는 느리게 움직이는 것으로 해석할 수 있습니다. 이것이 단진동 미분 방정식의 의미입니다.

여기까지 내용을 바탕으로 처음 생각했던 식과 단진동 미분 방정식을 비교해 봅시다.

$$\ddot{s} + s = 0$$

$$\ddot{x} + \frac{k}{m}x = 0$$

우리가 구하고자 했던 것은 $\frac{k}{m} = 1$로 각진동수 $\omega$가 1일 때의 2차 선형 미분 방정식 $\ddot{s} + s = 0$의 일반해였습니다. 따라서 식 ⑦에 $\frac{k}{m} = 1$ 을 대입하고 $t$를 편각 $\theta$, $\alpha$를 $\theta_0$으로 바꿔 쓰면 **일반해** $S$를 얻습니다. 여기서 $A$는 상수, $\theta_0$는 **초기 위상**(궤도에서 처음 이동이 일어난 시점)을 의미합니다.

$$S = A\cos(\theta - \theta_0)$$

다음으로 특수해는 간단합니다. 특수해를 $\tilde{s} = C$ (정수)로 놓아보면, 우리가 구하고자 했던 해는 일반해와 특수해의 합의 형태라는 것을 쉽게 알 수 있습니다.

$$s = S + \tilde{s} = A\cos(\theta - \theta_0) + C$$

---

**12** 5장에서 설명한 정현파의 각주파수 $\omega$와 유사합니다.

2차 선형 미분 방정식의 해가 일반해와 특수해의 합이라는 것이 정말인지 확인하기 위해 특수해 $\tilde{s} = C$를 식 (6-61)의 $s$에 대입해 보면, $C$는 정수이므로 $\theta$에 대한 미분은 0이 되어 다음을 만족하는 것을 알 수 있습니다.

$$\ddot{s} + s = \frac{d^2 C}{d\theta^2} + C = 0 + C = C$$

이로써 식 (6-61)을 풀었지만 더욱 자세한 설명은 전문 서적을 참고하기 바랍니다.

## 6.13 극방정식과 이심률: 위성의 운동을 타원으로 표현하는 방법

이어지는 내용부터는 본격적으로 위성의 **위치 벡터**를 도출하고 지구와 위성 간의 거리를 구합니다. 위치 벡터와 거리 정보는 위성의 위치를 측정하는 데 필수입니다. 두 정보를 도출하기 위해 앞서 설명한 **상미분 방정식**을 풀어야 하는 것은 물론이고, **극좌표 방정식**과 **타원의 방정식** 같은 위성 궤도와 관련된 수학적 모델을 활용해야 합니다.

**기초가 되는 수학적 기법 / 물리학적 접근 방식**

**2차 선형 상미분 방정식:**

$$\frac{d^2}{d\theta^2} \cdot \left(\frac{1}{r}\right) + \frac{1}{r} = \frac{GM}{K^2}$$

**극방정식:**

$$r = \frac{k}{1 + e\cos\theta}$$

**타원의 방정식:**

$$\frac{x^2}{a^2} + \frac{y^2}{b^2} = 1$$

**정보 공학적 접근 방식**

**위성의 위치 벡터:**

$$\boldsymbol{r} = \begin{bmatrix} x \\ y \end{bmatrix} = \begin{bmatrix} a(\cos\alpha - e) \\ a\sqrt{1-e^2}\sin\alpha \end{bmatrix}$$

**지구와 위성 사이의 거리:**

$$r = a(1 - e\cos\alpha)$$

[ $e$ : 이심률　$a$ : 장반경　$\alpha$ : 이심 근점 이각 ]

**그림 6-19** 설명 방식

'Lesson: 2차 선형 미분 방정식, 단진동 미분 방정식'에서 구한 미분 방정식 (6-61)의 해 $s = A\cos(\theta - \theta_0) + C$는 $r = \frac{1}{s}$ 였으므로 다음을 얻을 수 있습니다.

$$r = \frac{1}{A\cos(\theta - \theta_0) + C} \qquad \text{(6-61')}$$

드디어 거리 $r$을 구했지만 수식이 어떤 의미를 내포하고 있는지 생각해 봐야 합니다. 사실 식 (6-61')는 식 (6-62)와 같은 2차 곡선을 표현한 극방정식의 형식이라는 점이 중요합니다.

$$r = \frac{k}{1 + e\cos\theta} \qquad \text{(6-62)}$$

$k$, $e$는 양의 정수이고 $e$는 **이심률**입니다. 이심률은 자연 상수와 같은 표기를 하는 것이 관습처럼 남아 있어 주의해야 합니다. 식 (6-61')를 극방정식에 대응시키면 $A$를 $e$로, $\theta - \theta_0$을 $\theta$로, $C$를 1로 바꿔쓴 것과 같습니다.

이심률 $e$는 질점 $P$의 궤도에 대한 원점과 초점 사이의 거리로 정의하는 양입니다. 만약 $e = 0$이라면 질점 $P$는 완전한 원의 궤도를 그립니다. 왜냐하면 $e = 0$일 때 극방정식은 다음을 성립하므로 항상 $r = k$로 반지름이 $k$인 원을 그리기 때문입니다.

$$r = \frac{k}{1 + 0 \cdot \cos\theta} = \frac{k}{1} = k$$

이심률이 $0 < e < 1$의 범위에서는 질점 $P$는 타원 궤도를 그립니다. 이번 장은 지구를 도는 위성의 궤도가 타원을 그린다는 점이 주제이기 때문에 이어지는 레슨에서 타원의 방정식과 극방정식에 관해 자세히 알아봅니다.

Lesson

### 타원의 방정식과 극방정식

인공위성은 지구의 둘레를 타원 궤도로 따라 이동하기 때문에 이번 장의 내용을 깊이 이해하기 위해서는 **타원**을 먼저 이해해야 합니다. 앞서 **극방정식**을 간단하게 살펴봤지만, 극방정식을 도출하는 방법과 타원의 방정식을 도출하는 과정을 살펴보며 타원의 특성을 이해해 봅시다.

서로 다른 두 정점 $F_1$, $F_2$를 [그림 6-20]과 같이 $x$축 위에 놓고 양의 정수 $c$를 사용해서 $F_1(-c,\ 0)$, $F_2(c,\ 0)$이라고 합시다. 그리고 두 정점 $F_1$, $F_2$까지의 거리의 합이 같은 점 $P$를 모두 떠올려보면, 점 $P$의 궤적은 그림과 같은 타원을 그립니다. 이렇게 '평면 위의 두 정점으로부터의 거리의 합이 일정한 점들의 집합이 이루는 곡선'이 바로 타원의 정의입니다.

이때 두 정점 $F_1$, $F_2$가 **초점**입니다. 여기서 $a$를 양의 정수라고 할 때, $F_1P + F_2P = 2a$를 만족하는 점 $P$는 [그림 6-20]과 같이 $x = a$, $x = -a$에서 $x$축과 교차합니다.

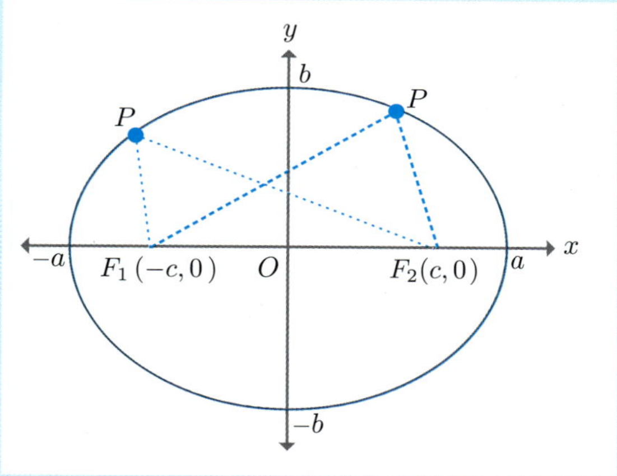


그림 6-20 타원의 기하학적 정의

다음으로 $F_1P + F_2P = 2a$로 정의한 타원에서 **타원의 방정식**을 도출해 봅시다. 점 $P$의 좌표를 $P(x,\ y)$로 놓고, $F_1(-c,\ 0)$, $F_2(c,\ 0)$과의 거리를 피타고라스의 정리에 따라 구하면 다음과 같습니다.

$$F_1P = \sqrt{(x-(-c))^2 + (y-0)^2} = \sqrt{(x+c)^2 + y^2}$$
$$F_2P = \sqrt{(x-c)^2 + (y-0)^2} = \sqrt{(x-c)^2 + y^2}$$

그런데 두 값의 합은 $2a$이므로 다음 조건도 성립합니다.

$$F_1P + F_2P = \sqrt{(x+c)^2 + y^2} + \sqrt{(x-c)^2 + y^2} = 2a$$
$$\sqrt{(x+c)^2 + y^2} = 2a - \sqrt{(x-c)^2 + y^2}$$

이제 제곱근 기호를 제거하기 위해 양변에 제곱을 취해 정리합니다.

$$(x+c)^2 + y^2 = 4a^2 - 4a\sqrt{(x-c)^2 + y^2} + (x-c)^2 + y^2$$
$$(x^2 + 2cx + c^2) - (x^2 - 2cx + c^2) + y^2 - y^2 - 4a^2 = -4a\sqrt{(x-c)^2 + y^2}$$
$$4cx - 4a^2 = -4a\sqrt{(x-c)^2 + y^2}$$
$$a^2 - cx = a\sqrt{(x-c)^2 + y^2}$$

다시 한번 양변에 제곱을 취하면 다음과 같습니다.

$$(a^2 - cx)^2 = \left(a\sqrt{(x-c)^2 + y^2}\right)^2$$
$$a^4 - 2a^2cx + c^2x^2 = a^2\left(x^2 - 2cx + c^2 + y^2\right)$$
$$a^4 - a^2c^2 = a^2y^2 - c^2x^2 + a^2x^2$$
$$a^2\left(a^2 - c^2\right) = \left(a^2 - c^2\right)x^2 + a^2y^2$$

여기서 타원의 기하학적인 의미를 생각하면 초점 $c$보다 $a$의 길이가 크기 때문에 $a^2 > c^2$이라는 사실은 자명합니다. 따라서 다음 식이 성립합니다.

$$\sqrt{a^2 - c^2} = b \qquad \text{(6-63)}$$

이를 통해 다음과 같은 결과가 나옵니다.

$$a^2b^2 = b^2x^2 + a^2y^2$$

양변을 $a^2b^2$ 으로 나누면 타원의 방정식 (6-64)를 얻습니다.

$$\therefore \frac{x^2}{a^2} + \frac{y^2}{b^2} = 1 \qquad \text{(6-64)}$$

깔끔한 계산 결과가 나왔습니다. 이 결과를 [그림 6-20]과 함께 생각해 봅시다. [그림 6-20]에서 타원과 $y$축의 교점은 $b$, $-b$이며 타원의 방정식에 $x = 0$을 대입하면 정확히 들어맞는 것을 확인할 수 있습니다.

$$\frac{0^2}{a^2} + \frac{y^2}{b^2} = 1$$
$$\frac{y^2}{b^2} = 1$$
$$y^2 = b^2$$

$$\therefore y = \pm b$$

게다가 초점의 좌표 $F_1(-c, 0)$, $F_2(c, 0)$의 $c$도 식 (6-63)으로부터 구체적으로 계산할 수 있습니다.

$$a^2 - c^2 = b^2$$

$$\therefore c = \pm\sqrt{a^2 - b^2} \qquad \text{(6-65)}$$

타원의 두 초점 $F_1$, $F_2$는 $F_1\left(-\sqrt{a^2-b^2}, 0\right), F_2\left(\sqrt{a^2-b^2}, 0\right)$ 입니다. 타원의 방정식과 초점의 구체적인 좌표를 구했으니 다음은 반지름이 일정한 원과 비교했을 때, 긴 축이 얼마나 더 긴지를 나타내는 **이심률** $e$를 정의할 차례입니다. 먼저 두 초점 사이 거리를 계산합니다.

$$c - (-c) = \sqrt{a^2 - b^2} - \left(-\sqrt{a^2 - b^2}\right) = 2\sqrt{a^2 - b^2}$$

타원의 $x$축 방향의 길이는 그림으로부터 $2a$라는 점을 금방 알 수 있습니다. 이심률은 타원의 가장 긴 $x$축 방향의 길이와 초점 거리와의 비율로 정의합니다.

$$e = \frac{2\sqrt{a^2 - b^2}}{2a} = \frac{\sqrt{a^2 - b^2}}{a} \qquad \text{(6-66)}$$

식 (6-65)로부터 $\frac{\sqrt{a^2-b^2}}{a} = \frac{c}{a}$ 이기 때문에 이심률은 $e = \frac{c}{a}$ 로도 표현할 수 있습니다. 게다가 식 (6-66)을 변형하면 $b$를 $a$, $e$로 나타낼 수도 있습니다.

$$ae = \sqrt{a^2 - b^2}$$
$$a^2e^2 = a^2 - b^2$$
$$b^2 = a^2\left(1 - e^2\right)$$

$$\therefore b = \pm a\sqrt{1 - e^2} \qquad \text{(6-67)}$$

예를 들어 $e=0$일 때 $b=\pm a$이므로, 이 경우라면 타원은 반지름이 $a$인 원이 됩니다. 여기까지 타원과 $y$축의 교점 $b$를 $a$와 이심률 $e$로 표현했습니다.

이어서 극방정식을 도출합니다. [그림 6-21]에 나타낸 코사인 정리를 바탕으로 극방정식을 도출하는 방법을 생각해 봅시다.

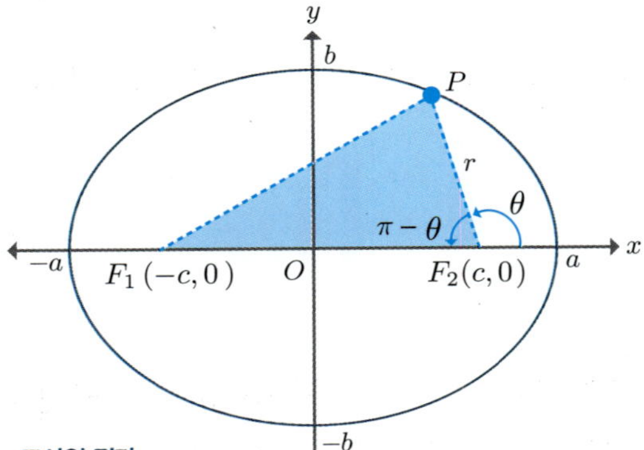


그림 6-21 타원 위의 점 $P$와 두 초점이 이루는 삼각형에 코사인 정리를 적용합니다.

타원의 방정식을 도출할 때와 마찬가지로 $F_1P+F_2P=2a$라는 사실을 활용합니다. 잠시 $F_2P=r$이라 두면 $F_1P=2a-r$입니다. 그리고 $F_1F_2=2c$라는 점에 유의하면서 [그림 6-21]의 $\angle PF_2O=\pi-\theta$ 라고 하면 코사인 법칙으로부터 다음 계산이 성립합니다.

$$(2a-r)^2=r^2+(2c)^2-2r\cdot 2c\cos(\pi-\theta)$$
$$4a^2-4ar+r^2=r^2+4c^2+4rc\cos\theta$$
$$r=\frac{a^2-c^2}{a+c\cos\theta}$$

위 계산에서 활용한 $\cos(\pi-\theta)=-\cos\theta$ 의 성질은 코사인 함수의 정의로부터 쉽게 알 수 있는 사실입니다. 이어서 분모와 분자를 $a$로 나누면 다음 식이 됩니다.

$$r=\frac{\frac{a^2-c^2}{a}}{1+\frac{c}{a}\cos\theta}$$

이때 분모의 $\frac{c}{a}$ 는 타원의 방정식에서 도출한 이심률이었습니다. 따라서 $\frac{c}{a}$ 를 $e$, $\frac{a^2-c^2}{a}$ 을 정수 $k$로 치환하면 식 (6-68)의 극방정식이 됩니다.

$$r = \frac{k}{1 + e\cos\theta} \qquad (6\text{-}68)$$

[그림 6-21]에서 확인할 수 있듯이 $a > c$ 및 $a$, $c$는 양수이기 때문에 $0 < \frac{c}{a} < 1$, 즉 $0 < e < 1$ 이 성립합니다. 한편, 타원은 이심률이 0인 경우에 원이 되기 때문에, 극방정식으로부터 반지름은 $r = k$ 가 된다는 사실도 알 수 있습니다.

## 6.14 타원의 방정식: 위성의 위치를 수학적 모델로 표현하기

이제 극방정식 (6-62)와 미분 방정식을 풀어서 얻은 해 (6-61′)가 같은 형태가 되도록 수식을 변형해 봅시다. 다음 식에서 $\frac{A}{C}$ 는 이심률 $e$, $\frac{1}{C}$ 은 양의 정수 $k$로 바꿔 썼습니다.

$$r = \frac{1}{A\cos(\theta - \theta_0) + C} = \frac{1}{C + A\cos(\theta - \theta_0)} = \frac{\frac{1}{C}}{\frac{C}{C} + \frac{A}{C}\cos(\theta - \theta_0)} = \frac{k}{1 + e\cos(\theta - \theta_0)}$$

$r$에 대해 다시 생각해 봅시다. $r$은 지구와 위성 사이의 거리를 나타내는 함수 $r(\theta(t))$였습니다. 위에서 유도된 거리에 관한 식은 위성의 궤도가 이심률 $\frac{A}{C}$, 초기 위상 $\theta_0$인 극방정식이 그리는 궤도라는 것을 보여 줍니다. 다시 말해 극방정식이 나타내는 타원 궤도를 따라, 위성이 지구를 공전하는 것입니다.[13] 초기 위상이란 $t = 0$일 때 질점 $P$의 위치라고 생각해 주세요. 물론 $A$, $C$, $\theta_0$은 별도로 해석적으로 구해야 하지만, 이 부분에 관한 설명은 생략합니다. 그런데 질점 $P$, 즉 위성이 타원 궤도를 그린다면 그 위치는 **타원의 방정식** (6-64)를 이용해 나타낼 수 있습니다.

---

**13** 이것으로 케플러 제1법칙이 수학적으로 도출되었습니다.

$$\frac{x^2}{a^2} + \frac{y^2}{b^2} = 1 \qquad \text{(6-64)}$$

여기서 $a$는 장반경, $b$는 단반경을 나타냅니다. 이제부터 타원의 방정식을 중심으로 설명하기 위해 극좌표가 아닌 $xy$ 좌표를 사용합니다. $b$는 이심률 $e$를 사용하면 식 (6–67)과 같이 $b = \pm a\sqrt{1-e^2}$ 으로 표현할 수 있으므로 식 (6–69)와 같이 타원의 방정식을 다시 쓸 수 있습니다.

$$\frac{x^2}{a^2} + \frac{y^2}{a^2\left(1-e^2\right)} = 1 \qquad \text{(6-69)}$$

이제 타원 궤도의 초점 $F_2$에 지구가 위치하고 그 주위를 위성이 공전하고 있다고 가정합니다. 이때 $x$축과 $OP$가 이루는 각 $\alpha$를 **이심 근점 이각**이라고 합니다. [그림 6–22]를 통해 확인하기 바랍니다.

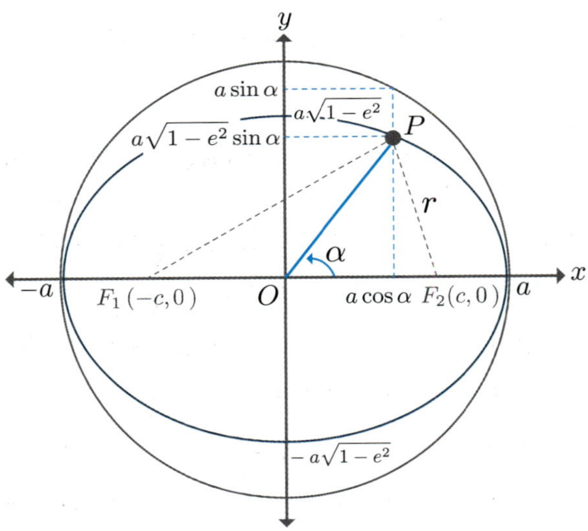


**그림 6-22** 이심 근점 이각 $\alpha$를 사용해서 점 $P$의 좌표 나타내기

조금 어려운 발상이지만, [그림 6–22]처럼 질점 $P$의 위치는 식 (6–70)과 같이 표현할 수 있

습니다.[14]

$$x = a\cos\alpha, \quad y = a\sqrt{1-e^2}\sin\alpha \qquad \text{(6-70)}$$

왜 이런 식으로 표현할 수 있는지는 식 (6–70)을 식 (6–69)에 대입해 보면 알 수 있습니다. 그러면 계산 결과는 1이 되어 서로 일치함을 확인할 수 있습니다.

$$\begin{aligned}\frac{x^2}{a^2} + \frac{y^2}{a^2(1-e^2)} &= \frac{(a\cos\alpha)^2}{a^2} + \frac{\left(a\sqrt{1-e^2}\sin\alpha\right)^2}{a^2(1-e^2)} \\ &= \frac{a^2}{a^2}\cos^2\alpha + \frac{\left(a\sqrt{1-e^2}\right)^2}{a^2(1-e^2)}\sin^2\alpha \\ &= \cos^2\alpha + \sin^2\alpha \\ &= 1\end{aligned}$$

그리고 식 (6–65)에서 $c = \pm\sqrt{a^2-b^2}$ 은 식 (6–67)의 양변을 제곱한 $b^2 = a^2(1-e^2)$ 을 대입해서 정리하면 초점 $c$를 구체적으로 계산할 수 있습니다.

$$c = \pm\sqrt{a^2-b^2} = \pm\sqrt{a^2-a^2(1-e^2)} = \pm\sqrt{a^2e^2}$$

$$\therefore c = \pm ae \qquad \text{(6-65')}$$

위의 계산 결과로부터 초점 $F_2$에 위치한 지구의 위치는 타원의 중심(원점)으로부터 $ae$만큼 떨어져 있음을 알 수 있습니다. 타원의 초점 $F_2$에 있는 지구의 위치를 원점으로 다시 설정했을 때 위성(질점) $P$의 $x$ 좌표 위치를 $X$로 나타내면, $x$축 방향으로 $-ae$만큼 이동한 것과 같으므로 식 (6–71)과 같이 표현할 수 있습니다.

$$X = x - ae = a\cos\alpha - ae = a(\cos\alpha - e) \qquad \text{(6-71)}$$

식 (6–71)이 이해하기 어렵다면 다음과 같이 생각하면 쉽습니다. 원점으로부터 $x$ 좌표가 1인 위치에 지구가 있고, 지구와 수직으로 바로 위에 질점 $P$가 있다고 해 봅시다. 그러면 질

14 매개 변수를 활용하는 방법입니다.

점 $P$의 $x$ 좌표도 1입니다. 이제 지구를 다시 원점으로 설정하면, 원래의 $x$ 좌표에 1을 빼서 지구의 $x$ 좌표는 0(원점)이 됩니다. 그러면 질점 $P$의 $x$ 좌표도 똑같이 1을 빼서 지구를 원점으로 한 좌표로 변환해서 생각해야 한다는 뜻입니다. 식 (6–71)은 1에 해당하는 것이 $ae$가 되었을 뿐입니다.

한편 타원 궤도의 $y$ 좌표를 $Y$로 나타내며, 지구가 $x$축의 어디에 위치하든 $y$ 좌표는 변하지 않으므로 식 (6–72)가 성립합니다.

$$Y = y = a\sqrt{1-e^2}\sin\alpha \qquad \text{(6-72)}$$

이로써 알고 싶었던 질점 $P$의 좌표를 식으로 표현했습니다. 식 (6–71), (6–72)의 결과를 위치 벡터를 나타내는 형식으로 표기합니다.

$$\boldsymbol{r} = \begin{bmatrix} x \\ y \end{bmatrix} = \begin{bmatrix} a(\cos\alpha - e) \\ a\sqrt{1-e^2}\sin\alpha \end{bmatrix}$$

위치 벡터를 알아냈으므로 피타고라스 정리를 사용하면 지구와 질점 $P$ 사이의 거리도 구할 수 있습니다. 식 (6–71), (6–72)를 사용해서 거리를 구하면 다음과 같습니다.

$$\begin{aligned} r^2 = X^2 + Y^2 &= a^2(\cos\alpha - e)^2 + a^2\left(\sqrt{1-e^2}\right)^2\sin^2\alpha \\ &= a^2\left(\cos^2\alpha - 2e\cos\alpha + e^2\right) + a^2\left(1-e^2\right)\sin^2\alpha \\ &= a^2\left\{\left(\cos^2\alpha - 2e\cos\alpha + e^2\right) + \left(1-e^2\right)\sin^2\alpha\right\} \\ &= a^2\left\{\cos^2\alpha + \sin^2\alpha - 2e\cos\alpha + e^2 - e^2\sin^2\alpha\right\} \\ &= a^2\left\{1 - 2e\cos\alpha + e^2 - e^2\sin^2\alpha\right\} \\ &= a^2\left\{1 - 2e\cos\alpha + e^2 - e^2\left(1-\cos^2\alpha\right)\right\} \\ &= a^2\left\{1 - 2e\cos\alpha + e^2\cos^2\alpha\right\} \\ &= a^2(1 - e\cos\alpha)^2 \\ &\quad \therefore r = a(1 - e\cos\alpha) \end{aligned}$$

지금까지 위치 벡터 $\boldsymbol{r} = \begin{bmatrix} x \\ y \end{bmatrix} = \begin{bmatrix} a(\cos\alpha - e) \\ a\sqrt{1-e^2}\sin\alpha \end{bmatrix}$, 지구와 위성 사이의 거리 $r = a(1 - e\cos\alpha)$를 구했습니다. 이제 타원의 장반경 $\alpha$, 이심 근점 이각 $a$, 이심률 $e$에 정확한 수치를 대입하면 $xy$ 좌표에서 위성의 구체적인 위치를 계산할 수 있습니다.

## 6.15 케플러 궤도의 여섯 가지 요소: 궤도면과 타원의 모양으로 위성의 위치 예측하기

지금까지 내용을 정리해 봅시다. 수신기의 좌표 $(x, y, z)$가 미지수일 때 세 개의 위성 $A$, $B$, $C$로부터 얻은 데이터를 바탕으로 축차 근사법으로 좌표를 갱신하며 수신기의 좌표 $(x, y, z)$를 추정했습니다.

$$x^n = x^{n-1} + \Delta x, \quad y^n = y^{n-1} + \Delta y, \quad z^n = z^{n-1} + \Delta z$$

그리고 데이터를 발신하는 위성의 위치를 측정하기 위해 위성의 위치 벡터를 만유인력의 법칙과 운동 방정식을 사용해 다음과 같이 구했습니다.

$$\boldsymbol{r} = \begin{bmatrix} x \\ y \end{bmatrix} = \begin{bmatrix} a(\cos\alpha - e) \\ a\sqrt{1-e^2}\sin\alpha \end{bmatrix}$$

단, 위성의 위치 벡터는 편의상 2차원 평면의 위치 벡터 $\begin{bmatrix} x \\ y \end{bmatrix}$로 표현했기 때문에, 3차원 공간의 수신기 좌표의 미지수 $(x, y, z)$와 비교하면 좌표가 하나 모자랍니다. 이 부분의 설명은 생략하지만, 위치 벡터에 $z$ 좌표를 추가한 $\boldsymbol{r} = \begin{bmatrix} x \\ y \\ z \end{bmatrix}$를 구해야 합니다.

이어지는 내용부터는 세 개의 위성 $A$, $B$, $C$에 모두 위치 벡터 $\boldsymbol{r} = \begin{bmatrix} x \\ y \\ z \end{bmatrix}$를 구했다고 가정합니다. 위성의 궤도를 알아내기 위해서는 위성의 **궤도면**과 **타원의 모양**을 해석해야 합니다.

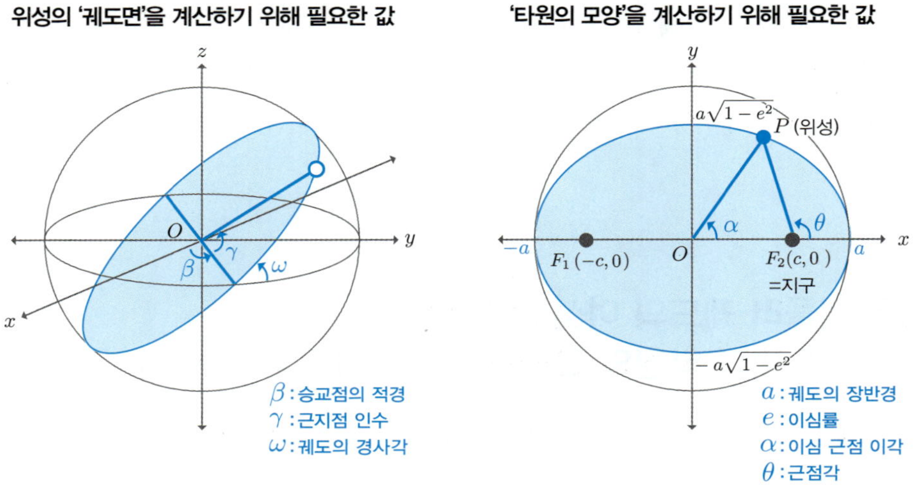


**그림 6-23** 위성의 궤도면과 타원의 모양을 특정하는 데 필요한 케플러 궤도의 여섯 가지 요소

**위성의 궤도면**은 [그림 6-23] 왼쪽의 타원을 말합니다. 3차원 공간에서 $xy$ 평면이 지구의 적도면을 나타낸다고 가정해 봅시다. 위성의 궤도면을 계산하려면, 먼저 적도면에 대해 궤도면이 기울어진 각도인 **궤도 경사각**이 필요합니다. 다음으로 적도면과 위성 궤도가 교차하는 **승교점의 적경**, 그리고 지구 중심의 타원 궤도상에서 지구에 가장 가까운 지점의 방향을 승교점을 기준으로 한 각도인 **근지점 인수**의 구체적인 수치를 알아야 합니다.

한편, **타원의 모양**은 지금까지 설명한 타원의 **장반경**, **이심률**, **이심 근점 이각**의 세 파라미터에 구체적인 수치를 넣어 계산합니다. 이심 근점 이각은 실제 계산에 필요한 **근점 이각**을 구하는 데 사용됩니다.

여기까지 **승교점의 적경**, **근지점 인수**, **궤도의 경사각**, **궤도의 장반경**, **이심률**, **근점각**(또는 이심 근점 이각)을 통틀어 **케플러 궤도의 여섯 가지 요소**라고 부릅니다. 케플러 궤도의 요소들을 데이터로 확보해서 위성의 위치를 해석적으로 추정하거나 수신기의 위치를 측정합니다.

## 6.16 위성의 위치 측정을 방해하는 요소

지금까지 수신기의 위치를 측정하기 위해 필요한 수학적 모델을 살펴봤습니다. 하지만 실제로 수신기의 위치를 측정할 때, 오차를 유발하는 다양한 문제가 존재합니다. 멀리 떨어진 우주 공간에서 지구상의 수신기 위치를 예측해야 하기 때문에 그 과정에서 오차를 발생시키는 요소들이 존재합니다.

예를 들어 위성의 위치 측정 시스템과 수신기 사이에는 당연히 두꺼운 대기층이 존재합니다. 그 안에는 다양한 층이 있으며, **전리층**이나 **대류권**은 전파의 진행에 영향을 미칩니다. 전리층은 태양 활동의 영향을 받고, 대류권은 날씨의 영향을 받습니다. 또한 수신기 주변에 장애물이 있으면 전파가 차단되거나 반사되어 멀티패스multipath 상태가 발생하며, 이것도 오차의 원인이 됩니다. 이러한 오차 요소들을 하나씩 극복해 나가면서도, 위치 정보는 높은 정밀도로 해석되어 우리의 삶을 편리하게 만들고 있습니다.

이제 이 장을 마무리하며, 수신기의 위치 오차를 유발하는 **근본적인 요인**에 대해 생각해 보겠습니다. 다음 절에서는 위성과 지구가 서로 다른 속도로 움직이기 때문에 발생하는 **시간 오차**에 관해 설명합니다.

## 6.17 특수 상대성 이론과 일반 상대성 이론: 시간 지연으로 인해 발생하는 오차

수신기에 관련된 미지수를 지금까지 $(x, y, z)$ 세 개로 설정했지만, 원래는 적어도 네 개의 변수를 갖는 비선형 연립방정식을 풀어야 합니다. 사실 지금까지의 고찰에는 변수가 하나 부족했습니다. 누락된 변수가 바로 시간 $t$입니다. 따라서 필요한 위성의 수는 적어도 네 개가 됩니다. 미지수가 네 개인 연립방정식을 풀기 위해서는 적어도 네 개의 식이 필요합니다.

그렇다면 왜 시간 $t$를 미지수로 두고 해석해야 할까요? 그 이유 중 하나는 **상대성 이론**으로 유도되는 피할 수 없는 물리 법칙인 **시간 지연**이 발생하기 때문입니다.

상대성 이론에는 **특수 상대성 이론**과 **일반 상대성 이론**이 있습니다. 각 이론을 기반으로, 지구에 있는 시계가 가리키는 시각과 위성 내에 설치된 시계가 가리키는 시각이 어떻게 달라지는지 이해해 보겠습니다. 각 이론에 대한 더욱 자세한 설명은 부록 1에 수록했으니 관심 있는 분은 이 장을 다 읽은 후 꼭 읽어 보기 바랍니다.

**Column**

### 절대 시간과 상대 시간

만약 상대성 이론이 존재하지 않았다면 수신기의 위치가 어긋나는 근본적인 원인은 어쩌면 절대로 알아차릴 수 없었을 것입니다. 왜냐하면 뉴턴 역학과 상대성 이론에서는 '시간'을 대하는 **패러다임**이 다르기 때문입니다. 위성의 위치 측정을 둘러싼 수많은 물리 현상은 그만큼 거대하고 거시적인 스케일을 수반합니다.

패러다임이라는 용어를 엄밀하게 정의하기는 어렵지만, 여기서는 '어떤 시대를 지배하는 세계관이나 사고방식과 같은 인식의 틀'로 정의합니다. 유명한 예로 **천동설**에서 **지동설**로의 패러다임 전환이 있었습니다. 카톨릭 교회가 지배적인 시대에 믿었던 천동설에 대해 **코페르니쿠스적 전회**로 유명한 **니콜라우스 코페르니쿠스**Nicolaus Copernicus나 정밀한 천체 관측에 기초한 기록과 분석을 통해 『시데레우스 눈치우스Sidereus Nuncius』를 발표한 **갈릴레오 갈릴레이**Galileo Galilei가 제창한 지동설은 후세의 패러다임의 전환을 결정지은 업적으로 유명합니다.

시간을 어떻게 이해하는가에 대한 패러다임도 상대성 이론의 등장을 계기로 크게 바뀌었습니다. 그 전까지는 뉴턴이 주장한 **절대 시간**이 지배적이었습니다. 뉴턴의 저서 『자연철학의 수학적 원리』에는 절대 시간이 무엇인지에 관해 다음과 같이 쓰여 있습니다.

> *모든 운동은 가속이나 감속을 동반하지만, 절대 시간의 흐름이라는 것은 어떠한 변화도 받지 않는다. 사물의 존재 지속성 혹은 내구성은, 운동이 빠르든 느리든 또는 존재하든 존재하지 않든 언제나 동일하다. 그러므로 지속적인 시간은 단지 감각으로 인식하는 시간과는 명확히 구분되어야 한다.*

이처럼 뉴턴은 시간에 대해 외부 요인의 영향을 일절 받지 않는 절대적인 개념으로 보고 이론을 구축했습니다. 뉴턴의 입장은 미분, 적분의 사고방식이나 물체의 운동을 기술한 방식에 정확히 반영되어 있습니다.

한편, 아인슈타인은 '시간은 그것을 관측하는 관측자의 존재 시공간에 따라 달라지는 상대적인 것'이라는 진리를 밝혔습니다. 그러나 아인슈타인이 1905년에 발표한 논문 '움직이는 물체의 전기역학에 관하여'에서는 '동일한 시각이라는 개념에는 절대적인 의미를 부여할 수 없다'고 명확히 언급하고 있습니다. 아인슈타인의 시간에 대한 통찰은 상대성 이론이라는 명칭의 기원과도 깊이 관련됩니다. 참고로 특수 상대성 이론이라는 명칭도 이 논문을 통해 붙여졌습니다.

그런데 시간이 절대적인 것이 아니라는 결론이 왜 이토록 패러다임의 전환이라고 할 정도의 변화를 가져온 것인지 조금 더 생각해 봅시다. 예를 들어 뉴턴의 운동 법칙 $\boldsymbol{f} = m\boldsymbol{a}$에서 가속도 벡터 $\boldsymbol{a}$를 계산할 때는 절대 시간 $t$를 기반으로 미분을 계산합니다. 하지만 특수 상대성 이론에 따르면 빛의 속도에 가까울수록 시간의 흐름이 느려집니다. 즉, 시간은 물체의 운동 상태에 따라 상대적이라는 의미입니다. 따라서 운동 방정식 역시 상대성 이론에 따라 수정되어야 했습니다. 단, 뉴턴의 운동 방정식이 틀렸다는 것은 아닙니다. 물체의 운동이 빛의 속도와 비교해 극도로 느린 경우에는 여전히 $\boldsymbol{f} = m\boldsymbol{a}$는 유효한 모델로서 가치가 있습니다.

## 6.18 로런츠 인자: 특수 상대성 이론으로 이해하는 시간 지연

**특수 상대성 이론**을 바탕으로 설명을 이어 나갑니다. 특수 상대성 이론에 관한 자세한 유도는 부록 1에서 설명하고 여기서는 특수 상대성 이론의 결론을 정리합니다. '지구에 대해 속도 $v$로 이동하고 있는 위성'에서 흐른 시간 $\Delta t'$ 와 '지구'에서 흐른 시간 $\Delta t$ 사이에는 식 (6-73)과 같은 관계가 있습니다.

$$\Delta t' = \sqrt{1 - \left(\frac{v}{c}\right)^2} \Delta t \qquad \text{(6-73)}$$

여기서 $c$는 광속(빛의 속도), $v$는 지구에 대한 위성의 **상대 속도**입니다. 상대 속도란 쉽게 말해 '지구에서 본 위성의 속도'입니다. $\Delta t$ 의 계수 $\sqrt{1-\left(\frac{v}{c}\right)^2}$ 의 역수 $\frac{1}{\sqrt{1-\left(\frac{v}{c}\right)^2}}$ 을 **로런츠 인자**라고 하며, 기호 $\gamma$(감마gamma)로도 표기합니다. 관계식 (6-73)을 이끌어내기 위한 **로런츠 변환**에 관해서는 부록 1에서 설명합니다.

식 (6-73)에 관해 조금 더 생각해 봅시다. $\left(\frac{v}{c}\right)^2$ 에서 $c$는 광속으로 분모가 매우 크므로 일반적으로 $\sqrt{1-\left(\frac{v}{c}\right)^2}$ 은 거의 1에 가깝습니다. 이때는 $\Delta t' \approx \Delta t$ 이므로 지구와 위성의 시간은 거의 차이가 없습니다. 하지만 지구에 대한 위성의 속도 $v$가 매우 커지면 $\left(\frac{v}{c}\right)^2$ 값이 1에 점차 가까워지고, $\sqrt{1-\left(\frac{v}{c}\right)^2}$ 은 작아집니다. 가령 $\sqrt{1-\left(\frac{v}{c}\right)^2}$ 이 0.5가 될 정도로 위성의 속도가 커졌다면 $\Delta t' = 0.5\Delta t$ 가 되기 때문에, 위성 안의 시계는 지구의 시계보다 절반의 속도로 시간이 흐른다는 것을 알 수 있습니다.[15] 다시 말하면 지구에 대해 위성이 빠르게 움직일수록, 위성 안에 설치된 시계의 시간은 지구의 시계보다 천천히 흐른다는 뜻입니다. 이 현상은 특수 상대성 이론으로부터 도출되는 물리 법칙이기 때문에 절대로 피해 갈 수 없습니다. 위성이 움직이는 속도가 광속까지는 미치지 못하지만, 여전히 매우 빠른 속도로 지구를 공전하고 있으므로 미세하게 시간의 오차가 점차 누적됩니다. 시간의 오차를 보정하지 않으면 위성의 위치를 정확히 구할 수 없으며, 결국 수신기의 위치 측정에도 영향을 미치게 됩니다. 이것이 특수 상대성 이론에 기초한 오차의 원인입니다.

## 6.19 아인슈타인 방정식과 슈바르츠실트 해: 일반 상대성 이론으로 이해하는 시간 지연

다음으로 **일반 상대성 이론**을 바탕으로 설명을 이어 나갑니다. 일반 상대성 이론이 가져온 가장 큰 성과는 아인슈타인 방정식 (6-74)입니다.

---

15 지구에서 시간이 흐른 양 $\Delta t$에 1초를 대입하면 쉽게 이해할 수 있습니다. 식에 따르면 지구에서 1초가 경과하는 동안 위성 내의 시계에서는 0.5초밖에 경과하지 않았으므로 위성 내의 시계는 지구에서보다 느리게 진행되고 있는 것입니다.

$$G^{\mu\nu} = \frac{8\pi G}{c^4} T^{\mu\nu} \qquad (6\text{-}74)$$

아인슈타인 방정식을 한 번에 이해하기란 어렵지만, 관심 있는 분은 부록 1에서 자세하게 설명하고 있으니 참고하기 바랍니다. 여기서는 이번 장에 필요한 부분만 설명합니다. 아인슈타인 방정식의 우변과 좌변에는 매우 중요한 의미가 담겨 있습니다. 먼저 좌변의 $G^{\mu\nu}$ 는 만유인력의 법칙에서 나오는 만유인력 상수 $G$가 아니라 **아인슈타인 텐서**라고 하는 전혀 다른 것입니다. 아인슈타인 텐서는 다량의 **계량 텐서**로 구성되어 있고 **시공**(시간+공간)의 휘어진 정도를 수학적으로 나타내는 것이라고 생각해 주세요. 우리가 살아가는 공간은 가로, 세로, 높이가 직각으로 교차하는 공간이 아니라 중력으로 휘어진 공간입니다. 바로 이 휘어짐의 구체적인 내용을 담은 것이 아인슈타인 텐서입니다.

한편 우변의 $G$는 만유인력의 법칙에 나온 만유인력 상수가 맞습니다. 그 옆의 $T^{\mu\nu}$ 는 **에너지-운동량 텐서**라고 부르며, 좌변의 $G^{\mu\nu}$ 에 담긴 시공간의 휘어짐을 유발한 '원인'이라고 생각하면 됩니다.

아인슈타인 텐서와 에너지-운동량 텐서가 등호로 연결되어 있는 것은 무슨 의미일까요? 이는 에너지-운동량 텐서가 클수록 아인슈타인 텐서가 나타내는 '시공간의 휘어짐'이 크다는 뜻입니다. 예를 들어 태양과 같은 항성이 있으면 지구의 주변에 비해 에너지-운동량 텐서의 값이 크기 때문에 태양 주변 시공간이 지구의 주변에 비해 더욱 심하게 휘어진다는 뜻입니다.[16]

그럼 아인슈타인 방정식이 지구와 위성 간의 시간 오차와 어떤 관계가 있는 것일까요? 이는 아인슈타인 방정식에 어떤 조건을 주면 얻을 수 있는 **슈바르츠실트 해**를 통해 확인할 수 있습니다. 이 책에서는 슈바르츠실트 해 (6-75)를 도출하는 과정은 생략하지만, 각 변수가 무엇을 뜻하는지는 뒤에서 설명합니다.

---

16 '태양은 지구보다 질량이 크다'는 사실에 더해 $E = mc^2$ ( $E$: 에너지, $m$: 질량, $c$: 광속)의 관계는 '질량과 에너지는 동등하다'는 의미로, 태양은 지구보다 에너지-운동량 텐서도 크다고 할 수 있습니다. 따라서, 아인슈타인 방정식 $G^{\mu\nu} = \frac{8\pi G}{c^4} T^{\mu\nu}$ 에 따르면 태양 주변은 지구보다 시공간이 더 크게 휘어집니다. 자세한 내용은 부록 1에서 설명하며 전문 서적도 함께 참고하기 바랍니다.

$$ds^2 = -\left(1 - \frac{2GM}{c^2 r}\right) c^2 dt^2 + \frac{dr^2}{1 - \frac{2GM}{c^2 r}} + r^2 \left(d\theta^2 + \sin^2 \theta d\phi^2\right) \qquad (6\text{-}75)$$

슈바르츠실트 해를 이해하려면 좌변의 $ds^2$에 관해 먼저 알아야 합니다. $ds^2$은 시공간 안에서의 거리(혹은 간격)를 나타내며, $s$를 **시공간 간격**이라고 합니다. 시공간 간격은 일반 상대성 이론에서 매우 중요한 개념입니다. 일반 상대성 이론이 휘어진 시공간을 대상으로 하므로 공간을 측정하기 위해 직교 좌표 공간에서의 거리(또는 간격)를 측정하는 방식과는 다른 방식이 필요하기 때문입니다. 우리에게 익숙한 '차이'라는 물리량은 휘어진 시공간에서는 그대로 쓸 수 없기 때문에 새로운 '차이'에 관한 물리량을 다시 정의하는 것부터 시작한 것이 아인슈타인의 위대한 업적 중 하나이며, 그중 하나가 바로 슈바르츠실트 해의 좌변에 있는 $ds^2$입니다. 참고로 슈바르츠실트 해를 유도한 사람은 아인슈타인이 아니라 이름 그대로 **카를 슈바르츠실트**Karl Schwarzschild라는 독일의 천문학자이자 물리학자입니다.

$ds^2$은 **고유 시간** $\tau$(타우)의 개념을 사용해서 식 (6–76)처럼 나타낼 수 있습니다. 자세한 도출 방법은 부록 1에서 설명합니다.

$$ds^2 = -c^2 d\tau^2 \qquad (6\text{-}76)$$

고유 시간은 간단히 말해 특정 관측자나 물체가 시공간을 이동하는 동안 자신이 경험하는 시간을 말합니다. 아인슈타인 방정식에서 설명한 바와 같이 시공간은 에너지로 인해 휘어져 있으며, 물체는 휘어진 시공간을 따라 이동합니다. 따라서 높은 에너지로 인해 많이 휘어진 시공간을 이동한 경우와 낮은 에너지로 인해 약하게 휘어진 시공간을 이동한 경로를 비교해 보면 시공간 간격은 서로 다릅니다. 그 결과, 각 물체가 경험하는 시간도 달라집니다. 지구상의 시계와 위성에 설치된 시계는 서로 다른 시공간 간격을 갖기 때문에, 결과적으로 고유 시간이 나타내는 시간도 달라지는 것입니다. 다시 말해 시공간 간격과 고유 시간 사이에는 무언가 관계성이 있습니다. 부록 1에서 자세히 설명하지만, 시공간 간격은 고유 시간에 $-c^2$을 곱해야 하며, 따라서 식 (6–76)과 같은 관계가 성립하는 것입니다.

## 6.20 슈바르츠실트 해로 이해하는 시간 지연

지구의 시계와 위성의 시계에서는 고유 시간이 다르므로, 구체적으로 고유 시간의 차이를 계산해 보는 것이 이번 절의 목표입니다. 먼저 지구의 고유 시간를 생각해 봅시다. 슈바르츠실트 해 (6–75)에 식 (6–76)을 대입하면 다음과 같습니다. 두 번째 식에서는 양변을 $-c^2$으로 나눴습니다.

$$-c^2 d\tau^2 = -\left(1 - \frac{2GM}{c^2 r}\right) c^2 dt^2 + \frac{dr^2}{1 - \frac{2GM}{c^2 r}} + r^2 \left(d\theta^2 + \sin^2\theta d\phi^2\right)$$

$$d\tau^2 = \left(1 - \frac{2GM}{c^2 r}\right) dt^2 - \frac{dr^2}{c^2\left(1 - \frac{2GM}{c^2 r}\right)} - \frac{r^2}{c^2}\left(d\theta^2 + \sin^2\theta d\phi^2\right) \quad \text{(6-77)}$$

(6–77)의 계산에서 우변의 각 변수에 대해 설명합니다. 우변이 가리키는 것은 '지구'라고 생각해 주세요. $dr$, $d\theta$, $d\phi$ 는 지구를 대상으로 한 구면 좌표계 내의 미소 변화량을 나타냅니다.

- **$dr$**: 지구 중심에서 표면까지의 거리 변화(반지름 방향)를 나타냅니다.
- **$d\theta$**: 지구 표면의 위, 아래 방향의 미소 변화를 나타냅니다. 예를 들어 $\theta = 0$면 북극, $\theta = \frac{\pi}{2}$ 면 적도를 나타냅니다.
- **$d\phi$**: 지구 표면의 왼쪽, 오른쪽 방향의 미소 변화를 나타냅니다.

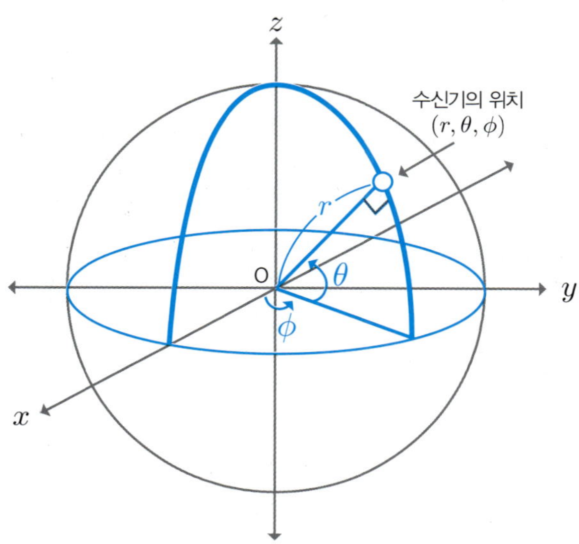


그림 6-24 극좌표로 표기한 수신기의 좌표

이제 $dr$, $d\theta$, $d\phi$의 성질을 이용해서 복잡한 슈바르츠실트 해 (6–77)의 우변을 단순한 형태로 바꿔 봅시다. 예를 들어 시계를 장착한 수신기가 적도 위에 정지해 있다고 가정합니다. 그러면 $\theta = \frac{\pi}{2}$ 이고, $dr = 0$, $d\theta = 0$ 입니다. 수신기가 정지해 있으므로 지구 중심으로부터의 거리나 위도에는 변화가 없습니다. 그리고 지구는 항상 자전하기 때문에 $d\phi$ 의 값은 시간에 따라 변하지만, 여기서는 이 영향을 무시하고 $d\phi = 0$ 이라 가정합니다.

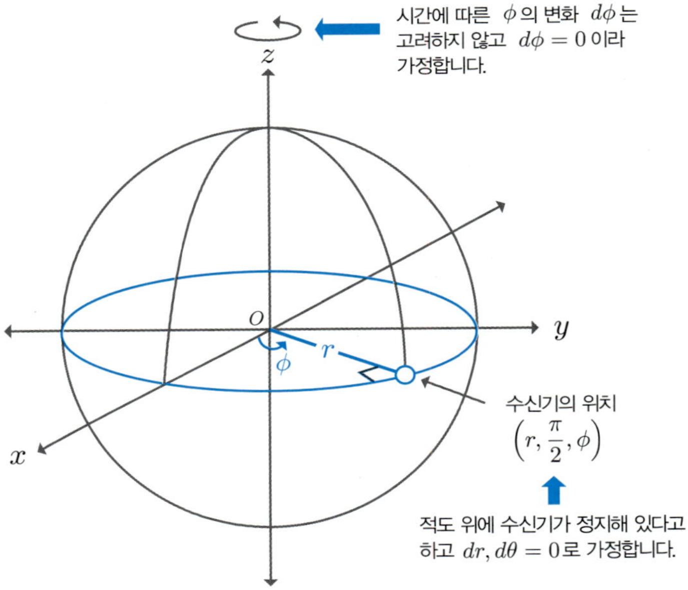


**그림 6-25** 수신기의 위치를 단순화

따라서 슈바르츠실트 해 (6–77)을 이용하면 고유 시간은 식 (6–78)처럼 계산할 수 있습니다. 이때 $\tau_E$는 적도 위에 정지해 있는 수신기의 고유 시간, $M_E$는 지구의 질량, $r_E$는 지구의 반경을 나타냅니다. 계산 결과는 우변의 제1항 $\left(1 - \frac{2GM_E}{c^2 r_E}\right) dt^2$ 만 남고 모두 0이 됩니다.

$$d{\tau_E}^2 = \left(1 - \frac{2GM_E}{c^2 r_E}\right) dt^2 - \frac{0}{c^2\left(1 - \frac{2GM_E}{c^2 r_E}\right)} - \frac{r^2}{c^2}\left(0^2 + \sin^2 \frac{\pi}{2} \cdot 0^2\right)$$
$$= \left(1 - \frac{2GM_E}{c^2 r_E}\right) dt^2$$

$$\therefore d\tau_E = \sqrt{1 - \frac{2GM_E}{c^2 r_E}}dt \qquad (6\text{-}78)$$

이와 마찬가지로 위성의 고유 시간를 $\tau_E$, 위성의 궤도 반경을 $r_s$로 놓으면 위성의 고유 시간은 (6–79)가 됩니다. (6–78)의 $d\tau_E$와 달라진 것은 지구의 중심에서 지구 표면에 있는 수신기까지의 거리 $r_E$를 지구의 중심에서 위성까지의 거리 $r_s$로 바꿔서 썼다는 점뿐입니다.

$$d\tau_s = \sqrt{1 - \frac{2GM_E}{c^2 r_s}}dt \qquad (6\text{-}79)$$

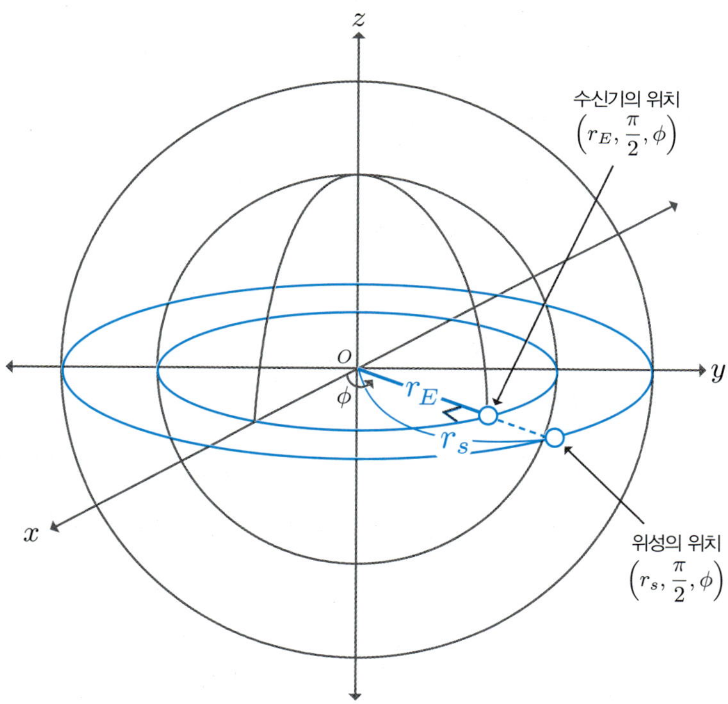


**그림 6-26** 극좌표계에서 위성과 수신기의 위치

이제 두 고유 시간에 어느 정도 차이가 있는지 구체적인 수치를 대입해서 계산해 보겠습니다. 매우 까다로운 계산이긴 하지만 직접 확인해 보는 수밖에 없습니다.

중력 상수 $G = 6.67 \times 10^{-11}\mathrm{m}^3\mathrm{kg}^{-1}\mathrm{s}^{-2}$, 지구의 질량 $M = 5.97 \times 10^{24}\mathrm{kg}$, 지구의 반경 $r_E = 6.37 \times 10^6\mathrm{m}$, 위성의 궤도 반경 $r_s = 6.37 \times 10^6\mathrm{m} + 20.2 \times 10^6\mathrm{m} = 26.57 \times 10^6\mathrm{m}$, 광속 $c = 3.00 \times 10^8\mathrm{m/s}$ 를 모두 식 (6–78), (6–79)에 대입해서 $dt$ 의 계수를 계산합니다.[17]

$$\sqrt{1 - \frac{2GM_E}{c^2 r_E}} = \sqrt{1 - \frac{2 \times (6.67 \times 10^{-11}) \times (5.97 \times 10^{24})}{(3.00 \times 10^8)^2 \times (6.37 \times 10^6)}} = 0.9999999993054265 \tag{6-80}$$

$$\sqrt{1 - \frac{2GM_E}{c^2 r_s}} = \sqrt{1 - \frac{2 \times (6.67 \times 10^{-11}) \times (5.97 \times 10^{24})}{(3.00 \times 10^8)^2 \times (26.57 \times 10^6)}} = 0.9999999998334801 \tag{6-81}$$

상당히 미세한 수치이지만 잘 살펴보면 위성의 고유 시간 $d\tau_s$ 보다도 지구상의 고유 시간 $d\tau_E$ 가 $d\tau_E$ 의 계수가 더 작은 값이 됩니다. 지구처럼 중력이 큰 곳에서는 시간이 더 느리게 흐른다는 일반 상대성 이론이 도출해 낸 결론이기도 합니다. 여기서 특수 상대성 이론을 함께 떠올리며 결론을 비교해 봅시다.

- **특수 상대성 이론:** '위성'이 '지구의 수신기'보다 시간이 느리게 흐릅니다.
- **일반 상대성 이론:** '지구의 수신기'가 '위성'보다 시간이 느리게 흐릅니다.

생각해 보면 참 신기한 일입니다. 특수 상대성 이론에서는 빠르게 이동하는 위성의 시간이 더 느리게 흐르지만, 일반 상대성 이론에서는 중력이 큰 지구의 시간이 더 느리게 흐릅니다. 그리고 두 이론의 결론이 서로 모순되는 것은 아니며, 양쪽 모두 시간이 흐르는 방식에 영향을 미칩니다. 결론적으로 특수 상대성 이론보다 일반 상대성 이론이 시간에 미치는 영향이 더 크기 때문에, 시간의 차이가 일부 상쇄되면서도 결국은 지구의 수신기 쪽 시간이 더 느리게 흐른다는 결론에 도달합니다. 이론적으로 이해할 수 있다 해도 상상을 초월하는 우주의 진리는 정말로 경이롭고, 이를 꿰뚫어 본 아인슈타인은 말 그대로 천재라는 말에 걸맞다고

17 옮긴이_ 물리학에서는 이와 같은 구체적인 계산이 종종 등장합니다. 이 책에서는 강조하지 않았지만, 유효 숫자의 개수나 길이, 질량, 시간의 단위(차원)에 주의하며 계산해야 합니다.

느껴집니다.

이제 다시 계산으로 돌아가 식 (6−80), (6−81)의 차이를 계산해 봅시다. 인공위성의 시각 (6−81)에서 지구의 시각 (6−80)을 빼서 차이를 계산합니다.

$$\sqrt{1-\frac{2GM_E}{c^2r_s}}-\sqrt{1-\frac{2GM_E}{c^2r_E}} \fallingdotseq 5.28\times10^{-10}$$

이렇게 고유 시간의 차이를 구했습니다. 계산은 초 단위이므로 결과는 1초당 시간 차이로 해석할 수 있습니다. 하루는 86,400초이므로, 이 값을 86,400배 하면 하루에 벌어지는 시간 차이를 계산할 수 있습니다.

$$5.28\times10^{-10}\times86400 \fallingdotseq 4.56192\times10^{-5}(\text{초})$$

결과의 $10^{-5}$ 이라는 수치가 나타내듯 '하루에 약 $\frac{1}{100,000}$ 초의 오차' 정도는 매우 작아 보일 수 있습니다. 그러나 수신기의 위치 측정에 미치는 영향은 결코 가볍게 볼 수 없습니다. 왜냐하면 '시간×속도'로 거리를 계산하면 광속이 포함되기 때문입니다. 광속의 영향이 얼마나 큰지는 실제로 계산해 보면 알 수 있습니다.

지금부터 수신기의 '정확한 위치'와 '고유 시간의 차이로 인해 발생한 위치' 사이의 거리를 생각해 봅시다. 거리는 시간×속도로 계산할 수 있으므로, 앞서 계산한 고유 시간의 오차 $4.56192\times10^{-5}$ 에 광속을 곱하면 수신기의 위치 오차는 다음과 같습니다.

$$4.56192\times10^{-5}\times3.00\times10^{8} \fallingdotseq 13685.76(\text{m})$$

매우 미세한 시간 오차였음에도 불구하고 위치를 추정한 결과는 하루에 약 13.7 킬로미터나 어긋납니다. 이러한 결과가 지도 앱에 표시된다면 위치 정보로서 전혀 쓸 수 없을 것입니다.

지금까지 계산을 쉽게 하기 위해 특수한 조건을 설정했지만, 시간의 오차가 위성의 위치 측정에 얼마나 큰 장애가 되는지는 이 정도로 충분히 이해되었을 것입니다.

## 6.21 이 장의 핵심 내용

이 장에서는 위성의 위치 측정을 구현하는 데 필요한 수학적 방법과 사고방식을 설명하기 위해 대표적인 위인인 뉴턴과 아인슈타인이 발견한 물리 법칙을 응용해 보았습니다. 우리가 살아가는 시대에는 과거의 천재들이 남긴 유산이 지금도 계속해서 계승되며 발전하고 있습니다. 과거 위인들의 진리를 꿰뚫는 수학적 사고방식에는 감탄을 금할 수 없습니다.

'사고방식'이라고 하면 '논리적 사고'나 '가설적 사고'를 내세운 책들이 넘쳐나 사고법이 마치 '부속품'처럼 쉽게 손에 넣을 수 있는 물건처럼 보이기도 합니다. 필자는 단편적인 사고가 '상품'처럼 다뤄지며, 마치 그것만 손에 넣으면 '어쨌든 잘 풀린다'는 식으로 전달되는 모습에 많은 의문을 품고 있습니다.

과연 정말로 그럴까요? 이 책을 읽는 것만으로 사고력이 몸에 밸 수 있을까요? 나아가 논리적 사고나 가설적 사고는 정말로 몸에 배일 만한 가치가 있는 것일까요?

확실히 일반 상대성 이론에서 아인슈타인의 논리적 사고와 가설적 사고에 주목해 보면, 말 그대로 감탄을 금치 못합니다. '도대체 어떻게 이런 생각을 떠올릴 수 있었던 걸까?', '무엇을 갖추었기에 이런 가설을 세울 수 있었던 걸까?'하며 이해가 깊어질수록 충격을 받고 감동하게 됩니다. 아인슈타인이 남긴 업적을 읽고 분석하면, 논리적 사고와 가설적 사고에 있어 그가 천재적으로 뛰어난 인물이었음은 의심의 여지가 없습니다. 하지만 아인슈타인이 무엇보다 탁월했던 것은 바로 '생각하는 힘', 즉 '생각을 끝까지 밀고 나가는 힘'이 아니었을까요? 논리적 사고나 가설적 사고 같은 것은 다루는 사람에 따라 정의가 흔들리고 애매해지기도 합니다. 그런 개념만이 아인슈타인의 위업을 뒷받침했다고는 생각하지 않습니다.

아인슈타인은 1905년에 특수 상대성 이론을 제창한 후, 10년 뒤인 1915년부터 1916년에 걸쳐 일반 상대성 이론을 발표했습니다. 10년 이상의 세월을 들여 끊임없이 고민하면서 때로는 다른 수학자나 물리학자의 조언을 적극적으로 구하면서 생각을 밀고 나갔습니다. 그 결과, 뉴턴 역학을 포함하는 보다 일반적인 물리 법칙을 발견해서 인류의 수준을 근본적으로 끌어올리는 위대한 업적을 완수했습니다. 그 모습은 아인슈타인의 업적을 정리한 수많은 책에 자세히 서술되어 있습니다. 상대성 이론의 발견에 이르기까지 아인슈타인이 얼마나 깊은 사고의 부담을 스스로 감당하며 생각을 밀고 나갔는지를 상상하면 감탄이 절로 나옵니다.

위대한 인물들의 과거에 경의를 표하지 않을 수 없지만, 필자가 특히 강조하고 싶은 것은 요즘 흔히 볼 수 있는 '노하우 모음집'을 아무리 모아도 '생각하는 힘'은 쉽게 길러지지 않는다는 점입니다. 그 힘을 변화시키는 유일한 변수는 단 하나, 바로 **스스로 생각한 시간의 누적량**뿐이라고 저는 확신합니다.

무엇을 주제로 깊이 생각할 것인가는 '생각을 밀고 나가는 지속성'에 큰 영향을 줍니다. 지루한 주제를 오래 생각하는 것은 누구에게나 고역이기 때문입니다. 인생은 유한하니, 나에게 의미 있는 것에 시간을 쓰고 싶다는 생각은 누구나 하는 것이겠지요.

이 책은 그런 **생각을 끝까지 해내는 힘**을 기르는 데에 부합하는 주제를 엄선해 담았습니다. 더욱 흥미를 가질 수 있도록 일상에서 접하는 여러 기술을 주제로 삼고, 그 안에 보이지 않게 동작하는 원리를 수학적 모델로 설명했습니다. 각 장마다 표면적인 고찰에 그치지 않고 본질을 파고들어 공식 자체나 물리 법칙까지 유도하는 수준을 목표로 설명했습니다.

이 책을 끝까지 읽고 깊은 이해를 얻게 되었다면 다른 전문 서적에도 도전할 수 있을 정도의 수학적 사고력이 길러졌다고 볼 수 있습니다. 책을 덮은 뒤에는 다양한 분야로 입문하고, 계속해서 '생각하는 힘'을 단련해 나간다면, 이 책에서 달성하고자 했던 목적을 이룬 것입니다. 다른 전문 서적을 읽는 도중 벽에 부딪히는 일이 있다면 다시 이 책을 펼쳐보기 바랍니다. 어쩌면 그 벽을 돌파할 힌트가 이 안에 쓰여 있을지도 모릅니다.

부록 1

# 상대성 이론의 수학적 기초

**Keyword**

일반 상대성 이론 / 아인슈타인 방정식 / 아인슈타인 텐서 / 에너지-운동량 텐서 / 계량 텐서 / 중력장 / 등가 원리 / 측지선 방정식 / 특수 상대성 이론 / 상대성 원리 / 광속 불변의 원리 / 고유 시간 / 시공간 간격 / 불변량 / 속도의 합성 법칙 / 전자기학 / 파동 방정식 / 갈릴레이 변환 / 로런츠 변환

## 들어가며

6장에서 '위성의 시각'과 '지구에 있는 수신기의 시각'은 상대성 이론에 근거한 물리 법칙의 영향을 받아 반드시 시간이 어긋나게 된다는 점을 지적했습니다. 매우 어려운 내용이지만, 부록 1에서는 **특수 상대성 이론**과 **일반 상대성 이론**에 대해 보충 설명하면서 시간이 어긋나는 원인에 관해 더욱 깊이 알아보고자 합니다. 내용을 집필하고 나니 부록이라는 수준에 걸맞지 않을 만큼 긴 내용이 되어버렸지만, 상대성 이론에 관심이 있다면 끝까지 읽어 보기를 권장합니다.

6장에서 언급했듯이 특수 상대성 이론은 1905년에 아인슈타인이 '움직이는 물체의 전기역학에 관하여' 논문을 통해 제안한 것이 시초입니다. 물론 당시에는 인공위성이라는 것이 존재하지 않았습니다. 세계 최초의 인공위성은 옛 소련(현 러시아)이 1957년에 쏘아 올린 스푸트니크 1호이며, 특수 상대성 이론의 발표로부터 반세기 이상 지난 후의 일입니다. 다시 말해 '시간이 어긋나는' 현상이 실제로 일어날 수 있다는 것조차 당시에는 일부 물리학자를 제외하면 아무도 눈치채지 못했을 것입니다. 그렇다면 아인슈타인은 시간이 어긋나는 현상이 물리적으로 일어날 수 있는지 어떻게 생각할 수 있었을까요? 바로 논문 제목에 있는 '전기역학'이

실마리였습니다.

논문의 발표로부터 다시 약 40년 전, 영국의 이론 물리학자 **제임스 클러크 맥스웰**James Clerk Maxwell은 1864년에 자신의 이름을 딴 **맥스웰 방정식**을 발표했고, **고전 전자기학**을 수학적으로 확립했습니다. 맥스웰 방정식이란 간단히 설명하자면 전자기장을 기술하기 위한 네 개의 연립 편미분 방정식이며, 맥스웰 방정식을 풀어내면 **전기장**과 **자기장**의 **파동 방정식**을 유도할 수 있습니다. 맥스웰 방정식을 이해하려면 전자기학을 체계적으로 공부해야 하는데, 모든 내용을 설명하기란 어려우므로 자세하게 설명하진 않겠지만, 부록을 이해하기 위해 필요한 내용은 짚고 넘어가겠습니다.

## 맥스웰 방정식에서 도출한 파동 방정식과 빛의 속도

**파동**은 5장에서 설명한 음성과 같은 개념으로 생각하면 됩니다. 파동은 삼각함수를 사용해서 표현합니다. 파동은 시간 $t$에 따라 전파되며, 파동의 형태는 위치 $x$에 따라 결정됩니다. 자세한 도출 과정은 생략하지만, 수식으로 나타내면 식 (7–1)과 같습니다.

$$f(x,t) = A\sin\left(\omega t - \frac{\omega}{v}x\right) = A\sin(\omega t - kx) \qquad (7\text{-}1)$$

식 (7–1)에서 $k$는 **파수**, $\omega$는 **각주파수**, $v$는 **위상 속도**입니다. 파수란 일정 단위 길이에 포함된 파동의 개수를 말합니다. 여기서는 파수 $k$를 $k = \frac{\omega}{v}$ 로 표현하고 있습니다. 각주파수 $\omega$는 5장에서 이미 설명했으며, 위상 속도란 말 그대로 파동이 전달되는 속도입니다. 다시 말해 각주파수 $\omega$를 위상 속도 $v$로 나눈 값이 파수 $k$가 됩니다. $A$는 파동의 진폭을 나타내기 위한 임의의 상수입니다.

식 (7–1)을 $x$, $t$에 관한 식이라는 점에 주목해서 각 변수에 대해 2차 미분을 계산하면 식 (7–2)가 성립합니다.

$$\frac{\partial^2 f}{\partial x^2} - \frac{k^2}{\omega^2}\frac{\partial^2 f}{\partial t^2} = 0 \qquad \text{(7-2)}$$

파수의 정의 $k = \frac{\omega}{v}$ 로부터 $\frac{k}{\omega} = \frac{1}{v}$ 이므로 $\frac{k^2}{\omega^2} = \left(\frac{k}{\omega}\right)^2 = \frac{1}{v^2}$ 을 식 (7−2)에 대입하면 식 (7−3)처럼 정리할 수 있습니다. 식 (7−3)처럼 정리된 형태의 식을 파동 방정식이라고 합니다.

$$\frac{\partial^2 f}{\partial x^2} - \frac{1}{v^2}\frac{\partial^2 f}{\partial t^2} = 0 \qquad \text{(7-3)}$$

여기서 주목해야 할 점은 식 (7−3)의 위상 속도의 크기를 나타내는 $v^2$의 위치입니다. 자세한 내용은 생략하고 위상 속도 $v$의 위치에만 주목합시다.

다음으로 맥스웰 방정식으로부터 이끌어 낼 수 있는 전자기파를 표현하는 식을 알아봅시다. 전자기파도 마찬가지로 자세한 내용은 생략하고 결론만 정리합니다. 전하가 존재하지 않고 전류도 흐르지 않는 **진공 상태**에서의 **유전율** $\varepsilon_0$과 **투자율** $\mu_0$을 사용하면 **전기장 벡터** $\boldsymbol{E}$와 **자기장 밀도 벡터** $\boldsymbol{B}$에 관한 파동 방정식은 다음과 같습니다.

$$\nabla^2 \boldsymbol{E} - \varepsilon_0\mu_0\frac{\partial^2 \boldsymbol{E}}{\partial t^2} = \nabla^2 \boldsymbol{E} - \frac{1}{c^2}\frac{\partial^2 \boldsymbol{E}}{\partial t^2} = 0 \qquad \text{(7-4)}$$

$$\nabla^2 \boldsymbol{B} - \varepsilon_0\mu_0\frac{\partial^2 \boldsymbol{B}}{\partial t^2} = \nabla^2 \boldsymbol{B} - \frac{1}{c^2}\frac{\partial^2 \boldsymbol{B}}{\partial t^2} = 0 \qquad \text{(7-5)}$$

$$\nabla^2 = \frac{\partial^2}{\partial x^2} + \frac{\partial^2}{\partial y^2} + \frac{\partial^2}{\partial z^2} \qquad \text{(7-6)}$$

참고로 유전율 $\varepsilon_0$은 진공 상태에 놓인 두 전하 사이에 작용하는 힘의 크기를 결정하는 상수입니다. 그리고 투자율 $\mu_0$은 진공 상태에 놓인 두 자기극 사이에 작용하는 힘의 크기를 결정하는 상수입니다. 식 (7−6)의 역삼각형 모양(▽) 기호는 벡터 미분 연산자로 나블라nabla라고 하며 $\nabla^2$ 은 2차 **미분 연산자**입니다.[1] 부록에서는 전체적인 흐름을 위해 자세한 계산

---

1 옮긴이_ 벡터 해석에서 2차 미분 연산자를 '라플라시안'이라고도 합니다. 삼각형 모양의 기호 Δ를 사용하는 경우도 있지만, 변화량을 나타내는 델타와 구분이 어려울 수 있으므로 $\nabla^2$을 사용하는 습관을 들이는 것을 권장합니다.

과정은 생략합니다. 자세한 내용은 벡터 해석에 관한 전문 서적을 참고하기 바랍니다.

여기서 주목해야 할 것은 식 (7–4), (7–5)의 우변의 형태입니다.

$$\nabla^2 \boldsymbol{E} - \frac{1}{c^2}\frac{\partial^2 \boldsymbol{E}}{\partial t^2} = 0 \qquad (7\text{-}7)$$

$$\nabla^2 \boldsymbol{B} - \frac{1}{c^2}\frac{\partial^2 \boldsymbol{B}}{\partial t^2} = 0 \qquad (7\text{-}8)$$

식 (7–3)과 식 (7–7), (7–8)을 잘 비교해 보면 모두 좌변의 첫 번째 항은 공간에 대한 2차 편미분이며, 두 번째 항도 시간 $t$에 대해 2차 편미분으로 이뤄진 동일한 형식입니다. 따라서 식 (7–7), (7–8)은 모두 파동 방정식이며, 전자기파는 두 파동 방정식으로 표현합니다. 그러면 식 (7–3)에서 $v^2$에 대응하는 것은 식 (7–7), (7–8)의 동일한 위치에 있는 $c^2$이며, $c^2$이 전자기파의 위상 속도, 즉 속도를 나타냅니다.

전자기파의 위상 속도 $c^2$은 진공 상태에서의 유전율 $\varepsilon_0$과 투자율 $\mu_0$ 사이에 다음과 같은 관계가 성립합니다. 놀랍게도 계산 결과는 **빛의 속도**와 일치합니다.

$$c = \frac{1}{\sqrt{\varepsilon_0 \mu_0}} \fallingdotseq 3 \times 10^8 [\mathrm{m/sec}] \qquad (7\text{-}9)$$

$$c = \frac{1}{\sqrt{\varepsilon_0 \mu_0}} \fallingdotseq 3 \times 10^8 [\mathrm{m/sec}] \qquad (7\text{-}10)$$

$$\mu_0 \fallingdotseq 4\pi \times 10^{-7} [\mathrm{NA}^{-2}] \qquad (7\text{-}11)$$

당시 이미 실험을 통해 빛의 속도는 확인되어 있었고, 그 수치와 식 (7–9)가 일치한 것입니다. 전자기파는 빛의 속도로 진행한다는 것이 맥스웰 방정식을 통해 밝혀진 것입니다.

여기까지 맥스웰 방정식으로부터 전자기파를 수식으로 도출했고, 전자기파 안에 빛의 속도가 나타난다는 사실까지 확인했습니다. 전자기파의 식이 '시간 지연'과 어떤 관계가 있는지 설명하기 위해서는 아직 준비가 조금 부족합니다. 이어지는 내용을 계속 읽어 보기 바랍니다.

## 갈릴레이의 상대성 원리와 관성계

6장의 'Column: 절대 시간과 상대 시간'에서 설명한 대로, 당시 물리학의 패러다임은 뉴턴이 확립한 뉴턴 역학이었습니다. 뉴턴 역학에서는 시간이 모든 관측자에게 일정하고(절대 시간), 공간도 변하지 않는 것(절대 공간)으로 간주합니다. 뉴턴 역학을 고찰함에 있어 피할 수 없는 논점으로 갈릴레오 갈릴레이가 제창한 **상대성 원리**가 있습니다. 갈릴레이의 상대성 원리에 따르면 서로 다른 **관성계**(관성 좌표계) 사이에 물리 법칙은 형식적으로 변하지 않는 것으로 보며, **갈릴레이 변환**을 사용해 나타냅니다. 갈릴레이 변환은 서로 다른 관성계 사이에서 위치와 속도의 관계를 정의하고, 물리 법칙이 어느 관성계에서 보더라도 같은 형식으로 유지된다는 것을 설명합니다. 빛의 속도를 더욱 자세히 알아보기 전에 갈릴레이의 상대성 원리를 먼저 살펴보겠습니다.

뉴턴 역학에서 운동 방정식(운동의 제2법칙)이란 '**관성계** 안에 있는 물체에 힘이 작용하면 그것이 어떻게 운동하는지를 규정하는 법칙'이라고 할 수 있습니다. 6장에서 식 (7-12)가 뉴턴의 운동 방정식이었습니다. 우변의 $m$은 **관성 질량**이라고 부릅니다.

$$\boldsymbol{f} = m\boldsymbol{a} \qquad (7\text{-}12)$$

관성계란 힘이 작용하지 않거나 또는 모든 힘이 서로 상쇄된 상태로 **등속 직선 운동**을 하고 있는(정지해 있거나 또는 일정한 속도로 직선 운동을 하고 있는) 좌표계라고 생각해 주세요. 관성계에서 갈릴레이는 '물리 법칙의 형태는 모든 관성계에서 동일한 형태로 기술할 수 있다'는 **상대성 원리**를 제창했습니다.

- **갈릴레이의 상대성 원리:** 물리 법칙은 서로 일정한 속도로 움직이고 있는 임의의 관성계에 있는 관측자에게 모두 동일해야 합니다.
- **관성계:** 정지해 있거나 일정한 속도로 운동(등속 직선 운동)하고 있는 좌표계입니다.

갈릴레이의 상대성 원리에 따르면, 어떤 물리 법칙을 어떤 관성계에서든 동일한 형식으로 표현할 수 있다면, 한쪽 관성계에서 표현한 물리 법칙을 다른 관성계를 기준으로 표현해도 동일한 형식이어야 합니다. 동일한 물리 법칙인지 확인하기 위해 한 좌표계에서 다른 좌표계로 기준을 바꾸는 것을 일반적으로 **좌표 변환**이라고 합니다. **갈릴레이 변환**은 갈릴레이의 상대성 원리를 뒷받침하는 좌표 변환의 한 예로 볼 수 있습니다.

## 갈릴레이 변환과 합성 속도

갈릴레이 변환을 다음 두 관성계를 통해 설명합니다.

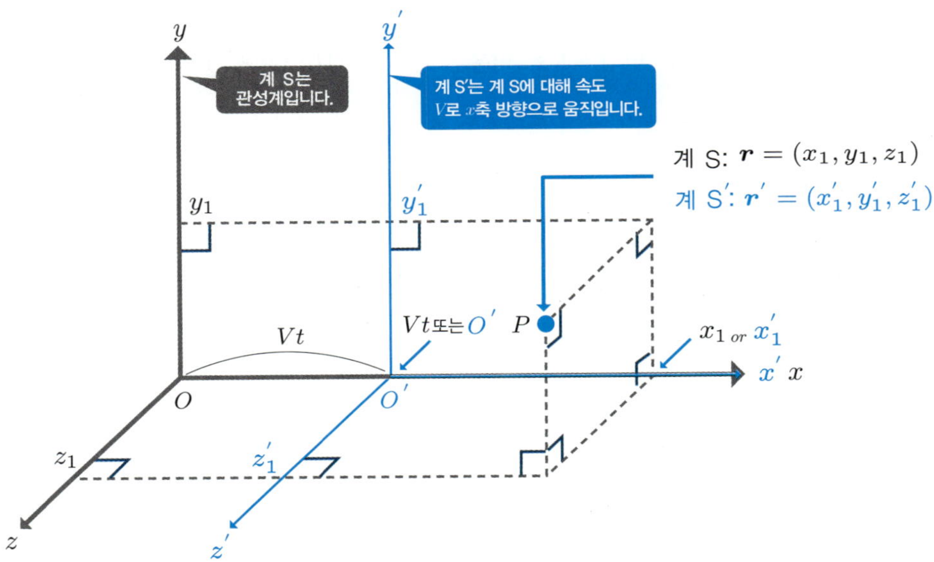


**그림 7-1** 갈릴레이 변환을 설명하기 위한 두 개의 관성계

정지해 있는 관성계 $S$에 대해 $S'$는 속도 $V$로 $x$축의 양의 방향으로 등속 직선 운동을 하고 있는 관성계입니다. $t = t' = 0$일 때 두 관성계의 원점은 일치하고 시간이 경과함에 따라 계 $S'$는 $x$축의 양의 방향으로 이동합니다. 이때 [그림 7-1]의 질점 $P$의 위치 벡터 $\boldsymbol{r} = (x_1, y_1, z_1)$ 또는 $\boldsymbol{r}' = (x'_1, y'_1, z'_1)$을 생각하면 식 (7-13), (7-14)와 같은 관계가 성립합니다.

$$x_1' = x_1 - Vt, \quad y_1' = y_1, \quad z_1' = z_1, \quad t' = t \qquad (7\text{-}13)$$

$$x_1 = x_1' + Vt', \quad y_1' = y_1, \quad z_1' = z_1, \quad t' = t \qquad \text{(7-14)}$$

식 (7−13)을 **갈릴레이 변환**, 식 (7−14)를 **갈릴레이 역변환**이라고 합니다. 그리고 식 (7−13), (7−14)의 좌변 $x'_1 = x_1 - Vt$와 $x_1 = x'_1 - Vt'$는 **속도의 합성 법칙**을 나타냅니다. 이는 $x'_1 = x_1 - Vt$의 양변을 시간 $t$에 대해 미분하면 알 수 있습니다. $x'_1$과 $x_1$을 시간에 대해 미분하면 $v'_1$, $v_1$이 속도가 되고, $-Vt$를 시간 $t$에 대해 미분하면 $-V$이므로 $v'_1 = v_1 - V$가 성립합니다. 따라서 움직이는 계 $S'$의 속도는 정지한 계 $S$의 속도에서 계 $S'$의 상대 속도 $V$를 뺀 것과 같습니다. 다시 말해 계 $S'$에서 본 질점 $P$의 속도는 정지한 계 $S$에서 본 질점 $P$의 속도에서 계 $S'$의 속도를 뺀 것과 같습니다.

구체적인 예를 들어 봅시다. 정지해 있는 사람이 시속 100km로 달리는 자동차 A를 관측했습니다. 그러나 자동차 A와 같은 방향으로 시속 50km로 이동하고 있는 사람이 시속 100km의 자동차를 보면, 자동차 A의 속도는 자동차와 관측자의 **상대 속도**로 계산할 수 있습니다. 즉, 관측자는 자동차 A가 자기 자신에 비해 시속 50km(100km/h − 50km/h)로 움직이고 있다고 느낍니다. 상대 속도는 우리의 직관적인 감각과도 잘 맞아떨어집니다. 갈릴레이 변환에서 속도의 합성 법칙은 서로 다른 관성계의 물체의 속도는 **상대 속도**로 계산된다는 뜻과 같습니다.

이제 계 $S$의 질점 $P$에 대한 뉴턴의 운동 방정식을 생각해 봅시다. 먼저 가속도 벡터 $\boldsymbol{a}$를 식 (7−15)와 같이 계산합니다. 가속도 벡터는 위치 벡터를 두 차례 미분해서 얻을 수 있으므로 (6장의 해설 참조), 질점 $P$의 위치 벡터 $\boldsymbol{r} = (x_1, y_1, z_1)$의 각 성분을 시간 $t$에 대해 2차 미분합니다.

$$\boldsymbol{a} = \frac{d^2\boldsymbol{r}}{dt^2} = \left(\frac{d^2x}{dt^2}, \frac{d^2y}{dt^2}, \frac{d^2z}{dt^2}\right) \qquad \text{(7-15)}$$

식 (7−12), (7−15)로부터 계 $S$의 질점 $P$의 운동 방정식은 식 (7−16)이 됩니다. $m$은 질점 $P$의 질량(관성 질량)입니다.

$$\boldsymbol{f} = m\frac{d^2\boldsymbol{r}}{dt^2} \qquad \text{(7-16)}$$

이제 질점 $P$의 운동 방정식을 계 $S'$의 기준에서 생각해 봅시다. 질점 $P$의 위치 벡터를 계 $S'$를 기준으로 생각하면 식 (7−13)과 같이 나타낼 수 있으므로, 식 (7−13)을 바탕으로 가속도 $a$를 계산합니다. 먼저 1차 미분으로 속도를 구합니다.

$$\frac{d\boldsymbol{r}'}{dt} = \left(\frac{dx'}{dt}, \frac{dy'}{dt}, \frac{dz'}{dt}\right) = \left(\frac{d}{dt}(x - Vt), \frac{dy}{dt}, \frac{dz}{dt}\right) = \left(\frac{dx}{dt} - V, \frac{dy}{dt}, \frac{dz}{dt}\right) \text{(7-17)}$$

속도를 한차례 더 미분해서 가속도를 구합니다. $-V$는 미분 과정에서 생략됩니다.

$$\frac{d^2\boldsymbol{r}'}{dt^2} = \left(\frac{d}{dt}\cdot\left(\frac{dx}{dt} - V\right), \frac{d}{dt}\cdot\frac{dy}{dt}, \frac{d}{dt}\cdot\frac{dz}{dt}\right) = \left(\frac{d^2x}{dt^2}, \frac{d^2y}{dt^2}, \frac{d^2z}{dt^2}\right) \qquad \text{(7-18)}$$

따라서 계 $S'$에서의 질점 $P$의 운동 방정식은 다음이 됩니다.

$$\boldsymbol{f}' = m\frac{d^2\boldsymbol{r}'}{dt^2} \qquad \text{(7-19)}$$

식 (7−16)과 (7−19)를 비교해 보면 운동 방정식은 같은 형태라는 것을 알 수 있습니다. 관성계에서는 서로 다른 좌표 공간이라도 운동 방정식은 같은 형태로 표현된다는 뜻입니다. 이와 같은 성질을 **공변성**이라고 하며, 갈릴레이의 상대성 원리의 핵심입니다.

## 갈릴레이 변환을 파동 방정식에 적용하기

이제 전자기파의 파동 방정식 (7−7), (7−8)을 통해 빛의 속도에 대해 생각해 봅시다.

$$\nabla^2\boldsymbol{E} - \frac{1}{c^2}\frac{\partial^2\boldsymbol{E}}{\partial t^2} = 0 \qquad \text{(7-7)}$$

$$\nabla^2 \boldsymbol{B} - \frac{1}{c^2}\frac{\partial^2 \boldsymbol{B}}{\partial t^2} = 0 \qquad \text{(7-8)}$$

식 (7−7), (7−8)이 갈릴레이 변환에 대해 **공변**인지 살펴봅시다. 공변이란 변환 전과 동일한 형태(동일한 형식)의 방정식이 성립하는 것이라고 생각하면 됩니다. 먼저 두 식을 식 (7−20), (7−21)과 같이 벡터 $\boldsymbol{E}$, $\boldsymbol{B}$를 꺼내서 다시 씁니다.

$$\left(\nabla^2 - \frac{1}{c^2}\frac{\partial^2}{\partial t^2}\right)\boldsymbol{E} = 0 \qquad \text{(7-20)}$$

$$\left(\nabla^2 - \frac{1}{c^2}\frac{\partial^2}{\partial t^2}\right)\boldsymbol{B} = 0 \qquad \text{(7-21)}$$

벡터 $\boldsymbol{E}$, $\boldsymbol{B}$의 앞에 같은 형식의 연산자가 붙어 있습니다. 이 연산자는 식 (7−22)처럼 풀어서 쓸 수 있습니다.

$$\frac{\partial^2}{\partial x^2} + \frac{\partial^2}{\partial y^2} + \frac{\partial^2}{\partial z^2} - \frac{1}{c^2}\frac{\partial^2}{\partial t^2} \qquad \text{(7-22)}$$

(7−22)의 연산자가 갈릴레이 변환에 대해 형태가 달라지지 않는다면, 전자기파의 파동 방정식은 갈릴레이 변환에 대해 공변이라고 할 수 있습니다. 간단한 계산을 위해 $\nabla^2$ 을 $x$축에 관해서만 생각합니다. 즉, 식 (7−22)의 두 번째, 세 번째 항을 제외한 연산자 (7−23)이 갈릴레이 변환에 대해 공변인지 알아봅시다.

$$\frac{\partial^2}{\partial x^2} - \frac{1}{c^2}\frac{\partial^2}{\partial t^2} \qquad \text{(7-23)}$$

식 (7−13), (7−14)로부터 $x$ 좌표와 시간 $t$의 갈릴레이 변환은 다음과 같았습니다.

$$x' = x - Vt, \quad t' = t$$

$$x = x' + Vt', \quad t' = t$$

그렇다면 연산자 $\frac{\partial}{\partial x}$, $\frac{\partial}{\partial t}$ 의 갈릴레이 변환은 미분의 연쇄 법칙을 통해 다음과 같이 계산할 수 있습니다.

$$\begin{aligned}\frac{\partial}{\partial x} &= \frac{\partial}{\partial x'}\frac{\partial x'}{\partial x} + \frac{\partial}{\partial t'}\frac{\partial t'}{\partial x} \\ &= \frac{\partial}{\partial x'}\frac{\partial}{\partial x}(x - Vt) + \frac{\partial}{\partial t'}\frac{\partial t'}{\partial x} \\ &= \frac{\partial}{\partial x'} \cdot 1 + \frac{\partial}{\partial t'} \cdot 0 \\ &= \frac{\partial}{\partial x'}\end{aligned}$$

$$\begin{aligned}\frac{\partial}{\partial t} &= \frac{\partial}{\partial x'}\frac{\partial x'}{\partial t} + \frac{\partial}{\partial t'}\frac{\partial t'}{\partial t} \\ &= \frac{\partial}{\partial x'}\frac{\partial}{\partial t}(x - Vt) + \frac{\partial}{\partial t'}\frac{\partial t'}{\partial t} \\ &= \frac{\partial}{\partial x'} \cdot (-V) + \frac{\partial}{\partial t'} \cdot 1 \\ &= -V\frac{\partial}{\partial x'} + \frac{\partial}{\partial t'}\end{aligned}$$

$$\therefore \frac{\partial}{\partial x} = \frac{\partial}{\partial x'} \qquad (7\text{-}24)$$

$$\therefore \frac{\partial}{\partial t} = -V\frac{\partial}{\partial x'} + \frac{\partial}{\partial t'} \qquad (7\text{-}25)$$

식 (7−23)과 같은 형태로 만들기 위해, 식 (7−24)로부터 다음이 성립한다는 점을 기억하세요.

$$\frac{\partial^2}{\partial x^2} = \frac{\partial^2}{\partial x'^2} \qquad (7\text{-}26)$$

식 (7−25)로부터는 다음이 성립합니다.

$$\frac{\partial^2}{\partial t^2} = \left(-V\frac{\partial}{\partial x'} + \frac{\partial}{\partial t'}\right)^2 = V^2\frac{\partial^2}{\partial x'^2} - 2V\frac{\partial}{\partial x'}\frac{\partial}{\partial t'} + \frac{\partial^2}{\partial t'^2}$$

$$\therefore \frac{\partial^2}{\partial t^2} = \frac{\partial^2}{\partial t'^2} - 2V\frac{\partial^2}{\partial x'\partial t'} + V^2\frac{\partial^2}{\partial x'^2} \qquad (7\text{-}27)$$

식 (7−26), (7−27)을 다시 (7−23)에 대입하면 식 (7−28)을 얻습니다.

$$\begin{aligned}\frac{\partial^2}{\partial x^2}-\frac{1}{c^2}\frac{\partial^2}{\partial t^2}&=\frac{\partial^2}{\partial x'^2}-\frac{1}{c^2}\left(\frac{\partial^2}{\partial t'^2}-2V\frac{\partial^2}{\partial x'\partial t'}+V^2\frac{\partial^2}{\partial x'^2}\right)\\&=\left(1-\frac{V^2}{c^2}\right)\frac{\partial^2}{\partial x'^2}+\frac{2V}{c^2}\frac{\partial^2}{\partial x'\partial t'}-\frac{1}{c^2}\frac{\partial^2}{\partial t'^2}\end{aligned} \tag{7-28}$$

(7−28)의 계산 결과는 식 (7−23)과 확실하게 다릅니다. 지금까지 계산을 통해 맥스웰 방정식은 갈릴레이 변환에 대해 공변이 아니라는 결론을 내릴 수 있습니다. 다시 말해 속도의 합성 법칙은 맥스웰 방정식에 적용할 수 없습니다. 이로 인해 갈릴레이의 상대성 원리를 대체할 새로운 이론이 필요했던 것입니다. 위의 결론은 물리학 역사에서 대단히 중요한 사건이었습니다.

## 아인슈타인의 특수 상대성 원리와 광속 불변의 원리

'속도의 합성 법칙은 맥스웰 방정식에 적용할 수 없다'는 것은 도대체 무슨 뜻일까요? 결론부터 말하자면 '어느 관성계에서 보더라도 빛의 속도는 일정하다'는 말과 같습니다. 왜 그런지 이해하기 위해, 만약 맥스웰 방정식에도 고전적인 속도의 합성 법칙이 적용된다고 가정해 봅시다. 다시 말해, 속도 $c$로 진행하는 빛에 대해 어떤 관성계가 속도 $V$로 움직이면, 정지해 있는 다른 관성계에서 본 빛의 속도는 $c + V$가 될 것입니다. 이는 빛보다 빠른 속도를 허용하는 결과이며, 결국에는 속도가 무한히 커질 수도 있다는 모순에 빠지게 됩니다. 이에 대해 구체적인 역사적 사실이 궁금하다면, '마이컬슨–몰리 실험'에 대해 찾아보는 것을 권장합니다.

맥스웰 방정식은 지극히 아름다운 방정식으로 평가받으며 현대 과학의 근간을 이루고 있지만, 역설적으로 맥스웰 방정식으로부터 수많은 의문과 모순이 생겨났습니다. 새로운 통찰의 탄생이 이전의 시대의 패러다임을 뒤엎을 만큼의 영향을 끼친 셈입니다.

맥스웰 방정식을 둘러싼 여러 문제를 한 번에 해결한 것이 아인슈타인이 제창한 상대성 원리입니다. 아인슈타인이 제시한 상대성 원리는 다음과 같은 두 가지 원리로 구성됩니다. 특히 주목해야 할 것은 두 번째 **광속 불변의 원리**입니다.

- **특수 상대성 원리:** 물리 법칙의 형태는 서로 일정한 속도로 움직이고 있는 임의의 관성계에 있는 관측자에게 동일해야 합니다.
- **광속 불변의 원리:** 진공 중의 빛의 속도는 빛을 방출하는 물체의 운동 상태와 관계없이 항상 일정합니다.

광속 불변의 원리란 진공 중의 빛(전자기파)의 속도가 광원의 운동 상태나 관측자의 관성계에 관계없이 모든 관성계에서 같다는 원리입니다. 어떤 관성계 $S$가 속도 $V$로 등속 직선 운동을 하고 있어도, 또 다른 관성계 $S'$가 움직이고 있거나 정지해 있더라도 빛의 속도는 어느 관성계에서 측정해도 같습니다. 생각해 보면 매우 기묘한 원리가 아닐 수 없습니다. 빛을 보고 있는 관측자가 아무리 빠르게 이동하고 있더라도 보이는 빛의 속도는 항상 일정하다는 것이 광속 불변의 원리가 주장하는 바입니다. 광속 불변의 원리는 빛 이외의 물체에 대한 속도의 합성 법칙과는 달리, 빛의 속도는 관성계에 의존하지 않는다는 특수한 성질을 보여 줍니다. 광속 불변의 원리는 특수 상대성 이론의 근간을 이루는 매우 중요한 원리입니다.

## 로런츠 변환의 도출

광속 불변의 원리에 따라 정지해 있는 관성계 $S$에서 $S$에 대해 등속 직선 운동을 하고 있는 관성계 $S'$로의 좌표 변환 규칙으로 갈릴레이 변환을 대신할 **로런츠 변환**을 도출합니다.[2] $t = t' = 0$ 에서 계 $S$와 계 $S'$가 일치하고, 그 순간에 원점에서 빛이 방출되었다고 합시다. 계 $S'$는 계 $S$에 대해 $x$축의 양의 방향으로 $v$의 속도로 등속 직선 운동하고 있다고 가정합니다. 여기서 계 $S$에서 측정한 시각 $t$에 좌표 $P(x, y, z)$ 에 빛이 도달했다면, 원점 $O$에서 $P$까지 빛이 도달한 거리는 식 (7-29), (7-30)으로 표현할 수 있습니다.

$$\sqrt{x^2 + y^2 + z^2} = ct \qquad (7\text{-}29)$$

2 로런츠 변환을 도출하는 방법에는 여러 가지가 있습니다. 부록에서 설명하는 내용은 어디까지나 그중 한 가지 예시에 지나지 않습니다.

$$x^2 + y^2 + z^2 = (ct)^2 \qquad (7\text{-}30)$$

식 (7−29)는 6장의 식 (6−2)와 비슷합니다. 좌변은 원점 $O$와 좌표 $P$ 사이의 '거리'를 피타고라스 정리로, 우변은 '빛의 속도×시간'으로 '거리'를 표현하고 있으며, 두 거리가 같다는 뜻입니다.

다음으로 계 $S'$에서 보았을 때 시각 $t'$에서 좌표 $P$에 빛이 도달한 경우, 원점 $O'$에서 $P$까지의 거리는 식 (7−31)로 표현합니다. 여기서 계 $S'$에서도 빛의 속도 $c$는 변하지 않았다고 가정하는 것이 매우 중요합니다.

$${x'}^2 + {y'}^2 + {z'}^2 = \left(ct'\right)^2 \qquad (7\text{-}31)$$

위의 내용을 바탕으로 로런츠 변환을 도출해 봅시다. 앞서 언급했듯이 여기서 '계 $S'$는 계 $S$에 대해 $x$축의 양의 방향으로 $v$의 속도로 등속 직선 운동하고 있다'는 조건에 따라 $x'$, $t'$는 각각 $x$, $t$에 대해 1차 변환 관계가 있습니다.[3] 따라서 다음과 같이 양의 미지수 $a$, $b$, $d$, $e$를 사용해서 관계식을 만듭니다. 시각 $t$에 대해서는 $x$, $y$, $z$와 단위를 맞추기 위해 $c$를 곱해서 $ct$로 시간의 단위를 거리(길이)로 변환하고 있다는 점에 주의하기 바랍니다.

$$x' = ax + bct \qquad (7\text{-}32)$$

$$y' = y \qquad (7\text{-}33)$$

$$z' = z \qquad (7\text{-}34)$$

$$ct' = dx + ect \qquad (7\text{-}35)$$

지금 계 $S'$는 계 $S$에 대해 $x$축의 양의 방향으로 $v$의 속도로 움직이고 있으므로 계 $S$의 원점 $(ct, x, y, z) = (ct, 0, 0, 0)$은 계 $S'$에서 $(ct', x', y', z') = (ct', -vt', 0, 0)$으로 표현됩니다. 따라서 $x = 0, x' = -vt'$가 되므로 식 (7−32)를 다음과 같이 바꿔 $t$에 대해 풀 수 있습니다.

---

3 $x'$, $t'$는 $x$, $t$를 이용한 식으로 나타낼 수 있다고 이해하면 충분합니다.

$$x' = ax + bct \rightarrow -vt' = a \times 0 + bct = bct$$
$$-vt' = bct \qquad (7\text{-}36)$$

$$\therefore t = \frac{-v}{bc}t' \qquad (7\text{-}37)$$

이어서 식 (7–35)를 바꿔 써 봅시다. 계 $S$의 원점에 대해 $x = 0$을 사용해서 식을 정리합니다.

$$ct' = dx + ect \rightarrow ct' = d \times 0 + ect$$
$$ct' = ect \qquad (7\text{-}38)$$

식 (7–37)로부터 $t = \frac{-v}{bc}t'$ 를 식 (7–38)에 대입해서 $b$에 대해 정리합니다.

$$ct' = ec\frac{-v}{bc}t'$$
$$bc = -ev$$
$$\therefore b = -e\frac{v}{c} \qquad (7\text{-}39)$$

또한 반대로 생각하면 계 $S$가 계 $S'$에 대해 $x$축의 음의 방향으로 $v$의 속도로 움직이고 있다고 생각할 수 있습니다. 이때 계 $S'$의 원점 $(ct', x', y', z') = (ct', 0, 0, 0)$ 은 계 $S$에서는 $(ct, x, y, z) = (ct, vt, 0, 0)$ 으로 표현됩니다. 즉, $x' = 0, x = vt$ 가 되며 식 (7–39)에서 구한 $b$를 대입해서 식 (7–32)를 다음과 같이 다시 쓸 수 있습니다.

$$x' = ax + bct \rightarrow 0 = avt - e\frac{v}{c}ct \qquad (7\text{-}40)$$

$$avt = evt \qquad (7\text{-}41)$$

$$\therefore a = e \qquad (7\text{-}42)$$

식 (7–39), (7–42)로부터 식 (7–32)는 (7–43)처럼 쓸 수 있습니다.

$$x' = ex - evt \qquad (7\text{-}43)$$

다른 쓸만한 조건이 없는지 다시 살펴보면 식 (7−30), (7−31)이 있었습니다. 각 식의 양변에 우변의 값을 빼면 0이 됩니다.

$$x^2 + y^2 + z^2 - (ct)^2 = 0 \qquad \text{(7-44)}$$

$$x'^2 + y'^2 + z'^2 - (ct')^2 = 0 \qquad \text{(7-45)}$$

따라서 두 식의 좌변끼리는 등호로 연결할 수 있습니다.

$$x^2 + y^2 + z^2 - (ct)^2 = x'^2 + y'^2 + z'^2 - (ct')^2 \qquad \text{(7-46)}$$

그리고 식 (7−33), (7−34)에서 $y' = y,\quad z' = z$ 이므로 좌변의 $y^2, z^2$ 과 우변의 $y'^2, z'^2$ 이 서로 소거되어 식 (7−46)은 다음과 같이 다시 쓸 수 있습니다.

$$x^2 - (ct)^2 = x'^2 - (ct')^2 \qquad \text{(7-47)}$$

식 (7−47)의 우변에 식 (7−35), (7−43)을 대입해서 전개하면 다음과 같이 정리할 수 있습니다.

$$\begin{aligned} x^2 - (ct)^2 &= (ex - evt)^2 - (dx + ect)^2 \\ &= e^2x^2 - 2e^2vxt + e^2v^2t^2 - d^2x^2 - 2dexct - e^2(ct)^2 \\ &= \left(e^2 - d^2\right)x^2 - 2\left(e^2\frac{v}{c} + de\right)xct + \left(e^2\left(\frac{v}{c}\right)^2 - e^2\right)(ct)^2 \\ \therefore x^2 - (ct)^2 &= \left(e^2 - d^2\right)x^2 - 2\left(e^2\frac{v}{c} + de\right)xct + \left(e^2\left(\frac{v}{c}\right)^2 - e^2\right)(ct)^2 \end{aligned}$$

이제 우변과 좌변의 **계수**를 비교하면 다음과 같은 관계식을 얻습니다.

$$e^2 - d^2 = 1 \qquad \text{(7-48)}$$

$$e^2\frac{v}{c} + de = 0 \qquad \text{(7-49)}$$

$$e^2\left(\frac{v}{c}\right)^2 - e^2 = -1 \qquad \text{(7-50)}$$

식 (7−50)의 $e$는 (7−51)처럼 구체적으로 구할 수 있습니다. 현시점에서 이 값이 양수인지 음수인지는 일단 생각하지 않고 보류합니다.

$$\begin{aligned} e^2 &= \frac{1}{1-\left(\frac{v}{c}\right)^2} \\ e &= \pm\frac{1}{\sqrt{1-\left(\frac{v}{c}\right)^2}} \end{aligned} \qquad \text{(7-51)}$$

식 (7−49), (7−51)로부터 식 (7−49)의 양변을 $e$로 나눠 정리하면 $d$의 값은 식 (7−52)와 같이 구할 수 있습니다. $d$ 역시 양수와 음수 중 어느 쪽인지는 일단 생각하지 않습니다.

$$\begin{aligned} e\frac{v}{c} + d &= 0 \\ d = -e\frac{v}{c} &= \mp\frac{\frac{v}{c}}{\sqrt{1-\left(\frac{v}{c}\right)^2}} \end{aligned} \qquad \text{(7-52)}$$

$$a = e,\quad b = -e\frac{v}{c},\quad e = \pm\frac{1}{\sqrt{1-\left(\frac{v}{c}\right)^2}},\quad d = \mp\frac{\frac{v}{c}}{\sqrt{1-\left(\frac{v}{c}\right)^2}}$$

이 결과를 식 (7−35), (7−43)에 대입하면 식 (7−32)~(7−35)를 얻습니다.

$$x' = \pm\frac{1}{\sqrt{1-\left(\frac{v}{c}\right)^2}}x \mp \frac{\frac{v}{c}}{\sqrt{1-\left(\frac{v}{c}\right)^2}}ct \qquad \text{(7-53)}$$

$$y' = y \qquad \text{(7-54)}$$

$$z' = z \qquad \text{(7-55)}$$

$$ct' = \mp\frac{\frac{v}{c}}{\sqrt{1-\left(\frac{v}{c}\right)^2}}x \pm \frac{1}{\sqrt{1-\left(\frac{v}{c}\right)^2}}ct \qquad \text{(7-56)}$$

도출한 식에 $\pm, \mp$처럼 양수, 음수 부호가 분명하지 않은 부분이 있으므로 물리학의 관점에서 확실하게 생각해 봅시다. 식 (7−53)에서 계 $S$의 원점 $(ct, x, y, z) = (ct, 0, 0, 0)$ 은 계 $S'$에서 $(ct', x', y', z') = (ct', -vt', 0, 0)$ 이므로, 등호가 성립하려면 식 (7−53)에서 $x$의 계수는 양수, $ct$의 계수 $\frac{\frac{v}{c}}{\sqrt{1-(\frac{v}{c})^2}}$ 의 부호는 음수여야 합니다. 이 부분의 이해가 모호한 분들을 위해 조금 더 자세히 설명하면, 계 $S'$에서 본 $x'$ 좌표는 당연히 $x' = 0$인 반면, 계 $S$의 입장에서 계 $S'$는 $x$축의 양의 방향으로 속도 $v$로 움직이고 있기 때문에 계 $S'$의 $x' = 0$을 계 $S$의 좌표로 표현하면 $x = vt$가 됩니다. 따라서 $x - vt = 0$이 성립하기 때문에 $x' = x - vt$입니다. 그러면 $x' = x - vt$의 우변 $x$의 계수는 양수이고 $t$의 계수는 음수입니다. 그러므로 식 (7–53)에서 $x$의 계수는 양수, $ct$의 계수 $\frac{\frac{v}{c}}{\sqrt{1-(\frac{v}{c})^2}}$ 의 부호는 음수여야 합니다. 연쇄적으로 $a = e$이기 때문에 $a$, $e$의 부호는 모두 양수이고, $b = -e\frac{v}{c}$ 또한 식 (7–52)로부터 $d$의 부호는 음수입니다.

여기까지 내용으로부터 식 (7–53), (7–56)은 식 (7–57), (7–58)처럼 부호가 정확하게 결정됩니다.

$$x' = \frac{1}{\sqrt{1-(\frac{v}{c})^2}}x - \frac{\frac{v}{c}}{\sqrt{1-(\frac{v}{c})^2}}ct \qquad \text{(7-57)}$$

$$ct' = -\frac{\frac{v}{c}}{\sqrt{1-(\frac{v}{c})^2}}x + \frac{1}{\sqrt{1-(\frac{v}{c})^2}}ct \qquad \text{(7-58)}$$

광속 불변의 원리로부터 새로운 변환 법칙을 이끌어 냈습니다. 변환 법칙 식 (7–57), (7–58)을 자세히 보면 공통적인 인자로 $\frac{1}{\sqrt{1-(\frac{v}{c})^2}}$ 이 있는 것을 확인할 수 있습니다. 앞으로는 간단하게 다음과 같이 표기합니다.

$$\gamma = \frac{1}{\sqrt{1-(\frac{v}{c})^2}} \qquad \text{(7-59)}$$

$$\beta = \frac{v}{c} \qquad \text{(7-60)}$$

그리고 식 (7–57), (7–58)을 다시 한번 새로운 표기로 바꿔 씁니다.

$$x' = \gamma(x - \beta ct) \qquad \text{(7-57')}$$

$$y' = y \qquad \text{(7-54)}$$

$$z' = z \qquad \text{(7-55)}$$

$$ct' = \gamma(-\beta x + ct) \qquad \text{(7-58')}$$

위의 변환을 **로런츠 변환**이라고 하며, 특히 $\gamma$(감마)를 **로런츠 인자**라고 부릅니다.

## 로런츠 변환을 전자기파에 적용하기

로런츠 변환을 사용해서 연산자 (7-23)이 공변인지 검증해 봅시다. 편미분을 위해 식 (7-58′)의 양변을 $c$로 나눠 $t' = \frac{\gamma}{c}(-\beta x + ct)$ 로 두면, $\frac{\partial}{\partial x}$, $\frac{\partial}{\partial t}$는 다음과 같이 계산할 수 있습니다.

$$\frac{\partial}{\partial x} = \frac{\partial}{\partial x'}\frac{\partial x'}{\partial x} + \frac{\partial}{\partial t'}\frac{\partial t'}{\partial x} = \frac{\partial}{\partial x'}\gamma + \frac{\partial}{\partial t'}\left(-\frac{\gamma}{c}\beta\right) = \gamma\frac{\partial}{\partial x'} - \beta\frac{\gamma}{c}\frac{\partial}{\partial t'}$$
$$\frac{\partial}{\partial t} = \frac{\partial}{\partial x'}\frac{\partial x'}{\partial t} + \frac{\partial}{\partial t'}\frac{\partial t'}{\partial t} = -\beta c\gamma\frac{\partial}{\partial x'} + \gamma\frac{\partial}{\partial t'}$$

위의 결과를 연산자 (7-23)에 대입해서 계산하면 다음과 같습니다.

$$\begin{aligned}
\frac{\partial^2}{\partial x^2} - \frac{1}{c^2}\frac{\partial^2}{\partial t^2} &= \left(\gamma\frac{\partial}{\partial x'} - \beta\frac{\gamma}{c}\frac{\partial}{\partial t'}\right)^2 - \frac{1}{c^2}\left(-\beta c\gamma\frac{\partial}{\partial x'} + \gamma\frac{\partial}{\partial t'}\right)^2 \\
&= \frac{\partial^2}{\partial x'^2}\gamma^2 - 2\frac{\gamma^2\beta}{c}\frac{\partial}{\partial x'}\frac{\partial}{\partial t'} + \left(\beta\frac{\gamma}{c}\right)^2\frac{\partial^2}{\partial t'^2} \\
&\quad - \frac{1}{c^2}(\beta c\gamma)^2\frac{\partial^2}{\partial x'^2} + \frac{2}{c^2}\beta c\gamma^2\frac{\partial}{\partial x'}\frac{\partial}{\partial t'} - \frac{\gamma^2}{c^2}\frac{\partial^2}{\partial t'^2} \\
&= \left(\gamma^2 - \frac{1}{c^2}(\beta c\gamma)^2\right)\frac{\partial^2}{\partial x'^2} - \left(2\frac{\gamma^2\beta}{c} - \frac{2}{c^2}\beta c\gamma^2\right)\frac{\partial}{\partial x'}\frac{\partial}{\partial t'} \\
&\quad + \left(\left(\beta\frac{\gamma}{c}\right)^2 - \frac{\gamma^2}{c^2}\right)\frac{\partial^2}{\partial t'^2}
\end{aligned}$$

$$
\begin{aligned}
&=\gamma^2\left(1-\beta^2\right)\frac{\partial^2}{\partial x'^2}-\frac{\gamma^2}{c^2}\left(1-\beta^2\right)\frac{\partial^2}{\partial t'^2} \\
&=\frac{\partial^2}{\partial x'^2}-\frac{1}{c^2}\frac{\partial^2}{\partial t'^2}
\end{aligned}
$$

$$
\therefore \frac{\partial^2}{\partial x^2}-\frac{1}{c^2}\frac{\partial^2}{\partial t^2}=\frac{\partial^2}{\partial x'^2}-\frac{1}{c^2}\frac{\partial^2}{\partial t'^2}
$$

계산 도중에 식 (7-59)와 식 (7-60)으로부터 관계식 $\gamma^2(1-\beta^2)=1$을 대입했습니다. 계산 결과로부터 맥스웰 방정식에서 도출한 전자기파의 파동 방정식은 로런츠 변환에 대해 공변임을 확인할 수 있습니다.

## 특수 상대성 원리에 기반한 합성 속도

지금까지 살펴본 로런츠 변환으로 속도의 합성 법칙은 어떻게 바뀌는지 알아봅시다. 속도를 고려하기 위해 식 (7-57), (7-58)을 미소 변화량에 대한 관계식으로 다시 써 봅니다.

$$
dx' = \frac{1}{\sqrt{1-\left(\frac{v}{c}\right)^2}}dx - \frac{\frac{v}{c}}{\sqrt{1-\left(\frac{v}{c}\right)^2}}cdt = \frac{dx-vdt}{\sqrt{1-\left(\frac{v}{c}\right)^2}}
$$

$$
dt' = -\frac{\frac{v}{c}}{\sqrt{1-\left(\frac{v}{c}\right)^2}}dx + \frac{1}{\sqrt{1-\left(\frac{v}{c}\right)^2}}cdt = \frac{-\frac{v}{c^2}dx+dt}{\sqrt{1-\left(\frac{v}{c}\right)^2}}
$$

따라서 속도는 다음과 같이 계산할 수 있습니다.

$$
v'_x = \frac{dx'}{dt'} = \frac{\frac{dx-vdt}{\sqrt{1-\left(\frac{v}{c}\right)^2}}}{\frac{-\frac{v}{c^2}dx+dt}{\sqrt{1-\left(\frac{v}{c}\right)^2}}} = \frac{dx-vdt}{dt-\frac{v}{c^2}dx} = \frac{v_x-v}{1-\frac{vv_x}{c^2}}
$$

$$
v'_x = \frac{v_x-v}{1-\frac{vv_x}{c^2}} \qquad \text{(7-61)}
$$

마지막 식은 분모와 분자를 $dt$로 나눠서 $\frac{dx}{dt} = v_x$ 를 사용해서 도출했습니다. 식 (7−61)을 다시 $v_x$에 대해 변형하면 식 (7−61′)를 얻습니다.

$$v_x = \frac{v'_x + v}{1 + \frac{vv'_x}{c^2}} \qquad \text{(7-61′)}$$

특히 식 (7−61), (7−61′)에 $v_x = c, \ \ v'_x = c$인 경우 속도가 어떻게 되는지 계산해 봅시다.

$$v'_x = \frac{c - v}{1 - \frac{vc}{c^2}} = \frac{c - v}{1 - \frac{v}{c}} = \frac{c - v}{\frac{c-v}{c}} = c\frac{c - v}{c - v} = c$$

$$v_x = \frac{c + v}{1 + \frac{vc}{c^2}} = \frac{c + v}{1 + \frac{v}{c}} = \frac{c + v}{\frac{c+v}{c}} = c\frac{c + v}{c + v} = c$$

$$\therefore v'_x = v_x = c \qquad \text{(7-62)}$$

따라서 관성계 $S$, $S'$에서 모두 빛의 속도는 $c$로 일정하다는 것을 확인할 수 있습니다.

## 특수 상대성 원리에 기반한 시간 지연

다시 6장의 내용으로 돌아가 생각해 봅시다. 6장에서 '지구에 대해 위성이 빠른 속도로 움직일수록 위성의 시간은 지구의 시간보다 더 느리게 흐른다'고 설명했습니다. 이제 이 설명을 뒷받침할 근거를 계산을 통해 알아보겠습니다. 위성과 지구를 서로 다른 관성계로 보고 위성은 지구에 대해 등속 직선 운동을 하고 있다고 가정합니다. 위성을 계 $S'$, 지구를 계 $S$로 생각해서 로런츠 변환 (7−58)을 바탕으로 위성의 시간에 대해 생각해 봅시다.

$$ct' = -\frac{\frac{v}{c}}{\sqrt{1 - \left(\frac{v}{c}\right)^2}}x + \frac{1}{\sqrt{1 - \left(\frac{v}{c}\right)^2}}ct$$

$x = vt$ 로 놓고 양변을 $c$로 나누면 단위 시간에 대한 관계식 (7-63)을 얻습니다. 6장에서 본 식 (6-73)과 같습니다.

$$dt^{'} = \sqrt{1 - \left(\frac{v}{c}\right)^2} dt \qquad (7\text{-}63)$$

즉, 계 $S'$의 단위 시간 간격 $dt'$는 계 $S$의 단위 시간 간격 $dt$에 대해 $\sqrt{1-(\frac{v}{c})^2}$ 배가 됩니다. 여기서 계 $S'$가 $x$축의 양의 방향으로 이동하는 속도 $v$가 빠를수록 $\sqrt{1-(\frac{v}{c})^2}$ 의 값은 작아집니다. 위성의 속도가 빠를수록 위성의 단위 시간마다의 시간 간격이 지구보다 작아져 위성의 시간은 지상의 시간보다 더 천천히 흐르게 되는 것입니다.

여기까지 특수 상대성 이론의 배경을 수학적으로 설명하면서 위성의 시간이 어긋나는 근본적인 요인에 대해 설명했습니다. 여기서 다룬 내용은 특수 상대성 이론의 극히 일부에 해당하지만, 수학적 사고력을 기른다는 관점에서 공변성에 관해 이론적으로 탐구하거나, 두 개의 서로 다른 좌표계를 상상하면서 로런츠 변환을 유도하는 등의 과정은 매우 도전해 볼 만한 주제라 생각합니다.

다음 절부터는 **일반 상대성 이론**을 통해 시간 지연 현상에 대해 고찰합니다. 이 책에서 가장 어려운 내용이 되겠지만, 일반 상대성 이론에 관심 있는 분은 꼭 읽어 보기 바랍니다.

## 일반 상대성 이론과 아인슈타인 방정식

위성의 시간 오차는 특수 상대성 이론뿐만 아니라, **일반 상대성 이론**에 의해 도출된 물리 법칙의 영향도 받습니다. 일반 상대성 이론에 의해 도출된 가장 위대한 성과는 **아인슈타인 방정식**일 것입니다.

$$G^{\mu\nu} = \frac{8\pi G}{c^4} T^{\mu\nu} \qquad (7\text{-}64)$$

아인슈타인 방정식은 매우 간단한 형태로 표현되어 있어서, 한눈에 보면 그 내용이 잘 전달되지 않을 수 있습니다. 이 방정식의 좌변 $G^{\mu\nu}$, 즉 **아인슈타인 텐서**가 어떻게 이뤄져 있는지를 [그림 7-2]와 같이 분해해서 살펴보면 얼마나 복잡한 구조가 숨어 있는지를 알 수 있습니다.

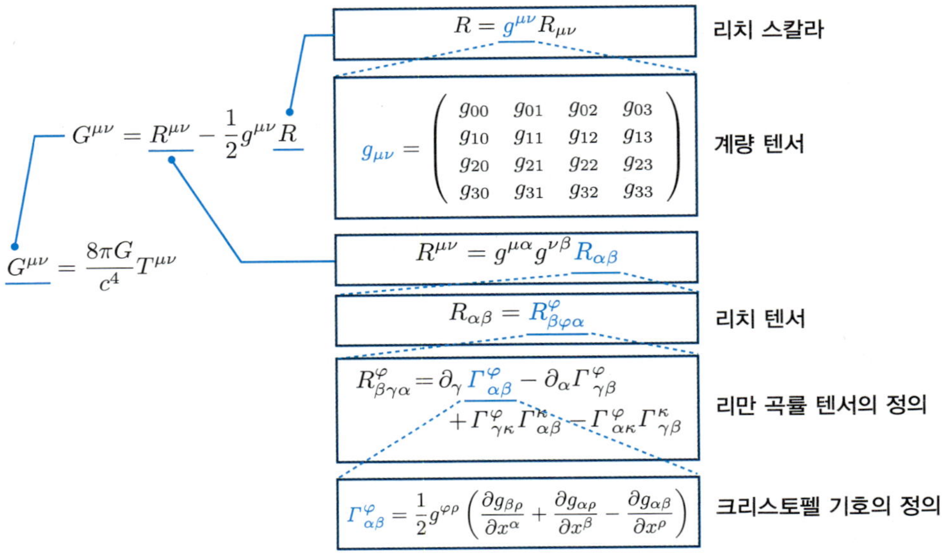


**그림 7-2** 아인슈타인 방정식에 나타나는 아인슈타인 텐서를 분해하면 그 구조가 명확해집니다. 참고로 리치 텐서의 우변과 리만 곡률 텐서의 좌변의 표기가 다른 이유는 리치 텐서가 리만 곡률 텐서의 일부이기 때문입니다. 여기서 자세한 내용은 생략합니다.

[그림 7-2]를 보면 **텐서**라는 용어가 곳곳에 등장합니다. 엄밀한 정의와 설명은 생략하지만 간단하게 텐서란 벡터나 행렬보다 복잡한 데이터를 다루기 위한 수학적인 수단입니다. 벡터는 방향과 크기를 가지고, 행렬은 숫자의 배열인데 반해, 텐서는 이 형태를 뛰어 넘는 다차원 정보의 복잡한 관계도 표현할 수 있습니다.[4] 일반 상대성 이론에서는 시간과 공간이 결합된 4차원 **시공간**을 다룰 때 나오는 개념으로 시공간의 **곡률**이나 물질의 분포와 같은 다차원적인 '양'을 이해하는 것이 중요합니다. 텐서는 다차원적인 양을 통합적으로 다룰 수 있는 수단으로 시공간의 구조를 표현하는 데 적합한 도구입니다.

4 옮긴이_ 텐서를 처음 공부하면 차원을 순차적으로 상상하며 이해하려는 경우가 있습니다. 물론 틀리지 않지만, 3차원 이상의 텐서는 사람의 머리로는 상상할 수 없기 때문에 텐서 간의 연산은 철저하게 첨자로만 훈련하는 것이 좋습니다.

## 아인슈타인 텐서의 구조

[그림 7-2]에 나온 것처럼 아인슈타인 텐서는 식 (7-65)의 우변의 두 항으로 표현할 수 있습니다.

$$G^{\mu\nu} = R^{\mu\nu} - \frac{1}{2}g^{\mu\nu}R \qquad (7\text{-}65)$$

우선 우변의 두 번째 항 $-\frac{1}{2}g^{\mu\nu}R$에서 $g^{\mu\nu}$를 **계량 텐서**, $R$을 **리치 스칼라**Ricci scalar(또는 **스칼라 곡률**)라고 합니다. 리치 스칼라는 시공간의 휘어진 정도를 스칼라로 표현한 것이며, 스칼라는 어떤 값을 구체적인 수치로 표현한 것입니다. 리치 스칼라는 식 (7-66)처럼 계량 텐서 $g^{\mu\nu}$와 **리치 텐서** $R_{\mu\nu}$를 축약해서 얻습니다.

$$R = g^{\mu\nu}R_{\mu\nu} \qquad (7\text{-}66)$$

계량 텐서는 식 (7-67)처럼 4×4 행렬의 형태입니다.[5]

$$g^{\mu\nu} = \begin{pmatrix} g^{00} & g^{01} & g^{02} & g^{03} \\ g^{10} & g^{11} & g^{12} & g^{13} \\ g^{20} & g^{21} & g^{22} & g^{23} \\ g^{30} & g^{31} & g^{32} & g^{33} \end{pmatrix} \qquad (7\text{-}67)$$

계량 텐서는 일반 상대성 이론에서 매우 중요한 역할을 합니다. 자세한 설명은 뒤로 미루고 계속해서 다른 텐서를 먼저 설명하겠습니다. 아인슈타인 텐서의 우변 첫 번째 항 $R^{\mu\nu}$는 두 개의 계량 텐서 $g^{\mu\alpha}, g^{\nu\beta}$와 리치 텐서 $R_{\alpha\beta}$의 축약으로 계산합니다. 리치 텐서 $R^{\mu\nu}$는 시공간의 휘어짐 정도를 나타내는 텐서라고 생각하면 됩니다.

$$R^{\mu\nu} = g^{\mu\alpha}g^{\nu\beta}R_{\alpha\beta} \qquad (7\text{-}68)$$

---

5 옮긴이_ 뒤에서 설명하지만, 일반 상대성 이론에 나오는 텐서의 첨자는 그리스 문자로 표기합니다. 그 이유는 4차원 시공간을 다룰 때 좌표의 성분은 0, 1, 2, 3까지 모두 4개가 필요하기 때문에 그리스 문자로 표현한 첨자는 따로 설명할 필요 없이 0~4까지 숫자를 나타낸다고 약속했기 때문입니다.

리치 텐서 $R_{\alpha\beta}$ 는 **리만 곡률 텐서** $R^{\varphi}{}_{\beta\gamma\alpha}$ 의 일부를 이루는 양입니다. 여기서 자세한 내용은 생략합니다. 리만 곡률 텐서 또한 리치 텐서와 마찬가지로 시공간의 휘어진 정도를 나타내는 텐서입니다. $\gamma$에 대한 편미분을 $\partial_\gamma$ 로 간단하게 표기하면 리만 곡률 텐서는 다음과 같이 정의됩니다.

$$R^{\varphi}{}_{\beta\gamma\alpha} = \partial_\gamma \Gamma^{\varphi}{}_{\alpha\beta} - \partial_\alpha \Gamma^{\varphi}{}_{\gamma\beta} + \Gamma^{\varphi}{}_{\gamma\kappa}\Gamma^{\kappa}{}_{\alpha\beta} - \Gamma^{\varphi}{}_{\alpha\kappa}\Gamma^{\kappa}{}_{\gamma\beta} \qquad (7\text{-}68')$$

리만 곡률 텐서 $R^{\varphi}{}_{\beta\gamma\alpha}$ 의 우변에 나온 $\Gamma$(대문자 감마)는 **크리스토펠 기호**Christoffel symbol로 정확한 정의는 다음과 같습니다.

$$\Gamma^{\varphi}{}_{\alpha\beta} = \frac{1}{2} g^{\varphi\rho} \left( \frac{\partial g_{\beta\rho}}{\partial x^\alpha} + \frac{\partial g_{\alpha\rho}}{\partial x^\beta} - \frac{\partial g_{\alpha\beta}}{\partial x^\rho} \right) \qquad (7\text{-}69)$$

식 (7–69)의 우변을 보면 결국 크리스토펠 기호는 계량 텐서로 계산된 양이라는 것을 알 수 있습니다. $g_{\mu\nu}$ 는 (7–70)과 같이 성분으로 표기할 수 있습니다.

$$g_{\mu\nu} = \begin{pmatrix} g_{00} & g_{01} & g_{02} & g_{03} \\ g_{10} & g_{11} & g_{12} & g_{13} \\ g_{20} & g_{21} & g_{22} & g_{23} \\ g_{30} & g_{31} & g_{32} & g_{33} \end{pmatrix} \qquad (7\text{-}70)$$

아인슈타인 텐서를 자세히 풀어 보면 방대한 계량 텐서 $g_{\mu\nu}$ 와 $g^{\mu\nu}$ 를 조합해 계산한 결과라는 것을 알 수 있습니다. 지금까지 등장한 리치 텐서, 리만 곡률 텐서, 크리스토펠 기호에 대한 도출 과정은 모두 생략했지만, 결국은 모두 계량 텐서의 집합체라고 해도 과언이 아닙니다.

## 계량 텐서

계량 텐서가 기초가 된다는 것을 충분히 이해한 시점에서 계량 텐서 $g_{\mu\nu}$ 와 $g^{\mu\nu}$ 는 정확히 무엇인지 알아봅시다. $g_{\mu\nu}$ 는 **기저 벡터**끼리의 내적으로 정의되는 양입니다. 예를 들어 식 (7–71)처럼 2차원 벡터를 생각해 보면 $e_1$, $e_2$가 **기저 벡터**, $V_1$, $V_2$가 **성분**입니다.

$$V = V_1 e_1 + V_2 e_2 \qquad (7\text{-}71)$$

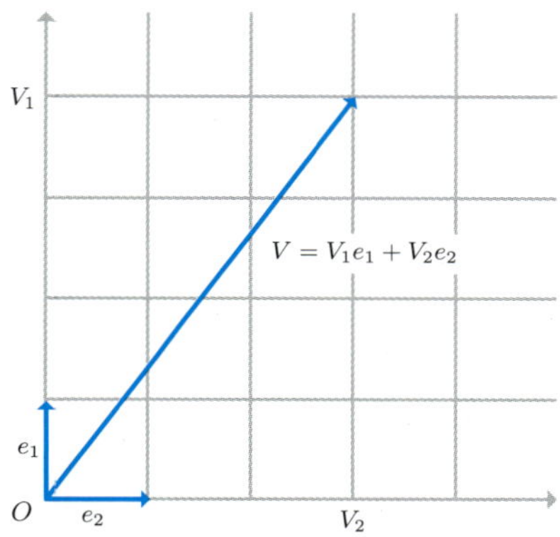


**그림 7-3** 기저 벡터 $e_1$, $e_2$로 나타낸 벡터 $V$

이제 벡터 $V$끼리 곱해서 **내적**을 계산해 봅시다.

$$\begin{aligned} V^2 &= (V_1 e_1 + V_2 e_2)^2 \\ &= (V_1)^2 e_1 \cdot e_1 + V_1 V_2 e_1 \cdot e_2 + V_1 V_2 e_2 \cdot e_1 + (V_2)^2 e_2 \cdot e_2 \end{aligned} \qquad (7\text{-}72)$$

자세히 보면 $e_1 \cdot e_1$, $e_1 \cdot e_2$, $e_2 \cdot e_1$, $e_2 \cdot e_2$처럼 기저 벡터끼리의 곱이 벡터 $V$끼리의 내적을 이룹니다. 기저 벡터끼리의 곱은 계량 텐서를 사용하면 식 (7–73)처럼 바꿔 쓸 수 있습니다.

$$\begin{aligned} V^2 &= (V_1 e_1 + V_2 e_2)^2 \\ &= (V_1)^2 g_{11} + V_1 V_2 g_{12} + V_1 V_2 g_{21} + (V_2)^2 g_{22} \end{aligned} \qquad (7\text{-}73)$$

여기서 일반적인 내적 계산의 경우에는 $e_1$과 $e_2$가 서로 직교하는 벡터라는 조건이 주어져 있으므로 내적을 계산하면 $e_1 \cdot e_2 = e_2 \cdot e_1 = 0$이 됩니다. 왜냐하면 직교하는 벡터끼리는 내적이 0이기 때문입니다.[6] 하지만 일반 상대성 이론은 휘어진 공간을 전제하기 때문에 서로 다른 기저 벡터끼리의 내적이 0이 된다고는 단정할 수 없습니다.[7] 위처럼 기저 벡터끼리 직교한다고 가정하면 일반 상대성 이론에 관한 고찰은 더 이상 어렵습니다. 서로 다른 기저 벡터끼리의 내적이 0이 되지 않는다는 것은 좌표계가 휘어져 있다는 것을 시사하며, 반대로 내적이 0이라는 것은 좌표계가 우리가 익숙한 **직교 좌표 공간**(예를 들어 $x$축과 $y$축이 직각을 이루는 좌표 공간)이라는 것을 나타냅니다. 이와 같은 이유로 계량 텐서는 좌표 공간의 형태(휘어진 정도)를 나타낸다고 할 수 있습니다.[8]

## 시공간 간격과 불변량

계량 텐서를 사용해서 일반 상대성 이론을 본격적으로 탐구하기 전에 한 가지 더 특수 상대성 이론에 관해 살펴봐야 할 내용이 있습니다. 식 (7–30)을 다시 한번 살펴봅시다.

$$x^2 + y^2 + z^2 = (ct)^2 \qquad \text{(7-30)}$$

식 (7–30)은 관성계 $S$에서 빛이 진행한 거리를 나타낸 것입니다. 계 $S$의 좌표는 $(ct, x, y, z)$로 4차원으로 시간을 나타내는 양 $t$와 공간을 나타내는 양 $x$, $y$, $z$가 좌표의 축이 됩니다. 이 좌표 공간을 **시공간**, 또는 특수 상대성 이론에서는 **민코프스키 공간**이라고 부릅니다.

4차원 시공간의 두 점 $A(ct_1, x_1, y_1, z_1)$과 $B(ct_2, x_2, y_2, z_2)$ 사이의 거리 $s$는 **시공간 간격**이라고 하며 식 (7–74)와 같이 정의됩니다.

$$s^2 \equiv -c^2 (t_1 - t_2)^2 + (x_1 - x_2)^2 + (y_1 - y_2)^2 + (z_1 - z_2)^2 \qquad \text{(7-74)}$$

---

6 내적의 정의에 따라 0이 됩니다.

7 옮긴이_ 학창 시절에 배운 좌표계를 떠올리면 좌표축은 항상 직교한다고 생각하기 쉽습니다. 그러나 일반 상대성 이론이나 미분기하학에서는 서로 직교하지 않는 좌표계가 반드시 등장합니다.

8 옮긴이_ 계량 텐서의 0이 아닌 비대각 성분($g_{12}$ 등)이 공간의 휘어짐을 나타내는 부분입니다.

두 점 사이의 거리를 매우 작게 취해서 식 (7–74)와 (7–75)처럼 미소 시공간 간격 $ds$를 쓰기도 합니다. 6장 슈바르츠실트 해에서 설명한 $ds^2$은 미소 시공간 간격에서 계산된 것이었지만 자세한 설명은 생략했습니다.

$$ds^2 \equiv -c^2dt^2 + dx^2 + dy^2 + dz^2 \qquad \text{(7-75)}$$

표기를 간단하게 하기 위해 $(ct,\ x,\ y,\ z) = (x^0,\ x^1,\ x^2,\ x^3)$으로 두면 식 (7–75)는 (7–76)처럼 바꿔 쓸 수 있습니다.

$$ds^2 = -(dx^0)^2 + (dx^1)^2 + (dx^2)^2 + (dx^3)^2\,, \quad dx^0 = cdt \qquad \text{(7-76)}$$

식 (7–76)의 의미를 기하학적으로 생각해 봅시다. 4차원 공간의 기저 벡터를 $e_0,\ e_1,\ e_2,\ e_3$으로 두고, 각 기저 벡터의 성분을 $dx^0,\ dx^1,\ dx^2,\ dx^3$이라고 하면 4차원 공간에서 벡터의 내적은 (7–77)처럼 계산할 수 있습니다.

$$\begin{aligned}
ds^2 &= \left(dx^0e_0 + dx^1e_1 + dx^2e_2 + dx^3e_3\right)^2 \\
&= \left(dx^0\right)^2 e_0\cdot e_0 + dx^0dx^1e_0\cdot e_1 + dx^0dx^2e_0\cdot e_2 + dx^0dx^3e_0\cdot e_3 \\
&\quad + \left(dx^1\right)^2 e_1\cdot e_1 + dx^1dx^0e_1\cdot e_0 + dx^1dx^2e_1\cdot e_2 + dx^1dx^3e_1\cdot e_3 \qquad \text{(7-77)} \\
&\quad + \left(dx^2\right)^2 e_2\cdot e_2 + dx^2dx^0e_2\cdot e_0 + dx^2dx^2e_2\cdot e_2 + dx^2dx^3e_2\cdot e_3 \\
&\quad + \left(dx^3\right)^2 e_3\cdot e_3 + dx^3dx^0e_3\cdot e_0 + dx^3dx^1e_3\cdot e_1 + dx^3dx^2e_3\cdot e_2
\end{aligned}$$

식 (7–77)의 우변과 (7–76)의 우변의 계수를 비교하면 다음과 같은 관계가 성립합니다.

$$e_0\cdot e_0 = -1 \qquad \text{(7-78)}$$

$$e_1\cdot e_1 = e_2\cdot e_2 = e_3\cdot e_3 = 1 \qquad \text{(7-79)}$$

$$e_\mu\cdot e_\nu = 0 \ \ (\mu \neq \nu,\ \ \mu,\nu = 0,1,2,3,) \qquad \text{(7-80)}$$

민코프스키 계량 텐서 $\eta_{\mu\nu}(\mu,\nu = 0,1,2,3)$를 사용하면 미소 시공간 간격을 다음과 같이 표현할 수 있습니다.

$$ds^2 = \eta_{\mu\nu} dx^\mu dx^\nu \qquad \text{(7-81)}$$

$$\eta_{\mu\nu} = \begin{pmatrix} -1 & 0 & 0 & 0 \\ 0 & 1 & 0 & 0 \\ 0 & 0 & 1 & 0 \\ 0 & 0 & 0 & 1 \end{pmatrix} \qquad \text{(7-82)}$$

여기서 다룬 내용은 특수 상대성 이론을 전제로 했다는 점이 중요합니다. 식 (7−80)에서 알 수 있듯이 특수 상대성 이론의 민코프스키 공간에서는 서로 다른 기저 벡터끼리의 내적이 0입니다. 민코프스키 공간은 모든 기저 벡터가 직교하고 있다는 뜻이며, 특수 상대성 이론이 무대로 하는 시공간은 평탄하다는 점에서 매우 중요합니다. 이때, 식 (7−81)의 표기에 다소 위화감을 느꼈을지도 모르겠습니다. (7−81)은 **아인슈타인 축약 표기**(아인슈타인 표기법 또는 합 규약이라고도 부릅니다)라고 하며 식 (7−77)의 우변을 간단히 표현하기 위한 방식입니다. 원래 식 (7−77)의 우변은 합의 기호(Σ)를 사용해서 표기해야 하지만, 텐서를 계산할 때는 다뤄야 할 정보량이 방대하기 때문에 합의 기호를 일일이 쓰는 것이 매우 비효율적이므로 일반적으로 표기를 생략합니다. 이 점에 대해 창시자인 아인슈타인도 다음과 같이 설명하고 있습니다.

*나는 수학에서 위대한 발견을 했다. 첨자가 두 번 나타나 합을 취해야 할 경우마다, 합 기호를 생략한 것이다.*

6장의 내용에서 조금은 벗어난 설명이 계속되고 있다고 느껴질 수도 있지만, 여기서 다시 생각해 보고자 하는 것은 앞서 언급했듯이 일반 상대성 이론은 '휘어진 시공간'을 설명하기 위한 이론이라는 점입니다. 일반 상대성 이론을 이해하기 위해 아직 준비를 하고 있다는 사실을 생각하며 조금만 더 읽어 나가기 바랍니다.

시공간 간격 $s$는 로런츠 변환에 대해 불변이라는 점이 매우 중요합니다. 식 (7−57′), (7−58′)를 대입해 보면 (7−83)과 같이 로런츠 변환에 대해 변하지 않는다는 것을 확인할 수 있습니다. 계산 과정에서 식 (7−59), (7−60)으로부터 $\gamma^2(1-\beta^2)=1$을 대입했습니다.

$$
\begin{aligned}
s' &= -\left(x'^{0}\right)^2 + \left(x'^{1}\right)^2 + \left(x'^{2}\right)^2 + \left(x'^{3}\right)^2 \\
&= -\left(\gamma\left(-\beta x^1 + x^0\right)\right)^2 + \left(\gamma\left(x^1 - \beta x^0\right)\right)^2 + \left(x^2\right)^2 + \left(x^3\right)^2 \\
&= -\left(\gamma^2 - \beta^2\gamma^2\right)\left(x^0\right)^2 + \left(\gamma^2 - \beta^2\gamma^2\right)\left(x^1\right)^2 + \left(x^2\right)^2 + \left(x^3\right)^2 \\
&= -\gamma^2\left(1-\beta^2\right)\left(x^0\right)^2 + \gamma^2\left(1-\beta^2\right)\left(x^1\right)^2 + \left(x^2\right)^2 + \left(x^3\right)^2 \\
&= -\left(x^0\right)^2 + \left(x^1\right)^2 + \left(x^2\right)^2 + \left(x^3\right)^2 \\
&= s
\end{aligned}
\tag{7-83}
$$

$s$가 로런츠 변환에 대해 불변이라는 점으로부터 $ds^2$ 은 다른 관성계로 좌표 변환을 해도 값이 변하지 않는 **불변량**인 것입니다. 이어지는 절에서 로런츠 불변량을 사용해서 **고유 시간**이라는 또 다른 중요한 개념을 정의합니다.

## 고유 시간

고유 시간은 말 그대로 시간에 관한 개념으로 6장에서 정성적으로 설명했습니다. 이제 고유 시간을 정량적으로 정의하기 위해 시공간 간격의 식 (7–75)에서 시작해 보겠습니다.

$$
ds^2 \equiv -c^2dt^2 + dx^2 + dy^2 + dz^2
$$

다시 시공간 간격을 사용하려는 이유는 식의 우변에 시간 $t$를 포함한 항을 활용하기 위해서입니다. 그러나 $t$를 포함한 항에는 $-c^2$이 붙어 있기 때문에 양변을 $-c^2$으로 나눠봅시다.

$$
\begin{aligned}
-\frac{1}{c^2}ds^2 &= dt^2 - \frac{1}{c^2}\left(dx^2 + dy^2 + dz^2\right) \\
&= \frac{1}{c^2}\left(dx^0\right)^2 - \frac{1}{c^2}\left\{\left(dx^1\right)^2 + \left(dx^2\right)^2 + \left(dx^3\right)^2\right\}
\end{aligned}
\tag{7-84}
$$

위 식은 정지한 계라면 $dx^2 + dy^2 + dz^2 = \left(dx^1\right)^2 + \left(dx^2\right)^2 + \left(dx^3\right)^2 = 0$ 이 되므로 식

(7−85)가 성립합니다.[9]

$$-\frac{1}{c^2}ds^2 = dt^2 = \frac{1}{c^2}\left(dx^0\right)^2 \qquad \text{(7-85)}$$

우변은 $dt^2$ , 또는 $\frac{1}{c^2}(dx^0)^2$ 만 남았습니다. 이 값은 시간에 관한 로런츠 불변량으로 관성계에 의존하지 않는 값입니다. 왜냐하면 좌변은 로런츠 불변량 $ds^2$ 에 $-\frac{1}{c^2}$ 을 곱한 것이기 때문입니다.

이제부터 시간 $t$를 새로운 기호 $\tau$(타우tau)로 치환하고 식 (7−86)과 같이 정의합니다. $\tau$를 **고유 시간**이라고 부릅니다.

$$d\tau^2 \equiv -\frac{1}{c^2}ds^2 \qquad \text{(7-86)}$$

고유 시간이 정량적으로 정의되었습니다. 이제 식 (7−86)의 양변에 $c^2$을 곱해서 식 (7−76), (7−83), (7−84)를 사용해서 식 (7−87), (7−88)과 같이 정리해 봅시다.

$$(cd\tau)^2 = -ds^2 = (dx^0)^2 - \{(dx^1)^2 + (dx^2)^2 + (dx^3)^2\} \qquad \text{(7-87)}$$

$$(cd\tau)^2 = -ds^2 = -ds'^2 = \left(dx'^0\right)^2 - \left\{\left(dx'^1\right)^2 + \left(dx'^2\right)^2 + \left(dx'^3\right)^2\right\} \qquad \text{(7-88)}$$

고유 시간 $\tau$의 물리적인 의미에 대해 생각해 봅시다. 고유 시간 $\tau$는 시공간 간격 $s$에서 유도한 로런츠 불변량이었습니다. 시공간 간격 $s$는 민코프스키 공간에서 두 점 사이의 간격을 나타내므로 고유 시간 $\tau$는 시공간 간격 $s$의 '시간 간격'인 것입니다.

이제 두 점 사이를 움직이는 물체에 시계가 달려 있다고 가정하고, 각 시계를 두 관성계에서 바라본다고 상상해 봅시다. 하나는 물체가 정지해 있는 관성계로 시계가 달린 물체에 '탑승하고 있는' 관성계 $S'$입니다. 관성계 $S'$에서 보면 당연히 물체는 정지해 있는 것처럼 보입니다.

9 $dx, dy, dz$ 는 미소 거리를 나타내기 때문에 정지한 계에서 $dx = dy = dz = 0$ 입니다.

또 다른 하나는 물체가 $x$축 방향으로 속도 $v$로 등속 직선 운동을 하는 것처럼 보이는 정지한 상태의 관성계 $S$입니다. 정지해 있는 관성계 $S$에서 보면 $S'$에 있는 물체는 등속도로 움직이고 있으므로 물체가 움직이는 것처럼 보이는 것은 매우 명백합니다. 지금까지 내용을 바탕으로 관성계 $S'$에서 바라본 물체의 고유 시간에 관해 생각해 봅시다. 관성계 $S'$의 미소 시공간 간격 $s'$는 식 (7−88), (7−89)로 나타낼 수 있습니다.

$$-ds'^2 = (cd\tau)^2 = \left(dx'^0\right)^2 - \left\{\left(dx'^1\right)^2 + \left(dx'^2\right)^2 + \left(dx'^3\right)^2\right\},$$
$$dx'^0 = cdt' \qquad (7\text{-}89)$$

관성계 $S'$에서 물체는 정지해 있으므로 $dx'^1 = dx'^2 = dx'^3 = 0$입니다. 그리고 식 (7−89)로부터 $dx'^0 = cdt'$이기 때문에 식 (7−89)는 식 (7−90)처럼 다시 쓸 수 있습니다.

$$(cd\tau)^2 = \left(cdt'\right)^2$$
$$\therefore \tau = t' \qquad (7\text{-}90)$$

다음으로 정지계 $S$에서 본 물체에 관한 고유 시간을 생각해 봅시다. 식 (7−87)의 양변을 $(cdt)^2$으로 나눕니다. 그러면 식 (7−76)으로부터 $dx^0 = cdt$가 성립하므로 우변의 첫 번째 항은 1이 됩니다.

$$\left(\frac{cd\tau}{cdt}\right)^2 = 1 - \frac{1}{c^2}\left\{\left(\frac{dx^1}{dt}\right)^2 + \left(\frac{dx^2}{dt}\right)^2 + \left(\frac{dx^3}{dt}\right)^2\right\} \qquad (7\text{-}91)$$

물리적인 의미를 생각해 보면 물체는 $x$축 방향으로 속도 $v$로 등속 직선 운동하고 있기 때문에 $\frac{dx^1}{dt} = v$ 이며 $\frac{dx^2}{dt} = \frac{dx^3}{dt} = 0$ 이 됩니다. 따라서 로런츠 인자 $\gamma = \frac{1}{\sqrt{1-\left(\frac{v}{c}\right)^2}}$ 을 사용해서 다음과 같이 계산할 수 있습니다.

$$\left(\frac{cd\tau}{cdt}\right)^2 = 1 - \frac{v^2}{c^2} = \frac{1}{\gamma^2}$$

$$\frac{d\tau}{dt} = \frac{1}{\gamma}$$

$$d\tau = \frac{1}{\gamma}dt$$

$$\therefore \tau = \frac{1}{\gamma}t \qquad \text{(7-92)}$$

따라서 식 (7−90), (7−92)로부터 관성계 $S'$의 시간 $t'$와 관성계 $S$의 시간 $t$사이에는 (7−93)과 같은 관계가 있습니다.

$$t' = \frac{1}{\gamma}t, \quad t = \gamma t' \qquad \text{(7-93)}$$

지금까지 내용으로부터 관성계 $S'$에서 고유 시간은 식 (7−90)으로부터 $\tau = t'$, 관성계 $S$에서의 고유 시간은 식 (7−92)로부터 $\tau = \frac{1}{\gamma}t$ 로 나타낼 수 있었습니다. 그렇다면 두 시간의 어디가 '고유'하다고 하는 것일까요? 힌트는 로런츠 인자 $\gamma$에 있습니다. 로런츠 인자의 정의는 식 (7−59)였습니다.

$$\gamma = \frac{1}{\sqrt{1-\left(\frac{v}{c}\right)^2}} \qquad \text{(7-59)}$$

관성계 $S$의 고유 시간 식 (7−92)에 로런츠 인자를 대입해 식을 변형하면 다음과 같습니다.

$$\tau = \frac{1}{\gamma}t = \frac{1}{\frac{1}{\sqrt{1-\left(\frac{v}{c}\right)^2}}}t = \sqrt{1-\left(\frac{v}{c}\right)^2}\,t \qquad \text{(7-94)}$$

로런츠 인자에서 $v$는 관성계 $S'$의 운동 속도였기 때문에 속도 $v$는 관성계 $S'$에 속한 물체의 운동 속도이기도 합니다. 따라서 식 (7−94)는 '물체의 운동 속도에 따라 고유 시간이 변한다'는 사실을 보여 주고 있는 것입니다. 한편, 식 (7−90)의 고유 시간 $\tau = t'$ 에는 로런츠 인자가 영향을 미치지 않는 것처럼 보이지만 계 $S'$에서 보면 물체는 정지해 있으므로 $v = 0$을 로런츠 인자에 대입하면 1이기 때문에 다음과 같이 생각할 수 있습니다.

$$\tau = \sqrt{1 - \left(\frac{0}{c}\right)^2} t' = \sqrt{1 - 0} t' = t' \qquad (7\text{-}95)$$

사실은 로런츠 인자가 숨어 있는 것입니다. 다시 말해 두 관성계 $S'$, $S$ 어느 쪽에 관해서도 다음이 성립합니다.

$$\tau = \sqrt{1 - \left(\frac{\text{관성계에 대한 물체의 속도}}{c}\right)^2} \times (\text{관성계의 시각})$$

이게 바로 '고유 시간'이라는 이름이 붙은 이유입니다. 고유 시간의 설명에 많은 분량을 할애하고 있는 이유는 일반 상대성 이론에 기반한 인공위성의 시간 지연을 설명하기 위해서입니다. 시간 지연을 설명하기 위해 설명을 계속 이어 나가다 보면 상대성 이론만이 갖는 사고방식에 깊이 발을 내딛을 수밖에 없습니다.

## 균일한 중력장에서 시공간의 휘어짐을 나타내는 방법

지금까지 일반 상대성 이론은 휘어진 시공간을 설명하기 위한 이론이라는 점을 여러 번 언급했습니다. 시공간이 휘어지는 원인은 무엇일까요? 현시대를 살아가는 우리는 시공간이 휘어진 원인이 당연히 '중력'이라는 사실은 알고 있습니다. 중력의 존재를 정량적으로 나타내기 위해 아인슈타인은 천재적인 착안을 통해 성공을 거두었습니다. 이제부터 그 과정을 자세히 살펴보도록 합시다.

지금까지는 모든 축이 직교하는 관성계의 좌표 공간인 민코프스키 공간에서 설명을 이어 왔습니다.

$$ds^2 = \eta_{\mu\nu} dx^\mu dx^\nu \tag{7-81}$$

$$\eta_{\mu\nu} = \begin{pmatrix} -1 & 0 & 0 & 0 \\ 0 & 1 & 0 & 0 \\ 0 & 0 & 1 & 0 \\ 0 & 0 & 0 & 1 \end{pmatrix} \tag{7-82}$$

이제 **중력**에 관해 생각해 봅시다. 중력은 **가속도**의 일종이며 관성계처럼 물체가 등속 직선 운동을 하는 것이 아니라, 물체의 속도를 점차 높이는 성질을 가지고 있습니다. 민코프스키 공간은 가속도가 존재하지 않아 중력의 본질을 이해하기 위해서는 적절하지 않은 좌표 공간입니다.

단순한 예를 통해 생각해 봅시다. 중력 가속도에 따라 자유 낙하하는 엘리베이터 안에 물체가 놓여있습니다. 자유 낙하하는 엘리베이터를 움직이는 계 $S'$로 하고, 엘리베이터를 밖에서 바라보는 관성계를 정지계 $S$라고 합니다. 계 $S'$에서 보면 물체는 당연히 정지해 있는 것처럼 보입니다. 왜냐하면 물체와 함께 계 $S'$도 낙하하고 있기 때문입니다. 물체와 함께 엘리베이터를 타고 있는 사람에게는 물체가 가만히 있는 것처럼 보이는 것과 같습니다. 한편, 정지계 $S$에서 보면 물체는 자유 낙하하는 것처럼 보입니다. 엘리베이터 밖에서 보면 엘리베이터에 타고 있는 사람이 떨어지고 있는 것처럼 보이는 것과 같습니다. 이와 같이 물체에 작용하는 크기나 방향이 변하지 않는 중력장을 **균일한 중력장**이라고 합니다.[10]

10 장(field)은 시간과 공간에 따라 달라지는 것이 일반적입니다. 중력장이 균일하다는 의미를 조금 더 자세히 설명하자면, 어느 위치에서나 시간이 지나도 항상 같은 크기의 중력이 작용한다는 뜻입니다.

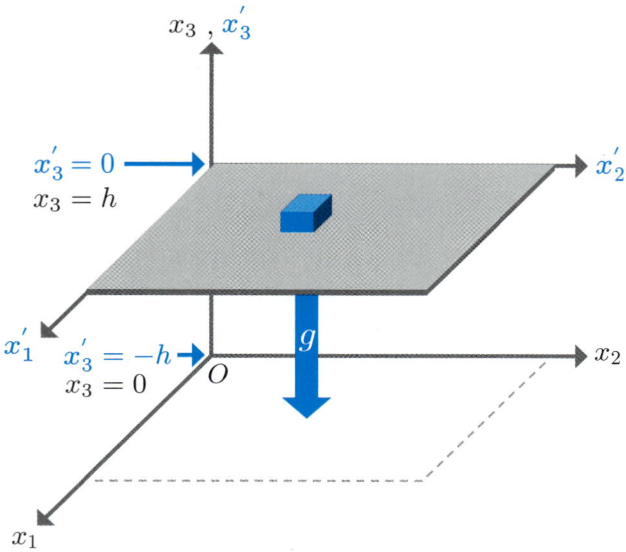


**그림 7-4** 자유 낙하하는 엘리베이터에 작용하는 균일한 중력장

계 $S'$(엘리베이터)는 등속 직선 운동을 하는 것이 아니라 중력 가속도의 영향을 받고 있으므로 민코프스키 공간에서 정의한 계량 텐서 $\eta_{\mu\nu}$ 는 적용할 수 없습니다. 식 (7−70)의 계량 텐서 $g_{\mu\nu}$ 를 사용해서 중력에 의해 공간이 어떤 영향을 받는지 확인해 봅시다.

[그림 7−4]에 나와있듯이 계 $S'$와 $S$의 좌표를 $(x'^0, x'^1, x'^2, x'^3)$, $(x^0, x^1, x^2, x^3)$ 이라고 하면 성분 $x'^0, x'^1, x'^2$ 과 $x^0, x^1, x^2$ 사이에는 다음과 같은 관계가 성립합니다.

$$x'^0 = x^0, \quad x'^0 = ct', \quad x^0 = ct \qquad (7\text{-}96)$$

$$x'^1 = x^1 \qquad (7\text{-}97)$$

$$x'^2 = x^2 \qquad (7\text{-}98)$$

$x'^3$ 은 계 $S'$에서 중력 가속도 $g$의 영향을 받는 방향의 성분이기 때문에 정확한 위치를 계산하려면 운동 방정식을 풀어야 합니다. 운동 방정식은 $f = ma$ 이며, 가속도 $a$를 나타내는 방법은 두 가지가 있습니다. 하나는 중력 가속도 $g$이고, 다른 하나는 위치 $x'^3$ 을 시간에 대

해 두 번 미분해서 얻는 가속도 $\frac{d^2x'^3}{dt^2}$ 입니다. 중력 가속도 $g$를 사용하는 경우 $m$은 중력을 받는 질량이므로 **중력 질량**이라고 부릅니다.

가속도 $a$를 **적분**하면 $x'^3$ 의 값을 구할 수 있습니다. 위치를 미분해서 가속도를 구할 수 있으므로 반대로 가속도를 적분해서 위치를 구합니다. 먼저 첫 번째 적분으로 다음과 같은 결과를 얻습니다. 이때 $v_0$은 **적분 상수**지만 자유 낙하의 초기 조건을 생각하면 0입니다.

$$\frac{dx'^3}{dt} = \int adt = at + v_0 = at \quad (\because \text{자유 낙하이므로 초기 속도 } v_0 \text{는 } 0)$$

위의 결과를 시간에 대해 한 번 더 적분하면 다음과 같은 결과를 얻습니다. 여기서도 $x_0$은 적분 상수지만 그림의 초기 위치에 따라 0입니다. $a$를 중력 가속도 $g$로 바꾸면 $x'^3$ 의 위치가 됩니다.

$$x'^3 = \int atdt = \frac{1}{2}at^2 + x_0 = \frac{1}{2}at^2 \ (\because \text{초기 위치 } x_0 \text{는 } 0)$$

여기까지 계 $S$에서 바라본 엘리베이터의 초기 위치를 $x^3 = h$ 라고 하면 $x^3, x'^3$ 사이에는 식 (7−99)의 관계가 성립합니다. 계산 과정에서 $x^0 = ct$ 로부터 $t = \frac{x^0}{c}$ 을 대입했습니다.

$$x^3 - x'^3 = h - \frac{1}{2}gt^2 = h - \frac{g}{2}\left(\frac{x^0}{c}\right)^2 = h - \frac{g}{2c^2}\left(x^0\right)^2$$

$$x'^3 = x^3 - h + \frac{g}{2c^2}\left(x^0\right)^2 \qquad \text{(7-99)}$$

이제 계량 텐서에 대해 생각해 봅시다. 대략적인 설명이지만 움직이는 계 $S'$의 시공간을 규정하는 계량 텐서 $g_{\mu\nu}$ 의 구체적인 형태는 지금까지 계산해 온 값을 식 (7−100)의 변환 규칙에 적용해서 구할 수 있습니다.

$$g_{ij} = \frac{\partial x'^\mu}{\partial x^i}\frac{dx'^\nu}{\partial x^j}\eta_{\mu\nu} \quad (i, j, \mu, \nu = 0, 1, 2, 3) \qquad \text{(7-100)}$$

식 (7−100)의 우변은 아인슈타인 축약으로 합을 계산했습니다. 이 식을 잘 보면, 좌변에는 계량 텐서 $g_{ij}$ , 우변에는 민코프스키 계량 텐서 $\eta_{\mu\nu}$ 가 있습니다. 식 (7−100)은 결국 텐서의 변환 규칙을 나타내고 있습니다. 왜 이와 같은 변환 규칙이 성립하는지 정확히 이해하기 위해서는 **텐서 해석**을 자세히 이해하고 있어야 하며 많은 배경 지식이 필요합니다.[11] 설명을 빠르게 이어가기 위해 도출 과정은 생략하지만, 관심 있는 분은 꼭 전문 서적을 참고하기 바랍니다.

식 (7−100)의 우변에 있는 $\frac{\partial x'^{\mu}}{\partial x^i}\frac{dx'^{\nu}}{\partial x^j}$ 를 잘 보면 분자는 계 $S'$의 좌표이고 분모는 계 $S$의 좌표라는 것을 알 수 있습니다. 따라서 오른쪽의 축약 표기를 합의 형태로 풀어서 식 (7−96), (7−97), (7−98), (7−99)의 값을 모두 대입하면 $g_{00}$ 의 값은 식 (7−101)처럼 구할 수 있습니다. 편미분 계산과 민코프스키 계량 텐서의 값에 관해서는 식 (7−78), (7−79), (7−82)를 다시 한번 참조해서 하나하나 확인해 봅시다. 민코프스키 계량 텐서가 0이 되는 항은 제외했습니다.

$$
\begin{aligned}
g_{00} &= \frac{\partial x'^0}{\partial x^0}\frac{dx'^0}{\partial x^0}\eta_{00} + \frac{\partial x'^1}{\partial x^0}\frac{dx'^1}{\partial x^0}\eta_{11} + \frac{\partial x'^2}{\partial x^0}\frac{dx'^2}{\partial x^0}\eta_{22} + \frac{\partial x'^3}{\partial x^0}\frac{dx'^3}{\partial x^0}\eta_{33} \\
&= 1 \cdot 1 \cdot (-1) + 0 \cdot 0 \cdot 1 + 0 \cdot 0 \cdot 1 + \frac{g}{c^2}x^0 \cdot \frac{g}{c^2}x^0 \cdot 1 \\
&= -1 + \left(\frac{g}{c^2}x^0\right)^2
\end{aligned}
$$

$$
g_{00} = -1 + \left(\frac{g}{c^2}x^0\right)^2 \qquad (7\text{-}101)
$$

수학적 사고력이 뛰어난 분은 우변의 두 번째 항 $\left(\frac{g}{c^2}x^0\right)^2$ 의 의미를 이미 이해하고 있을 것입니다. 이 의미에 주목할 수 있는 힘이야말로 수학적 사고력의 정점이라고 생각합니다. 민코프스키 계량 텐서의 $\eta_{00} = -1$과 달리 계량 텐서 $g_{00}$은 $+\left(\frac{g}{c^2}x^0\right)^2$ 만큼 '어긋나 있다'는 점이 특징입니다. 그렇다면 $\left(\frac{g}{c^2}x^0\right)^2$ 이 정확히 무엇인지 살펴봅시다.

$\left(\frac{g}{c^2}x^0\right)^2$에 쓰인 값들이 사용된 수식으로 식 (7−99)가 있었습니다. 다시 한번 살펴봅시다.

---

**11** 텐서의 변환 법칙은 일반 상대성 이론을 이해하는 데 가장 어려운 부분이라고 생각합니다.

$$x'^3 = x^3 - h + \frac{g}{2c^2}\left(x^0\right)^2 \quad \text{(7-99)}$$

위의 식으로부터 $\left(\frac{g}{c^2}x^0\right)^2$ 을 꺼내기 위한 조건을 생각해 보겠습니다. 자유 낙하가 아직 시작하지 않은 상태에서 $x'^3$ 은 0입니다. 그러면 식 (7−99)는 (7−102)처럼 쓸 수 있습니다.

$$x^3 - h = -\frac{g}{2c^2}\left(x^0\right)^2 \quad \text{(7-102)}$$

여기서 **중력 퍼텐셜** $\phi$라는 위치 에너지를 도입합니다. 중력 퍼텐셜은 어떤 지점에서의 단위 질량당 중력에 의한 위치 에너지라는 의미로 정의하며 중력 퍼텐셜이 0이 되는 **기준점**을 설정해야 합니다. 식 (7−102)로 설명하면 기준점은 $h$이며 물체가 존재하는 높이는 $x^3$입니다. 약간 복잡하게 느껴질 수도 있지만 결코 어려운 개념이 아닙니다. 간단히 말하면 높은 곳에 있을수록 중력의 영향을 강하게 받는다는 뜻입니다. 예를 들어 테이블 위에 놓인 물건과 테이블보다 더 높은 찬장 위에 놓인 물건을 생각해 보면, 바닥에 떨어질 때의 충격은 찬장 위에서 떨어진 쪽이 더 클 것입니다. 높은 곳에 있을수록 더 큰 잠재(퍼텐셜) 에너지를 품고 있다고 생각하면 충분합니다.

지금의 경우 중력 퍼텐셜이 발생하는 위치를 $x^3 - h$로 두어서 식 (7−103)과 같이 정의할 수 있는 것입니다. 물론 $g$는 **중력 가속도**입니다.

$$\phi \equiv g\left(x^3 - h\right) \quad \text{(7-103)}$$

참고로 중력 퍼텐셜의 기준점은 어디에 두어도 상관없으며, **무한 원점**으로 생각하는 경우도 종종 있습니다. 그러나 이 책에서는 계산의 편의상 기준점을 $x^3 - h$로 두었습니다.

이제 계산을 마저 진행해 봅시다. 식 (7−103)에 식 (7−102)를 대입하고 정리하면, 식 (7−104)를 얻을 수 있습니다.

$$\phi = g\left(-\frac{g}{2c^2}\left(x^0\right)^2\right) = -\frac{g^2}{2c^2}\left(x^0\right)^2 = -\frac{c^2}{2}\left(\frac{g}{c^2}x^0\right)^2$$

$$\left(\frac{g}{c^2}x^0\right)^2 = -\frac{2}{c^2}\phi \quad \text{(7-104)}$$

다시 식 (7−101)에 (7−104)를 대입하면 (7−105)를 얻습니다.

$$g_{00} = -1 - \frac{2}{c^2}\phi \qquad \text{(7-105)}$$

민코프스키 계량 텐서 $\eta_{\mu\nu}$를 다시 떠올려 보면 $\eta_{00}$은 −1이었습니다. $\eta_{00}$과 식 (7−105)를 비교해 보면 계량 텐서 $g_{00}$은 $-\frac{2}{c^2}\phi$ 만큼 값이 어긋나 있는 것을 계산 결과로부터 알 수 있습니다. 두 계량 텐서가 서로 어긋난 원인은 식 (7−103)에서 정의한 중력 퍼텐셜 $\phi$에 있습니다. 중력이 시간축을 기저로 하는 계량 텐서 $g_{00}$의 값을 바꿨다고 볼 수 있습니다. 계량 텐서의 $g_{00}$이 시간축을 기저로 한다는 사실은 식 (7−73), (7−77), (7−78)에서 설명했습니다. 이처럼 중력 퍼텐셜이 시간의 흐름에 영향을 주고 있는 것입니다.

## 실제 중력장에서 시공간의 휘어짐을 나타내는 방법

지금까지는 중력이 균일한 경우를 가정하고, 계량 텐서에 대한 중력의 영향을 계산하기 쉬운 조건에서 설명했습니다. 하지만 실제로 우리가 살아가는 시공간은 중력으로 복잡하게 휘어져 있습니다. 이번 절에서는 복잡한 시공간의 **곡선 좌표계**에서 계량 텐서가 어떤 영향을 받는지 살펴봅니다.

민코프스키 공간의 미소 시공간 간격의 정의에서부터 다시 생각해 봅시다.

$$ds^2 = \eta_{\mu\nu}dx^\mu dx^\nu \qquad \text{(7-81)}$$

식 (7−86)으로부터 미소 고유 시간 $d\tau$는 식 (7−106)처럼 계산할 수 있습니다.

$$d\tau^2 = -\frac{1}{c^2}ds^2 = -\frac{1}{c^2}\eta_{\mu\nu}dx^\mu dx^\nu$$
$$\therefore d\tau = \frac{1}{c}\sqrt{-\eta_{\mu\nu}dx^\mu dx^\nu} \qquad \text{(7-106)}$$

고유 시간 (7−106)은 민코프스키 공간을 전제했기 때문에 일반 상대성 이론에서는 식 (7−106)의 민코프스키 계량 텐서 $\eta_{\mu\nu}$ 를 일반적인 계량 텐서 $g_{\mu\nu}$ 로 바꿔 써야 합니다. 따라서 미소 고유 시간 $g_{\mu\nu}$ 동안 진행한 경로를 구하기 위해서는 식 (7−107)과 같은 계산을 해야 합니다. $\frac{d\tau}{d\tau}=1$ 을 사용해서 식의 형태만 바꿔 계산한 점에 주의하기 바랍니다.

$$
\begin{aligned}
d\tau &= \frac{1}{c}\sqrt{-\eta_{\mu\nu}dx^{\mu}dx^{\nu}}\frac{d\tau}{d\tau} \\
&= \frac{1}{c}\sqrt{-\eta_{\mu\nu}dx^{\mu}dx^{\nu}\cdot\frac{1}{(d\tau)^2}}d\tau \\
&= \frac{1}{c}\sqrt{-g_{\mu\nu}\frac{dx^{\mu}}{d\tau}\frac{dx^{\nu}}{d\tau}}d\tau
\end{aligned}
\qquad (7\text{-}107)
$$

마지막 변형에서 민코프스키 계량 텐서 $\eta_{\mu\nu}$ 를 계량 텐서 $g_{\mu\nu}$ 로 바꿔 썼습니다. 민코프스키 계량 텐서를 일반화하겠다는 의미의 등호라고 생각하세요. 식 (7−107)을 풀기 위해서는 **변분법**이라는 수학적 기법을 사용합니다. 변분법이란 미분과 달리 함수의 형태 자체를 최적화하는 방법이며, **오일러-라그랑주 방정식**을 사용해서 풉니다. 자세한 설명이나 도출 과정은 생략하며, **해석 역학**에 관한 전문 서적을 참고하기 바랍니다.[12]

식 (7−107)을 변분법으로 풀면 식 (7−108)과 같은 **측지선 방정식**을 얻습니다.

$$
\frac{d^2x^{\lambda}}{d\tau^2} + \Gamma^{\lambda}{}_{\mu\nu}\frac{dx^{\mu}}{d\tau}\frac{dx^{\nu}}{d\tau} = 0 \quad (\lambda, \mu, \nu = 0, 1, 2, 3) \qquad (7\text{-}108)
$$

일반 상대성 이론에서 측지선 방정식은 중력이 작용하는 시공간의 곡률을 고려해서 물체가 어떤 경로(측지선)를 따라 이동하는지를 기술한 방정식입니다. 참고로 휘어진 시공간을 다루는 기하학을 **리만 기하학**이라 하고, 측지선 방정식은 리만 기하학에서 빠질 수 없는 수학적 개념입니다.

---

**12** 옮긴이_ 오일러-라그랑주(Euler-Lagrange) 방정식은 일반화 좌표에 대한 운동 방정식으로 뉴턴 운동 방정식의 일반화라고 생각하면 됩니다. 고전역학에서 오일러-라그랑주 방정식을 변분법으로 유도하는 과정은 크게 어렵지 않지만, 계량 텐서를 포함한 일반 상대성 이론에서 변분법의 계산은 매우 어렵습니다. 정확한 도출은 중력에 관한 전문 서적을 참고하기 바랍니다.

식 (7–108)을 자세히 이해하려면 매우 복잡하므로 여기서는 앞서 다룬 엘리베이터의 예처럼 $g_{00}$의 값을 얻는 것에만 집중하기 위해 식 (7–108)의 크리스토펠 기호 $\Gamma^{\lambda}{}_{\mu\nu}$ 에 주목합니다. 크리스토펠 기호는 식 (7–69)에서 설명했듯이 계량 텐서를 사용해서 계산한 양입니다.

$$\Gamma^{\lambda}{}_{\mu\nu} = \frac{1}{2} g^{\lambda\rho} \left( \frac{\partial g_{\nu\rho}}{\partial x^{\mu}} + \frac{\partial g_{\mu\rho}}{\partial x^{\nu}} - \frac{\partial g_{\mu\nu}}{\partial x^{\rho}} \right) \qquad (7\text{-}109)$$

식 (7–109)에서 괄호 안의 세 번째 항 $-\frac{\partial g_{\mu\nu}}{\partial x^{\rho}}$ 의 계량 텐서의 아래 첨자 $\mu\nu$ 는 크리스토펠 기호 $\Gamma^{\lambda}{}_{\mu\nu}$ 의 아래 첨자 $\mu\nu$ 와 같습니다. 지금 구하고자 하는 것은 $g_{00}$ 이므로 일단 $\mu = \nu = 0$을 대입해 봅시다.

$$\Gamma^{\lambda}{}_{00} = \frac{1}{2} g^{\lambda\rho} \left( \frac{\partial g_{0\rho}}{\partial x^{0}} + \frac{\partial g_{0\rho}}{\partial x^{0}} - \frac{\partial g_{00}}{\partial x^{\rho}} \right) \qquad (7\text{-}110)$$

그리고 중력의 영향을 받는 계량 텐서는 민코프스키 계량 텐서로부터 일반화된 것이라고 생각하면 식 (7–111)처럼 나타낼 수 있습니다.

$$g_{\mu\nu} = \eta_{\mu\nu} + h_{\mu\nu} \qquad (7\text{-}111)$$

$h_{\mu\nu}$ 는 중력이 작용해서 나타나는 민코프스키 계량 텐서 $\eta_{\mu\nu}$ 와 곡선 좌표 공간의 계량 텐서 $g_{\mu\nu}$ 의 차이입니다. 그러면 식 (7–110)은 식 (7–112)처럼 풀어 쓸 수 있습니다.

$$\Gamma^{\lambda}{}_{00} = \frac{1}{2} \left( \eta^{\lambda\rho} + h^{\lambda\rho} \right) \left( \frac{\partial \left( \eta_{0\rho} + h_{0\rho} \right)}{\partial x^{0}} + \frac{\partial \left( \eta_{0\rho} + h_{0\rho} \right)}{\partial x^{0}} - \frac{\partial \left( \eta_{00} + h_{00} \right)}{\partial x^{\rho}} \right) \qquad (7\text{-}112)$$

여기서 $\eta^{\lambda\rho}$ 는 $\eta_{\lambda\rho}$ 의 역행렬이며 $\eta^{00} = -1, \quad \eta^{11} = \eta^{22} = \eta^{33} = 1$ 이외의 값은 모두 0인 텐서입니다.

이제 이 식 (7–112)를 물리적으로 생각해 봅시다. 시간이 지나도 중력장이 변화하는 것이 아니라면 $g_{\mu\nu} = \eta_{\mu\nu} + h_{\mu\nu}$ 는 시간 $x^0$ 에 의존하지 않습니다. 이 사실은 일상에서도 쉽게 느낄 수 있는데, 시간이 지나도 갑자기 몸이 무거워지거나 물체의 낙하 속도가 빨라지지 않는 것을 떠올리면 됩니다. 따라서 식 (7−112)의 괄호 안에 있는 $\frac{\partial(\eta_{0\rho}+h_{0\rho})}{\partial x^0}$ 및 $\frac{\partial(\eta_{0\rho}+h_{0\rho})}{\partial x^0}$ 의 시간에 대한 편미분은 0이 됩니다. 또한 $\eta_{00} = -1$ 이므로 식 (7−112)은 식 (7−113)이 됩니다.

$$\Gamma^{\lambda}{}_{00} = \frac{1}{2}\left(\eta^{\lambda\rho} + h^{\lambda\rho}\right)\left(-\frac{\partial\left(-1 + h_{00}\right)}{\partial x^{\rho}}\right) \approx \frac{1}{2}\eta^{\lambda\rho}\left(-\frac{\partial h_{00}}{\partial x^{\rho}}\right) \qquad \text{(7-113)}$$

식 (7−113)은 $+h^{\lambda\rho}$ 에 대한 계산을 생략했으므로 약간의 오차가 생긴다는 점을 근사 기호를 사용해서 나타냈습니다. 그리고 첨자 $\rho$에 대한 아인슈타인 축약을 합으로 모두 풀어서 계산하면 다음과 같습니다. 계산의 첫 번째 줄 우변의 첫 번째 항에 포함된 $-\frac{\partial h_{00}}{\partial x^0}$ 은 시간 $x^0$에 의존하지 않는다고 가정하고 있으므로 편미분 결과는 0입니다.

$$\begin{aligned}
\frac{1}{2}\eta^{\lambda\rho}\left(-\frac{\partial h_{00}}{\partial x^{\rho}}\right) &= \frac{1}{2}\eta^{00}\left(-\frac{\partial h_{00}}{\partial x^{0}}\right) + \frac{1}{2}\eta^{11}\left(-\frac{\partial h_{00}}{\partial x^{1}}\right) + \frac{1}{2}\eta^{22}\left(-\frac{\partial h_{00}}{\partial x^{2}}\right) + \frac{1}{2}\eta^{33}\left(-\frac{\partial h_{00}}{\partial x^{3}}\right) \\
&= \frac{1}{2}\left(-\frac{\partial h_{00}}{\partial x^{1}}\right) + \frac{1}{2}\left(-\frac{\partial h_{00}}{\partial x^{2}}\right) + \frac{1}{2}\left(-\frac{\partial h_{00}}{\partial x^{3}}\right) \\
&= \frac{1}{2}\left(-\frac{\partial h_{00}}{\partial x^{\lambda}}\right) \quad (\lambda = 1, 2, 3)
\end{aligned}$$

이와 같은 과정으로 크리스토펠 기호 (7−113)은 식 (7−114)로 근사할 수 있습니다.

$$\Gamma^{\lambda}{}_{00} \approx -\frac{1}{2}\frac{\partial h_{00}}{\partial x^{\lambda}} \quad (\lambda = 1, 2, 3) \qquad \text{(7-114)}$$

여기까지 계산한 결과를 바탕으로 측지선 방정식 (7−108)을 다시 생각해 봅시다.

$$\frac{d^2 x^{\lambda}}{d\tau^2} + \Gamma^{\lambda}{}_{\mu\nu}\frac{dx^{\mu}}{d\tau}\frac{dx^{\nu}}{d\tau} = 0 \quad (\lambda, \mu, \nu = 0, 1, 2, 3) \qquad \text{(7-108)}$$

이제 좌변의 두 번째 항에 포함된 $\frac{dx^{\mu}}{d\tau}\frac{dx^{\nu}}{d\tau}$ 에 대해 말하자면, 분자는 $\mu$, $\nu$ = 1,2,3인 경우이므로 공간 성분을 의미합니다. 물론 $\mu$, $\nu$ = 0인 경우는 시간 성분입니다. 한편, $\mu$, $\nu$ = 1,2,3인 경우의 성분 $dx^{\mu}$, $dx^{\nu}$을 고유 시간 $\tau$에 대해 미분한다는 것은 '속도'를 계산하고 있다는 뜻입니다.

분모의 고유 시간 $\tau$는 식 (7−92)로부터 $\tau = \frac{1}{\gamma}t$ 이므로, 미소 고유 시간 $d\tau$를 계산하면 식 (7−115)의 관계를 얻을 수 있습니다.

$$d\tau = \frac{1}{\gamma}dt \qquad \text{(7-115)}$$

$\gamma$는 로런츠 인자였습니다.

$$\gamma = \frac{1}{\sqrt{1 - \left(\frac{v}{c}\right)^2}} \qquad \text{(7-59)}$$

여기서 식 (7−59)의 분모에 포함된 속도 $v$에 대해 생각해 봅시다. 중력장이 만들어낸 측지선을 따라 매우 작은 고유 시간 동안 이동하는 물체의 속도 $v$는 광속 $c$에 비해 매우 작다고 가정합시다. 그러면 식 (7−59)의 $\frac{v}{c}$는 0에 매우 가깝기 때문에 식 (7−59)의 분모는 거의 1입니다. 따라서 로런츠 인자 $\gamma$의 값도 1에 한없이 가까운 수이므로 식 (7−115)는 식 (7−116)처럼 근사할 수 있습니다.

$$d\tau = \frac{1}{\gamma}dt \approx dt \qquad \text{(7-116)}$$

따라서 근사 결과로부터 측지선 방정식 (7−108)을 식 (7−117)과 같이 다시 쓸 수 있습니다.

$$\frac{d^2x^\lambda}{dt^2} + \Gamma^\lambda{}_{\mu\nu}\frac{dx^\mu}{dt}\frac{dx^\nu}{dt} \approx 0 \qquad \text{(7-117)}$$

다시 한번 식 (7−117) 좌변의 $\frac{dx^\mu}{dt}\frac{dx^\nu}{dt}$에 대해 생각해 봅시다. $\mu$, $\nu = 0$인 경우는 시간에 관한 성분이며 $\frac{dx^0}{dt}\frac{dx^0}{dt}$ 을 계산하면 $x^0 = ct$ 로부터 광속 $c$가 됩니다.

$$\frac{dx^0}{dt} = \frac{dct}{dt} = c \qquad \text{(7-118)}$$

추가로 식 (7−117)에 조건을 주면서 구체적으로 풀어 봅시다. 앞서 말한 바와 같이 $\mu$, $\nu$ =

1,2,3일 때 $\frac{dx^\mu}{dt}\frac{dx^\nu}{dt}$ 은 결국 '속도'를 계산하고 있다는 것과 다름없습니다. 단, 이 속도는 식 (7−118)의 결과로 얻은 광속에 비해 매우 작은 속도이므로 무시합니다.

또한 크리스토펠 기호 (7−114)의 계산 결과 $\Gamma^\lambda{}_{00}$ 에 대해 '정적인 중력장'을 가정하면 $g_{\mu\nu} = \eta_{\mu\nu} + h_{\mu\nu}$ 가 시간 $x^0$ 에 의존하지 않는다는 조건을 부여한 결과, λ는 $\lambda = 1, 2, 3$ 을 취한다는 것을 떠올립시다.

그러면 식 (7−117)은 식 (7−119)가 됩니다. 좌변 두 번째 항의 분자가 $x^0$ 인 경우만 남아 있게 됩니다.

$$\frac{d^2x^\lambda}{dt^2} + \Gamma^\lambda{}_{00}\frac{dx^0}{dt}\frac{dx^0}{dt} \approx 0 \quad (\lambda = 1, 2, 3) \tag{7-119}$$

마지막으로 식 (7−114), (7−118)을 식 (7−119)에 대입하면 식 (7−120)을 얻습니다.

$$\frac{d^2x^\lambda}{dt^2} - \frac{c^2}{2}\frac{\partial h_{00}}{\partial x^\rho} \approx 0 \quad (\lambda = 1, 2, 3)$$

$$\therefore \frac{d^2x^\lambda}{dt^2} \approx \frac{c^2}{2}\frac{\partial h_{00}}{\partial x^\lambda} \quad (\lambda = 1, 2, 3) \tag{7-120}$$

**NOTE_ 옮긴이 노트**

여기까지 우리는 물리적으로 타당하고 설득력 있는 조건들을 **가설**로 설정하고 그것을 차례로 도입해서 복잡한 측지선 방정식을 단순한 형태로 만들었습니다. 이와 같은 과정은 단지 계산의 연속이 아니라 '만약 이런 조건이 성립한다면?'이라는 물리적 직관을 바탕으로 논리를 전개하고 복잡한 수식의 구조를 해석할 수 있게 만들어가는 **가설을 통한 사고**의 대표적인 예시라 할 수 있습니다. 어려운 방정식이 표현하는 현상을 올바르게 이해하고 해석하기 위해 가정과 논리적인 전개를 유기적으로 연결하려는 사고의 힘이 잘 나타난 사례입니다.

## 등가 원리

이번 절부터 아인슈타인이 '생애 최고의 영감'이라고 자부한 가설을 통한 사고, 즉 **등가 원리**가 등장합니다. 식 (7−120)을 살펴보면 2차 미분의 형태라는 것을 알 수 있습니다. 2차 미분의 대상인 $x^\lambda$ 는 $\lambda = 1, 2, 3$ 이므로 위치에 관한 성분이며, 그것의 2차 미분 결과는 가속도를 나타낸다고 생각할 수 있습니다. 여기서 중력 퍼텐셜을 $\phi$, **관성 질량**(가속도가 작용하는 물체의 질량)을 $m_I$, **중력 질량**(중력이 작용하는 물체의 질량)을 $m_G$라고 정의합니다. 그러면 다음 관계식을 만들 수 있습니다.

$$m_I \frac{d^2x^\lambda}{dt^2} = -m_G \frac{\partial\phi}{\partial x^\lambda} \quad (\lambda = 1, 2, 3) \qquad \text{(7-121)}$$

$$\phi = -\frac{GM}{r} \qquad \text{(7-122)}$$

$G$: 만유인력 상수, $M$: 지구의 질량, $r$: 지구의 반지름

식 (7−121)은 뉴턴의 운동 방정식 $\boldsymbol{f} = m\boldsymbol{a}$로 부터 도출할 수 있습니다. $\frac{d^2x^\lambda}{dt^2}$ 은 위치를 두 번 미분한 가속도에 해당하는 한편, 우변은 식 (7−122)를 $r$에 대해 미분하면 다음과 같습니다.

$$\frac{\partial\phi}{\partial r} = \frac{\partial}{\partial r}\left(-\frac{GM}{r}\right) = \frac{GM}{r^2} = g \qquad \text{(7-122')}$$

따라서 식 (7−121)에서 우변의 $\frac{\partial\phi}{\partial x^\lambda}$ 는 결국 중력 가속도입니다. 따라서 식 (7−121)의 우변은 만유인력의 법칙를 따르는 힘입니다. 식 (7−121)은 6장에서 위성의 궤도(케플러 제1법칙)를 도출했을 때와 같은 사고방식이라는 것을 알 수 있습니다.

Lesson

### 중력 퍼텐셜

식 (7−122′)가 도출된 근거를 설명합니다. 뉴턴 역학에서의 중력을 생각해 보면 만유인력의 법칙은 다음과 같았습니다. 6장에서 설명한 식 (6−19)과의 차이에 주의하기 바랍니다.

$$f = -G\frac{Mm}{r^2}$$

$f$: 만유인력의 크기, $M$: 지구의 질량, $m$: 물체의 질량,
$G$: 만유인력 상수, $r$: 두 물체 사이의 거리

지구 위에 있는 질량 $m$의 물체에는 중력 가속도 $g$가 작용하므로 중력은 다음과 같은 식으로도 나타낼 수 있습니다. 우변의 부호가 마이너스인 이유는 위쪽을 양의 방향으로 했을 때 중력이 반대 방향으로 작용한다는 것을 나타냅니다.

$$f = -mg$$

따라서 두 식 $f = -mg$ 와 $f = -G\frac{Mm}{r^2}$ 의 우변을 등호로 연결할 수 있습니다.

$$-mg = -G\frac{Mm}{r^2}$$

그리고 양변을 $-m$으로 나누면 다음과 같은 관계식이 성립합니다.

$$g = \frac{GM}{r^2}$$

중력 퍼텐셜로 표기한 $\phi$를 미분해서 얻은 $\frac{GM}{r^2}$ 은 중력 가속도 $g$와 같다는 뜻입니다. 이것이 식 (7−122′)에서 $\frac{GM}{r^2} = g$ 라고 나타낸 이유입니다. 더욱 자세한 내용은 전문 서적을 참고하기 바랍니다.

그런데 식 (7-121)의 양변에 존재하는 질량 $m_I$, $m_G$는 당시에 서로 다른 것으로 여겨졌습니다. 관성 질량 $m_I$는 물체에 외력이 작용해서 가속할 때 '저항'의 정도를 나타내며, 중력 질량 $m_G$는 물체가 중력장 내에서 받는 힘의 크기를 결정하는 것이므로, 두 질량은 서로 다른 성질을 갖는다고 생각했던 것입니다. 하지만 아인슈타인은 **등가 원리**를 바탕으로 '관성 질량과 중력 질량은 동일하다'는 결론을 이끌어냈고, 아인슈타인 방정식의 유도에 크게 발돋움했습니다. 등가 원리를 통한 중요한 첫걸음은 바로 식 (7-121)에서 관성 질량 $m_I$와 중력 질량 $m_G$를 양변에서 나눠 제거한 것입니다.

$$\frac{d^2x^\lambda}{dt^2} = -\frac{\partial\phi}{\partial x^\lambda} \quad (\lambda = 1, 2, 3) \qquad \text{(7-123)}$$

따라서 식 (7-120)에 위 결과를 대입하면 식 (7-124)처럼 $h_{00}$을 도출할 수 있습니다.

$$-\frac{\partial\phi}{\partial x^\lambda} \approx \frac{c^2}{2}\frac{\partial h_{00}}{\partial x^\lambda}$$

$$h_{00} \approx -\frac{2}{c^2}\phi \qquad \text{(7-124)}$$

그리고 계량 텐서와 민코프스키 계량 텐서의 관계식으로 설정했던 식 (7-111) $g_{\mu\nu} = \eta_{\mu\nu} + h_{\mu\nu}$에 (7-124)를 대입하면 마침내 구하고자 했던 $g_{00}$을 얻게 됩니다.

$$g_{00} = \eta_{00} + h_{00} \approx -1 - \frac{2}{c^2}\phi \qquad \text{(7-125)}$$

자유 낙하하는 엘리베이터의 예시와 마찬가지로 민코프스키 계량 텐서 $\eta_{00}$에 비해 $g_{00}$은 근사적으로 대략 $-\frac{2}{c^2}\phi$ 만큼 값이 어긋나 있으며, 중력 퍼텐셜의 존재가 시간의 경과에 영향을 미치고 있다는 것을 나타냅니다. 참고로 앞서 설명한 등가 원리에 기반한 '관성 질량과 중력 질량은 같다'라는 가설은 이후의 실험에 의해 옳다는 것이 증명되었습니다.

## 아인슈타인 방정식

지금까지 일반 상대성 이론 중에서도 매우 핵심적인 내용으로 중력이 시공간을 휘어지게 하는 근거에 관해 설명했습니다. 식 (7-122)에서는 중력 퍼텐셜 $\phi = -\frac{GM}{r}$ 에 관해 설명했는데, 지구의 질량 $M$이 클수록, 그리고 중심에서의 거리 $r$이 작을수록(가까워질수록) 중력 퍼텐셜은 커진다는 것이 식이 의미하는 바입니다. 그 결과, 식 (7-125)가 나타내는 시공간의 휘어짐의 정도가 더욱 커집니다. 아인슈타인은 이 생각을 더욱 발전시켜 아인슈타인 방정식을 유도하기에 이릅니다.

마지막으로 아인슈타인 방정식에 관해 다시 한번 살펴봅시다.

$$G^{\mu\nu} = \frac{8\pi G}{c^4} T^{\mu\nu} \qquad \text{(7-64)}$$

6장에서 설명한 바와 같이 좌변의 $G^{\mu\nu}$ 는 **아인슈타인 텐서**라고 부르며, 다양한 계량 텐서로 구성되어 있어 시공간이 휘어진 정도를 나타냅니다. 우변의 $T^{\mu\nu}$ 는 **에너지-운동량 텐서**라고 부르며, 좌변의 $G^{\mu\nu}$ 를 만들어 내는 '원인'에 해당한다고 6장에서 설명했습니다. 그렇다면 '원인'이란 정확히 무엇을 의미하는지 생각해 보겠습니다.

계량 텐서 $g_{00}$ 에 대해 살펴본 바와 같이 일반 상대성 이론에 따르면 질량이나 에너지가 존재하면 시공간은 휘어지고, 이렇게 휘어진 시공간이 우리가 경험하는 중력의 원인입니다. 질량 $m$을 가진 물체가 특정 위치에 존재하면, 그 물체의 질량과 에너지는 시공간을 휘게 하는 힘을 가지고 있고, 이 모습을 표현하는 것이 아인슈타인 방정식입니다. 물체 주변의 시공간이 휘어진 정도는 물체의 질량과 에너지에 의존합니다. 이런 주장을 할 수 있는 근거가 되는 것이 바로 특수 상대성 이론으로부터 얻어진 질량과 에너지의 등가성으로 유명한 다음의 관계식입니다.

$$E = mc^2 \qquad \text{(7-126)}$$

식 (7-126)은 일반 상대성 이론에서 중력을 이해하는 데 있어서도 중요한 역할을 합니다.

식 (7−126)은 질량 $m$이 가진 에너지 $E$의 크기를 나타내냅니다. $E = mc^2$ 의 의미를 받아들인다면, 질량에 비례해 커지는 에너지가 시공간을 더욱 크게 휘게 만드는 원인이고, 중력의 효과를 만들어 낸다는 생각으로 이어지는 것입니다.

아인슈타인은 '질량이나 에너지가 시공간을 휘게 만들고, 그것이 중력으로 관측되는 것이 아닐까'라는 놀라운 통찰을 통해 아인슈타인 방정식을 유도하는 데 성공했던 것입니다. 이와 관련해서 아인슈타인의 논문 '중력장 방정식'에는 아인슈타인 본인의 말로 다음과 같은 문장을 엿볼 수 있습니다.

> *주목하고 있는 공간에 '물질'이 존재할 경우, 그 에너지 텐서가 식 (2)( $G_{im} = 0$ ) 가 아닌 식 (3) $R_{im} = \sum_l \frac{\partial \Gamma^l{}_{im}}{\partial x_l} + \sum_{l\rho} \Gamma^l{}_{i\rho} \Gamma^\rho{}_{ml} = 0$ 의 우변에 나타난다.*

$G_{im}$ 은 아인슈타인 텐서를 의미합니다. 식 (2)와 식 (3)은 우변이 0이지만, '물질'이 존재하면 0이 아니게 되고 에너지−운동량 텐서가 생긴다는 것이 위의 문장에서 주장하는 바입니다. 이 문장은 '시공간의 곡률이 존재함'과 '질량 또는 에너지가 등가(=)'라는 사실을 단적으로 보여 줍니다. 여기까지 읽어 왔으면 누구나 아인슈타인을 천재라 칭송할 수밖에 없는 이유를 실감하셨을 것입니다.

## 마치며

부록 1에서는 엄밀한 증명을 생략한 부분도 많지만, 위성의 시간이 특수 상대성 이론과 일반 상대성 이론의 영향을 받는 근거를 설명하고자 했습니다. 더욱 자세한 내용은 반드시 전문 서적을 참고하기 바랍니다.

특수 상대성 이론과 일반 상대성 이론은 위성의 위치 측정이라는 매우 실용적인 분야에 영향을 미치는 이론일 뿐만 아니라, 이론 자체가 지닌 깊이와 아름다움, 사고의 확장을 요구하는 철학적인 뜻까지 갖춘 위대한 성과입니다. 수학적, 물리학적 소양이 광범위하게 요구되므로 수학적 사고에 머무르지 않고 사고 전반을 단련하는 데 있어서 이보다 더 훌륭한 주제는 없을 것입니다. 게다가 인류 역사상 최고의 천재인 아인슈타인의 체계적인 사고가 응축된 이론이라는 점도 매우 매력적인 지점입니다.

다시금 놀라게 되는 것은 다른 수학자나 물리학자의 도움을 받았다고는 하나, 특수 상대성 이론에서 일반 상대성 이론에 이르기까지 아인슈타인 한 사람이 기존의 패러다임이었던 뉴턴 역학을 새롭게 확장한 이론을 완성시켰다는 점입니다. 그 과정에서 수많은 아이디어가 쏟아져 나왔습니다. 그중 일부는 부록을 통해 소개했지만, 부록에 생략된 아인슈타인 텐서의 도출 과정에 담긴 고찰을 자세히 이해해 보면 더욱 큰 놀라움과 발견을 얻을 수 있을 것입니다.

다만 이러한 고찰을 흥미롭다고 느끼거나 즐겁게 느끼는지는 각자의 자유이며, 가치관에 따라 다를 것입니다. 가치관에 좋고 나쁨은 없습니다. 애초에 6장에서는 위성의 위치 측정에 관한 수학적 설명이 중심이었고, 위치 정보가 어긋나는 여러 요인 중 하나로 상대성 이론에 의한 시간 지연이 존재한다고 설명한 것에 지나지 않습니다. 독자에 따라서는 '애초에 이 정도까지 설명은 바라지 않았다'는 반응도 있을 수 있습니다. 이런 점을 고려해서 상대성 이론의 상세한 내용은 본문에서 최대한 제외하고 부록에 따로 정리했습니다.

필자로서는 우리가 일상에서 사용하는 다양한 기술에 관련된 수학을 해석해 나가는 가운데, 그 배경에는 우주 전체를 포괄하는 물리 법칙이 메커니즘으로 작용하고 있음을 전달하고 싶다는 생각에서 이 부록을 집필했습니다. 여러분이 새로운 학문에 빠져들 수 있는 계기가 되었으면 하는 바람입니다.

부록 2

# 푸리에 변환 도출하기

▸ **Keyword**

푸리에 변환 / 복소 푸리에 급수 전개 / 복소 푸리에 계수 / 시간 영역 / 주파수 영역 / 복소 정현파 / 주기 함수 / 적분

## 들어가며

부록 2에서는 푸리에 변환을 도출하는 방법을 설명합니다. 여유가 있다면 꼭 읽어 보기 바랍니다. 이보다 자세한 도출 과정이 궁금하다면 푸리에 해석학에 관한 전문 서적을 참고하기 바랍니다.

## 비주기 함수에 대응하는 수학적 모델로 확장하기

복소 푸리에 급수 전개 (5-58)과 복소 푸리에 계수 (5-64)를 다시 생각해 봅시다.

$$f(t) = \sum_{n=-\infty}^{\infty} c_n e^{in\omega t}, \quad c_n = \frac{1}{T}\int_{-\frac{T}{2}}^{\frac{T}{2}} f(t)e^{-in\omega t}dt$$

푸리에 계수의 적분 구간 $t$의 범위는 $-\frac{T}{2} \leq t \leq \frac{T}{2}$ 입니다. 이 조건은 주기 함수를 급수 전개하면서 나온 조건입니다. 하지만 5장에서 푸리에 급수 전개를 설명했던 목적은 음성을

디지털 데이터로 만들기 위함이었으며, 음성은 반드시 $-\frac{T}{2} \leq t \leq \frac{T}{2}$ 와 같은 주기를 전제로 한 파동이라고 할 수는 없습니다. 따라서 5장에서 설명한 복소 푸리에 급수 전개와 복소 푸리에 계수를 주기성이 없는 함수에도 대응할 수 있도록 일반화해야 합니다.

또한 복소 푸리에 급수 전개를 할 때 주의할 점이 있습니다. 복소 푸리에 급수 전개가 각주파수의 정수배인 **복소 정현파**의 총합이라는 점입니다. 의미를 설명하기 위해 [그림 8-1]을 함께 살펴보겠습니다.

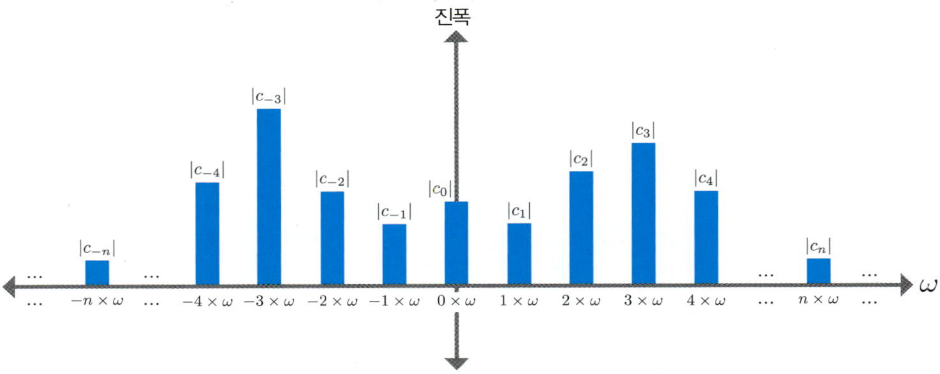


**그림 8-1** 각주파수마다 복소 정현파의 진폭을 시각적으로 표현한 이미지

복소 푸리에 급수 전개에서 $n$은 $-\infty \leq n \leq \infty$ 의 범위 안의 모든 정수를 취합니다. 그리고 $e^{in\omega t}$ 과 $e^{-in\omega t}$ 은 복소 정현파로 불리고, 시간 $t$에서 각주파수 $n\omega$ 또는 -$n\omega$의 파동을 나타냅니다. 그러면 [그림 8-1]과 같이 각주파수 $\omega = \frac{2\pi}{T}$ 를 가로축으로 하고 진폭의 크기 $|c_n|$ 을 세로축으로 하면, $|c_n|$ 은 각주파수 $\omega$축을 따라 간격 $\frac{2\pi}{T}$ 마다의 진폭으로 표현됩니다. 이처럼 각주파수의 서로 다른 복소 정현파마다 막대그래프로 표현되는 것을 **진폭 스펙트럼**이라고도 합니다.

그림에서 알 수 있듯이, 진폭 스펙트럼 사이의 각주파수, 즉 막대그래프와 막대그래프 사이의 빈 부분에 대해서는 복소 푸리에 급수 전개나 복소 푸리에 계수만으로는 표현할 수 없습니다. 그 이유는 $n$이 1, 2, 3, $\cdots$ 과 같은 **이산값**을 취하기 때문입니다. 음성은 아날로그 데이터로 **연속적인 값**을 취하지만, 각주파수는 $\frac{2\pi}{T}$ 간격으로 파악할 수밖에 없는 이산적인 정보라는 것입니다. 그렇다면 이 상태로 괜찮은 걸까요?

장황하게 설명했지만 여기까지 설명은 다음 두 가지로 요약됩니다.

1 음성은 항상 $-\frac{T}{2} \leq t \leq \frac{T}{2}$ 와 같은 주기성을 전제로 하지 않습니다. 따라서 복소 푸리에 급수 전개와 복소 푸리에 계수를 주기성이 없는 함수에도 대응할 수 있도록 일반화해야 합니다.

2 각주파수에 주목하면 복소 푸리에 급수 전개와 복소 푸리에 계수는 각주파수의 간격 $\frac{2\pi}{T}$ 마다 이산적인 값으로만 표현할 수 있기 때문에 **연속적인 값에 대응**하는 세밀한 각주파수 성분을 파악해야 합니다.

다시 말해 주기성에서부터 비주기성으로, 또는 이산적인 값에서 연속적인 값으로 복소 푸리에 급수 전개를 수정해야 합니다.

## 주기를 무한으로 확장해서 비주기 함수에 대응하기

사실 앞서 제기된 두 문제는 단 하나의 조작으로 해결할 수 있습니다. 바로 주기 $T$를 무한대 $\infty$로 만드는 것입니다. 이렇게 하면 다음 두 가지를 실현할 수 있습니다.

1 주기성이 없는 함수에도 대응할 수 있다.

2 모든 각주파수에 대한 성분을 파악할 수 있다.

무슨 말인지 순서대로 생각해 봅시다. 우선 주기 $T$를 무한대로 만들면 '1. 주기성이 없는 함수에도 대응할 수 있다'는 점입니다. 애초에 복소 푸리에 급수 전개는 주기 함수를 급수 전개하는 데 쓰이기 때문에, 주기성이 없는 파형은 표현할 수 없다고 생각할지도 모릅니다. 하지만 파동의 주기가 무한대라면, 겉보기에는 주기성이 없어 보이는 파형도 무한한 시간이 지나고 나서야 같은 형태의 파동이 반복된다고 해석할 수 있습니다. 물론 무한대 처리를 하려면 제약이 필요하겠지만, 여기서는 그 조건은 다루지 않고, 어떤 파동이라도 무한한 시간이 지나면 같은 형태를 반복한다고 간단하게 생각합시다.

다음으로 주기 $T$를 무한대로 만들면 '2. 모든 각주파수 성분을 파악할 수 있다'는 말의 의미는 각주파수가 $\omega = \frac{2\pi}{T}$ 이기 때문에, 주기 $T$가 무한대로 커지면 분모가 무한대가 되어 $\omega$는 **무한히 작은 값**에 가까워집니다. 이전의 막대그래프로 나타낸 **진폭 스펙트럼의 간격이 무한히 0에 가까워진다**는 뜻입니다. 이렇게 0에 가까워지는 $\omega$를 $\Delta\omega$라고 표현합니다.

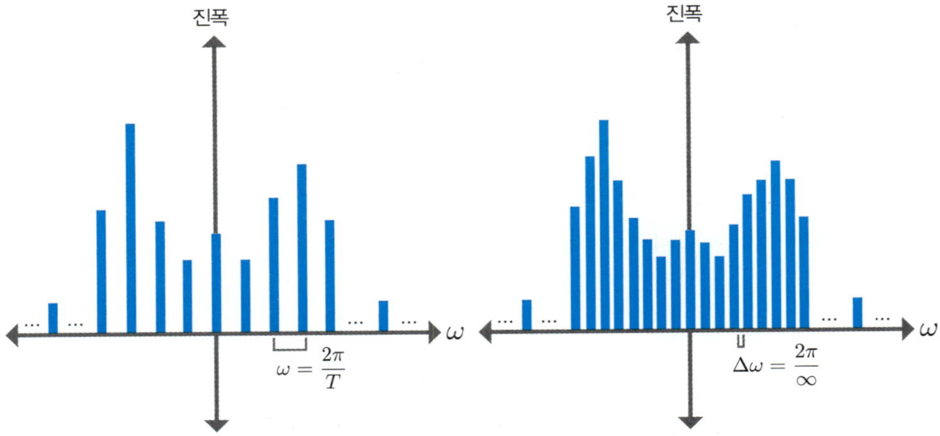


**그림 8-2** 각주파수가 매우 작아지면 진폭 스펙트럼 사이의 간격은 0에 가까워집니다.

여기서 다시 적분의 개념이 등장합니다. 이어서 나올 수식에서 적분의 사고방식이 큰 역할을 합니다. 적분을 기하학적으로 생각하면, 연속된 함수에 대해 [그림 8-3]과 같이 빈틈없이 직사각형을 채워 넣어 직사각형들의 넓이의 총합을 구하는 것이라고 생각할 수 있습니다.

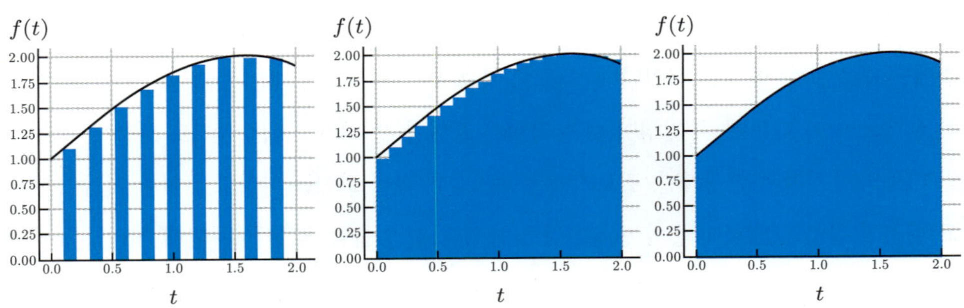


**그림 8-3** 적분의 기하학적 이미지. 직사각형을 빈틈없이 채우면서 가로 폭을 0에 가깝게 만들면서 적분을 계산합니다.

[그림 8-3]을 왼쪽에서 오른쪽으로 차례로 보면 알 수 있듯이, 각 직사각형의 너비를 좁힐수록 연속된 함수와 직사각형 사이의 간격이 줄어들면서 정밀한 계산 가능하다는 것을 이해할 수 있습니다. 적분의 아이디어를 통해 각주파수가 이산적인 값으로 쓰여 있던 복소 푸리에 급수 전개를 연속적인 값으로 표현하려는 시도를 하는 것입니다.

**Lesson**

### 적분 3

적분의 의미를 [그림 8-4]를 통해 생각해 봅시다.

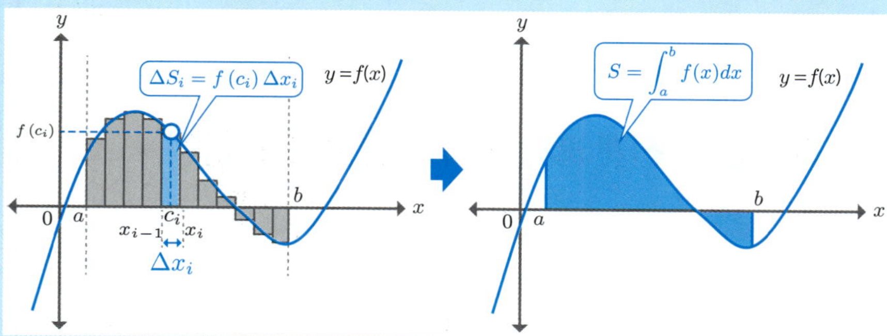


**그림 8-4** 적분의 기하학적인 설명

[그림 8-4]의 왼쪽 $y = f(x)$ 에서 $a \leq x \leq b$ 범위의 $f(x)$와 $x$축으로 둘러싸인 부분의 면적을 구하는 방법을 생각해 봅시다. 이때 그림 속 파란색 직사각형 $\Delta S_i$ 의 면적은 다음과 같이 표현할 수 있습니다.

$$\Delta S_i = f(c_i)\,\Delta x_i = f(c_i)\,(x_i - x_{i-1})$$

따라서 그림에 나타난 직사각형이 $n$개라면, 모든 직사각형의 면적의 합 $S_n$은 다음과 같이 나타낼 수 있습니다.

$$S_n = \sum_{i=1}^{n} f(c_i)\,\Delta x_i$$

이제 $n$의 값을 무한히 크게 늘린다고 생각해 봅시다. 직사각형의 폭을 무한히 작게 만들어 $a \leq x \leq b$ 범위에서 $f(x)$와 $x$축으로 둘러싸인 영역을 무한히 많은 직사각형으로 채워 나갑니다. 그러면 면적 $S$는 [그림 8-4]의 오른쪽처럼 표현할 수 있고, 구체적인 식으로 다음과 같이 나타낼 수 있습니다. 이처럼 구간이 연속적으로 정의된 적분을 **정적분**이라고 합니다.

$$S = \lim_{n \to \infty} \sum_{i=1}^{n} f(c_i) \Delta x_i = \int_a^b f(x) dx$$

여기서 $\Delta x_i$는 $\Delta x_i = \frac{b-a}{n}$로 구간 $a \leq n \leq b$를 $n$등분한 것입니다. 따라서 $n$을 $\infty$의 극한으로 보내면 $\Delta x_i$의 폭은 무한히 작아지고 [그림 8-4]의 오른쪽처럼 면적을 표현할 수 있습니다. 정적분의 개념은 이어지는 푸리에 변환을 도출할 때 중요한 역할을 합니다.

## 복소 푸리에 급수 전개에서 푸리에 변환 도출하기

여기부터는 $n\omega = \omega_n$, $\omega = \frac{2\pi}{T} = \Delta\omega$로 표기하기로 하고 식 (8-1)처럼 복소 푸리에 급수 전개를 변형해 봅니다.

$$f(t) = \sum_{n=-\infty}^{\infty} c_n e^{in\omega t} \rightarrow f(t) = \sum_{n=-\infty}^{\infty} \left( c_n e^{i\omega_n t} \Delta\omega \times \frac{1}{\Delta\omega} \right) \quad (8\text{-}1)$$

$\Delta\omega \times \frac{1}{\Delta\omega}$은 결국 1이므로 계산 결과에 영향을 주지 않지만, 나중에 사용됩니다.

복소 푸리에 계수 $c_n$은 $\frac{2\pi}{T} = \Delta\omega$로부터 식 (8-2)로 변형할 수 있습니다.

$$c_n = \frac{1}{T} \int_{-\frac{T}{2}}^{\frac{T}{2}} f(t) e^{-in\omega t} dt \rightarrow c_n = \frac{\Delta\omega}{2\pi} \int_{-\frac{T}{2}}^{\frac{T}{2}} f(t) e^{-i\omega_n t} dt \quad (8\text{-}2)$$

이제 식 (8-1)에 식 (8-2)를 대입해 봅시다. $\Delta\omega \times \frac{1}{\Delta\omega}$이 계산 과정에서 어느 부분에 작용하고 있는지 확인해 보세요.

$$f(t) = \sum_{n=-\infty}^{\infty} \left\{ \left( \frac{\Delta\omega}{2\pi} \int_{-\frac{T}{2}}^{\frac{T}{2}} f(t) e^{-i\omega_n t} dt \right) e^{i\omega_n t} \Delta\omega \times \frac{1}{\Delta\omega} \right\}$$
$$= \frac{1}{2\pi} \sum_{n=-\infty}^{\infty} \left\{ \left( \int_{-\frac{T}{2}}^{\frac{T}{2}} f(t) e^{-i\omega_n t} dt \right) e^{i\omega_n t} \Delta\omega \times \frac{1}{\Delta\omega} \times \Delta\omega \right\}$$
$$= \frac{1}{2\pi} \sum_{n=-\infty}^{\infty} \left( \int_{-\frac{T}{2}}^{\frac{T}{2}} f(t) e^{-i\omega_n t} dt \right) e^{i\omega_n t} \Delta\omega \qquad (8\text{-}3)$$

여기서 계산 결과에 강조 표시된 부분에 주목하면 $e^{i\omega_n t}$은 $\omega_n$의 함수이며, $-\infty \le n \le \infty$의 범위에서 합을 취합니다. 이와 같은 형태는 사실 정적분의 정의와 일치하며 'Lesson: 적분 3'에서 설명한 바와 같습니다.

$$\sum_{n=-\infty}^{\infty} f(t_n) \Delta t = \int_{-\infty}^{\infty} f(t) dt \qquad (8\text{-}4)$$

즉, 합의 범위를 무한히 넓히고 매우 작은 $\Delta\omega$마다 합을 취하면 적분 계산과 다르지 않다는 뜻입니다. 따라서 식 (8–4)를 식 (8–3)에 대입합니다.

지금 우리가 무엇을 하고 있었는지 다시 한번 떠올려 봅시다. 주기 $T$를 무한대로 생각해서 복소 푸리에 급수 전개를 '1. 주기성이 없는 함수에도 대응'하게 하고, '2. 모든 각주파수에서의 성분을 파악할 수 있게 하자'는 것이 목표였습니다. 여기서 $T$를 $\infty$로 가져가면 $\frac{2\pi}{T} = \Delta\omega$로부터 $\Delta\omega$는 0에 가까워집니다. 따라서 식 (8–4)의 결과를 사용해서 식 (8–3)의 합의 기호를 적분 기호로 바꿔 쓸 수 있고, 적분 범위를 $-\infty \le n \le \infty$로 설정할 수 있습니다. 이에 따라 $n$에 관한 표기를 생략해서 식 (8–3)은 식 (8–5)처럼 다시 쓸 수 있습니다.

$$f(t) = \frac{1}{2\pi} \int_{-\infty}^{\infty} \left( \int_{-\infty}^{\infty} f(t) e^{-i\omega t} dt \right) e^{i\omega t} d\omega \qquad (8\text{-}5)$$

이것으로 각주파수가 연속적인 값 $\omega$인 복소 푸리에 급수 전개가 도출되었습니다. 적분 계산 안의 $\int_{-\infty}^{\infty} f(t) e^{-i\omega t} dt$는 $\omega$의 함수이므로 $F(\omega)$와 같다고 두면 이것이 **푸리에 변환**입니다.

$$F(\omega) = \int_{-\infty}^{\infty} f(t)e^{-i\omega t}dt \qquad \text{(8-6)}$$

식 (8-6)으로부터 적분 구간이 무한대이므로 비주기 함수에도 대응하고, 각주파수가 연속적인 값에도 대응 가능합니다. 그리고 식 (8-5)를 식 (8-7)처럼 바꿔 쓰면 **역 푸리에 변환**을 얻습니다.[1]

$$f(t) = \frac{1}{2\pi}\int_{-\infty}^{\infty} F(\omega)e^{i\omega t}d\omega \qquad \text{(8-7)}$$

지금까지 식의 변환에만 주목했지만, 푸리에 변환과 역 푸리에 변환이 과연 무엇을 의미하고 있을까요? **나무는 보되 숲은 보지 못하는 상태**가 되지 않기 위해 수식에서 한 걸음 물러나 [그림 8-5]를 보며 생각해 봅시다.

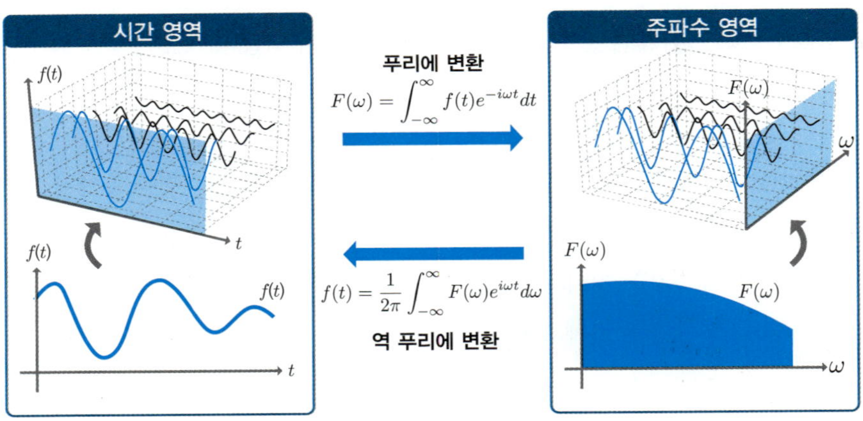


**그림 8-5** 푸리에 변환과 역 푸리에 변환의 대응 관계

푸리에 변환 $F(\omega)$는 어떤 **시간 영역**의 함수 $f(t)$를 **주파수 영역**으로 변환하는 함수입니다. 여기서 $\omega$는 연속적인 각주파수의 값입니다. 푸리에 변환을 통해 각주파수에 대응하는 진폭을 구체적으로 알 수 있습니다. 이때 $e^{-i\omega t}$은 시간 영역의 함수 $f(t)$를 주파수 영역으로 변

1 옮긴이_ 역자의 경험에 따르면 식 (8-6), (8-7)은 물리학에서 자주 쓰는 표기입니다. 물리학이 아닌 다른 분야에서는 계수를 1, $\frac{1}{2\pi}$이 아니라 $\sqrt{\frac{1}{2\pi}}$, $\sqrt{\frac{1}{2\pi}}$로 정의해서 가르치기도 하지만 푸리에 변환과 역 푸리에 변환을 거쳐서 $\frac{1}{2\pi}$이 나오기만 하면 계수는 어떻게 써도 문제없습니다.

환하기 위한 역할을 한다고 생각하면 됩니다. 따라서 시간축을 따라 전달되는 음성과 같은 연속적인 정보를 주파수 영역으로 변환해서 음성의 중요한 특징을 주파수의 관점에서 분석할 수 있습니다. 이것이 푸리에 해석이 음성을 디지털화할 때 반드시 필요한 이유입니다. 반대로 주파수 영역의 데이터를 획득할 수 있다면 역 푸리에 변환을 통해 시간 영역에서의 음성과 같은 파형을 함수로 복원할 수도 있습니다.

## 마치며

추상적인 설명이었지만 푸리에 해석에서 매우 중요한 푸리에 변환과 역 푸리에 변환을 도출했습니다. 푸리에 해석은 음성에 한하지 않고 시간 영역을 흐르는 다양한 데이터의 특징을 분석하는 데 매우 강력하고 중요한 수학적 기법이며, 현대 과학과 공학 분야에서 수많은 혁신을 가져왔다고 해도 과언이 아닙니다.

5장과 부록 2에서 설명한 내용은 **양자 역학**을 수학적으로 이해하는 데에도 매우 유용합니다. 여러 분야에 응용 가능한 이론이므로 반드시 익혀두기 바랍니다.

**NOTE_ 옮긴이 노트**

푸리에 변환을 이해하기 위해 양자 역학에 관한 전문 서적을 참고하는 것도 매우 좋은 방법입니다. 참고로 양자 역학에서 푸리에 변환은 입자의 이중성을 설명하기 위한 본질적인 의미를 갖습니다. 양자 역학에서 파동 함수는 입자의 위치에 대한 확률 진폭이며, 이것을 푸리에 변환하면 입자의 운동량에 대한 확률 진폭으로 바뀝니다. 즉, 위치 공간에 대한 함수를 운동량 공간으로 변환하는 것이 양자 역학에서 푸리에 변환의 의미입니다. 음성 데이터를 쉽게 분석하기 위해 푸리에 변환을 거쳤듯이, 양자 역학에서도 입자의 산란과 같은 문제는 운동량 공간에서 해결하는 것이 편하기 때문에 푸리에 변환은 다양한 분야에서 활용되는 중요한 개념입니다. 또한 위치와 운동량을 동시에 정확히 알 수 없다는 하이젠베르크의 불확정성의 원리 역시 푸리에 해석의 수학적 성질에서 자연스럽게 유도되는 결과입니다. 푸리에 변환은 물리학 분야에서 핵심적인 도구이자 원리로 작용하고 있습니다.

수고 많으셨습니다. 이 책을 읽고 난 지금, 여러분이 보는 세상에 대한 시선은 어떻게 달라졌나요? 조금이라도 변화를 실감하셨다면 저로서는 매우 기쁩니다.

'모르는 것이 늘어났다'고 느꼈기를 더욱 간절히 바랍니다. 실수로라도 부디 '알게 된 것 같은 착각'에는 빠지지 않기를 진심으로 바랍니다.

이토록 복잡해진 세상을 책 한 권으로 쉽게 꿰뚫어 볼 수는 없습니다. 이 책에서 소개한 내용은 어디까지나 현상의 한 부분을 포착한 것에 불과하며, 이를 두고 '최첨단 기술은 모두 수학적으로 설명된다'라고 말하는 것은 과장일 뿐만 아니라 매우 오만한 태도입니다. 물론 제 자신도 아직 앞이 보이지 않는 배움의 여정 한가운데에 있습니다.

요즘 세상은 마치 '미분적 사고방식'에 가득 차 있는 듯합니다. 지금 이 순간에 대해서만 최적해를 구하려는 사고방식을 추구한다는 생각이 듭니다. 지금 당장 도움이 되는 지식이 필요하고, 유용한 정보를 빨리 사용해 볼 수 있는 것이 중요하다는 사고방식이 만연한 가운데, 국소적인 최적해만을 생각하는 미분적 사고가 뒤틀린 형태로 표출된 세계가 지금의 세상처럼 느껴지기도 합니다.

배움이란 평생에 걸쳐 쌓아 나가야 하는 것이지 않을까요? 순간의 '작은 쌓임'이야말로 배움이며, 그것이 곧 인생을 그려나가는 과정이라 생각합니다. 일을 하는 과정에서도 마찬가지입니다. 즉각적인 성과만을 추구하다가 '나는 정말 제대로 된 역량을 갖춘 게 맞는가'라며 불안을 토로하는 사람을 셀 수 없이 많이 만나 왔습니다.

배움을 쌓는 기간이 길어질수록 성과를 손에 쥐는 찰나의 빛나는 순간은 더욱 멀어집니다. 그럴수록 우리는 '아무것도 얻은 게 없는 시간'을 견뎌야 합니다. 그 시간을 견디지 못하면 쉬운 방식에 휩쓸려 버리게 됩니다.

과연 배움을 쌓아가는 시간이 정말로 '아무 의미 없는 시간'인지 생각해 봐야 합니다. 아무 일도 일어나지 않는 시간은 가치가 없는 것일까요? 달리 말하면, 무언가 되돌아볼 성과나 타인의 평가가 없다면 그 시간은 인생을 그저 무의미하게 흘려 보낸 것일까요? 저는 그런 생각은 효율성만을 추구하는 현대 사회가 만든 일종의 '저주'라고 생각합니다.

이 책의 숨겨진 목적은 미분적 사고나 효율 중심의 가치관을 깨뜨리고, 적분적 사고가 가진 아름다움과 풍요로움을 전하는 것입니다. 책을 읽어 나갈수록 깨달음과 발견을 경험하고 그것을 체계적으로 이해해 나가다 보면, 더욱 넓은 시야로 세상을 바라보는 힘을 기를 수 있다는 사실을 이 책을 통해 여러분께 전하고 싶었습니다. 조금이나마 여러분께 도움이 되었기를 바랍니다.

## INDEX

ㅈ

## INDEX

### K~N



### O~R



### S~W